Sprachliche Grenzziehungspraktiken

# STUDIEN ZUR PRAGMATIK

Herausgegeben von

Prof. Dr. Eva Eckkrammer (Mannheim)
Prof. Dr. Claus Ehrhardt (Urbino/Italien)
Prof. Dr. Anita Fetzer (Augsburg)
Prof. Dr. Rita Finkbeiner (Mainz)
Prof. Dr. Frank Liedtke (Leipzig)
Prof. Dr. Konstanze Marx (Greifswald)
Prof. Dr. Sven Staffeldt (Halle)
Prof. Dr. Verena Thaler (Innsbruck)

Die Bände der Reihe werden einem single-blind Peer-Review-Verfahren unterzogen.

**Bd. 5**

Marie-Luis Merten / Susanne Kabatnik /
Kristin Kuck / Lars Bülow /
Robert Mroczynski (Hrsg.)

# Sprachliche Grenzziehungspraktiken

Analysefelder und Perspektiven

Bibliografische Information der Deutschen Nationalbibliothek
Die Deutsche Nationalbibliothek verzeichnet diese Publikation in der Deutschen
Nationalbibliografie; detaillierte bibliografische Daten sind im Internet über
http://dnb.dnb.de abrufbar.

DOI: https://www.doi.org/10.24053/9783823395164

© 2023 · Narr Francke Attempto Verlag GmbH + Co. KG
Dischingerweg 5 · D-72070 Tübingen

Das Werk einschließlich aller seiner Teile ist urheberrechtlich geschützt. Jede Verwertung außerhalb der engen Grenzen des Urheberrechtsgesetzes ist ohne Zustimmung des Verlages unzulässig und strafbar. Das gilt insbesondere für Vervielfältigungen, Übersetzungen, Mikroverfilmungen und die Einspeicherung und Verarbeitung in elektronischen Systemen.

Alle Informationen in diesem Buch wurden mit großer Sorgfalt erstellt. Fehler können dennoch nicht völlig ausgeschlossen werden. Weder Verlag noch Autor:innen oder Herausgeber:innen übernehmen deshalb eine Gewährleistung für die Korrektheit des Inhaltes und haften nicht für fehlerhafte Angaben und deren Folgen. Diese Publikation enthält gegebenenfalls Links zu externen Inhalten Dritter, auf die weder Verlag noch Autor:innen oder Herausgeber:innen Einfluss haben. Für die Inhalte der verlinkten Seiten sind stets die jeweiligen Anbieter oder Betreibenden der Seiten verantwortlich.

Internet: www.narr.de
eMail: info@narr.de

Satz: typoscript GmbH, Walddorfhäslach
CPI books GmbH, Leck

ISSN 2628-4308
ISBN 978-3-8233-8516-5 (Print)
ISBN 978-3-8233-9516-4 (ePDF)
ISBN 978-3-8233-0399-2 (ePub)

# Inhalt

*Marie-Luis Merten, Susanne Kabatnik, Kristin Kuck, Lars Bülow & Robert Mroczynski*
Sprachliche Grenzen und Grenzziehungspraktiken:
Ein- und Hinführung .................... 7

*Hanna Völker*
„Deshalb verweise ich auf die Wortwahl". Zur Funktionalität parlamentarischer Sprachthematisierungen im Kontext sprachlicher Grenzziehungspraktiken .................... 25

*Isabella Buck & Juliane Schopf*
Der Tod als Grenze des Sagbaren? Sprachlich-interaktive Praktiken des Sprechens über Sterben und Tod in der medizinischen Kommunikation .................... 47

*Judith Kreuz*
Grenzziehungen bei der Aushandlung von sprachlichen und sozialen Normen im Klassenrat .................... 69

*Florian Busch*
Registergrenzen alltäglicher Schreibpraxis. Zur Standardideologie deutscher Schüler:innen .................... 97

*Friedrich Markewitz*
„Neben Amerika ist das Getto von Litzmannstadt das Land der unbegrenzten Möglichkeiten". Ironisierung als inner- und extradiskursive sprachliche Grenzziehungspraktik .................... 125

*Karina Frick*
Grenzen überschreiten: Transkontextuelle deiktische Praktiken auf Online-Gedenkseiten .................... 149

*Konstanze Marx*
Gegenrede als Re-Konturierung des eigenen Territoriums .................... 173

*Susanne Kabatnik*
„Andere leben einfach und ich komme immer mehr an meine Grenzen" – Praktiken der Grenzziehung im Interaktionsraum #depression auf Twitter ............................................. 203

*Simon Meier-Vieracker*
The dirty work of boundary maintenance. Der Topos der „sicheren Grenzen" im neurechten Diskurs ....................................... 233

*Cordula Meißner*
Der Grenzziehungsausdruck *es geht nicht um X sondern/es geht um Y* in der mündlichen Kommunikation .................................. 257

*Sarah Brommer*
Wissenschaftlich – populärwissenschaftlich: Wo verläuft die Grenze und woran lässt sich dies sprachlich festmachen? .......................... 293

*Annika Frank*
Die Beleidigung als Grenzziehungspraktik ............................ 321

*Lena Späth*
Doing Anthropological Difference? Grenzziehungen zwischen Tier und Mensch im deutschen Sprachsystem: Ebenen, Qualitäten, Funktionen ......................................................... 343

Verzeichnis der Autorinnen und Autoren ............................. 370

# Sprachliche Grenzen und Grenzziehungspraktiken: Ein- und Hinführung

Marie-Luis Merten, Susanne Kabatnik, Kristin Kuck, Lars Bülow & Robert Mroczynski

## 1 Einführung

Grenzen dienen der Orientierung in unserer komplexen Lebenswelt sowie deren Handbarmachung. Sie stiften (diskursiv) Ordnung, indem sie Räume verschiedener Art strukturieren – etwa, wenn Raum in übergeordneter Hinsicht durch soziale Prozesse organisiert wird (Redepenning 2018: 21; Kallmeyer 2004), wenn sich neue Grenzziehungen im Gebrauch digitaler Medien etablieren (Hepp et al. 2014) oder sprachliche Varietäten als Hinweis auf Gruppenzugehörigkeiten interpretiert werden (Kallmeyer 2010: 597 f.). Grenzen unterteilen Räume in „übersichtlichere Sinneinheiten" (Öztürk 2014: 1) und ermöglichen mithin Handlungsspielräume, sei es territorial, individuell, sozial oder kulturell. Sie sind keine natürlichen Gegebenheiten, sondern werden sozial und dementsprechend auch vielfach sprachlich hervorgebracht. Grenzen als Demarkationslinien zwischen zwei Entitäten sind Konstrukte, die der Praktizierung und der (diskursiven) Bestätigung bedürfen (Kleinschmidt 2011, 2014). Sie fußen mehrheitlich auf einer Binarität verschiedener Qualität. Differenziert wird etwa zwischen einem Wir und den anderen, dem Bekannten und Fremden, einem Innen und Außen, dem Relevanten und Nicht-Relevanten, dem Angemessenen und Unangemessenen. Im Zuge von Aushandlungsprozessen wird um ihre Gültigkeit gerungen (Gerst et al. 2018); Grenzen können (kommunikativ) hervorgehoben, marginalisiert, perforiert und verschoben werden. Damit sind sie immer auch einer Analyse kommunikativer und sprachlicher Praktiken zugänglich. Aufrechterhaltung und Übertretung von Grenzen sind also zentrale (semiotische) Praktiken, die die Grenze(n) gleichfalls als emergentes und wandelbares, mitunter auch als unscharfes Phänomen hervorbringen (Reckwitz 2008).

In territorialer Hinsicht finden sich beispielsweise (auch sprachlich hervorgebrachte) Kennzeichnungen, die Räume strukturieren, wie Staatsgrenzen, Grundstücksgrenzen oder infrastrukturelle Raumordnungen (Busse und Warnke 2015; zum Bereich der Border Studies auch Heintel et al. 2018). Auf individueller Ebene verlaufen Grenzen zwischen Öffentlichkeit und Privatheit, die in mediatisierter Kommunikation Abgrenzungskompetenzen erfordern (Hepp et al. 2014). Auch Grenzen zwischen sozialen Akteur:innen[1] werden durch Kommunikationspraktiken hervorgebracht und gekennzeichnet sowie in das Sprachhandeln einbezogen (sprachliche Höflichkeit: z. B. Thaler 2012, Verortung: Roth 2018a). Kulturelle und soziale Grenzen sind hingegen stark mit Gruppenidentitäten und Gruppenzugehörigkeiten verknüpft, die u. a. in der Soziolinguistik untersucht werden. Sowohl individuelle wie auch Gruppengrenzen sind in der Interaktionslinguistik und Metapragmatik Thema und werden in diesem Zusammenhang insbesondere unter dem Gesichtspunkt der sozialen Fremd- und Selbstpositionierung betrachtet. Darüber hinaus begegnen im sprachlichen Miteinander Grenzen des Sagbaren (und Zeigbaren) (Niehr 2019), wie Tabusysteme (etwa bei den Themen Sex, Gewalt oder Tod) und an Sanktionen geknüpftes Sprachverhalten. Zudem können Wissensgrenzen den (Spiel-)Raum des Sagbaren (und Denkbaren) einschränken (Janich 2018).

Die heterogenen Kommunikationsräume einer Sprachgemeinschaft werden als strukturierte Räume samt Grenzen verschiedener Ausprägung sprachlich konzeptualisiert, wie nicht nur zahlreiche Raummetaphern der Sprachwissenschaft, sondern auch des alltäglichen Sprachgebrauchs zeigen. Grenzziehungspraktiken konstituieren und reproduzieren dabei ein situations- und medienspezifisches Normverständnis, das den Handlungsraum der sozialen Akteur:innen absteckt und ordnet (grundlegend zum Konzept der Praktik Deppermann/ Linke/Feilke 2016). Normen und Konventionen als gesellschaftlich geteilte Erwartungsmuster begrenzen kommunikative Möglichkeiten, sie unterliegen gleichwohl der stetigen Aushandlung und können prinzipiell untergraben werden. In der Folge von (kommunikativ angestoßenen) Grenzverschiebungen (z. B. von Raum-, Tabu- und Disziplingrenzen) werden neue Handlungsmuster in einem ebenso neuen Handlungsraum hervorgebracht. Dabei bedingen sich Grenzen auf verschiedenen Ebenen – Kommunikations-, Diskurs-, Wissens-, Kulturgrenzen usw. – häufig gegenseitig. Vielfach sind Grenzziehungspraktiken polyfunktional: Indem beispielsweise die Grenzen des Sagbaren als politischdiskursive Grenzziehungspraktik verhandelt werden, positionieren und grenzen sich soziale Akteure zugleich zueinander sowie voneinander ab und ziehen mithin vielfach sozial-interaktionale Grenzen, die gleichsam mit kognitiv verfestigten Grenzen korrespondieren können (Heritage 2012; Janich 2018).

Das Reden und Schreiben über Grenzen wie auch (sprachliche) Grenzziehungspraktiken sind ubiquitär und stellen eine allgegenwärtige soziale

---

1 Wir haben uns in diesem Sammelband auf eine Vielfalt gendersensibler Formen verständigt.

Praxis dar (Paasi 1999). Ihre linguistische Erforschung ist allerdings vor verschiedentliche Herausforderungen – etwa der Systematisierung, der integrativen Perspektivierung, der medialen Spezifik verschiedener Grenzziehungspraktiken – gestellt, denen mit dem vorliegenden Band theoretisch reflektiert und empirisch fundiert begegnet wird. Dem Anliegen verpflichtet, eine linguistische Grenzziehungspragmatik zu entwerfen, vereint der Band Beiträge, die sich aus unterschiedlichen angewandt-linguistischen Blickwinkeln einer Breite und Vielfalt an sprachlichen Grenzen und Grenzziehungspraktiken widmen. Insbesondere der Zusammenhang von Grenzziehungs- und Positionierungspraktiken wird offengelegt und am Beispiel verschiedener Kommunikationsbereiche diskutiert. Nachfolgend werden zunächst Konzepte und Modelle verschiedener Grenztypen und Grenzziehungspraktiken zum Thema gemacht, die (auch) im vorliegenden Band Anwendung finden (Abschnitt 2). Daran schließt sich ein Überblick über etablierte empirische Herangehensweisen an die Erforschung von Grenzziehungspraktiken an, wie sie in verschiedenen Beiträgen zum Einsatz kommen (Abschnitt 3). Die Einführung in diesen Band schließt mit einer Adressierung der wichtigsten Desiderata sowie einem Ausblick auf interdisziplinäre Anschlussmöglichkeiten (Abschnitt 4).

## 2 Grenzen und Grenzziehungspraktiken: Konzepte und Modelle

Um die Breite und Heterogenität des Phänomens der Grenze(n) zu verdeutlichen, richten wir unseren Fokus nachfolgend schlaglichtartig auf verschiedene Grenzkonzepte und -theorien, wobei zum einen grundlegende Erkenntnisse der bisherigen Forschung Berücksichtigung finden und zum anderen wiederkehrend Bezüge zu Beiträgen in diesem Band hergestellt werden. Im Zentrum stehen kommunikative Grenzziehungspraktiken (Hepp et al. 2014), die wiederum verschiedentliche Grenzen und Räume – territoriale (Abschnitt 2.1), sozial-interaktive (Abschnitt 2.2), epistemisch-kognitive (Abschnitt 2.3) sowie diskursiv-politische (Abschnitt 2.4) – hervorbringen und aushandeln.

### 2.1 Grenze(n) territorial-räumlich

Grenzen territorial-räumlicher Qualität sind u. a. zentraler Gegenstand der Border Studies, also der Grenzraumforschung, die im deutschsprachigen Raum vor allem von einem geographischen Schwerpunkt gekennzeichnet ist (Heintel et al. 2018). Das Reden (und Schreiben) über Staats-, Stadt- und Grundstücksgrenzen sowie Sprach- und Dialektgrenzen verhandelt Territorien verschiedener Reichweite und ruft zugleich Diskurse um (Rechts-)Ordnung, Kultur und Identität auf. Dem Verhältnis zwischen geographischem Raum und Sprachgrenzen widmet sich insbesondere die Dialektologie (Auer und Schmidt 2010).

Im Zentrum des Interesses der dialektologischen Erforschung von Sprachräumen steht nicht nur, wo die Grenzen dieser Räume verlaufen und wie räumliche Aspekte sprachliche Variation beeinflussen, sondern ebenfalls wie Sprache Raum konstituiert, regionale sowie kulturelle Zugehörigkeit markiert und damit dem Entwurf raumbezogener Identitäten dienlich ist.

Mit der Frage, wie räumliche Entitäten mit sprachlichen Mitteln geschaffen werden, rücken die diskursiven Prozesse ins Blickfeld, in denen räumliche Grenzen gezogen und raumbezogene Identitäten konstituiert werden. Auf der sprachlichen Ebene beruhen solche Konstitutionsprozesse in der Regel auf der Verknüpfung räumlicher Differenzierungen („hier/dort") mit sozialen Differenzen und der dadurch etablierten Unterteilung des Sozialen in Bereiche des „Eigenen" und des „Fremden" [...]. (Mattissek 2017: 540)

Sprach- und Dialektgrenzen richten sich an geographischen, aber auch an historischen, politischen und konfessionellen Grenzen aus. Raum wird in diesem Forschungskontext gleichsam konzeptualisiert als „mentales Konstrukt, [das] die Wahrnehmung sprachlicher Variabilität steuert und gegebenenfalls auch in der sprachlichen Produktion sprachliche Grenzen (Isoglossen) bewahrt oder sogar aufbaut" (Auer 2004: 162). Besonders eindrücklich ist die Erkenntnis, dass der „hohen subjektiven Bedeutung von Nationalstaatsgrenzen [...] ihre zunehmende Wichtigkeit bei der Auseinanderentwicklung von Dialekt/Standard-Konstellationen" (Schmidt et al. 2019: 33) entspricht.

Dem Zusammenhang von Sprache und territorial-räumlichen Grenzen geht auch die Urban Linguistics nach (Busse und Warnke 2015), die insbesondere den städtischen Raum und dessen (diskursiv erzeugte) Grenzen in den Mittelpunkt rückt. Dabei ist die Frage, ob „überhaupt auf städtische Räume begrenzte sprachliche Eigenschaften oder Phänomene" (Busse und Warnke 2015: 519) existieren, zentral. Demgegenüber adressiert die (verwandte) Linguistic Landscape-Forschung dezidiert Schriftlichkeit im urbanen, aber auch ländlichen Raum und nimmt Grenzziehungspraktiken insofern in den Blick, als grenzmarkierende und -überschreitende Schreibprodukte erforscht werden (Ziegler und Marten 2021). Auch mit Blick auf sprachpolitische Fragestellungen kommen hierbei der Mehr- und Anderssprachigkeit (Androutsopoulos und Chowchong 2021), ebenso wie dem transgressiven Schreiben im öffentlichen Raum (Auer 2010; Tophinke 2019) eine entscheidende Rolle zu.

Uns begegnet jedoch nicht nur Sprache bzw. Schriftlichkeit als Grenzen hervorbringendes, bestätigendes und ggf. rekonfigurierendes Phänomen im (geographischen) Raum, sondern auch das Sprechen und Schreiben über Raum, Territorien und Grenzen als diskursive Praxis ermöglicht einen Einblick in territoriale Grenzziehungen und -überschreitungen (Vollmer 2017: 2). Wenn etwa im neurechten Diskurs zur Sicherung der Landesgrenzen aufgerufen wird, vermitteln derartige Praktiken der Selbstermächtigung einen Eindruck von Kontroll- und Ausschlussmechanismen, die gleichwohl als grenzüberschreitende Kommunikationsstrategien verstanden werden können (Meier-Vieracker in diesem Band).

Im Zuge einer stetig voranschreitenden Globalisierung (Baumann 1998; Johnstone 2004) sowie Digitalisierung (Jones und Hafner 2021) stellen geographisch-räumliche Grenzen kaum mehr kommunikative Hürden dar, es konstituieren sich vielmehr digitale Kommunikationsräume (Gee 2005). Eine Vielzahl an technologischen Angeboten unterstützt bei der Kommunikation über räumliche wie auch zeitliche Grenzen hinweg. Stattdessen stellt sich zunehmend die Frage nach Grenzen und Grenzziehungspraktiken zwischen Offline- und Online-Kommunikationsräumen, deren Verzahnung u. a. unter dem Gesichtspunkt der Transkontextualität (Androutsopoulos 2016) behandelt wird: „Digital practices always transverse boundaries between the physical and the virtual, and between technological systems and social systems" (Jones et al. 2015: 3). Obwohl das kommunikative Setting ein jeweils anderes ist, lassen sich durchaus Praktiken beobachten, die die Grenze von offline/online überschreiten bzw. verwischen (Frick in diesem Band; Marx in diesem Band; Kabatnik in diesem Band). So werden als Form der Grenzüberschreitung beispielsweise Folgehandlungen in anderen Kommunikationsräumen angestoßen.

**2.2 Grenze(n) sozial-interaktiv**

Entgegen einem nur wenig dynamischen Verhältnis von Sprache, Nation und Territorium wird u. a. in der (jüngeren) Sozio- wie auch Interaktionalen Linguistik von situativ ausgehandelten und damit veränderlichen Identitätsorientierungen ausgegangen (zu Identität und Abgrenzung Siebold 2018). Soziale Akteure positionieren sich im (Interaktions-)Raum und ziehen auf diese Weise Grenzen verschiedener Art, etwa Gruppengrenzen als „Abgrenzung von verschiedenen Vergemeinschaftungen" (Hepp et al. 2014: 175; Stegbauer 2018: 11), Grenzen des angemessenen Sprachgebrauchs (Völker in diesem Band), Wissensgrenzen (siehe Abschnitt 2.3) usw. (zum Positionieren Lucius-Hoene und Deppermann 2004; zum Stancetaking Du Bois 2007). Praktiken des Aushandelns von Grenzen dienen auf diese Weise der Gruppenbildung, wie etwa am Beispiel von Jugendsprachen vielfach diskutiert wurde und wird (Chovan 2006; Neuland 2018). Sprache kommt dabei eine zentrale Funktion zu: Mit ihr können nicht nur Grenzen (in) der Interaktion explizit zum Thema gemacht werden, stärker implizit dienen auch bestimmte sprachliche Merkmale – im Sinne von Gruppenstilen als einem gruppenspezifischen Sprachgebrauch – der Markierung von sozialer Zugehörigkeit zur In-Group und dem Abgrenzen von der Out-Group: „Soziale Stile erlauben bei vielen Gelegenheiten den Umgang mit soziale Grenzziehungen eher implizit zu halten" (Kallmeyer 2004: 51 f.). Solche gruppenbezogenen Grenzziehungspraktiken tragen wesentlich dazu bei, „soziale Phänomene (und damit die Interaktion und Kommunikation zwischen Personen) zu ordnen und handhabbar zu machen" (Redepenning 2018: 21). Positionierungspraktiken geben zugleich Einblick in das Wertesystem einer Gemeinschaft. Das kommunikative Referieren auf dieses Wertesystem sowie dessen damit einhergehende Bestätigung als grenz(en)markierender Akt kennzeichnen eine nach innen gerichtete identitätsstiftende Funktion (Meier-Vieracker in diesem Band).

Ausgehend von dieser stärker globalen Perspektive auf soziales Geschehen stellen sich Fragen nach Grenzen und Grenzziehungspraktiken der lokalen Aushandlungspraxis, zum Beispiel: Welche Inhalte bzw. Themen stoßen ggf. an die Grenzen des interaktiv Behandelbaren? Ausgewählte Beiträge dieses Bandes nehmen diese zentrale Frage zum Anlass, um sich mit dem Erleben und Kommunizieren von Tod (Buck und Schopf in diesem Band; zum Tod als Grenze auch Frick in diesem Band) als „Grenzsituation par excellence" (Berger und Luckmann 2021: 108) auseinanderzusetzen. Verschiedene Kommunikationsstrategien ermöglichen es, derartige Themen kommunizierbar und verhandelbar zu machen, etwa die Praktik des (sprachlichen) Eröffnens hypothetischer Szenarien. In medizinischen Kommunikationskontexten kann der Tod als Grenze des Sagbaren in Folge solcher Grenzziehungen zwischen dem reellen Erfahrungs- und dem hypothetischen Kommunikationsraum sprachlich-interaktiv verhandelt werden.

Weitere Settings, die der vorliegende Band beleuchtet, sind etwa interaktionale Grenzen im Klassenrat (Kreuz in diesem Band) sowie das Verhandeln angemessenen Sprachgebrauchs in Parlamentsdebatten (Völker in diesem Band). In beiden Fällen werden den Handlungs(spiel)räumen, an die eine bestimmte kommunikative Erwartungshaltung geknüpft ist, Grenzen gesetzt. Im Klassenrat evoziert insbesondere die stetig auszuhandelnde Grenze zwischen Peer- und Schulkultur soziale Positionierungen als Grenzziehungspraktik. Der spezifische institutionelle und damit begrenzte Handlungskontext Klassenrat wird durch (normierte) multimodale Interaktionsverfahren hergestellt wie auch ausgehandelt. Mittels metasprachlicher Äußerungen verhandeln politische Akteure in Parlamentsdebatten die Grenze zwischen (situativ) angemessenem und unangemessenem Sprachgebrauch. Dabei dient diese Form der Sprachkritik ebenso der Abgrenzung von politischen Opponenten, indem zugleich ideologische Grenzen gezogen werden. Im Zuge der Degradierung des Gegenübers wird ein eigener Standpunkt der Überlegenheit konstruiert.

Als eine grundlegende Grenzziehungspraktik, die ebenfalls auf der Herabstufung der:des Adressierten fußt, kann auch die Beleidigung betrachtet werden. Frank (in diesem Band) beleuchtet Beleidigungen in Alltagsinteraktionen. In den diskutierten Beispielen wird mehrheitlich die Grenze der persönlichen Ehre überschritten, sodass angesichts des Verletzens rechtlicher Grenzen juristische Konsequenzen angezeigt sein können. Durchaus subtiler wird Ironie als eine kommunikative Möglichkeit der Grenzziehung eingesetzt (Markewitz in diesem Band). Hierbei kommt insbesondere den Aspekten der Verständlichkeit und Gerichtetheit ein be- und ausgrenzendes Potenzial zu: Diejenigen, die aufgrund ihres Hintergrundwissens ironische Anspielungen verstehen (können), grenzen sich als Gruppe der Kompetenten von denjenigen, gegen die sich die ironische Äußerung richtet, ab. Mithin dient die ironische Sprachverwendung entweder dem „bonding or distancing [of] speakers and listeners" (Leykum 2020: 279).

Das Interaktionsgeschehen in Online-Kommunikationsräumen mag mitunter den Eindruck einer vermeintlichen Grenzenlosigkeit digitaler Kommunikation (Hepp et al. 2014: 176) erwecken. Hier stellt sich die spannende Frage, ob Mediatisierung mit dem Verschieben oder gar dem Verlust von Grenzen einhergeht (Marx 2019). Angesprochen sind dabei allerdings weniger raumzeitliche Hürden, sondern vielmehr Privatsphären und -territorien, die im Zuge (gesichts-)verletzender Äußerungen bedroht sind (Marx in diesem Band). Solche grenzüberschreitenden Diskursereignisse – oft eine Akkumulation von Geschehnissen – lösen wiederum grenzziehende Reaktionen aus: Grenzlinien des persönlichen Territoriums werden in der Konsequenz deutlich gemacht, marginalisiert oder perforiert. Das zeigt sich beispielhaft auf Twitter im Interaktionsraum #depression. Hier wird der Online-Raum dazu genutzt, sich als Community of Practice mit spezifischen sprachlichen Verhaltens- und Äußerungsmustern zu konstituieren und damit von der Out-Group Nicht-Betroffener abzugrenzen (Kabatnik in diesem Band).

## 2.3 Grenze(n) epistemisch-kognitiv

Soziale Grenzziehungen korrespondieren vielfach mit kognitiven Kategorien und Kategorisierungsprozessen. Dass die soziale und kognitive Dimension ineinandergreifen und gewissermaßen die zwei Seiten einer Medaille darstellen, zeigt sich am Beispiel der von Späth (in diesem Band) beleuchteten Tier/Mensch-Differenzierung. Sich sprachlich abzeichnende humanimalische Grenzziehungspraktiken werden von Späth als ein sozial-interaktives *Doing Anthropological Difference* diskutiert, das wiederum Hinweise auf kognitive und letztlich auch sprachliche Kategorienbildungen gibt. Dabei spielen Grenzen im Zuge von Kategorisierungen dem Ordnen, Strukturieren und Handbarmachen von Welt und Lebenswirklichkeit zu (Taylor 2003; zu Macht und Grenzen des menschlichen Wissens auch Konerding 2010). Kategorien- und Wissensgrenzen haben mithin einen Einfluss auf (individuelles) Handeln und Gesellschaft. Studien sprachlich-relativistischer Provenienz beziehen sich gar auf Wittgensteins berühmten Satz 5.6 aus dem *Tractatus logico-philosophicus* und gehen der Frage nach, ob „die Grenzen meiner Sprache die Grenzen meiner Welt [bedeuten]" (Bierwisch 2018: 323) – eine solch radikale Modellierung des Verhältnisses von Sprache, Denken und Wirklichkeit scheint jedoch kaum haltbar.

Grenzen auf epistemisch-kognitiver Ebene, ob sie individuelles oder gemeinschaftliches Wissen betreffen (Janich 2018; Schmid 2020), lassen sich durch verschiedene kommunikative Möglichkeiten des Wissenstransfers nivellieren; in der sozialen Praxis werden sie dennoch wiederkehrend zur Abgrenzung voneinander, etwa von professionalisierten Akteuren und Novizen, hervorgehoben. In Wissensräumen, also in kommunikativen Räumen, in denen Wissen relevant gesetzt wird und in denen die Verortung der Akteure primär auf Basis von epistemischer und evidentialer Positionierung erfolgt (Merten 2021), spielt insbesondere die kognitive wie auch soziale Grenze zwischen wissenschaftlichem Wissen und Alltagserfahrung sowie zwischen Expert:in und Lai:in eine entscheidende Rolle (Bock und Antos 2019). Sie schlägt sich auch in Form eines divergierenden Sprachgebrauchs nieder bzw. wird gleichsam sprachlich hervorgebracht, mithin diskursiv erzeugt (Brommer in diesem Band). Insbesondere in der medizinischen Kommunikationsdomäne nehmen Grenzziehungspraktiken auf die divergierende evidentiale Basis, Verlässlichkeit und Relevanz von Expert:innen- und Lai:innenwissen Bezug (Buck und Schopf in diesem Band; Kabatnik in diesem Band).

Meißner (in diesem Band) widmet sich in ihrer korpuspragmatischen Studie am Beispiel des Grenzziehungsausdrucks *es geht nicht um X sondern/es geht um Y* der epistemischen Funktion von Grenze(n), Inhalte zu differenzieren, eine Binnengliederung zu ermöglichen und damit komplexe Sachverhalte aufzugliedern sowie zu strukturieren. Anhand zahlreicher Beispiele aus gesprochensprachlichen Szenarien demonstriert sie, wie mittels dieses komplexen Formats eine Grenze zwischen abgesprochener (alleiniger) und zugesprochener thematischer Relevanz gezogen und zeitgleich epistemische Überlegenheit (Heritage 2012) konstruiert wird.

### 2.4 Grenze(n) politisch-diskursiv

Auch in politisch-diskursiven Zusammenhängen, in denen Inklusions- und Exklusionsmechanismen verschiedentlich eingesetzt werden, kommt Wissensräumen und -grenzen ein zentraler Stellenwert zu (grundsätzlich zu politischen Grenzen Paasi 2020). Den Wissensbeständen und -strukturen einer Gesellschaft widmet sich insbesondere die Diskurslinguistik. Sie nimmt dabei Diskurse als

Formationssysteme dieses Wissens (Foucault 1997; Busse 2013), denen Grenzziehungen naheliegender Weise inhärent sind, in den Blick:

> Dasjenige, was einen Diskurs ‚im Innersten zusammenhält', was ihm Kohärenz verleiht und was es ermöglicht, einen Diskurs trotz unscharfer Grenzen und deren permanenter Verschiebungen überhaupt als solchen zu identifizieren, ist dem transsemiotischen Diskurskonzept zufolge das Formationssystem. (Linke und Schröter 2018: 453 f.)

Von Interesse ist hier u. a. die Aushandlung von Grenzen des Sagbaren (Spieß und Römer 2019; Niehr 2019; vgl. Buck und Schopf in diesem Band; Markewitz in diesem Band), also von „Diskursgrenzen, an deren Aufrechterhaltung Experten als Träger von spezifischem Wissen (z. B. in den fachwissenschaftlichen Disziplinen) zur Wahrung ihrer eigenen Diskursmacht mitunter ein Interesse haben" (Roth 2018b: 490). Dabei geht es nicht nur um Wissensgrenzen, sondern gerade auch um ein Wissen, was in welchen Kontexten zu welcher Zeit sagbar, resp. angemessen kommunizierbar ist. Grenzüberschreitungen können als ein konstitutiver Bestandteil des öffentlichen Diskurses betrachtet werden (Marx 2019; Marx in diesem Band, Meier-Vieracker in diesem Band; zu Grenzen in der öffentlich-politischen Kommunikation Völker in diesem Band). Dass Diskursgrenzen grundsätzlich interaktiv hergestellt und erfahrbar, dynamisch sowie verschiebbar sind, zeigt sich u. a. in Kontexten des kommunikativen Widerstands (etwa in der DDR, dazu Dreesen 2015), der „hinsichtlich des Spiels mit Bedeutungen, Zitaten und Subjektivierungen regelhaft" (Dreesen 2018: 279) ist. Politisch-diskursive Grenzen betreffen den Übergangsbereich von öffentlicher und privater Kommunikation, sie organisieren den Handlungsraum Wissenschaft/Öffentlichkeitsarbeit (Brommer in diesem Band), sie sind aber etwa auch mit Blick auf den Sprachgebrauch Jugendlicher bedeutsam, der als durchaus politisch aufgeladener Gegenstand von Busch (in diesem Band) behandelt wird. Überschreitungen der kodifizierten Grenze zwischen normgerechtem und normverletzendem Sprachgebrauch im jugendlichen Schreiben verweisen bei genauerem Hinsehen und Befragen der involvierten (jugendlichen) Akteur:innen auf eine Entbinarisierung von Registergrenzen. Formen und Funktionen des Schreibens variieren in Abhängigkeit von den Kontexten des Schreibens: Keinesfalls lässt sich ein von (schulischen) Normen abweichendes Schreiben im digitalen Alltag als Indikator auf eine mangelnde Schreibkompetenz deuten.

Grenzen des Sagbaren manifestieren sich häufig in Tabusystemen, etwa das Thema Tod (Buck und Schopf in diesem Band) betreffend, wobei hier in den letzten Jahren eine Enttabuisierung mit einer deutlichen Grenzverschiebung zu beobachten ist (Barth und Mayr 2019: 573). Auch das Thema Depression fällt hierunter (Kabatnik in diesem Band). Grundsätzlich können Grenzen des Sagbaren mit ironischen Äußerungen untergraben werden, wie Markewitz (in diesem Band) für den Zeitraum des Zweiten Weltkriegs am Beispiel der Ghetto-Tageschronik und einzelner Tagebücher bzw. Schriften der Bewohner:innen des Ghettos von Litzmannstadt demonstriert. Anhand der Analyse von Grenzdiskursen lässt sich zeigen, dass sich die Rede von Grenzen im territorialen Sinne auch an diskursive Grenzziehungen anschließt (Meier-Vieracker in diesem Band). Wir beobachten dabei zahlreiche populistische Versuche, die Grenzen des Sagbaren zu verschieben (ebenfalls Meier-Vieracker in diesem Band).

## 3 Empirische Zugänge zu Grenzziehungspraktiken

Die Beiträge dieses Bandes zeichnet ihre empirische Fundierung aus; sie beziehen Theorien der sprachlichen und kommunikativen Grenzziehung auf unterschiedliche Datentypen. Entsprechend dieser stark empirischen Ausrichtung widmen wir uns nachfolgend Möglichkeiten der methodischen Herangehensweise an die Erforschung sprachlicher Grenzziehungspraktiken. Während einzelne Methoden wie die explorativ-ethnographische Walkthrough-Methode (Marx in diesem Band) oder die Erhebung von Beleidigungserzählungen über leitfadenbasierte Tiefeninterviews (Frank in diesem Band) nur in ausgewählten Beiträgen Anwendung finden, lassen sich für die übrigen Beiträge größere methodische Überschneidungsbereiche der gewählten Herangehensweisen identifizieren. Es zeichnen sich insbesondere drei empirische Zugänge ab: korpuspragmatische (Abschnitt 3.1), gesprächsanalytische (Abschnitt 3.2) sowie diskursanalytische (Abschnitt 3.3).

### 3.1 Korpuspragmatische Zugänge zu Grenzziehungspraktiken

Zunehmend werden pragmatische Phänomene und Gegenstandbereiche mittels korpuslinguistischer Verfahren erforscht. Die Korpuspragmatik deckt Zusammenhänge zwischen Sprache bzw. sprachlichen Mitteln, Handeln und Gesellschaft auf (vgl. Felder et al. 2012; Rühlemann und Aijmer 2014). Sie macht sich dabei zunutze, dass zumeist auf Basis einer Vielzahl an relevanten Belegen auf pragmatische Muster geschlossen werden kann. Ein etablierter Zugang besteht darin, Sub- bzw. Vergleichskorpora zu kontrastieren, um den für bestimmte Verwendungsanlässe typischen Sprachgebrauch aufzudecken. So lässt sich zeigen, wie Akteursgruppen (bspw. Wissenschaftler:innen) in unterschiedlichen Kontexten kommunizieren und dabei die Grenzen ihrer primären Kommunikationsdomäne überschreiten (Brommer in diesem Band). Auch ausgewählte sprachliche Grenzziehungsausdrücke können in ihrem Vorkommen korpuspragmatisch erforscht werden: Aufgrund ihrer lexikalischen Fixierung kann nach ihnen verhältnismäßig niederschwellig in Korpora – etwa im über die Datenbank für Gesprochenes Deutsch (DGD) verfügbaren FOLK-Korpus – gesucht werden; die identifizierten Belegstellen stehen schließlich einer eingehenden Analyse zur Verfügung (Meißner in diesem Band). Digitale Positionierungs- bzw. Grenzziehungspraktiken werden von Frick (in diesem Band) und Kabatnik (in diesem Band) korpuspragmatisch erforscht, etwa indem die Konkordanz zu bestimmten Suchausdrücken (z. B. *Grenze*) analysiert wird – zum einen für den Bereich des Online-Trauerns, zum anderen für den #depressions-Diskurs auf Twitter.

### 3.2 Gesprächsanalytische Zugänge zu Grenzziehungspraktiken

Verpflichtet sich die Korpuspragmatik häufig stärker quantitativen Zugängen, so zeichnet sich die Gesprächsanalyse insbesondere durch qualitative Untersuchungsschritte und eine sequenzanalytische Betrachtung aus (Deppermann 2008). Aus der gesprächsanalytischen Perspektive werden Grenzziehungspraktiken in Interaktionen verschiedener Ausprägung, also in authentischen, d. h. natürlich stattgefundenen Gesprächen (Couper-Kuhlen und Selting 2018), aufgespürt. Einer solchen Mikro-Analyse der kommunikativen Realität widmen sich Buck und Schopf (in diesem Band) in ihrer Untersuchung von Interaktionen aus der Palliativmedizin und der Reiseimpfsprechstunde. Ziel ist es zu überprüfen, ob Grenzen des Sagbaren, wie sie in der Makrobetrachtung gesamtgesellschaftlicher Diskurse mittels Meinungsumfragen konstatiert werden (etwa bzgl. Tod), auch kommunikativ im Kontext von Mikropraktiken bestehen. Eine gesprächsanalytisch identifizierte Strategie, mit dieser Grenze des Sagbaren umzugehen, besteht darin, hypothetisch über solche Themen zu sprechen (vgl. *Hypothetical Scenario Sequence* nach Land et al. 2019). Auch Kreuz (in diesem Band) legt eine mikroanalytische Annäherung an komplexe Grenzziehungspraktiken im Klassenrat vor und kann aus ihren Beobachtungen sprachdidaktische Implikationen ableiten. Völker (in diesem Band) widmet sich mittels eines entsprechenden Zugangs dem öffentlich-politischen Sprachgebrauch und identifiziert verschiedene Techniken der metapragmatischen Grenzziehung. Das Synergiepotenzial korpuspragmatischer und sequenzanalytischer Untersuchungsschritte demonstriert Kabatnik (in diesem Band) anhand digitaler Interaktionen, die selbstverständlich anderen medialen Bedingungen unterliegen und von Face-to-Face-Anlässen divergierende Charakteristika des Miteinander-Kommunizierens aufweisen. Dennoch zeigt sich, wie fruchtbar die Ergänzung korpuslinguistischer Methoden um stärker mikroanalytische Zugänge ist.

## 3.3 Diskursanalytische Zugänge zu Grenzziehungspraktiken

Während sich die Gesprächsanalyse durch eine sequenzanalytische Perspektive auszeichnet und lokale Aushandlungspraxen beleuchtet, werden im Rahmen der Diskurslinguistik gesamtgesellschaftliche Prozesse der Wissensformation durch die Analyse von (mehr oder weniger komplexen) sprachlichen Äußerungen in den Blick genommen (Warnke und Spitzmüller 2008). Unter Berücksichtigung von Dimensionen wie sozio-politischen Dynamiken im Kontext von „Macht" und „Verhalten" (Warnke und Spitzmüller 2008: 5) zielt die linguistische Diskursanalyse auf die Rekonstruktion der Möglichkeitsbedingungen, unter denen gemeinsames Wissen hervorgebracht wird. Dadurch geht die linguistische Diskursanalyse über die morphosyntaktische Analyse von sprachlichen Einheiten hinaus und betrachtet sie als Ressource, um das größtenteils sprachlich konstituierte ‚Wissen' bzw. ‚Bewusstsein' über die eigene Lebenswelt zu erfassen. Ziel ist es, „die linguistische Mikroebene mit der Mesoebene der Metapragmatik/ Akteure und mit der Makroebene des Weiteren soziopolitischen, intertextuellen und diskursiven Kontextes" zu verknüpfen (Warnke und Spitzmüller 2008: 5). Grenzziehungspraktiken werden in diesem Band u. a. hermeneutisch, beispielsweise durch das *close reading* von Textzeugen aus der Textwelt des Ghettos Litzmannstadt, untersucht. Dabei können ironische Äußerungen als Grenzziehungspraktiken durch das dabei offenbarte Wissen bzw. Nicht-Wissen aufgedeckt werden (Markewitz in diesem Band). In jüngerer Zeit werden zur diskurslinguistischen Analyse auch Methoden der Korpuslinguistik hinzugezogen (Bubenhofer 2013, 2018), wie etwa zur Untersuchung des Topos der sicheren Grenze hinsichtlich seiner Ausprägungsformen und den damit verbundenen argumentativen Mustern (Meier-Vieracker in diesem Band). Der Toposbegriff dient dabei „als heuristisches Instrument, um die mannigfaltigen argumentativen Bezüge in den Blick zu rücken, durch die etwa die Notwendigkeit sicherer Grenzen begründet wird und durch die das Konzept der Grenze im Diskurs eine spezifische und weltanschaulich anschlussfähige Ausprägung erfährt" (Meier-Vieracker in diesem Band). Aus diesen theoretisch-methodischen Überlegungen heraus können dann beispielsweise Kollokationsprofile erstellt und statistisch signifikante Lexeme (Bubenhofer 2013, dazu auch Kabatnik in diesem Band) zusammengetragen werden, die entweder dazu dienen, Konzepte wie ‚Grenze' in ihrer unmittelbaren sprachlichen Umgebung auf Zuschreibungen, Kategorisierungen oder Evaluierung (Bubenhofer 2013: 114) zu erforschen oder Texte nach ihrer lexikalischen Signifikanz thematisch im Sinne des Topic Modelling (Bubenhofer 2018) zu bestimmen. Weiter werden in diesem Band Fragebogen- und Fokusgruppenstudien zur Erforschung sprachideologischer Diskurse verwendet, um beispielsweise metapragmatische Grenzziehungspraktiken Jugendlicher aufzudecken (Busch in diesem Band).

## 4 Adressierte Desiderata und Ausblick: Eine Pragmatik der Grenzziehungspraktiken und ihre interdisziplinären Anschlussmöglichkeiten

Zu den adressierten Desiderata des vorliegenden Bandes gehört die Betrachtung bislang nur wenig erforschter Grenzen und Grenzziehungspraktiken, was beispielsweise sozial-interaktive, epistemisch-kognitive und politisch-diskursive Grenzen betrifft. Die einzelnen Beiträge dienen der Systematisierung der Konzepte Grenze, Grenzziehung und Grenzziehungspraktik, wobei die Polysemantizität und Polyfunktionalität von Grenzen und Grenzziehungspraktiken hervorgehoben wird – etwa im Sinne territorialer, sozialer bzw. individueller wie kulturell geprägter Grenzen, die in kommunikativen Ver- und Aushandlungsprozessen aktualisiert und vielfach intersubjektiv hergestellt werden.

Zudem werden stärker integrative Zugänge, wie etwa die Diskurs- und Interaktionslinguistik, unter Berücksichtigung (möglicher) methodologischer Konflikte diskutiert. Grundsätzlich arbeiten die Beiträge des Bandes mehrheitlich heraus, dass Grenzen mehr oder weniger diffus, durchlässig und verhandelbar sind sowie sprachlich bzw. multimodal im Zuge allgegenwärtiger Grenzziehungs- und Positionierungspraktiken (ko-)konstruiert werden. Epistemisch-kognitive Grenzen können zugleich eine enorme Stabilität aufweisen, deren Konstruiertheit durch semantische Analysen kategorialer Grenzen greifbar ist und ‚die Ordnung der Dinge' sichtbar macht. Letztlich plädiert der Band auch für eine stärker integrative Behandlung des Zusammenhangs von Grenzen und jeglicher Art von Räumen in gesellschaftlich relevanten Domänen wie Politik und Bildung.

Zeitgleich macht der Band auf weitere Desiderata aufmerksam: Bereiche, die künftig weiter erforscht werden können/sollen, sind etwa Grenzen und Grenzziehungspraktiken unter Berücksichtigung multimodaler Zugänge und Perspektiven (Marx in diesem Band) sowie die weitere Integration von Makro- und Mikroperspektiven, wie beispielsweise von diskurslinguistischen und interaktional-linguistischen Herangehensweisen. Interdisziplinäre Anschlüsse sehen wir durch die hohe politische und gesellschaftliche Relevanz der Erforschung von – wie auch immer gearteten – Grenzen und Grenzziehungspraktiken insbesondere in der Politik- und Sozialwissenschaft sowie durch den hohen Grad an Institutionalisierung und Normierung von Grenzen und Grenzziehungspraktiken beispielsweise in Bereichen der institutionellen Kommunikation, wie etwa der (Fremd-)Sprach(en)didaktik (Kreuz in diesem Band). Dieser Band bringt mit der Idee der Grenzziehungspragmatik Forschungen zusammen, die theoretische, methodische und empirische Ansatzpunkte für diese Überlegungen bieten und möchte zu einer Weiterarbeit an solchen Forschungsfragen anregen.

## Literatur

Androutsopoulos, Jannis (2016). Mediatisierte Praktiken: Zur Rekontextualisierung von Anschlusskommunikation in den Sozialen Medien. In: Deppermann, Arnulf/Feilke, Helmuth/Linke, Angelika (Hrsg.). Sprachliche und kommunikative Praktiken. Berlin/Boston: De Gruyter, 337–367.

Androutsopoulos, Jannis/Chowchong, Akra (2021). Sign-genres, authentication, and emplacement: The signage of Thai restaurants in Hamburg, Germany. Linguistic Landscape 7 (2), 204–234.

Auer, Peter (2004). Sprache, Grenze, Raum. Zeitschrift für Sprachwissenschaft 23, 149–179.

Auer, Peter (2010). Sprachliche Landschaften: Die Strukturierung des öffentlichen Raums durch die geschriebene Sprache. In: Deppermann, Arnulf/Linke, Angelika (Hrsg.). Sprache intermedial. Berlin/Boston: De Gruyter, 271–298.

Auer, Peter/Schmidt, Jürgen Erich (2010). Introduction to this volume. In: Auer, Peter/Schmidt, Jürgen Erich (Hrsg.). Language and Space: An International Handbook of Linguistic Variation: Volume 1 Theories and Methods (= Handbücher zur Sprach- und Kommunikationswissenschaft HSK 30 (1)). Berlin/Boston: De Gruyter, vii–xvi.

Barth, Niklas/Mayr, Katharina (2019). Der Tod ist ein Skandal der Exklusion. Neue Entwicklungen und ein altbekannter Ton in der deutschen Thanatosoziologie. Soziologische Revue 42 (4), 572–592.

Bauman, Zygmunt (1998). Globalization: The Human Consequences. New York: Columbia University Press.

Berger, Peter L./Luckmann, Thomas (2021). Die gesellschaftliche Konstruktion der Wirklichkeit. Eine Theorie der Wissenssoziologie. 28. Aufl. Frankfurt am Main: Fischer.

Bierwisch, Manfred (2008). Bedeuten die Grenzen meiner Sprache die Grenzen meiner Welt? In: Kämper, Heidrun/Eichinger, Ludwig M. (Hrsg.). Sprache – Kognition – Kultur: Sprache zwischen mentaler Struktur und kultureller Prägung (= IDS-Jahrbuch 2007). Berlin/New York: De Gruyter, 323–355.

Bock, Bettina M./Antos, Gerd (2019). ‚Öffentlichkeit' –‚Laien' –‚Experten': Strukturwandel von ‚Laien' und ‚Experten' in Diskursen über ‚Sprache'. In: Antos, Gerd/Niehr, Thomas/Spitzmüller, Jürgen (Hrsg.). Handbuch Sprache im Urteil der Öffentlichkeit. Berlin/Boston: De Gruyter, 54–79.

Bubenhofer, Noah (2013). Quantitativ informierte qualitative Diskursanalyse. In: Roth, Kersten Sven/ Spiegel, Spiegel (Hrsg.). Angewandte Diskurslinguistik. Felder, Probleme, Perspektiven (= Diskursmuster 2). Berlin: Akademischer Verlag, 109–134.

Bubenhofer, Noah (2018). Diskurslinguistik und Korpora. In: Warnke, Ingo H. (Hrsg.). Handbuch Diskurs, Sprachwissen. Berlin/Boston: De Gruyter, 208–241.

Busse, Dietrich (2013). Linguistische Diskurssemantik. Rückschau und Erläuterungen nach 30 Jahren. In: Busse, Dietrich/Teubert, Wolfgang (Hrsg.). Linguistische Diskursanalyse. Neue Perspektiven. Wiesbaden: Springer VS, 31–53.

Busse, Beatrix/Warnke, Ingo (2015). Sprache im urbanen Raum. In: Felder, Ekkehard/ Gardt, Andreas (Hrsg.). Handbuch Sprache und Wissen. Berlin/Boston: De Gruyter, 519–538.

Chovan, Miloš (2006). Kommunikative Stile sozialen Abgrenzens. Zu den stilistischen Spezifika sozial-distinktiver Handlungen in der Interaktion Jugendlicher. In: Dürscheid, Christa/Spitzmüller, Jürgen (Hrsg.). Perspektiven der Jugendsprachforschung. Frankfurt am Main/Berlin/Bern/Brüssel/New York/Oxford/Wien: Lang, 135–151.

Couper-Kuhlen, Elizabeth/Selting, Margret (2018). Interactional Linguistics: Studying Language in Social Interaction. Cambridge: Cambridge University Press.

Deppermann, Arnulf (2008). Gespräche analysieren: Eine Einführung. 4. Aufl. Wiesbaden: VS Verlag für Sozialwissenschaften.

Deppermann, Arnulf/Feilke, Helmuth/Linke, Angelika (2016). Sprachliche und kommunikative Praktiken: Eine Annäherung aus linguistischer Sicht. In: Deppermann, Arnulf/Feilke, Helmuth/Linke, Angelika (Hrsg.). Sprachliche und kommunikative Praktiken. Berlin/Boston: De Gruyter, 1–23.

Dreesen, Philipp (2015). Diskursgrenzen: Typen und Funktionen sprachlichen Widerstands auf den Straßen der DDR. Berlin/Boston: De Gruyter.

Dreesen, Philipp (2018). Diskurslinguistik und die Ethnographie des Alltags. In: Wanke, Ingo H. (Hrsg.). Handbuch Diskurs. Berlin/Boston: De Gruyter, 265–284.

Du Bois, John W. (2007). The stance triangle. In: Englebretson, Robert (Hrsg.). Stancetaking in Discourse: Subjectivity, evaluation, interaction (= Pragmatics & Beyond New Series 164). Amsterdam: John Benjamins, 139–182.

Felder, Ekkehard/Müller, Marcus/Vogel, Friedemann (2012). Korpuspragmatik: Paradigma zwischen Handlung, Gesellschaft und Kognition. In: Felder, Ekkehard/Müller, Marcus/Vogel, Friedemann (Hrsg.). Korpuspragmatik. Thematische Korpora als Basis diskurslinguistischer Analyse. Berlin/New York: De Gruyter, 3–32.

Foucault, Michel (1997). Archäologie des Wissens. 8. Aufl. Frankfurt am Main: Suhrkamp.

Gee, James Paul (2005). Semiotic social spaces and affinity spaces: from The Age of Mythology to today's schools. In: Barton, David/Tusting, Karin (Hrsg.). Beyond Communities of Practice. New York: Cambridge University Press, 214–234.

Gerst, Dominik/Klessmann, Maria/Krämer, Hannes/Sienknecht, Mitja/Ulrich, Peter (2018). Komplexe Grenzen: Aktuelle Perspektiven der Grenzforschung. Berliner Debatte Initial 29 (1), 3–11.

Heintel, Martin/Musil, Robert/Weixlbaumer, Norbert (2018). Grenzen – eine Einführung. In: Heintel, Martin/Musil, Robert/Weixlbaumer, Norbert. (Hrsg.). Grenzen: Theoretische, konzeptionelle und praxisbezogene Fragestellungen zu Grenzen und deren Überschreitungen. Wiesbaden: Springer VS, 1–15.

Hepp, Andreas/Berg, Matthias/Roitsch, Cindy (2014). Kommunikative Grenzziehung. Kommunikatives Grenzmanagement und die Grenzen der Gemeinschaft. In: Hepp, Andreas/Berg, Matthias/Roitsch, Cindy. (Hrsg.). Mediatisierte Welten der Vergemeinschaftung: Kommunikative Vernetzung und das Gemeinschaftsleben junger Menschen (= Medien, Kultur, Kommunikation). Wiesbaden: Springer VS, 175–197.

Heritage, John (2012). The epistemic engine: Sequence organization and territories of knowledge. Research on language and social interaction 45 (1), 30–52.

Janich, Nina (2018). Nichtwissen und Unsicherheit. In: Birkner, Karin/Janich, Nina (Hrsg.). Handbuch Text und Gespräch. Berlin/Boston: De Gruyter, 555–583.

Johnstone, Barbara (2004). Place, globalization, and linguistic variation. In: Fought, Carmen (Hrsg.). Sociolinguistic Variation: Critical Reflections. Oxford: Oxford University Press, 65–83.

Jones, Rodney H./Hafner, Christoph A. (2012). Understanding Digital Literacies: A Practical Introduction. 2. Aufl. New York: Routledge.

Jones, Rodney H./Chik, Alice/Hafner, Christoph A. (2015). Introduction: Discourse Analysis and Digital Practices. In: Jones, Rodney H./Chik, Alice/Hafner, Christoph A (Hrsg.). Discourse and digital practices: doing discourse analysis in the digital age. London/New York: Routledge, 1–17.

Kallmeyer, Werner (2004). Kommunikativer Umgang mit sozialen Grenzziehungen. Zur Analyse von Sprachstilen aus soziolinguistischer Perspektive. Der Deutschunterricht 56 (1), 51–58.

Kallmeyer, Werner (2010). Das Projekt „Kommunikation in der Stadt". In: Löffler, Heinrich/Hofer, Lorenz (Hrsg.). Stadtsprachenforschung: Ein Reader. Hildesheim: Olms, 597–649.

Kleinschmidt, Christoph (2011). Einleitung: Formen und Funktionen von Grenzen: Anstöße zu einer interdisziplinären Grenzforschung. In: Kleinschmidt, Christoph/Hewel, Christine (Hrsg.). Topographien der Grenze: Verortungen einer kulturellen, politischen und ästhetischen Kategorie. Würzburg: Königshausen & Neumann, 9–21.

Konerding, Klaus-Peter (2010). Symbolische Formen. Macht und Grenzen menschlichen Wissens. In: Fuchs, Thomas/Schwarzkopf, Grit (Hrsg.). Verantwortlichkeit – nur eine Illusion? Heidelberg: Universitätsverlag Winter, 61–104.

Land, Victoria/Pino, Marco/Jenkins, Laura/Feathers, Luke/Faul, Christina (2019). Addressing possible problems with patients' expectations, plans and decisions for the future: One strategy used by experienced clinicians in advance care planning conversations. Patient Education and Counseling (102), 670–679.

Leykum, Hannah (2020). A pilot study on the diversity in irony production and irony perception. In: Athanasiadou, Angeliki/Colston, Herbert L. (Hrsg.). The diversity of irony. Berlin/Boston: De Gruyter, 278–303.

Linke, Angelika/Schröter, Juliane (2018). Diskurslinguistik und Transsemiotizität. In: Warnke, Ingo (Hrsg.). Handbuch Diskurs. Berlin/Boston: De Gruyter, 449–469.

Lucius-Hoene, Gabriele/Deppermann, Arnulf (2004). Narrative Identität und Positionierung. Gesprächsforschung Online 5, 166–183.

Marx, Konstanze (2019). Kollektive Trauer 2.0 zwischen Empathie und Medienkritik: Ein Fallbeispiel. In: Hauser, Stefan/Opilowski, Roman/Wyss, Eva L. (Hrsg.). Alternative Öffentlichkeiten. Soziale Medien zwischen Partizipation, Sharing und Vergemeinschaftung. Bielefeld: Transcript, 109–130.

Mattissek, Annika (2017). Geographie. In: Roth, Kersten Sven/Wengeler, Martin/ Ziem, Alexander (Hrsg.). Handbuch Sprache in Politik und Gemeinschaft. Berlin/Boston: De Gruyter, 533–552.

Merten, Marie-Luis (2021). „Wer länger raucht, ist früher tot" – Construal-Techniken des (populärmedizinischen) Online-Positionierens. In: Iakushevich, Marina/Ilg, Yvonne/ Schnedermann, Theresa (Hrsg.). Linguistik und Medizin. Sprachwissenschaftliche Zugänge und interdisziplinäre Perspektiven. Berlin/Boston: De Gruyter, 259–276.

Neuland, Eva (2018). Sprachgebrauch in Jugendgruppen. In: Neuland, Eva/Schlobinski, Peter (Hrsg.). Handbuch Sprache in sozialen Gruppen. Berlin/Boston: De Gruyter, 276–292.

Niehr, Thomas (2019). Sprache – Macht – Gewalt oder: Wie man die Grenzen des Sagbaren verschiebt. Sprachreport 35 (3), 1–7.

Öztürk, Asiya (2014). Editorial. Aus Politik und Zeitgeschichte 63, 4–5.

Paasi, Anssi (1999). Boundaries as social practice and discourse: The Finnish-Russian border. Regional Studies 33 (7), 669–680.

Paasi, Anssi (2020). Political borders. In: Kobayashi, Audrey (Hrsg.). International Encyclopedia of Human Geography. Oxford: Elsevier, 15–24.

Reckwitz, Andreas (2008). Unscharfe Grenzen: Perspektiven der Kultursoziologie. Bielefeld: Transcript.

Redepenning, Marc (2018). Aspekte einer Sozialgeographie der Grenzziehungen: Grenzziehungen als soziale Praxis mit Raumbezug. In: Heintel, Martin/Musil, Robert/ Weixlbaumer, Norbert (Hrsg.). Grenzen. Theoretische, konzeptionelle und praxisbezogene Fragestellungen zu Grenzen und deren Überschreitungen. Wiesbaden: Springer VS, 19–42.

Römer, David/Spieß, Constanze (Hrsg.) (2019). Populismus und Sagbarkeiten in öffentlich-politischen Diskursen (= Osnabrücker Beiträge zur Sprachtheorie OBST 95). Duisburg: Universitätsverlag Rhein-Ruhr.

Roth, Kersten Sven (2018a). Verortung: Zu Konstruktionen einer argumentativ-auktorialen Origo in laienlinguistisch-sprachkritischen Texten. In: Wengeler, Martin/Ziem, Alexander (Hrsg.). Diskurs, Wissen, Sprache: Linguistische Annäherungen an kulturwissenschaftliche Fragen. Berlin/Boston: De Gruyter, 295–318.

Roth, Kersten Sven (2018b). Didaktisierung von Wissen in der politischen Kommunikation. In: Birkner, Karin/Janich, Nina (Hrsg.). Handbuch Text und Gespräch. Berlin/ Boston: De Gruyter, 486–506.

Schmid, Hans-Jörg (2020). The Dynamics of the Linguistic System: Usage, Conventionalization, and Entrenchment. Oxford: Oxford University Press.

Schmidt, Jürgen Erich/Dammel, Antje/Girnth, Heiko/Lenz, Alexandra N. (2019). Sprache und Raum im Deutschen: Aktuelle Entwicklungen und Forschungsdesiderate. In: Herrgen, Joachim/Schmidt, Jürgen Erich (Hrsg.). Deutsch: Sprache und Raum – Ein internationales Handbuch der Sprachvariation (= Handbücher zur Sprach- und Kommunikationswissenschaft HSK 30 (4)). Berlin/Boston: De Gruyter, 28–60.

Siebold, Oliver (2018). Wortschatz, Wortbildung und lexikalische Semantik. In: Neuland, Eva/Schlobinski, Peter (Hrsg.). Handbuch Sprache in sozialen Gruppen. Berlin/Boston: De Gruyter, 108–125.

Stegbauer, Christian (2018). Soziale Netzwerke und sprachliche Interaktion. In: Neuland, Eva/Schlobinski, Peter (Hrsg.). Handbuch Sprache in sozialen Gruppen. Berlin/Boston: De Gruyter, 3–16.

Taylor, John (2003). Linguistic Categorization. Oxford: University Press.

Thaler, Verena (2012). Sprachliche Höflichkeit in computervermittelter Kommunikation (= Stauffenburg Linguistik 70). Tübingen: Stauffenburg.

Tophinke, Doris (2019). „All City" – Graffiti-Writings als Kommunikate des Urbanen. Zeitschrift für germanistische Linguistik 47 (2), 355–384.

Vollmer, Bastian A. (2017). A hermeneutical approach to European bordering. Journal of Contemporary European Studies 25 (1), 1–15.

Warnke, Ingo H./Jürgen Spitzmüller (2008). Methoden und Methodologie der Diskurslinguistik – Grundlagen und Verfahren einer Sprachwissenschaft jenseits textueller Grenzen. In: Warnke, Ingo H./Spitzmüller, Jürgen (Hrsg.). Methoden der Diskurslinguistik. Berlin/New York: De Gruyter, 3–56.

Wittgenstein, Ludwig (1969). Tractatus logico-philosophicus (= TLP). Schriften. Bd. 1: Tractatus logico-philosophicus, Tagebücher 1914–1916, Philosophische Untersuchungen. Frankfurt a. M.: Suhrkamp.

Ziegler, Evelyn/Marten, Heiko F. (Hrsg.) (2021). Linguistic Landscape in deutschsprachigen Kontexten: Forschungsperspektiven, Methoden und Anwendungsmöglichkeiten (= Forum angewandte Linguistik 65). Berlin/Bern/Brüssel/New York/Oxford/Warszawa/Wien: Peter Lang.

# „Deshalb verweise ich auf die Wortwahl"

## Zur Funktionalität parlamentarischer Sprachthematisierungen im Kontext sprachlicher Grenzziehungspraktiken

Hanna Völker

**Abstract:** Language thematisations fulfill various functions in public-political language use. Within plenary debates of the German Bundestag, thematisations and criticism of language use can be a means of drawing a line between political opponents and positioning oneself towards a person, political party, or subject matter. In addition, metalinguistic actions are associated with practices of negotiating and constituting meaning, and they can refer to the boundaries between ‚appropriate' and ‚inappropriate' language use, thus contributing to the interest- and ideology-driven constitution of reality. Against this backdrop, this article examines the functionality of parliamentary language criticism using a corpus of plenary debates on the topic of immigration between May 2019 and April 2020.

**Keywords:** migration discourse, plenary debates, language criticism, negotiation of meaning, demarcation practices

## 1 Einführung[1]

Das Thema Migration ist untrennbar mit dem Konzept der Grenze verbunden. Grenzen und sprachliche Praktiken der Grenzziehung als Mittel, zu ordnen, sind beim öffentlichen Sprechen (und Schreiben) über Migration auf verschiedene

---

1  Ich danke Kristin Kuck und Stefan Pfänder für die wertvollen Kommentare zu einer früheren Version dieses Beitrags.

Weise präsent.[2] (Sprachliche) Grenzziehungen beruhen auf einer Annahme von Binarität verschiedener Ausprägungen: zwischen einem Innen und Außen, einem Wir und die Anderen, somit einer Entgegensetzung von Eigenem und Fremdem. Im Gewand öffentlicher Sprachkritik kommt diese Binarität insbesondere auch als Unterscheidung zwischen ‚richtig' und ‚falsch' im Sinne einer Differenzierung in ‚angemessenen' und ‚unangemessenen' Sprachgebrauch zur Geltung. Zur öffentlichen kommunikativen Verhandlung gesellschaftlich relevanter Themen gehört auch die Aushandlung dessen, was als sagbar aufgefasst wird, und von dem, was die Grenzen des Sagbaren zu überschreiten scheint. Öffentlich-politischem Sprachgebrauch kommt dabei einerseits die Funktion zu, die:den Sprechende:n qua Sprachverwendung in Bezug auf den Sachverhalt und auf die weiteren Diskursteilnehmenden zu verorten, d.h. sich (im Diskurs und diskursiv) zu positionieren. Andererseits dienen sprachliche, v. a. metasprachliche, Handlungen der Bedeutungskonstitution durch die Etablierung semantisch-pragmatischer Grenzen zwischen differenten Bedeutungskonzepten und Bezeichnungen (siehe exemplarisch Beleg 1 und 2 in Abschnitt 2). Sprachthematisierungen sind in dieser doppelten Funktionalität aufschlussreich: Sie stellen nicht nur ein Argument dar, das Gegenstand von sprachlichen Abgrenzungen zu politischen Gegner:innen ist, sondern verweisen ebenso auf die Grenzen zwischen angemessenem und unangemessenem Sprachgebrauch und leisten damit einen Beitrag zu ihrer Festlegung in ihrer stetigen Verhandlung und Neubestimmung. Im Folgenden soll die Bedeutung von Grenzen im Kontext öffentlich-politischer Kommunikation sprachgebrauchsanalytisch untersucht und anhand der funktionalen Ausprägungen von Sprach(gebrauchs)kritik zur Bedeutungsaushandlung (Abschnitt 4.1) sowie als politisch-ideologisches Instrument zur Selbst- und Fremdpositionierung (Abschnitt 4.2) beschrieben werden. Anhand eines Korpus aus bundesdeutschen Plenardebattenreden zum Thema Migration/Einwanderung/Asyl/Flucht aus den Jahren 2019 und 2020 werden hierzu metasprachliche Kommentare in ihrer mehrfachen Funktion, Grenzen zu bestimmen und zu verschieben, analysiert. Zunächst werden die metasprachlichen Äußerungen als Formen von Bewertungshandlungen anhand der zugrundeliegenden Konzepte der Positionierungen und des Stancetaking eingeführt (Abschnitt 2). Die

---

2   So sind physische (Staats-)Grenzen bedeutsam und übernehmen zentrale asylpolitische Funktionen; auf Grundlage von Identitätskonzepten beeinflussen mentale Grenzziehungen das Denken und Handeln im Alltag (vgl. Heintel et al. 2018: 4) und begleiten sowie konstituieren eine binäre Strukturierung der Alltagswelt. (Die Verwendung des Begriffs der Alltagswelt stützt sich auf (wissens-)soziologische Theorien im Sinne von Berger/Luckmann ($^{27}$2018), die hierunter das alltägliche Leben und Denken „jedermann[s]" (Plessner 2018: XIII) verstehen.)

Vorstellung und funktionale Einordnung der Korpusdaten erfolgt in Abschnitt 3, bevor in Abschnitt 4 die Analyseergebnisse hinsichtlich Sprachthematisierungen als Grenzziehungspraktiken dargelegt werden und ein Fazit gezogen wird (Abschnitt 5).

## 2 Theorie

Funktionsanalytisch lassen sich Reden in parlamentarischen Debatten dadurch beschreiben, dass sie der argumentativen Stellungnahme, Kommentierung und Bewertung der verhandelten Themen dienen (vgl. Völker/Spieß 2021: 134; Klein 2019). Die hier untersuchten Parlamentsdebatten können als Legitimationsdebatten eingeordnet werden, deren Persuasivität sich weniger auf das Parlamentsplenum richtet (wie im Fall von Entscheidungsdebatten), als vielmehr auf eine breite Öffentlichkeit (vgl. Klein 2000: 749; Klein 2014: 184f.). Die diskursiven Praktiken des Kommentierens, Wertens und Argumentierens stehen dabei im Zusammenhang mit sprachlichen (Selbst- und Fremd-)Positionierungen, anhand derer sich die Diskursakteur:innen zum verhandelten Sachverhalt sowie untereinander ausrichten (vgl. Du Bois 2007; Deppermann 2015; Lucius-Hoene/Deppermann 2004). Durch die Verwendung evaluativer Lexik, mit der Argumentationen realisiert werden, wird zum debattierten Thema aus der jeweiligen Perspektive der Sprechenden bzw. ihrer Partei Stellung bezogen. Dieses Stancetaking vollzieht sich über die Trias aus „evaluating objects, positioning subjects (self and others), and aligning with other subjects" (Du Bois 2007: 163).[3] „Deliberate positioning of others" (Harré/van Langenhove

---

3   Die Akte der Selbst- und Fremdpositionierung lassen sich von mündlicher Face-to-Face-Kommunikation, auf die sie zunächst in der Forschungsliteratur bezogen wurden (vgl. Lucius-Hoene/Deppermann 2004; Du Bois 2007; Englebretson 2007; Jaffe 2009; Deppermann 2015), auf konzeptionell schriftliche und medial mündliche Debattenreden (sowie andere diskursive Formen der schriftlichen Kommunikation) übertragen (vgl. Spieß 2018). Spontane Passagen in Debattenreden, die Formulierungen von Vorredner:innen aufgreifen, sowie Zwischenrufe, -fragen und Kurzinterventionen, mit denen ad hoc zu den Äußerungen des:der aktuellen Redners:Rednerin Bezug genommen wird, können als konzeptionell und medial mündlich angesehen werden (im Sinne der Ausführungen zu Mündlichkeit und Schriftlichkeit bei Koch/Oesterreicher 1985; zu den Textsorten der Zwischenrufe, Zwischenfragen und Kurzinterventionen im Parlament vgl. Burkhardt 2019). Generell handelt es sich bei Plenardebattenreden um eine Mischform mit mündlichen und schriftsprachlichen Merkmalen, da sie (bis auf zu Protokoll gegebene Reden) mündlich vorgetragen werden, jedoch zumeist schriftlich ausformulierte Kommunikate darstellen (vgl. Burkhardt 2005; Burkhardt 2017: 512). Die Praxis entspricht insofern nicht ganz den in der Geschäftsordnung des Deutschen Bundestages formulierten Vorgaben, nach denen die Redner:innen „grundsätzlich in freiem Vortrag" sprechen, der durch Aufzeichnungen unterstützt werden kann (vgl.

1991: 403) liegt bei metasprachlichen Äußerungen vor, in denen moralische Vorwürfe an die parlamentarische Gegenseite (repräsentiert durch den:die Vorredner:in) realisiert werden, wobei sich die Intentionalität auf Strategien des politischen Machtkampfes gründet, die im Zusammenhang mit den Sprechhandlungen DIFFAMIEREN, KRITISIEREN, BLOSSTELLEN und DELEGITIMIEREN stehen.[4] Innerhalb von Stancetakingaktivitäten nehmen die Diskursakteur:innen explizit oder implizit aufeinander Bezug; implizit erfolgt ein Alignment, indem sich durch den Sprachgebrauch voneinander abgegrenzt wird oder sprachliche Mittel affirmativ verwendet werden (vgl. Völker/Spieß 2021) (siehe hierzu Abb. 1 und 2).

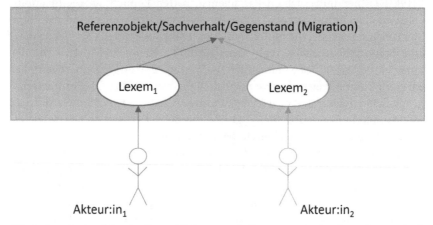

Abb. 1: Spezifische diskursive Perspektivierung und Abgrenzung zweier Akteur:innen mittels Sprachgebrauch, realisiert etwa durch Nominationsausdrücke (zu Nominations- bzw. Bezeichnungskonkurrenz vgl. Girnth 2015: 65; Klein 1989: 17), Abgrenzungsvokabular (vgl. Girnth 2012: 20 f.), sprachkritische Bemerkungen und Distanzierungen von Ausdrucksverwendungen und Formulierungen anderer Akteur:innen

---

Geschäftsordnung des Deutschen Bundestages § 33). Zur Gleichzeitigkeit von Mündlichkeit und Schriftlichkeit, Dialogizität und Monologizität sowie Spontaneität und Konstruiertheit in der parlamentarischen Interaktion vgl. auch Truan 2021: 63–71.

4   Zur Charakteristik der Textsorte Debattenrede vgl. die Ausführungen in Abschnitt 3 dieses Beitrags.

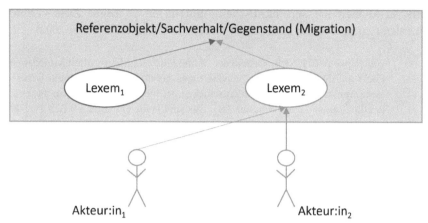

Abb. 2: Sprachgebrauch der Eigengruppe (bspw. Partei, Koalition, Parteienbündnis), realisiert auch als affirmativ verwendeter Sprachgebrauch, identitätsstiftende Kommunikation zur Bezugnahme auf ein Referenzobjekt und sprachlichen Konstitution von Wissensbestandteilen im Diskurs

In metasprachlichen Kommentaren werden diese Abgrenzungs- und Bewertungshandlungen explizit vollzogen, insofern sich zu Aussagen und Formulierungen der politischen Gegenseite geäußert wird und diese kritisiert werden. Die Kritik bezieht sich dabei in den untersuchten Redebeiträgen auf unangemessene Sprachverwendung/Unangemessenheit,[5] etwa als sprachlicher Verstoß gegen die Menschenwürde (Beleg 2), oder im Sinne unangemessen unspezifischer und somit zu wenig informativer Äußerungen (vgl. Pinkal 1991: 251) (Beleg 3). Eine Beurteilung des Sprachgebrauchs des:der politischen Gegners: Gegnerin drückt damit auch aus, welche (positiven) Eigenschaften man für sich beansprucht und welche (negativen) der Gegenseite zugewiesen werden (vgl. Kämper 2020: 24 f.).

Sprachkritische Äußerungen kennzeichnet Polyfunktionalität. Für sie ist charakteristisch, „dass sie sich nicht nur auf den sprachlichen Kode beziehen, sondern auch eine auf die Form oder den Inhalt der codierten Nachricht gerichtete Wertung enthalten." (Kilian/Niehr/Schiewe 2016: 1). Damit können sich anhand von Sprachdebatten auch Sachverhaltsaushandlungen (bzw. Sachverhaltsfixierungsversuche) vollziehen (vgl. u. a. Felder 2006a; Felder 2006b)

---

5   Hier ist weniger funktionale Angemessenheit (vgl. Kilian/Niehr/Schiewe 2016; Bär 2020) gemeint, als vielmehr eine ethisch/moralisch begründete Unangemessenheit im Sprachgebrauch, die von den Diskursakteur:innen zur Kritik an der Sprachverwendung Anderer angeführt wird.

und es können mit sprachkritischen Äußerungen politische Ziele verfolgt werden (vgl. u. a. Kilian/Niehr/Schiewe 2016:11; Spieß 2020; Niehr 2002).

(1) Ulla Jelpke (DIE LINKE): Gemäß der Genfer Flüchtlingskonvention hat jeder ein Recht auf die Prüfung seines Asylantrages. Schutzsuchende ohne ein faires Verfahren in die Türkei zurückzuschicken, ist illegal. Das muss man ganz deutlich sagen. (Zuruf von der AfD: Das sind keine Flüchtlinge!) (DB 19/148)[6]

(2) Helge Lindh (SPD): Deshalb verweise ich auf die Wortwahl. Gerade wenn wir über eine so sensible Thematik wie „Rückkehr und Abschiebung" sprechen, ist es sinnvoll auf die Sprache zu achten. [...] Ich meine mich aber zu erinnern, dass Sie vorhin [...] von „zwischenverwahrt" gesprochen haben. Menschen werden nicht „zwischenverwahrt". Sie werden vielleicht in Gewahrsam genommen, inhaftiert, aber nicht „zwischenverwahrt". (DB 19/101)

(3) Max Straubinger (CDU/CSU): Nichtsdestotrotz sollte jedoch die Definition von Menschen mit guter Bleibeperspektive etwas klarer gezogen werden. Aus einer unklaren Definition heraus besteht die Gefahr, über eine mögliche spätere Entscheidung zum Aufenthaltstitel oder der Bleibeaussicht zu mutmaßen. Dieser sollte aber nicht vorgegriffen werden, und eine verfrühte Einteilung könnte auch hier zu Ungerechtigkeiten durch zu vage Formulierungen führen. (DB 19/101)

Kritik an sprachlichen Äußerungen, wie sie uns in Beleg 1 und 2 begegnet, basiert auf der Ansicht, es werde eine unangemessene Bezeichnung verwendet, insofern eine mangelnde Übereinstimmung von Wort und Welt vorliege (vgl. Niehr 2020: 88), das Wort also nicht zum Sachverhalt passe. Gardt (2008: 15) verwendet hierfür die Begriffe der Referenz und des kommunikativen Ethos, deren Forderung verlange, „dass sich jedes Sprechen sachlich treffend auf die Welt bezieht und zuverlässig die wahren Absichten des Sprechers [des:der Sprechers:Sprecherin; HV] zu erkennen gibt." Aufgrund der Verbreitung der Forderung ordnet Gardt (2008: 15) die Referenz-Forderung als „Universalie der Sprachreflexion" ein. Im öffentlich-politischen Diskurs begegnet sie uns in öffentlich erhobenen Eindeutigkeitsforderungen, derer zwei exemplarisch zitiert werden:

> Für den SPIEGEL bedeutete mitfühlende Kritik, dass er in den vergangenen Monaten Flüchtlinge vorstellte, die Schleppermafia beschrieb und Titel wie ‚Helles Deutschland/Dunkles Deutschland' (36/2015) druckte. Was wir in diesem Jahr der Flüchtlinge vermieden haben, sind Titel wie ‚Gefährlich fremd' (16/1997), denn Medien und jene Bürger, die sich öffentlich äußern, sollten behutsam sein; das gilt eigentlich immer,

---

6 In diesem Fall liegt eine Bestimmung des semantischen Inhalts der sozialen Kategorie Flüchtling ex negativo vor, d. h. dem Ordnungsversuch liegt eine Bestimmung zugrunde, die sich durch eine Negation darstellt: Dieses ist dabei nicht jenes (vgl. Liessmann ⁴2018: 29).

aber **in emotionalen Zeiten ist es besonders wichtig, präzise zu formulieren und Sprache zurückzunehmen**. [...] Objektivität ist in einer komplexen Krise wie dieser schwer zu erzielen. (Brinkbäumer in Der Spiegel 2015: n.pag.; Herv. HV)

Ich denke, ich habe schon auf die Frage von der Kollegin gesagt, dass es mir [Angela Merkel; HV] sehr wichtig ist, dass ich umso mehr versuche, **auf meine Sprache zu achten, präzise zu sein**, dass natürlich auch die Fakten stimmen und dass sozusagen durch Beispielgebung versucht wird, diesen Prozess einer manchmal auch – so würde ich sagen – gewissen Verwahrlosung ein wenig im Zaume zu halten, weil ich glaube, dass es zwischen Denken, Sprechen und Handeln einen ziemlich engen Zusammenhang gibt. (Presse- und Informationsamt der Bundesregierung 2018: n.pag.; Herv. HV)

Für die institutionelle politische Kommunikation, die in medial übertragenen Plenardebatten vollzogen wird, bezieht sich als unangemessen kritisierter Sprachgebrauch demnach auf Wörter und Formulierungen, die nicht informativ genug sind oder als ethisch unangemessen bewertet werden.

Folgt man dem Lexikon zum öffentlichen Sprachgebrauch „Brisante Wörter" von Strauß/Haß/Harras (1989), so zählen vage Schlagwörter und euphemistische Lexeme aufgrund ihrer semantischen Eigenschaften zu brisanten Wörtern, die zum Gegenstand kritischer Betrachtung werden können (Beleg 2). Die Thematisierung von Sprache erfolgt wie oben erwähnt explizit oder implizit (vgl. Stötzel/Wengeler 1995; Spieß 2011; Spieß 2020). Äußerungen wie in Beleg 2 stellen explizite Thematisierungen dar, die der Kritik am Sprachgebrauch anderer Gruppen, meist der politischen Gegenseite, dienen. Lassen sich gruppenspezifisch heterogene Formulierungen für einen Sachverhalt feststellen, die auf gruppenspezifische Werte, Normen und Ideologien verweisen, i. e. bestehen beispielsweise Bezeichnungskonkurrenzen, bleibt die Thematisierung implizit (vgl. Niehr 2020: 90 f.) (Abb. 1 und 2). Die der Untersuchung zugrundeliegenden Sprachbelege stellen (explizite) kritische Bezugnahmen auf Lexeme dar, die auf die Grenzen des als sagbar Empfundenen verweisen, somit Teil der diskursiven Bedeutungskonstitution und -verhandlung sind und nicht zuletzt auf die realitätskonstitutive Kraft öffentlichen (und institutionellen) Sprachgebrauchs verweisen.

## 3 Korpus

Die Datengrundlage, der die metasprachlichen Äußerungen entstammen, bilden die stenografischen Protokolle der thematisch relevanten Bundestagsdebatten zum Thema Migration/Einwanderung/Flucht/Asyl im Zeitraum zwischen Mai 2019 und April 2020 (166 Debattenreden) (Tab. 1). Zur Charakteristik der Textsorte parlamentarische Debattenrede gehört ihre Mehrfachadressiertheit (vgl. Kühn 1995) und Polyfunktionalität, wobei erstere darin besteht, dass sich die Sprechenden in ihnen nicht nur an die unmittelbar an der Debatte Beteiligten richten, sondern wesentlich an die Öffentlichkeit, insbesondere potentielle Wähler:innen. Somit dienen die zentralen Charakteristika der Inszeniertheit und Mehrfachadressiertheit dazu, mit den Texten die unterschiedlichen Adressat:innenkreise gleichermaßen anzusprechen (vgl. Spieß 2011: 163). Primäre Sprechhandlungen dieser „trialogischen" (vgl. Dieckmann 1981: 218 ff.) Kommunikationsform sind INFORMIEREN, ÜBERZEUGEN, BEEINFLUSSEN, VERSCHLEIERN (vgl. Burkhardt 2017: 514) sowie LEGITIMIEREN des eigenen Handelns und der eigenen Überzeugungen (vgl. u. a. Girnth/Hofmann 2016: 14; Strauß 1986: 52) und nicht zuletzt Sprechhandlungen, die der Inszenierung (vgl. Holly 1990) und Selbstprofilierung im Zusammenhang mit der Diskreditierung politischer Gegner:innen dienen, wie BESCHULDIGEN, VORWERFEN und SICH ALS GLAUBWÜRDIG PRÄSENTIEREN (vgl. Girnth/Hofmann 2016: 14; Burkhardt 2004: 98; Holly/Kühn/Püschel 1986: 53 sowie 105–120).

| Plenarprotokoll-Nr | Datum | Tagesordnungspunkt/Zusatztagesordnungspunkt und Thema | Debattenreden | Token |
|---|---|---|---|---|
| 19/98 | 09.05.2019 | TOP 3, ZP 3, 4 Fachkräfteeinwanderungsgesetz | 14 | 23.378 |
| | | TOP 12 Gesetz zur Entfristung des Integrationsgesetzes | 9 | |
| | | TOP 17 Kommunale Initiativen zur Flüchtlingsaufnahme | 8 | |
| 19/101 | 16.05.2019 | TOP 6 Durchsetzung der Ausreisepflicht | 11 | 13.294 |
| | | TOP 17 Ausländerbeschäftigungsförderungsgesetz | 9 | |
| | | TOP 15 Änderung des Asylbewerberleistungsgesetzes | 9 | |
| 19/105 | 07.06.2019 | ZP 12-14 Asyl- und Aufenthaltsrecht | 13 | 29.676 |
| | | ZP 15, ZP 16 Fachkräfteeinwanderungsgesetz | 13 | |
| | | ZP 18, ZP 19 Ausländerbeschäftigungsförderungsgesetz | 9 | |
| 19/119 | 18.10.2019 | TOP 32 Änderung des Aufenthaltsgesetzes | 8 | 6.078 |
| 19/138 | 20.12.2019 | TOP 22 Wohnungsnot und Obdachlosigkeit | 13 | 21.477 |
| | | ZP 23 Aktuelle Stunde – Globales Flüchtlingsforum und Grundrechtekatalog | 12 | |
| 19/140 | 16.01.2020 | TOP 8 Finanzielle Lasten der Migrationspolitik | 12 | 9.942 |
| 19/142 | 29.01.2020 | ZP 2, 3 Aufnahme unbegleiteter Flüchtlingskinder | 9 | 6.828 |
| 19/148 | 04.03.2020 | TOP 31 Aufnahmebereitschaft von Städten und Kommunen | 9 | 7.509 |
| 19/155 | 22.04.2020 | TOP 6 Europäische Flüchtlingspolitik | 8 | 5.874 |
| | | | Total: 166 | Total: 124.056 |

Tab. 1: Korpuszusammensetzung

## 4 Sprachthematisierungen als Grenzziehungspraktiken

Im Fokus der Analyse stehen die Funktionen von sprachthematisierenden Kommentaren im Kontext sprachlicher Grenzziehungsakte, die einerseits im Verweisen auf die Grenzen zwischen angemessener und unangemessener Sprachverwendung bestehen sowie andererseits in ihrer Funktion als strategisches Argument zur Abgrenzung von politischen Gegner:innen. Die sprachliche Hervorbringung und Funktionalität grenzenaufrufender und -etablierender Praktiken soll damit beleuchtet werden, wobei die interaktionale Bedeutungskonstitution bzw. -aushandlung sowie diskursive Positionierung zentrale Analysekonzepte darstellen.

### 4.1 Verweis auf Grenzen zwischen angemessenem und unangemessenem Sprachgebrauch

Kritische metasprachliche Kommentare werden häufig durch die Verwendung spezifischer Lexeme hervorgerufen, auf die sie sich beziehen (vgl. u. a. Niehr 2020: 88). In wortbezogenen Verfahren (u. a. des semantischen Kampfes, des Streitens um Wörter sowie der Bezeichnungs- und Bedeutungskonkurrenz) wird hierdurch die Wortbedeutung Gegenstand diskursiver Bedeutungskonstitution, insofern Einheiten des politischen Wortschatzes im Zentrum der Aushandlung stehen. Das spezifische Framing[7] bzw. Kontextualisieren, das mit der Auswahl eines Wortes zur Beschreibung einer (außer-)sprachlichen Situation verbunden ist, verdeutlicht die verschiedenen (ideologischen) Positionen und Perspektiven, die sich im konkreten Sprachgebrauch ausdrücken (Abb. 1). Die sprachkritischen Kommentare und sprach- bzw. kommunikationsbezogenen Verhandlungen verweisen damit auf die Perspektiviertheit und Ideologiegebundenheit von Sprachgebrauch sowie die Brisanz politiksprachlicher Ausdrücke, die Teil des öffentlichen Diskurses sind (vgl. auch Spieß 2020).

Im nachfolgend aufgeführten Korpusbeleg dient die Referenz auf das Eindeutigkeits- und Angemessenheitspostulat unter Verweis auf die zur Diskussion stehende *sensible* (Beleg 2), da kontroverse, politisch brisante, und vom Emittenten so bezeichnete *dramatische Situationen bedeutende*[8] Thematik der *Rück-*

---

[7] Unter Frames werden gemäß der Frame-Semantik konzeptuelle Gefüge und Ordnungsstrukturen verstanden, die mit einem sprachlichen Ausdruck verknüpfte Wissensbestandteile aktualisieren (vgl. Ziem 2018: 7–22). Damit beziehen sich Frames auf „konzeptuelle Wissenseinheiten, die sprachliche Ausdrücke beim Sprachverstehen evozieren, die also Sprachbenutzerinnen und Sprachbenutzer aus ihrem Gedächtnis abrufen, um die Bedeutung eines sprachlichen Ausdrucks zu erfassen." (Ziem 2008: 2).

[8] Im Wortlaut heißt es an späterer Stelle im interessierenden Redebeitrag: „Ich will hier ganz bewusst nicht hurrapatriotisch und jubelnd sprechen. Das ist nicht geboten bei Fragen von Rückkehr und Abschiebung. Beide Fälle bedeuten eine dramatische Situation,

*kehr und Abschiebung* der Legitimierung der kritischen Kommentierung des Sprachgebrauchs des Vorredners, die als unangemessen betrachtet wird, wobei die festgestellte Unangemessenheit im Kontext eines Verstoßes gegen die Menschenwürde steht. Durch die Wortwahl werde die Würde der und der Respekt gegenüber den so adressierten Personen verletzt, die als Begründung für einen angemessenen Sprachgebrauch herangezogen werden. Parlamentarische Sprachkritik kann sich damit auf ungeeignetes Vokabular beziehen, das sprachlich Gewalt ausübt, oder aber die in der Geschäftsordnung festgelegte „Würde des Bundestages" verletzt (vgl. Kämper 2020: 13–17; Geschäftsordnung des Deutschen Bundestages § 36–38[9]). Der als verschleiernd aufgefasste Ausdruck *zwischenverwahrt* wird damit explizit zurückgewiesen und durch geeignetere, eindeutigere Lexeme ersetzt (*in Gewahrsam nehmen, inhaftieren*), welche die ‚eigentliche' Redeabsicht und das eigentlich Gemeinte treffender wiedergäben. Als verschleiernd im Sinne eines veruneindeutigenden Sprachgebrauchs kann der Ausdruck *zwischenverwahrt* in diesem Beitrag gelten, da er das *Verwahren* bzw. *Unterbringen* von so bezeichneten *Asyltäuschern* in *Gefängnissen* bzw. *auf Haftanstaltsgelände* sprachlich nicht kennzeichnet (Beleg 2).[10] Im bezugnehmenden Beleg wird dieses Verständnis expliziert.

(2) [Beleg 2 mit Kontext] Dr. Gottfried Curio (AfD): Dann die Abschiebehaft. Sie ist ein notwendiges Instrument, um das Untertauchen von Abzuschiebenden zu verhindern. Solche Plätze wurden vom rot-rot-grünen Senat in Berlin bewusst aufgelöst, um die rot-grüne Unrechtspolitik zu betonieren. Also war die Idee, vollziehbar Ausreisepflichtige kurzfristig auf Haftanstaltsgelände unterzubringen, und zwar räumlich getrennt. Ein Boykott dieser Maßnahme wird unter Bannerführung der SPD-Justizminister bereits von etlichen Ländern ange-

---

sowohl für die Betroffenen als auch für diejenigen, die das an Flughäfen und in Institutionen mitbekommen, auch für Polizeibeamtinnen und Polizeibeamte." (DB 19/101, Abschnitt 12187 (D)).

9 In § 36 Absatz (1) heißt es beispielsweise: „(1) Der Präsident kann den Redner, der vom Verhandlungsgegenstand abschweift, zur Sache verweisen. Er kann Mitglieder des Bundestages, wenn sie die Ordnung oder die Würde des Bundestages verletzen, mit Nennung des Namens zur Ordnung rufen. Der Ordnungsruf und der Anlass hierzu dürfen von den nachfolgenden Rednern nicht behandelt werden." (Geschäftsordnung des Deutschen Bundestages).

10 Auch in weiteren Textsorten wird sprachkritisch auf diesen Ausdruck Bezug genommen und das Verständnis expliziert, beispielsweise in einem im Internet veröffentlichten Papier der Linksfraktion, das die Anwesenheit der AfD im Bundestag kritisiert und ihren Sprachgebrauch anhand dieses Beispiels einordnet: „Generell erscheinen Geflüchtete bei den AfD-Redner*innen als Gewalttäter und Kriminelle, die besser eingesperrt werden sollten. [...] Die als Betrüger – ‚Asyltäuscher' – markierte Gruppe wird verdinglicht und kann ‚zwischenverwahrt' werden." (DIE LINKE 2019: 5).

kündigt. Aber was ist schlimm daran, wenn Asyltäuscher dort **zwischenverwahrt** werden? (Dr. Eva Högl [SPD]: **Zwischenverwahrt? Also ehrlich! Unfassbar!**) Angesichts des Ausländeranteils in Gefängnissen von über 50 Prozent ist das doch nicht wirklich eine fremdartige Umgebung. (Beifall bei der AfD) (DB 19/101; Herv. HV)

> Helge Lindh (SPD): **Deshalb verweise ich auf die Wortwahl.** Gerade wenn wir über eine so sensible Thematik wie „Rückkehr und Abschiebung" sprechen, ist es sinnvoll auf die Sprache zu achten. Die Garantie der Menschenwürde des Grundgesetzes geht davon aus, dass Menschen in ihrem Dasein um ihrer selbst willen geachtet werden und gerade nicht Dinge sind. Ich meine mich aber zu erinnern, dass Sie vorhin – das Protokoll wird es belegen – von „zwischenverwahrt" gesprochen haben. Menschen werden nicht „zwischenverwahrt". (Kay Gottschalk (AfD): Sie werden in Gewahrsam genommen, Herr Kollege!) Sie werden vielleicht in Gewahrsam genommen, inhaftiert, aber nicht „zwischenverwahrt". Dasselbe gilt für Ihre Metapher mit dem Leck. Menschen sind nicht irgendwelche Wasserfluten, die dieses Land überfallen. Das sind immer noch Menschen, die, egal aus welchem Grund – ob legal oder illegal, legitim oder illegitim –, hier sind. Diese Grenze gibt uns das Grundgesetz. Und wenn Sie sich nicht auf dem Boden des Grundgesetzes bewegen, sollten Sie sich ernsthaft überlegen, ob Sie noch einen weiteren Tag in diesem Parlament sitzen wollen. (Beifall bei der SPD sowie bei Abgeordneten der CDU/CSU) (DB 19/101; Herv. HV)

Beleg 2 gibt damit ein Beispiel für das Üben von Sprachkritik im Parlament, wobei in einem Zwischenruf das zu kritisierende Element durch Empörung unmittelbar gekennzeichnet wird, um in einem späteren Redebeitrag durch einen anderen Redner explizit zurückgewiesen zu werden. Die Sprach(gebrauchs)kritik als „Kritik an Wörtern" (Niehr/Kilian/Schiewe 2020: 3) stellt somit eine Form der (situativ gebundenen) Bedeutungsaushandlung dar. Durch die Entlarvung einer unangemessenen Wortwahl und Wortwahlkritik findet gleichsam eine Positionierung zum Sprecher statt sowie eine Zuschreibung entsprechender (negativer) Eigenschaften des Sprechers, die durch den Wortgebrauch ersichtlich würden. Bestätigt werden kann dabei Kämpers diachroner Befund, dass Sprachkritik (mittlerweile und insbesondere in Bezug auf die AfD) ein hochgradig entlarvendes Potenzial innehabe (vgl. Kämper 2020: 17 f.).[11] Generell ist festzuhalten, dass sprachkritische Äußerungen innerhalb einer fortwährenden Verhandlung des parlamentarischen Kommunikationsstils und Sprachgebrauchs, d. h. dessen, was zu der Zeit der Verhandlung als sagbar und angemessen angesehen wird, stattfindet.

---

11 Kämper (2020: 17 f.) weist außerdem nach, dass mit der parlamentarischen Anwesenheit der AfD Sprachkritik häufiger wurde.

(4) Katrin Göring-Eckardt (BÜNDNIS 90/DIE GRÜNEN): Sie haben sich ja nicht mal getraut, das Gesetz so zu nennen. Sie nennen es Fachkräfte- – und dann weiß man schon nicht mehr genau, wie man sagen soll. Es ist ein Einwanderungsgesetz. Wir sind ein Einwanderungsland. [...] Die Bundesregierung ist gerade sehr kreativ bei der Namensgebung von Gesetzen. Für das, was Sie uns hier heute vorlegen, habe ich einen Vorschlag. Ich sage: Das ist eher ein Fachkräfteeinwanderungsverhinderungsgesetz. (DB 19/98)

(5) Helge Lindh (SPD): Des Weiteren stelle ich fest – der Applaus war im Übrigen durchaus berechtigt –, dass Sie in Ihrem Antrag in einem scheinbar klugen Manöver davon schreiben, dass diejenigen, die unter Verweis auf sogenannte humanitäre Gründe hierherkommen würden, von Ihnen nur noch „Migranten" genannt werden. Das ist im Sinne der Transparenz, die Sie ja für sich beanspruchen, sehr transparent; es ist nämlich durchschaubar dämlich, dass Sie einfach Flüchtlinge in Migranten umbenennen wollen. (DB 19/140)

Während sich der Emittent in Beleg 5 mit direkter Ansprache (realisiert durch das Personalpronomen *Sie*) an einen Vorredner (AfD) wendet und durch Zuschreibung negativer Attribute, *durchschaubar dämlich*, eine Positionierung zum Sachverhalt und zum Akteur bzw. zur Partei vollzieht, so ist die primäre Funktion dieser auf Außenwirkung bedachten Abgrenzungshandlung in ihrer Werbe- und Legitimierungsfunktion zu sehen. Als metasprachliche Äußerung findet hier jedoch noch eine zweite Abgrenzung statt, welche auf der Wortebene liegt. In der Kritisierung der *durchschauten* politischen Strategie der Umbenennung einer Personengruppe (mit entsprechender legislativer Relevanz) wird der vom Emittenten gemachte, implizit bleibende, semantische Unterschied der Ausdrücke *Flüchtling* und *Migrant* angeführt. Die Etablierung semantisch-pragmatischer Grenzen zwischen differenten Bedeutungskonzepten und Bezeichnungen vollzieht sich als ein Verfahren der Bedeutungskonstitution. Damit können Abgrenzungspraktiken als Kategorisierungspraktiken verstanden werden, auf denen sie basieren. Die Personenbezeichnungen werden voneinander abgegrenzt, wobei mit Liessmann (⁴2018: 29) gesagt werden kann: „Wer immer einen Unterschied wahrnimmt, nimmt auch eine Grenze wahr, wer immer einen Unterschied macht, zieht eine Grenze".[12] In anderer Hinsicht realisiert die Bewertung des Sachverhalts durch abwertende Lexik ebenso eine Positionierung zum Gegenstand und eine Ausrichtung der Parteien bzw. ihrer Reprä-

---

12 Ein weiteres Beispiel für Bedeutungs- und Benennungsaushandlungen stellt Beleg 1 in diesem Beitrag dar, in dem in Form eines Zwischenrufs vonseiten der AfD die durch eine LINKEN-Politikerin verwendete Bezeichnung *Schutzsuchende* im Kontext der Genfer Flüchtlingskonvention und dem Recht der so Bezeichneten auf Asylantragsstellung und -prüfung mit den Worten abgelehnt wird: „Das sind keine Flüchtlinge!" (DB 19/148).

sentant:innen untereinander, die ebenso in Beleg 4 deutlich wird. Auf Letzteres wird im folgenden Kapitel einzugehen sein.

**4.2 Argument zur Abgrenzung von politischen Gegner:innen**

Metasprachlichen Handlungen einer Kommentierung öffentlich-politischen Sprachgebrauchs liegt, wie wir gesehen haben, die Annahme zugrunde, die Sprache solle/müsse die Wirklichkeit möglichst angemessen und möglichst präzise wiedergeben. So wird von einem ‚eigentlichen' Sprachgebrauch zweierlei gefordert: Sprachliche Äußerungen sollen sich erstens sachlich treffend auf die (extralinguistischen) Gegenstände der Erfahrungswelt beziehen und zweitens die wahren, d.h. die ‚eigentlichen'[13] Absichten eines:einer Sprechers:Sprecherin zu erkennen geben (vgl. Brinker-von der Heyde et al. 2015). Eine kritische Kommentierung des Sprachgebrauchs einer gegnerischen Partei kann unter diesem Gesichtspunkt als Argument im politischen Kampf dienen, mit dem sich Sprechende im Diskurs zueinander und zu den Gegenständen verorten. Im Anschluss daran können metasprachliche Bezugnahmen somit eingesetzt werden, um den:die politische:n Gegner:in zu attackieren, indem ihr:ihm Uneindeutigkeit oder Unangemessenheit vorgeworfen wird (Belege 2, 4, 5). Sprach(gebrauchs)kritik wird in diesem Zusammenhang instrumentalisiert und verfolgt politisch-ideologische Zielsetzungen, die außerhalb einer Sprach(gebrauchs)verhandlung liegen und in der sich Parteipolitik konzentriert manifestiert. Ziel ist hierbei weniger, den eigenen Sprachgebrauch als ‚angemessenen', ‚eindeutigen' oder ‚richtigen' darzustellen und somit den semantischen Gehalt von Benennungen auszuhandeln sowie die eigene Interpretation und Bezeichnungspraxis durchzusetzen. In erster Linie wird die Thematisierung von fremdem Sprachgebrauch verwendet, um die politische Gegenseite vorzuführen, zu delegitimieren und sich selbst argumentativ zum verhandelten Sachverhalt und den anderen politischen Akteur:innen zu verorten.[14]

---

13  Zur Problematik des Begriffs der ‚Eigentlichkeit' vgl. Felder in Brinker-von der Heyde et al. 2015. Felder schlägt aufgrund der im Begriffsverständnis angelegten Annahme eines kommunikationsunabhängigen „An-Sich-Sein einer Sache" (Felder 2015: 230), die impliziere, dass „das durch sprachliche Zeichen konstituierte mentale Korrelat als Repräsentation mit der ontischen Entsprechung deckungsgleich ist" (Felder 2015: 231) und damit die kommunikative Gebundenheit von Wirklichkeitserfahrung außer Acht lässt, den Ausdruck *Authentizität* vor (Felder 2015: 231). Zur ‚Eigentlichkeit' als Movens (und Gegenstand) von Sprachkritik vgl. den Beitrag von Bär im selben Band, der das semantische Konzept von ‚Eigentlichkeit' als Maßstab der Bewertung von Sprachgebrauch in sprachkritischen Aussagen erläutert.

14  Nihr (2002: 96) unterscheidet in seiner Typologisierung von Sprachthematisierungen auf Grundlage ihrer logischen Form zwischen den präskriptiv/strategischen Formen des

Die Funktions- und Wirkungsweise sprachkritischer Bezugnahmen vollzieht sich im Rahmen der bestehenden Profilierungs-, Legitimations- und Werbefunktion parlamentarischer Reden (vgl. Klein 2014: 185).[15] Entsprechend dominant sind Abgrenzungspraktiken von der parlamentarischen Gegenseite, die durch Personalpronomina (*wir* und abgrenzendes *sie* für die Gegenseite), abwertende Lexeme (Schimpf- und Stigmawörter, Lexeme mit diffamierenden Inferenzen und Konnotationen), Distanzmarker wie *sogenannt* sowie nonverbale Mittel realisiert werden (vgl. Klein 2014: 186) (siehe exemplarisch Beleg 5 in Abschnitt 4.1). Sprachkritik in diesem Kontext erfüllt dann die Funktion einer „Decouvrierung" mit dem Ziel, durch die „Zusammenstellung des [...] verwendeten einschlägigen Vokabulars dieses als ungeeignet und damit denjenigen, der es benutzt, als fragwürdig herauszustellen." (Kämper 2020: 17). Die Positionierung erfolgt im Beleg 5 durch die durch Adverbien verstärkten abwertenden Adjektivattribute *scheinbar klug* und *durchschaubar dämlich* sowie den Distanzmarker *sogenannt* in der Nominalgruppe *sogenannte humanitäre Gründe*, welche auf den politischen Kontrahenten und seinen parlamentarischen Antrag bezogen werden.

Metasprachliche Handlungen mit abgrenzender Wirkung sind somit, wie auch im folgenden Beleg 6 deutlich wird, zunächst auf einen zu kritisierenden Sprachgebrauch gerichtet. Der Logik des Konzepts der Positionierung folgend, gehört zur Textsortenspezifik der Debattenreden dazu, dass die eigene (moralische oder politische) Position des:der Sprechers:Sprecherin relevant gesetzt wird, indem ebenso eine Abgrenzung auf personeller und parteilicher Ebene stattfindet. Im Sinne des politischen Kampfes und der dargestellten Funktionalität politischer Kommunikation können parlamentarische Sprachkritik und damit verbundene Positionierungs- und Stancetakingaktivitäten immer auch als Abgrenzungshandlung von der politischen Gegenseite dienen.[16]

---

„Streitens um Wörter" und des „Streits um persönliche Integrität" (sowie der deskriptiven Variante einer „Erläuterung von Sprachgebrauch").

15  Die hier untersuchten Legitimationsdebatten nutzen die durch die mediale Verbreitung bestehende Chance auf öffentliche Beachtung und sind neben ihrer Profilierungsfunktion wesentlich durch eine Legitimations- und Werbefunktion gekennzeichnet.

16  Im Beleg wird ebenso eine sprachliche Konstruktion einer Wir-Gruppe und einer Gruppe der Anderen, die die an Migrationsbewegungen Beteiligten umfasst, vollzogen. Für eine ausführlichere Darstellung vgl. Völker/Spieß (2021). Die Grenzziehung verläuft hierbei anhand der Staatszugehörigkeit und kann unterstützend durch die Unterscheidung anhand der Kriterien ‚sesshaft' vs. ‚beweglich' (vgl. Lobenstein-Reichmann 2017: 830) beschrieben werden und wird durch die Zuschreibung von Schutzbedürftigkeit unterstützt (*eine der schwächsten Gruppen im Land; Menschen, die Schlimmes erlebt haben, die ihre Heimat verlassen mussten, die um ihre Angehörigen bangen*, Beleg 6).

(6) Dr. Lars Castellucci (SPD): Wir haben die Begrifflichkeit wieder gehört: „Vorzugsausländer", von einem „Ansiedlungsprogramm" war die Rede. Es geht Ihnen einmal mehr darum, Geflüchtete so darzustellen, als würden sie bevorzugt behandelt, als würde ihnen etwas gegeben und anderen nicht. Sie schüren damit ausgerechnet den Neid auf eine der schwächsten Gruppen im Land, auf Menschen, die Schlimmes erlebt haben, die ihre Heimat verlassen mussten, die um ihre Angehörigen bangen. (DB 19/119)

Im Beleg 6 wird neben der explizit sprachkritischen Aussage *Sie schüren damit [mit Ihrem Sprachgebrauch; HV] ausgerechnet den Neid auf eine der schwächsten Gruppen im Land* auch implizit nahegelegt, dass diese Kritik auf Grundlage der Tatsache formuliert wird, dass es sich einerseits um eine moralisch und politisch verwerfliche (Sprach-)Praxis handele, sowie gleichsam, dass die eigene Partei anders politisch agiere und, so die logische Schlussfolgerung, eher im Einklang mit Werten wie der Menschenwürde und Gleichbehandlung stünden. Die implizite Argumentation kann damit folgendermaßen rekonstruiert werden:

These: „Wir haben die Begrifflichkeit wieder gehört: ‚Vorzugsausländer', von einem ‚Ansiedlungsprogramm' war die Rede. Es geht Ihnen einmal mehr darum, Geflüchtete so darzustellen, als würden sie bevorzugt behandelt, als würde ihnen etwas gegeben und anderen nicht. Sie schüren damit ausgerechnet den Neid auf eine der schwächsten Gruppen im Land, auf Menschen, die Schlimmes erlebt haben, die ihre Heimat verlassen mussten, die um ihre Angehörigen bangen."
Argumente:
- die SPD ist für Gleichbehandlung und den Schutz der Menschenwürde
- die AfD schürt (sprachlich) Neid und Missgunst in der Gesellschaft

Schlussregel i. w. S.: Weil die SPD den Schutz der Menschenwürde und den Wert der Gleichbehandlung achtet (und für diese Grundwerte eintritt), spricht sie sich gegen das politische Agieren der AfD aus, die mit kommunikativen Mitteln Neid und Missgunst in der bundesdeutschen Gesellschaft schürt.

Die Benennungspraxis und insbesondere die spezifische Bezeichnung *Vorzugsausländer* durch die AfD in einem vorherigen Redebeitrag wird hierbei aufgegriffen und es wird eine Interpretation präsentiert, die ihre Funktionen und angenommenen Wirkungen darstellt und als sprachliche Strategie der Bagatellisierung *Geflüchteter* und sprachlichen Kennzeichnung einer vermeintlichen Bevorteilung dieser gegenüber anderen immigrierenden Personen kritisiert. Die Sprachkritik und die darin zur Geltung kommende Benennungs- bzw. Kategorisierungskritik kann damit als Movens und Erscheinungsform einer sprachlichen Positionierung gelten, die die politischen Kontrahent:innen delegitimiert und die eigene Partei bzw. den eigenen politischen Standpunkt im gleichen Zuge legitimiert und als vorzuziehende Alternative präsentiert. Sprach(gebrauchs)-thematisierungen dienen damit als Argument zur Abgrenzung von der politischen Gegenseite und politischen Lagerbildung, womit sie in die Nähe einer „argumentative[n; HV] Allzweck-Waffe" (vgl. Niehr 2002: 95) rücken.

## 5 Schluss

Als mehrfachadressierte Textsorte sind parlamentarische Debattenreden immer auch an die Öffentlichkeit gerichtet, um potentielle Wähler:innen zu gewinnen. Sprachthematisierungen übernehmen dabei wichtige Funktionen. Zum einen dienen sie der Verhandlung von Bedeutung des politischen Vokabulars und der Festlegung semantisch-pragmatischer Grenzen zwischen angemessener und unangemessener Sprachverwendung und leisten damit einen Beitrag zur interessen- und ideologiegeleiteten Wirklichkeitskonstitution. Zum anderen erfüllen sie die parteistrategisch zentrale Funktion, ideologische Grenzen zu politischen Gegner:innen zu ziehen, indem sich die Akteur:innen durch Zurückweisen, Kritisieren und Attackieren des Sprachgebrauchs der Gegenseite von dieser distanzieren (und damit im Diskurs und zum verhandelten Gegenstand positionieren). Explizite kritische Bezugnahmen etwa anhand der Formulierung *Deshalb verweise ich auf die Wortwahl* (Beleg 2) werden damit zum argumentativen Mittel im politischen Streit und dienen der Selbstlegitimierung bzw. Legitimierung der eigenen Standpunkte (in meinungsbildenden Prozessen innerhalb des politischen und demokratischen Wettstreits).[17] Die Funktionalität von metasprachlichen Kommentaren in Debattenbeiträgen basiert dabei zentral auf dem Konzept der Grenze: als Aushandlung der Grenzen des Sagbaren und von Grenzverschiebungen des Sagbaren, die permanent geführt werden sowie im Sinne der diskursiven Verortung der politischen Akteur:innen durch sprachliche Abgrenzungspraktiken. Die (mehr oder weniger implizite) binäre Codierung dieser Grenzziehungen erfolgt im ersten Fall anhand der Kategorien ‚sagbar'/‚nicht sagbar' bzw. ‚angemessen'/‚unangemessen' und bewertet öffentlich-politischen Sprachgebrauch in Bezug auf die Wahrung der Menschenwürde

---

17 Der Status von Sprachkritik einleitenden Formulierungen als formelhafte Wendung, Muster oder Konstruktion wurde in dieser qualitativen Studie nicht untersucht. Dennoch erscheint die korpuslinguistische Untersuchung expliziter Sprachkritik und sprechaktbenennender Formulierungen, wie im Beispiel 2 VERWEISEN, als erhellend hinsichtlich ihrer Einordnung als Form-Funktions-Verknüpfungen bzw. sprachliche Verwendungsmuster, mit denen in ähnlichen Kontexten wiederholt Ähnliches gesagt wird (vgl. Tomasello 2006: 21 sowie die einleitende Diskussion sprachlicher Muster in Günthner 2021).

sowie die Informativität oder Eindeutigkeit/Mehrdeutigkeit der Ausdrücke. Im zweiten Fall differenzieren sprachliche Abgrenzungspraktiken soziale und politische Gruppen in ein ‚Wir' und ‚die Anderen', von denen sich die Sprecher:innen distanzieren. Sprachkritische Aussagen dienen damit auch der Zuschreibung bestimmter (negativ bewerteter) Eigenschaften des:der politischen Kontrahenten:Kontrahentin im (partei-)politischen Kampf um Wähler:innenstimmen. Die Fremdpositionierung der politischen Gegenseite, die sich über die Kritik an ihrer Sprachverwendung vollzieht, dient dabei gleichsam der Selbstverortung und -legitimation sowie Eigenwerbung.

## Literatur

### Quellen

Brinkbäumer, Klaus (12.12.2015). Das Jahr der Flüchtlinge. Kopf oder Herz: Welche Haltung ist in Zeiten der Krise angemessen? In: Der Spiegel, 51/2015. https://www.spiegel.de/politik/das-jahr-der-fluechtlinge-a-22b0476d-0002-0001-0000-0001403899 90 (Stand: 19.02.2022).

Deutscher Bundestag. Stenografischer Bericht. 19. Wahlperiode. Bonn 2019–2020. https://www.bundestag.de/dokumente/protokolle/ (Stand: 04.01.2022).

DIE LINKE (2019). Die Würde des Menschen ist „antastbar". Die AfD im Bundestag. https://www.linksfraktion.de/fileadmin/user_upload/190923_AfD_im_Bundestag_online.pdf (Stand: 23.01.2022).

Geschäftsordnung des Deutschen Bundestages, in der Fassung vom 02.07.1980 (BGBl. I S. 1237, letzte Änderung 16.12.2021 (BGBl. I S. 5203)). https://www.bundestag.de/parlament/aufgaben/rechtsgrundlagen/go_btg (Stand: 19.01.2022).

Presse- und Informationsamt der Bundesregierung (2018). Sommerpressekonferenz von Bundeskanzlerin Merkel. Mitschrift Pressekonferenz 20. Juli 2018. https://www.bundesregierung.de/breg-de/aktuelles/pressekonferenzen/sommerpressekonferenz-von-bundeskanzlerin-merkel-1516654 (Stand: 19.01.2022).

### Forschungsliteratur

Bär, Jochen A. (2015). ‚Eigentlichkeit' als Movens und als Gegenstand von Sprachkritik. In: Brinker-von der Heyde, Claudia/Kalwa, Nina/Klug, Nina-Maria/Reszke, Paul (Hrsg.), 241–258.

Bär, Jochen A. (2020). Qualitative Wortkritik und funktionale Angemessenheit. In: Niehr, Thomas/ Kilian, Jörg/Schiewe, Jürgen (Hrsg.). Handbuch Sprachkritik. Berlin: J. B. Metzler, 129–137.

Berger, Peter L./Luckmann, Thomas (2018). Die gesellschaftliche Konstruktion der Wirklichkeit. Eine Theorie der Wissenssoziologie. 27. Aufl. Frankfurt a. M.: Fischer.

Brinker-von der Heyde, Claudia/Kalwa, Nina/Klug, Nina-Maria/Reszke, Paul (Hrsg.) (2015). Eigentlichkeit. Zum Verhältnis von Sprache, Sprechern und Welt. Berlin/Boston: De Gruyter.

Burkhardt, Armin (2004). Zwischen Monolog und Dialog. Zur Theorie, Typologie und Geschichte des Zwischenrufs im deutschen Parlamentarismus. Tübingen: Niemeyer.

Burkhardt, Armin (2005). Deutsch im demokratischen Parlament. Formen und Funktionen der öffentlichen parlamentarischen Kommunikation. In: Kilian, Jörg (Hrsg.). Sprache und Politik. Deutsch im demokratischen Staat. Mannheim u. a.: Dudenverlag, 85–98.

Burkhardt, Armin (2017). Plenardebatten. In: Niehr, Thomas/Kilian, Jörg/Wengeler, Martin (Hrsg.). Handbuch Sprache und Politik in 3 Bänden. Band 2. Bremen: Hempen, 508–531.

Burkhardt, Armin (2019). Zwischenrufe, Zwischenfragen, Kurzinterventionen. In: Burkhardt, Armin (Hrsg.). Handbuch politische Rhetorik (= Handbücher Rhetorik 10). Berlin/Boston: De Gruyter, 739–764.

Deppermann, Arnulf (2015). Positioning. In: De Fina, Anna/Georgakopoulou, Alexandra (Hrsg.). Handbook of Narrative Analysis. New York: Wiley, 369–387.

Dieckmann, Walther (1981). Politische Sprache – Politische Kommunikation. Vorträge – Aufsätze – Entwürfe. Heidelberg: Winter.

Dieckmann, Walther (2012). Wege und Abwege der Sprachkritik. Bremen: Hempen.

Du Bois, John W. (2007). The stance triangle. In: Englebretson, Robert. (Hrsg.), 139–182.

Englebretson, Robert (Hrsg.) (2007). Stancetaking in Discourse. Subjectivity, evaluation, interaction (= Pragmatics and Beyond, New Series 164). Amsterdam: Benjamins.

Felder, Ekkehard (2006a). Semantische Kämpfe in Wissensdomänen. Eine Einführung in Benennungs-, Bedeutungs- und Sachverhaltsfixierungs-Konkurrenzen. In: Felder, Ekkehard (Hrsg.). Semantische Kämpfe. Macht und Sprache in den Wissenschaften. Berlin/New York: De Gruyter, 13–46.

Felder, Ekkehard (2006b). Zur Intention dieses Bandes. In: Felder, Ekkehard (Hrsg.). Semantische Kämpfe. Macht und Sprache in den Wissenschaften. Berlin/New York: De Gruyter, 1–12.

Felder, Ekkehard (2015). Wes Geistes Kind oder Von der Sprache der Eigentlichkeit zur sprachgebundenen Authentizität. In: Brinker-von der Heyde, Claudia/Kalwa, Nina/Klug, Nina-Maria/Reszke, Paul (Hrsg.), 221–240.

Gardt, Andreas (2008). Referenz und kommunikatives Ethos. Zur Forderung nach Wahrheit im Alltag des Sprechens. In: Pappert, Steffen/Schröter, Melani/Fix, Ulla (Hrsg.): Verschlüsseln, Verbergen, Verdecken in öffentlicher und institutioneller Kommunikation. Berlin: Schmidt, 15–30.

Girnth, Heiko (2012). Sprache und Politik – Zur Analyse von Diskursen. In: Spieß, Constanze (Hrsg.). Sprachstrategien und Kommunikationsbarrieren: zur Rolle und Funktion von Sprache in bioethischen Diskursen (= Sprache – Politik – Gesellschaft 5). Bremen: Hempen, 11–26.

Girnth, Heiko (2015). Sprache und Sprachverwendung in der Politik. Eine Einführung in die linguistische Analyse öffentlich-politischer Kommunikation. (= Reihe Germanistische Arbeitshefte 39). 2. Aufl. Berlin/Boston: De Gruyter.

Girnth, Heiko/Hofmann, Andy Alexander (2016). Politolinguistik. (= Literaturhinweise zur Linguistik 4). Heidelberg: Universitätsverlag Winter.

Günthner, Susanne (2021). *Wenn*-Konstruktionen im Gespräch: Zur Verwobenheit kognitiver und interaktionaler Faktoren bei der Realisierung grammatischer Muster. In: Binanzer, Anja/Gamper, Jana/Wecker, Verena (Hrsg.). Prototypen – Schemata – Konstruktionen: Untersuchungen zur deutschen Morphologie und Syntax. Berlin/Boston: De Gruyter, 93 –124.

Harré, Rom/van Langenhove, Luk (1991). Varieties of positioning. Journal for the Theory of Social Behaviour 21 (4), 393–407.

Heintel, Martin/Musil, Robert/Weixlbaumer, Norbert (2018). Grenzen – eine Einführung. In: Heintel, Martin/Musil, Robert/Weixlbaumer, Norbert. (Hrsg.). Grenzen. Theoretische, konzeptionelle und praxisbezogene Fragestellungen zu Grenzen und deren Überschreitungen. Wiesbaden: Springer VS, 1–15.

Holly, Werner/Kühn, Peter/Püschel, Ulrich (1986). Politische Fernsehdiskussionen. Zur medienspezifischen Inszenierung von Propaganda als Diskussion. Tübingen: Niemeyer.

Holly, Werner (1990). Politikersprache. Inszenierungen und Rollenkonflikte im informellen Sprachhandeln eines Bundestagsabgeordneten. Berlin/New York: De Gruyter.

Jaffe, Alexandra (2009). Introduction. The Sociolinguistics of Stance. In: Jaffe, Alexandra (Hrsg.). Stance. Sociolinguistic Perspective. Oxford: Oxford University Press, 3–28.

Kämper, Heidrun D. (2020). AfD im Parlament – neue Sprach- und Kommunikationsstile. Kommentare und Befunde. (Vorfassung einer Studie). Mannheim: Leibniz-Institut für Deutsche Sprache. https://www1.ids-mannheim.de/fileadmin/lexik/Parlamentsstudie/AfD_Studie.pdf (Stand: 21.01.2022).

Kilian, Jörg/Niehr, Thomas/Schiewe, Jürgen (2016). Sprachkritik. Ansätze und Methoden der kritischen Sprachbetrachtung. 2. Aufl. Berlin/Boston: De Gruyter.

Klein, Josef (1989). Wortschatz, Wortkampf, Wortfelder in der Politik. In: Klein, Josef (Hrsg). Politische Semantik. Bedeutungsanalytische und sprachkritische Beiträge zur politischen Sprachverwendung. Opladen: Westdt. Verlag, 3–50.

Klein, Josef (2000). Textsorten im Bereich politischer Institutionen. In: Brinker, Klaus/Wiegand, Herbert E. (Hrsg.). Text- und Gesprächslinguistik. Linguistics of Text and Conversation. Ein internationales Handbuch zeitgenössischer Forschung. An International Handbook of Contemporary Research (= Handbücher zur Sprach- und Kommunikationswissenschaft 16). Berlin/New York: De Gruyter, 732–755.

Klein, Josef (2014). Grundlagen der Politolinguistik. Ausgewählte Aufsätze. Berlin: Frank & Timme.

Klein, Josef (2019). Redegattungen/Textsorten der politischen Rhetorik und ihre Charakteristika. Ein Überblick. In: Burkhardt, Armin (Hrsg.). Handbuch Politische Rhetorik (= Handbücher Rhetorik 10). Berlin/Boston: De Gruyter, 327–350.

Koch, Peter/Oesterreicher, Wulf (1985). Sprache der Nähe – Sprache der Distanz. Mündlichkeit und Schriftlichkeit im Spannungsfeld von Sprachtheorie und Sprachgeschichte. In: Romanistisches Jahrbuch (36). Berlin/New York: De Gruyter, 15–43.

Kühn, Peter (1995). Mehrfachadressierung. Untersuchungen zur adressatenspezifischen Polyvalenz sprachlichen Handelns. Tübingen: Niemeyer.

Liessmann, Konrad Paul (2018). Lob der Grenze. Kritik der politischen Unterscheidungskraft. 4. Aufl. Wien: Paul Zsolnay Verlag.

Lobenstein-Reichmann, Anja (2017). Eigenes und Fremdes konstruieren. In: Niehr, Thomas/Kilian, Jörg/Wengeler, Martin (Hrsg.). Handbuch Sprache und Politik in 3 Bänden. Band 2. Bremen: Hempen, 811–832.

Lucius-Hoene, Gabriele/Deppermann, Arnulf (2004). Narrative Identität und Positionierung. Gesprächsforschung online (5), 166–183. http://www.gespraechsforschung-ozs.de/fileadmin/dateien/heft2004/ga-lucius.pdf (Stand: 18.11.2020).

Niehr, Thomas (2002). Kampf um Wörter? Sprachthematisierungen als strategische Argumente im politischen Meinungsstreit. In: Panagl, Oswald (Hrsg.). Politische Konzepte und verbale Strategien. Brisante Wörter – Begriffsfelder – Sprachbilder. Frankfurt a. M.: Lang, 85–104.

Niehr, Thomas (2019). Euphemismus – (k)eine Kategorie der linguistisch-deskriptiven Diskursanalyse? In: Rocco, Goranka/Schafroth, Elmar (Hrsg.). Vergleichende Diskurslinguistik. Methoden und Forschungspraxis. Berlin u. a.: Lang, 93–112.

Niehr, Thomas (2020). Ansätze einer linguistisch begründeten politisch-soziologischen Wortkritik. In: Niehr, Thomas/Kilian, Jörg/Schiewe, Jürgen (Hrsg.). Handbuch Sprachkritik. Berlin: J. B. Metzler, 88–95.

Niehr, Thomas/Kilian, Jörg/Schiewe, Jürgen (2020). Einleitung. In: Niehr, Thomas/Kilian, Jörg/Schiewe, Jürgen (Hrsg.). Handbuch Sprachkritik. Berlin: J. B. Metzler, 1–4.

Pinkal, Manfred (1991). Vagheit und Ambiguität (Vagueness and Ambiguity). In: von Stechow, Arnim/ Wunderlich, Dieter (Hrsg.). Semantik. Ein internationales Handbuch der zeitgenössischen Forschung. Semantics. An International Handbook of Contemporary Research (= Handbücher zur Sprach- und Kommunikationswissenschaft 6). Berlin/New York: De Gruyter, 250–269.

Plessner, Helmuth (2018). Zur deutschen Ausgabe. In: Berger, Peter L./Luckmann, Thomas: Die gesellschaftliche Konstruktion der Wirklichkeit. Eine Theorie der Wissenssoziologie. 27. Aufl. Frankfurt a. M.: Fischer, IX–XVI.

Spieß, Constanze (2011). Diskurshandlungen. Theorie und Methode linguistischer Diskursanalyse am Beispiel der Bioethikdebatte (= Sprache und Wissen 7). Berlin/Boston: De Gruyter.

Spieß, Constanze (2018). „Deutschland muss Deutschland bleiben" – Sprachliche Selbst- und Fremdpositionierungsaktivitäten im Kontext politischer Äußerungen über Migration am Beispiel des Ausdrucks ‚Leitkultur'. Zeitschrift für Kulturwissenschaft 1, 35–55.

Spieß, Constanze (2020). Politiksprache und politische Kommunikation. In: Niehr, Thomas/Kilian, Jörg/Schiewe, Jürgen (Hrsg.). Handbuch Sprachkritik. Berlin: J. B. Metzler, 302–309.

Stötzel, Georg/Wengeler, Martin (1995). Kontroverse Begriffe, Geschichte des öffentlichen Sprachgebrauchs in der Bundesrepublik Deutschland. Berlin/New York: De Gruyter.

Strauß, Gerhard (1986). Der politische Wortschatz. Zur Kommunikations- und Textsortenspezifik. Tübingen: Narr.

Strauß, Gerhard/Haß, Ulrike/Harras, Gisela (1989). Brisante Wörter von Agitation bis Zeitgeist. Ein Lexikon zum öffentlichen Sprachgebrauch. Berlin/New York: De Gruyter.

Tomasello, Michael (2006). Konstruktionsgrammatik und früher Erstspracherwerb. In: Fischer, Kerstin/Stefanowitsch, Anatol (Hrsg.). Konstruktionsgrammatik: Von der Anwendung zur Theorie. Tübingen: Stauffenburg, 19–38.

Truan, Naomi (2021). The Politics of Person Reference. Third-person forms in English, German, and French. Amsterdam/Philadelphia: John Benjamins.

Völker, Hanna/Spieß, Constanze (2021). „Es gibt gute Menschen, die hier leben, und es gibt schlechte Menschen" – Sprachliche Verfahren der Konstitution von Diskursgemeinschaften am Beispiel des Migrationsdiskurses. Lublin Studies in Modern Languages and Literature – Diskursive Spielräume des Gemeinsamen: Sprachliche Konstitution, Etablierungsverfahren und Einschließungsversuche von Diskursgemeinschaften 45 (2), 133–146.

Ziem, Alexander (2008). Frames und sprachliches Wissen. Kognitive Aspekte der semantischen Kompetenz. Berlin/New York: De Gruyter.

Ziem, Alexander (2018). Frames interdisziplinär: zur Einleitung. In: Ziem, Alexander/Inderelst, Lars/Wulf, Detmer (Hrsg.). Frames interdisziplinär. Modelle, Anwendungsfelder, Methoden. Düsseldorf: dup, 7–22.

# Der Tod als Grenze des Sagbaren?

## Sprachlich-interaktive Praktiken des Sprechens über Sterben und Tod in der medizinischen Kommunikation

Isabella Buck & Juliane Schopf

**Abstract:** This article, which is oriented towards conversation analysis, focuses on three linguistic-interactive practices by means of which interactants in medical settings deal with the topic of death. Specifically, these are the use of negations, the opening of mental spaces (Fauconnier 1994; Ehmer 2011) and scenarios, and the use of generic impersonal formats. Of particular interest is how interactants communicatively negotiate the boundaries of what is speakable and indicate boundary transgressions to each other. It becomes clear in the data that interactants cannot talk arbitrarily about death, but that certain communicative boundaries must be maintained – for example, dying must not be brought into the subjective, near future.

**Keywords:** conversation analysis; interactional linguistics; medical talk; thanatosociology; death and dying

## 1 Einleitung

Stellt man die im Titel dieses Beitrags aufgeworfene Frage, ob der Tod *de facto* eine Grenze des Sagbaren bildet, kommt man nicht umhin, zunächst einen Blick auf die Thanatosoziologie zu werfen. In diesem Forschungsfeld wird die Frage danach, ob es sich bei der Tendenz, die Beschäftigung mit Tod und Sterben weitgehend zu vermeiden, um eine „anthropologische Konstante" (Feldmann 1997: 34; vgl. auch Brachtendorf 2012: 257 ff.) handelt, intensiv diskutiert. Bis Ende des vergangenen Jahrhunderts herrschte dabei – basierend auf Gorers (1955) moralisch aufgeladener, konservativer Kulturkritik der Moderne – die Position vor, die moderne Gesellschaft verdränge den Tod systematisch aus ihrem Bewusstsein (ähnlich auch Freud 1946 [1915], Elias 2002 [1982], Nassehi und Weber 1989). Nachdem

Walter (1994) diesem Verdrängungsdiskurs dezidiert die These vom *revival of death* entgegensetzte (vgl. aber auch bereits Ariès 2009 [1978]), wurden jedoch zunehmend Stimmen laut, die für die Postmoderne eine Enttabuisierung des Todes konstatierten. So sind inzwischen „Diagnosen der Grenzverschiebung" tonangebend (Barth und Mayr 2019: 573) und es wird diskutiert, ob der Tod, der bislang als „Grenzsituation par excellence" galt (Berger und Luckmann 2004: 108), sukzessive doch zu einer sagbaren gesellschaftlichen Größe wird (Kahl und Knoblauch 2017: 10). Ein wesentliches Verdienst hin zu einer zunehmenden gesamtgesellschaftlichen Auseinandersetzung mit Tod und Sterben wird dabei der Hospizbewegung zugeschrieben: Seit den 1980er Jahren unternimmt sie vielfältige Bemühungen, zu einer Enttabuisierung des Todes beizutragen, mehr Selbstbestimmung zu ermöglichen, neue, ‚humanere' Formen der Institutionalisierung des Sterbens zu schaffen und den Tod (wieder?) „hoffähig" zu machen (Knoblauch und Zingerle 2005: 18; vgl. auch Thönnes 2013: 19). Zusätzlich stoßen Debatten wie die um die Sterbehilfe oder den Hirntod auf ein breites öffentliches Interesse, sodass es mitunter so scheint, als sei die heutige Gesellschaft „eher besessen vom Tod als dass sie ihn verdränge" (Knoblauch und Zingerle 2005: 14). Angesichts dieser Entwicklungen spricht Knoblauch (2007: 191 ff.) in Anlehnung an Walters (1994) Diktum des „revival of death" von einer „neue[n] ‚Kultur des Todes'". Diese propagiert das Ideal der Akzeptanz von Sterben und Tod: Fortan ist es nicht mehr der Tod, der marginalisiert wird, sondern gewissermaßen die Todesverdrängung selbst, die verdrängt werden soll (Zimmermann 2012: 223).

Betrachtet man die thanatosoziologische Literatur, so scheint es bisweilen so, als würde die teils exzessiv betriebene Auseinandersetzung mit der Todesverdrängung nicht zu einer Prosperität entsprechender Untersuchungen beitragen, sondern als würde diese in letzter Konsequenz sogar von einer „fundierten theoretischen und empirischen Arbeit" (Feldmann 2003: 214) zum gesellschaftlichen Umgang mit dem Tod ablenken. Die Frage danach, ob der Tod in bestimmten Bereichen *de facto* verdrängt wird und eine Grenze des Sagbaren darstellt, kann letztlich jedoch nur auf Grundlage empirischer Daten und „ohne metaphysischen Überbau" (Tirschmann 2019: 71) beantwortet werden. Nur dann, wenn anstelle der zumeist üblichen Makro-Betrachtung gesamtgesellschaftlicher Diskurse in Meinungsumfragen eine Mikro-Analyse der in der ‚kommunikativen Realität' auftretenden Strategien des Sprechens über Sterben und Tod vorgenommen wird (im Sinne der linguistischen Gesprächsanalyse), lässt sich die in der Thanatosoziologie häufig dominierende „kulturkritische Schlagseite im Reden über Tod und Sterben", die eine generelle Modernitätskritik impliziert (Barth und Mayr 2019: 581), vermeiden.

Vor diesem Hintergrund nimmt der vorliegende Beitrag das Sprechen über Sterben und Tod in authentischen, d. h. natürlich stattgefundenen Gesprächen in zwei verschiedenen medizinischen Settings in den Blick. Anhand der Interaktion zwischen ÄrztInnen und PatientInnen bzw. Angehörigen im Rahmen ärztlicher Visiten auf der Palliativstation einerseits und in reisemedizinischen Impfsprechstunden andererseits gehen wir unter methodischer Zugrundelegung der linguistischen Gesprächsanalyse der Frage nach, wie die Interagierenden die Grenzen des Sagbaren hinsichtlich des Themenkomplexes Sterben und Tod kommunikativ aushandeln. Dabei beleuchten wir exemplarisch drei kommunikative Praktiken, mittels welcher ÄrztInnen den Themenkomplex Sterben und Tod in die Interaktion einführen bzw. interaktiv bearbeiten. Konkret handelt es sich bei den fokussierten Praktiken um den Einsatz von Negationen, um das Eröffnen hypothetischer Szenarien sowie um den Gebrauch von generischen, unpersönlichen Formaten.

Der Beitrag ist wie folgt aufgebaut: In Abschnitt 2 gehen wir auf unsere Forschungsmethode, die Gesprächsanalyse, ein. Außerdem stellen wir im folgenden Abschnitt auch das zugrunde liegende Datenkorpus vor und erläutern, weshalb ausgerechnet Interaktionen aus der Palliativmedizin und der Reiseimpfsprechstunde herangezogen werden. Im analytischen Teil (Abschnitt 3) werden anschließend die drei kommunikativen Praktiken Eröffnen hypothetischer Szenarien, Negieren von Sachverhalten und Generisches Sprechen in den Blick genommen, die der interaktiven Bearbeitung des Themenkomplexes Sterben und Tod dienen. Abschnitt 5 setzt die Ergebnisse schließlich zusammenfassend in einen größeren Kontext.

## 2 Methodisches Vorgehen und Datenkorpus

Methodisch ist dieser Beitrag der linguistischen Gesprächsanalyse verpflichtet. Es handelt sich hier um einen induktiven Ansatz zur detaillierten qualitativen Untersuchung der sprachlichen, situativ vollzogenen Konstruktion von Handlungen in authentischen, d. h. natürlich stattgefundenen sozialen Interaktionen (vgl. Couper-Kuhlen und Selting 2018; Deppermann 2008). Basierend auf den frühen konversationsanalytischen Arbeiten (vgl. insb. Sacks, Schegloff & Jefferson 1974) bildet die Orientierung am Prinzip der Sequenzialität die oberste Analyseprämisse. Dieses Prinzip besagt, dass jedes Gespräch das Produkt der linear-zeitlichen Abfolge von Gesprächsbeiträgen bildet. Vor diesem Hintergrund dürfen einzelne Aussagen nicht isoliert betrachtet werden, sondern sind stets vor dem Hintergrund ihres sequenziellen Kontextes zu analysieren (vgl. Auer 1986). Gleichzeitig sind interaktive Handlungen als von den GesprächspartnerInnen kollaborativ hervorgebrachte Erzeugnisse zu betrachten. Diese für die Gesprächsanalyse ebenfalls konstitutive Annahme impliziert schließlich auch einen emischen, d. h. der Teilnehmerperspektive verhafteten Zugriff auf

Interaktionen: So wird die Bedeutung konversationeller Handlungen nicht aus der retrospektiv operierenden Perspektive der Analysierenden bestimmt; stattdessen gilt es, nachzuzeichnen, welche Bedeutung die Interagierenden selbst ihren Handlungen in situ verleihen (vgl. Deppermann 2000: 98).

Ehe das Datenkorpus vorgestellt wird, sei zuletzt noch auf den Praktikenbegriff eingegangen, der diesem Beitrag zugrunde liegt. Bei kommunikativen Praktiken handelt es sich um „Gesprächs-Methoden, die zur Bearbeitung bestimmter Gesprächs-[...]Aufgaben" eingesetzt werden (Deppermann 2008: 79). In Abschnitt 3 werden wir exemplarisch drei Praktiken vorstellen, mittels derer die Interagierenden die kommunikative Aufgabe bearbeiten, die Grenzen des Sagbaren hinsichtlich der Themen ‚Sterben' und ‚Tod' auszuhandeln. Im Rahmen einer Praktikenbeschreibung muss dabei stets ein systematischer Zusammenhang zwischen den kommunikativen Ressourcen – dem *Wie?* – und den interaktiven Funktionen – dem *Wozu?* – einer Praktik nachgewiesen werden (Deppermann 2008: 79).

Um sicherzustellen, dass die Analyseergebnisse nicht auf individuellen Gewohnheiten oder gattungsspezifischen Merkmalen beruhen, liegen der Untersuchung Daten aus zwei unterschiedlichen medizinischen Kontexten zugrunde: Daten der Palliativstation eines städtischen Krankenhauses und reisemedizinische Impfsprechstunden aus dem öffentlichen Gesundheitsdienst. Bei der Palliativstation handelt es sich um ein Setting, in dem das Sprechen über den Tod erwartbar ist, aber überraschenderweise nicht häufig geschieht. Mit den Impfsprechstunden liegt dagegen ein Setting vor, in dem ebendieses Sprechen über Sterben und Tod nicht erwartbar ist, aber dennoch geschieht.

Die Daten aus dem erstgenannten Kontext stammen aus dem Projekt „Kommunikation in der Palliativmedizin: Pflegerisches und ärztliches Sprechen mit PalliativpatientInnen", in welchem zwischen 2018 und 2019 Gespräche auf der Palliativstation des Städtischen Klinikums Karlsruhe erhoben wurden. Das Korpus besteht aus 250 ärztlichen und 614 pflegerischen Interaktionen mit PatientInnen und teilweise deren Angehörigen. Die Daten des zweiten Settings stammen aus dem Projekt „Gespräche in der Impfsprechstunde", in welchem zwischen 2017 und 2019 an sieben unterschiedlichen Standorten im deutschsprachigen Raum Arzt-Patient-Interaktionen aufgezeichnet wurden. Bei den 68 Gesprächen handelt es sich ausschließlich um Erstkontakte im Rahmen von reisemedizinischen Impfberatungsgesprächen im öffentlichen Gesundheitsdienst. Alle verwendeten Audiodaten wurden nach GAT 2 (Selting et al. 2009) transkribiert.

Der Tod als Grenze des Sagbaren? 51

## 3 Analyse

Im Folgenden soll anhand von drei konkreten Praktiken gesprächsanalytisch aufgezeigt werden, wie die Themen Sterben und Tod in der Interaktion zwischen ÄrztInnen und PatientInnen in den Bereich des Sagbaren geholt werden können, sodass reibungslos, d. h. ohne Disfluenzen, metasprachliche Problematisierung etc. über diese gesprochen werden kann. Diese Praktiken wurden ausgewählt, da sie in der Datengrundlage, d. h. sowohl in den Gesprächen aus der Palliativmedizin als auch in jenen der Reisemedizin, am häufigsten als kommunikative Ressource zum Sprechen über Sterben und Tod zu beobachten sind. Es handelt sich hierbei um das ERÖFFNEN HYPOTHETISCHER SZENARIEN, das NEGIEREN VON SACHVERHALTEN und das GENERISCHE SPRECHEN. Auch wenn für die einzelnen Praktiken nur jeweils ein Beispiel aus einem der beiden zugrundeliegenden Gesprächskontexten en detail analysiert wird, sind alle drei Praktiken jeweils sowohl im palliativmedizinischen als auch im reisemedizinischen Setting anzutreffen.

### 3.1 Eröffnen hypothetischer Szenarien

Die erste Praktik, derer sich sowohl die ÄrztInnen auf der Palliativstation als auch die ÄrztInnen in den Impfsprechstunden bedienen, wenn über Sterben und Tod gesprochen wird, ist das ERÖFFNEN HYPOTHETISCHER SZENARIEN (vgl. Land et al. 2019). Diese Praktik soll anhand eines Gesprächs erläutert werden, das auf der Palliativstation zwischen einer Ärztin und einem Patienten im Vorfeld einer geplanten Bauch-Operation stattfindet. Zum Zeitpunkt des Gesprächs ist unklar, ob der Patient, der an einem Pankreasschwanzkarzinom (grund-)erkrankt ist, an einem Darmverschluss leidet. Da ein unbehandelter Darmverschluss zum Tod führen würde, wird überlegt, den Bauch des Patienten chirurgisch zu öffnen, womit allerdings ebenfalls Risiken einhergehen.

```
(1)      Palliativ_480_16_A_20190402¹
227  AW    °h wenn sie jetzt dann ne riesen operaTION ham,
     AW    =und-
228        °h im Anschluss der darm TROTZdem nich
           funktioniert,
           (---)
230        dann wär_s BESser wenn man ?-
231        wenn man VORher sagt man- (-)
233        beENdet die operation,
```

---

1 Folgende Kürzel finden sich in den Transkripten dieses Beitrags: *AW/AM*: Ärztin/Arzt und *PW/PM*: Patientin/Patient.

```
234        lässt sie wieder AUFwachen,
235        und JA dann is:t des leben auf (.) tAge, (-)
237   PM   [(xxx xxx XXX xxx;)]
238   AW   [vielleicht weni  ]ge WOchen, (-)
240   PM   [<<pp> hm_HM;>]
241   AW   [ALso-          ]
242        naja ein zwei wochen vielLEICHT,=
243        =des-
244        ?IMmer-
245        auch SCHWIErich <<all> vorhErsehbar->
246        °h beGRENZT,
247        Aber,
248        °h (.) die zeit HAM sie halt      [noch;]
249   PM                                     [hm:_ ]HM;
```

Das Gespräch findet vor dem Hintergrund der hypothetischen Frage statt, wie während der Operation – nach der Öffnung des Darms – damit umgegangen werden soll, wenn sich der Darm des Patienten als schwer bzw. nicht reparabel erweist. In diesem Fall bestünde zum einen die Option, die OP abzubrechen, wodurch sich die Lebenszeit des Patienten auf nur noch wenige Wochen belaufen würde. Zum anderen gäbe es die Option, den Eingriff trotzdem zu versuchen, dabei aber das Risiko einzugehen, dass der Patient während der Operation verstirbt. Diese verschiedenen Möglichkeiten stellt das folgende Schaubild überblicksartig dar:

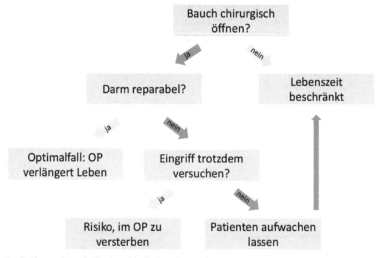

Abb. 1: Optionen innerhalb des skizzierten Szenarios

Um den nur möglicherweise während der Operation eintretenden Fall eines irreparablen Darms ins Hier und Jetzt zu holen, bedient sich die Ärztin einer sog. *Hypothetical Scenario Sequence* (Land et al. 2019). Dabei handelt es sich um einen ‚sicheren' hypothetischen Raum, der nur in indirekter Verbindung zur aktuellen Situation des Patienten steht und somit ermöglicht, auch über heikle Themen wie Tod und Sterben sprechen zu können sowie gemeinsame Entscheidungen bzgl. der zukünftigen Handlungsalternativen im Falle des entworfenen Szenarios treffen zu können.[2] Land et al. (2019) arbeiten diesbezüglich acht zentrale Charakteristika solcher hypothetischer Szenarien heraus:

i. Referring to another professional
ii. Building on patients' talk or previous experiences
iii. General case formulations
iv. Minimising the seriousness of the contingency
v. Emphasising conditionality
vi. Managing the timeframe
vii. Conveying questioning as incidental
viii. Validating the original plan or expectation

Im hier vorliegenden Fall wird zunächst Merkmal v) deutlich, indem die Ärztin das hypothetische Szenario in Z. 227–228 durch eine konditionale *wenn...dann*-Struktur bzw. eine Verschachtelung mehrerer Konditionalstrukturen einleitet. Die Protasis des ersten Konditionalgefüges fungiert dabei als *space builder* (Fauconnier 1994: 16), d. h. wird zur Eröffnung des hypothetischen Raumes eingesetzt. Die Medizinerin zeigt dadurch an, dass die folgende Argumentation bzw. Bewertung nur unter bestimmten zukünftigen Bedingungen, nämlich dem *worst case*-Szenario eines irreparablen Darms, gültig ist: „°h wenn sie jetzt dann ne riesen operaTItiON ham,=und- °h im Anschluss der darm TROTZdem nich funktioniert,". Das Sprechen über den Tod des Patienten ist somit hypothetischer Natur und nicht auf das Hier und Jetzt des Realzeitraums bezogen, was bspw. durch den Gebrauch des Konjunktivs im Rahmen der Apodosis in Z. 230 deutlich wird.

Die verschiedenen Möglichkeiten, die dem Patienten für eine autonome Entscheidung zur Verfügung stehen, werden von der Ärztin anschließend jedoch nicht im Sinne eines neutralen *option-listing* (vgl. Toerien/Shaw/Reuber

---

2 Wenngleich sich dieser Beitrag der Gesprächsanalyse und somit der Untersuchung der interaktiven Emergenz sozialer Wirklichkeit verpflichtet sieht, erachten wir die Integration eines kognitiv-semantischen Modells wie dem der mentalen bzw. hypothetischen Räume (vgl. Dancygier/Sweetser 2005; Fauconnier 1994) nicht als problematisch. Vgl. hierzu ausführlich Ehmer (2011), der überzeugend darlegt, dass es möglich ist, die Theorie mentaler Räume mit der Gesprächsanalyse zu verbinden.

2013) als gleichwertige Handlungsalternativen dargelegt: Die Ärztin bewertet eine Option, nämlich den Eingriff zu versuchen und diesen dann ggf. abzubrechen, als „besser" (Z. 230) und verleiht ihrer Argumentation dadurch einen persuasiven Charakter[3]. Dies kann in Bezug zu Merkmal viii) der von Land et al. (2019) beschriebenen Merkmale hypothetischer Szenarien gesetzt werden. Zu beobachten ist hier ein Pronomenwechsel von der direkten Anrede in *Sie*-Form in der Protasis (Z. 227) hin zu einem unpersönlichen *man* in der Apodosis (Z. 230 ff.). Während das *man* in Z. 230 bzw. 231 den Patienten inkludiert, da er an der Entscheidung beteiligt ist, bezieht sich das zweite *man* in Z. 231 dagegen auf die „indefinite[n] Akteure" (Imo/Ziegler 2019: 101) ChirurgInnen bzw. AnästhesistInnen, die die zuvor getroffene Entscheidung während der Operation umsetzen würden.

Durch die Konjunktion *und* leitet die Ärztin ab Z. 235 eine Konstruktion ein, die an eine *zwar/ja...aber*-Konstruktion (vgl. Günthner 2015) erinnert. Sie räumt im *ja*-Teil zunächst ein, dass der Patient dann zwar innerhalb von Tagen bzw. Wochen versterben wird, lenkt den Fokus im *aber*-Teil jedoch auf die verbleibende Lebenszeit. Wie Günthner (2017) zeigt, sind solche konzessiven Strukturen in der medizinischen Kommunikation prädestiniert, um auf der einen Seite schlechte Nachrichten zu kommunizieren, auf der anderen Seite aber gleichzeitig Hoffnung zu spenden. Dadurch, dass der zweite Teil der Konstruktion das gewichtigere Argument im Abwägungsprozess darstellt (vgl. Günthner 2015: 197), wird dieser „regulary used to modify, weaken or ‚back down' from a previously stated position" (Couper-Kuhlen/Thompson 2000: 405). Auf diese Weise erhält das entworfene Szenario insgesamt einen positiven und lebensbejahenden Ausgang, was zur persuasiven Wirkung der Argumentation für die von der Ärztin präferierte Option einer Durchführung und ggf. Abbruch der Operation beiträgt.

Damit wird die Aussicht auf qualitative Lebenszeit literaliter als „Totschlagargument" im Abwägungs- und Entscheidungsprozess (vgl. Rubinelli 2013) genutzt: Das indirekte Skizzieren eines plötzlichen und verfrühten Todes bei einer Entscheidung zur Fortsetzung der Operation macht es für den Patienten nahezu indiskutabel, sich im Vorfeld der OP für diese Variante zu entscheiden. Wählt der Patient jedoch die Option, die von der Ärztin als „besser" (Z. 230) bewertet wird, kann dieser *worst case* bzw. die skizzierte ‚feindliche Welt' (*hostile world*, Peräkyla 1993) des Todes wahrscheinlich für einen gewissen Zeitraum abgewehrt werden und der Patient gewinnt etwas Lebenszeit („die zeit HAM sie halt noch;", Z. 248).

---

3 Die von der Ärztin präferierte Handlungsoption wird in Abb. 1 durch die dunklen Pfeile dargestellt.

Wie lange diese verbleibende Lebenszeit genau sein wird, ist für die Ärztin jedoch unmöglich exakt antizipierbar (vgl. Gramling/Gramling 2019: 201). Da niemand die Zukunft vorhersagen kann (vgl. Schütz/Luckmann 2017 [1979/ 1984]: 271), spickt die Ärztin ihre tentativen Einschätzungen über den Todeszeitpunkt im hypothetischen Szenario mit Verzögerungssignalen bzw. Mikropausen (Z. 235), Abbrüchen (Z. 241), Vagheitsmarkern („vielleicht", „naja", Z. 238/242) und positioniert sich damit als epistemisch unsicher. Auch mit einem Wechsel auf die Metaebene und dem Hinweis auf eine generell schwierige Vorhersehbarkeit (Z. 245), die nicht nur auf den individuellen Fall des Patienten zutrifft („immer" Z. 244), trägt sie der Unprognostizierbarkeit des Sterbezeitpunkts Rechnung und positioniert sich durch die betonte epistemische Unsicherheit (vgl. Chou et al. 2017: 4) auch als seriöse und vertrauenswürdige Medizinerin (vgl. Perelmann/Olbrechts-Tyteca 1969: 488). Trotz der angezeigten Wissensgrenze und dem Hinweis auf eine unmögliche genaue Prognostizierbarkeit verortet die Ärztin die verbleibende Lebensdauer im hypothetischen Szenario dennoch relativ präzise, indem sie sie zunächst auf „tage" (Z. 235), dann „wenige Wochen" (Z. 236) und schließlich auf das temporäre Spektrum von „ein zwei wochen" (Z. 242) eingrenzt.

Insgesamt wird evident, dass die ÄrztIn durch den EINSATZ EINES HYPOTHETISCHEN SZENARIOS die Themen Tod und Sterben in den Bereich des Sagbaren holt. Dadurch, dass das Sterben auf einen nur möglicherweise und auch nur unter bestimmten Bedingungen eintretenden und in der Zukunft liegenden Zeitpunkt verschoben wird, baut die Medizinerin eine Distanz zwischen dem Hier und Jetzt und dem skizzierten Szenario auf. Auf diese Weise wird die Bedrohlichkeit des antizipierten Szenarios abgeschwächt, da der skizzierte Fall zum Zeitpunkt des Gesprächs nicht in der Realität liegt und lediglich in hypothetischer Weise über ihn gesprochen wird. Zum anderen wurde deutlich, dass die Ärztin das Szenario dazu nutzt, um mögliche Handlungsoptionen aufzuzeigen, den Patienten auf ggf. auftretende Gegebenheiten während der Operation vorzubereiten und in persuasiver Weise für die von ihr präferierte Entscheidung zu argumentieren. Dass auch in den Impfsprechstunden mitunter hypothetische Szenarien eröffnet werden, zeigt sich im folgenden Beispiel – wenngleich der Analysefokus dort auf einer anderen Praktik liegt.

### 3.2 Negieren von Sachverhalten

Eine weitere sprachliche Ressource, die für das Sprechen über den Tod in der medizinischen Kommunikation charakteristisch ist, stellt das NEGIEREN DES STERBENS dar. Diese Praktik soll anhand des folgenden Beispiels illustriert werden. Es stammt aus einer reisemedizinischen Impfsprechstunde, die vor dem Hintergrund einer geplanten dreimonatigen Reise nach Ecuador erfolgt.

Nachdem der Arzt im Beratungsgespräch diverse „schwerwiegende" Infektionskrankheiten wie Gelbfieber, Malaria und Polio thematisiert hat, kommt er in untenstehendem Ausschnitt noch auf die Influenza-Prävention zu sprechen:

```
(2)     Impfsprechstunde_J_Ecuador
679  PW   ?HM_hm;
680  AM   lassen se sich vielleicht noch influENza impfen.
681       (--)
682  PW   oKEE,
683  AM   ja,
684       denn-
685       also (.) die influenza wird ihnen nich groß SCHAden,
686       also sie werden dav daran nich STERben,
687       aber (--) stellen sie sich vor sie holen sich auf_m
          (---) ähm
                    hinflug (.) ne (-) richtige influENza,
688       durch die klimaanlage im FLUGzeuch,
689       [weil da]s da halt eine HAT,
690  PW   [?HM_hm;]
691       (1.1)
692  AM   ne,=
693       =dann-
694       der pilot hat influENza,
695       und dann kriegen alle passagiere AUCH influenza.
696       (1.2)
697  PW   ?HM_[hm;]
698  AM        [und] dann haben sie ihren SPASS damit.
699       [ein]e WOche lang.
700  PW   [hm.]
```

Der Reisemediziner positioniert sich in Z. 680 als epistemisch superior und beratend, indem er zum einen das Thema Influenza eigeninitiativ in das Gespräch einbringt und es aus Expertenperspektive als relevant für die individuellen Pläne der Reisenden erachtet. Dabei markiert er auf einer Metaebene auch, dass seine Expertensicht hier womöglich im Kontrast zu den Erwartungen medizinischer LaiInnen stehen könnte, da die Influenza zum Zeitpunkt der Beratung gewöhnlich nicht besonders präsent ist („im sommer KOMMT man eigentlich gar nicht drauf", nicht abgedruckt). Zum anderen formuliert er die Impfempfehlung in der formal direktiven Form eines Imperativs, der sowohl den deontischen Status des Arztes im Sinne einer Berechtigung zur Handlungsanweisung widerspiegelt (vgl. Groß 2018: 348), als auch an die Eigenverantwortung der Patientin für die Impfentscheidung und zukünftige Handlungen appelliert. Die direktive Wirkung der Aussage wird allerdings durch das Adverb „vielleicht" (Z. 680) abgeschwächt. Auf diese Weise wird markiert, dass die Handlungsempfehlung keinen ultimativen, sondern einen optionalen Charakter hat, was dem Gegenüber einen größeren Handlungsspielraum beimisst und „notfalls ohne Gesichtsverlust oder Gesichtsbedrohung [...] abgelehnt oder überarbeitet werden" kann (Imo 2013: 239). Die Patientin äußert nach einer 0.7-sekündigen Pause den *continuer* „oKEE," (Z. 682), der den Empfang einer neuen Information quittiert (vgl. Imo 2009), aber durch die steigende Intonation auch anzeigt, dass der Erkenntnisprozess noch nicht abgeschlossen ist und eine Expansion des Themas erwünscht ist. Der Arzt äußert in Z. 683 zunächst den Alignmentmarker „ja,", welcher als Scharnierelement fungiert und „unterschiedliche epistemische Konstellationen und damit prospektiv verbundene Handlungsanforderungen und -erwartungen" (Lanwer 2019: 13) indiziert. In Z. 684 reagiert der Reisemediziner auf das evident gewordene epistemische Gefälle und setzt durch den Konnektor „denn" an, einen retraktiven *account* nachzuliefern. Er bricht die kausale Formulierung mit „denn" jedoch ab und leitet in Z. 685 mit dem Diskursmarker „also" eine Erläuterung ein (vgl. Dittmar 2002: 167).

Der Arzt führt nun seine Argumente für seine Empfehlung einer Influenzaimpfung nicht direkt an, sondern stellt zunächst einen prospektiven *disclaimer* (Hewitt/Stokes 1975) voran, in welchem er auf das geringe Schadensausmaß im Falle einer Influenza-Infektion hinweist. Er konstatiert in Z. 685, dass eine Influenza der Patientin „nich groß SCHAden" werde, bevor es in Z. 686 – eingeleitet durch den Reformulierungsmarker „also" (Groß 2018: 243) – zu einer hyperbolischen Emphase dieser Äußerung kommt: Der Reisemediziner prognostiziert, dass die Patientin „daran nich STERben" wird. Der wiederholte und recht drastisch formulierte Hinweis darauf, dass hier über keine lebensbedrohliche Infektionskrankheit gesprochen wird, markiert einen Wechsel der Beratungs- und Empfehlungsgrundlage in der Impfsprechstunde: Während die zuvor besprochenen Infektionen mit Gelbfieber, Malaria und Poliomyelitis schwerwiegende Erkrankungen darstellen, die auch bleibende Schäden hinterlassen können, handelt es sich – so der hier beratende Arzt – bei der Influenza um eine Infektionskrankheit von einem i. d. R. geringeren Schadensausmaß. Der *disclaimer* kann demnach als Interpretationsrestriktion (vgl. Deppermann/Blühdorn 2013) verstanden werden, welche verhindern soll, dass die impfpräventive Maßnahme gegen Influenza von der Patientin auf einer Ebene mit den zuvor besprochenen Impfungen gegen lebensbedrohliche Krankheiten verortet wird. Die NEGATION markiert auf diese Weise den Kontrast zu den vorher thematisierten Impfungen. In Z. 687 wird dann ein adversativer *aber*-Teil eingeleitet, welcher den vorausgehenden Hinweis retrospektiv zum *zwar*-Teil modifiziert. Da in diesem kein *zwar* geäußert wurde, handelt es sich nach Barth-

Weingarten (2002: 25) um eine „asyndetische konzessive Konstruktionen ohne Korrelat". Der weiterverweisende Charakter der steigenden Tonhöhenbewegung am Ende der Intonationsphrase lässt aber darauf schließen, dass der Arzt bereits ein kontrastierendes Argument geplant hat (vgl. Barth-Weingarten 2002: 13 f.) und es sich um keine inkrementelle Ergänzung handelt.

Durch den *space builder* (vgl. Sweetser/Fauconnier 1996: 10) „stellen sie sich vor" wird in Z. 687 ein hypothetisches Szenario eröffnet, in welchem der Arzt einen möglichen Infektionsweg skizziert, nämlich dass die Patientin sich während der Anreise im Flugzeug ansteckt. Eine Influenza hätte dann u. U. zur Folge, dass die Patientin die gesamte Reisezeit über krank im Hotelzimmer verbringen muss und ihren geplanten Reiseaktivitäten nicht nachgehen könnte (nicht abgedruckt).

Mit dem Hinweis darauf, dass eine Influenza nicht lebensbedrohlich wäre, sondern ‚nur' die Reisepläne der Patientin torpedieren würde, markiert der Arzt, dass die impfpräventive Maßnahme an diesem Punkt nicht mehr den Erhalt des Lebens zum Ziel hat, sondern den Erhalt der Reisequalität fokussiert. Unter diesem Blickwinkel einer wunscherfüllenden Präventionsmedizin, bei der das Aufrechterhalten der Vitalität (vgl. Kettner 2006) bzw. hier dem Funktionieren auf der Reise im Vordergrund steht, wird die Influenza-Impfung vom beratenden Reisemediziner als sinnvoll erachtet, obwohl das Risiko, an einer Influenza zu versterben, negiert wird.

In Bezug auf die in diesem Beitrag beleuchteten Praktiken des Sprechens über das Sterben und den Tod wurde deutlich, dass der Arzt diese Themen problemlos ansprechen kann, wenn sie in negierter Form geäußert werden. Weil das skizzierte Schreckenszenario, an einer impfpräventablen Krankheit zu versterben, deutlich negiert wird, kann der Arzt das Sterben unter dem Motto „consider and abandon" (Verhagen 2005: 74) sehr direkt in der Interaktion anführen. Diese Formulierung macht klar, dass „die negierte Konstituente sich nicht für die Bezugnahme auf den intendierten Referenten eignet" (Deppermann/Blühdorn 2013: 11). Auf diese Weise wird die Verbindung zwischen dem Tod und der Influenzaerkrankung der individuellen Person insofern getrennt, als das Sterben aus einem kausalen und temporären Zusammenhang mit der besprochenen Erkrankung gelöst wird. Dadurch, dass die Erkrankung explizit als nicht lebensbedrohlich dargestellt wird, wird der Tod „für einen bestimmten zeitlichen Kontext als nicht-faktisch" (Deppermann/Blühdorn 2013: 12) gekennzeichnet und aus dem *common ground* ausgeschlossen. Die Negation als Interpretationsrestriktion stellt demnach „a verbal device employed to ward off and defeat in advance doubts and negative typifications which may result from intended conduct" (Hewitt/Stokes 1975: 3) dar. Dadurch, dass eine Todesgefahr in Bezug auf die thematisierte Erkrankung ausgeschlossen wird, konstituieren die ÄrztInnen *ex negativo* auch die Ebene der Argumentations- und Entscheidungsgrundlage in Bezug auf den medizinischen Eingriff: Statt einer absoluten Indikation zum Erhalt des Lebens wird der Eingriff in vorliegendem Beispiel primär vor dem Hintergrund einer bestmöglichen Lebens- bzw. Reisequalität diskutiert. Dies ist wiederum für die PatientInnen insofern relevant, als die Bedrohlichkeit und Schwere einer Erkrankung – wie Slevin et al. (1990) zeigen – einen Einfluss auf die Bereitschaft, etwaige Nebenwirkungen in Kauf zu nehmen, hat.

**3.3 Generisches Sprechen**
Im folgenden Ausschnitt geht es darum, dass dem Patienten, der ein Glioblastom (Hirntumor) hat, aufgrund eines rapiden Krankheitsprogresses nicht mehr viel Lebenszeit bleibt. Der Patient ist sich dieser Tatsache bewusst und führt im Gespräch an, dass er merkt, wie es ihm jeden Tag schlechter geht und er schwächer wird. Für die Ärztin ist es aus diesem Grund umso wichtiger, dass der Patient schnellstmöglich nach Hause entlassen werden kann, um nicht im Krankenhaus sterben zu müssen.

```
(3)     Palliativ_437_12_P_20190326
177  PM    es is ja kEIner unSTERBlich; (---)
178  AW    ja gott sei <<lachend> DANK nich;>
179        <<pp, lachend> haHA;>
180        °hh <<smile voice> gott sei DANK nich;> (-)
181        und gott sei dank weiß auch niemand <<p> WANN er
           stirbt;>
                    (-)
182        <<pp> ne,> (-)
183  PM    <<p> geNAU;> (-)
184  AW    jeder hat sein LICHT,
185        und wenn des ABgebrannt is,
186        dann (.) verLÖSCHT es;
187  PM    <<p> ja ge[NAU;   ]
188  AW             [des IS] einfach so;>
189  PM    ich sag einfach (bei geBURT,) (-)
190        ist FESTgelegt, (--)
191        wann du verSTER[ba wirsch;]
192  AW                   [geNAU;    ] (-)
193        <<pp> geNAU;> (--)
194        so I[ST des;  ]
195  PM        [aber GUT;] (-)
196  AW    GLAUB ich auch;
197        (.) <<smile voice> dran;>
```

Zunächst fällt auf, dass in diesem Ausschnitt eine Häufung von Indefinitpronomen (bzw. Quantifikativa nach Zifonun et al. 1997: 44) zu beobachten ist, die die Generizität des jeweils ausgedrückten Sachverhaltes kontextualisieren („keiner", Z. 177; „niemand", Z. 181; „jeder", Z. 184); zudem findet sich in Z. 191 auch das generisch gebrauchte Personalpronomen der 2. Pers. Sg.

Direkt zu Beginn der abgedruckten Sequenz tätigt der Patient die Aussage „es is ja kEIner unSTERBlich;" (Z. 177). Anhand des Kontextes lässt sich inferieren, dass er hier nicht den Referenzbereich „alle PatientInnen der Palliativstation" oder „alle PatientInnen" bzw. „alle ÄrztInnen" meint, sondern dass es sich um eine Allaussage handelt, die sich auf den Denotatbereich ‚Mensch' bezieht und etwas „über alle Menschen, zu allen Zeiten, an allen Orten, in allen Kulturen und in allen Situationen prädiziert" (Zifonun 2000: 238). Mittels der Abtönungspartikel ‚ja' markiert der Patient, dass die entsprechende Proposition im *common ground* verankert ist bzw. dass es sich dabei um allgemeines Weltwissen handelt (vgl. Reineke 2018). Die Ärztin reagiert auf diese Allaussage mit einer Bestätigung, wobei sie ihre Affirmation durch Lachen modalisiert (Z. 178–179). In Z. 181 erweitert sie ihre Äußerung sodann inkrementell um einen Truismus (Gülich 1981: 350), als dessen Subjekt das Indefinitpronomen „niemand" (Z. 181) erscheint. Auch hier wird also nicht auf eine konkrete Person referiert; stattdessen bleibt die Äußerung maximal generisch, da die Ärztin die der conditio humana unabänderlich eingeschriebene Tatsache anführt, dass der Wissensvorrat eines jeden Menschen bezüglich seiner Zukunft immer beschränkt ist (Schütz und Luckmann 2017 [1979/1984]: 234; Knoblauch und Schnettler 2005: 24). Indem der Patient die von der Ärztin verbalisierte Proposition durch die Bestätigungspartikel „geNAU;" (Z. 183) ratifiziert, signalisiert er zum einen, dass die Ärztin „exakt das geäußert hat, was er selbst hätte sagen können" (Willkop 1988: 140) und nimmt so eine epistemische Hochstufung vor. Zum anderen kontextualisiert er dadurch aber auch, dass die vorangehend besprochene Thematik nun zur Genüge bearbeitet ist und daher beendet werden kann (vgl. Oloff 2017). Die Ärztin setzt das Thema jedoch fort, indem sie eine Quasi-Tautologie (Gülich 1981: 350) anführt: „jeder hat sein LICHT, und wenn des Abgebrannt is, dann (.) verLÖSCHT es;" (Z. 184–186). Auch hier erscheint wieder ein Indefinitpronomen, durch welches die Aussage am Pol maximaler Generalität verortet wird. Die Interaktion wird dabei aufgrund der sich anhäufenden Gemeinplätze (vgl. Keim 1997: 321) immer formelhafter, wobei die Formelhaftigkeit[4] aus Prozessen der Entindexikalisierung und Generalisierung resultiert (vgl. Kallmeyer und Keim 1994: 267 f.).

---

4   Es ist nicht ansatzweise möglich, hier auf die Forschung zum formelhaften Sprechen einzugehen und die vielfältigen internen Differenzierungen zu referieren. Wir folgen

Abermals bestätigt der Patient die ärztliche Aussage in zweiter Position („<<p> ja geNAU;", Z. 187), woraufhin die Ärztin affirmierend hinzufügt „des IS einfach so;" (Z. 188). Neben der Funktion, die Unabänderlichkeit des Sachverhaltes anzuzeigen, dient die Kopulakonstruktion aufgrund des themenabschließenden Potenzials der Abtönungspartikel ‚einfach' (vgl. Thurmair 1989: 132) auch dem potenziellen Übergang zu einem anderen Gesprächsthema. Der Patient setzt das formelhafte Sprechen jedoch weiter fort, wobei er anstelle eines weiteren Indefinitpronomens nun das generisch gebrauchte Personalpronomen der 2. Pers. Sg. verwendet. Dieser generische Gebrauch von *du* ist adressateninklusiv und führt zu einer „Auf-Hebung von *ich* und *du*, von ego- und tuzentrischer zugunsten einer soziozentrischen Perspektive" (Stukenbrock und Bahr 2017: 178). Die beiden Interagierenden verhalten sich maximal affiliativ und kontextualisieren immer wieder, dass sie sich ‚im Gleichklang' befinden. In der wechselseitigen Bestätigung, die sich auch im anschließenden zweifachen Gebrauch der Partikel ‚genau' vonseiten der Ärztin (Z. 192, 193) zeigt, manifestiert sich ein hohes Bemühen darum, Intersubjektivität herzustellen und sich der geteilten Perspektive auf Sterben und Tod zu versichern. Das formelhafte, generische Sprechen trägt hierzu einen wesentlichen Teil bei, indem es die „‚phatische Gemeinschaft'" der GesprächspartnerInnen aufrechterhält (Coulmas 1981: 69; vgl. auch Stein 2004).

Nachdem die Ärztin dem Patienten nochmals explizit zustimmte (Z. 194, 196), wird die Thematik endgültig abgeschlossen und der Patient erkundigt sich danach, ob bezüglich des Krankentransports, der ihn zurück nach Hause bringt, alles geregelt ist (nicht mehr abgedruckt). Sterben und Tod werden im weiteren Verlauf der Interaktion kein weiteres Mal als Gesprächsthemen eingeführt, sodass dieser Gegenstand nun exhaustiv besprochen scheint.

Im Hinblick auf das Erkenntnisinteresse des vorliegenden Beitrags lässt sich Folgendes festhalten: Dadurch, dass die Interagierenden hier ‚Allerweltsweisheiten' über Leben und Tod und somit über *die* „menschliche Grundsituation" schlechthin anführen (Luckmann und Keppler 1992: 217), ist ein solch offenes Sprechen über den Tod problemlos möglich. Weder der Patient selbst noch die Ärztin kontextualisieren den Gesprächsgegenstand als potenziell heikel, etwa durch Disfluenzen o. dgl. Stattdessen lässt sich ein Austausch formelhafter Wendungen beobachten, wobei die Interagierenden ein hohes Bemühen darum anzeigen, Intersubjektivität bezüglich der eingebrachten Allgemeinplätze her-

---

daher Kallmeyer und Keim (1994: 251), die *formelhaftes Sprechen* als „Oberbegriff für den gesamten Bereich der verfestigten Formulierungen von den Phraseologismen im engeren Sinne (Lexemverbindungen) bis hin zu Redensarten, Sprichwörtern, Sentenzen und Routineformeln" gebrauchen.

zustellen. Auf diese Weise versichern sich die Ärztin und der Patient wechselseitig der menschlichen Natur, die den Tod als unhintergehbares Faktum inkludiert. Der Rekurs auf die generischen Formate hält vor allem dem palliativ behandelten Patienten den Tod zumindest sprachlich ‚vom Leibe', da er sich nicht mittels der Pronomen *ich, mich, mein* etc. mit ihm ‚identifizieren' und somit das Sterben nicht auf sich selbst projizieren muss. Während im vorangehend analysierten Ausschnitt Indefinitpronomen dominieren, tritt in den anderen Belegen unseres Korpus im Rahmen des generischen Sprechens über Sterben und Tod häufig auch das unpersönliche Pronomen *man* auf. Sprachlich indizierte Generizität – u. U. verbunden mit formelhaften Wendungen – ist somit eine adäquate Möglichkeit für ÄrztInnen und PatientInnen, sich über Tod und Sterben zu unterhalten und dabei innerhalb der ‚Grenzen des Sagbaren' zu bleiben.

## 4 Fazit

Peräkylä (1995: 240) hält in seiner gesprächsanalytischen Untersuchung zu AIDS-Beratungen fest, „that invoking untoward realities usually cannot take place in a straightforward fashion". Während Peräkylä sich der interaktiven Bearbeitung verschiedener ‚widriger Realitäten' in AIDS-Beratungen widmet, lag der Fokus unserer Untersuchung auf der Frage, wie die ‚widrigste' Realität überhaupt – das ‚Verlöschen' der menschlichen Existenz im Tod – interaktiv relevant gesetzt und bearbeitet werden kann. Ausgangspunkt dieses Erkenntnisinteresses war die in der Thanatosoziologie stark diskutierte Verdrängungsthese bzw. die Frage danach, inwiefern Sterben und Tod in Interaktionen ‚unsagbare' Themen bilden. Um dieser Frage nachzugehen, haben wir exemplarisch Gespräche in zwei verschiedenen Settings beleuchtet: Interaktionen im Rahmen der Arztvisite auf Palliativstationen sowie Interaktionen in reisemedizinischen Impfsprechstunden.

Wie die vorangehenden beispielhaften Analysen zeigen, ist der Themenkomplex Sterben und Tod keineswegs ‚unsagbar', sondern kann von den Interagierenden durchaus interaktiv bearbeitet werden, ohne dass dabei durch (para)sprachliche Ressourcen eine interaktive Problematik mit diesem Gesprächsgegenstand kontextualisiert wird. Allerdings wird in den untersuchten Daten – auch jenseits der drei exemplarisch analysierten Beispiele – deutlich, dass nicht beliebig über den Tod gesprochen werden kann, sondern bestimmte kommunikative Grenzen gewahrt werden müssen. So stellen die Interagierenden Sterben und Tod nicht in einen subjektiven sowie einen realen Rahmen und holen Sterben und Tod auch nicht in den Nahzeitraum.

Insgesamt haben wir drei Praktiken näher betrachtet, die ÄrztInnen und PatientInnen in beiden medizinischen Fachbereichen als häufigste kommunikative Ressource einsetzen, um über Sterben und Tod sprechen zu können. Diese drei Praktiken können – je nach Kontext – kumulativ oder einzeln auftreten. Zunächst wurde die Praktik ERÖFFNEN HYPOTHETISCHER SZENARIEN beleuchtet, im Rahmen derer problemlos über Sterben und Tod gesprochen werden kann und die zur Illustration und Argumentation in der Entscheidungsfindung eingesetzt wird. Dadurch, dass das Sterben nicht im Realzeitraum verortet, sondern als potentiell in der Zukunft eintretendes Ereignis verhandelt wird, verliert es an Bedrohlichkeit und unmittelbarer Nähe zu den PatientInnen. Mittels dieser Praktik schaffen die Interagierenden somit Distanz zwischen dem Hier und Jetzt auf der einen sowie dem Sterben und Tod auf der anderen Seite. Diese Distanz wird dabei nicht nur auf temporaler Ebene aufgebaut, indem das Sterben auf einen zukünftigen Zeitpunkt bezogen wird; durch als *space builder* fungierende Konditionalstrukturen wird darüber hinaus auch verdeutlicht, dass der Tod nur unter ganz bestimmten Bedingungen eintreten wird, die sich auch nur möglicherweise bzw. im *worst case* bewahrheiten werden.

Des Weiteren wurde deutlich, dass Sterben und Tod in den Raum des Sagbaren geholt werden können, wenn über diese Themen in verneinter Form gesprochen wird, d. h., wenn sie mit Formen der NEGATION verknüpft werden. Dadurch, dass die Negation den Bezug zwischen der thematisierten Krankheit und dem Sterben der PatientInnen explizit auflöst, rückt das Sterben in die Ferne und die Letalität der besprochenen Krankheit wird klar verneint. Mithilfe von Interpretationsrestriktionen (vgl. Deppermann/Blühdorn 2013), die durch die klaren Negationen konstruiert werden, wird das Verstehen dahingehend gesteuert, als potentiell denkbare Inferenzen, d. h. die Annahme, dass die besprochene Krankheit zum Tode führen könnte, explizit aus dem *common ground* ausgeschlossen werden. Auf diese Weise bestimmen die ÄrztInnen insofern auch die Ebene des gemeinsamen Gesprächs und die darin geplanten medizinischen Interventionen, als diese nicht mehr dem Erhalt bzw. der Verlängerung des Lebens dienen, sondern die Lebensqualität zum Fokus haben.

Schließlich konnte gezeigt werden, dass das GENERISCHE SPRECHEN den Interagierenden ebenfalls erlaubt, Sterben und Tod zu thematisieren. Durch den Gebrauch von ‚unpersönlichen' Pronomen (Indefinitpronomen, unpersönliches *du, man*) sowie durch den Rückgriff auf formelhafte Wendungen werden Sterben und Tod mit der allgemein-menschlichen und somit nicht aufhebbaren Disposition assoziiert, die für jedes Individuum zwangsläufig den Tod als Endpunkt des Lebens vorsieht. Im Rahmen der Generizität kontextualisierenden sprachlichen Verfahren rückt der persönliche Tod der Interagierenden in den Hintergrund; zudem entsteht eine Gemeinschaft zwischen den ÄrztInnen als professionellen AkteurInnen und den PatientInnen als KlientInnen der Institution: Indem sie, wie im exemplarisch betrachteten Ausschnitt, ein hohes Bemühen um ein intersubjektiv geteiltes Verständnis des Gesagten an den Tag legen, versichern sie sich ihrer gemeinsamen menschlichen Existenz.

Anhand der angeführten Beispiele wurde deutlich, dass in der Arzt-Patient-Kommunikation nicht nur über den (eigenen) Tod gesprochen werden kann, sondern die Themen Tod und Sterben in der Interaktion auch funktional eingesetzt werden, bspw. argumentativ, kontrastierend oder um Intersubjektivität und Nähe herzustellen. Letzten Endes konnten wir sprachliche Grenzziehungspraktiken in Bezug auf das Sprechen über Sterben und Tod herausarbeiten und somit einen Beitrag zu einer empirischen Erforschung der thanatosoziologischen Verdrängungsthese liefern. In diesem Kontext verdeutlicht unser Artikel, dass pauschal weder von einer Verdrängung des Todes noch von einer ‚Verdrängung der Verdrängungsthese' die Rede sein kann. Stattdessen gilt es, anhand authentischer Daten nachzuzeichnen, wie im Rahmen der kommunikativen Alltagspraxis Sterben und Tod als konversationelle Gegenstände von den Interagierenden zweckdienlich eingesetzt werden, um kommunikative Probleme zu lösen bzw. kommunikative Aufgaben zu bearbeiten.

**Literatur**

Auer, Peter (1986). Kontextualisierung. Studium Linguistik 19, 22–47.
Ariès, Philippe (2009 [1978]). Geschichte des Todes. 12. Aufl. München: Deutscher Taschenbuch Verlag.
Barth, Niklas/Mayr, Katharina (2019). Der Tod ist ein Skandal der Exklusion. Neue Entwicklungen und ein altbekannter Ton in der deutschen Thanatosoziologie. Soziologische Revue 42 (4), 572–592.
Barth-Weingarten, Dagmar (2002). Weil die Hälfte eben erst die Hälfte ist – zur prosodischen Gestaltung als Projektionsmittel bei konzessiven Konstruktionen im Englischen. Zeitschrift für Angewandte Linguistik 37, 77–105.
Berger, Peter L./Luckmann, Thomas (2004). Die gesellschaftliche Konstruktion der Wirklichkeit. Frankfurt a. M.: Fischer.
Betsch, Cornelia/Schmid, Philipp (2012). Angst essen Impfbereitschaft auf. Der Einfluss kognitiver und affektiver Faktoren auf die Risikowahrnehmung im Ausbruchsgeschehen. Bundesgesundheitsblatt 56, 124–130.
Brachtendorf, Johannes (2012). Sterben – ein anthropologischer Konflikt sui generis? In: Bormann, Franz-Josef/Borasio, Gian D. (Hrsg.). Sterben. Dimensionen eines anthropologischen Grundphänomens. Berlin/Boston: De Gruyter, 257–270.
Chou, Wen-ying Sylvia/Hamel, Lauren M./Thai, Chan L./Debono, David/Chapman, Robert A./Albrecht, Terrance L./Penner, Louis A./Eggly, Susan (2017). Discussing

prognosis and treatment goals with patients with advanced cancer: A qualitative analysis of oncologists' language. Health Expectations 20 (5), 1073–1080.

Coulmas, Florian (1981). Routine im Gespräch. Zur pragmatischen Fundierung der Idiomatik. Wiesbaden: Akademische Verlagsgesellschaft Athenaion.

Couper-Kuhlen, Elizabeth/Thompson, S. A. (2000). Concessive patterns in conversation. In: Couper-Kuhlen, E./Kortmann, B. (Hrsg.). Cause, Condition, Concession, Contrast. Cognitive and Discourse Perspectives. Berlin/New York: De Gruyter, 381–410.

Couper-Kuhlen, Elizabeth/Selting, Margret (2018). Interactional Linguistics. Studying Language in Social Interaction. Cambridge: Cambridge University Press.

Dancygier, Barbara/Sweetser, Eve (2005). Mental Spaces in Grammar. Conditional Constructions. Cambridge: Cambridge University Press.

Deppermann, Arnulf (2000). Ethnographische Gesprächsanalyse: Zu Nutzen und Notwendigkeit von Ethnographie für die Konversationsanalyse. Gesprächsforschung – Online-Zeitschrift zur verbalen Interaktion 1, 96–124.

Deppermann, Arnulf (2008). Gespräche analysieren. Eine Einführung. 4. Aufl. Wiesbaden: VS.

Deppermann, Arnulf/Blühdorn, Hardarik (2013). Negation als Verfahren des Adressatenzuschnitts: Verstehenssteuerung durch Interpretationsrestriktionen. Deutsche Sprache 41 (1), 6–30.

Dittmar, Norbert (2002). Lakmustest für funktionale Beschreibungen am Beispiel von auch (Fokuspartikel, FP), eigentlich (Modalpartikel, MP) und also (Diskursmarker, DM). In: Fabricius-Hansen, Cathrine/Leirbukt, Oddleif /Letnes, Ole (Hrsg.). Modus, Modalverben, Modalpartikel. Trier: WVT Wissenschaftlicher Verlag Trier, 142–177.

Ehmer, Oliver (2011). Imagination und Animation. Die Herstellung mentaler Räume durch animierte Rede. Berlin/New York: De Gruyter.

Elias, Norbert (2002 [1982]). Über die Einsamkeit der Sterbenden in unseren Tagen. Humana conditio. Frankfurt am Main: Suhrkamp.

Fauconnier, Gilles (1994). Mental Spaces. Aspects of Meaning Construction in Natural Languages. Cambridge: Cambridge University Press.

Feldmann, Klaus (1997). Sterben und Tod. Sozialwissenschaftliche Theorien und Forschungsergebnisse. Opladen: Leske + Budrich.

Feldmann, Klaus (2003). Thanatosoziologie: Anomie oder Anämie? Soziologische Revue 26, 213–221.

Feldmann, Klaus (2012). Sterben in der modernen Gesellschaft. In: Bormann, Franz-Josef/Borasio, Gian D. (Hrsg.). Sterben. Dimensionen eines anthropologischen Grundphänomens. Berlin/Boston: De Gruyter, 23–40.

Freud, Siegmund (1946 [1915]). Zeitgemäßes über Krieg und Tod. In: Freud, Anna/Bibring, Edward/Hoffer, Wilhelm/Kris, Ernst/Isakower, Otto (Hrsg.). Gesammelte Werke. Werke aus den Jahren 1913–1917. Frankfurt am Main: Fischer.

Gorer, Geoffrey (1955). The Pornography of Death. Encounter 5 (4), 49–52.

Gramling, David/Gramling, Robert (2019). Palliative Care Conversations. Berlin/Boston: De Gruyter.

Groß, Alexandra (2018). Arzt/Patient-Gespräche in der HIV-Ambulanz. Facetten einer chronischen Gesprächsbeziehung. Göttingen: Verlag für Gesprächsforschung.

Gülich, Elisabeth (1981). „Was sein muß, muß sein." Überlegungen zum Gemeinplatz und seiner Verwendung. In: Weydt, Harald (Hrsg.). Logos Semantikos. Band 2: Sprachtheorie und Sprachphikosophie. Berlin/New York: De Gruyter, 343–363.

Günthner, Susanne (2015). *Zwar... aber*-Konstruktionen im gesprochenen Deutsch: Die dialogische Realisierung komplexer Konnektoren im Gespräch. Deutsche Sprache 43, 193–219.

Günthner, Susanne (2017). Sprachliche Verfahren bei der Übermittlung schlechter Nachrichten – sedimentierte Praktiken im Kontext onkologischer Aufklärungsgespräche. SpIn-Arbeitspapierreihe (Sprache und Interaktion) 73. http://arbeitspapiere.sprache-interaktion.de/arbeitspapiere/arbeitspapier73.pdf (Stand: 27.04.2022).

Hewitt, Roger/Stokes, Randall (1975). Disclaimers. American Sociological Review 40, 1–11.

Imo, Wolfgang (2013). Sprache-in-Interaktion: Analysemethoden und Untersuchungsfelder. Berlin/Boston: De Gruyter.

Imo, Wolfgang/Ziegler, Evelyn (2019). Situierte Konstruktionen: das Indefinitpronomen man im Kontext der Aushandlung von Einstellungen zu migrationsbedingter Mehrsprachigkeit. In: de Knop, Sabine/Erfurt, Jürgen (Hrsg.). Konstruktionsgrammatik und Mehrsprachigkeit. Duisburg: UVRR [OBST], 75–104.

Kahl, Antje/Knoblauch, Hubert (2017). Transmortalität. Organspende, Tod und tote Körper in der heutigen Gesellschaft. In: Kahl, Antje/Knoblauch, Hubert/Weber, Tina (Hrsg.). Transmortalität. Organspende, Tod und tote Körper in der heutigen Gesellschaft. Weinheim/Basel: Beltz Juventa, 8–33.

Kallmeyer, Werner/Keim, Inken (1994). Formelhaftes Sprechen in der Filsbachwelt. In: Kallmeyer, Werner (Hrsg.). Kommunikation in der Stadt. Teil 1. Exemplarische Analyse des Sprachverhaltens in Mannheim. Berlin/New York: De Gruyter, 250–317.

Keim, Inken (1997). Formelhaftes Sprechen als konstitutives Merkmal sozialen Stils. In: Selting, Margret/Sandig, Barbara (Hrsg.). Sprech- und Gesprächsstile. Berlin/New York: De Gruyter, 318–344.

Kettner, Matthias (2006). „Wunscherfüllende Medizin" zwischen Kommerz und Patientendienlichkeit. Ethik in der Medizin 18, 81–91.

Knoblauch, Hubert (2007). Der Tod der Moderne, die neue „Kultur des Todes" und die Sektion. In: Groß, Dominik/Esser, Andrea/Knoblauch, Hubert/Tag, Brigitte (Hrsg.). Tod und toter Körper. Der Umgang mit dem Tod und der menschlichen Leiche am Beispiel der klinischen Obduktion. Kassel: Kassel University Press, 189–200.

Knoblauch, Hubert/Schnettler, Bernd (2005). Prophetie und Prognose. Zur Konstitution und Kommunikation von Zukunftswissen. In: Hitzler, Ronald/Pfadenhauer, Michaela (Hrsg.). Gegenwärtige Zukünfte. Interpretative Beiträge zur sozialwissenschaftlichen Diagnose und Prognose. Wiesbaden: VS, 23–44.

Knoblauch, Hubert/Zingerle, Arnold (2005). Thanatosoziologie. Tod, Hospiz und die Institutionalisierung des Sterbens. In: Knoblauch, Hubert/Zingerle, Arnold (Hrsg.).

Thanatosoziologie: Tagungen der Sektion für Soziologie der Görres-Gesellschaft. Berlin: Duncker & Humblot, 11–30.

Land, Victoria/Pino, Marco/Jenkins, Laura/Feathers, Luke/Faul, Christina (2019). Addressing possible problems with patients' expectations, plans and decisions for the future: One strategy used by experienced clinicians in advance care planning conversations. Patient Education and Counseling 102, 670–679.

Lanwer, Jens Philipp (2019). Alignmentmarker in norddeutscher Alltagssprache (AINA). Niederdeutsches Wort 59, 33–75.

Luckmann, Thomas/Keppler, Angela (1992). Lebensweisheiten im Gespräch. In: Kühn, Rolf/Petzold, Hilarion (Hrsg.). Psychotherapie & Philosophie. Philosophie als Psychotherapie? Paderborn: Junfermann, 201–222.

Nassehi, Armin/Weber, Georg (1989). Tod, Modernität und Gesellschaft. Entwurf einer Theorie der Todesverdrängung. Opladen: Westdeutscher Verlag.

Oloff, Florence (2017). *Genau* als redebeitragsinterne, responsive, sequenzschließende oder sequenzstrukturierende Bestätigungspartikel im Gespräch. In: Blühdorn, Hardarik/Deppermann, Arnulf/Helmer, Henrike/Spranz-Fogasy, Thomas (Hrsg.). Diskursmarker im Deutschen. Reflexionen und Analysen. Göttingen: Verlag für Gesprächsforschung, 207–232.

Peräkylä, Anssi (1993). Invoking a hostile world: Discussing the patient's future in AIDS counselling. Text 13 (2), 291–316.

Peräkylä, Anssi (1995). AIDS Counselling: Institutional Interaction and Clinical Practice. Cambridge: Cambridge University Press.

Perelman, Chaim/Olbrechts-Tyteca, Lucie (1969). A new rhetoric: A treatise on argumentation. Notre Dame: University of Notre Dame Press.

Reineke, Silke (2018). Interaktionale Analysen kognitiver Phänomene. Wissenszuschreibungen mit der Modalpartikel *ja*. In: Marx, Konstanze/Meier, Simon (Hrsg.). Sprachliches Handeln und Kognition. Theoretische Grundlagen und empirische Analysen. Berlin/Boston: De Gruyter, 183–204.

Rubinelli, Sara (2013). Argumentation as Rational Persuasion in Doctor-Patient Communication. Philosophy & Rhetoric 46 (4), 550–569.

Sacks, Harvey/Schegloff, Emanuel A./Jefferson, Gail (1974). A Simplest Systematics for the Organization of Turn-Taking for Conversation. Language 50 (4), 696–735.

Selting, Margret/Auer, Peter/Barth-Weingarten, Dagmar/Bergmann, Jörg R./Bergmann, Pia/Birkner, Karin/Couper-Kuhlen, Elizabeth/Deppermann, Arnulf/Gilles, Peter/Günthner, Susanne/Hartung, Martin/Kern, Friederike/Mertzlufft, Christine/Meyer, Christian/Morek, Miriam/Oberzaucher, Frank/Peters, Jörg/Quasthoff, Uta/Schütte, Wilfried/Stukenbrock, Anja/Uhmann, Susanne (2009). Gesprächsanalytisches Transkriptionssystem 2 (GAT 2). Gesprächsforschung – Online-Zeitschrift zur verbalen Interaktion 10, 353–402.

Schütz, Alfred/Luckmann, Thomas (2017 [1979/1984]). Strukturen der Lebenswelt. 2. Aufl. Konstanz: UVK.

Slevin, Maurice L./Stubbs, Linda/Plant Hilary J./Wilson, Peter/Gregory, Walter M./Armes, P. Joanne/Downer, Susan M. (1990). Attitudes to chemotherapy: comparing views of patients with cancer with those of doctors, nurses and general public. BMJ Clinical Research 300, 1458–1460.

Stein, Stephan (2004). Formelhaftigkeit und Routinen in mündlicher Kommunikation. In: Steyer, Kathrin (Hrsg.). Wortverbindungen – mehr oder weniger fest. Berlin/New York: De Gruyter, 262–288.

Stukenbrock, Anja/Bahr, Cornelia (2017). Zur kommunikativen Leistung des generischen „du"-Gebrauchs in der sozialen Interaktion. In: Linke, Angelika/Schröter, Juliane (Hrsg.). Sprache und Beziehung. Berlin/Boston: De Gruyter.

Sweetser, Eve/Fauconnier, Gilles (1996). Cognitive Links and Domains: Basic Aspects of Mental Space Theory. In: Sweetser, Eve/Fauconnier, Gilles (Hrsg.). Spaces, Worlds, and Grammar. Chicago: University of Chicago Press, 1–28.

Thönnes, Michaela (2013). Sterbeorte in Deutschland. Eine soziologische Studie. Frankfurt am Main u. a.: Peter Lang.

Thurmair, Maria (1989). Modalpartikeln und ihre Kombinationen. Tübingen: Niemeyer.

Tirschmann, Felix (2019). Der Alltag des Todes. Perspektiven einer wissenssoziologischen Thanatologie. Wiesbaden: Springer.

Toerien, Merran/Shaw, Rebecca/Reuber, Markus (2013). Initiating decision-making in neurology consulatations: ‚recommending' vs. ‚option-listing' and the implications for medical authority. Sociology of Health & Illness 35, 873–890.

Verhagen, Arie (2005). Constructions of Intersubjectivity. Oxford: Oxford University Press.

Walter, Tony (1994). The Revival Of Death. London: Routledge.

Wegner, Lars (2016). Lehrkraft-Eltern-Interaktionen am Elternsprechtag. Eine gesprächs- und gattungsanalytische Untersuchung. Berlin/Boston: De Gruyter.

Weidner, Beater (2017). Kommunikative Herstellung von Infotainment. Gesprächsanalytische und Multimodale Analysen einer TV-Kochsendung. Berlin/Boston: De Gruyter.

Willkop, Eva-Maria (1988). Gliederungspartikeln im Dialog. München: Iudicium.

Zifonun, Gisela (2000). „Man lebt nur einmal." Morphosyntax und Semantik des Pronomens *man*. Deutsche Sprache 28 (3), 232–253.

Zifonun, Gisela/Hoffmann, Ludger/Strecker, Bruno/Ballweg, Joachim/Brauße, Ursula/ Breindl, Eva/Engel, Ulrich/Frosch, Helmut/Hoberg, Ursula/Vorderwülbecke, Klaus (1997). Grammatik der deutschen Sprache. Berlin/New York: De Gruyter.

Zimmermann, Camilla (2012). Acceptance of dying: A discourse analysis of palliative care literature. Social Science & Medicine 75 (1), 217–224.

# Grenzziehungen bei der Aushandlung von sprachlichen und sozialen Normen im Klassenrat

Judith Kreuz

**Abstract:** The article examines "boundary setting practices" (Grenzziehungspraktiken) in class councils using video data of class council interactions in primary school and interview data with teachers. On the one hand, the class council is a place of peer culture, but on the other hand, it is also an institutionally shaped setting with clear rules and (linguistic) norms. With a focus on language use, especially argumentation, it is reconstructed how linguistic norms are established qua authority and clear boundaries are drawn for joint action in the class council. At the same time, however, different possibilities are revealed that can expand the students' linguistic skills: by supporting the students to work on argumentative skills (teacher's scaffolding), they can not only expand their repertoire of linguistic competences, but also actively participate in the class council interaction. Rule-based interactions in the class council can be seen as an opportunity for language-learning contexts.

**Keywords:** class council interaction, argumentative competence, linguistic norms, participation, linguistic learning

## 1 Der Klassenrat - ein schulisches Gremium zur Partizipation

Der Klassenrat gehört heute sowohl auf der Primarstufe als auch auf der Sekundarstufe 1 in vielen Schulklassen zu einer etablierten und beliebten schulischen Praktik (Bauer 2013; de Boer 2018). Beabsichtigt ist, durch ihn ein Forum zu schaffen, in dem die Schülerinnen und Schüler sich an der Planung und Gestaltung des Schulalltags beteiligen, ihre Anliegen und Wünsche einbringen sowie im Sinne des sozialen Lernens alltägliche Konflikte besprechen können (de Boer 2018). Der Klassenrat findet typischerweise im Kreis statt und folgt damit einer Raumordnung (z. B. Heintel et al. 2018), die eine inkludierende und egalitäre Interaktion unterstützen soll. Die Gesprächsführung obliegt meist nicht der Lehrperson, sondern einer Gesprächsleiterin oder einem Gesprächsleiter aus den Reihen der Schülerinnen und Schüler. Hinzu können weitere Rollen kommen, wie z. B. Protokollierende, Beobachtende, Zeitwächter*innen etc. Sowohl die oben erwähnten Gesprächsgegenstände des Klassenrats als auch seine räumliche Anordnung sowie die Verantwortungsübergabe des Klassenratsgesprächs an die Schülerinnen und Schüler suggerieren eine starke schülerseitige Partizipation. Das besondere „participation framework" (Goffman 1981) ermöglicht es einerseits, kommunikative und soziale Grenzen des herkömmlichen, von der Lehrperson geleiteten Unterrichts, zu überschreiten. Andererseits zeugt die räumliche Strukturierung, die rollenorientierte und regelgeleitete Interaktion (z. B. mit Redeball, Redekärtchen etc.) (z. B. Friedrichs 2009) sowie die (unhintergehbare) Anwesenheit der Lehrperson als deontische Autorität von einer didaktischen und schultypischen Überformung, durch die wiederum interaktionale Grenzen definiert werden (Hauser/Haldimann 2018). Diese Grenzziehungen strukturieren somit nicht nur (Sprech-)Handlungsräume vor, sondern projizieren gleichzeitig auch situationsspezifische normative Erwartungen an die Schülerinnen und Schüler, die die Interaktion im Klassenrat (sprech-)handlungspragmatisch ‚be-grenzen'. In der Datenanalyse (vgl. Kapitel 4.3) werden diese interaktional-normativen Handlungen herausgearbeitet und als sogenannte „Grenzziehungspraktiken" gesprächsanalytisch beschrieben (vgl. auch Kapitel 3).

Der Klassenrat ist somit einerseits eine Plattform der Partizipation, – ein Ort, an dem Autonomie und Selbstbestimmung der Schülerinnen und Schüler als zentrale Elemente betont werden –, und andererseits ein stark schulkulturell geprägter Raum. Der Versuch, die beiden Perspektiven der Peer-Kultur und der Schulkultur im Klassenrat zu vereinen, führt nicht selten zu einer sogenannten „Pragmatischen Doppelrahmung" (Hauser/Haldimann 2018). Innerhalb dieser müssen die Interagierenden die Grenze zwischen den beiden sozialen Räumen ‚Klassenöffentlichkeit' und ‚Privatheit/Individuum' gestalten, indem sie je nach interaktionalem Erfordernis beide Räume entweder aufeinander beziehen oder voneinander abgrenzen (Hepp et al. 2014). Alle Akteur*innen bewegen sich im Klassenrat damit permanent als ‚Grenzgänger*innen'. Die dafür verwendeten Grenzziehungspraktiken lassen sich z. B. bei der sozialen Positionierung und bei Adressierungsverfahren beobachten (für Konfliktlöseprozesse vgl. Hauser/Kreuz 2022b) sowie bei der Aushandlung von sprachlich-interaktionalen Normen, wie in diesem Beitrag gezeigt werden soll (vgl. Kapitel 4).

Die Orientierung an den Normen der Schulkultur führt nicht selten dazu, dass der Klassenrat auch auf verschiedene, unterschiedlich explizit ausformulierte pädagogische (Teil-)Ziele ausgerichtet wird. Beispielsweise wird aus einer sozialpädagogischen bzw. sozialpsychologischen Perspektive oft das Ziel verfolgt, soziale Fähigkeiten zu fördern (z. B. Kiper 2003; Edelstein 2010), ein gutes Klassenklima zu schaffen und gemeinsam soziale Konflikte zu lösen (Friedrichs 2004; Hauser/Kreuz 2022b). Der Klassenrat wird aber auch als Möglichkeit genutzt, bildungssprachliche Praktiken einzuüben und (klassenrats-normierte) Gesprächskompetenzen (de Boer 2006; Pozar 1997) zu fördern. Die – teils sehr unterschiedlichen – Ziele, die mit dem Klassenrat von der Lehrperson verfolgt werden, müssen bei der Analyse interaktionaler Grenzziehungspraktiken berücksichtigt werden, um das jeweilige interaktionale Handeln einordnen zu können und teilnehmendenorientiert beschreibbar zu machen.

Der vorliegende Beitrag fokussiert primär Grenzziehungspraktiken durch solche o. g. sprachlichen Normen im Klassenrat sowohl aus einer interaktionslinguistischen als auch sprachdidaktischen Perspektive. Im Folgenden werden das Datenkorpus vorgestellt (vgl. Kapitel 2) und die Forschungsfrage konkretisiert (vgl. Kapitel 3).

## 2 Daten und Methode

In diesem Beitrag werden Daten aus dem SNF-Projekt ‚Der Klassenrat als kommunikative Praktik – ein gesprächsanalytischer Zugang' präsentiert (Laufzeit 2018–2022). Es handelt sich um 53 videografierte Klassenratssitzungen aus verschiedenen Schulstufen (3.–9. Klasse) der Deutschschweiz sowohl im Längsschnitt (n = 38) als auch im Querschnitt (n = 15). Die Videodaten wurden vollständig nach GAT-II-Konventionen als erweitertes Minimaltranskript transkribiert (Selting et al. 2009). Die Auswertung der Daten beruht auf gesprächsanalytischen und interaktionslinguistischen Methoden (z. B. Deppermann 2008; Sidnell/Stivers 2013) und fokussiert unterschiedliche Aspekte der interaktiven Ausgestaltung (sog. „Praktiken") des Klassenrats als kommunikative und soziale Praxis. Folgt man den gesprächsanalytischen Prinzipien der Datenanalyse, nähert man sich zunächst induktiv den Videodaten an. Dabei zeigen sich bestimmte Phänomene, aus denen ‚bottom-up' eine konkrete Forschungsfrage entwickelt wird. In den Videodaten der Klassenräte fielen unter anderem regelgeleitete Sprechhandlungen auf, die sich implizit und explizit als Handlungs- und Gesprächsregeln manifestierten und als „Grenzziehungspraktiken" gesprächsanalytisch untersucht werden. Im folgenden Kapitel 3 wird näher auf das Forschungsinteresse und die damit verbundenen Analysefoki eingegangen, die zur Samplebildung beigezogen wurden.

Zusätzlich zu den Videoaufnahmen wurden ca. 20 qualitative Interviews mit den jeweiligen (und weiteren) Lehrpersonen zu ihren subjektiven Theorien und

Zielen zum Klassenrat geführt und inhaltsanalytisch ausgewertet (Mayring 2015). Weitere Datenerhebungen und -auswertungen, wie Interviews mit Schülerinnen und Schülern (n > 60), Diskussionen mit den Lehrpersonen zu den Videoaufnahmen ihrer Klassenräte im Sinne der partizipativen Unterrichtsforschung (Hauser et al. 2020) sowie quantitative Datenauswertungen mittels Codierung und korpuslinguistischer Verfahren sind Bestandteil des Klassenratskorpus', werden in diesem Beitrag aber nicht einbezogen.

## 3 Analysefokus und Forschungsfragestellungen

Die Videodaten aus den Klassenratsinteraktionen zeigen, dass die pädagogischen Zielsetzungen zum sprachlichen Lernen (vgl. Kapitel 1) u. a. durch explizit etablierte (Sprach-)Handlungsnormen und in Form von kodifizierten ‚Spielregeln' sowie festgelegten Gesprächsregeln erreicht werden sollen (s. Lehrmittel zum Klassenrat, z. B. Friedrichs 2009). In den Daten lässt sich rekonstruieren, wie diese Regeln während des Klassenrates laufend von der Lehrperson, aber auch von den Schülerinnen und Schülern aktualisiert werden. In den untersuchten Klassenratsinteraktionen lässt sich damit in besonderer Weise die permanente Herstellung eines spezifischen institutionellen Kontextes durch hochgradig normierte Interaktionsverfahren rekonstruieren (wie z. B. ‚Meinungen sind stets zu begründen', ‚Ich-Botschaften senden', Sprechen nur mit Redeball etc.). Sie können damit als ein begrenzter Raum interaktionaler Aushandlungen verstanden werden (zu Grenzen durch bestimmte Sprachhandlungen vgl. auch Roth 2018). Werden also Sprachhandlungsnormen von den Interagierenden während des Klassenratsinteraktion implizit oder explizit ausgehandelt, spreche ich von „Grenzziehungspraktiken". Diese genauer zu beschreiben und auszudifferenzieren, ist Gegenstand der gesprächsanalytischen Untersuchung der Daten (vgl. Kapitel 4.3).

Bei der Analyse der Daten fällt auf, dass es auch immer wieder zu ‚Brüchen' der ausgehandelten Regeln und damit zur Überschreitung von Grenzen kommt (vgl. z. B. Goodwin/Kyratzis 2007), nämlich dann, wenn diese durch das tatsächliche Gesprächsverhalten konterkariert werden. In der Folge handeln die Interagierenden Normen und Grenzen neu aus, zum Beispiel indem sie inhaltlich und/oder sprachlich unangemessene Beiträge durch Normaufrufe sanktionieren (Kreuz et al. 2019; Deppermann/De Stefani 2019; Helmer/Zinken 2019). Diese Kommunikations- bzw. Grenzziehungspraktiken zeigen besonders deutlich, dass Grenzen zwischen Individuen auch überschritten werden können. Auch das Überschreiten von Grenzen bzw. Normen fasse ich als eine „Grenzziehungspraktik" auf.

Aus diesen Beobachtungen leiten sich die folgenden Fragestellungen ab:

I  Wie werden institutionalisierte, hier (bildungs-)sprachliche Normen, von den Lehrpersonen thematisiert und interaktiv im Klassenrat ausgehandelt?
II  Welche Grenzziehungs- und Grenzüberschreitungspraktiken lassen sich dabei rekonstruieren?
III  Lassen sich Aussagen über sprachliche Lernprozesse durch die interaktionale Aushandlung von Normen und Grenzziehungen treffen? Wenn ja, auf welchen Ebenen?

Um diesen Fragestellungen nachzugehen, werden im Folgenden sowohl Auszüge aus den Interviewdaten als auch aus den Videodaten präsentiert mit dem Ziel, sprachliche Normen im schulischen Kontext auf Grenzziehungspraktiken in der Klassenratsinteraktion zu beziehen.

## 4 Ein Blick in die schulische Praxis: Sprachliche Normen und Grenzziehungspraktiken im Klassenrat

Die Schule ist ein institutioneller Interaktionsraum, der stark von Regeln und Normen geprägt ist: Eine Vielzahl von (standardisierten) Zielvorstellungen, ‚Richtigkeits-Messungen' und Erwartungen sowie dadurch einzuhaltende Sprechhandlungs-Grenzen bestimmen das Erlernen, Lehren und Benutzen von Sprache(n). Sprachnormen, als Teilmenge sozialer Normen, haben durch ihre Verfestigung eine bestimmte Verbindlichkeit erlangt (Gloy 2004: 394 f.) und manifestieren sich als spezifizierte Verhaltenserwartungen (Parsons 1976). In Bildungskontexten werden diese Verhaltenserwartungen besonders deutlich, denn hier dienen sprachliche Normen als kommunikatives und kognitives Regulativ für Lehr- und Lernprozesse (Feilke 2015: 118), aber auch als Orientierung für (junge) Lernende (z. B. Dürscheid 2013). Im Folgenden werden (sprachliche) Normen in Zusammenhang mit dem schulischen Setting ‚Klassenrat' gestellt.

### 4.1 Der Klassenrat als institutionalisierter Interaktionsraum in der Schule

In der Schule werden einerseits sprachliche Normen im engeren Sinne vermittelt und erwartet, z. B. in Bezug auf die Verwendung und Bedeutung von Begriffen, von grammatischen Strukturen oder der korrekten Aussprache (z. B. Cekaite/Björk-Willén 2013; Szczepek Reed 2012). Andererseits werden damit auch grundlegende sozio-pragmatische Normen angesprochen, z. B. in Bezug auf lokal relevante Sprachhandlungen (z. B. Antworten auf Lehrer*innenfragen gemäß I-R-E-Schema, vgl. z. B. Mehan 1979), auf die interaktive Herstellung institutionell-schulischer Kontexte wie dem Klassenrat oder auf die kategorienkonforme Verhaltensweise in solchen *communities of practice* (z. B. Drew/ Heritage 1992; Llewellyn/Hindmarsh 2010).

Beide Dimensionen lassen sich in den Bildungsstandards, die in den Lehrplänen mit Kompetenzbeschreibungen festgehalten werden und damit gewisse Normen für schüler*innenseitiges (Sprach-)Verhalten i. S. einer zu erreichenden Kompetenz vorschreiben, wiederfinden. Auch der Klassenrat ist explizit im Schweizer Lehrplan 21 (D-EDK 2018), z. B. im Fach ‚Deutsch' unter dem Kompetenzbereich ‚D.3 Sprechen – C Dialogisches Sprechen' im Zyklus 2 verortet:

> Die Schülerinnen und Schüler ...
> > können zu einfachen Themen und in kurzen Gesprächen die Moderation übernehmen (z. B. Gruppenarbeit eröffnen, Klassenrat).

Auch im Fach ‚Natur – Mensch – Gesellschaft' wird im Kompetenzbereich ‚Gemeinschaft und Gesellschaft – Zusammenleben gestalten und sich engagieren' (NMG.10) der Klassenrat als Lernsetting unter dem Stichwort ‚Politische Handlungskompetenz' bereits im Zyklus 1 vorgeschlagen:

> Die Schülerinnen und Schüler ...
> > können sich für die eigenen Interessen einsetzen und die Möglichkeiten zur aktiven Mitsprache wahrnehmen (z. B. im Morgenkreis, im Klassenrat).

Aus der Integration des Klassenrats in verschiedene Kompetenzbereiche des Lehrplans lässt sich ableiten, dass u. a. sprachliche Kompetenzen, wie das Moderieren (vgl. Fischer et al. eingereicht) und das (begründete) Äußern von Meinungen im Klassenrat geübt werden sollen. Darin zeigt sich die „Normativität der (Sprach-)Didaktik" (Feilke 2015) und zwar insofern, als die Unterrichtsaktivität ‚Klassenrat' auf ein von der Schule und der Didaktik zeitdiagnostisch wahrgenommenes Bildungs- respektive Kompetenzdesiderat reagiert. Im schulischen Bildungskontext geht es daneben immer auch um die Ebene der „Normativität der überfachlichen Inhalte" (Feilke 2015). In Bezug auf den Klassenrat kommen beispielsweise das Fördern der Konfliktfähigkeit (vgl. Lehrplan 21 „Soziale Kompetenzen") und die darauf bezogenen Satzungs- und Gebrauchsnormen (Feilke 2015) zum Tragen. Damit gemeint sind zum Beispiel Normen der wertschätzenden Kommunikation und Normen sprachlicher Formulierungsmuster bzw. Praktiken, die für das konstruktive Argumentieren sowie das lösungsorientierte und respektvolle Interagieren nötig sind (erwähnt wird u. a. „sachlich und zielorientiert kommunizieren", „Gesprächsregeln anwenden", „Formen und Verfahren konstruktiver Konfliktbearbeitung anwenden" etc.).

Aus diesen Empfehlungen leiten die Lehrpersonen meist je eigene Ziele und normative Anforderungen an die Schülerinnen und Schüler ab, die sie mit dem Klassenrat verfolgen (s. Kapitel 1 und 4.2). Diese Normen werden durch Regeln explizit gemacht und teils als ‚Fördereinheiten' innerhalb des Klassenrates konkretisiert. In qualitativen Interviews wurden Lehrpersonen zu ihren Einstellungen und Zielen befragt (vgl. Kapitel 2). Ihre Aussagen werden im Folgenden zusammenfassend skizziert.

## 4.2 Ziele und Regeln im Klassenrat – ein Blick in die Interviewaussagen von Lehrpersonen

In den Interviewaussagen wird deutlich, dass sich ein Großteil der Lehrpersonen v. a. an den überfachlichen Kompetenzen des Lehrplans 21 orientiert und basale Gesprächskompetenzen auf sozialer Ebene für die Interaktion im Klassenrat fokussiert. So geht exemplarisch aus Interviewaussagen hervor, dass „sie [die Schülerinnen und Schüler] Regeln [haben], dass sie anständig zueinander sind, dass man sich gegenseitig achtet und dass alle mitreden dürfen" (Lehrerin C, ähnlich zur Gesprächsregel ‚nicht auslachen' auch Lehrerin D).

Der Klassenrat wird als Anlass genutzt, solche und ähnliche Zielvorstellungen mittels Gesprächs- und Verhaltensregeln zu explizieren. Normen und Normerwartungen zeigen sich besonders deutlich auch an den diversen Rollen mit ihren jeweiligen interaktionalen Anforderungen, die für die Klassenratsinteraktion von den Schülerinnen und Schülern eingenommen werden sollen. So äußert sich Lehrer A einer Primarschulklasse wie folgt:

(1) Es gibt einen Klassenratsführer. Er führt, leitet Abstimmungen an und teilt den Protokollschreibern mit, was genau aufgeschrieben werden soll. Dann haben wir jemanden, der die Zeit für Traktanden, die eingegeben werden, im Auge behält. Außerdem haben wir noch jemanden, der die Kugeln auf dem Schoss hat. Er darf die Kugeln an Kinder verteilen, die sich nicht an unsere Klassenratsregeln halten. Also: Wenn jemand beispielsweise reinspricht, erhält er stillschweigend so eine Kugel. Erhält er für einen Regelbruch eine zweite Kugel, dann verlässt er den Klassenrat. Er darf dann zwar mithören, aber mitreden ist nicht mehr erlaubt. (Lehrer A, ähnlich zur Gesprächsregel ‚Zuhören' auch Lehrerin D und Lehrer E)

Bei dieser Aussage des Lehrers werden nicht nur Normerwartungen durch die rollenbestimmte Interaktion angedeutet, sondern es kommen auch normative Vorstellungen auf der Ebene der Sprache bzw. der Gesprächsorganisation zum Ausdruck. So ist eine Zielnorm in diesem Beispiel, dass Schülerinnen und Schüler erst zu Wort kommen dürfen, wenn andere ausgesprochen haben. Das ‚Reinsprechen' stellt hier einen Regelbruch dar, der entsprechende Konsequenzen nach sich zieht (das Erhalten einer oder gar zweier Kugeln mit anschließendem Ausschluss aus dem Klassenrat).

Weitere Normen auf der Sprechhandlungsebene betreffen die Interaktion mit verschiedenen kommunikativen Praktiken. So erwartet Lehrerin B, dass die Schülerinnen und Schüler, „Fragen stellen, nachfragen und bisschen diskutieren" (Lehrerin B). Werden solche Anforderungen zu einem Ziel des Klassenrates erhoben, wird die Klassenratsinteraktion nicht selten als Beobachtungs- oder gar Beurteilungskontext für sprachliche Kompetenzen genutzt. So äußert Lehrer E:

(2) Teilweise haben wir auch Ziele für eine Klassenstunde. Beispielsweise ‚Alle beteiligen sich aktiv an der Klassenstunde' und dann bin ich und meine ausgewählten Beobachter aufmerksam. Dabei wird aufgeschrieben, wer gut mit gearbeitet hat beziehungsweise, wer eher passiv dabei war. (Lehrer E)

An diesen und weiteren Interviewaussagen der Lehrpersonen wird deutlich, dass sie in (über-)fachlicher Hinsicht ein gewisses Normverständnis besitzen (i. S. v.: für den Klassenrat wird erwartet, zuhören und nachfragen, argumentieren und moderieren zu können) und entsprechend normiertes Verhalten von ihren Schülerinnen und Schülern einfordern und dessen Einhaltung sogar durch Beurteilungen sicherstellen. Diesem gehen auf der „Ebene der auf Aneignung und Unterricht bezogenen Normen" (vgl. Feilke 2015) spezifisch für den Klassenrat konzipierte Erwartungsmuster voraus. Dazu muss die Lehrperson zunächst eine „Transformation des wahrgenommenen Bildungsdesiderats in didaktische Gattungen" vornehmen (Feilke 2015: 132) (z. B. Diskussion), welche sie dann zu normativ gestützten Mustern, z. B. ‚Meinungen sind zu begründen', konkretisieren kann.

Aus den Interviewaussagen geht weiterhin hervor, dass Regeln kein Selbstzweck sind, sondern bestimmte Funktionen erfüllen. An den Aussagen der Lehrpersonen wird deutlich, wie Regeln nicht primär als ‚Grenzen' verstanden werden, sondern Möglichkeiten bzw. ‚Chancen' für die gemeinsame und konstruktive Interaktion schaffen können. Dies zum Beispiel in dem Sinn, dass alle Beteiligten die Möglichkeit erhalten, sich zu äußern und sich so als Teil der Gemeinschaft wahrnehmen können. So erzählt eine Lehrerin:

(3) Es Kinder gibt, die wollen sich nicht beteiligen, die [...] hören wirklich nur immer zu, und [bei] denen weiß man [...] gar nicht so genau, wie's denen geht. Und auch die anderen Kinder wissen das dann gar nicht so, wie sie sich eigentlich fühlen. Und deswegen finde ich das noch wichtig, dass sich jeder mindestens einmal meldet, in dieser Anfangsrunde. Ich habe eine Schülerin, die hat [...] von der Spielgruppe her bis Mitte vierter Klasse mit niemandem geredet. [...]. Und dann

habe ich mindestens darauf bestanden die ganze Zeit über, dass sie den Stein in der Hand hält, und auch so ein bisschen einfach Teil dieser Runde ist. Und ich denk', wenn man etwas sagt, mag's nur ein kurzer Satz sein, dass man einfach merkt, man ist Teil von dieser Klasse, von dieser Runde, und man ist wichtig. (Lehrerin SVM)

Auch in Bezug auf das reflektierte Erleben der Schule werden im Klassenrat, zum Beispiel durch die sogenannten „ritualisierten Gefallensrunden" (Hauser/ Kreuz 2022a), gewisse Vorstellungen der Lehrpersonen deutlich, was die Kinder mit welchem Zweck äußern sollen. Die Gefallensrunden sollen den Kindern den Raum geben, über ihre – auch positiven – Erlebnisse und Gefühle zu erzählen:

(4) Weil ich finde [...], das Negative wird ja meistens eingebracht und die Kinder denken häufig auch an das Negative, dass sie sich dann wie zwingen müssen etwas Positives zur Schulzeit zu sagen. Also es gilt da nicht, wie schön das Wochenende war, sondern es muss wirklich den Unterricht betreffen. (Lehrerin JW)

Die Anleitung oder Anforderung zum Reflektieren kann für die Kinder Grenzen öffnen, über ihren Schulalltag nachzudenken und auch positive und bestärkende Erlebnisse wahrzunehmen. Andererseits lässt sich aber auch hier wieder ein gewisser Handlungsdruck auf die Schülerinnen und Schüler ablesen („sich zwingen müssen", s. Interviewaussagen Lehrerin JW). Es wird deutlich, wie Erwartungen und Normen einerseits stark eingefordert werden und damit gewisse ‚Ein-Grenzungen' aufzeigen, wie andererseits aber auch der Versuch unternommen wird, partizipative Freiräume und Gelegenheiten für die Kinder zu schaffen, sich mitzuteilen und ihre Gedankenwelt für ihre Mitschülerinnen und Mitschüler im Sinne einer „Grenzerweiterung" zu öffnen.

Anders als in informeller Alltagskommunikation sind Normen und durch sie festgelegte Grenzen im institutionellen Kontext ‚Schule', insbesondere im Klassenrat, quasi ‚natürliche' Gegebenheiten, die explizit zum Gegenstand einer Vermittlung werden. Gleichzeitig sind sie aber auch Konstrukte, die der Praktizierung bedürfen (vgl. Kleinschmidt 2011). So werden aus einer vollzugsorientierten Perspektive Normen auch in der Klassenratsinteraktion nicht nur einfach und automatisch implementiert. Vielmehr werden sie durch jede Interaktion erst aktiv (wieder)hergestellt (Garfinkel 1967; Hundt 2009) und durchlaufen damit eine implizite und permanente ‚Sicherung' von Grenzen. So müssen auch im Klassenrat – dessen Interaktionsgeschehen sich innerhalb der Pragmatischen Doppelrahmung ‚Peer- vs. Schulkultur' befindet (Hauser/Haldimann 2018, vgl. Kapitel 1) – lokal geltende normenbedingte Grenzen und mögliche Ab-Grenzungen immer wieder von den Interagierenden ausgehandelt werden (vgl. z. B. Mondada 2018). Vor allem im Klassenrat mit seinen vielschichtigen (natürlichen, institutionellen und didaktischen) Rollen, seinen Identitätsaushandlungen durch soziale Positionierung (vgl. Hauser/Kreuz 2022b) und seinen verschiedenen ‚Öffentlichkeiten' – mit den Worten Goffmans (1996) auch „Bühnen" –, besteht eine komplexe Interaktionssituation; so zum Beispiel in Prozessen der Herstellung von Autoritäten (zum Lehrpersonenhandeln im Klassenrat vgl. Gregori 2021), in Handlungen, die eine Norm bzw. -abweichung relevant setzen (z. B. durch Korrekturen, Bewertungen (Lob – Kritik) oder Regelformulierungen) und in Handlungen, die eine Präferenz ausdrücken (beispielsweise mit der Vorgabe eines Genres, z. B. Argumentieren).

Um derlei interaktionale Vollzugswirklichkeiten in Hinblick auf die Aushandlung von Normen und Grenzen sichtbar zu machen, werden im folgenden Unterkapitel Klassenratsinteraktionen durch eine gesprächsanalytische Vorgehensweise beschrieben und diskutiert.

### 4.3 Interaktive Aushandlung von Normen und Grenzen im Klassenrat – ein Blick in die Videodaten

Im folgenden Beispiel einer Klassenratsinteraktion einer 5. Klasse der Primarschule[1] soll exemplarisch gezeigt werden, wie normative Erwartungen qua Autorität durch die Lehrperson zu Tage treten und wie deren Umsetzung entsprechend von den Schülerinnen und Schülern eingefordert wird. Es zeigen sich in dieser Interaktionskonstellation aber nicht nur Grenzziehungs- sondern auch Grenzüberschreitungspraktiken, wie dies auch aus den Interviewaussagen (vgl. Kapitel 4.2) abgeleitet werden konnte.

In den hier vorgestellten Interaktionssituationen stellen sowohl die Lehrperson als auch der Gesprächsleiter ihre/seine Position als Autorität lokal her. Vor allem die Lehrperson hat hier das Recht zur Durchsetzung (= deontische Autorität) bestimmter Normen inne (Baker/Freebody 1989; Stevanovic/Peräkylä 2012). Die Relevantsetzung von Normen begründet sich aus situationsübergreifenden und gesellschaftlichen Dynamiken, in denen die Institution ‚Schule' bzw. Lehrpersonen als ihre Normvertreter*innen auftreten können (Ammon 2005). In den vorliegenden Daten mit dem Fokus auf sprachliche Praktiken erfolgt eine Grenzziehung insofern als die Schülerinnen und Schüler unter Hinzuziehung eines vorgegebenen sprachlichen Musters sprechhandeln (müssen). Je nach Perspektive kann es sich hierbei um eine Eingrenzung oder eine Grenzerweiterung handeln. Zu Beginn erläutert die Lehrerin (im Klassenkreis sitzend) den Schülerinnen und Schülern ihre Anforderungen und Zielnormen für die Klassenratsinteraktion:

---

[1] Die Primarschulzeit erstreckt sich in der Schweiz von der 1. bis zur 6. Klasse.

(5) Der Klassenrat sollte ja dazu führen, dass ihr wirklich selber anfangt, Probleme zu lösen, eigene Argumente lernt, dass ihr euch für etwas einsetzt, wenn ihr dann zum Beispiel, mal irgendwie etwas abstimmt und so; wie ihr miteinander sprecht. **Also man sagt dem ‚argumentatives Diskutieren', also Sprechen mit Argumenten, begründen, wieso man etwas findet – wieso nicht. Nicht einfach nur nachplappern.** Die kleinen Kinder, wenn sie sprechen, die sprechen einfach immer die Wörter nach, weil sie müssen ja zuerst lernen zu sprechen, und je älter dass man wird, desto mehr geht es dann auch darum, **zuzuhören**, zu denken: „Wie find ich das?", **eigene Meinungen zu bilden** und **Neues hereinzubringen**. (Lehrerin DS)

Zentral ist in diesem Beispiel die Anforderung an das ‚Sprechen', insbesondere das Argumentieren im Klassenrat. Die Lehrperson vermittelt die Zielvorstellung ‚Im Klassenrat soll argumentiert werden' explizit durch eine Erklärung des Lerngegenstandes („Also man sagt dem ‚argumentatives Diskutieren'") und zusätzlichen Umschreibungen bzw. Konkretisierungen der entsprechenden Sub-Handlungen (Argumente benutzen bzw. pro- und kontra-Begründungen anführen, eine eigene Meinung verdeutlichen, zuhören). Durch Imperative bzw. deontische Direktive (Stevanovic/Peräkylä 2012; Goodwin/Cekaite 2018) vermittelt sie den Kindern gesellschaftlich und sprachlich etablierte Normen, welche im Allgemeinen bei diskursiven (schulischen) Settings erwartet werden. Folglich versucht sie, diese Normen auch im Gesprächssetting ‚Klassenrat' einzuführen. Dadurch entsteht für dieses spezielle Setting jedoch eine Double-Bind-Situation: Die Lehrerin verweist auf sprachliche Normen, die durch ihren *Status als Lehrerin* (Normautorität) als *intersubjektiv* anerkannte Normen etabliert werden sollen – dies jedoch im Rahmen des kindergeleiteten Klassenrats, welcher sich dadurch auszeichnet(e), primär von den Kindern innerhalb ihrer Peer-Kultur gestaltet zu werden (vgl. Freinet-Pädagogik, z. B. Dietrich 1982). So dürften die Handlungen der Lehrperson lediglich als „(versuchte) normative Handlungen" im Sinne von Wright (1979: 83; 110) interpretiert werden. Wird wie in diesem Fall keine gemeinsame Gültigkeit ausgehandelt und festgelegt, wird eine De-facto-Norm geschaffen, die typisch für Unterrichtskontexte ist, jedoch nicht zwangsläufig für den schülerinnen- bzw. schülergeleiteten Klassenrat eingefordert werden kann. Jedoch ist hierbei genauer nach den Zielvorstellungen und didaktischen Überlegungen der Lehrerin in Vorbereitung auf den Klassenrat zu fragen (vgl. Interviews Kapitel 4.2) – wenn diese sich mit ihren Verhaltensweisen bzw. vermittelten Zielvorstellungen in situ decken, handelt die Lehrperson kongruent. Jedoch ändert dies nichts an der Tatsache, dass die hier vermittelten Normen kaum verhandelbar sind und den Schülerinnen und Schülern interaktionale Grenzziehungen aufzeigen.

Diese Grenzziehungen werden auch in der Interaktion, die während des Klassenratsgesprächs stattfinden, deutlich. Auch hier erfolgen keine egalitären Aushandlungsprozesse zwischen allen Beteiligten, sondern deontische Regelformulierungen mit Aufforderungscharakter, gewisse Regeln umzusetzen. Die Kinder beginnen den Klassenrat im hier vorgestellten Auszug mit einer routinisierten Gefallensrunde, in der sie schildern, was ihnen in der vergangenen Woche gefallen hat und was nicht (vgl. auch Hauser/Kreuz 2022a). Neben inhärenten thematischen und organisatorischen Grenzen (Reih-um-Sprechen, Sprechen nur mit Redeball, Nutzung von Redekärtchen), werden hier auch sprachliche Grenzziehungspraktiken (vgl. Kapitel 1 und 3) von Seiten der Lehrerin (nun außerhalb des Sitzkreises) deutlich, die sich auf das Einfordern bestimmter argumentativer Sprachhandlungen beziehen:

(6)  **Gefallensrunde (KR_B_Klasse 5_161003)**
     **Sequenz I**
Nachdem bereits einige Schülerinnen und Schüler zu Wort gekommen sind, aber eine der Schülerinnen ihre Aussage nicht begründet, unterbricht die Lehrerin. Anlass dieser Unterbrechung ist ein Normenbruch der zuvor von der Lehrperson etablierten Norm „Aussagen sind zu begründen":[2]
*LP = Lehrerin*
```
275  LP:  Und (.) die beGRÜNdung,
276       cArla du hast das GUT gemacht,((zeigt auf Carla))
277       WEIL es mir spAss macht,
278       aber WAS macht dir spAss;
279       das (.) SAgen;
280       probiert immer ko-
281       (.) etwa ein konkretes BEIspiel zu sAgen.
```

Die Lehrerin tritt als deontische Autorität auf und weist darauf hin, dass eine Begründung zur Meinung der Schülerin fehle („und die begründung", Zeile 275) (explizite Normeinforderung I). Gleichzeitig erkennt sie das normgerechte Verhalten einer zweiten Schülerin (Carla) an, indem sie sie lobt (Zeile 276) und deren Aussage wiederholend wörtlich zitiert (Zeile 277). Eine Normbe-

---

2   Dieses Formulierungsmuster folgt den in vielen Deutschlehrwerken gängigen Definitionen der bildungssprachlichen Praktik „Argumentieren". So werden darin Aufgabenstellungen und Definitionen zum Argumentieren präsentiert, die „durchweg [...] dem Typ ‚Behaupten + Begründen + Belegen` folgen und damit „Vollständigkeit" und „Explizitheit" zum Ideal erheben" (Hauser/Kreuz 2018: 188 f.). Diese Muster lassen einen „monologisch-schriftlichen-Habitus" erkennen (ebd.: 189) und folgen den in der Rhetorik üblichen Schemen der Logik (z. B. Toulmin-Schema, Toulmin 1958), weisen aber nicht selten methodische Anwendungsprobleme bei mündlich diskursiven Argumentationen auf (Erduran 2007, Kreuz 2021).

folgung wird hier also positiv, eine Normverletzung negativ sanktioniert (Schäfers 2006: 36 f.). An diesem Auszug wird ein typisches Lehrpersonenverhalten sichtbar: Durch Lob und Wiederholung des ‚Modells' kann eine Norm allen Schülerinnen und Schülern explizit zur Verfügung gestellt werden und es kann eine Festigung des ‚Lerngegenstandes' erfolgen.

Im Fortgang der didaktischen Intervention fordert die Lehrerin eine weitere sprachliche Norm explizit ein (das Nennen von Beispielen, Zeile 280–281), indem sie sich fallgeneralisierend nun an die gesamte Klasse richtet: „probiert immer ein konkretes beispiel zu sagen". Auch hier wird eine Norm durch lehrer*innenseitige Instruktion mittels Appell etabliert (explizite Normeinforderung II). In den Äußerungen der Lehrperson zeigen sich Normen als inhaltlich bestimmte Regulative, die sich auf die Ausführung oder Unterlassung bestimmter Handlungen und Handlungssequenzen beziehen („Handlungs- und Verfahrens-Normen", Gloy 2004). Die Klassenratsinteraktionen erfahren dadurch institutionell und didaktisch begründbare Grenzziehungen – dies in zweierlei Hinsicht:

Einerseits wird eine Einengung des individuellen Interagierens durch die fehlende Selbstbestimmung der Schüler*innen über das, was jede*r einzelne äußern soll – oder eben nicht äußern möchte – suggeriert. Andererseits erfolgt aber auch eine Erweiterung der interaktionalen Handlungsspielräume: Durch den eingeforderten Sprachgebrauch – Begründungen und Beispiele zu nennen –, bietet die Lehrerin eine Orientierung an vorgegebenen Mustern und stellt Zielnormen zur Verfügung, die es ungeübten Sprechenden ermöglichen, elaborierte sprachliche Praktiken anzuwenden und ihr Repertoire an kommunikativen Mitteln zu erweitern (vgl. „scaffold" in Lehr-Lern-Kontexten). So gelingt es Jasmin, ein Beispiel zu ihrer Aussage zu ergänzen und die Gefallensrunde dadurch als „Überaum" zu nutzen.

Im folgenden Interaktionsverlauf lassen sich ähnliche Normaushandlungen beobachten. Auch am Ende der folgenden Sequenz lässt sich das „Raumlassen" als erwerbssupportive Praktik (z. B. Arendt 2019), um bildungssprachliche Sprechhandlungen einzuüben und anzuwenden, rekonstruieren:

(7) **Sequenz II**
*LP = Lehrerin; GL = Gesprächsleiter; ALI = Alina; nv = nonverbal*
```
289  GL:        ähm (---) aLIna,
290  GL_nv:     ((wirft Alina den Ball zu, nachdem diese das Kärtchen platziert
                hat))
(...)
293             mir hat es Auch mal geFALlen,
294             dass wir mal bei frau SCHWARZ
```

```
295            (.) franZÖsisch hatten,
296            (.) weil es auch (.) COOL war,
297    LP:     (.) und WAS war cOOl;
298            [BEIspiele,]
299    ALI:    [äh:m-       ]
300            (2.54)
301            ich (.) fand es einfach (.) mal ANders (.)
               als sOnst,
302    LP:     dass es etwas ANderes ist.
303            (.) dass es etwas NEUes ist.
304    ALI:    (-) ja,
305    LP:     oKE,
```

Zunächst wird deutlich, wie die Schülerinnen und Schüler regeltreue Handlungsroutinen praktizieren (Einsatz der Redekärtchen und des Redeballs). Auch auf Ebene der Sprache bzw. der Verwendung sprachlicher Muster halten sich die Kinder an die Zielnorm, so z.B. Alina, die ihre Aussage begründet (Zeile 293–296). Bis dahin wird ein störungsfreier Ablauf ersichtlich, da die Schüler*innen innerhalb der Norm interagieren. Kurz darauf kommt es jedoch zu einem ‚Normenbruch', denn Alina nennt keine Beispiele für ihre Begründung. Die Lehrerin setzt mit parallelen Äußerungsstrukturen wie zuvor eine Norm relevant („und was war cool", Zeile 297, „beispiele", Zeile 298) (vgl. explizite Normeinforderung II Sequenz I) und vermittelt durch frageartige Imperative wiederum ihre Anforderungen an den Sprachgebrauch der Sprechenden. Ebenso wie im Beispiel zuvor verbleibt es nicht bei der metasprachlichen Einforderung einer Norm (vgl. „Fordern" als erwerbssupportives Muster, Arendt 2019), sondern die Lehrerin gibt der Schülerin Raum (ebd.), diese Norm in einem eigenen Redebeitrag auch selber zu versprachlichen. Dadurch kommt es zu einer Konsolidierung der avisierten Norm durch schüler*innenseitige Anwendung und man kann davon ausgehen, dass die sprachlichen Grenzen der Schülerin in diesem Kontext überschritten werden konnten. Anschließend lässt sich erneut ein pädagogisches „scaffold" identifizieren, indem die Lehrerin durch die sprachliche Reformulierung der Schülerinnenäußerung („dass es etwas anderes ist", Zeile 302, „dass es etwas neues ist", Zeile 303) als modellartiges sprachliches Vorbild fungiert und damit verschiedene Möglichkeiten der schüler*innenseitigen Grenzüberschreitung bei der Sprachbenutzung aufzeigt (vgl. Sequenz I).

Je nach Betrachtungsweise haben wir es im Klassenrat also mit Begrenzungen des (sprech)handlungspragmatischen Raumes zu tun, gleichzeitig aber auch mit einer Grenzüberschreitung individueller sprachlicher Performation, die erst durch die Vermittlung von Zielnormen und „scaffold" der Lehrperson ermöglicht werden kann. Dies zeigt sich nicht nur gesprächsanalytisch bei der Rekonstruktion von Grenzziehungspraktiken, sondern auch in den Interviewaussagen von Lehrpersonen, wie zum Beispiel bei Lehrer TS: „Also gerade, wenn du eine Gesprächsleiterin hast, dann muss[t] [sie] gewissen Regeln folgen, [sie] erweiter[s]t so [ihre] Fähigkeiten" (Interview TS).

Die Grenzziehungspraktiken in der folgenden Sequenz verdienen besonderes Augenmerk, da sie durch die Verantwortungsabgabe an einen der Schüler (Gesprächsleiter) erfolgen. Er wird von der Lehrperson aufgefordert dafür zu sorgen, dass die zuvor etablierten Normen von seinen Mitschülerinnen und Mitschülern eingehalten werden.

(8) **Sequenz III**
    *LP = Lehrerin; GL = Gesprächsleiter; RIC = Rico; nv = nonverbal*

```
315  GL:      ähm (.) <<ablesend> mIr hat NICHT gefallen.>
316  GL_nv:   ((wirft RIC den Ball zu, nachdem dieser das Kärtchen lautstark
              platziert hat))
317  GL:      RIco,
318  RIC:     (.) mir hat_s nIcht gefallen dass ich meinen
              FUSS geknackt habe,
319           (-) oder verSTOCHen habe oder (.) wie man das
              sAgt-
320           (1.44)
321  LP:      [WEIL,                          ]
322  RIC_nv:  [((wirft den Ball zu GL zurück))]
323  LP:      (-) das sOlltest DU- ((zeigt auf GL))
325  GL_nv:   ((wirft den Ball Rico wieder zu))
326  LP:      (.) das sollte der geSPRÄCHSführer mario;
327           probIEr immer das WEIL;
328           das ist DEIne [Aufgabe. ]
329  GL:                    [WEIL:,   ]
330  LP:      hm_HM,
331  RIC:     weil ich dAnn nicht s:o gut
```

Der Auszug beginnt damit, dass der Schüler Rico nach dessen Nominierung durch den Gesprächsleiter (Zeile 317) benennt, was ihm letzte Woche nicht gefallen hat („dass ich mir den fuss geknackt habe oder verstochen habe", Zeile 318–319). Rico liefert aber keine Begründung für seine Aussage, vermutlich, da der Kausalgrund offensichtlich scheint und damit der antizipatorischen Leistung der Zuhörenden unterliegt.

Die Lehrerin hält jedoch an ihren normativen Zielvorstellungen konsequent fest und tritt wiederum als deontische Autorität auf, um die Zielnorm einzufordern. Sie spricht im Vergleich zum ersten Auszug jedoch nicht metasprachlich und explizit von ‚Begründung', sondern bietet ein implizites „scaffolding" auf Wortebene an, indem sie den korrekten Satzanfang für begründete Aussagen vorgibt („weil", Zeile 321) (implizite Normeinforderung I ‚begründen' – Lehrerin). Eine Verhaltensweise, die sie im Vergleich zu den anderen Beispielen neu zeigt, ist der Versuch, ihren Status als deontische Autorität durch eine neue Normenformulierung an den Gesprächsleiter zu übergeben. Dies tut sie, indem sie die Rolle bzw. die Aufgaben des Gesprächsleiters definiert („das solltest du, das sollte der gesprächsführer mario, probier immer das weil, das ist deine aufgabe", Zeile 323–328) und damit den Handlungsraum bzw. die Grenzen seines Interagierens (neu) absteckt. Damit überschreitet sie eine bislang existierende Grenze, nämlich diejenige des ‚typischen' Lehrpersonenhandelns: Sie übergibt die Verantwortung für bestimmte (eigene) sprachliche Handlungen an den Schüler, die bisher einzig sie selber ausführte. Damit ermöglicht sie ihm einerseits eigene bzw. schülerseitige Grenzen zu überschreiten und andererseits auch das eigene sprachliche Handeln in der Moderatorenrolle zu reflektieren und unter Einhaltung gewisser interaktionaler Normen einzuüben (vgl. auch „Fordern und Raumgeben" sowie „Anwenden" als erwerbssupportive Muster, Arendt 2019, zum Moderieren im Klassenrat vgl. auch Fischer et al. eingereicht).

Der Gesprächsleiter akzeptiert die ihm angetragene Verhaltensnorm und wendet sie durch das Aufgreifen des sprachlichen Musters der Lehrperson („weil", Zeile 329) an (implizite Normeinforderung II ‚begründen' – Schüler). Rico kommt diesem Zugzwang für eine Begründung nach (Heller 2012) und antwortet seinerseits unter Verwendung des ‚weils' sprachlich explizit auf die Begründungsaufforderung (Zeile 331). So zeigen sich auch in diesem Beispiel die Muster ‚Einfordern einer Norm durch lehrer*innenseitigen Zugzwang' sowie ‚Konsolidierung einer Norm durch schüler*innenseitige Anwendung'.

Wie normative Erwartungen an ein Gespräch aber auch zum Selbstzweck degenerieren können, zeigt der letzte Ausschnitt dieses Klassenratsgesprächs, in welchem schließlich nur noch die Kinder untereinander interagieren und die Lehrperson deutlich(er) ihre Abwesenheit markiert (vgl. Gregori 2021).

```
(9)    Sequenz IV
       GL = Gesprächsleiter; MIC = Michael; LUC = Lucas; _nv = nonverbal
353    GL:        MIchi,
354    GL_nv:     ((wirft Michael den Ball zu, nachdem dieser
                  das Kärtchen platziert hat))
355    MIC:       mit gefÄllt_s nicht dass die SECHSTklässler-
356               beim fUssball immer FOUlen,
357    GL:        (-) waRUM,
358    MIC:       (-) weil: das mAnchmal auch WEH tut,
```

```
359             (1.2)
(...)
362  GL:        luCA,
363  GL_nv:     ((wirft Luca den Ball zu, nachdem dieser das
                Kärtchen platziert hat))
364  LUC:       ähm mir hat es nicht gefAllen dass mein BALL
                kaputt ist,
365             (1.14)
366             weil: er kaPUTT ist,
```

Die Sequenz beginnt mit der Monierung von Michael, dass die Sechstklässler immer foulen würden (Zeile 355–356). Jedoch bringt er keine Begründung für diese kritische Haltung an (was ebenso wie im vorigen Ausschnitt auch nicht unbedingt notwendig scheint, da diese antizipiert werden kann). Der Gesprächsleiter agiert jedoch gemäß den zuvor vermittelten Erwartungen der Lehrperson unter Berücksichtigung seiner Rolle und setzt eine Begründung relevant („warum", Zeile 357) (implizite Normeinforderung I ‚begründen'). Damit sorgt er zwar einerseits für eine inhaltliche Elaboration von Michaels Äußerung (Grenzerweiterung), andererseits hält er damit aber an einer Norm fest, die nicht situationsangemessen scheint. Das Ignorieren dieser Norm würde eine neue Grenzüberschreitung bedeuten (sich in diesem Fall eben *nicht* an die Norm ‚begründen' zu halten). Da diese Grenze aber nicht vom Gesprächsleiter überschritten wird, gestaltet sich die Interaktion folglich als ein scheinbar unhinterfragtes Abarbeiten der Zielvorgaben. Diese Interpretation wird auch in der Reaktion von Michael nahegelegt, der seine Begründung liefert, ohne deren Zweck kritisch zu hinterfragen („weil das manchmal auch weh tut", Zeile 358). Der ausbleibende Eingriff der Lehrperson (positive Sanktionierung) lässt vermuten, dass die Zielnorm damit erfüllt wurde. Wie bereits bei Sequenz I erwähnt worden ist, ist es für spontan-mündliche Argumentationen jedoch oft zu kurz gegriffen, sich ausschließlich an den ihr zugrunde liegenden (Lehrmittel-) Definitionen von „Argumentieren" im Sinne vollständiger argumentativer Schlussschemata zu orientieren (Hauser/Kreuz 2018; Kreuz 2021). Dies zeigt sich auch in der folgenden Teilsequenz, in der das Einfordern solcher Zielvorstellungen die Norm als Selbstzweck degradiert.

Die Situation spitzt sich in diesem Sinne mit der nächsten Äußerung zu: Ein weiterer Schüler, Lucas, ergänzt zu seiner Aussage, ihm gefalle nicht, dass sein Ball kaputt sei (Zeile 364), die Begründung „weil er kaputt ist" (Zeile 366). Er agiert formal zwar gemäß der etablierten Norm, inhaltlich liegt diese Aussage jedoch quer, da sie nicht nur das wiederholt, was bereits im „head act" (Kyratzis et al. 2010) geäußert wurde, sondern auch, weil wie in der Sequenz zuvor, die

Notwendigkeit einer Begründung hinterfragt werden kann. Die Einhaltung einmal etablierter Grenzen und über-generalistischer Fallanwendungen muss besonders dann hinterfragt werden, wenn Normen drohen leerzulaufen und sich zu verselbstständigen und sogar dysfunktional werden (Feilke 2015: 122) – dies insbesondere in Kontexten, in denen Motiv- oder Funktionszusammenhang dieser Begründungen nicht ständig zur Diskussion stehen können/sollten (Feilke 2015: 122).

## 5 Diskussion und Fazit

Die Interviewaussagen der Lehrpersonen zu ihren Zielen und Vorstellungen von Klassenratsinteraktionen (vgl. Kapitel 4.2) und insbesondere die Analyse der Klassenratsinteraktionen in situ (vgl. Kapitel 4.3) deckten die permanente Herstellung eines spezifischen institutionellen und damit ‚be-grenzten' – aber auch ‚ent-grenzten' – Handlungskontextes durch normierte multimodale Interaktionsverfahren bzw. Grenzziehungspraktiken auf. Diese wurden deutlich durch:

- ‚äußerlich' (metasprachlich) erkennbare Regeln und Normaufrufe durch explizite Normenetablierung und -vermittlung von Seiten der Lehrperson
- sprachlich-interaktional ausgehandelte Normen – von einer expliziten zu einer impliziten Normorientierung von Seiten der Schülerinnen und Schüler

In den Daten wurde weiterhin ersichtlich, dass Normen im Unterricht nicht primär mit der Wirklichkeit an sich zu tun haben (müssen), sondern mit der Wirklichkeit des Lernens und Lehrens (Feilke 2015: 132):

> Der Schüler agiert notwendig in einem Raum des Als-ob, in dem das Genre die Grundlagen für eine sprachliche Praktik legt, die notwendigerweise zu Teilen fiktiv ist, weil sie für Zwecke des Erwerbs konzipiert wurde. (Schneuwly/Dolz 1997: 30, Übers. Feilke 2015: 132)

Aus diesem Fazit geht die Doppelschneidigkeit von Normen in schulischen Settings hervor, die gerade für das spezielle Setting ‚kindergeleiteter Klassenrat' eine besondere Brisanz besitzt: Einerseits dienen Normen dazu, dem Sprechhandeln Grenzen zu setzen, andererseits ermöglichen sie aber auch Grenzüberschreitungen, wenn sie als „scaffold" verstanden und entsprechend didaktisch zu Lernzwecken eingesetzt werden. Wie damit aber im besonderen Setting „Klassenrat" umgegangen werden kann, ohne dessen Grundidee zu untergraben, ihn aber dennoch als Lernkontext nutzbar zu machen, wäre auf einen weiterführenden Prüfstand zu stellen. Im Folgenden soll ein resümierender Blick auf die Grenzen, aber auch Chancen von Normen in schulischen Settings bzw. dem Klassenrat geworfen werden.

## 5.1 Grenzen von Normen in Lehr-Lern-Kontexten

Wie aus den Datenanalysen abgeleitet werden konnte, können Normen in didaktischen Settings Gefahr laufen, unreflektierte Zielvorgaben zu machen, ohne die Lernprozesse selbst in den Blick zu nehmen. So muss stets die Funktion der Norm- bzw. Regelbefolgung hinterfragt werden: Geht es darum, die Norm *selbst* zu lernen – ist also die Einhaltung der Norm bereits das Ziel – oder geht es darum, durch die Norm *etwas* zu lernen – ist sie also Mittel zum Zweck, um ein bestimmtes Ziel zu erreichen (vgl. auch Feilke 2015: 129)? Damit verbunden besteht die Tatsache, dass Normen die Aufmerksamkeit primär auf das äußere Verhalten lenken (wie z. B. Einsatz des Redeballs, Legen von Sprecher*innenkärtchen, alle Gefallensurteile begründen etc.), statt (innere) Kompetenzen wie Situationsadaptivität und Empathie, Kritikfähigkeit und sprachkreative Fähigkeiten zu fördern. Gerade solche Fähigkeiten werden jedoch in Kompetenzdefinitionen zur Gesprächsfähigkeit betont (z. B. Becker-Mrotzek 2009; Lepschy 2002). Wenn Normen der Gefahr unterliegen, Gebote und Verbote an die Stelle von Selbststeuerung und entdeckendem Lernen zu setzen (Feilke 2015: 118), können sie bei ihrer Verabsolutierung als präskriptive Norm (Klein 2010) zum Selbstzweck degenerieren (vgl. auch Hennig 2012, 133) (vgl. Sequenz IV Kapitel 4.3). Da Normen auch für Zwecke des Erwerbs konzipiert wurden (Schneuwly/Dolz 1997: 30), *dürfen* oder *müssen* sie gar in Lehr-Lern-Kontexten aber auch fiktiv oder konstruiert sein, um Lernprozesse anzuregen und als „scaffold" zu dienen. Vor allem hierbei müsste es jedoch die Aufgabe der Lehrperson sein, die eingeforderten Normen (hier das Argumentieren) nicht nur allgemein zu erklären (vgl. einleitende Erklärung durch die Lehrperson in Kapitel 4.3), sondern deren Einbindung in die *verschiedenen* Klassenratssituationen auch plausibel zu *begründen*. Den Normgebrauch auch gemeinsam mit den Schülerinnen und Schülern immer wieder neu auszuhandeln, je nach Situation auf den Prüfstand zu stellen sowie kritisch zu reflektieren wäre ein weiterer und notwendiger Schritt, um sprachliches Denken und Handeln zu fördern (vgl. etwa auch den Kompetenzbereich D.3 im Lehrplan 21 „Reflexion über das Sprech- […] und Gesprächsverhalten").

In jedem Fall stellen Normen immer Erwartungen an das soziale und sprachliche Handeln der Interagierenden, welche im Klassenrat zusätzlich durch gewisse Rollenerwartungen verstärkt werden. So lassen sich für die Klassenratsinteraktion folgende thesenartige Schlussfolgerungen ableiten:

- Es besteht von Seiten der Lehrperson meist eine klare Vorstellung, wie der kindergeleitete Klassenrat interaktionell organisiert wird. Seine Gestaltung bzw. sein Ablauf werden nur wenig unter Mitbestimmung der Hauptakteu-

rinnen und Hauptakteure – der Schülerinnen und Schüler – organisiert. Einmal aufgestellte Regeln lassen sich nur schwer durchbrechen.
- Die Partizipationsmöglichkeiten der Schülerinnen und Schüler werden durch formelle Rollen (Gesprächsleitende, Beobachtende etc.) und/oder Verfahrens- bzw. Gesprächsregeln (Redekärtchen, Redeball etc.) determiniert.
- Redeinhalte und die Wahl sprachlicher Praktiken werden durch sprachliche Normen bestimmt, die als Regel durch die Lehrperson eingeführt wurden und die autonome Gestaltung von Beiträgen einschränken.

Damit werden für die Klassenratsinteraktion klare Grenzziehungsmechanismen deutlich, deren Grundlage (Zielvorstellungen und Regeln) nicht von allen Akteurinnen und Akteuren – nämlich neben der Lehrperson auch von den Schülerinnen und Schülern – intersubjektiv ausgehandelt wurden (vgl. auch Gloy 2004). Folglich kann man für Klassenratsinteraktionen nicht davon ausgehen, dass hierbei allseits akzeptierte Normen zum Tragen kommen, wie es für die Bildung von Normen eigentlich Voraussetzung wäre (vgl. ebd.). Daher lässt sich fragen, inwieweit tatsächliche Partizipation von den Schülerinnen und Schülern stattfindet bzw. welche Partizipationsmöglichkeiten damit ver-/behindert werden.

Wie angedeutet, setzen Normen aber nicht nur Grenzen, sondern weisen auch das Potenzial für ,Grenzerweiterungen' auf. Solche Chancen von normativ geprägten Interaktionen sollen im folgenden Kapitel zusammenfassend diskutiert werden.

## 5.2 Chancen von Normen in Lehr-Lern-Kontexten

Es ist unbestrittene Tatsache, dass Menschen gewisse Sprachhandlungsnormen brauchen, um überhaupt miteinander interagieren zu können. Sprachnormen sind Voraussetzung dafür, dass sprachliche und soziale Verständigung möglich wird und funktioniert. Da Normen gesellschaftlich geprägte Erwartungsmuster sind, die sich über größere Zeiträume innerhalb von Gesellschaften bzw. Institutionen entwickeln (Berger/Luckmann 1980: 56 f.), müssen diese von heranwachsenden Kindern erlernt und (teilweise) übernommen werden. Das Erlernen von Normen kann dann als notwendige Brücke dienen, um durch die Norm *etwas* zu lernen (vgl. transitorische Norm, vgl. z. B. Feilke 2015). Normaufrufe und Normeinforderungen im Bildungskontext sind damit unabdingbar und fungieren als explizite erwerbsupportive Strategien und elizitierte Gesprächs-„Erfahrungen" (z. B. Harren 2015). Vor diesem Hintergrund können Normen und (Sprach-)Handlungsregeln in den oben dargestellten Klassenratsinteraktionen auch als unterstützende Instrumente zur Partizipation betrachtet werden, denn:

- Alle Schülerinnen und Schüler haben die Möglichkeit, sich mehr oder weniger ungehindert und mit geringem Aufwand an komplexen und vielschichtigen (Klassenrats-)Diskussionen zu beteiligen („quantitative Beteiligung").
- Normen kreieren damit eine ‚entlastende' Interaktionssituation für die Partizipation mit eigenen Redebeiträgen im Klassenrat. Entlastet werden die Interagierenden insofern als sie in einer geordneten und strukturierten Weise (z. B. moderiertes Verfahren, geregeltes turn-taking, deutlich geschaffene Gelegenheiten für Sprechbeiträge/Zuhören etc.) ihre Beiträge einbringen können.
- Die Elaboriertheit der Beiträge kann zunehmen, indem z. B. Begründungen zu Meinungen formuliert werden sollen („qualitative Beteiligung'). Die Beteiligten können dies in einem geregelten Setting, wie z. B. der Gefallensrunde tun, ohne der Komplexität polydyadischer Interaktionen ausgesetzt zu sein.

Im Sinne transitorischer bzw. didaktischer Normen (Feilke 2015) stellen Regeln in dieser Funktion eine wichtige Orientierung für die Schülerinnen und Schüler dar (Dürscheid 2013), sodass der Klassenrat als ein anwendungsnahes und motivierendes didaktisches Setting betrachtet werden kann, das argumentative Kompetenz nachhaltig fördert und Partizipation ermöglicht. Der Lehrperson sollte dabei eine „normstabilisierende" Rolle (Hundt 2009: 123) zukommen, die aber dennoch genug Raum lässt, Normen gemeinsam mit den Schülerinnen und Schülern zu überdenken und wenn nötig an die Gesprächssituation anzupassen.

Daran anknüpfend soll im abschließenden Kapitel der Zusammenhang zwischen sprachlichem Lernen und Normorientierung ausblicksartig skizziert werden.

## 6 Ausblick: Sprachliches Lernen im Klassenrat durch und mit Normen

Der Klassenrat in seiner Doppelfunktion als Plattform für die Schülerinnen und Schüler (Peer-Kultur) und als didaktisches Setting (Schulkultur) (vgl. Kapitel 1) vereint sowohl Voraussetzungen für eine anwendungsorientierte und motivierende Gesprächsumgebung als auch einen geschützten Raum, in dem elizitierte Gesprächs-„Erfahrungen" gemacht werden können. Das Sammeln von vielfältigen Gesprächserfahrungen wird sowohl in der fachwissenschaftlichen Literatur als auch in Lehrwerken als erwerbssupportiv eingeschätzt (vgl. z. B. Harren 2019; Arendt 2019). In den Klassenratsinteraktionen zeigen sich zudem Momente der Instruktion (vgl. Einführung zum ‚Argumentieren' durch die Lehrperson; Kapitel 4.3) als auch der Reflexion über Sprache/Sprechen (z. B. in den Feedbackrunden am Ende des Klassenrates). Beides sind wichtige

Elemente für Lernprozesse. Des Weiteren konnten aus den Daten (Interviews und Videodaten) folgende ‚Methoden' herausgearbeitet werden, die das Potenzial zur Erwerbssupportivität aufweisen können:

- Einsatz von Gesprächs-Strukturierungshilfen (z. B. Redeball, Redekärtchen, Moderation etc.)
- Erarbeitung und Anwendung transparenter Kommunikationsregeln (z. B. ausreden lassen)
- Herausarbeitung modellhafter Äußerungen als ‚Online-Hilfe' (für nachfolgende Äußerungen): Die Lehrperson demonstriert/instruiert, wie eine Äußerung elaboriert werden kann (z. B. mit Begründungen und Beispielen) und verdeutlicht damit sozial akzeptierte allgemeine Normen diskursiver Kontexte
- Deutliches Setzen und Explizieren von globalen Zugzwängen (z. B. begründungspflichtige Fragen stellen) (z. B. Heller 2012)
- „Unterstützen & Fordern" (Arendt 2019; Heller/Morek 2015): Aufforderungen zu begründen, Beispiele zu nennen, positiv zu formulieren
- Raum für die Anwendung von elaborierten Gesprächsbeiträgen geben (Arendt 2019) und damit die Schülerinnen und Schüler kognitiv aktivieren
- Explizite (Sprach-)Wissenskonstruktion (z. B. Erklärungen des Genres ‚Argumentieren' sowie Begründungen zum Einsatz und zur Funktion rhetorischer Mittel)
- ...

Diese offene Liste stellt Handlungsoptionen dar, um Themen konstruktiv und kooperativ sowie in einem angemessenen Rahmen[3] im Klassenrat (und in anderen schulischen Gesprächssituationen wie z. B. dem Unterrichtsgespräch) bearbeiten zu können. Dafür braucht es mündliche (und soziale) (bildungs-)sprachliche Praktiken, welche in der Klassenratsinteraktion als didaktisches Setting durch Normen aktiviert, gefördert und (neu) erlernt werden können. Die Lehrperson als deontische Autorität sollte sich dabei in der Aufgabe sehen, „für die Schülerinnen und Schüler eine Spracherfahrungsumgebung zu schaffen, in der ein gleichermaßen flexibler wie verbindlich prüfender Umgang mit [...] Normen das Lernen bestimmt" (Feilke 2015: 133). Voraussetzung dafür ist, dass Normen (für den Klassenrat) didaktisch entwickelt und im Sinn eines „scaffolding" des Erwerbs (Wood et al. 1976) auf die angestrebten Kompetenzziele bezogen werden müssen (Feilke 2015: 130). Dafür können Satzungsnormen und

---

3 Kriterien für ‚angemessenes' Sprechhandeln können in diesen Kontexten z. B. sein: Verständlichkeit für alle Beteiligten, wertschätzende Kommunikation, thematische Stringenz, Argumentieren auf Sachebene, angemessener Zeitaufwand etc.

didaktische bzw. transitorische Normen als handlungsleitende Normen für den Erwerbsprozess konstruiert werden (Feilke 2015: 129). Sie fungieren dann als Instrumente, um die Schülerinnen und Schüler beim Erwerb und Aufbau von sprachlichen und sozialen Kompetenzen anzuleiten und zu unterstützen. Werden Normen als genuin didaktisches „medial-konzeptionelles Ermöglichungs- und Anforderungsprofil" (Pohl/Steinhoff 2010: 6) implementiert, können sie dazu dienen, den Schülerinnen und Schülern sowohl Grenzen ihres Handelns aufzuzeigen als ihnen auch Grenzüberschreitungen zu ermöglichen.

## Literatur

### Quellen
Deutschschweizer Erziehungsdirektoren-Konferenz (2018). Lehrplan 21 Kanton Zug. https://zg.lehrplan.ch/lehrplan_printout.php?e=1&k=1 (Stand: 06.01.2022).

### Forschungsliteratur
Ammon, Ulrich (2005). Standard und Variation: Norm, Autorität, Legitimation. In: Eichinger, Ludwig M./Kallmeyer, Werner (Hrsg.). Standardvariation. Wie viel Variation verträgt die deutsche Sprache? Berlin/New York: De Gruyter, 28–40.
Arendt, Birte (2019). Argumentationserwerb im Peer-Talk von Kindergartenkindern. Ausprobieren, fordern, recyceln. In: Bose, Ines/Hannken-Illjes, Kati/Kurtenbach, Stephanie (Hrsg.). Kinder im Gespräch – mit Kindern im Gespräch. Berlin: Frank & Timme, 63–92.
Baker, Carolyn D./Freebody, Peter (1989). Talk around text: constructions of texual and teacher authority in classroom discourse. In: Castell, Suzanne de/Luke, Allan/Luke, Carmen (Hrsg.). Language, authority and criticism: Readings on the school textbook. London: Falmer Press, 263–283.
Bauer, Angela (2013). „Erzählt doch mal vom Klassenrat!" – Selbstorganisation im Spannungsfeld von Schule und Peerkultur. Halle an der Saale: Universitätsverlag Halle-Wittenberg.
Becker-Motzek, Michael (2009). Mündliche Kommunikationskompetenz. In: Becker-Mrotzek, Michael (Hrsg.). Mündliche Kommunikation und Gesprächsdidaktik. Handbuch: Deutschunterricht in Theorie und Praxis. Baltmannsweiler: Schneider Verlag Hohengehren, 66–83.
Berger, Peter L./Luckmann, Thomas (1987). Die gesellschaftliche Konstruktion der Wirklichkeit. Eine Theorie der Wissenssoziologie. Frankfurt/Main: Fischer Verlag.
Cekaite, Asta/Björk-Willén, Polly (2013). Peer group interactions in multilingual educational settings: Coconstructing social order and norms for language use. International Journal of Bilingualism 17 (2), 174–188.
De Boer, Heike (2006). Klassenrat als interaktive Praxis. Auseinandersetzung – Kooperation – Imagepflege. Wiesbaden: Springer VS.

De Boer, Heike (2007). Der Klassenrat – kein Gremium für interindividuelle Konflikte. In: Möller, Kornelia/Hanke, Petra/Beinbrech, Christina/Hein, Anna Katharina/Kleickmann, Thilo/Schages, Ruth (Hrsg.). Qualität von Grundschulunterricht entwickeln, erfassen und bewerten. Wiesbaden: Springer VS, 175–178.

De Boer, Heike (2008). Bildung sozialer, emotionaler und kommunikativer Kompetenzen – ein komplexer Prozess. In: Rohlfs, Carsten/Harring, Marius/Palentien, Christian (Hrsg.). Kompetenz-Bildung. Soziale, emotionale und kommunikative Kompetenzen von Kindern und Jugendlichen. Wiesbaden: Springer VS, 23–38.

De Boer, Heike (2018). Klassenrat als Ort der Persönlichkeitsbildung? In: Budde, Jürgen/ Weuster, Nora (Hrsg.). Erziehung in der Schule – Persönlichkeitsbildung als Dispositiv. Wiesbaden: Springer VS, 163–179.

Deppermann, Arnulf (2008). Gespräche analysieren. Eine Einführung. 4. Aufl. Wiesbaden: Springer VS.

Deppermann, Arnulf/De Stefani, Elwys (2019). Defining in talk-in-interaction: Recipientdesign through negative definitional components. Journal of Pragmatics 140, 140–155.

Dietrich, Ingrid (Hrsg.) (1982). Politische Ziele der Freinet-Pädagogik. Weinheim/Basel: Beltz.

Drew, Peter/Heritage, John (Hrsg.) (1992). Talk at Work. Interaction in Institutional Settings. Cambridge: Cambridge University Press.

Dürscheid, Christa (2013). Lexikonartikel zu: „Sprache", „Norm", „Soziolekt". In: Rothstein, Björn/Müller, Claudia (Hrsg.). Kernbegriffe der Sprachdidaktik Deutsch. Ein Handbuch. Baltmannsweiler: Schneider Verlag Hohengehren, 272–274.

Edelstein, Wolfgang (2010). Ressourcen für die Demokratie. Die Funktionen des Klassenrats in einer demokratischen Schulkultur. In: Aufenanger, Stefan/Hamburger, Franz/Tippelt, Rudolf (Hrsg.). Bildung in der Demokratie. Beiträge zum 22. Kongress der Deutschen Gesellschaft für Erziehungswissenschaft. Opladen/Farmington Hills: Barbara Budrich, 65–78.

Erduran, Sibel (2007). Methodological foundations in the study of argumentation in science classrooms. In: Erduran, Sibel/Jiménez-Aleixandre, María Pilar (Hrsg.). Argumentation in Science Education. Perspectives from Classroom-Based Research. Dordrecht: Springer Science + Business Media B.V., 47–70.

Feilke, Helmuth (2015). Transitorische Normen. Argumente für einen didaktischen Normbegriff. Didaktik Deutsch 20 (38), 115–135.

Fischer, Maike/Hauser, Stefan/Kreuz, Judith/Müller, Lee Ann (eingereicht). „wir machen ja da Politik!" – Gesprächsanalytische Beobachtungen und (deutsch)didaktische Folgerungen zur Entscheidungsfindung im Klassenrat. Didaktik Deutsch.

Friedrichs, Birte (2009). Praxishandbuch Klassenrat. Gemeinschaft fördern, Konflikte lösen. Weinheim/Basel: Beltz.

Gloy, Klaus (2004). Norm. In: Ammon, Ulrich/Dittmar, Norbert/Mattheier, Klaus J./ Trudgill, Peter (Hrsg.). Soziolinguistik. Ein internationales Handbuch zur Wissenschaft von Sprache und Gesellschaft. Band 1. Berlin/New York: De Gruyter, 392–399.

Goffman, Erving (1981). Forms of Talk. Oxford: Blackwell.

Goffman, Erwin (1996). Wir alle spielen Theater. Die Selbstdarstellungen im Alltag. München: Piper.
Goodwin, Marjorie H./Kyratzis, Amy (2007). Children Socializing Children: Practices for Negotiating the Social Order Among Peers. Research on Language and Social Interaction 40 (4), 279–289.
Goodwin, Marjorie H./Cekaite, Asta (2018). Embodied Family Choreography. Practices of Control, Care, and Mundane Creativity. London/New York: Routledge.
Gregori, Nina (2021). Lehrpersonenhandeln im Klassenrat. Eine interaktionsanalytische Untersuchung. Bern: Peter Lang.
Harren, Inga (2015). Fachliche Inhalte sprachlich ausdrücken lernen. Sprachliche Hürden und interaktive Vermittlungsverfahren im naturwissenschaftlichen Unterrichtsgespräch in der Mittel- und Oberstufe. Mannheim: Verlag für Gesprächsforschung.
Hauser, Stefan/Haldimann, Nina (2018). Dimensionen von Partizipation im Klassenrat. In: Bock, Bettina M./Dreesen, Philipp (Hrsg.). Sprache und Partizipation in Geschichte und Gegenwart. Bremen: Hempen, 127–142.
Hauser, Stefan/Kreuz, Judith (2018). Mündliches Argumentieren in der Schule zwischen pragmatischen Spielräumen und didaktischen Normsetzungen. In: Albert, Georg/Diao-Klaeger, Sabine (Hrsg.). Mündlicher Sprachgebrauch zwischen Normorientierung und pragmatischen Spielräumen. Tübingen: Stauffenburg, 179–199.
Hauser, Stefan/Kreuz, Judith (2022a). Lernen durch ritualisierte Interaktion im Klassenrat. Infonium 1/2022.
Hauser, Stefan/Kreuz, Judith (2022b). „aber ich finds ein bisschen HEIkel eben," – Interaktionale Bearbeitung sozialer Konflikte im Klassenrat. Zeitschrift für Angewandte Linguistik 76, 1–29.
Heintel, Martin/Musil, Robert/Weixlbaumer, Norbert (2018). Grenzen – eine Einführung. In: Heintel, Martin/Musil, Robert/Weixlbaumer, Norbert (Hrsg.). Grenzen. Theoretische, konzeptionelle und praxisbezogene Fragestellungen zu Grenzen und deren Überschreitungen. Wiesbaden: Springer VS, 1–15.
Heller, Vivien (2012). Kommunikative Erfahrungen von Kindern in Familie und Unterricht. Passungen und Divergenzen. Tübingen: Stauffenburg.
Heller, Vivien/Morek, Miriam (2015). Unterrichtsgespräche als Erwerbskontext. Kommunikative Gelegenheiten für bildungssprachliche Praktiken erkennen und nutzen. Literalität im Schnittfeld von Familie, Frühbereich und Schule. Leseforum.ch – 3/2015.
Helmer, Henrike/Zinken, Jörg (2019). Das Heißt ("That Means") for Formulations and Du Meinst ("You Mean") for Repair? Interpretations of Prior Speakers' Turns in German. Research on Language and Social Interaction 52 (2), 159–176.
Hennig, Mathilde (2012). Was ist ein Grammatikfehler? In: Günthner, Susanne/Imo, Wolfgang/Meer, Dorothee/Schneider, Jan Georg (Hrsg.). Kommunikation und Öffentlichkeit: Sprachwissenschaftliche Potenziale zwischen Empirie und Norm. Tübingen: Niemeyer, 121–148.
Hepp, Andreas/Berg, Matthias/Roitsch, Cindy (2014). Kommunikative Grenzziehung. Kommunikatives Grenzmanagement und die Grenzen der Gemeinschaft. In: Hepp, Andreas/Berg, Matthias/Roitsch, Cindy. (Hrsg.). Mediatisierte Welten der Vergemein-

schaftung: Kommunikative Vernetzung und das Gemeinschaftsleben junger Menschen (= Medien, Kultur, Kommunikation). Wiesbaden: Springer VS, 175–197.

Hundt, Markus (2009). Normverletzungen und neue Normen. In: Konopka, Marek/Strecker, Bruno (Hrsg.). Deutsche Grammatik – Regeln, Normen, Sprachgebrauch. Berlin/New York: De Gruyter, 117–140.

Kiper, Hanna (1997). Selbst- und Mitbestimmung in der Schule. Das Beispiel Klassenrat. Baltsmannweiler: Schneider-Verlag Hohengehren.

Klein, Wolf Peter (2010). Grammatik zwischen Deskription und Präskription. In: Habermann, Mechthild (Hrsg.). Grammatik wozu? Vom Nutzen des Grammatikwissens in Alltag und Schule. Mannheim: Dudenverlag, 97–111.

Kleinschmidt, Christoph (2011). Einleitung. Formen und Funktionen von Grenzen. Anstöße zu einer interdisziplinären Grenzforschung. In: Kleinschmidt, Christoph/Hewel, Christine (Hrsg.). Topographien der Grenze. Verortungen einer kulturellen, politischen und ästhetischen Kategorie. Würzburg: Königshausen & Neumann, 9–21.

Kreuz, Judith (2021). Ko-konstruiertes Begründen unter Kindern. Eine gesprächsanalytische Studie von Kleingruppeninteraktionen in der Primarschule. Tübingen: Stauffenburg Linguistik.

Kyratzis, Amy/Ross, Tamara Shuqum/Koymen, S. Bahar (2010). Validating justifications in preschool girls' and boys' friendship group talk: implications for linguistic and socio-cognitive development. Journal of child language 37 (1), 115–144.

Lepschy, Annette (2002). Lehr- und Lernmethoden zur Entwicklung von Gesprächsfähigkeit. In: Brünner, Gisela/Fiehler, Reinhard/Kindt, Walther (Hrsg.). Angewandte Diskursforschung. Band 2: Methoden und Anwendungsbereiche. Wiesbaden: Springer VS, 50–71.

Llewellyn, Nick/Hindmarsh, Jon (Hrsg.) (2010). Organisation, Interaction and Practice: Studies of Ethnomethodology and Conversation Analysis. Cambridge: Cambridge University Press.

Mayring, Philipp (2015). Qualitative Inhaltsanalyse. Grundlagen und Techniken. Weinheim: Beltz.

Mehan, Hugh (1979). Learning lessons. Social organization in the classroom. Cambridge/Mass.: Harvard University Press.

Mondada, Lorenza (2018). Greetings as a device to find out and establish the language of service encounters in multilingual settings. Journal of Pragmatics 126, 10–28.

Parsons, Talcott (1976). Zur Theorie sozialer Systeme. Opladen: Westdeutscher Verlag.

Pohl, Thorsten/Steinhoff, Torsten (2010). Textformen als Lernformen. In: Pohl, Thorsten/Steinhoff, Torsten (Hrsg.). Textformen als Lernformen. Duisburg: Gilles & Francke, 5–26.

Pozar, Thekla-Sofie (1997). Zur Vermittlung kommunikativer Kompetenz im Klassenrat. In: Kiper, Hanna (Hrsg.). Selbst- und Mitbestimmung in der Schule. Das Beispiel Klassenrat. Baltmannsweiler: Schneider-Verlag Hohengehren, 192–216.

Roth, Kersten Sven (2018). Verortung: Zu Konstruktionen einer argumentativ-auktorialen Origo in laienlinguistisch-sprachkritischen Texten. In: Wengeler, Martin/Ziem,

Alexander (Hrsg.). Diskurs, Wissen, Sprache: Linguistische Annäherungen an kulturwissenschaftliche Fragen. Berlin/Boston: De Gruyter, 295–318.

Schäfers, Bernhard (2006). Soziales Handeln und seine Grundlagen: Normen, Werte, Sinn. In: Korte, Hermann/Schäfers, Bernhard (Hrsg.). Einführung in Hauptbegriffe der Soziologie. Wiesbaden: Springer VS.

Schneuwly, Bernard/Dolz, Joaquim (1997). Les genres scolaires des pratiques langagières aux objets d'enseignement. Repères 15, 27–40.

Selting, Margret et al. (2009). Gesprächsanalytisches Transkriptionssystem 2 (GAT 2). Gesprächsforschung – Online-Zeitschrift zur verbalen Interaktion 10, 353–402.

Sidnell, Jack/Stivers, Tanya (2013). The handbook of conversation analysis. Chichester/West Sussex: Wiley-Blackwell.

Stevanovic, Melisa/Peräkylä, Anssi (2012). Deontic Authority in Interaction: The Right to Announce, Propose, and Decide. Research on Language and Social Interaction 45 (3), 297–321.

Szczepek Reed, Beatrice (2012). A conversation analytic perspective on teaching English pronunciation: The case of speech rhythm. International Journal of Applied Linguistics 22, 67–87.

Toulmin, Stephen (1958). The use of argument. Cambridge: Cambridge University Press.

Wood, David/Bruner, Jerome S./Ross, Gail (1976). The role of tutoring in problem solving. Journal of Child Psychology and Psychiatry 17 (2), 89–100.

Wright, Georg H. von (1979). Norm und Handlung. Eine logische Untersuchung. Königstein: Scriptor.

# Registergrenzen alltäglicher Schreibpraxis

## Zur Standardideologie deutscher Schüler:innen

Florian Busch

**Abstract:** The chapter deals with adolescents' language ideologies about their own literacy practices. Drawing on a dataset consisting of a questionnaire survey and focus group interviews, the article explores the metapragmatic boundaries that adolescents construe by categorizing heterogeneous spelling practices into socially meaningful registers. In particular, the chapter answers the questions of what metapragmatic status adolescents ascribe to the German standard register in general and how they relate their digital texting to the concept of standard orthography. On the one hand, it becomes clear that adolescents draw on a binary perception, echoing the standard ideological distinction between 'correct' and 'incorrect' spellings. On the other hand, it also reveals how respondents metapragmatically reflect on several other registers and differentiate according to other socio-contextual parameters. In this respect, the adolescents interviewed are very aware of the plurality of everyday literacy beyond binaries and resort to manifold context-dependent writing norms.

**Keywords::** language ideology, register, youth language, orthography, digital communication

## 1 Einleitung

Über die Schriftlichkeit von Jugendlichen in digitalen Medien wurde in den vergangenen Jahren nicht nur vielfach in der linguistischen Fachliteratur diskutiert (vgl. Tagliamonte und Denis 2008; Dürscheid et al. 2010; Wagner und Kleinberger 2016; Busch 2018) – die Frage nach der Beschaffenheit und den Implikationen der alltäglichen Schreibpraxis von Jugendlichen in unserer digitalisierten Gesellschaft wird auch in der massenmedialen Öffentlichkeit mit großer Regelmäßigkeit gestellt (vgl. Thurlow 2007; Brommer 2007; Herring 2008). Es scheint, als sei die digitale Schriftlichkeit von Jugendlichen ein metapragmatischer Reflexionsgegenstand par excellence, in dem gleich drei zentrale Themen sprachideologischer Metadiskurse kulminieren: zum einen das sprachliche und kommunikative Verhalten von jüngeren Generationen, zum anderen die Bedeutung neuer Medien für den Sprachgebrauch unserer Gesellschaft und schließlich die sozialen Funktionen von normativen Anforderungen an Schriftlichkeit. Die metapragmatischen Diskurse, die sich entlang dieser Themenstränge bewegen, neigen dabei in der Regel zu der Konstruktion fixer Grenzen: 1. Auf der einen Seite stehen dann die Erwachsenen, deren Sprachgebrauch von dem der Jugendlichen zu unterscheiden sei. 2. Anhand einer Online/Offline-Dichotomie werden digitale Kommunikationspraktiken von analogen abgegrenzt – unter Ausblendung der vielfachen Einbettungen und gegenseitigen Bezugnahmen beider Kommunikationsräume. 3. Und schließlich zeichnet sich auch die gesellschaftliche Wahrnehmung und Bewertung von Schriftlichkeit vor allem durch die kodifizierte Grenze zwischen normgerechtem und normverletzendem Sprachgebrauch aus.

Im vorliegenden Beitrag gehe ich diesen sprachideologischen Diskursen nach und setze dabei vor allem die Perspektive derjenigen zentral, über die gesprochen wird: die jugendlichen Schreiber:innen selbst, deren Stimmen in den öffentlichen Diskursen oftmals kaum gehört werden. Es wird im Folgenden darum gehen, welche metapragmatischen Grenzziehungen Jugendliche selbst an ihre alltägliche Schreibpraxis in digitalen Medien anlegen, anhand welcher sozialen und sprachlichen Dimensionen sie also gewissermaßen Ordnung in die Heterogenität ihrer schriftbasierten Kommunikation bringen. Insbesondere soll der Beitrag eine Antwort auf die Frage liefern, welchen metapragmatischen Status Jugendliche dem geschriebenen Standard zumessen und in welcher Weise sie ihr eigenes digitales Schreiben der Freizeit zum Konzept einer normierten Standardschriftlichkeit ins Verhältnis setzen.

Für diesen Zweck gliedert sich der Beitrag in sechs Abschnitte. In Abschnitt 2 soll es zunächst um die Ausdifferenzierung jugendlicher Alltagsschriftlichkeit unter den Bedingungen einer mediatisierten Gesellschaft gehen. In Anschluss an die Unterscheidung von textorientiertem und interaktionsorientiertem Schreiben von Beißwenger und Storrer (2012) wird aufgezeigt, dass Schriftlichkeit von Jugendlichen aus linguistischer Perspektive vor allem in ihrer Pluralität beschrieben werden muss und dass sich mit der Ausdifferenzierung von Schreibanlässen notwendigerweise auch die Schreibnormen einer Gesellschaft vervielfältigen (vgl. Androutsopoulos 2016). In Abschnitt 3 und 4 wendet sich der Beitrag dann den metapragmatischen Diskursen zu, die diese Dynamiken begleiten, und präsentiert einschlägige Ergebnisse bisheriger Forschungsarbeiten. Dabei geht es in Abschnitt 3 zunächst um die Merkmale der öffentlich-massenmedialen Reflexion über die digitale Schriftlichkeit von Jugendlichen und die besondere sprachideologische Rolle, die die Standardvarietät in diesen Diskursen einnimmt. Abschnitt 4 widmet sich daran anschließend den wenigen Studien, die bereits Aufschluss darüber geben, in welcher Weise Jugendliche selbst eine Position in diesen sprachideologischen Diskursen einnehmen, um dann in Abschnitt 5 schließlich die Ergebnisse einer eigenen Studie zu den metapragmatischen Reflexionen norddeutscher Schüler:innen über ihre alltägliche Schreibpraxis vorzustellen. Der Beitrag zeichnet die metapragmatischen Grenzziehungen, mit denen die untersuchten Jugendlichen ihre verschiedenen Schreibpraktiken differenzieren, anhand einer Fragebogen- sowie einer Fokusgruppenstudie nach und beleuchtet die ambivalente Stellung des Standards in den Registerkonzeptionen der Befragten. In Abschnitt 6 kann dann eine zusammenfassende Antwort auf die Frage gegeben werden, inwiefern die Registergrenzen, die Jugendliche für ihre eigene alltägliche Schreibpraxis relevant machen, standardideologisch motiviert sind – wie nah oder fern die metapragmatischen Wahrnehmungen der Jugendlichen also den bekannten Mustern des öffentlichen Metadiskurses stehen.

## 2 Alltägliche Pluralität jugendlicher Schriftlichkeit

Der Ausgangspunkt der sprach- und medienideologischen Dynamiken, die Gegenstand dieses Beitrags sind, liegt in der medialen Ausdifferenzierung des kommunikativen Alltags von Jugendlichen und der sich daraus ergebenden gesellschaftlichen Wahrnehmung von jugendlicher Schriftlichkeit in einer digitalisierten Gesellschaft. Dass Jugendliche als besonders affin gegenüber digitalen Medien gelten können, lässt sich dabei eindrücklich den regelmäßigen und repräsentativen deutschen Mediennutzungsstudien entnehmen – vornehmlich den jährlichen JIM-Studien des Medienpädagogischen Forschungsverbunds Südwest (mpfs). Die letzte Dekade dieser Erhebungen gibt dabei einen robusten Einblick in die Rolle, die digitale, mobile Kommunikationsmedien im Alltag von Jugendlichen im Alter zwischen 12 und 19 Jahren spielen. So erfasst etwa die aktuelle JIM-Studie (mpfs 2021), dass 95 % der befragten Jugendlichen den Umgang mit dem Smartphone als wichtigste regelmäßige mediale Freizeitbeschäftigung ansehen (ebd.: 13). Und auch die Frage nach den beliebtesten Smartphone-Anwendungen in dieser Altersgruppe wird beantwortet: 78 % der Befragten geben WhatsApp als „wichtigste App auf ihrem Smartphone" an (ebd.: 33). Obwohl der alltägliche Smartphone-Gebrauch von Jugendlichen durchaus durch eine breite Palette sehr unterschiedlicher Anwendungen gekennzeichnet ist – von der Google-Suche über die Rezeption von Musik und Videos auf Spotify und YouTube bis hin zur Nutzung von Social Media wie Instagram, Snapchat und TikTok (vgl. ebd.: 34) –, fällt doch auf, dass die interpersonale Kommunikation mittels WhatsApp in dieser Weise bereits seit 2013 die Ranglisten der beliebtesten Smartphone-Anwendungen in den jährlichen JIM-Studien anführt. Smartphone-basierter Messenger-Kommunikation kommt also im Gefüge der sozialen Lebenswelt von Jugendlichen ein kaum zu überschätzender Stellenwert zu und dies mit einer zeitlichen Konstanz, die die Schnelllebigkeit technisch-medialer Trends konterkariert.

Diese anhaltende Relevanz von Messenger-Kommunikation geht mit einer Diffusion geschriebener Sprachen in die letzten Verästelungen des sozialen Alltags von Jugendlichen einher. Die Beobachtung, dass Jugendliche „mehr schreiben als je zuvor" (Dürscheid et al. 2010: 2), scheint auch 2022 noch gültig zu sein, da Jugendliche eben nicht nur zu schulischen Anlässen schreiben, sondern auch die Kommunikation mit Familie und Freund:innen – und damit große Teile ihres kommunikativen Haushalts (vgl. Luckmann 1986) – wesentlich durch geschriebene Sprache gestaltet wird. Denn obwohl WhatsApp und vergleichbare Anwendungen wie Telegram oder Signal als durch und durch multimodale Kommunikationsformen zu bezeichnen sind, die neben der Einbindung von Bild- und Videoformaten auch das Aufnehmen und Versenden von gesprochener Sprache erlauben,[1] lässt sich in der Verwendung von Schrift doch die Basismodalität entsprechender Plattformen erkennen (vgl. Imo 2015: 7; Dürscheid und Frick 2014).

Spezifischer ist außerdem festzustellen, dass es sich um einen Verwendungsmodus geschriebener Sprache handelt, der sich beträchtlich von jener Schriftlichkeit unterscheidet, wie sie traditionell in der Schule vermittelt und gepflegt wird. Während das Schreiben in der Schule auf Texte abzielt, die die Produktionssituation überdauern und von Rezipient:innen irgendwann und irgendwo einmal gelesen und verstanden werden sollen (bei denen also im Sinne von Ehlich (1994) eine situative „Zerdehnung" intendiert ist), ist das Schreiben per Messenger-Anwendung vielfach weniger auf den Text, als vielmehr auf die Interaktion in einem geteilten situativen Kontext ausgerichtet. In Anschluss an Beißwenger und Storrer (2012) lassen sich diese zwei Schreibhaltungen als „textorientiertes Schreiben" einerseits und „interaktionsorientiertes Schreiben" andererseits bezeichnen. Für die Diskussion um die alltägliche Schriftlichkeit von Jugendlichen ist diese Unterscheidung nun auch deswegen sehr hilfreich, weil sie die unterschiedlichen sprachlich-graphischen Strukturen erklären kann, die Jugendliche mittels verschiedener Medien in verschiedenen situativen

---

1   Zur Praxis der Sprachnachrichten in der Messenger-Kommunikation vgl. König und Hector (2019).

Kontexten funktional realisieren. So ist das textorientierte Schreiben der Schule darauf angewiesen, Information zu verdichten (etwa mittels hypotaktischer Strukturen und ausgebauten Nominalgruppen), um den Rezipient:innen ein Verstehen ohne Rückgriff auf kontextuelles Wissen der Produktionssituation zu erlauben. Zudem zeichnet sich das textorientierte Schreiben der Schule durch eine hohe (angestrebte) Konformität gegenüber dem orthographischen Standard aus, der durch Normierung Schreibvariation minimiert und damit ein überregionales und zeitlich überdauerndes Verstehen ermöglicht. Im interaktionsorientierten Schreiben sind demgegenüber andere funktionale Mittel gefordert, wie Storrer (2018) darlegt:

> Die Versprachlichungsstrategien sind primär auf das Gelingen der laufenden Interaktion hin ausgerichtet. Hierfür kann eine schnelle Reaktion wichtiger sein als Prägnanz und sprachliche Elaboriertheit. Die für das textorientierte Schreiben maßgebliche Tugend des Überarbeitens, des Feilens am Text, die auch beim interaktionsorientierten Schreiben grundsätzlich möglich wäre, ist dabei oft nachrangig. Dafür spielen Aspekte der Beziehungsgestaltung und der gemeinsamen Bearbeitung einer Kommunikationsaufgabe bei der Versprachlichung eine zentrale Rolle. (Storrer 2018: 228)

Die sprachlichen Mittel des interaktionsorientierten Schreibens zielen also erheblich auf die Konstruktion der geteilten kommunikativen Situation ab, kontextualisieren Äußerungen, um so das sequenziell geordnete kommunikative Handeln zu koordinieren und die soziale Beziehung der Beteiligten zu regulieren. Entsprechend ist im interaktionsorientierten Schreiben die Obligation gegenüber dem orthographischen Standard häufig insofern weniger ausgeprägt, als Schreibvariation ein wichtiges Kontextualisierungsmittel darstellt. Zudem lassen sich viele unorthographische Schreibungen funktional als Ökonomisierungsstrategien erklären, die die Schreib- und damit die Interaktionsgeschwindigkeit erhöhen (beispielsweise Substantivkleinschreibungen oder der Verzicht auf Kommasetzung).

Vor dem Hintergrund der eingangs diskutierten Mediennutzungsstudien wird damit deutlich, dass die alltägliche Schriftlichkeit von Jugendlichen durch eine Pluralisierung literaler Normen geprägt ist, die sich um mindestens zwei Zentren organisiert: zum einen das textorientierte Schreiben der Schule, das vornehmlich mittels Papier und Stift vollzogen wird, und zum anderen das interaktionsorientierte Schreiben, das primär mittels smartphone-basierten Kommunikationsformen realisiert wird.[2] Beide Schreibkontexte sind dabei in

---

2   Diese Zuordnung des interaktionsorientierten Schreibens zu Kontexten der digitalen Kommunikation sowie die Verknüpfung von textorientiertem Schreiben mit Kontexten der Schule zielen auf prototypische Schreibanlässe ab – hier als ‚Zentren' der literalen

sich differenziert, zu denken ist etwa an die verschiedenen Textsorten der Schule genauso wie an die verschiedenen Aktivitätstypen, die mit teils sehr unterschiedlichen Adressat:innen in digitalen Interaktionen umgesetzt werden. In jedem Fall gehen jedoch sowohl das schulische Schreiben als auch das digital-vermittelte Schreiben der Freizeit mit eigenen funktionalen Bedingungen an geschrieben-sprachliche Strukturen einher, sodass es aus linguistischer Perspektive wenig plausibel erscheint, interaktionsorientiertes Schreiben als bloßes defizitäres Abbild des textorientierten Schreibens zu konzeptualisieren. Zudem ergeben sich aus den funktionalen Schreibpraktiken in beiden Kontexten sozial geteilte Normen, die mit jeweils spezifischen Angemessenheitsvorstellungen und Handlungserwartungen einhergehen. Auch im Schreiben in und mittels digitaler Medien können Beteiligte also durchaus pragmatische Normen verletzen und müssen dann entsprechende Sanktionierungen in Kauf nehmen. Informelles, digitales Schreiben ist kein *Anything Goes* (vgl. Dürscheid und Stark 2013). Dabei ist außerdem anzunehmen, dass das im schulischen Kontext erworbene, prestigebesetzte Wissen um orthographische Schreibnormen auch hier eine Rolle spielt – die Frage ist nur, welche Rolle. Von Jugendlichen verlangt die Pluralität ihrer alltäglichen Schriftlichkeit in jedem Fall eine Parzellierung verschiedener kontextsensitiver Schreibnormen. Unklar ist aber bislang, ob und wie diese Differenzierung von Jugendlichen selbst reflektiert wird und anhand welcher metapragmatischen Parameter sie eine Grenzziehung zwischen den Schreibregistern konstruieren.

## 3 Digitale Schriftlichkeit und Standardideologie von ‚außen'

Die Frage nach der Wahrnehmung des eigenen digitalen Schreibens ist auch deswegen von Interesse, weil ein virulenter öffentlicher Diskurs über Jugendliche und digitale Medien im Generellen und das digitale Schreiben von Jugendlichen im Speziellen zu beobachten ist. So greifen massenmediale Texte regelmäßig Fragen nach dem (vermuteten) Einfluss digitaler Technologie auf die jüngere Generation auf und bedienen in dieser Weise mediendeterministische

---

Praxis von Jugendlichen bezeichnet. Gleichwohl sind in abseits dieser Zentren durchaus auch Schreibanlässe zu beobachten, die dieser prototypischen Zuordnungen entgegenstehen (wie etwa das schulische interaktionsorientierte Schreiben in Textchats von Teams oder das freizeitliche Verfassen eines monologischen Textes am Smartphone). Gewissermaßen greift die Fokussierung auf prototypische Schreibanlässe damit bereits dem folgenden Abschnitt 3 vor, indem auf eine Dichotomie von Prototypen zugespitzt wird, die dann auch in den verschiedenen Metadiskursen über die Schriftlichkeit von Jugendlichen zugrunde gelegt wird. (Diesen wichtigen Hinweis verdanke ich einem anonymen Gutachten.)

und vielfach kulturpessimistische Perspektiven (vgl. Thurlow 2006, 2007; Brommer 2007; Herring 2008). Etwa sorgte sich jüngst der Deutschlandfunk Kultur in einem Meinungsbeitrag, dass „[d]ie schriftliche Kommunikation in den sozialen Netzen [dazu führt], dass viele [Jüngere] das korrekte Schreiben verlernen", – und bringt diese pauschalisierende Wahrnehmung digitaler Kommunikation als defizitär mit der Losung „Emojis statt Wörter" auf den Punkt (Igel 2022). Zwar haben sich die Positionen im massenmedialen Diskurs in den letzten Jahren ausdifferenziert und auch Linguist:innen werden immer wieder als Gesprächspartner:innen mit empirisch fundierten Einschätzungen in die Berichterstattung integriert, dennoch ist die öffentliche Wahrnehmung der digitalen Schriftlichkeit von Jugendlichen traditionell durch einen kritischen Blick ‚von außen' gekennzeichnet, der aus der Warte von Erwachsenen Bedenken und Ängste an nachfolgende Generationen und gesellschaftlichen Wandel heranträgt: „In fact, it appears that language and technology are (once again) not only being poorly represented, but also scapegoated for a range of adult anxieties about newness, change, and perceived threats to the status quo" (Thurlow 2006: 689).

Diese Diskursmuster sind dabei insofern einzuordnen, als sie keine Novität darstellen, sondern typisch für die gesellschaftliche Aushandlung neuer Kommunikationsmedien und sprachlichen und soziolinguistischen Wandels sind (vgl. Brommer 2007: 317). Diskurse dieser Art sind seit jeher einer „complaint tradition" (Milroy und Milroy 1999: 27) verpflichtet, der Angst und der Warnung vor sprachlichem und damit schließlich moralischem Verfall (vgl. Durell 2014). Denn was in Sprachverfallsdiskursen Stigmatisierung erfährt, sind nur vordergründig bestimmte sprachliche Formen – die sprachideologischen Wertungen zielen letztendlich auf (imaginierte) Personengruppen, die mit dem Gebrauch dieser Formen assoziiert werden. Ein ‚defizitäres Schreiben' wird dann zum ikonischen Zeichen einer korrumpierten Generation, nach dem Motto: „their Internet language is sloppy, so they are sloppy as people" (Bogetić 2016: 259).

Sowohl auf sprachlicher wie auch auf sozialer Seite basiert dieser Prozess auf diskursiver Homogenisierung: Einerseits dreht sich der Diskurs immer wieder um ‚die' Netzsprache bzw. ‚das' Schreiben in Online-Medien, festgemacht an einigen wenigen sprachlichen Merkmalen (etwa Emojis oder der Auslassung von Interpunktionszeichen), als würde es einen homogenen Mediolekt digitaler Kommunikationsformen geben (vgl. Dürscheid 2003). Andererseits wird dieses Netzsprachen-Konstrukt einer ebenso homogenisierten Personengruppe in Form von ‚den' Jugendlichen zugeschrieben und damit die soziale und damit auch soziolinguistische Vielfältigkeit junger Menschen ausgeblendet (vgl. Thurlow 2007: 218; Herring 2008: 71; Squires 2010: 479; Bogetić 2016: 253 f.).

Im öffentlichen Diskurs werden in dieser Weise fixe Grenzen konstruiert: zwischen ‚den Jugendlichen' und dem Rest der Bevölkerung einerseits und ‚der Netzsprache' und ‚dem korrekten Schreiben' andererseits. Die Stigmatisierung schreibstilistischer Formen, die als ‚Internetsprache' identifiziert werden, basiert dabei auf der wirkmächtigen Standardideologie, die sich mindestens bis in die Frühe Neuzeit in Gesellschaften mit standardisierten Nationalschriftsprachen zurückverfolgen lassen kann (vgl. Durell 2014). Wie Maitz und Elspaß (2011: 226) darstellen, wird der Standard in den gesellschaftlich dominanten standardideologischen Diskursen nicht nur aus einer konservativen Warte heraus betrachtet (es werden ältere Varianten also stets zu besseren Varianten erklärt), sondern als homogene ‚richtige' Sprache verabsolutiert und in einem ständigen Kampf gegen ‚Verunreinigung' (etwa durch Fremdsprachen oder eben Medientechnologien) gewähnt. Schriftlichkeit spielt für diese metasprachlichen Diskurse insofern eine besonders zentrale Rolle, als es sich bei Standformen seit jeher um „die schreibsprachlichen Konstrukte einer Bildungselite" (Durell 2014: 14) handelt.[3] Standardisierung war und ist ein Phänomen des Geschriebenen, sodass standardideologische Wahrnehmungen und Zuschreibungen besonders auch den Gebrauch von Schrift betreffen (vgl. Jaffe 2000: 500).

In diesem Sinne verwundert es nun auch wenig, dass Jugendliche im öffentlichen Diskurs nicht nur als ‚neue Generation' thematisiert werden, deren Sprachgebrauch Sprachwandel (bzw. eben ‚Sprachverfall') vorantreibe, sondern dass vor allem auch ihre Rolle als Schüler:innen, die täglich mit dem bewerteten Erwerb der Schriftsprache beschäftigt sind, relevant gemacht wird. So stellt etwa Brommer (2007: 321) fest, dass sich der massenmedial-öffentliche Diskurs um jugendliche Schreibkompetenz am häufigsten mit den Diskursen um Schule und Bildung und weniger häufig mit denen um Jugendsprache überschneidet. Die Schriftlichkeit von Jugendlichen ist im öffentlichen Diskurs also eingefasst in eine standardideologische Dichotomie, die ‚richtiges' Schreiben von ‚falschem' Schreiben trennt und die digitalen Schreibpraktiken junger Menschen unter dieser Prämisse immer wieder zum Evaluationsobjekt macht (vgl. ebd.: 336). So erfährt das digitale Schreiben im öffentlichen Diskurs eine Konzeptualisierung als ‚regellos' und damit als defizitär – auch, indem immer wieder Bezug zur ‚Mündlichkeit' des digitalen Schreibens hergestellt wird. Brommer fasst eine zentrale Aussage des öffentlichen Diskurses über die Schreibkompetenz von Jugendlichen folgendermaßen zusammen: „Die Freiheiten des elektronischen Schreibens ermöglichen die Imitation mündlichen Sprachgebrauchs, und die Anlehnung an die Mündlichkeit wiederum spiegelt

---

3  Wenngleich diese Konstrukte Relevanz für die Herausbildung und Beschaffenheit eines „gesprochenen Standards" haben (vgl. Butterworth et al. 2018).

sich in der Regellosigkeit des elektronischen Schreibens" (Brommer 2007: 337). Das digitale Schreiben erfährt im öffentlichen Diskurs eine Konzeptualisierung als ‚regellos', indem es immer wieder in die Nähe gesprochener Sprache gerückt wird und so dann auch sprachideologisch verankerte Annahmen über Gesprochenes als ‚unsystematisch' wirken (vgl. Linell 2005).[4]

## 4 Digitale Schriftlichkeit und Standardideologie ‚von innen'

Relativ wenig Forschung liegt bislang darüber vor, inwiefern jugendliche Akteur:innen selbst – also die Personen, über die im öffentlichen Diskurs gesprochen wird – ihre Schreibpraktiken reflektieren, auf welche sprachideologischen Deutungsmuster sie zurückgreifen und welche Positionen sie gegenüber den kulturpessimistischen Annahmen von erwachsenen Diskursteilnehmer:innen einnehmen. Entsprechende Stimmen kommen in massenmedialen Texten schlicht kaum zur Geltung, stattdessen werden die Perspektiven von Journalist:innen, Lehrer:innen und Wissenschaftler:innen abgebildet, sodass daran anschließend auch diskursanalytische Arbeiten (wie etwa von Thurlow 2007, Brommer 2007 oder Squires 2010) vornehmlich die Positionen von Erwachsenen darstellen (vgl. Herring 2008). Hier Licht ins Dunkel der metapragmatischen Reflexionen von jugendlichen Schreiber:innen zu bringen, scheint nun aus linguistischer Perspektive wünschenswert, um die Ausdifferenzierung von Praktiken des textorientierten Schreibens der Schule sowie des interaktionsorientierten Schreibens der Freizeit besser verstehen zu können. Denn die soziale und kommunikative Ordnung, die Gemeinschaften in routinierten sprachlichen Praktiken herausbilden, ist ein durch und durch sprachideologisches und damit reflexives Konstrukt (vgl. Hanks 1996; Busch et al. 2022). Gerade mit Blick auf das oppositionelle Verhältnis von Standard und digitaler Schriftlichkeit, wie es im öffentlichen Diskurs konstruiert wird, ergibt sich die Frage, welchen sozialen Wert Jugendliche selbst dem Standard zuschreiben und welche Obligation sie der Standardnorm in ihrem digitalen Schreiben beimessen.

In der rezenten Forschungsliteratur finden sich drei Studien, die jeweils mit Blick auf ihre spezifischen Kontexte ähnliche Erkenntnisinteressen verfolgen. Zum einen liegen mit Hilte et al. (2019) sowie Morel und Natale (2019) zwei einschlägige Fragebogenstudien vor. Hilte et al. (2019: 5) argumentieren dabei, dass digitales Schreiben unter Jugendlichen einen „coolness-factor" hat, der es

---

4   Hierzu trägt sicherlich auch die teils verengende Diskussion der Linguistik bei, es beim digitalen Schreiben vielfach mit konzeptionell mündlichem Sprachgebrauch zu tun zu haben.

zu einem wichtigen Mittel jugendlicher Identitätskonstruktion und daran anschließend zum relevanten metapragmatischen Evaluationsobjekt jugendlicher Peergroups macht. Auf Basis einer Fragebogenuntersuchung unter 168 flämischen Schüler:innen zeichnet die Studie nach, dass dabei insbesondere Alter und Gender von Jugendlichen als sozial relevante Dimensionen von digitaler Schreibvariation reflektiert werden, während der Bildungsgrad von Schreibenden keine emisch relevante Kategorie ist (vgl. ebd.: 30). Zudem kann die Studie zeigen, dass schreibstilistische Formen, die im digitalen Schreiben mit Tradition genutzt werden, von den Befragten sehr sicher als „typical chatspeak markers" (ebd.: 31) identifiziert werden (etwa verkürzende Konsonantenschreibungen), woraus die Autor:innen auf ein metakommunikatives Wissen über die kontextuelle Angemessenheit dieser Formen schließen. Standardschreibungen hingegen assoziieren die befragten Jugendlichen mehrheitlich mit formellen Kontexten (insbesondere der Schule) und schreiben ihnen – bekannten standardideologischen Diskursmustern entsprechend – einen hohen sozialen Status zu. Gleichzeitig zeigt sich die Wahrnehmung des Standards in der untersuchten Gruppe jedoch als ambivalent: Über ein Drittel der Befragten gibt an, sich selbst nicht als kompetente Standardschreiber:innen zu betrachten, und macht sich damit das soziale Prestige der Formen nicht für die eigene soziale Positionierung zu eigen (vgl. ebd.).

Auch Morel und Natale (2019) erheben mittels eines Online-Fragebogens mit 631 Befragten Spracheinstellungen gegenüber Schreibpraktiken in digitalen Medien. Die Studie im Schweizer Kontext vergleicht vor allem die unterschiedlichen Obligationen gegenüber Standardschreibungen in digitalen Medien, die sich für L1-Sprecher:innen des Hochdeutschen, Schweizerdeutschen, Italienischen und Französischen nachvollziehen lassen – also die Geltungsansprüche, die Rechtschreibung im digitalen Schreiben beigemessen werden. Dabei ergeben sich Differenzen (etwa weist die französisch-sprachige Teilgruppe das höchste orthographische Selbst-Monitoring im Schreiben per WhatsApp auf, gefolgt von der italienisch-sprachigen, dann der hochdeutsch-sprachigen und schließlich der schweizerdeutsch-sprachigen Teilgruppe, vgl. ebd.: 11), aber auch teilgruppenübergreifende Befunde: „[O]rthographische Inkorrektheiten [werden] mehrheitlich als störend empfunden", wobei mit einem steigenden Öffentlichkeitsgrad der Anspruch an ein standardkonformes Schreiben steigt – „[d]er öffentlichere Charakter von Facebook-Postings erzeugt eine höhere Intoleranz gegenüber Rechtschreibfehlern als privatere WhatsApp-Chats" (ebd.: 18). So geben nur 66 % der Befragten an, im eigenen WhatsApp-Schreiben auf Rechtschreibung zu achten (vgl. ebd.). Aber auch die Studie von Morel und Natale offenbart, dass die Rolle des Standards im digitalen Schreiben komplex ist: Immerhin 18,9 % der Befragten bekennen sich dazu, WhatsApp-Kommunikationspartner:innen auf Fehlschreibungen hinzuweisen, obwohl diese Praktik hochgradig gesichtsbedrohend ist. Bemerkenswert ist hierbei die Altersverteilung. Die jüngste Teilgruppe bis 28 Jahren weist mit Abstand die höchste Bereitschaft zur Fremdkorrektur auf, nutzt also – so steht zu vermuten – den sozialsymbolischen Wert des orthographischen Standards am ausgiebigsten zur Kontextualisierung interaktionaler Beziehungen (Morel und Natale vermuten als Funktion von Fremdkorrekturen zum Beispiel „das Markieren eines Wissensvorsprungs oder das Zuweisen einer Stigmatisierung", ebd.: 19). Konsistent hierzu zeigt sich eine ähnliche Tendenz auch für Selbstkorrekturen, die ebenfalls einen höheren Stellenwert unter den jüngeren Befragten innehat (vgl. ebd.: 12). Deutlich wird also auch im Schweizer Kontext, dass Fehlschreibungen in der Messenger-Kommunikation grundsätzlich als eher negativ bewertet werden und in der metakommunikativen Reflexion demgegenüber der soziale Wert von orthographischen Formen besonders betont wird – und dies vor allem auch von den jüngeren Befragten.

Gegenüber diesen Fragebogenstudien wählt Bogetić (2016) einen diskursanalytischen Zugriff auf metapragmatische Reflexionen von Jugendlichen, indem sie sprachreflexive Äußerungen auf persönlichen Online-Blogs von US-amerikanischen Jugendlichen untersucht. Dabei zeigt sie, dass standardideologische Sprachkritik auch von Jugendlichen selbst artikuliert wird und stereotypische Formen digitalen Sprachgebrauchs als Indexikale stigmatisierter sozialer Personae bzw. Verhaltensweisen innerhalb von jugendlichen Gemeinschaften konstruiert werden (vgl. ebd.: 258). Bogetićs Untersuchungen brechen damit vor allem die Homogenisierung von jugendlichen Akteur:innen auf, die gleichermaßen charakteristisch für den massenmedialen wie auch teilweise für den sprachwissenschaftlichen Diskurs über den Sprachgebrauch von Jugendlichen ist. Schließlich schlussfolgert Bogetić: „Overall, in negatively evaluating the language that some of their peers use on the site and/or in computer-mediated communication more generally, these teenagers perpetuate many aspects of existing ideologies about the value of Standard English" (ebd.: 262).

Alle drei Studien zeichnen in diesem Sinne ein bemerkenswertes Bild der Gegensätze: Während in allen drei Untersuchungen einerseits deutlich wird, dass die Konformität zur Standardnorm als hoher sozialer Wert gilt und Nonstandardformen negativ bewertet werden bzw. einigen Jugendlichen sogar zur Stigmatisierung taugen, zieht sich damit andererseits auch eine Abwertung der eigenen digitalen Schreibpraxis durch die Ergebnisse. In diesem Sinne scheinen die Diskurse von Jugendlichen über digitales Schreiben nah an den kulturpessimistischen Haltungen des öffentlichen Diskurses zu liegen. Die Studien deuten allerdings durchaus auch an, dass gerade an diesem Punkt eine Homogenisierung von ‚den Jugendlichen' ins Leere läuft, da die Obligation zum

Standard und dementsprechend auch Praktiken der Nonstandard-Stigmatisierung innerhalb der jugendlichen Altersgruppe sozial differenziert sind. In diesem Sinne bleibt auf Basis der wenigen Studien festzustellen, dass ein standardsprachideologischer Diskurs, wie er in den Massenmedien zu beobachten ist, auch unter Jugendlichen virulent zu seien scheint und dass dementsprechend die Unterscheidung von Standard- und Nonstandard-Schreibungen als saliente und vor allem sozial relevante Kategorie auch für Jugendliche Alltagsrelevanz besitzt.

## 5 Reflexionen von norddeutschen Jugendlichen über ihr Schreiben

Im Folgenden werde ich an diese Beobachtungen anknüpfen und für eine Gruppe norddeutscher Jugendlicher nachvollziehen, welche Rolle diese dem geschriebenen Standard zumessen, wie sie ihr eigenes digitales Schreiben der Freizeit hierzu ins Verhältnis setzen – also schließlich: mit welchen metapragmatischen Grenzziehungen die Befragten ihre alltäglichen Schreibregister differenzieren und organisieren. Hierfür beziehe ich mich auf Daten, die im Zuge einer Studie zu digitalen Schreibregistern von Jugendlichen an vier verschiedenen Schulen in Hamburg und Schleswig-Holstein im Jahr 2016 erhoben wurden und Zugang zu metapragmatischen Reflexionen von Schüler:innen zwischen zwölf und 19 Jahren über ihr alltägliches Schreiben gewähren (vgl. Busch 2021). Zum einen handelt es sich hierbei um eine Fragebogenerhebung, an der sich insgesamt 181 Schüler:innen beteiligt haben und die nicht nur Aufschluss über das alltägliche Mediennutzungsverhalten bezüglich schriftbasierter Kommunikationsformen gibt, sondern außerdem auch die metapragmatische Kontrastierung zwischen dem Schreiben in der Schule und dem Schreiben in der Freizeit aus Sicht der befragten Schüler:innen erhebt. Zum anderen beziehen sich die folgenden Darstellungen auf die Auswertung von sieben, jeweils ca. einstündigen leitfaden-gestützten Fokusgruppeninterviews, deren Beteiligte sich aus der Population der Fragebogenteilnehmer:innen rekrutierten. Insgesamt diskutierten 16 Jugendliche im Alter zwischen 13 und 17 Jahren in sieben Fokusgruppen (eingeteilt nach Alter und Gender wurden vier weibliche und drei männliche Gruppen befragt). Der *Talk-Around-Texts*-Methode (Lillis 2008) folgend standen dabei authentische (aber anonymisierte) Schreibprodukte, die als Ausdrucke in der Interviewsituation vorlagen, im Zentrum der Gespräche. Vor allem dienten exemplarische Ausschnitte aus WhatsApp-Interaktionen als Anlass, um verschiedene schriftbasierte, kommunikative Praktiken von anderen Personen, aber auch von sich selbst zu reflektieren und zu ihnen Position zu beziehen. Alle sieben Fokusgruppengespräche wurden zunächst inhaltsanalytisch codiert, um Passagen zu identifizieren, in denen standardideologische Positionen thematisiert wurden. Diese metapragmatischen Interaktionssequenzen wurden dann einer gesprächsanalytischen Auswertung unterzogen, um den Daten als *Gesprächs*daten gerecht zu werden (vgl. Deppermann 2013; König 2014). Die Äußerungen der Teilnehmer:innen wurden in diesem Sinne nicht bloß als de-kontextualisierte Informationslieferungen herangezogen, sondern als Teil eines geteilten sozialen Projekts begriffen, in dem auch ich als Interviewer partizipierte und in dem sich metapragmatische Positionierungsaktivität in situ nachvollziehen lässt (vgl. Spitzmüller 2013).

Beide Datensets – die Fragebögen einerseits, die Interviews andererseits – geben damit Einblick in die emischen Wahrnehmungsmuster, Rationalisierungen und Bewertungen alltäglicher Schreibpraktiken im Leben von Jugendlichen. Während die Fragebogenstudie die basalen metapragmatischen Deutungsmuster auf einer abstrahierenden, gröberen Granularität offenlegt, lässt sich in den Interviewdaten verfolgen, wie sich spezifische Individuen bezüglich konkreter Schreibungen in (zumindest imaginierten) Kommunikationskontexten auf Grundlage geteilter Sprachideologien positionieren. Im Zusammenspiel beider Teilstudien soll im Folgenden illustriert werden, welche Rolle standardsprachideologische Deutungen im literalen Alltag der untersuchten Population spielen und wie die Orientierung der Jugendlichen am Standard die Wahrnehmung des digitalen Schreibens in der Freizeit bestimmt.

### 5.1 Ergebnisse der Fragebogenstudie

Bezüglich der Frage nach der wahrgenommenen Rolle des Standards für das eigene alltägliche digitale Schreiben liefern vor allem zwei geschlossene Fragebogen-Items bemerkenswerte Einblicke: So wurde einerseits abgefragt, wie wichtig den Teilnehmer:innen Rechtschreibung im eigenen, freizeitlichen Schreiben außerhalb der Schule sei. 19 % der Befragten wählten die Antwortmöglichkeit ‚egal', 39 % der Befragten die Antwortmöglichkeit ‚eher nicht wichtig' aus. 34 % der Befragten entschieden sich für ‚eher wichtig', nur 8 % für ‚sehr wichtig'. Damit weisen zusammengenommen 58 % der Befragten eine Relevanz der Rechtschreibnorm in ihrer digitalen Alltagsschriftlichkeit eher von sich. Andererseits ergeben auch die Antworten auf die geschlossene Frage, wie häufig die eigenen Textnachrichten am Smartphone vor dem Absenden korrekturgelesen würden, das Bild einer eher gering ausgeprägten Orthographie-Obligation in den prototypischen Kontexten des digitalen Schreibens: Insgesamt gaben 60 % der Befragten an, ihre Textnachrichten ‚nie' oder nur ‚selten' zu korrigieren. Immerhin 30 % der Befragten wählten demgegenüber ‚häufig', 10 % ‚immer'. Eine Problematik der Fragestellung liegt auf der Hand und äußert sich in dem Antwortverhalten einiger Teilnehmer:innen, mehrere

Antwortmöglichkeiten angekreuzt zu haben: Ob eine Textnachricht korrekturgelesen wird, scheint maßgeblich an ihrer kontextuellen Einbettung zu hängen. An wen ist sie adressiert? Welche kommunikative Aktivität wird durch sie umgesetzt? Die Orthographie-Obligation lässt sich in diesem Sinne nur schwerlich an der medialen Kommunikationsform festmachen. Gleichwohl weisen die Antworten der Befragten in Richtung einer prototypischen Wahrnehmung des freizeitlichen Schreibens in digitalen Medien als weniger gebunden an normative Ansprüche der Orthographie.

Dieses Bild verfestigt sich, wenn man ergänzend zu den geschlossenen Fragebogen-Items die Antworten auf eine offene Freitext-Frage nach dem Unterschied zwischen schulischem und freizeitlichem Schreiben einbezieht. 139 der 181 Befragten nahmen die Frage zum Anlass, mehr oder weniger explizit auf orthographische Schreibnormen einzugehen und so an den unterschiedlichen Orthographie-Obligationen den wesentlichen Unterschied zwischen beiden basalen Schreibkontexten festzumachen. Um diese Normreflexionen tiefergehend zu analysieren, wurden alle 139 relevanten Fragebogen-Antworten entlang von sechs normkonstitutiven Kategorien inhaltsanalytisch und linguistisch codiert (vgl. Tab. 1):

Zunächst wurde bestimmt, ob sich eine normreflexive Äußerung auf den **Geltungsbereich** der Schule oder der Freizeit bezieht. Dabei ergab sich, dass die Befragten ungefähr zu gleichen Teilen über beide Schreibkontexte reflektierten. Weiterhin wurde bestimmt, welche **deontische Modalität** einer reflektierten Schreibnorm durch Modalverb-Gebrauch in der Normreflexion beigemessen wird. So wurde etwa mit 18 Belegen am häufigsten ein maximaler Geltungsanspruch mithilfe des Modalverbs *müssen* ausgedrückt. Zudem war von Interesse, welches **Normsubjekt** in den reflexiven Äußerungen genannt wird, für wen eine artikulierte Norm also zu gelten habe. Das normalisierende Indefinitpronomen *man* zeigte sich dabei mit 80 Belegen als besonders frequent und drückt einen gegenüber den Personalpronomina *ich* und *du* (die mit geringerer Frequenz ebenfalls genutzt werden) möglichst breiten Kreis von Normsubjekten aus. Zentrale Kategorie jeder Normreflexion ist weiterhin der Typus der **normierten Handlung**. Hier zeigte sich vor allem, dass der Ausdruck *Rechtschreibung* gefolgt von *Grammatik* die Antworten dominiert. Sprachideologisch besonders interessant waren weiterhin die **Normtopoi**, also die angeführten argumentativen Grundlagen, warum eine Norm zu gelten habe. Hier ergab sich das bemerkenswerte Bild, dass vor allem schulische Sanktionen von Normverstößen als Grund angeführt wurden, warum Schreibnormen einzuhalten seien. Passend zu dieser auf schulische Kontrolle bezogenen Perspektivierung zeigte sich in der letzten Kategorie der **Normautoritäten**, also der Personen bzw. Institutionen, die mit der Durchsetzung einer Norm betraut sind, dass ausschließlich Lehrer:innen genannt wurden.

| Geltungs-bereich | Deontische Modalität | Norm-subjekt | Normierte Handlung | Normtopos | Norm-autorität |
|---|---|---|---|---|---|
| in der Schule (105) in der Freizeit (98) | müssen (18) können (6) sollen (2) dürfen (1) | man (80) ich (36) du (7) | Rechtschreibung (80) Grammatik (24) Zeichensetzung (18) Ausdruck (17) Länge der Äußerungen (7) Groß- und Kleinschreibung (6) | drohende Sanktionen durch Benotung (30) keine Sanktionen, da Freund:innen adressiert werden (25) Öffentlichkeit (1) | Lehrer:innen (8) |

Tab. 1: Normkonstitutive Kategorien in den Antworten zur Frage ‚Was unterscheidet das Schreiben in der Freizeit vom Schreiben in der Schule?', absolute Häufigkeiten in Klammern

Auf Basis der Frequenzen in den codierten Kategorien lässt sich eine Art prototypische Normäußerung formulieren, die den tendenziellen Reflexionen der Befragten über Schreibnormen in ihrem Alltag entsprechen. Diese würde für den schulischen Kontext folgendermaßen lauten: *In der Schule muss man auf Rechtschreibung und Grammatik achten, da es von Lehrer:innen kontrolliert und benotet wird.* Orthographische Regularien werden von den Befragten auf die Schule bezogen, vor allem aber auch durch die Schule begründet. Einzig die Angst vor einer schlechten Bewertung motiviert dabei das Einhalten der Norm. Deutlich wird damit eine defizit-orientierte Perspektive auf Orthographie. Im Kontext der Schule ist Rechtschreibung vor allem dann wirkmächtig, wenn sie fehlt – denn dann sorgt sie für schlechte Noten. Sprachfunktionale Argumente für ein orthographisches Schreiben, wie etwa die Sicherstellung einer reibungslosen schriftbasierten Kommunikation, finden sich in den Antworten an keiner Stelle. Zu sehr scheint die alltägliche Lebenswirklichkeit der befragten Schüler:innen Orthographie primär als Hürde auf dem Weg zu guten schulischen Leistungen zu verankern.

Die Normreflexionen, die sich demgegenüber bezüglich des freizeitlichen Schreibens in digitalen Medien in den Fragebogenantworten finden lassen, operieren auf Basis dieser dominierenden defizit-orientierten Perspektivierung. Während das Schreiben in der Schule durch einen orthographischen Zwang charakterisiert wird, wird das Schreiben in digitalen Medien vor allem als zwanglos und in Abgrenzung zur Schule erlebt. In entsprechenden Äußerungen findet sich daher dann etwa auch der Gebrauch der Modalverben *können* und *dürfen*. So heißt es beispielsweise in einem Fragebogen:

(1) Beim Schreiben in der Freizeit kann man schreiben wie und was man will. Beim Schreiben in der Schule besteht die „Gefahr" das der Lehrer es liest und dann kriegt man eine schlechtere Note.

Dem Müssen der Schule steht ganz offenbar das Können der Freizeit entgegen. Dass ein solches Können für die Befragten überhaupt erzählenswert ist, ergibt sich nur aus dem wahrgenommenen schulischen Zwang zur Orthographie als Normalfall des eigenen Schreibens. Folglich sind es auch weniger Normen, die bezüglich des Schreibens in der Freizeit angeführt werden, sondern eher eine globale Anti-Norm, die sich als Negation der schulischen Schreibnorm konstruiert: *In der Freizeit muss man nicht auf Rechtschreibung und Grammatik achten, da es nicht von Lehrer:innen kontrolliert und benotet wird.* Eine solche Charakterisierung des freizeitlichen Schreibkontexts geht mit einer sprachideologischen Homogenisierung bzw. sogar Essentialisierung des digitalen Schreibens als ‚vollkommen frei' einher, die eine Binnendifferenzierung nach Schreibanlässen, Adressat:innen und möglicherweise Kommunikationsformen auslöscht. Die Lektüre der Fragebogenantworten vermittelt vielmehr das Bild, es beim jugendlichen Schreiben in digitalen Medien mit einem kommunikativen Chaos zu tun zu haben, in dem jede:r schreiben könne, wie es ihr:ihm ganz individuell gefalle. Zwar ist der Fragegestellung, die ja selbst die grobkörnige Opposition zwischen dem Schreiben in der Schule und dem Schreiben in der Freizeit einführt, ein entscheidender Anteil an der dichotomen Beschaffenheit der reflexiven Äußerungen beizumessen, dennoch muss konstatiert werden, dass die Wahrnehmungen des eigenen digitalen Schreibens für einen Großteil der Befragten eine große Nähe zu den Diskursmustern der öffentlich-medialen Reflexionen über die digitale Schriftlichkeit von Jugendlichen aufweisen (vgl. Abschnitt 3). Diese metapragmatischen Zuschreibungen sind allenfalls auf den ersten Blick überraschend. So sind es ja gerade Jugendliche selbst, die sich eben nicht nur tagtäglich im standardideologisch organisierten Kommunikationshaushalt der Schule bewegen, sondern die hegemoniale Stellung des orthographischen Standards – wie es die Fragebogenantworten deutlich zeigen – durch ständige Sanktionierung erlernen und verinnerlichen. Wenn also bei einer gesellschaftlichen Gruppe standardideologische Wahrnehmungsmuster besonders zu erwarten waren, dann wohl ohne Zweifel in der Gruppe der Schüler:innen. Die Ergebnisse der Fragebogenstudie entsprechen dieser Erwartung und schließen sich damit der Stoßrichtung vergleichbarer aktueller Studien an (vgl. Abschnitt 4).

### 5.2 Ergebnisse der Fokusgruppenstudie

Der groben Granularität der Fragebogen-Reflexionen, die zum einen anhand der dichotomen Unterscheidung von schulischem und freizeitlichen Kontext operieren und zum anderen beide Kontexte mit Blick auf das Vorhandensein bzw. die Abwesenheit eines orthographischen Zwanges essentialisieren, kann die Fokusgruppenstudien ein differenzierteres Bild entgegensetzen. Konfrontiert mit den authentischen Stimuli von WhatsApp-Interaktionen geben die Fokusgruppen Einblick in die metapragmatischen Rationalisierungsmuster, mit denen die untersuchten Jugendlichen Schreibvariation in ihrem digitalen Kommunikationsalltag wahrnehmen und bewerten. An die Stelle der einen homogenisierten Vorstellung eines Freizeitschreibens tritt so ein hochgradig bewusstes Nebeneinander von verschiedenen Schreibregistern, die von den Befragten insbesondere anhand ihrer prototypischen Adressat:innen unterschieden werden und mit unterschiedlichen Orthographie-Obligationen einhergehen. Ein für diese Reflexionen typisches Beispiel liefert etwa die 17-jährige Jana, die ihre Orientierung an Rechtschreibnormen daran bindet, wer eine WhatsApp-Nachricht von ihr erhalten solle:

```
(2)    Interview 1, 00.40:16-00.41:54 - Jana
01     JA   also bei mir kommt das eigentlich total drauf an
            WER das bekommt;=
02          =man könnte vielleicht denken dass das
            unterschiedliche LEUte schreiben (.) so.
03          also ich achte darauf wie die person selbst so
            auf RECHTschreibung achtet,=
04          =und ob die auch WEIß wie man richtig schreibt;=
05          =und wenn das dann so ist oder da: jemand auch
            PUNKte schreibt und auf kommas achtet und sowas
            dann mach ich das auch,
06          und wenn das aber jemand is der (.) vielleicht
            auch=n bisschen proBLEme hat mit rechtschreibung
            oder da wirklich so gar nich drauf achtet dann is
            mir das auch total egal dann schreib ich einfach.
07          so dass hauptsache nur die: (.) MEssage da
            irgendwie rüberkommt was ich sagen will.
08          und das war=s dann eigentlich.
09          also es kommt total drauf an wem ich das SCHREIB.
```

Auch in Janas Reflexion findet sich die Idee eines völlig zwanglosen digitalen Schreibens, bei dem es lediglich darum gehe, dass „die Message da irgendwie rüberkommt" (Segment 07), sodass auf orthographisches Beiwerk wie Rechtschreibung oder Interpunktion, das zumindest in diesem Kontext keine notwendige Voraussetzung für gelingende Kommunikation sei, verzichtet werden könne. Gleichwohl stellt Jana heraus, dass sich ihre Schreibpraxis gründlich ändere, je nachdem, mit wem sie mittels des Messengers schreibe – man könne sie gar für „unterschiedliche Leute" (Segment 02) halten. Grundlage hierfür bildet die Wahrnehmung, die Jana über die orthographische Praxis ihres kommunikativen Gegenübers gewinnt. Unter den Bedingungen des interaktionsorientierten Schreibens, in denen Beteiligte in der Regel sowohl als Rezipient:innen als auch als Produzent:innen auftreten (vgl. Abschnitt 2), spielen in dieser Weise Akkommodationsprozesse eine Rolle, in denen sich der erwartete, unauffällige Stil einer schriftbasierten Interaktion gewissermaßen mit der Zeit herausschält (vgl. Felder 2020). Jana beschreibt diesbezüglich, dass sie im Adressat:innenzuschnitt ihrer Nachrichten grundsätzlich eine responsive Strategie verfolge. Zudem gibt sie zwei Möglichkeiten an, warum eine Person möglicherweise auf „Punkte" und „Kommas" (die hier ikonisch für ein ‚ordentliches Schreiben' mit hoher Orthographie-Obligation stehen) verzichte: Entweder habe diese „bisschen Probleme mit Rechtschreibung" oder sie „[achtet] da wirklich so gar nicht drauf" (Segment 06). Beide Fälle erscheinen für Jana offenbar akzeptabel und führen zu einer eigenen geringen Orthographie-Obligation. Im Kontrast mit den Ergebnissen der Fragebogenstudie ist aber vor allem die gegenteilige Konstellation bemerkenswert: Sobald Jana wahrnehme, dass ihr Gegenüber „auf Kommas achtet" (Segment 05), zeige auch sie eine höhere Orthographie-Obligation an. Wichtig scheint Jana zu sein, auf ‚orthographischer Augenhöhe' zu interagieren.

Aus Reflexionen wie der von Jana geht vor allem die sozial positionierende Funktion von orthographischen Schreibpraktiken hervor.[5] Die Wahl orthographischer Schreibungen ist in dieser standardideologischen Perspektive einem unorthographischen Schreiben stets sozial überlegen und konstruiert damit die machtvolle Position, aus der das angemessene Schreibregister einer WhatsApp-Interaktion bestimmt wird. Diese Dynamik beschreiben auch andere

---

5   Deutlich wird außerdem, dass Orthographie-Obligation in der Wahrnehmung und Reflexion der Befragten an Schibboleths gebunden ist, deren sprachideologischer Status sich aus den alltäglichen metapragmatischen Diskursen (vor allem der Schule) speisen dürfte, die eine normgerechte Kommasetzung zum Emblem eines orthographischen Schreibens erheben.

Fokusgruppen.⁶ So stimmen beispielsweise die 13- und 14-jährigen Teilnehmerinnen Madie und Janne miteinander darüber ein, dass ein eigenes Schreiben ‚ohne Punkt und Komma' in Konfrontation mit einer hohen Orthographie-Obligation der:des Chat-Parternerin:Chat-Partners unangenehme Gefühle erzeugen würde:

```
(3)    Interview 4, 00:54:26-00.54:42 - Madie, Janne
01     MA   ja und wenn der mit dem man schreibt das dann auch
            nicht macht dann STÖRT das auch irgendwie kein
            find ich-=
02          =wenn der eine jetzt die ganze zeit punkt und
            KOMma setzt und ich dann nich dann würd ich das
            glaub ich nach=ner zeit auch machen weil,=
03     JA   =weil ich mich dann schlecht fühle.=
04     MA   =ja irgendwie,
05     FB   hm_hm.
06     JA   nachher denkt er noch ich kann das NICH.
07     MA   ((lacht))
```

Das ‚zwanglose Schreiben', das die Befragten in der Fragebogenstudie konstruiert haben, zeigt sich in den Fokusgruppeninterviews mit einer potentiellen sozialen Inferiorität verbunden. In der Wahrnehmung der Befragten gilt es daher zwingend zu vermeiden, dass es in einer Interaktion so aussehe, als würde einem entsprechende Rechtschreibkompetenzen fehlen (vgl. Segment 06). Das zwanglose Schreiben mit niedriger Orthographie-Obligation stellt sich in dieser Weise für die Befragten nur als sozial angemessen dar, wenn alle Kommunikationsbeteiligten einander orthographische Kompetenzen unterstellen und dementsprechend kein Gesichtsverlust durch Nonstandard-Schreibungen droht.

Auch in den Fokusgruppeninterviews zeigt sich damit, dass sprachfunktionale Argumente keine Rolle im Abwägen orthographischer Schreibungen spielen. Kommata dienen aus Sicht der Befragten nicht in erster Linie der Lesbarkeit ihrer Äußerungen, sondern sind – in Anschluss an den standardideologischen Diskurs der Schule – Emblem eines sozial-prestigeträchtigen Schreibens, dessen Abwesenheit auch in der digitalen Kommunikation der Freizeit das Potential hat, sanktioniert zu werden. Auch das freizeitliche

---

6   Hierbei ist zu bedenken, dass die Interviewsituation selbst ein kommunikatives und soziales Ereignis darstellt, in der sich die Beteiligten zueinander positionieren. Die Befragten nutzen zur Positionierung auch und besonders ihre metapragmatischen Reflexionen über Orthographie als sozialsymbolisches Kapital. Dieser Effekt deutet ebenfalls auf die soziale Registrierung orthographischer Formen als prestigeträchtig hin.

Schreiben von Jugendlichen ist also fundamental standardideologisch organisiert. Die Befragten äußern dabei immer wieder, dass die Dimension der Adressat:innen entscheidend sei (siehe Beispiel 2), und implizieren, dass freizeitliche Orthographie-Obligation gewissermaßen idiolektal geprägt sei: Manchen sei das normgerechte Schreiben wichtiger als anderen. Dem stehen jedoch einige Interviewpassagen entgegen, in denen die Befragten reflektieren, dass neben der Adressat:innen-Dimension vor allem auch die kommunikative Aktivität Orientierungspunkt für angemessene Schreibungen sei. So stellt Jana, die weiter oben bereits zu Wort gekommen ist, etwa die Dynamik eines schriftbasierten Streits folgendermassen dar:

```
(4)    Interview 1, 00.45:38–00.45:49 – Jana
01    JA   wenn man streitet also denn achte ich schon
           daDRAUF dass da die richtigen kommas gesetzt sind
           und so;
02         weil ich dann auch so freunde hab die dann wenn
           man sich STREItet dann darauf eingehen-=
03         =NA:: hast du ein komma vergessen
```

Auch hier wird erneut das Komma als Emblem des orthographischen Schreibens angeführt, das in der Lage ist, eine machtvolle Position anzuzeigen bzw. mittels Abwesenheit Unterlegenheit zu signalisieren. Orthographische Korrektheit kann also auch in der Kommunikation unter Freund:innen (vgl. Segment 02) Anteil daran haben, sich in einer kompetitiven Situation zu behaupten und eine überlegene soziale Position anzuzeigen.

Allen Reflexionen der Fokusgruppen ist gemein, dass sie in dieser Weise ein feines Sensorium für die sozialen Anheftungen schreibsprachlicher Variation beweisen. Die befragten Jugendlichen machen deutlich, dass die dichotome Grenzziehung zwischen dem ‚orthographischen' Schreiben der Schule und dem ‚unorthographischen' Schreiben der Freizeit in der sozial eingebetteten Schreibpraxis differenziert wird und sich gerade auf Seite des freizeitlichen Schreibens weitere Registerunterteilungen auftun, die jeweils mit unterschiedlichen Graden der Orthographie-Obligation einhergehen. Gleichwohl scheinen alle diese Differenzierungen standardideologisch motiviert – die Frage, ob ein Schreiben den Status als ‚korrekt' innehat oder nicht, bleibt also für die Befragten stets relevant. Umlagert wird die standardideologische Dimension, die lediglich zwischen ‚richtigen' und ‚falschen' Schreibungen unterscheidet, jedoch von weiteren stilistischen Variablen, die sich einer binären Logik entziehen. So berichten die Fokusgruppen etwa davon, dass nicht nur die Frage, *ob* Emojis genutzt würden, für die sozialstilistische Passung einer Nachricht entscheidend wäre, sondern auch, *welche* Emojis genutzt würden. Lea und Anne, beide 14 Jahre alt, reflektieren beispielsweise in einer ähnlichen Differenziertheit vier verschiedene sprach- und medienideologisch konstituierte Register ihres digitalen Kommunikationsalltags, die wiederum vornehmlich in Adressat:innentypen verankert sind und ausdrucksseitig hinsichtlich einer Spezifik von Parametern wie Länge, syntaktischer Vollständigkeit, Abkürzungsverfahren, Bildzeichengebrauch und semiotischer Modalität in Erscheinung treten:

```
(5)    Interview 3, 00.34:53-00.36:09 - Lea, Anne
01  LE  ähm also (.) wenn man jetzt zum beispiel mit
        LEHRern oder auch mit leuten die man nicht
        kennt;=
02      =isses halt so dass man LANGe texte schreibt find
        ich.
03      ganze SÄTZe und ähm (.) mit besten freunden halt
        so hi (.) we ge oder halt so abkürzungen;=
04      =aber wenn ich jetzt ähm (.) jemanden ganz NEUen
        kennenlerne über halt zum beispiel whatsapp,=
05      =dann schreib ich HAllo wie geht=s dir und dann
        noch ein smiley noch dahinter.
06      ich bin=s lea aus der alten KLASse oder so was
        halt.
07  AN  also ich find mit besten freunden schreibt man
        auch nicht so viel auf WHATSapp;=
08      =wenn man mit ALLERbesten freunden schickt man
        sich so manchmal (.) also wenn der eine nur ne
        kamera dabei hat schickt man sich dann die bilder
        rüber oder so.
09  LE  und SPRACHnachrichten.
10  AN  ja SPRACHnachrichten.
11      aber mit allerbesten freunden teleFOniert man
        eigentlich am meisten (.) oder schickt snaps.
12  LE  und ich würd jetzt auch nicht mit leuten die ich
        noch nicht gut kenne SPRACHnachrichten machen.
13      also da immer schreiben und mit guten freunden
        (.) also mit wirklich RICHtig guten freunden fast
        nur sprachnachrichten.
```

Die metapragmatischen Register, die Anne und Lea hier anführen, können bezüglich ihrer sozialen Typisierung und der angeführten sprachlichen Mittel folgendermaßen differenziert werden:

| | |
|---|---|
| I | „Lehrer" und „Leute, die man nicht kennt", werden mit langen Nachrichten und ganzen Sätzen adressiert (Segmente 01, 02 und 03). Auch in anderen Fokusgruppen wird immer wieder auf die gesteigerte Länge von Sätzen und Nachrichten als Index einer erhöhten Formalität verwiesen. Die sprachideologische Dichotomie, die hier im Hintergrund steht, ist zum einen die zwischen langen und kurzen Texten, wobei längere Texte für die Beteiligten mit Medien assoziiert sind, die medienideologisch als formell gelten (etwa Briefe). Zum anderen wird eine Opposition zwischen syntaktischer Vollständigkeit und Unvollständigkeit relevant gemacht. Auch in anderen Interviews weisen die Befragten der Realisierung vollständiger syntaktischer Konstruktionen den markierten Status zu: *Normalerweise* würde man bei WhatsApp unvollständige Sätze verfassen – wenn man allerdings Lehrer:innen kontaktiere, würde sich dies ändern. |
| II | Neue Kontakte werden mit schriftlichen Nachrichten und ohne Abkürzungen adressiert. Wichtig sind jedoch Emojis, um eine engagierte Kommunikationshaltung anzuzeigen (Segmente 04, 05 und 06). Bemerkenswert an dieser Registerkonzeption ist, dass Bildzeichen hier nicht primär als Mittel der Informalisierung reflektiert werden, sondern vor allem als Höflichkeitsmittel wahrgenommen werden. Als solche sind sie gerade dann relevant, wenn soziale Beziehungen noch wenig eingespielt sind. Auch in anderen Interviews wird dieser Zusammenhang zwischen Beziehungsqualität und Emoji-Häufigkeit genannt. Daraus ergibt sich nun wiederum, dass eine höhere Emoji-Dichte mit einem Schreibregister assoziiert ist, das sich zudem durch eine höhere Orthographie-Obligation auszeichnet – denn alle Befragten gaben an, gerade gegenüber neuen Kontakten normgerechter Kommasetzung und Rechtschreibung einen höheren Stellenwert einzuräumen. |
| III | Die Gruppe der „besten Freunde" ist vor allem mit Abkürzungen (*wg – wie geht es dir?*) und eher kurzen Nachrichten assoziiert (Segment 03). Auch in den anderen Fokusgruppengesprächen wird deutlich, dass dieses Schreibregister den Befragten als prototypisches Schreiben bei WhatsApp gilt. Dementsprechend ist es auch dieses Schreibregister, das in der grobkörnigen binären Reflexion der Fragebögen als ‚das' digitale Schreiben essentialisiert wird. Wenn man mit den besten Freund:innen schreibe, dann würde keine Sanktionierung ‚falscher' Schreibungen drohen, womit das einzige Argument für die Einhaltung orthographischer Normen nicht mehr greife (siehe Abschnitt 5.1). Dennoch wird deutlich, dass die Befragten entsprechende Schreibungen weiterhin als ‚falsch' klassifizieren – dieser Status sei nur unter den kommunikativen Bedingungen einer freundschaftlichen Interaktion irrelevant. Zudem heben die Befragten |

darauf ab, dass geschriebene Sprache gegenüber Freund:innen nicht mehr der wichtigste Kommunikationsmodus sei. Stattdessen würden beste Freund:innen mit Sprachnachrichten und Bildern adressiert werden (Segmente 07, 08, 09 und 10).

IV  Diese Verschiebung der semiotischen Modalitäten wird schließlich auch für die Gruppe der „allerbesten Freunde" und „wirklich richtig guten Freunde" angeführt. Hier seien es Anrufe, Sprachnachrichten und sogenannte „Snaps", also Bild- und Videonachrichten mittels der Plattform Snapchat (die mit einem Medienwechsel einhergehen), die dieses Register digitaler Kommunikation strukturell auszeichnen (Segmente 11, 12 und 13). Das Schreiben trete also in den Hintergrund.

Die Registerreflexionen von Lea und Anne machen damit – auch stellvertretend für die anderen Fokusgruppen – deutlich, dass Orthographie-Obligation für die Befragten zwar ein zentraler Punkt in der metapragmatischen Passung von Kontext und Schreibung ist, gleichwohl aber weitere Dimensionen kommunikativer Mittel zur Konstruktion von metapragmatischen Registern herangezogen werden. Die standardideologische Wahrnehmung, mit der die Befragten Schreibungen in ‚richtig' und ‚falsch' einteilen, bleibt in diesem Sinne stets erhalten und zieht sich durch die Unterscheidung der verschiedenen emisch relevanten Register. Dennoch wird diese dichotome Grenzziehung insofern aufgebrochen, als die reflektierten Register der digitalen Alltagskommunikation nicht nur Schreibvarianten beinhalten, sondern auch kontinuierliche Parameter wie Textlänge und Emoji-Häufigkeit sowie mediale und semiotische Selektionspotentiale einbeziehen. In dieser pluralen Perspektive der Fokusgruppen wird Freizeitschreiben somit nicht mehr nur *ex negativo* als defizitäre Abweichung der schulischen Standardschriftlichkeit bestimmt, sondern anhand von funktionalen Merkmalen in ein Mosaik verschiedener Schreibregister geordnet.

## 6 Diskussion und Fazit

Die Analyse der metapragmatischen Reflexionen norddeutscher Schüler:innen zeichnet damit ein ambivalentes Bild: Die Registergrenzen alltäglicher Schreibpraxis werden auf einer Reflexionsebene gröberer Granularität zwischen dem Schreiben in der Schule und dem digitalen Schreiben der Freizeit wahrgenommen. Standardideologischen Deutungsmustern folgend entspricht diese Unterscheidung der Schüler:innen der Opposition von ‚richtigem' und ‚falschem' Schreiben, die in den reflexiven Äußerungen der Befragten an wenige Schibboleths, wie insbesondere der normgerechten Kommasetzung, gebunden ist.

Die Normreflexionen in der Fragebogenerhebung machten deutlich, dass ‚richtiges' Schreiben für die Schüler:innen eine hohe Alltagsrelevanz aufweist, die sich allerdings einzig aus befürchteten Sanktionierungen durch Lehrpersonen herleitet. Entsprechend skizzierten die reflexiven Äußerungen das Bild eines vollständig regulierten Schreibens in der Schule, während das Schreiben in der Freizeit mittels digitaler Medien als ein Schreiben frei von jeglichen Zwängen und Normierungen essentialisiert wurde.

Die Fokusgruppengespräche konnten dieser sprachideologischen Essentialisierung nachspüren und aufzeigen, dass in der alltäglichen digitalen Schreibpraxis doch auch plurale Differenzierungen von Schreibregistern für die Befragten relevant sind. Je eindeutiger die Reflexionen konkrete Schreibpraktiken oder Adressat:innentypen betrafen, desto weniger entsprachen die Äußerungen der aus dem öffentlichen Metadiskurs bekannten Homogenisierung digitaler Schriftlichkeit als ‚chaotisch' oder ‚defizitär'. Stattdessen wurde zwar auch in den Fokusgruppengesprächen deutlich, dass die standardideologische Valorisierung von orthographischen Schreibungen als ‚richtig' und sozial überlegen relevant ist und immer auch der sozialen Positionierung dienen kann (etwa in Momenten der kompetitiven und konflikthaften Kommunikation), es zeigte sich aber auch, wie Register der digitalen Kommunikation anhand weiterer Parameter metapragmatisch konstruiert werden, die sich einer binären Opposition von ‚richtigem' und ‚falschem' Schreiben entziehen.

Damit passen sich die metapragmatischen Reflexionen norddeutscher Schüler:innen einerseits in die Ergebnisse rezenter Studien zu den Sprachideologien von Jugendlichen über ihr eigenes digitales Schreiben ein (vgl. Abschnitt 4). Auch für die in diesem Aufsatz untersuchte Gruppe zeigte sich deutlich, dass aus der alltäglichen Relevanz des normgerechten Schreibens in der Schule standardideologische Wahrnehmungs- und Bewertungsmuster resultieren, die dann an das Schreiben in freizeitlichen Kontexten angelegt werden, dort aber um weitere soziale Deutungsdimensionen ergänzt werden. Die in den Fokusgruppen befragten Jugendlichen sind sich damit andererseits der Pluralität ihrer alltäglichen Schriftlichkeit und den kontextabhängigen Schreibnormen, in die ihr kommunikatives Handeln eingefasst ist, in einem hohen Maße bewusst. In ihren reflexiven Äußerungen ist eine Entbinarisierung von Registergrenzen zu beobachten, die linguistische Forschung zu Schreibvariation in digitalen Medien berücksichtigen muss, um reduktive Standard-Nonstandard-Binaritäten zu überwinden.

## Literatur

Androutsopoulos, Jannis (2016). Theorizing media, mediation and mediatization. In: Coupland, Nikolas (Hrsg.). Sociolinguistics. Theoretical debates. Cambridge: Cambridge University Press, 282–302.

Beißwenger, Michael/Storrer, Angelika (2012). Interaktionsorientiertes Schreiben und interaktive Lesespiele in der Chat-Kommunikation. Zeitschrift für Literaturwissenschaft und Linguistik 168, 92–124.

Bogetić, Ksenija (2016). Metalinguistic comments in teenage personal blogs. Bringing youth voices to studies of youth, language and technology. Text & Talk 36 (3), 245–268.

Brommer, Sarah (2007). „Ein unglaubliches Schriftbild, von Rechtschreibung und Interpunktion ganz zu schweigen". Die Schreibkompetenz der Jugendlichen im öffentlichen Diskurs. Zeitschrift für germanistische Linguistik 35 (3), 315–345.

Busch, Florian (2018). Digitale Schreibregister von Jugendlichen analysieren. Ein linguistisch-ethnographischer Zugang zu Praktiken des Alltagsschreibens. In: Ziegler, Arne (Hrsg.). Jugendsprachen. Aktuelle Perspektiven internationaler Forschung. Band 2. Berlin/Boston: De Gruyter, 829–857.

Busch, Florian (2021). Digitale Schreibregister. Kontexte, Formen und metapragmatische Reflexionen. Berlin/Boston: De Gruyter.

Busch, Florian/Droste, Pepe/Wessels, Elisa (Hrsg.) (2022). Sprachreflexive Praktiken. Empirische Perspektiven auf Metakommunikation. Stuttgart: Metzler.

Butterworth, Judith/Hahn, Nadin/Schneider, Jan G. (2018). Gesprochener Standard, da gibt es viel zu zu sagen. In: Albert, Georg/Diao-Klaeger, Sabine (Hrsg.). Mündlicher Sprachgebrauch zwischen Normorientierung und pragmatischen Spielräumen. Tübingen: Stauffenburg, 3–24.

Deppermann, Arnulf (2013). Interview als Text vs. Interview als Interaktion. Forum Qualitative Sozialforschung / Forum: Qualitative Social Research, 14 (3): Art. 13. http://www.qualitative-research.net/index.php/fqs/article/view/2064/3584 (Stand: 26.05.2022).

Durrel, Martin (2014). Mit der Sprache ging es immer schon bergab. Dynamik, Wandel und Variation aus sprachhistorischer Perspektive. In: Plewina, Albrecht/Witt, Andreas (Hrsg.). Sprachverfall? Dynamik – Wandel – Variation. Berlin/Boston: De Gruyter, 11–31.

Dürscheid, Christa/Stark, Elisabeth (2013). Anything goes? SMS, phonographisches Schreiben und Morphemkonstanz. In: Neef, Martin/Scherer, Carmen (Hrsg.). Die Schnittstelle von Morphologie und geschriebener Sprache. Berlin/Boston: De Gruyter, 189–210.

Dürscheid, Christa (2003). Netzsprache – ein neuer Mythos. In: Beißwenger, Michael/Hoffmann, Ludger/Storrer, Angelika (Hrsg.). Internetbasierte Kommunikation. OBST 68, 141–157.

Dürscheid, Christa/Frick, Karina (2014). Keyboard-to-Screen-Kommunikation gestern und heute. SMS und WhatsApp im Vergleich. In: Mathias, Alexa/Runkehl, Jens/Siever, Torsten (Hrsg.). Sprachen? Vielfalt! Sprache und Kommunikation in der Gesellschaft und den Medien. Eine Online-Festschrift zum Jubiläum von Peter Schlobinski. 149–181. http://www.mediensprache.net/de/networx/networx-64.aspx (Stand: 26.05. 2022).

Dürscheid, Christa/Wagner, Franc/Brommer, Sarah (2010). Wie Jugendliche schreiben. Schreibkompetenz und neue Medien. Mit einem Beitrag von Saskia Waibel. Berlin/ New York: De Gruyter.

Ehlich, Konrad (1994). Funktion und Struktur schriftlicher Kommunikation. In: Günther, Hartmut/Kruse, Otto (Hrsg.). Schrift und Schriftlichkeit. Band 2. Berlin/New York: De Gruyter, 18–41.

Felder, Samuel (2020). Individuelle Verschriftungsmuster in schweizerdeutschen WhatsApp-Chats. Stilistische Variation und Akkommodation als Einflussfaktoren auf die Graphemwahl. In: Androutsopoulos, Jannis/Busch, Florian (Hrsg.). Register des Graphischen. Variation, Interaktion und Reflexion in der digitalen Schriftlichkeit. Berlin/Boston: De Gruyter, 93–131.

Hanks, William F. (1996). Language and communicative practices. Boulder: Westview.

Herring, Susan C. (2008). Questioning the generational divide: Technological exoticism and adult construction of online youth identity. In: Buckingham, David (Hrsg.). Youth, identity, and digital media. Cambridge, MA: MIT Press, 71–94.

Hilte, Lisa/Vandekerckhove, Reinhild/Daelemans, Walter (2019). Adolescents' perceptions of social media writing. Has non-standard become the new standard? European Journal of Applied Linguistics 7 (2), 189–224.

Igel, Leon (2022). Sprachniveau der Jüngeren. Schreiben und Lesen mangelhaft. Deutschlandfunk Kultur. https://www.deutschlandfunkkultur.de/sprachniveau-mangelhaft-100.html?fbclid=IwAR2uUUJp5CT0pD6oiaz9W_4_gJpuC3Ij1_hBYWxsMMucjVE5zl-8o2BTPeY (Stand: 26.05.2022).

Imo, Wolfgang (2015). Vom Happen zum Häppchen... Die Präferenz für inkrementelle Äußerungsproduktion in internetbasierten Messengerdiensten. Networx 69. https://www.mediensprache.net/de/websprache/networx/networx-69.aspx (Stand: 26.05. 2022).

Jaffe, Alexandra (2000). Introduction. Non-standard orthography and non-standard speech. Journal of Sociolinguistics 4 (4), 497–513.

König, Katharina/Hector, Tim Moritz (2019). Neue Medien – neue Mündlichkeit? Zur Dialogizität von WhatsApp-Sprachnachrichten. In: Marx, Konstanze/Schmidt, Axel (Hrsg.). Interaktion und Medien. Heidelberg: Winter, 59–84.

König, Katharina (2014). Spracheinstellungen und Identitätskonstruktion. Eine gesprächsanalytische Untersuchung sprachbiographischer Interviews mit Deutsch-Vietnamesen. Berlin/Boston: De Gruyter.

Lillis, Theresa (2008). Ethnography as method, methodology and 'deep theorizing'. Closing the gap between text and context in academic writing research. Written Communication 25 (3), 353–388

Linell, Per (2005). The written language bias in linguistics. Its nature, origins and transformation. London: Routledge.

Luckmann, Thomas (1986). Grundformen der gesellschaftlichen Vermittlung des Wissens. Kommunikative Gattungen. In: Neidhardt, Friedhelm (Hrsg.). Kultur und Gesellschaft. Kölner Zeitschrift für Soziologie und Sozialpsychologie, Sonderheft 27, 191–211.

Maitz, Péter/Elspaß, Stephan (2011). Zur sozialen und sprachpolitischen Verantwortung der Variationslinguistik. In: Glaser, Elvira/Schmidt, Jürgen E./Frey, Natascha (Hrsg.). Dynamik des Dialekts – Wandel und Variation. Akten des 3. Kongresses der Internationalen Gesellschaft für Dialektologie des Deutschen (IGDD). ZDL Beihefte. Vol. 144. Stuttgart: Steiner, 221–240.

Milroy, James/Milroy, Lesley (1999). Authority in language. Investigating language prescription and standardization. 3. Aufl. London: Routledge.

Morel, Etienne/Natale, Silvia (2019). Orthographie in WhatsApp & Co. Eine Untersuchung zum Normbewusstsein in der mobilen schriftbasierten Kommunikation. Networx 85. https://www.mediensprache.net/de/networx/docs/networx-85.aspx (Stand: 26.05.2022).

mpfs (2021). JIM-Studie 2021. Jugend Information, Medien. Basisuntersuchung zum Medienumgang 12- bis 19-Jähriger. Stuttgart: Medienpädagogischer Forschungsverbund Südwest. https://www.mpfs.de/fileadmin/files/Studien/JIM/2021/JIM-Studie_2021_barrierefrei.pdf (Stand: 26.05.2022).

Spitzmüller, Jürgen (2013). Metapragmatik, Indexikalität, soziale Registrierung. Zur diskursiven Konstruktion sprachideologischer Positionen. Zeitschrift für Diskursforschung 3, 263–287.

Squires, Lauren (2010). Enregistering Internet Language. Language in Society 39, 457–492.

Storrer, Angelika (2018). Interaktionsorientiertes Schreiben im Internet. In: Deppermann, Arnulf/Reineke, Silke (Hrsg.). Sprache im kommunikativen, interaktiven und kulturellen Kontext. Berlin/Boston: De Gruyter, 219–244.

Tagliamonte, Sali A./Denis, Derek (2008). Linguistic ruin? lol! Instant messaging and teen language. American Speech 83 (1), 3–34.

Thurlow, Crispin (2006). From statistical panic to moral panic: The metadiscursive construction and popular exaggeration of new media language in the print media. Journal of Computer-Mediated Communication 11(3), 667–701.

Thurlow, Crispin (2007). Fabricating youth: New-media discourse and the technologization of young people. In Johnson, Sally/Ensslin, Astrid (Hrsg.). Language in the media. Representations, identities, ideologies. London: Continuum, 213–233.

Wagner, Franc/Kleinberger, Ulla (2016). Reflexionen zum Schreiben Jugendlicher in neuen Medien. In: Spiegel, Carmen/Gysin, Daniel (Hrsg.). Jugendsprache in Schule, Medien und Alltag. Frankfurt am Main: Peter Lang, 109–124.

# „Neben Amerika ist das Getto von Litzmannstadt das Land der unbegrenzten Möglichkeiten"

## Ironisierung als inner- und extradiskursive sprachliche Grenzziehungspraktik

Friedrich Markewitz

**Abstract:** A relevant linguistic practice of dealing with exclusion lies in the use of irony. Irony is often regarded as a central instrument of the powerless. This is reflected in its suggestive nature, which makes expressible that which may not be expressed (or only at great risk). Irony overcomes boundaries and serves to mark discursive paradigms, situations and positions. On the basis of the evaluation of ironic expressions in texts of the Litzmannstadt ghetto, strategies of ironic boundary will be reflected. The assumption is that irony served to constitute inner-discursive demarcations in the ghetto and to establish extra-discursive demarcations towards actors of the National Socialist discourse.

**Keywords:** Irony, Ghetto, Shoa, Demarcation, Exclusion

## 1 Einleitendes

„Grenzen, Grenzziehungen und Grenzüberschreitungen" (Heintel/Musil/Stupphann/Weixlbaumer 2018: 1) sind nahezu universelle Phänomene der menschlichen Existenz; so bilden sie z. B. eine ebenso wichtige Grundlage für Wahrnehmung wie Denken. Denn erst durch Grenzen sind Unterscheidungen möglich – „zentrale Voraussetzung für die Erkenntnis" (Heintel/Musil/ Stupphann/Weixlbaumer 2018: 1). Zugespitzt ausgedrückt sind Grenzen konstitutiv für das menschliche Sein als Ich-Sein in dem Sinne, dass beständig eine „*Abgrenzung* von Ego gegenüber dem Rest der Welt und gegenüber allen anderen Ich-Identitäten" (Weichhart 2018: 59, Hervorhebung im Original) vorgenommen wird.

Aus ethischer Sicht haben im Laufe des 20. Jahrhunderts wenige Denker die Konsequenzen dieses Grenzverhältnisses eindringlicher ausgedeutet als der jüdische Philosoph Emmanuel Levinas, der die Beziehung zwischen *Ego* und *Alter* bzw. *Ich* und *dem Anderen* als ein zutiefst gefährliches und ethisch herausforderndes Verhältnis reflektiert: Grundlegend geht er von einer gefährlichen Verwundbarkeit (vgl. Levinas 2005 [1972]: 95) zwischen *Ego* und *Alter* aus, die in gegenseitiges Unverständnis und im Extremfall in Bedrohung und Vernichtung mündet (vgl. Levinas 1983 [1951]: 115 oder Stegmaier 2009: 134–135).

Dass diese grenzziehenden Unvermögen zwischen *Ego* und *Alter* existentiell krisenhafte Folgen nach sich ziehen können, kann unmittelbar auf die lange Geschichte antisemitischer Ausgrenzung bezogen werden: „Immer wird den Juden vorgehalten, nicht wie die anderen zu sein, nicht der lateinischen *gentilis* anzugehören, also der Familie, dem Volk oder dem vertrauten Geschlecht, und eine ebenso unlösbare wie bedrohliche Fremdheit zu verkörpern" (Horvilleur 2020: 13, Hervorhebung im Original). Ab- und Ausgrenzungen jüdischer Akteure[1] sind tief in die europäische (Geistes- und Kultur- sowie insg. Gesellschafts-) Geschichte eingelassen, wurden durch kanonische Denker und Autoren begründet wie verbreitet und zeichnen so eine Gewaltgeschichte des Unverständnisses, der Bedrohung und Vernichtung.

Aus diesen lediglich skizzenhaften Hinweisen wird klar, dass Grenzziehungen wie -überschreitungen ein relevantes ethisches Moment in sich tragen, das sich aber ebenso in der alltäglichen menschlichen Interaktion wiederfindet: Sich von anderen abzugrenzen, ebenso wie durch kommunikative Handlungen und Praktiken einander zu inkludieren sind nahezu kommunikative Routinehandlungen.

Grenzhandlungen können nun kommunikativ verschiedenfach realisiert werden. Dabei kann auch dem Ironisieren eine grenzziehende Relevanz zugesprochen werden. Ein solcher Zusammenhang von Ironie und Grenzziehung ist z. B. über die Aspekte *Gerichtetheit* und *Verständlichkeit* erkennbar: Auf der einen Seite kann es durch den Vollzug ironischer Äußerungen zu einer Grenzziehung zwischen denjenigen kommen, die die ironische (Mit-)Bedeutung

---

1 Dabei ist von einer zwangsläufigen Interdependenz zwischen Inklusions- und Exklusionsprozessen auszugehen, auf die erst 2021 Peter Longerich in seiner umfassenden Studie zum *Antisemitismus* als *Eine deutsche Geschichte* hingewiesen hat. Vgl. „*Methodisch* gehe ich davon aus, dass die Exklusion einer Minderheit nur durch die Frage nach der Identität der sie ausgrenzenden Mehrheit befriedigend beantwortet werden kann" (Longerich 2021: 12, Hervorhebung im Original).

der Äußerung *verstehen* und denen, die dies nicht tun.[2] Auf der anderen Seite kann es zu einer Grenzziehung gegenüber denen kommen, gegen die die ironischen Äußerungen (insofern durch die ironische Äußerung Kritik realisiert wird – eine zentrale Funktion ironischen Sprechens; vgl. Samermit/Samermit 2020: 135) *gerichtet* und die, gegen die sie nicht gerichtet sind.[3] Ironie wird so zu einem zugleich verbindenden wie abgrenzenden Sprachgebrauchsphänomen, „either [by] bonding of distancing speakers and listeners" (Leykum 2020: 279) – *by bonding*, indem zwischen Ironie-Äußerndem und Ironie-Verstehendem eine Verbindung hergestellt wird, *by distancing*, indem einerseits zwischen Ironie-Äußerndem und Ironie-Nicht-Verstehendem und andererseits zwischen Ironie-Äußerndem und durch Ironie Kritisiertem eine Grenze gezogen wird.

Diese Analyse und Reflexion von Ironie als einerseits komplexer sprachlicher Handlung und andererseits kommunikativer Grenzziehungspraktik soll daher Gegenstand dieses Beitrages sein. Dabei werden zwei Ziele verfolgt: Auf der einen Seite wird ein Beitrag zur Aufarbeitung kommunikativer Strategien jüdischer Akteure im Umgang mit Gettoisierung, Internierung und drohender Vernichtung während der Shoa geleistet und auf der anderen Seite Ironie als diskursgrenzenmarkierendes Phänomen näher bestimmt. In dieser Hinsicht wird auch an das Ziel dieses Sammelbandes angeschlossen, konstitutive Elemente einer linguistischen Grenzziehungspragmatik zu bestimmen. Ironie wird dabei vom Verfasser als wichtiges Sprachgebrauchsphänomen im Sinne von Grenzziehungspraktiken wahrgenommen.

Aus dem Einleitenden ist zugleich abzuleiten, dass in diesen Ausführungen Grenzen nicht zentral als konkrete Räumlichkeitsphänomene konzeptualisiert

---

2   Ironie ist dahingehend in hohem Maße verständnisoffen und kann ebenso falsch- oder missverstanden werden. „Nach Grice (1975) ist die Ironie ein Verstoß gegen die Maxime der Qualität. Der Sprecher S äußert X und X steht für den Hörer H im Widerspruch zur Situation [...]. Auch nach Searle (1975) muss der Hörer die ironische Äußerung re-interpretieren, um die scheinbare Unangemessenheit der Äußerung in der jeweiligen Situation sinnvoll verstehen zu können" (Schwarz-Friesel 2009: 224). Diese Re-interpretation wird aber u. U. gar nicht von allen Hörern (oder Lesern) vollzogen, so dass es zu einer Grenzziehung zwischen den Ironie-Verstehenden und den Ironie-Nicht-Verstehenden kommt. Dies kann auch von Ironikern bewusst eingesetzt werden, um so eine Gruppenzuordnung (und damit erneut eine Grenzziehung) vorzunehmen oder zu bestätigen; in dem Sinne, dass nur kontextuell eingeweihte Hörer oder Leser die Ironie in der vollzogenen Äußerung und so den ironischen Mehrwert erfassen können.
3   Ironie kommt häufig die Funktion des Kritik-Übens zu (siehe dazu Abschnitt 2). In dieser kommunikativen Handlung des Kritisierens liegt nun ebenfalls ein unmittelbar grenzziehendes Potenzial, kann der Vollzug doch dergestalt interpretiert werden, dass sich der Kritiker von dem Kritisierten durch sein Kritik-Üben z. B. auf inhaltlich-thematischer oder sozial-hierarchischer Ebene abgrenzt.

werden – obgleich Räumlichkeit eine wichtige Rolle für die Getto-Bewohner[4] spielte, deren Textkommunikate Gegenstand dieser Untersuchung sind: So war das Getto Litzmannstadt „das erste von der Außenwelt völlig abgesperrte Getto in ganz Polen" (Loewy 1994: 20). Dahingehend ließen sich ebenfalls grenzbezogene Aufarbeitungen kommunikativ konstituierter Räume bzw. Orte (vgl. u. a. Kämper 2018: 19–21) im Sinne des *spatial turns* (vgl. Schröder 2020: 262) vorstellen, die für den diesen Ausführungen zugrundeliegenden ‚Raum' des Gettos erhellend wären. Fragen der Verräumlichung und Verzeitlichung sollen an dieser Stelle aber weitestgehend ausgespart werden (siehe lediglich hinweisend Fußnote 12). Stattdessen werden Grenzen konstitutiv als durch soziale Prozesse z. B. der Aushandlung (vgl. Miggelbrink 2018: 354) entstehende Phänomene der Kategorisierung, Orientierung (vgl. Redepenning 2018: 31–33) und Identitätsstiftung (Vgl. Weichart 2018: 59) verstanden. Letzteres gilt sowohl für die Grenzziehenden als auch die Ausgegrenzten: Somit können Grenzerfahrungen stets als sowohl exkludierend-reaktive als auch inkludierend-aktive Kommunikationsereignisse erlebt werden. Beide Formen stehen dabei in einem interdependenten Verhältnis zueinander: Werden Akteure ausgegrenzt, geschieht dies durch die Exkludierenden oft in einem gruppenbildenden Sinne. Gleichzeitig können die Ausgrenzungserfahrungen für die Exkludierten identitätsstiftend sein, so dass sich die Prozesse der Grenzziehung und Abgrenzung nicht nur bedingen, sondern auch verstärken.[5]

Eine existenzielle Verschärfung und Problematisierung erfuhren soziale Grenzziehungsprozesse während des ‚Dritten Reiches': So erzwang der Nationalsozialismus durch die Gleichsetzung von Jüdisch-Sein mit Anders-Sein (vgl. Sepp 2017: 272–273) die kollektive gesellschaftliche Ausgrenzung jüdischer Akteure. Dies führte über Gefühle der Ohnmacht und Rechtlosigkeit (vgl. Sepp

---

4   Im Rahmen dieses Beitrages wird bewusst von Getto-*Bewohnern* und nicht z. B. *Insassen* gesprochen – auf der einen Seite, da aufgrund der Quellenlektüre deutlich wird, dass die jüdischen Akteure ihren zwanghaften Lebensraum eben auch als (wenn zugleich eingeschränkten) Möglichkeitraum für individuelle, kulturelle etc. Entfaltung gesehen haben. Auf der anderen Seite, um auch neueren geschichtswissenschaftlichen Forschungen Rechnung zu tragen, in denen Gettos nicht nur als Zwangs-, sondern zugleich als Lebensgemeinschaften konzeptualisiert wurden. Sie sind dahingehend „nicht nur Stätte der Verfolgung und Ermordung, sondern auch als Ort eines wenngleich eingeschränkten Lebens, mehr noch als Zusammensetzung verschiedener Lebenswelten" (Hansen/Steffen/Tauber 2013: 9) zu verstehen.

5   Beispiele für dieses Verhältnis zwischen Exklusion und Inklusion findet sich auch in den Texten der Getto-Bewohner des Gettos Litzmannstadt wieder, so z. B. in der Einleitung der *Getto-Enzyklopädie*, in der einer der Hauptautoren, Oskar Rosenfeld, darauf verweist, dass es „[n]irgends in der Welt [...] eine Gemeinschaft von Menschen [gab], die mit der des Gettos verglichen werden könnte" (2020 [1943]: 9).

2017: 282) bis zur Auflösung von Identitätskonstruktionen und Selbstverständnissen (vgl. Markewitz 2021: 122).

Diese extremen Ausgrenzungspraktiken reflektiert der Philosoph Jean Francois Lyotard in seinem sprachphilosophischen Hauptwerk *Der Widerstreit* und verweist dahingehend auf den hermetischen Ausschluss jüdischer Diskurspositionen und sozialgesellschaftlicher Identitätskonstruktionen: „Die Autorität der SS entspringt einem Wir, aus dem der Deportierte ein für alle Mal ausgeschlossen bleibt" (Lyotard 1987: 173). In dieser Hinsicht, zumindest aus der Perspektive und als Ziel des NS-Diskurses, findet der jüdische Satz als Diskursphänomen (und so aufgehoben im Diskurs) nicht mehr statt: Die „Universen beider Sätze: *Daß er stirbt, verfüge ich* und: *Daß ich sterbe, verfügt er* besitzen keinerlei gemeinsame Anwendungsmöglichkeit" (Lyotard 1987: 174, Hervorhebungen im Original). Vernichtet wird so nicht nur die physische Person, sondern auch die Möglichkeit diskursiver Identität.

Der kulturelle, sozialgesellschaftliche aber auch individuelle Identitäts- als Weltverlust (vgl. Lobenstein-Reichmann 2012: 217) führte vielfach zu einem Verlust an Sprachlichkeit; dies umso mehr für deutschsprachig sozialisierte jüdische Akteure, die die Entwicklung ihrer Muttersprache hin zu einer Mördersprache oft am eigenen Leib erfahren mussten. Zugleich ist die Vorstellung der Sprachlosigkeit jüdischer Akteure als Opfer der Shoa aber zurückzuweisen (vgl. Schröder 2020: 453). Stattdessen sind sie als eigenständig und agentiv zu begreifen (vgl. Schröder 2020: 79): „Eine zentrale Reaktion zahlreicher Juden auf die Verfolgung war ihr unbedingter Wille, das Erlebte zu dokumentieren" (Löw 2020: 343). Im Zusammenhang mit der Eigenständigkeit und Agentivität jüdischer Akteure sind ebenso durch sie realisierte kommunikative Prozesse wie die der Gruppenbildung, Identitätsstiftung sowie Ab- und Ausgrenzung wahrzunehmen, durch die jüdische Diskurse während des ‚Dritten Reiches' ausgezeichnet waren. Dabei kommt auch Ironie Relevanz als Praktik der Grenzziehung, der Ab- und Ausgrenzung zu und soll in diesem Beitrag näher betrachtet werden.

Als uneigentliches Sprachgebrauchsphänomen, mit dem das versprachlicht wird, was eigentlich nicht ausgesprochen werden darf oder kann, kann Ironie sowohl in einem identitätsstiftenden als auch gruppenabgrenzenden Sinne verwendet werden und erweist sich so schon aufgrund dieser Charakteristika als wichtiges Phänomen der Distanznahme (vgl. Eggs 2008: 62), der (diskursiven) Grenzziehung sowie Grenzmarkierung. Auch ihre Funktionalität, die in der Markierung ebenso wie der kritisch-kommentierenden Dekonstruktion gesellschaftlicher Verhältnisse liegt – dergestalt kann davon gesprochen werden, „dass **ironisches Sprechen eine Spiegelung gesellschaftlichen Handelns** ist" (Schubarth 2001: 65, Hervorhebungen im Original) –, lässt sie für diese Zusammenhänge der Grenzziehung sowie Grenzmarkierung unmittelbar relevant erscheinen.

Im Rahmen dieser Ausführungen soll Ironie sowohl als Markierung unvereinbarer Diskursarten – wie zwischen jüdischem und nationalsozialistischem Diskurs – und dahingehend als *Ausgrenzung* als auch als Markierung innerdiskursiver Ausdifferenzierungen – wie zwischen den verschiedenen sozialen Schichten im Getto (siehe dazu genauer Abschnitt 3) – und damit als *Abgrenzung* verstanden werden.

In einem ersten Schritt soll das hier vertretene Verständnis von *Ironie* als Grenzziehungs- sowie Grenzmarkierungsphänomen zumindest skizzenhaft konturiert werden (Abschnitt 2). Da Ironie zudem ein immanent kontextwie kotextabhängiges Phänomen ist, folgen kurze Hinweise auf den *Diskursraum* und die *Textsortenwelt* des Gettos Litzmannstadt (Abschnitt 3). Daran schließt die exemplarische Analyse des *aus-* wie *abgrenzenden* Ironie-Gebrauchs in den Kommunikaten der Getto-Bewohner an (Abschnitt 4), um mit knappen Schlussbemerkungen zu enden (Abschnitt 5).

## 2 Ironie als linguistisch operationalisierbares Grenzziehungssowie Grenzmarkierungsphänomen: Hinweise und Perspektivierungen

Ironie als historisch unterschiedlich ausgeprägtes kulturdiskursives Phänomen (vgl. Markewitz 2020a) ist auch im geistes- bzw. sprachwissenschaftlichen Forschungsdiskurs heterogen beschrieben worden (vgl. Athanasiadou/ Colston 2020: 1): „Es sei vorweggenommen, dass das Phänomen der Ironie sich in seiner ganzen Komplexität äußerst schwer bestimmen und erfassen lässt" (Schmiedel 2017: 17). Selbst phänomenologische Abgrenzungen von „irony and non-irony" (Athanasiadou/Colston 2020: 1) sowie Unterscheidungen zwischen Ironie und anderen Formen der Scherzkommunikation (vgl. Kohvakka 1997: 24) sind bis heute nicht konsensual getroffen worden; zuletzt wurde dahingehend der Vorschlag gemacht, Ironie nicht als singuläres Phänomen zu verstehen, sondern als „broad category [...] overlapping with [...] other closely related phenomena like sarcasm, rhetorical questions, humor, parody, pastiche, satire, self-deprecating humor, etc." (Athanasiadou/Colston 2020: 2).

Konzeptualisiert als „umbrella term" (Samermit/Samermit 2020: 136) ist Ironie als pragmatisches Phänomen (vgl. Escandell-Vidal/Leonetti 2020: 183) sehr offen und allgemein als ein Sprechen oder Schreiben charakterisierbar, bei dem, „ein Sprecher oder Schreiber aufgrund von geteilten bzw. als geteilt vorausgesetzten Wissensbeständen das Gegenteil oder jedenfalls etwas Anderes meinen kann als das, was aufgrund des wörtlich Geäußerten erwartet wäre"

(Gloning 2019: 703; vgl. auch Prestin 2000: 24). Ironie kommt so stets ein Moment des intentionalen und kenntlich zu machenden Verstellens zu: „According to such a framework, the speaker is [...] pretending something. For instance, with an ironic „*Sure, such great weather*" she is pretending to be someone who believes that the weather is great" (Barnden 2020: 16, Hervorhebung im Original). Dabei zeigt sich schon an dieser Stelle die Relevanz von Kontext wie Kotext (vgl. lediglich exemplarisch von Polenz 1988: 315 oder Sergienko 2000: 115) zum Erkennen von Ironie,[6] da ironische Äußerungen vielfach ein ambivalentes Spannungsverhältnis zwischen wörtlicher und übertragener Interpretation evozieren, „because generally, a literal interpretation of ironic utterances is also possible" (Leykum: 281). Diese Ambivalenz ist es auch, die zum charakteristischen Bedeutungsüberschuss ironischen Handelns führt.

Ironie kann nun aus funktionalpragmatischer Perspektive als *Grenzziehungsphänomen* selbst gedeutet werden (siehe dazu auch schon die Einleitung dieses Beitrags) und hat „important communicative and social functions by either bonding or distancing speakers and listeners" (Leykum 2020: 279).

Insbesondere ihre kritische Funktionalität (vgl. Prestin 2000: 39 oder Schmiedel 2017: 26) als Form der Abgrenzung bzw. Grenzziehung ist dezidiert hervorzuheben[7] und dabei in zweierlei Hinsichten zu denken. Auf der einen Seite grenzt sich *Ego* bzw. das *Ich* durch ironisch geäußerte bzw. vollzogene Kritik selbstbezüglich (im Sinne einer internen Grenzziehung) ab und auf der anderen Seite grenzt sich *Ego* bzw. das *Ich* durch ironisch geäußerte bzw. vollzogene Kritik von *Alter* bzw. dem *Anderen* fremdbezüglich (im Sinne einer externen Grenzziehung) ab.

Ironie in einer funktionalen Perspektive als Grenzziehungsphänomen wird so auch durch die Bewohner des Gettos Litzmannstadt eingesetzt. „Irony, even early Socratic irony recognised that language has a force of power that limits what we can and cannot say" (Colebrook 2004: 128). In dieser Hinsicht untergräbt Ironie bestehende Sinn- wie Normzusammenhänge und kann dort produktiv zum Einsatz gebracht werden, wo Unrecht sonst nicht mehr direkt benannt werden kann. „[S]obald Ironie möglich ist, werden Fanatismus und

---

6  Vgl. „Der Text kann nämlich erst dann ironisch aufgefaßt werden, wenn sich bei der Verbindung des semantischen Textmaterials mit dem semantischen Material des Kontextes und dank dieser Verbindung im Verstehen ihre Nichtübereinstimmung zeigt, jener intentionale Widerstreit [...], durch den es auch möglich ist, von einem Bedeutungsdruck des Kontextes zu sprechen" (Stojanovic 1991: 107).

7  Vgl. „We use irony typically to criticise or complain about something or other which hasn't lived up to our expectations. We do so by pretending to do one thing in order to draw attention to something else we aim to complain about. It's dramatising something, in a ridiculing way, with a view to mocking, disparaging, expressing contempt, and thereby conveying some inverted content" (Popa-Wyatt 2020: 99–100).

Dogmatismus unhaltbar, obwohl sie häufig faktisch erhalten bleiben" (Stojanovic 1991: 173).

Damit sich diese diskursive Kritik- bzw. Dekonstruktions- als Grenzziehungsfunktion vollziehen kann, braucht es (vgl. Snjeschkowa 2005: 289) „Ironie-Signale" (Groeben/Scheele 1985: 3), die den ironischen Impetus erkennbar(er) werden lassen (vgl. Prestin 2000: 57 oder Schmiedel 2017: 9).[8] Bei diesen Signalen handelt es sich nicht um ein „abgrenzbares Korpus fixierter, konkreter sprachlicher Phänomene, sondern um eine Funktions-/Verwendungsweise sprachlicher und parasprachlicher Mittel" (Groeben/Scheele 1985: 9). „Praktisch alles kann Ironie signalisieren" (Snjeschkowa 2005: 289). Für die „schwerer verstehbar[e]" (von Polenz 1988: 315) schriftsprachlich realisierte Ironie können aber z. B. Anführungszeichen als wichtiges Ironie-Signal gelten (vgl. von Polenz 1988: 215 und siehe auch Abschnitt 4).

In dieser Hinsicht sind es kontext- wie kotextspezifisch eingesetzte Elemente, die den ironischen Gehalt individualisiert anzeigen; so auch in meinem Korpus und exemplarisch an dieser Stelle nachvollzogen an der auch als Titel meines Beitrages fungierenden ironischen Äußerung, anhand derer auch ein grenzbezogenes inhaltliches Moment erkennbar wird:

(1)   Neben Amerika ist das Getto von Litzmannstadt das Land der unbegrenzten Möglichkeiten. Was gestern noch streng untersagt war, wird morgen Gesetz (Getto-Chronik Tageseintrag 26.02.1944: 164).

Relativ einfach erkennbar ist die Unvereinbarkeit zwischen Situation und Äußerung und somit Gesagtem und Gemeintem: Die restriktiven und mit tödlicher Gewalt forcierten Umstände, die die Bewohner innerhalb ihres aufgezwungenen sowie be- und eingegrenzten Lebensraums gefangen hielten, lassen sich kaum – wörtlich verstanden – mit der idealisierten Kulturkonzeption von Amerika als *Land der unbegrenzten Möglichkeiten* in Beziehung

---

8   Aufgrund der bestehenden gettointernen Zensur, ebenso wie der unmittelbaren Lebensgefahr, sich gettoextern kritisch gegenüber den nationalsozialistischen Machthabern zu äußern, sind Ironie-Signale dabei eher hinsichtlich späterer Rezipierenden zu denken, die von den Textproduzenten dezidiert mitbedacht wurden. So richteten sich viele jüdische Textkommunikate der Shoa an spätere Leser, denen die Texte als dokumentarisches Zeugnis dienen sollten. Vgl. hinsichtlich einer späteren Rezipierendenorientierung lediglich exemplarisch: „Ein wenig komplizierter sind die Sachen für den erstaunten Leser unserer Nachwelt" (Getto-Chronik Tageseintrag 02.07.1944: 401), „Darum verzeihe mir künftiger Leser, der Anspruch auf das Original hat, wenn er von mir nun den Abklang der Worte Ewigkeit erhält" (Tagebuch Rosenfeld 1942: 121) oder „Besser ich weiss nichts von ihm und so wird auch ein späterer Leser von ihm nichts wissen" (Essayistische Reflexionen Singer 29.05.1942: 60).

bringen. Die Äußerung entlarvt gerade die unfreien Lebensbedingungen, unter denen die Bewohner zu leiden hatten, ebenso, wie die willkürliche Herrschaft der Besatzer, die im zweiten Satz angesprochen wird und so das ironische Potenzial der Äußerung noch erkennbarer werden lässt. Schon an dieser Stelle hervorzuheben ist zudem die fehlende Ambivalenz der ironischen Äußerung: Anders als bei dem oben erwähnten Wetter-Beispiel lassen sich wörtliche und übertragene Bedeutung vor dem imaginierten Hintergrund eines gemeinsamen Welt- und Normverständnisses nicht zusammendenken. Dies ist konstitutiv für eine Vielzahl ironischer Äußerungen in den Kommunikaten der Getto-Bewohner und erstes Anzeichen für die diskursgrenzenmarkierende Kraft von Ironie, die so die Unvereinbarkeit von Diskurssystemen anzeigt.

## 3 Zu den diskursräumlichen Bedingungen sowie der Textsortenwelt des Gettos Litzmannstadt

Die hohe Kontextsensitivität macht es unumgänglich, den Diskursraum[9], innerhalb dessen sich die ironischen Äußerungen vollziehen, zumindest in Grundzügen zu beschreiben: Das Getto Litzmannstadt ist dabei in verschiedener Hinsicht eine Besonderheit nationalsozialistischer Gettoisierung: Zunächst war es das erste große Getto auf polnischem Boden:[10] „Als es schließlich im August 1944 abgerissen wurde, hatte es vier Jahre und vier Monate existiert. Eine so lange Zeit überdauerte kein anderes Ghetto im von Deutschen besetzten Europa" (Hilberg 1990 [1968]: 231). Dabei war die „völlige Absonderung der Juden und [...] [die] Einschränkung ihrer Bewegungsfreiheit" (Baranowski 2002: 250) ein zentrales erstes Ziel der deutschen Machthaber, die in kürzester Zeit dafür sorgten, dass das Getto zu einem der am besten abgeriegelten Gettos in Polen wurde (vgl. Baranowski 2002: 254). Eine konstitutive Grenze, die von den Getto-Bewohnern auch so wahrgenommen und kommentiert wurde.

Zentral für die Phase der Gettoisierung aber auch das spätere Getto-Leben sollte die Etablierung des Judenältestenrates unter der Leitung Mordechai Chaim Rumkowskis sein. „Die Überlegung Rumkowskis, dass die Existenz

---

9   „Grundgedanke des *Diskursraum*-Konzepts ist die Annahme, dass in diesem, vor einem gemeinsam geteilten oder zumindest bekannten Wissens- als Sinn(deutungs)horizont, diskursive kommunikative Handlungen vollzogen werden, die sich zu dem Diskursraum als begrenzende Rahmung in konstitutive und interdependente Beziehung setzen lassen" (Markewitz 2020b: 381, Hervorhebung im Original).

10  Faktisch war das Getto von Piotrków das erste von den nationalsozialistischen Machthabern in Polen errichtete Getto (vgl. Schulze/Petriuk 1995: 4). Das Getto Litzmannstadt war aber der „first attempt to create a ghetto in a major Jewish center in Poland" (Trunk 2006 [1962]: 10) und gilt daher als zentral für die polnischen Getto-Pläne wie -Ausführungen des ‚Dritten Reiches'.

des Gettos und damit seiner Bewohner durch die Organisation ihrer Arbeitskraft gerettet werden könnte" (Löw 2020: 347), prägte dieses und sorgte dafür, dass das nur temporär geplante Getto so lange existieren konnte. Dennoch prägten auch die nationalsozialistischen Machthaber das Getto erbarmungslos nach ihren Vorstellungen und sorgten u. a. durch mehrere Deportationswellen der Jahre 1941 und 1942 dafür, dass das Getto zu einem reinen Arbeitslager wurde. Mehrere zehntausende Menschen wurden in dieser Zeit in die Vernichtung deportiert. Aufgelöst wurde das Getto 1944 und die Überlebenden wurden nach Auschwitz deportiert. Das Ende des Gettos ist erschütternd: Von den 164.000 Menschen, die 1940 gettoisiert wurden, überlebten nur 850 (vgl. Löw/Feuchert 2007: 11).

Abseits der ständigen Drohung der Deportation war die generelle Lebenssituation auf vielfache Weise menschenunwürdig: Geprägt war Leben „vor allem von Unterversorgung und damit ständigem Hunger" (Löw 2020: 341). Da das Getto sich nicht selbst versorgen konnte, war es auf regelmäßige Lieferungen durch die nationalsozialistische Stadtverwaltung angewiesen. „Fast nie lieferten die deutschen Verantwortlichen Lebensmittel in ausreichender Menge" (Löw 2017: 27) – schon 1942 standen den Getto-Bewohnern täglich lediglich 600 kcal zur Verfügung (vgl. Löw 2006: 124). Auch wurde die Qualität der gelieferten Lebensmittel zu einem drängenden Problem: „[The] food arriving in the ghetto was generally of low quality, frequently even in an unusable condition" (Trunk 2006 [1962]: 118). Aufgrund der auszehrenden Unterversorgung, der brutalen Winterkälte und den sich durch die beengten Wohnverhältnisse rasch ausbreitenden Krankheiten verstarben „innerhalb von vier Jahren und acht Monaten über 45 000 Menschen, d. h. 23 % der dort eingesperrten Bewohner" (Baranowski 2002: 260). Dieses unmenschliche Hingehalten-Sein zum Tode wurde von den Getto-Bewohnern auch selbst so in ihren Kommunikaten vermerkt: „... also Hunger, Krankheit, Kälte. Diesen drei Übeln erliegen täglich unsere Menschen" (Tagebuch Rosenfeld 28.01.1944: 263).[11]

Ebenso geprägt war das Getto von kulturellen, sozialen und menschlichen Spannungen, die sich sowohl durch die heterogene Bevölkerungszusammensetzung – „insbesondere durch die Ankunft von aus dem nationalsozialistischen Reichsgebiet deportierten sog.‚Westjuden' im Jahr 1941" (Markewitz 2020: 383b)

---

11   Siehe zur allgemeinen Beschreibung der erschütternden Umstände einen weiteren Eintrag aus dem Tagebuch Rosenfelds vom 29.03.1944: „Seit vier Jahren – 9. März 1940 – leben wir ohne: Bücher, Zeitungen, Zeitschriften, Musik, Radio, Grammophon, Lied, Gesang, Sport, Briefwechsel, Landschaft, Luft, Wald, See, Schwimmen, Baden, Turnen, Spaziergang, Café, Restaurant, Gesellschaft ... Mit: Angst, Schreck, Alpdruck, Hunger, Not, Herzenspein, Kälte, Frost, Todesahnung, Massensterben ... Alles verloren: Ehre, Würde, Vergangenheit" (281).

– als auch Rumkowskis System des Nepotismus und der Begünstigung ergaben. „Die Stellung des Einzelnen in der Gettogesellschaft hatte große Auswirkungen auf seine Lebensbedingungen und damit auf sein Überleben zumindest im Getto" (Löw 2020: 342).

In ähnlichem Maße, in dem Ironie kontextspezifisch erkennbar wird, ist auch die kotextuelle Ebene für das Verstehen von Ironie von Relevanz (vgl. Kohvakka 1997: 50/202). Daher sei der Fokus zumindest kurz auf die verschiedenen Textkommunikate gesetzt, die im Diskursraum entstanden sind: An erster Stelle steht dabei die *Getto-Tageschronik* als zentrales und ambitioniertestes Projekt der Getto-Bewohner (vgl. Feuchert 2020: 351), den eigenen Lebensalltag umfassend und dynamisch (vgl. Feuchert 2020: 349) zu erfassen. Mit hohem journalistischen Ethos wollten die Textproduzenten ihr Erleben in diesem „ghetto's internal log" (Horwitz 2008: 145) nicht nur dokumentieren, sondern auch mitbestimmen, wie das Bild des Gettos gezeichnet und wie später darüber gesprochen werden würde. Dabei gelangten die Autoren „oft nur unter Schwierigkeiten [an Informationen] und können folglich nur Gerüchte und Vermutungen notieren" (Polit 2017: 156).

Eine weitere Problematik der Chronisten war die der Zensur. Sowohl Rumkowski als auch die deutsche Stadtverwaltung hätten Einblicke in die Chronik erhalten können, so dass die Texte einer eigenen Zensureinrichtung unterstanden. Auch wenn „sich heute nicht mehr mit Sicherheit klären [lässt], ob sie [= die deutsche Stadtverwaltung, Anmerkung FM] [...] im Detail über das Chronik-Projekt informiert waren, [...] bestand fortwährend die Gefahr, dass die Nationalsozialisten die Texte hätten lesen können" (Feuchert 2007: 175). Dahingehend ist der „Charakter der Eintragungen in die Tageschronik [...] von Vorsicht geprägt" (Loewy 1994: 25), ihr Stil oft durch einen „bemüht leichten, ja humoristischen Ton" (Loewy 1994: 25) gekennzeichnet. Letztere ist aber auch an textevolutive Prozesse gebunden, die konstitutiv für das Gesicht des Textkommunikats sind (vgl. dazu auch Feuchert 2004, Radziszewska 2011 und Markewitz 2020b) : „Beginnt die Chronik noch recht spröde, so wandelt sie sich immer deutlicher hin zu einer Sammlung unterschiedlichster journalistischer Textsorten, deren zentrales Anliegen nicht nur die Dokumentation der Ereignisse wird, sondern auch die Erklärung, Vermittlung und Einordnung des Geschehens mit einschließt" (Feuchert 2007: 178). Unter der Ägide Oskar Singers, der sich ab 1942 für die Chronik verantwortlich zeigte, erweiterte sich die Struktur der täglichen Einträge, die vorher oft nur aus statistischen Angaben und einer knappen Dokumentation des Tagesgeschehens bestanden, und es kam eine Vielzahl feuilletonistischerer Textelemente hinzu.

Anders als die Chronik entstanden *Tagebücher* als Ego-Dokumente (vgl. Schröder 2020: 29) in einem privaten Raum und geben Auskunft über das individuelle Denken und Handeln ihrer Produzenten. Das Führen eines Tagebuchs zur Zeit des ‚Dritten Reiches' wird „als ein Versuch der Schreibenden gedeutet, ihr Selbst darzustellen, zu reflektieren und nicht zuletzt auch zu konstruieren" (Schröder 2020: 49). Ausgewertet wurde das fragmentarische *Tagebuch* Rosenfelds, das aufgrund seines zunehmenden Zerbrechens von sprachlichen Formen (vgl. Loewy 1994: 9) als Gegenbeispiel zur *Getto-Tageschronik* gilt. Zuletzt wurde auch die Textsammlung Oskar Singers in die Analyse miteinbezogen. Diese als Tagebuch zu konzeptualisieren ist allerdings verfehlt und so stehen Singers Texte „zwischen diesen beiden extremen Textgruppen" (Riecke 2002: 240) der *Getto-Tageschronik* und dem *Tagebuch*. Aus einem ähnlichen journalistischen Impetus wie erstere verfasst geht es Singer insbesondere um die Dokumentation des Lebenswillens, der Würde und Selbstbehauptung der Getto-Bewohner. Um der Spezifität des Textkommunikats zu begegnen, wird dieses als *essayistische Reportagen* gefasst.

## 4 Analyse exemplarischer ironischer Äußerungen zur Erfassung von Ironie als Grenzziehungs- und Grenzmarkierungsphänomen

Nach diesen knappen Hinweisen soll es nun zur Auswertung und Reflexion der ironischen Äußerungen selbst kommen. Exemplarisch seien an dieser Stelle Äußerungen zu zwei Themenkomplexen erfasst und ausgewertet: Ich möchte mich auf der einen Seite anhand des Themas **Ernährung** bzw. **Hunger** mit ironischen Äußerungen befassen, die gegen die Verursacher dieser Umstände und damit die nationalsozialistischen Machthaber gerichtet sind. Da diese als außerhalb des Diskursraums des Gettos auch von den Getto-Bewohnern konzeptualisiert wurden, spreche ich an dieser Stelle von Ironisierung zur *Ausgrenzung*. Auf der anderen Seite möchte ich die intradiskursive Differenzierung innerhalb des Gettos erfassen und nehme ironische Äußerungen mit in die Analyse auf, die sich auf das Thema der **sozialen Schichtunterschiede** zwischen den Bewohnern beziehen. Dahingehend spreche ich von Ironisierung zur *Abgrenzung*.

Auch wenn die deutschen Machthaber in den Textkommunikaten der Getto-Bewohner selten direkt erwähnt werden – auch dies kann als Form des diskursiven Ausschlusses bzw. Verweigerung einer diskursiven Position durch die Textproduzenten gelesen werden (vgl. dazu auch Markewitz 2018) –, so war dem Getto schmerzhaft bewusst, wie abhängig seine gesamte Existenz von den Zielen aber auch der Willkür der NS-Akteure war. Anhand der ironischen Thematisierung von **Ernährung** bzw. **Hunger** findet sich nun ein geschickter kommunikationsstrategischer Impetus: Ohne die deutschen Machthaber selbst zu thematisieren und ihnen so Raum innerhalb der Textkommunikate zu geben, können, durch die Thematisierung der Umstände, für die sich die deutschen Besatzer verantwortlich zeigten, diese doch kritisiert werden. Dabei ist der Einsatz von Ironie in diesem Fall aufgrund ihrer indirekten Funktionalität des Kritik-Äußerns (vgl. Samermit/Samermit 2020: 135) durch übertreibend-positive Kommentierung eigentlich (also im wörtlichen Sinne) unhaltbarer Zustände absolut erwartbar und zeigt sich zunächst in allen untersuchten Texten.

Zugleich ist aber auch ein textsortenspezifisches Moment auszumachen, finden sich doch Bezüge auf diese Themen vornehmlich in der *Getto-Chronik* sowie den *essayistischen Reportagen* Singers und weniger im *Tagebuch* Rosenfelds. Als mögliche Erklärung für das frequentere Auftreten in diesen mag das Ziel der Kommunikate bestimmt werden, nämlich die Funktionsweise des Gettos genauer abzubilden: Als wesentliches Charakteristikum der Funktionsweise kann eben auch die Belieferung mit Lebensmitteln gesehen werden. Insbesondere in der vielfach die statistischen Aspekte des Getto-Lebens erfassenden *Chronik* spielen Lebensmittelzulieferungen in den abgegrenzten Getto-Diskursraum eine zentrale Rolle.[12] Abseits des berichtenden Impetus finden sich aber auch ironische Kommentierungen der Ernährungs- als Hungersituation:[13]

---

12  Im Rahmen dieser Zusammenhänge finden sich auch grenzbezogene bzw. -wahrnehmende Beschreibungen des Gettos als abgegrenzter Diskursraum, auf die zumindest kurz hingewiesen werden soll. So erfassen die Autoren der *Getto-Chronik* vielfach, dass und wie viele Lebensmittel ins Getto *hinein*gekommen sind und vermitteln so auch ihr Verständnis vom Diskursraum als abgegrenztem Raum. Vgl. „Gemuese kommt wohl hinein, doch reichen die Mengen nicht aus" (Getto-Chronik Tageseintrag 23.07.1943: 331), „Auch Gemüse kommt unzureichend herein" (Getto-Chronik Tageseintrag 27.10.1943: 524), „Mit Befriedigung kann man feststellen, dass ca. 66.000 kg Roggenflocken hereingekommen sind, sodass für die nächste Ration Deckung vorhanden ist. Seit längerer Zeit kam auch etwas Quark hinein" (Getto-Chronik Tageseintrag 03.01.1944: 19) sowie „Es sind Kohlrabipflanzen ins Getto gekommen und werden auf dem Grundstück von A. Jakubowicz ausgegeben" (Getto-Chronik Tageseintrag 21.05.1944: 321).

13  Anhand der Belege zeigt sich zugleich das Problem des Erfassens ironischer Äußerungen. Auf dieses soll daher an dieser Stelle knapp eingegangen werden. So könnte man z.B. Beleg (2) auch als unironische Äußerung der Freude über die angekündigten Lebensmittel verstehen. Auch der unmittelbare Kotext („Man hoert, man spricht ... dass die Kartoffelmengen, die z.Z. ins Getto hereinkommen, ausreichen werden, um Kartoffelrationen fuer die naechsten Wochen zu ermoeglichen"; Getto-Chronik Tageseintrag 07.05.1943: 196) lässt den ironischen Impetus nicht wirklich erkennbar werden. Erst das diskursive, durch z.B. geschichtswissenschaftliche Forschungsarbeiten erarbeitete Wissen über (die zu geringe) Menge und (meist mindere) Qualität der eingeführten Lebensmittel gibt die notwendigen Hinweise, dass es sich hierbei um eine ironische Äußerung handelt. Weiterhin spielt in diesem Zusammenhang auch die Häufigkeit der gebrauchten Lexeme eine Rolle. *Pompös* findet sich z.B. in der gesamten Getto-Chronik (ebenso wie im Tagebuch Rosenfelds und den essayistischen Reportagen Singers) nur an

(2) Diese pompöse Ankündigung hat die Gemüter der hungrigen 80,000 Menschen mit Hoffnung erfüllt (Getto-Chronik Tageseintrag 07.05.1943: 196).

(3) Die Frau hatte ein besonderes Glueck: sie war gar nicht schwanger, sondern hatte einen besonders schoen entwickelten richtigen Gettobauch (Getto-Chronik Tageseintrag 18.07.1943: 322).

(4) Nur wer besonders Glück hat, kann dieser herrlichen Speise noch etwas Brei aus Kartoffelschalen beimengen (Getto-Chronik Tageseintrag 30.01.1944: 88).

(5) Ein Abfallprodukt von der Wein- bzw. Alkoholproduktion. Die Juden werden auch das geniessen (Getto-Chronik Tageseintrag 19.04.1944: 256).

(6) In einzelnen Läden im Hof sogenannte „Limonade" oder Sodawasser oder „Bier" unbekannten Ursprungs (Tagebuch Rosenfeld 09.06.1942: 100).

(7) „Gemüse!"... Welkes Zeug, Blätter von roten Rüben und Wirsingkohl, so wie es auf den Plätzen der Gemüseabteilung herumliegt (Essayistische Reportagen Singer 02.08.1942: 103).

Wie schon angesprochen, spielen Ironie-Signale eine wichtige Rolle hinsichtlich der Erfassung des ironischen Impetus der entsprechenden Äußerungen. Erkennbar wird an den Belegen, dass Signale vor allem auf thematischer bzw. semantischer Ebene auszumachen sind, vornehmlich durch den Gebrauch unerwarteter und in diesen Kontexten unpassend positiver Attribute wie *schön* oder *herrlich*.

Hervorzuheben ist zudem, dass bei einigen Belegstellen die Ambivalenz zwischen wörtlicher und übertragener Bedeutung erhalten geblieben bzw. rezipientenseitig möglich ist; so z. B. in Belegstelle (2): Aufgrund der oft katastrophalen Lebensmittelsituation mag selbst die Ankündigung geringster Lebensmittelmengen die Gemüter mit Hoffnung erfüllen und in dieser Hinsicht als größer bzw. umfassender oder eben pompöser wahrgenommen werden, als unter anderen Umständen. Ähnliches trifft auch auf die Belegstelle (4) zu: Die täglichen Bedingungen des Hungerns und der konstanten Unterernährung können dazu führen, selbst in den kleinsten oder schlecht verarbeiteten Mahlzeiten etwas Herrliches zu sehen. Der diskursive Kontext und das Wissen sowohl um Quantität als auch Qualität der Lebensmittel lässt aber den Schluss zu, dass es sich hier um ironische Äußerungen handelt. Insbesondere Belegstelle (3) zeigt dies umso deutlicher, kann doch ein Hungerbauch bzw. in diesem Fall vertextet als *Gettobauch* unter weder gesundheitlichen noch ästhetischen Bedingungen als *schön* beschrieben werden. Selbst als Beispiel für die Get-

---

dieser Stelle. Die ‚Seltenheit' und damit Ungewöhnlichkeit der Vertextung kann als weiterer Hinweis in dieser Hinsicht gewertet werden.

tounterernährung ließen sich andere Vertextungsformen finden, die diesen Aspekt neutraler thematisieren. Die an dieser Stelle ungewöhnliche Wortwahl legt daher einen ironisch-kritischen Impetus nahe.

Schließlich zeigt sich anhand von Belegstelle (5) eine weitere Strategie der dekonstruktiven Verwendung von Ironie durch die scheinbare Übernahme nationalsozialistischer Ideologieelemente oder Weltsichten. Dabei ist diese Übernahme zunächst nichts Ungewöhnliches und auch von der Forschung Beschriebenes: „Ungewollt wird [...] die judenfeindliche Logik von Juden selbst übernommen" (Sepp 2017: 283). An dieser Stelle werden aber Grenzen dieser Übernahmen deutlich, die, indem sie scheinbar antizipiert werden – dies durchaus im Sinne der *echoing-theory*[14] – ironisch dekonstruiert werden: Durch das pejorative Kollektivum *die Juden* wird dies signalisiert und so erweist sich die nachfolgende ironische Äußerung, dass *die Juden* das Abfallprodukt von der Wein- bzw. Alkoholproduktion genießen werden, als durch scheinbare Übernahmen der diskursiven Perspektivierungen der NS-Akteure dekonstruierend. An dieser Stelle zeigt sich die Unvereinbarkeit der verschiedenen antizipiert beteiligten Diskurse anhand der fehlenden Ambivalenz zwischen wörtlicher und übertragener Bedeutung: Die wörtliche Bedeutung, dass ein *Abfallprodukt* von *den Juden genossen* wird, kann nicht die zu vertretende Meinung des jüdischen Akteurs sein, der diese Äußerung tätigt. Stattdessen offenbart er durch das scheinbare Zitieren bzw. die scheinbare Antizipation die grausame Weltsicht der NS-Besatzer ebenso wie die Unvereinbarkeit von Weltsicht und Normverständnissen zwischen jüdischem und NS-Diskurs. An dieser Stelle zeigt sich so die Kraft ironischer Äußerungen zur Dekonstruktion, Zurück-

---

14 Die *echoing-theory* als theoretische Weiterentwicklung der *mention-theory* Deidre Wilsons und Dan Sperbers konzeptualisiert die ironische Äußerung als eine Form des Re-Zitierens einer vorgängigen (nichtironischen) Äußerung, die aufgegriffen wird und – aufgrund der divergierenden situativen und diskursiven Kontexte – nun ironische (Mit-)Bedeutung bzw. Wirkung erhält: „When the speaker in the [...] example utters ‚See what lovely weather it ist' with irony, she is mentioning some weather forecaster's words or sentiments in order to express contempt toward them" (Clark/Gerrig 2007 [1987]: 28). Die re-zitierte Äußerung muss allerdings (anders als im Zitat) keiner konkreten Äußerung entsprechen – stattdessen können auch allgemeinere diskursive Elemente (im Sinne von Weltwissen) aufgerufen werden. Diese prinzipielle Offenheit der *echoing theory* hat zu kritischen Einwürfen geführt, in denen die Theorie etwa als „anything-goes-theory" (Schmiedel 2017: 21) problematisiert wurde. Für die hier verhandelten Zusammenhänge kann sie allerdings produktive Interpretationspotenziale aufschließen, ließe sich doch argumentieren, dass der Textproduzent des Getto-Chronik-Beitrages Äußerungen oder ihm bekannte Diskurselemente bzw. -positionen nationalsozialistischer Akteure oder des nationalsozialistischen Diskurses re-zitierend aufruft, um so, durch die scheinbare Übernahme der NS-diskursiven Weltsicht, eine ironische Wirkung zu erzielen.

weisung und letztlich *Ausgrenzung* diskursiver Elemente, Akteure etc., die mit eigendiskursiven Normen, Werten und Selbstverständnissen nicht mehr in Einklang zu bringen sind.

Ironie wird aber nicht nur in einem extradiskursiven Sinne zur *Ausgrenzung* verwendet, sondern ebenso innerdiskursiv zur *Abgrenzung*. Dies ist insbesondere anhand des Themas der **sozialen Schichtunterschiede** innerhalb des Diskursraums erkennbar, die durch Rumkowskis System der Begünstigung zur Ausbildung einer Getto-Funktionselite führten und von den verschiedenen Textproduzenten offener aber auch versteckter kritisch kommentiert wurden. Erneut finden sich Bezüge vor allem in der *Getto-Chronik* und den *essayistischen Reportagen* Singers.

In Rosenfelds *Tagebuch* hingegen sind kaum ironische Kommentierungen dieses Themenaspekts auszumachen. Dies kann ein weiteres Mal mit der funktionalen Anlage der verschiedenen Textkommunikate erklärt werden und insbesondere durch den privaten Handlungs- als Versprachlichungsraum, in dem Rosenfeld deutlicher thematisieren konnte, was in den Texten, die potenziell von verschiedenen Akteurskonstellationen rezipiert werden konnten, uneigentlicher versprachlicht werden musste. Dass er diese Aspekte der Schichtausbildung und damit zusammenhängend der Protektion und Korruption deutlich anspricht, wird an vielen Stellen seines *Tagebuches* evident: Dabei wird auch der Zusammenhang zwischen extra- und intradiskursiven Aspekten erkennbar, steht die prekäre Lebensmittelsituation doch in einem unheilvollen Beziehungsverhältnis zur sozialen Schichtzugehörigkeit:

(8) Erotik: Man sieht jetzt ganz öffentlich sogenannte Dignitäre mit ihren Geliebten auf der Gasse, haben zitternd ihre Frauen verlassen und stolzieren jetzt mit ihren Katzen ... Diese ganz schamlos und öffentlich, besonders junge Polizianten. Im Zusammenhang damit Korruption: Zuteilung, Stellung und Ressorts, Talons, Urlaub-Heim, Bekleidung [...] etc. (Tagebuch Rosenfeld 24.02.1943: 181).

(9) Wir beide haben die Freiheit verloren, sitzen hinter Schloß und Riegel. Du, du wenigstens kannst summen, singen, bist ein Protektionskind Gottes und nicht auf die Ration angewiesen ... Aber wir arme Teufel, wir, wir ... (Tagebuch Rosenfeld Mai 1943: 236).

(10) Brot 800, 1 kg Möhren, 80 Kartoffelschalen nicht zu haben, nur durch besondere Protektion (Tagebuch Rosenfeld 09.02.1944: 267).

Nichtsdestotrotz und insbesondere in den für einen höheren Grad an Öffentlichkeit verfassten Textkommunikaten finden sich immer wieder auch ironische Kommentierungen dieser Situation:

(11)  Die Crème des Gettos war vollständig erschienen (Getto-Chronik Tageseintrag 18.04.1943: 157).

(12)  Sie sind die „Aristokraten des Gettos" von neugierigen Blicken und Wünschen täglich verfolgt (Getto-Chronik Tageseintrag 09.07.1943: 304).

(13)  Es ist eine Art neue Aristokratie im Entstehen begriffen (Getto-Chronik Tageseintrag 25.05.1944: 329).

(14)  Seit einigen Wochen gibt es ein Dutzend „Glückliche" im Getto (Getto-Chronik Tageseintrag 27.02.1944: 166).

(15)  Das sind die Bevorzugten im Saal, sozusagen die Aristokratinnen der Arbeit (Essayistische Reportagen Singers 19.08.1942: 125).

(16)  Sie führen ein nobles Leben in komfortabler Facon (Essayistische Reportagen Singer 01.02.1943: 130).

(17)  Er ist doch ohne Übertreibung die Personifikation des Kategorischen Imperativs (Essayistische Reportagen Singer September 1943: 221).

Anders als beim ersten Beispiel der extradiskursiven Ausgrenzung finden sich Ironie-Signale nun auch auf orthographischer Ebene (siehe die Belege (12) und (14)), um auf ironische Konnotationen hinzuweisen. Dabei zeigt sich auch eine interessante innerdiskursive Verfestigung von Ausdruckskomplexen, die im Getto eine stabile ironische Mitbedeutung erfahren: Betrachtet man nämlich Beleg (12), so ist der Ausdruck *Aristokratie* noch orthographisch markiert, um so das ironische Deutungspotenzial erkennbarer werden zu lassen. Ein knappes Jahr später (Beleg (13)) bedarf es dieser Unterstützung nicht mehr. Auch scheint er textsortenübergreifende Verwendung zu finden und wird so auch durch Oskar Singer in seinen *essayistischen Reportagen* gebraucht (Beleg (15)). Dies legt den vorsichtigen Schluss der usuellen Verfestigung von Bedeutungskonnotationen in diesem Fall[15] nahe.[16]

---

15  So ist auffällig, dass sich zur ironisch-kritischen Bezeichnung der Getto-Funktionselite mehrere Ausdrücke, wie *Crème* (Beleg (9)) oder *Aristokratie* (Beleg (10), (11) und (12)) haben finden lassen, aber nur letzterer im Korpus mehrfach angetroffen werden kann. Ein Grund dafür kann nicht ausgemacht werden.

16  Diese Bedeutungsentwicklungen wurden von den Textproduzenten auch selbst erkannt und festgehalten. Erneut sei diesbezüglich auf die Einleitung in die *Getto-Enzyklopädie* verwiesen, in der Oskar Rosenfeld auf diese Prozesse unter den Bedingungen der Getto-Existenz hinweist: „Die Veränderung aller sozialen, geistigen und oekonomischen Funktionen hatte auch eine Veränderung der meisten Begriffe zur Folge. Begriffe, die bisher überall unter europäischen Menschen ihren eindeutigen Sinn hatten, unterlagen einer völligen Wandlung. Sie mussten sich den Bedingungen anpassen, die im Getto ihre Geltung bekommen hatten [...]. Der Wandel der Lebensformen erzwang den Wandel der Begriffsformen [...]. Wörter, die bisher nur den eingeborenen Wortsinn hatten, bekamen

Erneut finden sich zudem auf semantischer Ebene Übertreibungen – *nobles Leben in komfortabler Facon* (Beleg (16)) oder *Glückliche* (Beleg (14)) –, die den Kontrast zwischen den situativen Bedingungen und ihrer Versprachlichung deutlich anzeigen und den ironischen Impetus erkennbar machen.

Besondere Beachtung soll schließlich Beleg (17) finden, der eine ironisch-kritische Kommentierung des Judenältesten Rumkowski beinhaltet. Kritik an diesem findet sich vornehmlich in den *Tagebüchern*. In der *Chronik* aber auch den *essayistischen Reportagen* ist dies eher ungewöhnlich. Auch der Beleg selbst gibt zunächst auf kotextueller Ebene wenig Hinweise auf den ironischen Impetus. Prinzipiell ließe sich die Äußerung als Lob verstehen. Es ist das diskursive Hintergrundwissen der problematischen und vielfach im Getto kritisierten Stellung Rumkowskis, das ironische Bedeutungspotenziale aufschließt, ebenso wie der semantische Gehalt der Nominalphrase *des kategorischen Imperativs* (vor dem Hintergrund, dass die ethisch-moralische Situation im Getto eine solche Versprachlichung als zumindest auffällig markiert): „[W]as im ersten Moment als übersteigerte Huldigung an den Präses und seine Verdienste erscheint und von dem nicht sonderlich gebildeten Rumkowski sicherlich auch so gelesen worden sein dürfte, erweist sich beim zweiten Hinsehen in seiner Übersteigerung als blanke Ironie" (Riecke 2002: 241–242).

An diesen exemplarischen Belegen zeigt sich so auch die Funktionalität von Ironie, innerhalb der Gettogrenzen die verschiedenen Schichtzugehörigkeiten anzuzeigen bzw. kritisch zu kommentieren. Dergestalt *grenzen* sich die Textproduzenten intradiskursiv von der Getto-Funktionselite kritisch kommentierend *ab* und dokumentieren zugleich eine weitere belastende Facette des Getto-Lebens.

## 5 Schlussbemerkungen

Die Frage nach sprachlichen Grenzziehungs- sowie Grenzüberschreitungspraktiken hat auch Aspekte der Grenzen von Versprachlichungsmöglichkeiten mitzubedenken: „Bestimmte Erlebnisse scheinen nicht erst die Möglichkeit zu begrenzen, sie zu beschreiben, sondern schon das Vermögen, sie zu erfassen [...]. Zu harmlos wirken die üblichen Begriffe angesichts des Schreckens" (Emcke 2015: 14–15). Für die Vernichtungspolitik des ‚Dritten Reiches' kann dies sogar als perfides Ziel nationalsozialistischer Akteure gelten: Die Opfer (diskursiv) zum Verstummen zu bringen, ihnen keine Möglichkeit der Versprachlichung

---

eine Nebenbedeutung, sie konnte ironisch, aber auch streng sachlich sein" (2020 [1943]: 9).

von Erfahrenem zu geben und so, durch das „Schweigen der Opfer [...] [die] eigenen Spuren zu verwischen" (Emcke 2015: 16).

Die Erfahrungen im Rahmen der Shoa sind für jüdische Akteure eine in vielfacher Hinsicht absolute Grenzerfahrung: „Über die fundamentale Irritation eines Individuums in extremen Situationen haben zahlreiche Überlebende der Shoah geschrieben. In ihren Erinnerungen und Berichten zeichnet sich die allererste Konfrontation mit dem Lager vor allem durch das Gefühl der Verwirrung aus, des Nicht-Verstehens" (Emcke 2015: 31). Dennoch haben sie sowohl während als auch nach der Shoa versucht, ihre Erfahrungen in den verschiedenen Konzentrationslagern und Gettos sprachlich zu erfassen, um eben diese Grenzen des Nicht-Sagen-Könnens zu überwinden.

Im Rahmen dieses Beitrages wurde Ironie als geeignetes sprachliches Instrument konzeptualisiert, Grenzerfahrungen nicht nur zu benennen, sondern auch zu vollziehen. Dergestalt findet sie sich als wichtiges Gestaltungsmittel in den verschiedenen Textkommunikaten der jüdischen Akteure des Gettos Litzmannstadt. Ironie – dies liegt in ihrem andeutend-uneigentlichen Wesen begründet – wird dazu verwendet, Kritik zu äußern und sich dergestalt von Situationen, Positionen aber auch Personen abzugrenzen. Damit soll aber nicht gesagt werden, dass Ironie ausschließlich in den untersuchten diskursiven Kontexten diese Funktion zukommt. Ironie hat als kulturgeschichtlich relevantes Phänomen überzeitlich die Funktion der Ab- und Ausgrenzung, des indirekt Kritik-Übens und des Dekonstruierens von diskursiven Positionen, Sachverhalten etc. Die Besonderheit des Einsatzes von Ironie in dem hier beschriebenen Diskursraum liegt vor allem darin, dass es extradiskursiv kaum bzw. keine anderen Möglichkeiten des Kritik-Äußerns gegenüber den nationalsozialistischen Machthabern gab und dass auch intradiskursiv ein Offen-Sprechen u. U. mit gravierenden bis lebensbedrohlichen Konsequenzen verbunden war. Ironie wird so zu einer wichtigen und sozusagen letzten Möglichkeit des Kritik-Übens, des Widersprechens und der Abgrenzung bzw. Grenzziehung. Diese Grenzziehungsprozesse vollziehen sich im Diskursraum des Gettos Litzmannstadt nun auf zwei Arten.

Auf der einen Seite kommt es zu einer *extradiskursiven Ausgrenzung* nationalsozialistischer Diskurspositionen, -perspektiven etc. Die Ungleichartigkeit zwischen jüdischem und NS-Diskurs, ihre heterogenen Regelsysteme und Satzverkettungsmöglichkeiten können anhand ironischer Äußerungen interpretativ ans Licht gebracht werden, um die extradiskursiven Grenzziehungen der Textproduzenten nachzuvollziehen. Dies zeigt sich auch an dem teilweise fehlenden Element der Bedeutungsambivalenz ironischer Äußerungen und indiziert die Unvereinbarkeit der verschiedenen Diskursarten, deren unterschiedliche Weltsichten und Normverständnisse durch Ironie Grenzen aufwerfend und anzeigend hervorgehoben wird. Auf der anderen Seite richten sich diese Grenzziehungsbewegungen nicht nur extern auf den herrschenden nationalsozialistischen Diskurs, sondern auch *intradiskursiv abgrenzend* auf eine Differenzierung des Gettos selbst, wobei über eine Art der Machtachse (Getto-Funktionselite als herausgehobene soziale Schicht im Getto und damit Zentrum vs. Getto-Peripherie) diese interne Grenzziehung erkennbar wird.

## Literatur

### Quellen

Bopp, Dominika/Feuchert, Sascha/Löw, Andrea/Riecke, Jörg/Roth, Markus/Turvold, Elisabeth (Hrsg.) (2020). Die Enzyklopädie des Gettos Lodz/Litzmannstadt. Göttingen: Wallstein.

Feuchert, Sascha/Leibfried, Erwin/Riecke, Jörg (Hrsg.) (2007). Die Chronik des Gettos Lodz/Litzmannstadt. Göttingen: Wallstein.

Rosenfeld, Oskar (1994). Wozu noch Welt. Aufzeichnungen aus dem Getto Lotz. Frankfurt am Main: Neue Kritik.

Singer, Oskar (2002). „Im Eilschritt durch den Gettoalltag". Reportagen und Essays aus dem Getto Lodz. Berlin: Philo.

### Forschungsliteratur

Athanasiadou, Angeliki/Colston, Herbert L. (2020). Introduction. On the diversity of irony. In: Athanasiadou, Angeliki/Colston, Herbert L. (Hrsg.). The diversity of irony. Berlin/Boston: De Gruyter, 1–11.

Baranowski, Julian (2002). „Zur Vorgeschichte und Geschichte des Gettos Lodz". In: Singer, Oskar. „Im Eilschritt durch den Gettoalltag ...". Reportagen und Essays aus dem Getto Lodz. Berlin/Wien: Philo, 245–265.

Barnden, John (2020). Uniting irony, hyperbole and metaphor in an affect-centred, pretence-based framework. In: Athanasiadou, Angeliki/Colston, Herbert L. (Hrsg.). The diversity of irony. Berlin/Boston: De Gruyter, 15–65.

Clark, Herbert H./Gerrig, Richard J. (2007) [1984]. On the Pretense Theory of Irony. In: Gibbs, Raymond/Colston, Herbert (Hrsg.). Irony in Language and Thought. A Cognitive Science Reader. New York/London: Psychology Press, 25–33.

Colebrook, Claire (2004). Irony. London/New York: Routledge.

Eggs, Ekkehard (2008). Darstellungstechniken, Handlungsschürzung und Sinnräume in Flaubert Madame Bovary. In: Eggs, Ekkehard/Sanders, Hans (Hrsg.). Text- und Sinnstrukturen. Von Boccaccio bis Echenoz. Frankfurt am Main: Peter Lang, 33–81.

Emcke, Carolin (2015). Weil es sagbar ist. Über Zeugenschaft und Gerechtigkeit. Frankfurt am Main: Fischer.

Escandell-Vidal, Victoria/Leonetti, Manuel (2020). Grammatical emphasis and irony in Spanish. In: Athanasiadou, Angeliki/Colston, Herbert L. (Hrsg.). The diversity of irony. Berlin/ Boston: De Gruyter, 183–207.

Feuchert, Sascha (2020). Das Archiv im Getto Lodz/Litzmannstadt. In: Bopp, Dominika/ Feuchert, Sascha/Löw, Andrea/Riecke, Jörg/Roth, Markus/Turvold, Elisabeth (Hrsg.). Die Enzyklopädie des Gettos Lodz/Litzmannstadt. Göttingen: Wallstein, 349–355.
Feuchert, Sascha (2007). Die Getto-Chronik: Entstehung und Überlieferung. Eine Projektskizze. In: Feuchert, Sascha/Leibfried, Erwin/Riecke, Jörg (Hrsg.). Die Chronik des Gettos Lodz/Litzmannstadt. Band 5. Supplemente und Anhang. Göttingen: Wallstein, 167–190.
Feuchert, Sascha (2004). Oskar Rosenfeld und Oskar Singer. Zwei Autoren des Lodzer Gettos. Frankfurt am Main: Peter Lang.
Gloning, Thomas (2019). Polemik und Ironie. In: Burkhardt, Armin (Hrsg.). Handbuch Politische Rhetorik. Berlin/Boston: De Gruyter, 689–712.
Groeben, Norbert/Scheele, Brigitte (1985). Produktion und Rezeption von Ironie. Band I: Pragmalinguistische Beschreibungen und psycholinguistische Erklärungshypothesen. Tübingen: Narr.
Hansen, Imke/Steffen, Katrin/Tauber, Joachim (2013). Fremd- und Selbstbestimmung im Kontext von nationalsozialistischer Verfolgung und Ghettoalltag. In: Hansen, Imke/ Steffen, Katrin/Tauber, Joachim (Hrsg.). Lebenswelt Ghetto. Alltag und soziales Umfeld während der nationalsozialistischen Verfolgung. Wiesbaden: Harrassowitz, 7–23.
Heintel, Martin/Musil, Robert/Stupphann, Markus/Weixlbaumer, Norbert (2018). Grenzen – eine Einführung. In: Heintel, Martin/Musil, Robert/Stupphann, Markus/ Weixlbaumer, Norbert (Hrsg.). Grenzen. Theoretische, konzeptionelle und praxisbezogene Fragestellungen zu Grenzen und deren Überschreitungen. Wiesbaden: Springer VS, 1–15.
Hilberg, Raul (1990) [1968]. Die Vernichtung der europäischen Juden. Frankfurt am Main: Fischer.
Horvilleur, Delphine (2020). Überlegungen zur Frage des Antisemitismus. Berlin: Hanser.
Horwitz, Gordon J. (2008). Ghettostadt. Łódź and the Making of a Nazi City. Cambridge, Massachusetts/London, England: Belknap Press.
Kämper, Heidrun (2018). Sprachliche Sozialgeschichte 1933 bis 1945 – ein Projektkonzept. In: Kämper, Heidrun/Schuster, Britt-Marie (Hrsg.). Sprachliche Sozialgeschichte des Nationalsozialismus. Bremen: Hempen, 9–25.
Kohvakka, Hannele (1997). Ironie und Text. Frankfurt am Main: Peter Lang.
Levinas, Emmanuel (2005) [1972]. Humanismus des anderen Menschen. Hamburg: Felix Meiner.
Levinas, Emmanuel (1983) [1951]. Ist die Ontologie fundamental? In: Emmanuel Levinas. Die Spur des Anderen. Untersuchungen zur Phänomenologie und Sozialphilosophie. Freiburg im Breisgau: Alber, 103–119.
Leykum, Hannah (2020). A pilot study on the diversity in irony production and irony perception. In: Athanasiadou, Angeliki/Colston, Herbert L. (Hrsg.). The diversity of irony. Berlin/Boston: De Gruyter, 278–303.
Lobenstein-Reichmann, Anja (2012). Sprachliche Strategien bei der Bewältigung der Gettosituation: die Chronik von Lodz. In: Meierhofer, Waltraud/Riecke, Jörg/Shafi,

Monika/Feng, Xiaohu (Hrsg.). Akten des XII. Internationalen Germanistenkongresses Warschau 2010. Vielheit und Einheit der Germanistik weltweit. Band 11: Erzählte Geschichte – Erinnerte Literatur. Schreiben im Holocaust. Frankfurt am Main: Peter Lang, 217–223.

Longerich, Peter (2021). Antisemitismus. Eine deutsche Geschichte. Von der Aufklärung bis heute. München: Siedler.

Loewy, Hanno (1994). Vorwort. In: Loewy, Hanno (Hrsg.). Oskar Rosenfeld. Wozu noch Welt. Aufzeichnungen aus dem Getto Lodz. Frankfurt am Main: Neue Kritik, 7–34.

Löw, Andrea (2020). Das Getto in Lodz/Litzmannstadt und seine Enzyklopädie – eine historische Einführung. In: Bopp, Dominika/Feuchert, Sascha/Löw, Andrea/Riecke, Jörg/Roth, Markus/Turvold, Elisabeth (Hrsg.). Die Enzyklopädie des Gettos Lodz/Litzmannstadt. Göttingen: Wallstein, 338–348.

Löw, Andrea (2017). „In der „Öde von Łódź". Deutsche Jüdinnen und Juden im Ghetto Litzmannstadt. In: Meyer, Beate (Hrsg.). Deutsche Jüdinnen und Juden in Ghettos und Lagern (1941–1945). Łódź. Chelmno. Minsk. Riga. Auschwitz. Theresienstadt. Berlin: Metropol, 24–42.

Löw, Andrea (2006). Juden im Getto Litzmannstadt. Lebensbedingungen, Selbstwahrnehmung, Verhalten. Göttingen: Wallstein.

Löw, Andrea/Feuchert, Sascha (2007). Das Getto Litzmannstadt – 1944. In: Feuchert, Sascha/Leibfried, Erwin/Riecke, Jörg (Hrsg.). Die Chronik des Gettos Lodz/Litzmannstadt 1944. Göttingen: Wallstein, 7–11.

Lyotard, Jean-Francois (1987). Der Widerstreit. München: Wilhelm Fink.

Markewitz, Friedrich (2021). „Aber das Getto ist grausam, es hält seine Opfer fest in seinen faulenden Zähnen". Zum sprachlichen Umgang mit der drohenden Vernichtung im Diskursraum des Gettos Litzmannstadt. In: Braun, Christian (Hrsg.). Sprache des Sterbens – Sprache des Todes. Linguistische und interdisziplinäre Perspektivierungen eines zentralen Aspekts menschlichen Daseins. Berlin/Boston: De Gruyter, 121–140.

Markewitz, Friedrich (2020a). Ironie. In: Gansel, Christina/Spieß, Constanze (Hrsg.). Wörterbücher zur Sprach- und Kommunikationswissenschaft (WSK) online. Textlinguistik und Stilistik. Berlin: De Gruyter. https://www.degruyter.com/document/database/WSK/entry/wsk_idcfbf9fa4-19c9-41f8-8fe5-7eb5007f31e8/html (Stand: 30.04.2022).

Markewitz, Friedrich (2020b). Texthermeneutische Zugänge und Reflexionen zum Diskursraum des Gettos Litzmannstadt anhand der komplexen Großtextsorte Getto-Tageschronik. Sprachwissenschaft 45 (4), 377–406.

Markewitz, Friedrich (2018). Das sprachliche Widerstehen Hermann Kaisers. Zur linguistischen Aufarbeitung des Widerstands im Nationalsozialismus. Sprachwissenschaft 43 (4), 425–453.

Miggelbrink, Judith (2018). Arbeit, Schmuggel, Quälerei: Kleinhandel im östlichen Europa im Kontext der Rekonfiguration des Schengener Außengrenzenregimes. In: Heintel, Martin/Musil, Robert/Stupphann, Markus/Weixlbaumer, Norbert (Hrsg.).

Grenzen. Theoretische, konzeptionelle und praxisbezogene Fragestellungen zu Grenzen und deren Überschreitungen. Wiesbaden: Springer, 351–378.

Polenz, Peter von (1988). Deutsche Satzsemantik. Grundbegriffe des Zwischen-den-Zeilen-Lesens. Berlin/ New York: De Gruyter.

Polit, Monika (2017). Mordechaj Chaim Rumkowski. Wahrheit und Legende. Osnabrück: Fibre.

Popa-Wyatt, Mihaela (2020). Hyperbolic Figures. In: Athanasiadou, Angeliki/Colston, Herbert L. (Hrsg.). The diversity of irony. Berlin/Boston: De Gruyter, 91–106.

Prestin, Elke (2000). Ironie in Printmedien. Wiesbaden: Springer.

Radziszewska, Krystyna (2011). ‚Flaschenpost' aus der Hölle. Texte aus dem Lodzer Getto. Frankfurt am Main: Peter Lang.

Redepenning, Marc (2018). Aspekte einer Sozialgeographie der Grenzziehungen. Grenzziehungen als soziale Praxis mit Raumbezug. In: Heintel, Martin/Musil, Robert/ Stupphann, Markus/Weixlbaumer, Norbert (Hrsg.). Grenzen. Theoretische, konzeptionelle und praxisbezogene Fragestellungen zu Grenzen und deren Überschreitungen. Wiesbaden: Springer, 19–42.

Riecke, Jörg (2002). Notizen zur Sprache der Reportagen und Essays. In: Singer, Oskar. „Im Eilschritt durch den Gettoalltag ...". Reportagen und Essays aus dem Getto Lodz. Berlin: Philo, 233–244.

Samermit, Patrawat/Samermit, Apinan (2020). Thai irony as an indirect relational tool to save face in social interactions. In: Athanasiadou, Angeliki/Colston, Herbert L. (Hrsg.). The diversity of irony. Berlin/Boston: De Gruyter, 133–161.

Schmiedel, Astrid (2017). Phonetik ironischer Sprechweise. Produktion und Perzeption sarkastischer ironischer und freundlich ironischer Äußerungen. Berlin: Frank & Timme.

Schröder, Dominique (2020). „Niemand ist fähig das alles in Worten auszudrücken". Tagebuchschreiben in nationalsozialistischen Konzentrationslagern 1939–1945. Göttingen: Wallstein.

Schubarth, Bettina (2001). Ironie in Institutionen. Die Reflexion gesellschaftlichen Wissens im ironischen Sprechen. München: Iudicium.

Schulze, Manfred/Petriuk, Stefan (1995). Unsere Arbeit – unsere Hoffnung. Getto Lodz 1940–1945. Eine zeitgeschichtliche Dokumentation des Post- und Geldwesens im Lager Litzmannstadt. Berlin: Phil & Creativ.

Schwarz, Friesel, Monika (2009). Ironie als indirekter expressiver Sprechakt: Zur Funktion emotionsbasierter Implikaturen bei kognitiver Simulation. In: Bachmann-Stein, Andrea/ Merten, Stephan/ Roth, Christine (Hrsg.). Perspektiven auf Wort, Satz und Text: Semantisierungsprozesse auf unterschiedlichen Ebenen des Sprachsystems. Festschrift für Inge Pohl. Trier: Wissenschaftlicher Verlag Trier, 223–232.

Sergienko, Anna (2001). Ironie als kulturspezifisches sprachliches Phänomen. Stuttgart: Ibidem.

Sepp, Arvi (2017). Kulturhistorische Blicke auf die Sprache des Dritten Reiches und die antisemitische Hassrede. Victor Klemperers Auseinandersetzungen mit der verbalen

Verletzung im Nationalsozialismus. In: Bonacchi, Silvia (Hrsg.). Verbale Aggression. Multidisziplinäre Zugänge zur verletzenden Macht der Sprache. Berlin/Boston: De Gruyter, 269–287.

Snjeschkowa, Irina (2005). Zu den Wortbildungen in literarischen Texten von Thomas Mann. In: Fix, Ulla/Lerchner, Gotthard/Schröder, Marianne/Wellmann, Hans (Hrsg.). Zwischen Lexikon und Text. Lexikalische, stilistische und textlinguistische Aspekte. Stuttgart/Leipzig: Hirzel, 285–292.

Stegmaier, Werner (2009). Emmanuel Levinas zur Einführung. Hamburg: Junius.

Stojanovic, Dragan (1991). Ironie und Bedeutung. Frankfurt am Main: Peter Lang.

Trunk, Isaiah (2006) [1962]. Łódź Ghetto. A History. Bloomington: Indiana University Press.

Weichhart, Peter (2018). Grenzen, Territorien und Identitäten. In: Heintel, Martin/Musil, Robert/Stupphann, Markus/Weixlbaumer, Norbert (Hrsg.). Grenzen. Theoretische, konzeptionelle und praxisbezogene Fragestellungen zu Grenzen und deren Überschreitungen. Wiesbaden: Springer, 43–63.

# Grenzen überschreiten: Transkontextuelle deiktische Praktiken auf Online-Gedenkseiten

Karina Frick

**Abstract:** The pandemic has reinforced the already strong interweaving of digital and analogue spaces. In the course of this, practices related to the death of a person – e. g., saying goodbye to someone or grieving for someone – have also inevitably been shifted more and more into digital settings. Using a corpus-based case study, this article addresses the question of how digital mourning practices reproduce and transgress boundaries between life and death, but above all between digital, analogue, online and offline spaces. To this end, quantitative and qualitative methods are used to investigate how transcontextual communication spaces are interactively produced with the help of the deictic local adverbs *hier*, *dort* and *da*. In a further step, the evaluative positionings associated with these spaces are being examined.

**Keywords:** digital practices, transcontextuality, online mourning, communication spaces, deixis

## 1 Hinführung zum Thema: Online-Trauerpraktiken[1]

### 1.1 Sterben digital

Die Covid-19-Pandemie hat wesentlich dazu beigetragen, dass digitale Kommunikationspraktiken, allen voran (beruflich oder privat bedingte) Videocalls und Chatformate, einen noch größeren Stellenwert einnehmen als dies in präpandemischen Zeiten ohnehin schon der Fall war. Diese Zunahme manifestiert sich unter anderem in einer noch stärkeren Verwobenheit nicht-digitaler und digitaler sowie Online- und Offline-Settings, indem bspw. auch Situationen erfasst werden, die zuvor nur marginal von Digitalität tangiert

---

1 Für äußerst wertvolle Hinweise zu einer früheren Fassung danke ich den beiden Gutachterinnen.

wurden und die entsprechend ihren kulturell normativen Wert[2] wesentlich aus ihrer Nicht-Digitalität und ihrem Offlinesein ziehen: Die Rede ist von Situationen im Zusammenhang mit dem Tod eines Menschen, also bspw. das persönliche (und: *in persona*) Abschiednehmen am Sterbebett der Person oder aber das gemeinschaftliche Abschiednehmen im Rahmen der Beerdigung.[3] So haben die pandemiebedingten Einschränkungen etwa dazu geführt, dass Menschen aufgrund der Unmöglichkeit eines Krankenhausbesuchs ihr Lebewohl per Tablet an eine/n sterbende/n Angehörigen richten mussten; das linke Bild in Abb. 1 zeigt den Abstellraum eines amerikanischen Krankenhauses, in dem zahlreiche Tablets auf Stativen zu einem solchen Einsatz bereit standen.

Abb. 1: Digitalität dringt in neue, davon bislang kaum tangierte Kontexte ein.[4]

---

2  Siehe hierzu u. a. den Artikel von Jakoby et al. (2013) zu Trauernormen.
3  Allerdings gibt es Trauerpraktiken *nach* dem Tod einer Person schon länger als digitale Formate, bspw. in Form virtueller Friedhöfe oder auf Online-Gedenkseiten; von letzteren wird weiter unten (siehe Kap. 1.2 sowie Kap. 3) die Rede sein.
4  Quellen: https://www.sueddeutsche.de/digital/tod-trauer-corona-gedenken-1.5164277 (Stand: 06.09.2023) sowie https://reformiert.info/de/recherche/abdankung-ueber-zoom-verfolgen-19443.html (Stand: 06.09.2023).

Ein Zitat aus dem dazugehörigen Artikel zeigt anschaulich auf, dass mit dieser digitalen Art des Abschiednehmens negative Bewertungen verbunden sind, die teilweise auf (Vor-)Urteile gegenüber digitaler Kommunikation im Allgemeinen zurückzuführen sind:

> Es gilt also, neue Wege des Abschieds zu finden. So wie auf dem einen Foto, das vor einiger Zeit auf Twitter viral ging. Es zeigte einen Abstellraum in einem US-Krankenhaus. Darin lagerten Dutzende von Tablets, sorgsam auf Stative montiert. Die Geräte stehen dort auf Abruf, so dass auch jeder Mensch die Chance hat, Lebewohl zu sagen. Die Reaktionen auf das Bild waren heftig. Ist es vielleicht sogar schon vermessen, überhaupt erst nachzufragen, inwieweit Technik beim letzten Abschied helfen kann? In den Köpfen vieler Menschen existiert noch immer der Gedanke, dass Online-Kommunikation aus irgendeinem Grund a priori weniger wert sei als das unmittelbar vis-à-vis gesprochene Wort. Weil doch zumindest die letzten Sätze und Gedanken, die man an die Trauernden richtet, wahr und echt zu sein haben.[5]

Der Autor des Artikels schließt aus den „heftigen" Reaktionen auf das Bild, dass die (zwangsläufig) digitale Kommunikation in dieser spezifischen Situation als unangemessen wahrgenommen wird und er führt das auf den Umstand zurück, dass (nicht-digitale) Face-to-Face-Kommunikation als wertvoller anerkannt wird als digitale Online-Kommunikation – und zwar sowohl generell als auch insbesondere in Bezug auf die Trauersituation des letztmöglichen Gesprächs. Neben dem persönlichen Abschied in Form eines digital vermittelten Gesprächs wurden während der Hochphasen der Pandemie selbst Beerdigungen über digitale Kommunikationskanäle übertragen, wie das untere Bild in Abb. 1 belegt. Auch im hier dazugehörigen Artikel wird deutlich gemacht, inwiefern zwischen Online-Kontexten resp. der digitalen Übertragung und der jenseits des Digitalen offline sich abspielenden Abschiedsszenen eine evaluative Grenze gezogen wird: „In der Kirche nahe Stockholm legen Angehörige und Freunde Blumen auf den Sarg, die Online-Gemeinde schaut zu. Ein Moment, in dem die Grenzen der Technik dann doch schmerzen."[6] Die hier konstatierten Grenzen der Technik beziehen sich jedoch vorwiegend auf die damit implizierte physische Distanz, nicht aber auf die technisch hergestellte Anwesenheit (siehe dazu Hausendorf 2020: 199); daran zeigt sich bereits, dass die tatsächlichen technischen Gegebenheiten zu trennen sind von den diskursiv etablierten Positionen gegenüber denselben. Anders ausgedrückt: Das kommunikative Handeln, mit dem auf die Technik Bezug genommen wird, ist nicht gleichzusetzen mit der dahinterstehenden technischen Infrastruktur; diese spielt für

---

5   https://www.sueddeutsche.de/digital/tod-trauer-corona-gedenken-1.5164277 (Stand: 06.09.2023).
6   https://reformiert.info/de/recherche/abdankung-ueber-zoom-verfolgen-19443.html (Stand: 06.09.2023).

die NutzerInnen letztlich eine untergeordnete bis gar keine Rolle. Diese Unterscheidung ist für den vorliegenden Beitrag deshalb besonders zentral, weil es bei den darin zu untersuchenden Praktiken gerade nicht um die Frage nach der tatsächlichen Materialität geht, sondern vielmehr darum, in welches Verhältnis zu (Nicht-)Digitalität sie gesetzt werden bzw. inwiefern ihnen Digitalität zugeschrieben oder abgesprochen wird und welche Wertungen damit jeweils verbunden sind.

Die bisher gezeigten Beispiele jedenfalls illustrieren, dass durch die Pandemie die Expansion digitaler Kommunikation nicht nur beschleunigt wird, sondern auch in Kontexte – wie exemplarisch Tod und Sterben – eindringt, die bislang weitgehend als nicht-digital, also offline wahrgenommen wurden und in denen aufgrund dessen der Einsatz digitaler Online-Kommunikation negativ evaluiert wird. Digitale und nicht-digitale sowie Online- und Offline-Kontexte sind zwar im kommunikativen Alltag immer stärker miteinander verzahnt, sie zeichnen sich also durch Transkontextualität aus (siehe Kap. 2 für eine theoretische Einordnung des Begriffs). Das ändert allerdings nichts daran, dass aus AkteurInnensicht weiterhin eine evaluativ-positionierende Grenzziehung vorgenommen wird – häufig im Sinne einer Aufwertung nicht-digitaler und einer damit einhergehenden Abwertung digitaler Kommunikation(sräume). In diesem Sinne schreibt bspw. auch Stalder (2021: 18), dass das Analoge bzw. Nicht-Digitale gerade unter den Bedingungen der Digitalität „neu be- und teilweise sogar aufgewertet" wird.

### 1.2 Der Tod als Grenze

Ausgehend von diesen Überlegungen wird im vorliegenden Beitrag anhand einer korpusbasierten Beispielstudie untersucht, inwiefern Trauerpraktiken auf einer Online-Gedenkseite[7] solche Positionierungen gegenüber dem Digitalen durch die sprachliche Setzung und/oder Überschreitung von Grenzen reflektieren. Dass sich dazu gerade Online-Trauerpraktiken besonders anbieten, ist zunächst darauf zurückzuführen, dass der Tod selbst häufig als Grenze[8] konzeptualisiert wird, die es gleichsam kommunikativ zu überwinden gilt. Das sollen nun im Folgenden einige Beispiele[9] aus dem Korpus veranschaulichen:

---

7   Es handelt sich dabei um die Seite www.gedenkseiten.de. Zum Korpus und zu einer genaueren Einordnung von Online-Gedenkseiten siehe unten, Kap. 3.1.
8   Dabei stellt nicht nur der Tod selbst eine Grenze dar, indem er das Ende des Lebens markiert, sondern auch das Erleben des Todes von „signifikanten Anderen" (Jakoby 2014: 272) ist eine „Grenzsituation par excellence" (Berger und Luckmann 2021: 108).
9   Beispiele werden stets in Originalschreibweise inkl. Zeilenumbrüchen wiedergegeben. Weil sich das Korpus noch in Prototypenstatus befindet und laufend durch weitere Daten

(1) Der Tod ist ein Horizont und der Horizont die Grenze zwischen Himmel und Erde.Wenn wir um den Verlust eines geliebten
Menschens trauern,werden sich andere freuen ihn hinter dieser Grenze wiedersehen zu können.
Du musstest leider viel zu früh diese Grenze überqueren... (TIC: 113386)

(2) Geschrieen – nach dir, über die Grenze, die Tod heißt. (TIC: 47061)

(3) Der Tod bedeutet die Tilgung jeglichen Schmerzes,
und er ist die Grenze,
über die unsere Leiden nicht hinausgelangen;
er gibt uns wieder jenen Zustand der Ruhe zurück,
dem wir vor unserer Geburt angehörten. (TIC: 780414)

(4) [...]
und wenn wir nun auch getrennt sind,
so bleiben wir für immer eins,
denn unsere Hände halten sich
über die Grenze von Leben und Tod hinweg. (TIC: 389584)

(5) Dein Tod ist die Grenze deines Lebens,
aber nicht das Ende der Liebe... (TIC: 1584704)

Die Beispiele machen deutlich, dass der Tod als unterschiedlich geartete Grenze modelliert wird, so z. B. als Grenze des Lebens (5) oder des (an das Leben gebundenen) Leidens (3). Diese Grenze trennt zwar die Lebenden von den Toten bzw. die Hinterbliebenen von den Vorausgegangenen (1), sie wird aber keinesfalls als unüberwindbar oder unüberschreitbar wahrgenommen,[10] wie es etwa in (2), (4) oder (5) angedeutet ist: Während die Grenze in (2) verbalakustisch, durch *Schreien* zu überwinden gesucht wird, ist in Beispiel (4) durch das Halten der Hände eine körperliche und in (5) durch die Emotion Liebe eine affektive Überwindung beschrieben. Es handelt sich aber immer um eine unidirektionale Grenzüberschreitung, die nur von der Seite der Lebenden aus unternommen werden kann (siehe auch unten, Kap. 3.3). Die Annahme – oder besser: die kommunikative Konstruktion – des Todes als Grenze und die damit einhergehende Präsupposition zweier voneinander zwar nicht unüberwindbar, aber doch wahrnehmbar getrennter Settings ist somit überhaupt erst

---

ergänzt werden soll, aber auch weil die darin enthaltenen Daten besonders schützenswert und derzeit noch nicht vollständig anonymisiert sind, ist das Korpus bis dato ausschließlich für Projektmitarbeitende zugänglich (Stand Januar 2022). Alle in diesem Beitrag abgebildeten Beispiele werden anonymisiert wiedergegeben und mit dem im Korpus zugewiesenen *Text Identification Code* (im Folgenden: TIC) nummeriert.

10 Das kann sie auch nicht sein: Wer stirbt, überquert diese Grenze zwangsläufig selbst, wie sich auch in Bsp. (1) zeigt. Für weitere Beispiele siehe (13)–(15) unten.

die Voraussetzung dafür, dass diese Grenze auch kommunikativ zu überwinden gesucht werden kann; wie das sprachlich musterhaft geschieht, wird weiter unten im Rahmen der Fallstudie zu zeigen sein (siehe Kap. 4), in der untersucht wird, wie mithilfe von deiktischen Adverbien zunächst lokale und damit einhergehend soziale Positionierungen vorgenommen werden (zu Deixis als Positionierungsmittel vgl. Giaxoglou 2020: 60 f.). Die Fallstudie verbindet somit eine (korpus)pragmatisch orientierte Medienlinguistik (Androutsopoulos 2016; Bubenhofer 2009) mit grammatischen Perspektiven (insbesondere zur Lokaldeixis, vgl. Fricke 2007; Beißwenger 2013) und schließt gleichsam an Forschung zu sozialer Positionierung und Metapragmatik (Du Bois 2007; Spitzmüller 2013) sowie digitalen Praktiken (Scollon 2001; Jones et al. 2015; Rogers 2013) an. Thematisch unmittelbar relevant sind indes auch vorgängige linguistische Arbeiten zu Online-Trauerpraktiken (darunter insbesondere Giaxoglou et al. 2017; Giaxoglou 2018; Giaxoglou/Johansson 2020; Giaxoglou 2020 für den englischsprachigen Raum und Marx 2019; Marx und Tienken 2021; Tienken 2015; Tienken und Marx 2020; Meier-Vieracker 2021; Schütte 2021; Frick 2019, 2021, 2022, im Druck für den deutschsprachigen Raum).

Im nachfolgenden Kapitel wird nun zunächst eine theoretische Grundlage gelegt und unter anderem der bereits im Titel relevant gesetzte Begriff der ‚Transkontextualität' im Hinblick auf digitale Praktiken genauer umrissen (siehe Kap. 2). Es folgt die empirische Fallstudie zu Online-Trauerpraktiken (siehe Kap. 3), die zunächst in Bezug auf die Daten (siehe Kap. 3.1) sowie methodisch (siehe Kap. 3.2) eingeordnet wird, bevor die Ergebnisse präsentiert werden (siehe Kap. 3.3). In der Diskussion sollen schließlich Überlegungen dazu angestellt werden, ob bzw. wie sich die Ergebnisse aus der Fallstudie mithilfe des Transkontextualitätskonzeptes schematisch im Hinblick auf die darin ersichtlichen Positionierungen gegenüber der Digitalität erfassen lassen (siehe Kap. 4).

## 2 Theoretische Grundlagen: Digitale Praktiken und Transkontextualität

Ausgehend von einem diskursanalytisch geprägten Praktikenverständnis (siehe z. B. Scollon 2001), das Praktiken als konkrete, situierte und mit bestimmten (medialen) Mitteln[11] durchgeführte Handlungen begreift, die dem *enactment*

---

11  Dieser Fokus auf „mediational means (such as written texts, computers, mobile phones)" (Jones et al. 2015: 2) ist mit der Ausrichtung der als theoretischen Grundlage dienenden „mediated discourse analysis" (ebd.) zu erklären. Orientiert man sich eher an Ansätzen aus der soziologischen Praxeologie, bspw. nach Reckwitz, müsste daneben auch die Bedeutung von Artefakten und sowie die körperliche Verankerung von Praktiken betont

von Mitgliedschaft in bestimmten sozialen Gruppen dienen, spezifizieren Jones et al. (2015: 3) ‚digitale' Praktiken als

‚assemblages' of actions involving tools associated with digital technologies, which have come to be recognised by specific groups of people as ways of attaining particular social goals, enacting particular social identities, and reproducing particular sets of social relationships. The assumption is that digital technologies [...], both make possible new kinds of social practices and alter the way people engage in old ones.

Die Definition verdeutlicht, dass digitale Praktiken nicht nur in komplexe zeitliche und soziale, sondern damit eng verknüpft auch in komplexe kontextuell-situative Verweisstrukturen eingebunden sind – dass sie, mit anderen Worten, immer auch über das hinausgehen, was im digitalen Raum selbst passiert. Was zunächst die zeitliche Dimension anbelangt, so hebt Androutsopoulos (2016: 337) die mehr oder weniger enge Angebundenheit digitaler Praktiken an prä- oder nicht-digitale Vorgängerpraktiken und deren notwendigen Einbezug bei empirischen Analysen hervor (siehe dazu auch unten, Kap. 3.3). In Bezug auf die kontextuell-situativen Verweisstrukturen betont seinerseits schon Jones (2004) die Dualität von Kontexten in der computervermittelten Kommunikation, die einerseits online, im Netz, und andererseits offline, vor dem Bildschirm, vollzogen wird. In einer späteren Arbeit bringen Jones et al. (2015: 3) diesen Umstand wie folgt auf den Punkt: „Digital practices always transverse boundaries between the physical and the virtual, and between technological systems and social systems."). An diese Überlegungen anschliessend und bezogen auf mediatisierte Praktiken der Anschlusskommunikation bringt Androutsopoulos (2016: 350) den Begriff ‚Transkontextualität' ins Spiel, um solche „Verschränkung von Online- und Offline-Aktivitäten" zu erfassen. Ich werde den Begriff in seinem Sinne übernehmen, da er für die nachfolgende Untersuchung nicht nur deshalb besonders geeignet ist, weil er die im Präfix angelegten *Über*gänge – und damit die hier zu untersuchenden Grenz*über*schreitungen – in den Fokus zu nehmen erlaubt, sondern weil er gleichsam auch Rekontextualisierungsprozesse[12] mitdenkt: „Transkontextualität meint nicht nur die Entfaltung einer Praktik über zwei Kommunikationssettings hinweg, sondern spezifischer auch die Art und Weise, in der Handlungen in einem Setting Folgehandlungen im anderen kontextualisieren." (Androutsopoulos 2016: 350; siehe auch Jones 2004: 21). In diesem Sinne möchte ich den Begriff

---

werden; so beschreibt etwa Reckwitz (2016: 163) Praktiken als „körperlich verankerte[n] und von einem kollektiven impliziten Wissen getragene[n] Verhaltensroutinen".

12  Androutsopoulos (2016: 338) definiert Rekontextualisierung als „Einbettung von Äusserungen in immer neue Kontexte".

zudem ausweiten und damit nicht nur die Verschränkungen von Online- und Offline-Aktivitäten, sondern gleichsam auch diejenigen von digitalen und nicht-digitalen Settings erfassen.[13] Als Gegenbegriff zu ‚digital' wähle ich dabei nicht ‚analog', sondern ‚nicht-digital'; Grund dafür ist zum einen die Mehrdeutigkeit des Begriffes ‚analog' (besonders in der Linguistik) und zum anderen die sich in den Daten als irrelevant erweisende technische Unterscheidung zwischen digitalen und analogen Signalen. Mit anderen Worten: In den untersuchten Daten zeigt sich, dass es NutzerInnen nicht um die Art des Signals geht, wenn sie sich gegenüber digitalen und nicht-digitalen Kontexten positionieren oder wenn sie diese vermeintlichen Grenzen kommunikativ zu überschreiten versuchen, sondern vielmehr um die Wahrnehmung eines Diskursraumes als digital, nicht-digital (geprägt) oder eben als digital/nicht-digital-verschränkt resp. transkontextuell. Wie in Kap. 1.1 also bereits betont, geht es hier nicht um die zugrundeliegende technische Infrastruktur, die eine solche Verschränkung von Digitalität und Nicht-Digitalität gar nicht ermöglicht, sondern vielmehr um die diskursiv etablierten Kontexte in der Rezeption der AkteurInnen: Das Nicht-Digitale wird im Digitalen rekontextualisiert – und umgekehrt.

## 3 Fallstudie: *hier, dort* und *da*: transkontextuelle Kommunikationsräume

### 3.1 Datengrundlage

Auf Basis dieser vorläufigen theoretischen Grundlage wird im folgenden Kapitel nun eine Fallstudie vorgestellt, in der – an die Eingangsbeispiele anknüpfend – transkontextuelle Grenzüberschreitungspraktiken im Rahmen online artikulierter Trauer untersucht werden. Die Daten, die der Fallstudie zugrunde liegen, entstammen einem Korpus, das Texte der bereits erwähnten (vgl. Fußnote 7) Online-Gedenkseite enthält; dabei handelt es sich um Websites, die – mit visueller und struktureller Ähnlichkeit zu sozialen Netzwerkprofilen – das Anlegen von Gedenkseiten für verstorbene Personen ermöglichen. Neben

---

13 Obwohl ‚online' häufig mit ‚digital' gleichgesetzt wird, liegt die Unterscheidung zwischen ‚online' und ‚offline' sowie zwischen ‚analog' bzw. ‚nicht-digital' und ‚digital' auf einer anderen Ebene. Die Anwendung auf Kontexte der Trauer soll dies verdeutlichen: Eine Kondolenzkarte von Hand zu schreiben ist offline und nicht-digital; einen Nachruf in der Zeitung abzudrucken ist offline, aber digital; das Posten desselben Nachrufs in sozialen Medien vollzieht sich online und digital; das Veröffentlichen einer handgeschriebenen Beileidskarte in den sozialen Medien durchläuft einen Prozess von nicht-digital und offline zu digitalisiert und online, da die Karte zuerst in ein digitales Format überführt werden muss, damit sie auf sozialen Medien gepostet werden kann.

Abb. 2: Gedenkkerzenkorpus: Eingabeoberfläche und exemplarischer Kerzentext

einem Profilbild und Angaben zur Person (darunter Name, Geburts- und Todesdatum, Sterbeort, Beruf, Sternzeichen usw.) können Hinterbliebene dort Nachrufe verfassen, eine Bildergalerie erstellen oder Lieder verlinken. Für die Hinterbliebenen, aber insbesondere auch für BesucherInnen der Seite gibt es zudem die Möglichkeit, einen Eintrag im Kondolenzbuch zu hinterlassen oder eine Gedenkkerze ‚anzuzünden'. Dabei handelt es sich um virtuelle Kerzen, die zunächst hinsichtlich Form und Farbe ausgewählt und dann per Mausklick angezündet werden können, wobei dieses Anzünden insofern sprachlich gerahmt ist, als NutzerInnen explizit dazu aufgefordert werden, einige persönliche Worte zu verfassen (siehe Abb. 2). Eben diese Worte sind es nun, die für das Korpus[14] im Frühjahr 2021 gecrawlt und in der browserbasierten Infrastruktur CPQweb aufbereitet wurden. Das so entstandene Korpus enthält etwas über 2 Millionen Texte, die wiederum über 180 Millionen *token* und etwas weniger als halb so viele *types* umfassen.

In diesem Korpus werde ich mir mithilfe verschiedener Suchanfragen zunächst anschauen, wie die NutzerInnen dieser Gedenkseiten sich selbst innerhalb der digitalen Kommunikationsräume,[15] die jeweils jenseits der Grenze des Todes liegen (siehe Kap. 1.2), mithilfe von Adverbien lokal positionieren, um davon ausgehend Rückschlüsse über einerseits die damit einhergehenden transkontextuellen Praktiken und andererseits die evaluative Positionierung gegenüber den durch diese Praktiken interaktiv hergestellten oder überschrittenen Grenzen ziehen zu können.

## 3.2 Untersuchungsmethode

Diese lokale Positionierung versuche ich dabei anhand der deiktischen Verortung innerhalb des digitalen Kommunikationsraums zu erfassen. Dazu habe ich im Korpus verschiedene Abfragen zu lokaldeiktischen Strukturen durchgeführt, worunter ich mit Fricke (2007: 86) die „origorelative Lokalisierung von Gegebenheiten durch [...] Sprecher in einer Kommunikationssituation" verstehe, die einer gemeinsamen räumlichen Orientierung dient. Grundsätzlich erfordert, wie Beißwenger (2013) in seinem Beitrag zur lokalen Deixis im Chat zeigt, die deiktische Orientierung im Rahmen digital-schriftlicher Kommunikation eine „deutlich höhere Koordinationsleistung" (ebd.: 499) von den Beteiligten, weil kein gemeinsamer Wahrnehmungsraum zur Verfügung steht. Allerdings handelt es sich hier ohnehin um eine besondere Situation: Eine gemeinsame Orientierung ist in dem Sinne weder möglich noch notwendig, da die Kommunikation in diesem Fall immer unidirektional bleiben muss (siehe Kap. 3.3). Der Fokus der Analyse liegt im Folgenden auf den drei Lokal-

---

14 Das Korpus entstand im Rahmen des Projektes „Trauerpraktiken im Internet", das am Universitären Forschungsschwerpunkt „Digital Religion(s)" an der Universität Zürich angegliedert ist.

15 Hier stellt sich die Frage, ob es berechtigt ist, von ‚Kommunikationsräumen' zu sprechen, wenn die Kommunikationsrichtung immer unidirektional bleiben muss bzw. wenn nur von einem dieser Räume auch tatsächlich Kommunikation ausgehen kann. Ich möchte an dieser Stelle allerdings dafür argumentieren, dass der (räumlich modellierte) ‚Ort' jenseits der skizzierten Todesgrenze zwar nicht Ursprung, aber dennoch Ziel einer solchen Kommunikation sein kann, wie es sich etwa in der nachfolgenden Analyse, aber auch in anderen, z. B. religiös geprägten Praktiken zeigt (vgl. dazu Lasch und Liebert 2015); deshalb ist es m. E. durchaus angebracht, von einem ‚Kommunikationsraum' (im Sinne auch eines kommunikativ überhaupt erst konstruierten ‚Raumes') zu sprechen, denn es wird nicht nur ‚darüber', sondern vielmehr ‚dahin' kommuniziert.

Grenzen überschreiten: Transkontextuelle deiktische Praktiken auf Online-Gedenkseiten 159

There are 25,176 different words in the collocation database for this query (Query "hier" returned 223,089 matches in 163,276 different texts) [9.332 seconds - retrieved from cache]

| No. | Word | Total no. in whole corpus | Expected collocate frequency | Observed collocate frequency | In no. of texts | Log-likelihood |
|---|---|---|---|---|---|---|
| 1 | unten | 21,823 | 158.324 | 12.892 | 11622 | 97789.25 |
| 2 | Erden | 30,467 | 221.035 | 10.011 | 9768 | 60418.417 |
| 3 | du | 1,931,123 | 14010.123 | 50.800 | 42385 | 59042.355 |
| 4 | warst | 112,654 | 817.295 | 9.930 | 9516 | 32197.515 |
| 5 | auf | 670,302 | 4862.981 | 21.046 | 19126 | 29896.616 |

There are 15,620 different words in the collocation database for this query (Query "dort" returned 135,234 matches in 105,736 different texts) [6.614 seconds - retrieved from cache]

| No. | Word | Total no. in whole corpus | Expected collocate frequency | Observed collocate frequency | In no. of texts | Log-likelihood |
|---|---|---|---|---|---|---|
| 1 | wo | 225,923 | 993.574 | 33.782 | 30459 | 179060.306 |
| 2 | oben | 74,029 | 325.568 | 15.665 | 14463 | 94415.042 |
| 3 | du | 1,931,123 | 8492.776 | 37.621 | 33972 | 55247.665 |
| 4 | jetzt | 221,734 | 975.151 | 14.444 | 14158 | 51993.302 |
| 5 | behütet | 25,870 | 113.772 | 7.250 | 7249 | 48222.18 |

There are 33,558 different words in the collocation database for this query (Query "da" returned 349,509 matches in 241,943 different texts, thinned with method *random* selection to 230,676 hits) [11.253 seconds - retrieved from cache]

| No. | Word | Total no. in whole corpus | Expected collocate frequency | Observed collocate frequency | In no. of texts | Log-likelihood |
|---|---|---|---|---|---|---|
| 1 | oben | 74,029 | 555.339 | 12.613 | 16318 | 92175.191 |
| 2 | bist | 508,626 | 3815.53 | 31.676 | 26875 | 80499.444 |
| 3 | Du | 1,931,123 | 14486.591 | 55.908 | 47251 | 70339.646 |
| 4 | wo | 225,923 | 1694.793 | 15.127 | 14567 | 40312.329 |
| 5 | mehr | 343,617 | 2577.691 | 15.761 | 14867 | 31351.989 |

Abb. 3: Kollokationen für *hier*, *dort* und *da* mit *Log-likelihood*[16]-Berechnung

---

16 Der *Log-Likelihood*-Test eignet sich gemäß Bubenhofer (2009: 139), „um auch seltene Ereignisse als signifikant zu gewichten, was auf viele Kollokationen in einem Korpus zutrifft." Durch die Funktion werden entsprechend frequente, nicht-exklusive Muster ausgegeben (siehe Brezina 2018: 74).

adverbien *hier, dort* und *da*, für die ich mir die Kollokationen im unmittelbaren Umfeld des Wortes habe ausgeben lassen. Dabei werden „[u]nter Kollokationen [...] häufig auftretende Wortverbindungen verstanden, die für eine Sprache oder einen Teilbereich einer Sprache charakteristisch sind." (Bubenhofer 2009: 112). Die gewählte Wortspanne in der hier durchgeführten Abfrage reicht von 3 Wörtern auf der linken und 3 Wörtern auf der rechten Seite. Die Ergebnisse sind in Abb. 3 dargestellt (für eine übersichtlichere Darstellung siehe Abb. 4). Dort sind zunächst alle Berechnungen für die jeweils fünf häufigsten Kollokate der drei Lokaladverbien *hier, dort* und *da* abgebildet, wobei ich die Ergebnisse für *da* ausdünnen musste, weil die Trefferanzahl so groß war, dass die Berechnung der Kollokationen den Server an seine Grenzen gebracht hat. Dazu habe ich mir 2/3 resp. 66 % des Korpus ausgeben lassen, sodass immer noch von einem zuverlässigen Sample ausgegangen werden kann.

**3.3 Ergebnisse**

3.3.1 Lokale Positionierung

Die übersichtlichere Darstellung (siehe Abb. 4) macht dabei in einem ersten Schritt deutlich, dass alle drei Lokaladverbien häufig mit dem sozialdeiktischen, adressierenden Pronomen *du* auftreten; überhaupt ist *du* im Korpus mit fast zwei Millionen Vorkommen in mehr als 800'000 Texten überaus frequent. Damit kann erstens zunächst die oben (siehe Kap. 1.1) bereits implizierte Annahme bestätigt werden, dass es sich um einen für Kommunikation genutzten digitalen Raum handelt, dass diese Gedenkseiten also mit anderen Worten – trotz der faktischen Unmöglichkeit einer dialogischen Interaktion mit der durch *du* adressierten Person – in erster Linie der Kommunikation mit bzw. zu eben dieser Person dienen; daran wird ersichtlich, dass die untersuchten Online-Gedenkseiten „ein Forum für die Kommunikation mit den Toten" (Jakoby und Reiser 2014: 83) darstellen und in dieser Funktion dazu dienen, die soziale Beziehung zu diesen im Sinne des *continuing bonds*-Modells (siehe ebd.) potenziell unbegrenzt weiter zu pflegen. In zweiter Linie geht es aber zweifellos auch um die Kommunikation mit den anderen BesucherInnen der Gedenkseiten im Sinne einer Mehrfachadressierung. Mit Adressierungsstrukturen in elektronischen Kondolenzbüchern setzt sich indes auch Stein (2021: 49 f.) auseinander. Er stellt dabei ebenfalls eine häufige Adressierung der Verstorbenen fest, aber auch Formen der Mehrfachadressierung und des AdressatInnenwechsels, wie sie in den hier untersuchten Daten ebenfalls auftreten.

| hier N= 223'089 | dort N= 135'234 | da N = 230'676 |
|---|---|---|
| 1. unten | 1. wo | 1. oben |
| 2. Erden | 2. oben | 2. bist |
| 3. du | 3. du | 3. du |
| 4. wärst | 4. jetzt | 4. wo |
| 5. auf | 5. behütet | 5. mehr |

Abb. 4: Kollokationen zu den Lokaladverbien *hier*, *dort* und *da* im Gedenkseiten-Korpus.

Zweitens zeigt sich, dass das am nächsten an der Origo verortete und von den schreibenden NutzerInnen ausgehende *hier* am häufigsten mit *unten* auftritt, wobei sich das *hier unten* sowohl auf die digitale Online-Gedenkseitenumgebung als auch auf Elemente aus der nicht-digitalen Offline-Umgebung der Schreibenden beziehen kann (impliziert auch im zweithäufigsten Kollokat *Erden*) – damit werden, ganz im Sinne der oben beschriebenen Transkontextualität digitaler Praktiken, auch nicht-digitale Offline-Settings in die Kommunikation eingebunden; ich komme weiter unten auf diesen Punkt zurück. Interessant ist indes auch die bei *hier* an vierter Stelle gelistete Kollokation der Konjunktivform von *sein* in der zweiten Person Singular: ein Irrealis, der die Unmöglichkeit der Verortung des *du* im *hier unten* impliziert.

*Dort* – als auf einen Fernbereich verweisendes Lokaladverb – wird, wie die Tabelle zeigt, am häufigsten mit dem ebenfalls auf räumliche Lokalisierung zielenden Adverb *wo* und am zweithäufigsten mit dem quasideiktischen[17] Ausdruck *oben* kombiniert. Letzterer ist auch das häufigste Kollokat zu *da*, das insofern eine besondere Stellung einnimmt, als es ambig ist und sowohl auf einen Nähe- wie auch auf einen Fernbereich verweisen kann (siehe Zifonun et al. 1997: 312–328); daher ist es erstens näher an der Origo (bzw. am von der Origo ausgehenden Wahrnehmungsraum) zu verorten als *dort* und zweitens ist damit auch zu erklären, weshalb *da* von allen drei mit Abstand am häufigsten auftritt. Der mit *dort* und *da* von der schreibenden Person aus gezeigte Verweisraum muss sich im gegebenen Kontext zwar zwangsläufig als imagi-

---

17 Quasideiktische Ausdrücke sind gemäß Zifonun et al. (1997: 312) solche „Ausdrücke, die an der Origo ansetzen und mit denen in einem Verweisraum gezeigt wird, deren Verweisart aber durch ein zusätzlich ins Spiel kommendes Bezugssystem (einen lokalen oder temporalen Parameter) bestimmt ist." Es findet sich dafür auch die Bezeichnung ‚sekundär-deiktisch' (siehe ebd.).

närer Raum (vgl. Stukenbrock 2016: 116)[18] bzw. als „Deixis am Phantasma" (Bühler 1999: 123)[19] erweisen, dennoch stehen die mit diesen beiden Lokaladverbien häufig kombinierten Verben (*behütet, bist*) im Indikativ: Die Verortung in diesem imaginierten Verweisraum wird also – konträr (aber auch komplementär) zum *hier unten* – als gegeben und damit konsequenterweise, anders als das *hier unten*, auch als unabänderlich angenommen.

Mithilfe der digitalen Kommunikationspraktiken in den Gedenkkerzentexten wird demnach eine vertikal-räumliche Dimension eröffnet, die sich im *hier unten* der schreibenden Person und im *da/dort oben* der angeschriebenen, allerdings nicht mehr interaktionsfähigen, da verstorbenen Person manifestiert (siehe Abb. 5). In dieser „vertikalen kommunikativen Achse" (Lasch und Liebert 2015: 483), der eine christlich-westliche Prägung des Affekts Trauer eingeschrieben ist (siehe Frick im Druck), manifestiert sich Transkontextualität in unterschiedlicher Weise.

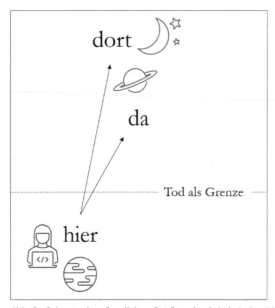

Abb. 5: Schema der räumlichen Bezüge durch Lokaladverbien auf den Online-Gedenkseiten

---

18 Zifonun et al. (1997: 313) sprechen in diesem Zusammenhang auch von ‚imaginativer Deixis'.
19 Gemäß Bühler (1999: 123) werden damit „Bereiche der ausgewachsenen *Erinnerungen* und der konstruktiven *Phantasie*" referenziert. Es wird damit also, mit anderen Worten, auf etwas Abwesendes gezeigt bzw. auf imaginierte Größen in einem Vorstellungsraum verwiesen – im vorliegenden Fall wäre das das Jenseits, von dem Menschen zwangsläufig nur eine der Phantasie bzw. Imagination entspringende Vorstellung haben können.

Das geschieht zum einen durch die auf den Gedenkseiten vollzogene Kommunikation vom *hier* zum *dort*, mithilfe derselben die zuvor kommunikativ konstruierte Grenze des Todes überschritten wird. Dabei werden den beiden Settings, die sich jeweils jenseits der Grenze des Todes befinden (also das *hier* sowie das *dort/da*), unterschiedliche kommunikative bzw. (digital)räumliche Charakteristika zugeschrieben, wobei sich das *dort oben* durch seine imaginäre Qualität gerade durch die Vagheit und Unbestimmbarkeit derselben auszeichnet. Daran anknüpfend befindet sich zum anderen die im *hier* verortete schreibende Person in zwei – transkontextuellen – Kommunikationssettings: Einmal auf der Online-Umgebung der Gedenkseite (kommunikativ ein weiteres Setting aufrufend), dann aber auch als vor dem internetfähigen Gerät sich befindliche, in einem Offline-Setting körperlich verankerte Person. Diese körperliche Verankerung wird von den NutzerInnen in unterschiedlicher Weise auch kommunikativ relevant gesetzt, z. B. durch das oben bereits erwähnte Kollokat *Erden*, aber auch durch andere räumliche Bezüge architektonischer oder geografischer Ausprägung. Siehe dazu die folgenden Beispiele aus dem Korpus:

(6)  Ich sitze hier im Büro und denke die ganze Zeit schon an Dich. (TIC: 1106837)
(7)  Eine Mitfühlende aus Bayern (TIC: 72583)

Allerdings gestaltet sich auch das Online-Setting keinesfalls als homogene Umgebung, dort spielen unterschiedliche Kontexte ebenfalls eine zentrale Rolle: So beziehen sich die NutzerInnen beispielsweise auf eine konkrete Profilseite (siehe (8)), auf eine bestimmte auf der Website realisierbare Textsorte (siehe (9), z. B. Gedenkkerzentext, Nachruf, Kondolenzbucheintrag) oder gar auf eine spezifische Textstelle (siehe (10)). Schliesslich kann das *hier* auch auf den metaphorisch etablierten Gedenkraum (siehe (11)) zielen, den die Gedenkseite in ihrer Gesamtheit erschafft; bei Letzterem geht es also nicht um einen einzelnen Text oder eine bestimmte Seite oder um die Tätigkeit des Schreibens, sondern um den durch den Zweck der Seite konstituierten kollektiv genutzten Digitalraum.[20]

(8)  Hey mein digger, auch wenn ich in letzter zeit nicht so oft hier schreibe, heißt das nicht das ich nicht an dich denke. (TIC: 185464)
(9)  [Name] und ich haben so viele Worte, die hier keinen Platz hatten und haben Dir deshalb ins Kondolenzbuch geschrieben. (TIC: 406375)

---

20 Siehe dazu auch die Kategorien, die Beißwenger (2013) für deiktische Verweisstrukturen im Chat entwickelt hat.

(10) Ich schreibe hier an dieser Stelle auch gern die Worte nieder, welche ich dir an deinem Sterbebett auch nochmal sagen durfte: Ich hab dich lieb, Mum. (TIC: 96147)

(11) Hab 2008 beide Eltern verloren und fühle mit jeden Menschen hier der auch jemanden geliebten verloren hat. (TIC: 288514)

Der fernräumliche *dort-oben*-Bezug hingegen konstituiert sich ausschließlich als imaginierter Raum, als metaphysische Sphäre, die zwar häufig als Himmel beschrieben, aber ansonsten nicht genauer fassbar wird und – wie oben beschrieben – sich gerade durch Vagheit und Unbestimmbarkeit auszeichnet; das folgende Beispiel (12) illustriert dies (siehe ausführlicher dazu Frick im Druck):

(12) Auf dass du dort im Himmel weiterhin ein wunderbares Leben führst (TIC: 607518)

Als transkontextuell zu bestimmen ist schließlich zuletzt auch der Umstand, dass die durch digitale Kommunikationspraktiken etablierte vertikale Achse in nicht- (bzw. prä-)digitalen Vorgängerpraktiken (siehe Kap. 2) wurzelt, namentlich z. B. in Praktiken des Betens oder des Verehrens (siehe dazu u. a. Lasch und Liebert 2015; Lasch 2017; Liebert 2018), die ihrerseits die digitalen Praktiken wesentlich mitformen. Die Fallstudie zeigt somit – so viel möchte ich als Zwischenergebnis festhalten – dass im Rahmen der Kerzentexte auf den Online-Gedenkseiten mehrfache Grenzüberschreitungen als transkontextuelle Praktiken vollzogen werden: vom (im *hier unten* verorteten) Diesseits ins (*da/ dort oben* positionierte) Jenseits, von Offline- zu Online-Umgebungen (z. B. aus dem Büro ins Online-Kondolenzbuch) sowie von prä-digitalen zu digitalen Praktiken, z. B. bei der vertikalen Kommunikation, wobei hier nicht räumliche, sondern zeitliche Dimensionen (siehe oben, Kap. 2, sowie Androutsopoulos 2016) im Sinne einer technologisch überhaupt erst ermöglichten Digitalisierung von Gebetspraktiken angesprochen sind.

Bevor ich diese Ergebnisse nun im Rückgriff auf die eingangs dargelegten theoretischen Überlegungen einordne, möchte ich noch einmal kurz auf die in Kapitel 1.2 erläuterte kommunikative Grenzziehung zurückkommen. Abgesehen nämlich von der Postulation des Todes als – allerdings durchlässige – Grenze, wird gerade deren Überschreiten immer wieder explizit zum Thema gemacht, etwa durch die Verwendung von Lexemen, die eine Bewegung in die im obigen Schema (siehe Abb. 5) durch Pfeile skizzierte Richtung implizieren (*gehen, Schritt, treffen, betreten, folgen*):

(13) Alles Gute drüben ...:-)ein wenig tröstlich vielleicht, wir gehen alle mal dahin...
:-) (TIC: 2052297)

(14) Du drüben und ich hier, wir halten Schritt und treffen uns am gleichen Ziele wieder. (TIC: 1939)

(15) Du hast aber den Vorteil, als Erster von uns das Jenseits zu betreten. Wir werden Dir irgendwann alle folgen. (TIC: 1130783)

Die Beispiele machen somit durch die darin enthaltene Bewegungssemantik einmal mehr deutlich, dass das sich jenseits der Grenze befindliche Setting als solches zwar vage und unbestimmt und seine imaginäre Qualität weitgehend unauflösbar ist; dennoch wird dieses Setting als irgendwie gearteter Ort entworfen, der nicht nur einen kommunikativen Zielpunkt (siehe die Ausführungen zum *du*) darstellt, sondern auch den einer auf den menschlichen Körper bezogenen Bewegung. Grenzüberschreitungen sind somit in den untersuchten Kontexten nicht nur als analytisches Konzept relevant, sondern gerade auch als transkontextuelle Praktik der auf den Gedenkseiten sich kommunikativ einschreibenden Personen.

### 3.3.2 Soziale Positionierung

In einem weiteren Schritt möchte ich nun noch versuchen, die Ergebnisse aus der empirischen Fallstudie vor dem Hintergrund der eingangs aufgeworfenen Frage nach der Positionierung gegenüber der Digitalität zu interpretieren. Die oben beschriebene vertikale Kommunikationsdimension ist im untersuchten Setting eine zwangsläufig digital vermittelte; sie knüpft zwar, wie dargelegt, an prä-digitale Offline-Praktiken an (und ist somit auch in nicht-digital vermittelten Kontexten praktizierbar), als Materialisierung im Korpus bzw. im Rahmen der hier untersuchten Daten ist sie jedoch zweifellos digital. Gegenüber dieser digitalen Vermitteltheit der vertikal-unidirektionalen Kommunikation positionieren sich die SchreiberInnen, indem sie diese als defizitär bewerten (siehe auch die in Kap. 1.1 zitierten Zeitungsausschnitte). Illustrieren lässt sich dies im Korpus beispielsweise anhand der Kollokationen zum Lexem *virtuell*[21]: Dieses wird am häufigsten mit den Adverbien *nur* und *leider* kombiniert.

---

21 Die Bezeichnung *virtuell* erweist sich in den Kerzentexten als zentrale Ethnokategorie bei der Referenz auf die digitalen Räume. Als analytischen Begriff halte ich ihn aus verschiedenen Gründen für nicht besonders geeignet, u. a. etwa deshalb, weil er oft als Gegenbegriff zu *real* verwendet wird, womit als *virtuell* beschriebenen Umgebungen mitunter ihre Realität abgesprochen wird; siehe dazu beispielsweise auch Rogers 2013: 38, der das Ende des „virtual/real divide" fordert und treffend schreibt: „With the end of the virtual/real divide, however useful, the Internet may be re-thought as a source of data about society and culture."

Nachfolgend sind einige Beispiele aus den Kerzentexten dazu abgebildet (siehe (16)–(18)), die deutlich machen, inwiefern die digitale Vermitteltheit als Reduktion einer damit gleichsam implizierten vollwertigeren (weil bspw. durch körperliche Aspekte angereicherten) Kommunikation angesehen wird:

(16)  Ich wünsche dir einen guten Tag und umarme dich – leider nur virtuell – ganz innig! (TIC: 247938)

(17)  Zum ersten mal gratuliere ich Dir nun nur virtuell, kein Anruf wo ich Dir sagen kann „Happy Birthday", kein Treffen am Wochenende wo ich die Torte mit bringe... :-((TIC: 464384)

(18)  Schön das ich dich kennenlernen durfte, wenn leider noch virtuell übers Internet, aber ich bin mir sicher das ich dir irgendwann begegnen werde. (TIC: 1970950)

Die Beispiele machen deutlich, dass mit der oben beschriebenen lokalen und transkontextuellen Positionierung häufig eine soziale Positionierung[22] im Sinne einer Bewertungshandlung (siehe dazu du Bois 2007: 141 oder Spitzmüller et al. 2017: 8) einhergeht: Die Virtualität der Kommunikation – wobei *virtuell* hier sowohl auf die digital-technische wie auch auf die imaginäre Komponente der Kommunikation anspielen könnte – wird hier als bedauerliche Einschränkung wahrgenommen; es wird somit eine evaluative Grenze zwischen den Settings gezogen. Dieser Umstand knüpft an die eingangs (siehe Kap. 1.1) dargelegte Abwertung digitaler Kommunikation gegenüber der nicht-digitalen an (vgl. dazu auch Stadler 2021: 18).

## 4 Diskussion und Fazit

An diese Ergebnisse anschließend soll nun unter Rückgriff auf die dargelegten theoretischen Grundlagen ausblickend schematisch zu erfassen versucht werden, inwiefern sich Transkontextualität in den untersuchten Trauerpraktiken manifestiert. Ergänzend zu den Ausführungen in Kapitel 3 schließe ich aus meiner Fallstudie, dass Transkontextualität sich nicht nur in der Verschränkung verschiedener ‚äußerlichen' Settings, sondern insbesondere auch metapragmatisch auf der diskursiven Ebene niederschlägt. Nimmt man eine solch diskursivmetapragmatische Perspektive ein und stimmt gleichsam der Forderung Rogers (2013: 38) zu, die virtual/real-Dichotomie aufzugeben (vgl. Fußnote 21), dann könnte man stattdessen die genannten Settings auch als Endpunkte von

---

22  Dass dabei auch Raum eine Kategorie ist, die auf sozialer Interaktion basiert, zeigen Knoblauch und Löw (2021: 23) jüngst in Bezug auf „Räume digitaler Kommunikation" (so der Titel des Sammelbands) auf.

Grenzen überschreiten: Transkontextuelle deiktische Praktiken auf Online-Gedenkseiten    167

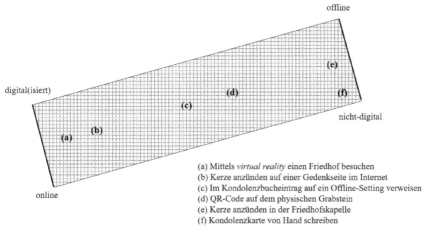

Abb. 6: Versuch einer Modellierung zur Erfassung transkontextueller Praktiken

einander diametral gegenüberliegenden Achsen denken, zwischen denen sich ein transkontextueller Diskursraum flächig aufspannt. Es geht hier *nota bene* gerade nicht um die Frage nach der zugrundeliegenden technischen Infrastruktur, deren Dichotomien nicht aufgelöst werden (siehe auch Kap. 1.1), sondern um die Frage, inwiefern Praktiken auf dieser Fläche angeordnet werden könnten, bezugnehmend zum einen auf die Frage nach den (kommunikativ) involvierten Settings und zum anderen auf die metapragmatische Thematisierung derselben. Schon Jones (2004) hat, auch wenn er noch von dualen Kontexten bzw. Settings ausgegangen ist, bereits gefordert,

> that we challenge the dichotomies upon which some of our most basic assumptions about CMC in particular, and communication in general, rest: dichotomies that separate the „virtual" from the „real", the „sender" from the „receiver", the „public" from the „private", the „figure" from the „ground" and, finally, the „text" from the „context". (Jones 2004: 21, Hervorhebungen im Original).

Aus diesen Überlegungen sowie aus den Beobachtungen der Fallstudie resultierend scheint es mir daher sinnvoller, flächig zu denken und digitale kommunikative Praktiken im Hinblick auf ihre transkontextuellen (und damit häufig auch: intermedialen[23]) Verschränkungen und deren Bedeutung für die Kommunikation als Folie für Positionierungs- und Bewertungshandlungen zu verorten. Die folgende Abbildung stellt – als lose Adaption des Modells von

---

23  Verstanden mit Androutsopoulos (2016: 351): „[...] so verweist der Begriff der Intermedialität auf die Diffusion von digital-vernetzten Äußerungen durch weiter, medial-kommunikative Räume."

Koech/Oesterreicher (1985, 1994) – nun den Versuch einer schematischen Erfassung dieser Überlegungen auf Basis der untersuchten Trauerpraktiken dar.

In diesem Sinne verorten sich die untersuchten transkontextuellen Trauerpraktiken in einem Diskursraum, der zwischen digital(isiert)en[24] und nichtdigitalen Handlungsräumen aufgespannt ist, die ihrerseits wiederum mit Online- und Offlinekontexten verbunden sind; wie bereits erwähnt, erinnert die Darstellung dabei nicht zufällig an das v. a. in der Medienlinguistik äußerst breit rezipierte Mündlichkeits- und Schriftlichkeitsmodell von Koch und Oesterreicher (1985, 1994). Dabei übernehme ich auch die Idee, dass die jeweiligen Pole bestimmte Praktiken und evaluative Positionierungen gegenüber denselben erwartbar(er) machen, wobei das stets von der jeweiligen Perspektive und Origo ebenso wie letztlich auch von der relativen Positionierung gegenüber anderen Praktiken abhängt.[25] Die gepunkteten Linien auf der Fläche sollen dabei einerseits eine flexible Anordnungsmöglichkeit und andererseits die durchlässigen Grenzen zwischen den Settings illustrieren.

Die in der Grafik verorteten Trauerpraktiken sollen exemplarisch darlegen, wie das umgesetzt werden könnte. Am nächsten an der digital/online-Achse wäre somit beispielsweise (a) der Besuch eines Friedhofs mithilfe einer VirtualReality-Anwendung, wie dies ein chinesisches Startup für die an Platzmangel leidende Metropole Hongkong entwickelt hat.[26] Das Anzünden einer virtuellen Kerze (b) ist relativ dazu etwas weiter vom digital/online-Pol entfernt, weil es sich um eine weniger immersive Praktik handelt; bei beiden sind jedoch stets auch Offline- sowie nicht-digitale Kontexte mitzudenken, etwa der die Klickbewegung ausführende Zeigefinger oder die zum virtuellen Besuch aufgesetzte Brille und die die ausführenden Personen jeweils umgebenden Räumlichkeiten. Im Beispiel (c) werden letztere gar thematisiert und somit kommunikativ relevant gesetzt (siehe auch die Beispiele (6) und (7) im vorangehenden Kapitel); es wird also im Rahmen der digital vermittelten Online-Kommunikation auf geografisch-architektonischen Positionalitäten – mit Knoblauch und Löw (2021: 28) verstanden als „Standort, von dem aus das reziproke und damit relationale Zeigen körperlich vollzogen wird" – im nicht-digitalen Offline-

---

24   Die Unterscheidung zwischen digital und digitalisiert hingegen ist im Grunde genommen prozessual zu denken und zwar gemäß Rogers (2013) bezogen auf die Frage, inwiefern eine Art nativer Digitalität vorliegt: „An ontological distinction may be made between the natively digital and the digitized, that is, between the objects, content, devices, and environments that are ‚born' in the new medium and those that have ‚migrated' to it." (Rogers 2013: 19). Digitalisierte Objekte, Inhalte usw. wären damit in gewisser Hinsicht näher am analogen Pol anzuordnen als ursprünglich digitale.
25   Insofern ist das Modell auch weniger statisch und vielmehr dynamisch zu denken.
26   Vgl. https://www.spiegel.de/video/start-up-aus-hong-kong-erfindet-virtuellen-friedhof-video-1816877.html (Stand: 06.09.2023).

Raum verwiesen; deswegen ist (c) auf dem flächigen Diskurskontinuum weiter mittig angesetzt. Beim (d) QR-Code auf dem physischen Grabstein[27] ist das Zeigeverhältnis insofern umgekehrt, als hier in einem Offline-Setting, das zunächst nicht-digital ist, der Zugang zu einem digitalen Online-Setting ermöglicht wird. Das Anzünden einer Kerze in der Friedhofskapelle (e) ist seinerseits an der Achse nicht-digital/offline zu verorten, ebenso wie das Verfassen einer handschriftlichen Kondolenzkarte (f). Letztere ist deswegen näher am nicht-digitalen Pol, weil sie ihren kulturell zugeschriebenen Wert, der sich unter anderem in der darin zum Ausdruck gegebenen *Aufrichtigkeit* manifestiert, gerade aus ihrer Handschriftlichkeit und somit ihrer expliziten Nicht-Digitalität zieht (vgl. dazu ausführlich Gredig 2021: 166–179) und die Frage nach dem Online-Offline-Kontinuum hier diskursiv kaum eine Rolle spielt.

Diese beispielhafte Verortung von Trauerpraktiken zeigt, inwiefern die Annahme eines flächigen Diskursraums die Relationalität transkontextueller Praktiken zu veranschaulichen vermag. Ob bzw. inwiefern dieses Modell schließlich auch auf andere transkontextuelle Kommunikationssettings transferierbar bzw. für andere digitale Praktiken nutzbar ist, bleibt zu prüfen. Als abschließendes Fazit dieses Beitrags kann jedoch vorerst festgehalten werden, dass die deiktischen Verweisstrukturen auf Online-Gedenkseiten die Relevanz einer transkontextuellen Bestimmung digitaler Praktik verdeutlichen; oder um passend dazu einem (häufig zitierten) Beispiel aus den Kerzentexten das Schlusswort zu überlassen:

(19) Ich bin überzeugt, dass es mehr Verbindungen gibt
zwischen denen drüben und uns hier,
als die meisten von uns heute meinen. (TIC: 61838)

## Literatur

Androutsopoulos, Jannis (2016). Mediatisierte Praktiken: Zur Rekontextualisierung von Anschlusskommunikation in den Sozialen Medien. In: Deppermann, Arnulf/Feilke, Helmuth/Linke, Angelika (Hrsg.). Sprachliche und kommunikative Praktiken. Berlin/Boston: De Gruyter, 337–368.

Beißwenger, Michael (2013). Raumorientierung in der Netzkommunikation. Korpusgestützte Untersuchungen zur lokalen Deixis in Chats. In: Frank-Job, Barbara/Mehler, Alexander/Sutter, Tilmann (Hrsg.). Die Dynamik sozialer und sprachlicher Netzwerke: Konzepte, Methoden und empirische Untersuchungen an Beispielen des WWW. Wiesbaden: Springer, 207–258.

---

27  Vgl. https://qr-grabstein.de/ (Stand: 13.06.2022).

Berger, Peter L./Luckmann, Thomas (2021). Die gesellschaftliche Konstruktion der Wirklichkeit. Eine Theorie der Wissenssoziologie. 28. Aufl. Frankfurt am Main: Fischer.

Brezina, Vaclav (2018). Statistics in Corpus Linguistics: A Practical Guide. 1. Aufl. Cambridge University Press.

Bubenhofer, Noah (2009). Sprachgebrauchsmuster. Korpuslinguistik als Methode der Diskurs- und Kulturanalyse (= Sprache und Wissen 4). Berlin, New York: De Gruyter.

Bühler, Karl (1999). Sprachtheorie: die Darstellungsfunktion der Sprache. 3. Aufl., ungekürzter Neudr. d. Ausg. 1934. Stuttgart: Lucius und Lucius.

Du Bois, John W. (2007). The stance triangle. In: Englebretson, Robert (Hrsg.). Stancetaking in Discourse: Subjectivity, evaluation, interaction (= Pragmatics & Beyond New Series 164). Amsterdam: John Benjamins, 139–182

Frick, Karina (2019). #RIP – kollektive Fan-Trauer auf Twitter. In: Hauser, Stefan/Luginbühl, Martin/Tienken, Susanne (Hrsg.). Mediale Emotionskulturen (= Sprache in Kommunikation und Medien). Bern: Peter Lang, 179–200.

Frick, Karina (2021). Verbalised speechlessness: online mourning practices. Bulletin suisse de linguistique appliquée No spécial Vol. 1, 251–267.

Frick, Karina (2022). Mediatisierte Praktiken der kollektiven Anteilnahme im Fokus metapragmatischer Kritik. In: Busch, Florian/Droste, Pepe/Wessels, Elisa (Hrsg.): Sprachreflexive Praktiken. Empirische Perspektiven auf Metakommunikation (= LiLi: Studien zu Literaturwissenschaft und Linguistik 4). Stuttgart: Metzler, 199–219.

Frick, Karina (im Druck). Religiöse Sprachgebrauchsmuster: Das Beispiel Online-Trauer. Erscheint in: Fritzsche, Maria/Lasch, Alexander/Liebert, Wolf-Andreas/Roth, Kerstin (Hrsg.): Sprache und Religion – Tendenzen und Perspektiven (= Sprache und Wissen 56). Berlin, Boston: de Gruyter.

Fricke, Ellen (2007). Origo, Geste und Raum: Lokaldeixis im Deutschen. Berlin/Boston: De Gruyter.

Giaxoglou, Korina (2018). #JeSuisCharlie? Hashtags as narrative resources in contexts of ecstatic sharing. Discourse, Context & Media 22, 13–20.

Giaxoglou, Korina (2020). A narrative approach to social media mourning: small stories and affective positioning (= Routledge research in narrative, interaction and discourse). New York: Routledge.

Giaxoglou, Korina/Döveling, Katrin/Pitsillides, Stacey (2017). Networked Emotions: Interdisciplinary Perspectives on Sharing Loss Online. Journal of Broadcasting & Electronic Media 61 (1), 1–10.

Giaxoglou, Korina/Johansson, Marjut (2020). Introduction: Networked practices of emotion and stancetaking in reactions to mediatized events and crises. Pragmatics 30 (2), 169–178.

Gredig, Andi (2021). Schreiben mit der Hand: Begriffe – Diskurs – Praktiken. Berlin: Frank& Timme.

Hausendorf, Heiko (2020). Geht es auch ohne Interaktion? Aptum. Zeitschrift für Sprachkritik und Sprachkultur 16 (2+3), 196–199.

Jakoby, Nina R. (2014). Psychosoziale Belastungen nach dem Tod von Nahestehenden. Machen soziale Netzwerke einen Unterschied? / Suffering due to the Death of a Close Person. Do Social Networks Make a Difference? Zeitschrift für Soziologie 43 (4), 272–285.

Jakoby, Nina/Haslinger, Julia/Gross, Christina (2013). Trauernormen: historische und gegenwärtige Perspektiven. SWS-Rundschau 53 (3), 253–274.

Jakoby, Nina R./Reiser, Simone (2014). „Ohne dass der Tod uns scheidet." Intimität in virtuellen Friedhöfen. In: Hahn, Kornelia (Hrsg.). E<3Motion: Intimität in Medienkulturen (= Medienkulturen im digitalen Zeitalter). Wiesbaden: Springer Fachmedien, 73–91.

Jones, Rodney H. (2004). The problem of context in computer-mediated communication. In: LeVine, Philip/Scollon, Ron (Hrsg.). Discourse and technology: Multimodal discourse analysis. Washington: Georgetown University Press, 20–33.

Jones, Rodney H./Chik, Alice/Hafner, Christoph A. (2015). Introduction. Discourse and digital practices. In: Jones, Rodney H./Chik, Alice/Hafner, Christoph A. (Hrsg.): Discourse and Digital Practices. Doing discourse analysis in the digital age. London/New York: Routledge 1–17.

Koch, Peter/Oesterreicher, Wulf (1985). Sprache der Nähe – Sprache der Distanz. Mündlichkeit und Schriftlichkeit im Spannungsfeld von Sprachtheorie und Sprachgeschichte. Romanistisches Jahrbuch 36 (1), 15–43.

Koch, Peter/Oesterreicher, Wulf (1994). Schriftlichkeit und Sprache. In: Günther, Hartmut/Ludwig, Otto (Hrsg.). Schrift und Schriftlichkeit. Ein interdisziplinäres Handbuch internationaler Forschung. 1. Halbband. Berlin/New York: De Gruyter, 587–604.

Lasch, Alexander (2017). Transzendenz. In: Lasch, Alexander/Liebert, Wolf-Andreas (Hrsg.). Handbuch Sprache und Religion (= Handbücher Sprachwissen 18). Berlin/Boston: De Gruyter, 241–265.

Lasch, Alexander/Liebert, Wolf-Andreas (2015). Sprache und Religion. In: Felder, Ekkehard/Gardt, Andreas (Hrsg.). Handbuch Sprache und Wissen (= Handbücher Sprachwissen 1). Berlin/Boston: De Gruyter, 475–492.

Liebert, Wolf-Andreas (2018). Können wir mit Engeln sprechen? In: Felder, Ekkehard/Gardt, Andreas (Hrsg.). Wirklichkeit oder Konstruktion? Berlin/Boston: De Gruyter, 162–193.

Marx, Konstanze (2019). Kollektive Trauer 2.0 zwischen Empathie und Medienkritik: Ein Fallbeispiel. In: Hauser, Stefan/Opiłowski, Roman/Wyss, Eva L. (Hrsg.). Alternative Öffentlichkeiten. Soziale Medien zwischen Partizipation, Sharing und Vergemeinschaftung (= Edition Medienwissenschaft 35). Bielefeld: Transcript, 109–130.

Marx, Konstanze/Tienken, Susanne (2021). Trost und Trösten. In: Braun, Christian (Hrsg.). Sprache des Sterbens – Sprache des Todes. Linguistische und interdisziplinäre Perspektivierungen eines zentralen Aspekts menschlichen Daseins (= Reihe Germanistische Linguistik 323). Berlin/Boston: De Gruyter, 141–164.

Meier-Vieracker, Simon (2021). „Ach, heute wurde mir zum ersten Mal ein Sitzplatz angeboten im Tram". In: Braun, Christian (Hrsg.). Sprache des Sterbens – Sprache des

Todes. Linguistische und interdisziplinäre Perspektivierungen eines zentralen Aspekts menschlichen Daseins (= Reihe Germanistische Linguistik 323). Berlin/Boston: De Gruyter, 165–184.

Reckwitz, Andreas (2016). Praktiken und ihre Affekte. In: Schäfer, Hilmar (Hrsg.). Praxistheorie. Ein soziologisches Forschungsprogramm. Bielefeld: Transcript, 163–180.

Rogers, Richard (2013). Digital methods. Cambridge: The MIT Press.

Schütte, Christian (2021). „Ist das denn noch normal?" Diskurslinguistische Stichproben zur Aushandlung von ‚Normalität' in Online- Trauer-Foren. In: Iakushevich, Marina/Ilg, Yvonne/Schnedermann, Theresa (Hrsg.). Linguistik und Medizin. Berlin/Boston: De Gruyter, 379–398.

Scollon, Ronald (2001). Mediated discourse: the nexus of practice. London/New York: Routledge.

Spitzmüller, Jürgen (2013). Metapragmatik, Indexikalität, soziale Registrierung. Zeitschrift für Diskursforschung 3, 263–287.

Stalder, Felix (2021). Kultur der Digitalität. 5. Aufl. Berlin: Suhrkamp.

Stein, Stephan (2021). Elektronische Kondolenzbücher. Charakteristika und Veränderungen der kommunikativen Praktik des Kondolierens in der Online-Kommunikation. In: Braun, Christian (Hrsg.). Sprache des Sterbens – Sprache des Todes. Linguistische und interdisziplinäre Perspektivierungen eines zentralen Aspekts menschlichen Daseins (= Reihe Germanistische Linguistik 323). Berlin/Boston: De Gruyter, 41–70.

Stukenbrock, Anja (2016). Deiktische Praktiken: Zwischen Interaktion und Grammatik. In: Deppermann, Arnulf/Feilke, Helmuth/Linke, Angelika (Hrsg.). Sprachliche und kommunikative Praktiken. Berlin/Boston: De Gruyter, 81–126.

Tienken, Susanne (2015). Von der Fehlgeburt zum Sternenkind. Ein Neologismus und seine kulturelle Bedeutung. In: Ängsal, Magnus P./Grub, Frank Thomas (Hrsg.). Visionen und Illusionen. Beiträge zur 11. Arbeitstagung schwedischer Germanistinnen und Germanisten Text im Kontext in Göteborg am 4./5. April 2014 (= Nordeuropäische Arbeiten zur Literatur, Sprache und Kultur 3). Frankfurt am Main: Peter Lang, 129–149.

Tienken, Susanne/Marx, Konstanze (2020). Trauermuster 2.0 aus medienkulturlinguistischer Perspektive. In: Lefèvre, Michel/Mucha, Katharina (Hrsg.). Konstruktionen, Kollokationen, Muster (= Eurogermanistik 39). Tübingen: Stauffenburg, 257–274.

Zifonun, Gisela/Hoffmann, Ludger/Strecker, Bruno (1997). Grammatik der deutschen Sprache. (= Schriften des Instituts für Deutsche Sprache 7). Berlin/New York: De Gruyter.

# Gegenrede als Re-Konturierung des eigenen Territoriums

Konstanze Marx

**Abstract:** This paper explores the question of how social media users manage to demarcate their personal territory when it is threatened by verbal attacks, such as hate speech. Unlike in face-to-face interaction, where physical movements (increasing distance or retreating from the interaction space) are possible in addition to linguistic strategies, in internet communication one has to resort to techniques that function on two-dimensional surfaces. Three procedures emerged in the data on which the study was based: Territorial opening, territorial adoption and territorial withdrawal. They are examined in the framework of a visual surface-oriented approach.

**Keywords:** counterspeech, hate speech, verbal violence, territories of the self, self-defence in discourse

## 1 Einleitung

Soziale Medien haben neben allen Vorteilen Schattenseiten, die sich z. B. darin zeigen, dass Interagierende verbal diskreditiert, verleumdet oder bloßgestellt werden. Solche Angriffe werden sowohl in der Forschungsliteratur als auch in der medialen Berichterstattung als *Hate Speech* oder *Cybermobbing* bezeichnet und als wachsendes Problem wahrgenommen (u. a. Foxman und Wolf 2103; Su et al. 2018; Schmid/Rieger/Frischlich 2022). Sie stellen eine Gefährdung für die adressierten Personen dar, die nicht nur ihr (quasi-)öffentliches Ansehen betrifft, sondern sich auch sehr konkret auf ihre Lebenssituation auswirken kann, wenn z. B. Privatadressen im Internet veröffentlicht werden oder physische Gewalt angedroht oder sogar vollzogen wird.

Seit Jahren erörtern und erproben Digital-Street-Work-Initiativen Konzepte, wie man diesen Bedrohungen, z. B. mit sogenannter *Gegenrede* oder *Counterspeech*, begegnen kann. Unter Gegenrede wird Zollner (2022: 39) zufolge die

„proaktiv[e] Fürsprache für Betroffene [von] invektiven Praktiken" verstanden. Es handelt sich hierbei also um „prosoziale Anschlusskommunikation, die direkt und unmittelbar oder raumzeitlich versetzt auf invektive Praktiken wie diskriminierende Ereignisse, herabwürdigendes und verletzendes Sprechen oder symbolisch bzw. sprachlich vermittelte Ideologien der Ungleichwertigkeit reagiert."

Diese Form aktiven Verteidigungshandelns ist internetlinguistisch bislang kaum erforscht (vgl. Iganski 2020; Marx/Zollner 2020). In kommunikationswissenschaftlichen Arbeiten wurde z. B. die Abhängigkeit von Inhalten, Zweck und Adressat*innen im Kontext von Gegenrede diskutiert (Rieger/Schmitt/Frischlich 2018: 464; vgl. auch Benesch et al. 2016: 5) oder auch, welche Form von Gegenrede am ehesten dazu geeignet ist, bei extremistischen Inhalten zu intervenieren (Bartlett/Krasodomski-Jones 2015).

Für den vorliegenden Band, der Grenzziehungspraktiken zum Thema hat, sind Gegenrede-Aktivitäten deshalb interessant, weil sie dazu dienen, sprachlich und multimodal persönliche Territorien abzustecken. Damit werden Grenzen markiert, deren Überschreitung mit persönlicher Diskreditierung einhergeht. Es geht mir also darum zu zeigen, wie Interagierende in Sozialen Medien Dimensionen des angemessenen Umgangs miteinander sichtbar machen. Dabei lege ich den Fokus nicht auf die Gegenrede, die von anderen Diskursbeteiligten ausagiert wird, wie das etwa in der sozialwissenschaftlich ausgerichteten Extremismusforschung für Counter-Narrative (Aly et al. 2014; Braddock/Horgan 2016; Morten/Frischlich/Rieger 2020) oder im Rahmen digitaler Zivilcourage (Iganski 2020; Garland et al. 2020; Marx/Zollner 2020) beschrieben wurde. Betroffene können sich auch selbst verteidigen (vgl. Zollner 2022: 41; Marx 2017: 285).

Es ist diese Facette der Gegenrede, die im vorliegenden Beitrag untersucht werden soll. An anderer Stelle habe ich die oben genannten invektiven Praktiken als extraterritoriale Gefährdungen kategorisiert, weil sie als Grenzüberschreitung ein Hineinwirken in das Territorium anderer darstellen (Marx 2019: 255). Das möchte ich hier wieder aufgreifen und insbesondere Vorgehensweisen in den Blick nehmen, die der Sicherung des eigenen Territoriums dienen.

## 2 Fragestellung und theoretischer Ausgangspunkt

Konzeptueller Anknüpfungspunkt für die vorliegenden Überlegungen sind Goffmans soziologische Erläuterungen zu den Territorien des Selbst als Autonomiebestrebungen in sozialen Interaktionen, die als etabliert gelten und vielfach als Referenz dienen, weil sich „der Interaktionsbegriff [...] sehr einfach (und durchaus mit Goffman) über direkte *face-to-face*-Kommunikationen hinaus ausweiten und als Ensemble von aufeinander bezogenen Handlungen verstehen [lässt]" (Gallati 2012: 200, Kursivierung im Original).

In der Forschungsliteratur gibt es entsprechend einige Belege dafür, das Konzept auf medial vermittelte Interaktion anzuwenden. Zwei Beispiele seien hier stellvertretend genannt. So erläutert Burkart (2009: 210), warum mobiles Telefonieren auch eine Verletzung der Territorien des Selbst sein können. Miebach (2010: 119) begründet eine Übertragbarkeit auf die Internet-Technologie, z. B. mit Regelkanons für Chaträume.

Goffman (1974: 55–69) unterscheidet acht Territorien des Selbst, die nicht nur auf räumlich Ausgedehntes zu beziehen, sondern auch sozial dahingehend determiniert sind, dass ein höherer sozialer Status mit vergrößertem Umfang der Territorien und Kontrolle über deren Grenzen hinaus korreliert. Diese Territorien sind:

- der persönliche Raum (1),
- die Box (2),
- der Benutzungsraum (3),
- die Reihenposition (4),
- die Hülle (5),
- Besitzterritorien (6),
- ein Informationsreservat (7) und
- ein Gesprächsreservat (8).

Der Raumbezug wird dabei mit aufsteigender Zahl in dieser Reihenfolge symbolischer (vgl. Gallati 2012: 201). Der persönliche Raum (1) konstituiert sich Goffman zufolge um den eigenen Körper und wird z. B. durch das Einhalten von physisch hergestellten Abständen gesichert. Die damit verbundene örtliche Gebundenheit (Nicht-Ubiquität) und Wahrnehmung vom Menschen als „Doppelwesen" aus physischen und sozialen Komponenten (dazu auch Bourdieu 1991: 26 sowie Durkheim 1990: 237) wird in Sozialen Medien zugunsten einer körperlosen Erreichbarkeit aufgegeben, wie ich in Marx (2017: 136–144) anhand der konvergierenden Rahmen ausführe. Ich spreche dort von einer doppelten Körpererfahrung aus konkret leiblicher und transzendenter Präsenz (was auch die *Hülle* (5) tangiert) und diskutiere, ob die möglicherweise als Aufspaltung empfundene Existenz zwischen analoger und digitaler Leiblichkeit durch die aktive Re-Integration von Körperbildern einerseits und multimodalen sogenannten *Leiblichkeitssubstitutionsindikatoren* (etwa Avataren, aber auch Emojis, Memes ...) revidiert werden soll (Marx 2017: 168).

Dieses Vorgehen erstreckt sich auch auf die Gestaltung des eigenen Profils (in Sozialen Medien oder z. B. Blogs), das der von Goffman bezeichneten *Box* (2) wohl am nächsten kommt, aber durchaus auch Überschneidungen zum *Be-*

*nutzungsraum* (3) oder *Besitzterritorien* (6) aufweist. Territoriale Ansprüche und damit auch Ausdeutungen von *Informations-* und *Gesprächsreservaten* (7 und 8) werden auf diesen Repräsentationsflächen zum Beispiel durch die Verwendung raumdeiktischer Ausdrücke, wie *hier* in Kombination mit Ausschlusskriterien (Beispiel 1), durch die Einordnung der Social-Media-Aktivität als „privat" in der Twitter-Biographie (Abbildung 1), durch das seit August 2020 auf Twitter mögliche Einschränken von Antwortmöglichkeiten oder durch Privatsphäre-Einstellungen (z. B. bei Facebook oder Mastodon) mit variierender Wirksamkeit geltend gemacht.

(1) Zwitscherthemen u. a. Fotografie, Radfahren [...] Antisemiten, Israelbasher und Nazis sind hier unerwünscht (TW, @Elliboby, Twitter-Bio, 2022-05-29)

Abb. 1: Beispiele für die Einordnung der Twitter-Aktivität als „privat" in Twitterbiographien

Mit dem Terminus *Gesprächsreservat* wird die Ansprech- und Adressierbarkeit von Individuen erfasst, also „das Recht eines Individuums, ein gewisses Maß an Kontrolle darüber auszuüben, wer es wann zu einem Gespräch auffordern kann; ferner das Recht einer im Gespräch befindlichen Gruppe von Individuen, nicht durch die Einmischung oder das Mithören anderer Personen behelligt zu werden" (Goffman 1974: 69). *Informationsreservate* sind Formen des Privaten, etwa Tagebücher, Briefe, Tascheninhalte, Display-Informationen, aber auch das Bewusstsein.

Über die hier enthaltenen Informationen möchten Individuen die Kontrolle behalten und werden dabei in unserer Gesellschaft einerseits besonders unterstützt (rechtlich, technisch). Andererseits sind Informationsreservate aber auch sehr dynamisch. Tendenzen, diese aktiv aufzugeben, lassen sich ebenso wie die oben beschriebenen territorialen Eingrenzungsversuche, die dazu nicht einmal im Gegensatz stehen müssen, tagtäglich in Sozialen Medien nachvollziehen (siehe meine Ausführungen zu intraterritorialen Daten[1] in Marx 2019). Bischof und Wohlrab-Sahr (2018: 96) verweisen in diesem Zusammenhang zudem auf „Territoriumskonflikte", weil das Gut der persönlichen Informationen sowohl von Nutzer*innen als auch von Plattformen, wie z. B. Facebook, beansprucht wird. Reflexionen zum Umgang mit dieser Ressource werden nicht nur auf Nachfrage geäußert (etwa im Rahmen kommunikationswissenschaftlicher Untersuchungen, siehe Bischof und Wohlrab-Sahr 2018: 91–92), sondern auch initiativ, wie Beispiel (2) zeigt, in dem die Userin formulierte, aber nicht veröffentlichte emotionsgeladene Inhalte thematisiert.

(2) In den Entwürfen sammeln sich meine Jammer-/Klage-/Alles-großer-Mist-/so-ein-scheiß-Tag-Tweets. Wie Liebesbriefe, die nicht abgeschickt werden. (TW, @connylisa, 2022-05-10)

Das Management eigener Territorien wird darüber hinaus auch daran sichtbar, dass in dem Bewusstsein von Aufmerksamkeitsökonomien gehandelt wird. So kommt es neben z. B. Selbstzitationen zum Einsatz von Reizwörtern etwa aus der Domäne der Sexualität, die verschriftlicht oder als beim Scrollen besonders gut wahrnehmbares GIF in Tweets integriert werden, um die Aufmerksamkeit zu binden, was anschließend mit den Worten *jetzt, da ich eure Aufmerksamkeit habe* (in marginal variabler Formulierung) offenbart wird.[2] In dieser Absicht werden auch aktuell im Fokus stehende Themen adressiert, siehe Beispiel (3):

(3) Bibi und Julienco haben sich getrennt ... jetzt wo ich eure Aufmerksamkeit habe: In wenigen Wochen ist das James Webb Teleskop voll betriebsbereit und wird unser Verständnis des Kosmos für immer ändern (TW, @astro_timbo, 2022-05-21)

---

1 Intraterritoriale Daten in Sozialen Medien sind Selbstoffenbarungsphänomene, mit denen Nutzer*innen sich aktiv aus Sprachkrisen befreien. Die Äußerung von Inhalten aus höchstpersönlichen Lebensbereichen geht mit Psychohygiene und Entlastung einher (Marx 2019: 254), bedeutet aber auch, dass eigene Grenzen durchlässiger werden.
2 Es gibt zahlreiche Beispiele für dieses Vorgehen auf Twitter, die über die Twitter-Suchfunktion leicht zugänglich sind.

Diese wenigen Beispiele können an dieser Stelle nur einen Eindruck davon vermitteln, welche Möglichkeiten Nutzer*innen haben, „ihre" Territorien über plattformeninhärente sichtbare Rahmen, die das eigene Aktionsfeld in der Timeline (o. ä.) von anderen Nachrichten abgrenzen, hinaus reflektierend zu kartieren. Interaktion in Sozialen Medien ist daran ausgerichtet, auffindbar zu sein, wahrgenommen zu werden, sich zu vernetzen, kurz: sich als adressierbar zu kennzeichnen, was auch aktiv thematisiert wird.

Dabei bleibt es eine besonders anspruchsvolle kommunikative Aufgabe, das eigene Territorium zu konturieren. Die o. g. von Goffman skizzierten Territorien sind in Sozialen Medien nämlich auf zweidimensionale flächige Repräsentationsebenen reduziert und keinesfalls mehr so klar voneinander abgrenzbar wie etwa physische Präsenzen. Die Bewegung im Raum, z. B. der körperlich konkret ausführbare Schritt zurück zur Distanzwahrung, muss also in andere semiotische Ressourcen übersetzt und auf eine Oberfläche transferiert werden. Auch der soziale Status respektive Hierarchien zwischen den Interagierenden treten in den Hintergrund, weil häufig gar nicht transparent gemacht wird, welche bürgerlichen Identitäten miteinander interagieren. Zudem ist die Möglichkeit, Kommunikate als Digitalisate sprichwörtlich zur vervielfältigenden oder modifizierenden Verfügung zu stellen ein Aspekt, der sich reduzierend auf das Repertoire an Kontrollmechanismen zur Wahrung der eigenen Autonomie auswirkt.

Im Zentrum des Beitrags steht also die Frage, wie der oben benannte Übersetzungsprozess gelingt? Welche Techniken wenden Nutzer*innen in Sozialen Medien an, um sich abzugrenzen, Autonomie zu behaupten und damit ihr Territorium des Selbst zu begrenzen?

In Fällen, in denen eine Gefährdung auftritt, gestaltet sich diese Aufgabe besonders herausfordernd, weil die eigene Sichtbarkeit gleichzeitig auch Bühne für den jeweiligen Angriff ist und die Deformation des eigenen Territoriums bewirkt, was eine Reaktion konditional relevant macht. „Wo es keine wahrnehmbare Gegenrede gibt, werden die Grenzen weiter verschoben", schlussfolgert Hoffmann (2020: 47) mit Bezug auf invektive Akte, wie rassistische Diskriminierung und weitere Formen der Hassrede. In diesem Sinne wird vorliegend Gegenrede als eine Form der Grenzziehung verstanden und mit Re-Konturierung des eigenen Territoriums zur Sicherung der eigenen Integrität assoziiert.

Nach Angaben zu den Daten, auf denen diese Untersuchung basiert, und deren Erhebung (Kap. 3) möchte ich drei Vorgehensweisen von User*innen vorstellen, der genannten Herausforderung gerecht zu werden: 1. Territoriale Öffnung, 2. Territoriale Übernahme und 3. Territorialer Rückzug (Kap. 4). Ich konzeptualisiere diese Vorgehensweisen als selbstverteidigende Gegenrede und schließe ausgehend von den Beispielen Überlegungen dazu an, welche medienlinguistisch-präventiven Implikationen für den internetlinguistisch höchst interessanten Gegenstand der Gegenrede (auch Counterspeech) daraus folgen (Kap. 5).

## 3 Zur Datengrundlage

Grundlage der hier vorgestellten Befunde sind Daten aus der thematischen Datensammlung „Gegenrede", die in der Corona-Pandemie erstellt worden ist. Der Corona-Diskurs machte grenzziehungsauslösende (invektive) Diskursereignisse im Zeitraffer sichtbar, die bereits in den Jahren zuvor für Hass und Hetze im Netz dokumentiert wurden und über die auch die cross-mediale (in der Betrachtung von Hate Speech häufig vernachlässigte) Dimension zumindest ansatzweise nachgezeichnet werden kann.

Die thematische Datensammlung ist Teil eines Gesamt-Korpus zu Interaktion in Sozialen Medien, das Ergebnis umfangreicher, langfristiger (und andauernder) sowohl ereignisgeleiteter als auch explorativer Onlinebeobachtung angelehnt an die Prinzipien „revisit" und „roam around" ist und kontinuierlich aufgebaut wird. „Revisit" steht dabei für regelmäßige, iterative Besuche von ausgewählten Sozialen-Netzwerk- und Web-Seiten, um Routinen und Abweichungen von Routinen respektive grundlegende Veränderungen nachzuvollziehen. „Roam around" beschreibt Erkundungsaktivitäten in der digitalen Umgebung, um sich einen Überblick über Kommunikationsverläufe (Threads), Profile oder Beteiligungsstrukturen zu verschaffen (siehe dazu Androutsopoulos 2013: 241). Diese Belege sind inhaltlich annotiert und als Bildschirmfoto mit Metadaten, wie Datum und Uhrzeit der Veröffentlichung, und Reaktionszahlen (Likes, Retweets, Anzahl der Antworten) in thematischen Ordnern lokal archiviert.

Das Teilkorpus enthält darüber hinaus Datenspenden von Wissenschaftler*innen, Journalist*innen und Politiker*innen, die ich persönlich kontaktiert habe, nachdem ich beobachtet hatte, dass sie mit Hate Speech konfrontiert worden waren und sich in Sozialen Medien dazu positioniert hatten. Auf diese Weise können Daten berücksichtigt werden, die entweder nicht oder nur partiell publiziert worden sind und auch durch Suchmaschinen nicht auffindbar sind (vgl. Luth/Marx/Pentzold 2022: 108). Den Spenden ging ein Gespräch über das linguistische Interesse an diesen Daten voraus, die Auswahl der Belege obliegt jeweils den Spender*innen. In Fällen, in denen die Interaktion auf Grundlage dieser Daten nicht rekonstruiert werden kann, nutze ich die Möglichkeit, Rückfragen an die Spender*innen zu stellen (vgl. die Methode der Digitalen Ethnographie z. B. bei Androutsopoulos 2008 oder Dahm/Egbert 2021).

Diese Vorgehensweise wird mit Elementen der Walkthrough-Methode kombiniert, die unter User*innen als Erkundungsstrategie von Plattformen oder Videospielen etabliert ist (Grimes 2015; Singh et al. 2000; Marx/Schmidt 2019: 324) und u. a. von Light/Burgess/Duguay (2018) für die Erforschung von Apps adaptiert worden ist. Indem hierbei nicht nur allgemeine Informationen zum Zweck und Geschäftsmodell von Apps berücksichtigt werden, sondern auch die technologische Architektur (Schnittstelle, Bildschirmeinstellungen, Schaltflächen oder Menüs) und die Anwendungsroutinen (Registrierung, Start, tägliche Benutzung, Schließen und Löschen), kann der Erkenntnis Rechnung getragen werden, dass Technologien Kultur und im hier interessierenden Fall insbesondere Interaktion formen und gleichzeitig ein kulturelles Produkt sind. Neben dem inhaltlichen Monitoring werden also im genuin internetlinguistischen Sinne auch technologische Parameter analysiert, um die Interaktion vor dem Hintergrund der jeweiligen Plattformlogik einordnen zu können.

Eine auf diese Weise erhobene Datensammlung hat den Vorteil, dass sie zur Bearbeitung spezifischer Fragestellungen herangezogen werden kann. Auf einzelne für die Korpusgenerierung typische Arbeitsschritte (etwa Lemmatisierung, POS-Tagging oder Parsing, vgl. Quasthoff 2010) kann pragmatischerweise verzichtet werden (vgl. Juska-Bacher/Biemann/Quasthoff 2013: 22). Ich bin mit den Belegen beispielsweise dadurch gut vertraut, dass ich jeden einzelnen selbst gelesen, selegiert und archiviert habe, weshalb bei dem hier vorliegenden Teilkorpus auf die Transformation in eine vollständig durchsuchbare Textgrundlage verzichtet worden ist. Dieser Zeitersparnis steht allerdings der Zeitaufwand bei der Erhebung, Rezeption und Identifikation von Texten von „exemplarischer Bedeutsamkeit" (vgl. Fix 2015: 319) oder auch „Pioniertexten" (dazu Spitzmüller/Warnke 2011: 189) gegenüber (vgl. zu diesem letztgenannten Arbeitsschritt auch Seiler Brylla 2019: 27).

Als Nachteil könnte ebenfalls eingeordnet werden, dass es sich um ein an individuellen Nutzungsbedarfen orientiertes Korpus handelt, das in der jetzigen Form nicht für Untersuchungen zu anderen (ggf. allgemeineren) Fragestellungen verwendet werden kann. Verschwiegen sei auch nicht die forschungsethische Einschränkung, dass dem Recht auf (informationelle) Selbstbestimmung (siehe dazu u. a. Schmidt 2012 und Meier-Vieracker 2022: 15) auf die hier geschilderte Weise nur fallweise (nämlich dann, wenn eine Kontaktaufnahme geglückt ist) Rechnung getragen werden konnte. Auf diesen Umstand reagiere ich hier, indem ich in Fällen, in denen keine explizite Zustimmung zur wissenschaftlichen Analyse vorliegt, nur sparsam vom Zitationsrecht Gebrauch mache.

## 4 Musterhafte Grenzziehungen

Oben habe ich Grenzziehung als Form der selbstverteidigenden Gegenrede eingeordnet und mit der Re-Konturierung des eigenen Territoriums assoziiert. Im Folgenden möchte ich drei Vorgehensweisen vorstellen, die zu einer territorialen Neubestimmung führen.

### 4.1 Grenzlinien marginalisieren: Öffnung des höchstpersönlichen Territoriums

Eine vordergründig kontra-intuitiv erscheinende Vorgehensweise ist die Anzeige der eigenen Verletzlichkeit, interessanterweise also die Öffnung (und nicht Schließung) des eigenen, höchstpersönlichen Territoriums. Dabei werden die Grenzen, die zunächst erkannt und adressiert werden müssen, zum Zwecke eines Sich-Aufeinander-Zubewegens marginalisiert. Ich möchte das an einigen Fällen explizieren, in denen diese Grenz-Marginalisierung von der Twitternutzerin (und FDP-Politikerin) Karoline Preisler[3] (KP) vorgenommen wurde. Sie hat sich im März 2020 mit SARS-CoV-2 infiziert, zu einer Zeit also, in der wir noch sehr wenig über das Virus wussten. Sie litt unter starken Lungenschmerzen und musste stationär behandelt werden. In der gesamten Zeit führte sie auf Twitter ein sogenanntes *Corona-Tagebuch*. Auch nach ihrer Entlassung aus dem Krankenhaus hat sie weiter über die Folgen der Erkrankung informiert. Dabei war und ist sie nicht nur auf Twitter aktiv, sondern sucht auf Demonstrationen gegen die Corona-Maßnahmen das Gespräch mit Personen, die die Gefahr durch die Pandemie leugnen. In der ersten Phase dieser Dokumentationsarbeit war sie Adressatin von Anfeindungen, weil sie als Gefahr insbesondere für die Mitbürger*innen in ihrem Wohnort gesehen wurde. So wurde ihr z. B. unterstellt, sie halte sich nicht an die Quarantäneregeln. Die Inhalte der empörten Adressierungen änderten sich jedoch. In Beispiel 10 wird etwa als sogenannter *Drüberkommentar (Drüko)* (in einem zitierten Tweet Preislers) die eigene Fassungslosigkeit darüber artikuliert, dass eine FDP-Politikerin für #socialdistancing wirbt.

(4)  Dieser Tweet macht mich fassungslos. Ausgerechnet jemand von der @fdp will hier was von #SocialDistancing geltend machen, ausgerechnet von der #FDP! #June6th #BlacklivesMatter [Faustemoji] (TW, @Krid63, 2020-06-06, 20:11, RT: 0, ZT: 0, L: 2)

---

3   Für diese Ausführungen kann ich auf eine sich sukzessive generierende Datensammlung von an Karoline Preisler adressierten Nachrichten (über Social-Media-Plattformen, E-Mail oder den Postweg) zurückgreifen, die mir dankenswerter Weise von ihr zur Verfügung gestellt werden, vgl. Kapitel 2.

Auf der Ebene der technischen Funktionen wird hier von @Krid63 zwar Ansprechbarkeit signalisiert, etwa durch die @-Adressierung der FDP, ein Account, der somit automatisiert Kenntnis von diesem Tweet erhält. Auch die technische Funktion des Retweets sorgt dafür, dass der Account, dessen Post retweetet wurde, benachrichtigt wird. Ich argumentiere hier aber dafür, dass mit sogenannten *Drüberkommentaren* nicht notwendigerweise Dialogbereitschaft transportiert wird, sondern eher eine für die involvierten Accounts wahrnehmbare Machtdemonstration. So wird eine territoriale Vereinnahmung sichtbar. Der fremde Tweet wird in die eigene Botschaft (und Timeline) eingebettet, durch die so gesetzten Rahmen annektiert und mit Blick auf die so hergestellte Neugestaltung der Oberfläche sprichwörtlich eingesperrt (vgl. auch Kap. 4.2.3). Die o. g. technisch indizierte Ansprechbarkeit tritt damit in den Hintergrund. Es entsteht eine Verschachtelung (siehe Abbildung 2, Mitte), die mit einer Hierarchisierung vergleichbar ist.

Was ist damit gemeint? Ein Transfer eines Tweets in die eigene Timeline verändert die sequenzielle Reihenfolge (vgl. Abbildung 2) auf der lesbaren Oberfläche. Eine Erwiderung auf einen vorhergehenden Tweet erweckt in der neuen Darstellung den Anschein eines Initial-Tweets (gestrichelter Kasten) und damit einer assoziierten Dominanz im konkreten Äußerungskontext und damit einhergehenden höheren Wertigkeit des Rede- respektive Äußerungsrechts: Wer eine Interaktion eröffnet, kann beispielsweise das Thema vorgeben und hat z. B. auch die Option, den Grad der Vertrautheit sprachlich zu markieren.

Der Fokus kann so auf die Kommentierung gelegt werden, die typographisch durch die größere Schrifttype und das prominent wahrnehmbare Profilfoto hervorgehoben wird. Von ihr geht kein Signal für einen konstruktiven Austausch aus, vielmehr wird deren Inhalt durch die Anordnung als gesetzt und nicht diskutabel markiert. Interaktion auf Twitter findet im Normalfall unter einem Tweet statt, der Ausgangstweet wird dadurch elaboriert und diskutiert. Mit einem Drüberkommentar erfolgt eine Übernahme, die diesen Diskurs marginalisiert.

Die Adressatin KP reagiert hier dennoch direkt (also die Signale ignorierend, die von einem Drüberkommentar ausgehen) und unterbreitet unter dem kommentierten Retweet ein Gesprächsangebot (5). Sie antwortet also sichtbar in der Timeline von @Krid63 und ist dadurch in dem sich konstituierenden Verlauf zunächst häufiger vertreten, was sich auf der Oberfläche durch vergleichsweise mehr beanspruchten Raum (Abbildung 2, gepunktet umrahmte graue Fläche, Mitte und rechts) und ein vergrößertes Profilfoto (rechts) bemerkbar macht.

# Gegenrede als Re-Konturierung des eigenen Territoriums

Abb. 2: Territoriale Verteilung auf der Twitter-Oberfläche bei Drüber- und Drunter-Kommentaren. Das Beispiel zeigt, dass bei Drüberkommentaren (Mitte) die Präsentationsfläche des Initial-Tweets (links) verkleinert wird. Besonders deutlich wird das am Profilfoto, das somit marginalisiert wird. Durch die Antwort auf den Drüberkommentar (rechts) vergrößert sich die Repräsentationsfläche wieder.

Ihr Gesprächsangebot wird an die Forderung angebunden, sie nicht weiter zu verunglimpfen. Mit dieser Kategorisierung des Kommentars von @Krid63 als *Verunglimpfung*, wird auf der propositionalen Ebene ein Schritt unternommen, das eigene Territorium zu schützen.

(5) Lieber Herr Jung, wollen wir darüber sprechen? Ich bin hier: nachbarschaftbarth.de Ich setze Teewasser auf. Bitte kommen Sie gerne vorbei. Bitte verunglimpfen Sie mich nicht weiter. Sie stellen mich bewusst falsch dar. Ich habe Angst vor Ihnen. Danke. (TW, @PreislerKa, 2020-06-06, 20:16, RT: 0, ZT: 0, L: 17)

Gleichzeitig erfolgt inhaltlich die Öffnung des eigenen Territoriums angelehnt an formelle schriftliche Kommunikation (Anrede *Lieber...*) und damit hinsichtlich sprachlicher Konventionen und räumlich mit Blick auf die Fläche, die diese Antwort direkt in der Timeline des Adressaten beansprucht (Abbildung 2, rechts). Darüber hinaus wird die Erreich- und Ansprechbarkeit an einem konkreten Ort über die Angabe einer Homepage glaubwürdig vermittelt und an eine Einladung geknüpft. Mit dem hier thematisierten gemeinsamen Teetrinken wird eine behagliche Gesprächsatmosphäre avisiert. Die Adressatin präsentiert sich in einer gestaltenden Rolle. Die Grenzverletzung wird deutlich angesprochen und mit einer höflichen, aber bestimmten Unterlassungsaufforderung verbunden. Das Eingeständnis *Ich habe Angst vor Ihnen* offenbart hingegen, dass das unterbreitete Gesprächsangebot mit Selbstüberwindung einhergegangen sein muss. Die Adressatin präsentiert sich hier als verletzlich. Das steht in Kontrast zu den klaren Formulierungen, die dieser Aussage vorausgehen, und rückt deren Inhalt daher in den Fokus. Emotionen (Angst) werden klar und unmissverständlich ausgedrückt und Folgen der Angriffe (Verletzungen) konkret benannt. Die Urheberin der Tweets positioniert sich in ihrer Menschlichkeit, schonungslos auch sich selbst gegenüber und kontrastiert damit das unmenschliche Verhalten der Personen, die sie diskreditieren. So operiert sie auch in der Entgegnung auf (6) mit einem offenen Eingeständnis *Ihre Worte verletzen mich sehr* (7).

(6)    Was für ein unglaubliches Schmierentheater von unseren Politikdarstellern. Woher weiß jemand, an welchem Tag die Ansteckung war. (TW, @betriebsdirek3, 2020-07-08, 11:41, RT: 0, ZT: 0, L: 8)

(7)    Dank für Ihre Offenheit. Ihre Worte verletzen mich sehr. Gibt es einen Grund dafür, dass Sie die Worte Schmierentheater & Politikdarsteller verwenden? Womöglich besteht ja ein Missverständnis. Wollen wir uns austauschen? Den Tag der Ansteckung hat das Gesundheitsamt gefunden [Lächelndes Emoji]. (TW, @PreislerKa, 2020-07-08, 14:21, RT: 0, ZT: 0, L: 25)

Der Angriff in (7) wird zunächst entschärfend als *Offenheit* kategorisiert. Im zweiten Satz wird jedoch explizit formuliert, welche emotionale Wirkung der Vorwurf und die Unterstellung, die Unwahrheit zu sagen, hervorgerufen haben. Im Anschluss werden die Vorannahmen aus (6) systematisch bearbeitet, zunächst mit Blick auf die größere Tragweite des Framings von Politiker*innen als *Darsteller[*innen]* in einem *Theater* als unwahrhaftig, dann hinsichtlich der sehr konkreten Unterstellung, die mit einer präzisen Angabe (*Den Tag der Ansteckung hat das Gesundheitsamt gefunden*) pariert und mit einem symbolischen Lächeln (Emoji) als leicht zu entkräften markiert wird. Diese beiden Aspekte werden mit dem Angebot zum Austausch verbunden. Dass @betriebsdirek3 am Ende des Postings unter Verweis auf eine vertrauenswürdige Institution (*Gesundheitsamt*) widerlegt werden kann, wirkt verstärkend auf die Deutung zurück, er*sie habe auch hinsichtlich der generellen Vertrauensunwürdigkeit von Politiker*innen etwas missverstanden.

Nachdem ein territoriales Fragment (also der eigene Post) fremdbestimmt in eine andere Timeline und Rahmung verlagert wurde, kann sich die (nachträgliche) Öffnung des eigenen Territoriums sowohl im Sinne einer emotionalen Offenbarung, als auch im Sinne einer räumlichen Okkupation (wie in 4) auf die

Anschlusskommunikation auswirken. Die Einladung zum Tee (5) wird zwar ausgeschlagen (8), aber @Krid63 adressiert auch die thematisierte Angst als unbegründet (*Ich wehre mich mit Worten*). In dieser Deutung ist vermutlich auch die Einordnung *wirr* zu lesen. Bemerkenswert ist hierbei die komplexanaphorische Referenz (*Das ist*), die gegenüber einer personaldeiktischen Adressierung (*Sie sind*) ein deeskalierendes Potenzial aufweist.

(8) Das ist doch wirr. Ich wehre mich mit Worten. Und setzen Sie bitte das Teewasser für Gespräche mit ihren Parteikollegen #Lindner, #Kubicki, #Sudig und #Gebauer auf. Hätten Sie grade heute den Hashtag #Demonstration weggelassen, hätte ich sogar Aufrichtigkeit unterstellt. (TW, @Krid63, 2020-06-06, 20:11, RT: 0, A: 3, L: 2)

In (9) zeigt sich, dass die selbstverteidigende Gegenrede andere Nutzer*innen zu weiteren Verteidigungsäußerungen animiert.

(9) Wirr ist, dass Sie @PreislerKa ohne zu differenzieren hier abkanzeln. Fragen Sie doch nach, was sie gemeint hat und nehmen Sie das Gesprächsangebot an. Das wäre Aufrichtigkeit Ihrerseits. (TW, @connylisa, 2022-05-10, RT: 0, A:0, L: 1)

Als kennzeichnend für die ‚Öffnung des eigenen Territoriums' ist festzuhalten, dass das eigene Territorium durch die Anzeige einer Grenzverletzung sichtbar gemacht wird. Dieser Vorgang geht mit der prinzipiellen Gefahr einher, der Verletzung keinen Einhalt gebieten zu können. Auf diese Weise erlangen die Protagonist*innen aber die durch die Grenzverletzung in Frage gestellte Diskursposition zurück, aus der heraus sie über das eigene Territorium bestimmen und z. B. (zu einem Austausch) einladen können.

### 4.2 Grenzlinien perforieren: Infiltration/Antizipation/Annexion
Perforiert werden Grenzlinien, wenn sie überschritten werden, um den Auslöser für selbstverteidigende Gegenrede quasi von innen, aus einem fremden Territorium heraus zu destabilisieren und zu entschärfen. Das gelingt durch Infiltration, Antizipation und Annexion.

### 4.2.1 Infiltration
Infiltration macht sich zum Beispiel zunutze, dass in Medienberichten Links zu Sozialen Netzwerkseiten gesetzt werden (Stichwort Kuratierung). Dieses Vorgehen bewirkt, dass Social-Media-Beiträge auch abseits ihrer ursprünglichen Plattform sichtbar werden, u. U. auch in Umgebungen, in denen das für die Urheber*innen nicht akzeptabel ist.

Das Bildzitat in Beispiel 10 zeigt auf, wie der Nutzer @ralfheimann, ein für das BILD-kritische Format BILDblog schreibender Journalist, sein auf diese Weise entgrenztes Territorium neu besetzt. Die BILD-Zeitung hatte in dem Artikel „Wut-Welle gegen Hamburger Professor" direkt auf einen Tweet von @ralfheimann referiert und ihn verlinkt. Diese Gelegenheit nutzte der Urheber des Tweets und änderte seinen Twitternamen zu *Bei Bild.de steht nur Quatsch. Tipp: bildblog.de*. So gelingt einerseits eine Abgrenzung, andererseits zieht er durch den bei Twitternamen üblichen Fettdruck die Aufmerksamkeit auf die eigene Botschaft, womit die Positionierung in die Reichweite der Bild-Zeitung eingebunden wird. Die Selbstverteidigung wird hier nicht propositional einschlägig ausagiert, es gibt keine Protestformeln und keine Ich-Botschaften. Stattdessen werden die Social-Media-Kompetenzen genutzt, um eine abwertende Äußerung und Werbung für das eigene Produkt prominent im „gegnerischen" Territorium zu platzieren.

Inzwischen ist der verlinkte Tweet zwar gelöscht, da aber Screenshots angefertigt und auf Twitter republiziert wurden, lässt sich diese Vorgehensweise gut dokumentieren, siehe Beispiel 10.

(10)

Der Nutzer @shengfui positioniert sich hier solidarisch mit @ralfheimann, indem er einerseits einen relevanten Bildausschnitt aus dem BILD-Artikel auswählt, der z. B. keinen auffälligen Header oder eine typische Schlagzeile enthält, sondern das Resultat der Umbenennung rot umrandet in den Fokus rückt. Er kommentiert diese Vorgehensweise mit Anerkennung (*Well played, Ralf!*) und vergrößert damit und mit der Adressierung sowohl des Blogs als auch des Nutzers dessen Reichweite (und Territorium). Interessant ist die Konzeptualisierung der Vorgehensweise als SPIEL, das sich vielfach über Gewinn oder Verlust definiert.

### 4.2.2 Antizipation

Während die Infiltration eine fremde Bühne (Plattform) nutzt (oder infolge einer Entgrenzung nutzen muss), um eine Abgrenzung zu markieren, ist die Antizipation eine Möglichkeit, die Bühne über das eigene Territorium hinaus für sich zu beanspruchen, bevor es zur Grenzüberschreitung kommt.

Artikulierte Antizipation ermöglicht es Nutzer*innen also, proaktiv zu agieren, und weist sie dabei als Personen aus, die mit den Dynamiken von Sozialen Medien bestens vertraut sind.

Ich möchte dieses Vorgehen an drei Beispielen beschreiben. So ist das Einschränken der Antwortmöglichkeiten auf Twitter eine Möglichkeit, Gegenrede antizipativ zu gestalten. Als besonders kontrovers eingeschätzte Tweets oder generell alle Tweets können dann nur noch von Personen kommentiert werden, denen der*die Profilinhaber*in folgt, siehe (11).

(11a) Ab morgen Antwortmöglichkeiten auf meine Tweets nur noch für Leute, denen ich folge. Es ist kaum noch auszuhalten. (TW, @nicolediekmann, 2021-02-14, RT: 77, ZT: 109, L: 5631)

Die Einschränkung der Antwortmöglichkeiten erlaubt es Twitter-Nutzer*innen, weitestgehend ungehindert aktiv im Diskursraum zu verbleiben. Dadurch, dass Nutzer*innen, denen sie nicht folgen, keine Möglichkeit mehr haben auf Tweets zu antworten, werden kontroverse Diskussionen auf der jeweiligen Plattform ebenfalls verhindert. Der Transfer in eine fremde Timeline durch einen kommentierten Retweet bleibt aber weiterhin möglich.

Die Einschränkung ist anhand einer inaktivierten Schaltfläche sichtbar, muss also nicht notwendigerweise verbalisiert werden. Die Ankündigung der ZDF-Journalistin Nicole Diekmann in (11a) entspricht jedoch dem Muster der metakommunikativen Rahmung, über die selbstverteidigende Gegenrede explizit gemacht werden kann. Im Teaser ihrer t-online-Kolumne dazu heißt es, dass es sich *wie eine Kapitulation* anfühle. Die Journalistin nutzt nun eine weitere Plattform (hier die eigene Kolumne), um den Handlungsbezug zu explizieren und fasst die ihre Maßnahme evozierenden diskursiven Ereignisse als *ständige Herumrotzerei* (17b) zusammen. Es wird hier also angezeigt, dass die diskursiven Ereignisse als invektiv wahrgenommen werden und sie gleichermaßen wiederholt (bis permanent, vgl. *ständige* und später im Text als *Dauerfeuer* formuliert) auftreten.

(11b) Womit ich aber nicht mehr leben will: mit dieser ständigen Herumrotzerei, ich kann es leider nicht blumiger beschreiben, in den sozialen Netzwerken. Auf Twitter habe ich mir eine radikale Diät gegönnt, ja wirklich: gegönnt. Mir kann dort nicht mehr jeder und jede antworten. Nur noch Leute, denen ich folge. (Diekmann, t-online.de[4], 2021-02-17)

Im Fall der Antwort-Einschränkungen wird die eigene Sendungsaktivität nicht notwendigerweise reduziert. Vielmehr werden als Reaktion auf Diskurs-Erfahrungen konfrontative und grenzüberschreitende Kommentare antizipativ aus der eigenen Timeline verbannt.

Im nächsten Beispiel wird die Deutung eines eintretenden Diskursereignisses vorweggenommen:

(12) Interessant: die #Bild plant eine tendenziöse Berichterstattung über unsere Vorpublikation zu Viruslasten und bemüht dabei Zitatfetzen von Wissenschaftlern ohne Zusammenhang. Ich soll innerhalb von einer Stunde Stellung nehmen. Ich habe Besseres zu tun. [eingebettet: E-Mail des Bildzeitungsredakteurs Filipp Piatov] (TW, @c_drosten, 2020-05-25, 17:00, RT: 8093, ZT: 1178, L: 61248)

Zum Hintergrund ist zu erläutern, dass die BILD-Zeitung anstrebte, eine Ende April auf einem Preprint-Server zur wissenschaftlichen Diskussion gestellte Studie von Christian Drosten et al. als „grob falsch" darzustellen und in Verbindung mit demzufolge angeblich falschen Entscheidungen zu den Mitte März vorgenommenen Schulschließungen zu bringen. Am Tag vor der Veröffentlichung erhielt Christian Drosten per E-Mail die im Tweet verlinkte Aufforderung, zu der Kritik an seiner Studie innerhalb von einer Stunde Stellung zu nehmen. Er postet den Kommentar (12) also bevor der Text am Abend online und am nächsten Tag im Printformat erscheint. So nutzt er die Gelegenheit, die Verwendung zusammenhangloser „Zitatfetzen" für eine zu erwartende „tendenziöse Berichterstattung" anzukündigen, und bewahrt sich selbst vor der deutlich herausfordernden Aufgabe, einen Tag später darauf reagieren zu müssen (dann gezwungenermaßen rechtfertigend).

---

4 Diekmann, Nicole (2021): So geht Twitter-Fasten! https://www.t-online.de/digital/id_89481376/anfeindungen-gegen-karl-lauterbach-so-viel-hass-muss-niemand-ertragen-.html

Das hatte zur Folge, dass u. a. auch die Peer-Reviewer*innen, deren Anmerkungen in den BILD-Artikel fließen sollten, aufmerksam wurden und sich ebenfalls proaktiv kritisch distanzierend zur BILD-Kampagne positionieren und mit ihrem Kollegen solidarisieren konnten, vgl. Beispiel (13). Einige haben sich nur zu diesem Zweck bei Twitter registriert (siehe etwa @JoergStoye).

(13)  Ich wusste nichts von der Anfrage der BILD und distanziere mich von dieser Art Menschen unter Druck zu setzen auf's schärfste. Wir können uns mehr glücklich schätzen @c_drosten und sein Team im Wissenschaftsstandort Deutschland zu haben. They saved lifes! (TW, @domliebl, 2020-05-25, 16:15, RT: 775, ZT: 50, L: 6407)[5]

Ein weiteres Beispiel für eine antizipative Grenzziehung zeigt sich in einer Aussage des YouTubers Rezo am Ende seines Videos „Die Zerstörung der Presse". In Minute 55:00 erklärt er:

(14)  Ich habe mich mit diesem Video total ins Fadenkreuz von zwei Gruppen gebracht, in deren Fadenkreuz man eigentlich nicht sein möchte. Zum einen haben wir ne Szene, in der sich sehr wütende und wacke Leute rumtreiben, die teilweise auch den Eindruck machen, als hätten sie jetzt nicht die größte Hemmung bzgl. Gewalt, zum anderen könnt ich mit diesem Video ins Visier von ein paar der mächtigsten Influencer in diesem Land kommen, Leute, die mit ihrem Framing Millionen von Menschen beeinflussen und teilweise in der Vergangenheit bereits darin aufgefallen sind mit Unwahrheiten und Verschwörungserzählungen gegen mich Stimmung zu machen. Und darunter auch milliardenschwere Unternehmen, die praktisch unendlich viel Geld haben mich zu stalken, zu belästigen zu erpressen und auf rechtliche Konsequenzen wie Abmahngebühren total zu scheißen. Ich drücke mich mal so aus, es wäre nicht das erste mal, dass solche Moves mir gegenüber abgezogen werden. (YT, Rezo ja lol ey, 2020-05-31)[6]

Damit macht er einerseits die Ereignisse (Handlungsbezüge) aus der Vergangenheit transparent, die eine Grenzziehung notwendig machen, und verweist andererseits auch auf mögliche Folgen seiner aktuellen Handlungen. Dadurch verleiht er ihnen zusätzliche Brisanz und Exklusivität, versetzt sich aber auch in die Lage, rückverweisen zu können, sollten „Ereignisse" tatsächlich

---

5   Der Tweet ist als Antwort an @c_drosten (und weitere) formuliert, die Sendezeit liegt aber zeitlich vor der Sendezeit des Tweets von Christian Drosten. Dafür kann es unterschiedliche Gründe geben. Vermutlich befand sich @domliebl zum Sendezeitpunkt in einer anderen Zeitzone.
6   https://www.youtube.com/watch?v=hkncijUZGKA

eintreten, die er antizipiert hat. Relevant ist hierbei, dass diese Antizipation auf einer öffentlichen Plattform artikuliert wird und nicht in einem familiären Kreis. Streng genommen kann in diesen Fällen nicht von Gegenrede gesprochen werden, weil Äußerungen (oder Handlungen), mit denen eine Gefährdung des eigenen Territoriums einhergeht, nur antizipiert, aber noch nicht realisiert wurden. Die vorausschauende Handlung dient jedoch der Stabilisierung der eigenen Position und ist als Teilhandlung eines ganzen Spektrums an Selbstverteidigungshandlungen im Diskursraum verankert. Dass solche präventiven Vorgehensweisen glücken und nicht mit initialen Angriffs-Deutungen konkurrieren, ist damit zu erklären, dass Invektive als salient im Diskursraum wahrgenommen werden und jederzeit auf sie verwiesen werden kann. Das Rezo-Beispiel zeigt, dass das auch auf Diskurse zutrifft, die sich nicht auf Corona beziehen.

### 4.2.3 Annexion

Als Annexion ordne ich nun den Transfer von Inhalten auf die eigene Bühne ein. Auch dieses Vorgehen ist nicht singulär an Verteidigungshandlungen geknüpft, wie anhand von (4) deutlich wurde. Ich möchte das ebenfalls an einem bekannt gewordenen Beleg nachvollziehen, den der Virologe Christian Drosten generiert hat. Dazu muss der vorhergehende Verlauf kurz beschrieben werden. Der Nutzer @jens_140081 (über 5000 Follower) postete eine Graphik auf Twitter, mit der er das negative Fallwachstum von mit Corona infizierten Personen veranschaulichen wollte, und kommentierte:

(15) Das negative Fallwachstum setzt sich auch heute fort. #Neuinfektionen #Covidioten #Coronazis #CoronaVirusDE #LockdownLight#lockdown [Graphik] (TW, @jens_140081, 2020-11-19, 11:54, RT: 34, ZT: 27, L: 260)

Die Hashtags deuten auf den Versuch hin, sich territorial zu verbreiten. Das wird sowohl an ihrer Anzahl sichtbar, als auch an den hiermit explizierten Referenzialisierungen, die sowohl deskriptiv (z.B. *#Neuinfektionen*) als auch evaluativ (*#Covidioten, #Coronazis*) sind. Die Antwort (16) auf diesen Tweet erfolgt etwa eine halbe Stunde später und ist eine Richtigstellung.

(16) Sie verbreiten Desinformation. "Percentage change" bedeutet prozentuale Veränderung. 80 % bedeutet: letzte Woche waren es 180 Fälle, vorletzte Woche 100. Exponentielles Wachstum gibt es bei jedem Wert über 0 % (für Dipl. Kfm.: "Zinseszins"). Bei 100 % = expon. Wachstum zur Basis 2. (TW, @c_drosten, 2020-11-19, 12:22, RT: 163, ZT: 83, L: 6291)

In einem kommentierten Retweet eines zum Posting-Zeitpunkt fünf Monate alten Tweets von @MLevitt_MP2013 entgegnet @jens_140081 zehn Minuten später mit einem Drüber (17a)- und einem Drunterkommentar (*DruKo*) (17b):

(17a) Sie verbreiten Desinformation. "Percentage change" bedeutet prozentuale Veränderung. 80 % bedeutet: letzte Woche waren es 180 Fälle, vorletzte Woche 100. Exponentielles Wachstum gibt es bei jedem Wert über 0 % (für Dipl. Kfm.: "Zinseszins"). Bei 100 % = expon. Wachstum zur Basis 2. (TW, @c_drosten, 2020-11-19, 12:22, RT: 163, ZT: 83, L: 6291)

(17b) Aber zeigen Sie mir gerne in den Daten des RKI wo Sie wann exponentielles Wachstum entdeckt haben (und zwar nicht bloß 1x sondern konstant) anstatt hier mit Nebelkerzen um sich zu werfen - immerhin darin sind Sie ausgezeichnet. (TW, @jens_140081, 2020-11-19, 12:34, RT: 9, ZT: 0, L: 28)

Andere Twitterer versuchen nun, den Rechenfehler von @jens_140081 nachvollziehbar zu machen. Dann postet er eine Dreitages-Graphik und kommentiert:

(18) Negative Wachstumsrate, besser? Man sieht in den Daten bereits dass das eingetreten ist und die Zahlen anfangen rückläufig zu werden. (TW, @jens_140081, 2020-11-19, 12:41, RT: 1, ZT: 1, L: 2)

In der Anschlusskommunikation gibt es zahlreiche Ansätze, den Irrtum von @jens_140081 aufzuklären. Parallel entwickelt sich auch ein Thread, in dem der Virologe Drosten diskreditiert wird. Hierbei wird @SHomburg (12:50) in die Antwortadressierung integriert. @jens_140081 postet um 13:15 erneut das bereits einmal gepostete Balkendiagramm und kommentiert: *Die Realität sieht so aus:*. Auch darunter wird in vielen Tweets die mathematische Kompetenz von @jens_140081 in Frage gestellt.

Christian Drosten leitet nun den Thread in seine Timeline um, indem er ihn um 13:17 retweetet und mit *Ja, ist gut jetzt* (drüber)-kommentiert. Damit implementiert er den Tweet in sein Territorium (Bühnenbereich) und verlässt die von @jens_140081 eröffnete Oberfläche. Der Verlauf wird auf diese Weise de- und rekontextualisiert, ihm werden durch die neue, mit einem zitierten Tweet verbundene deutlich sichtbarere Rahmung ostentative Grenzen gesetzt. Es entsteht ein Rand, eine Grenzmarkierung innerhalb der eigenen Timeline, eine abgegrenzte Fläche, um die herum nun Raum für die eigene Positionierung besteht. Die damit erhöhte Reichweite für @jens_140081 wird interessanterweise in Kauf genommen, was vermutlich darauf zurückzuführen ist, dass dieser diesen Akt der Annexion nachvollziehen können soll (das wäre bei einem Screenshot nicht der Fall gewesen).

Mit der Verlagerung auf die eigene Plattform geht also auch eine Machtdemonstration einher, vgl. das Vorgehen in (4). Der Inhalt der verlinkten Tweets gerät dabei in den Hintergrund, denn @c_drosten wiederholt hier nicht die im Feed von Jens bereits geführte Diskussion oder Richtigstellung. Das kann jede*r nachlesen, wenn man auf den verlinkten Tweet klickt. Hier wird der Fokus auf die Metaebene verschoben, der Akt der Abgrenzung selbst wird zum Thema, nicht mehr der Grund für die Abgrenzung.

In der Anschlusskommunikation zeigt sich dann auch, dass die neue Themensetzung akzeptiert und elaboriert wird. Nutzer*innen goutieren (19) und diskutieren die Strategie, indem sie erörtern, inwieweit es sinnvoll ist, dass dadurch die Reichweite von @jens_140081 erhöht wird (20), er aber in der Folge gleichermaßen mit Gegenargumentation konfrontiert wird (21).

(19) Ihre Sprüche müssen auf Tassen und Kappen gedruckt werden! [Gesicht-mit-Herzen-Emoji] (TW, @KoelnerGeorge, 2020-11-19, 13:20, RT: 0, R: 6, L: 108)

(20) Warum denn so einem Account eine Plattform bieten. So ein Schwurbelmüll sieht man jeden Tag en masse. Das ist ähnlich effektiv wie Plastikfischen im Ozean. (TW, @nosadfountains, 2020-11-19, 13:20, RT: 0, R: 2, L: 58)

(21) Ganz ehrlich gerade solchen großen Schwurbelacocunts muss Contra gegeben werden, sonst finden Die immer neue leichtgläubige die sich davon in die Iree führen lassen (TW, @pixie_private, 2020-11-19, 13:20, RT: 1, R: 1, L: 67)

Territoriale Übernahmen, wie Infiltration, Antizipation und Annexion, setzen einen hohen Vertrautheitsgrad mit den Mechanismen der Sozialen Medien voraus. Mehr als andere Praktiken integrieren sie Kompetenzen, die aus dem routinierten Umgang mit Affordanzen und Beschränkungen der Plattformen resultieren. Förderlich ist eine große Reichweite der Accountinhaber*innen. Die hier geschilderten Vorgehensweisen schließen einander nicht aus, sondern können in der Umsetzung ineinandergreifen.

### 4.3 Grenzlinien hervorheben: Rückzug(sinszenierungen)

Eine dritte Vorgehensweise zur Re-Konturierung des eigenen Territoriums ist dessen Verkleinerung oder Verschiebung, die durch einen segmentierten Rückzug bewirkt wird. Dieser kann auf unterschiedliche Weise umgesetzt werden.

So hat sich etwa auf Twitter der Hashtag #twoff (*Twitter + off*) etabliert, mit dem das (temporäre) Verlassen der Plattform angekündigt und an eine grobe Begründung angebunden wird. Wie lange eine Abwesenheit geplant ist, bleibt dabei häufig recht vage. Über die Vielzahl an Belegen ist zu sehen, dass diese Zeitspanne sehr dehnbar ist (die auf den Äußerungszeitpunkt folgende Nacht, über mehrere Tage, Wochen, ggf. endgültig) und der Rückzug nicht notwendigerweise das Ergebnis akkumulierter Ereignisse sein muss, sondern auch als unmittelbare Reaktion auf singuläre Diskursereignisse erfolgt oder als Kontrapunkt zu wichtiger erachteten, als realweltlich gerahmten Ereignissen (Todesfall, Diagnose, Hochzeitstag, Urlaub, berufliche Einspannung) gesetzt wird. Häufig wird Erreichbarkeit auf anderen Kanälen (*DMs sind offen*) signalisiert.

Das Blocken als Aktivierung einer plattforminhärenten Funktion zur Abgrenzung und Sicherung des eigenen diskursiven Territoriums auf Twitter bewirkt den Ausschluss anderer Diskursteilnehmer*innen. Geblockten Nutzer*innen werden die Inhalte der Person, die geblockt hat, nicht mehr angezeigt. Als selbstverteidigende Gegenrede ist dieser Vorgang relevant, wenn er durch eine metakommunikative Bezugnahme sichtbar gemacht wird. In diesem Zusammenhang ist auch der Hashtag #Blockempfehlung zu nennen, der in Verbindung mit Screenshots von als blockwürdig kategorisierten Accounts gepostet wird und einerseits die eigene Grenzziehung transparent macht. Andererseits wird mit der direktiven Formulierung *Empfehlung* ein Re-Konstituierung fremder Territorien angeregt.

Die metakommunikative Rahmung erscheint mir für den Rückzug als musterhaft, wenn sie als Gegenrede wahrgenommen werden soll. So wird die Handlung (Grenzziehung) benannt und der Handlungsbezug wird explizit gemacht (auf der aktuellen Plattform und/oder einer weiteren Plattform).

Um das zu veranschaulichen knüpfe ich noch einmal an das Beispiel des Virologen Christian Drosten an, der im Rahmen des o. g. Podcasts einen Rückzug ankündigt. Er skizziert zunächst Gründe, die eine Grenzziehung erforderlich machen (22), und verbalisiert physische und emotionale Reaktionen (*mir wird schlecht, bin wütend*).

(22) Es gibt Zeitungen, die malen inzwischen nicht nur in den Wörtern, sondern in Bildern, Karikaturen von Virologen. Ich sehe mich selber als Comicfigur gezeichnet und mir wird schlecht dabei. Ich bin wirklich wütend darüber, wie hier Personen für ein Bild missbraucht werden, das Medien zeichnen wollen, um zu kontrastieren. (Christian Drosten, NDR-Podcast CoronavirusUpdate, Folge 24, 2020-03-30)

Im weiteren Verlauf dieser Sequenz formuliert er eine klare Forderung (*Das muss wirklich aufhören*), benennt in einem ersten Schritt seinen partiellen Rückzug (*in der letzten Woche vermieden habe, noch irgendwelche Interviews zu geben...*) und avisiert in einem zweiten Schritt den *Rückzug der Wissenschaft* als notwendige Konsequenz. Erläuternd elaboriert er erneut Ereignisse, die eine Abgrenzung und damit territoriale Re-Konturierung notwendig machen, die sowohl die Wissenschaft (*Wissenschaftlern [werden] Dinge angehängt*) als auch ihn als Vertreter der Wissenschaft persönlich betreffen (*ich [wurde] persönlich verantwortlich gemacht [...] für den Selbstmord des hessischen Finanzministers*), siehe (23).

(23) Das muss wirklich aufhören. Es ist einer der Gründe, warum ich es zum Beispiel in der letzten Woche vermieden habe, noch irgendwelche Interviews zu geben oder im Fernsehen mich zu zeigen. Außer einmal, das war eine Pressekonferenz. Weil ich das Gefühl habe, dass inzwischen auch das visuelle Bild von Wissenschaftlern belegt wird mit Projektionen, die gar nicht existieren und dass Wissenschaftlern Dinge, auch mir natürlich, aber auch anderen Wissenschaftlern, Dinge angehängt werden, die so nicht stimmen. Ich habe gestern beispielsweise eine E-Mail bekommen, in der ich persönlich verantwortlich gemacht wurde für den Selbstmord des hessischen Finanzministers. Wenn solche Dinge passieren, dann ist das für mich schon ein Signal dafür, nicht, dass wir nah an der Grenze sind, sondern, dass wir über eine Grenze von Vernunft schon lange hinaus sind in dieser mediengeführten öffentlichen Debatte. Und ich habe damit langsam wirklich ein Problem. Die Wissenschaft bekommt damit langsam wirklich ein Problem mit dieser doppelten Aussage, die sowohl von der Politik, wie auch von der Wissenschaft kommt. Beide Seiten sagen, die Politik trifft die Entscheidungen und nicht die Wissenschaft. Das sagt sowohl die Politik, wie auch die Wissenschaft. Dennoch wird weiterhin immer weiter dieses Bild des entscheidungstreffenden Wissenschaftlers in den Medien produziert. Wir sind hier langsam an einem Punkt, wo dann demnächst auch die Wissenschaft in geordneter Weise den Rückzug antreten muss, wenn das nicht aufhört. (Christian Drosten, NDR-Podcast CoronavirusUpdate, Folge 24, 2020-03-30)

Diese Rückzugsankündigung wurde im Anschluss in zahlreichen Medienberichten aufgegriffen und auch in Sozialen Medien diskutiert (vgl. die Untersuchung von Lautenschläger/Rhein (2022) zu Reibungspunkten zwischen den Domänen Wissenschaft, Politik und Medien in Polit-Talkshows). Sie sorgte für eine (erneute) wahrnehmbare Auseinandersetzung mit dem Thema Hate Speech. Ähnlich war die Politikerin Sawsan Chebli vorgegangen, die im Rahmen des Diskussionsforums „Weimarer Dreieck" zum Thema „Fake News, Hate Speech und Bots – Auf der Suche nach Konzepten für eine zivilisierte virtuelle Welt" die De-Aktivierung ihres Facebook-Accounts als Reaktion auf Beschimpfungen und Hassäußerungen bekanntmachte und sich im Anschluss auch noch einmal gegenüber der Bildzeitung dazu äußerte. Auf der die Veranstaltung dokumentierenden Seite des Bundesrats wird diese Ankündigung als „deutlicher Akzent in der Debatte"[7] aufgegriffen. Viele Tageszeitungen über-

---

7 https://www.bundesrat.de/SharedDocs/texte/18/20181022-diskussionsforum-demokratieinsnetz.html

nahmen sie in ihre Schlagzeilen (beispielsweise *Staatssekretärin Chebli deaktiviert Facebook-Account,* FAZ online oder *Hass-Kommentare: Sawsan Chebli deaktiviert Facebook-Account,* Berliner Zeitung online jeweils am 22.10.2018). Bemerkenswert ist auch bei diesem Beispiel aus dem Vor-Corona-Diskurs, dass das Territorium nicht ganz ab- oder aufgegeben wird. Auf Twitter blieb die SPD-Politikerin als Privatperson weiterhin präsent (vgl. Abbildung 1).

Durch den ‚artikulierten Rückzug' wird das eigene Territorium segmentiert, der eigene (kommunikative, aber auch konkrete) Handlungsspielraum wird eingeschränkt. Der Rückzug erfolgt jedoch selektiv, strukturell handelt es sich eher um ein Ausweichen, wobei die eigene Kommunikationsfähigkeit weiterhin sichergestellt bleibt, die Reduktion der Antwortmöglichkeiten (4.2.2) etwa oder das Blocken, um die eigene Diskursteilnahme möglichst frei von destruktiven Kommentaren zu gestalten oder der Rückzug von Facebook, aber das Verbleiben auf Twitter (wie bei Chebli).

## 5 Implikationen für Gegenrede-Verfahren

Im vorliegenden Beitrag habe ich mit dem Fokus auf Sehflächen zu zeigen versucht, welche Techniken Nutzer*innen in Sozialen Medien finden, um ihre Autonomie zu behaupten. Territorien werden dabei zweidimensional als Flächen betrachtet, deren Begrenzung auf unterschiedliche Weise sichtbar gemacht wird. Bei der territorialen Öffnung wird die Grenzverletzung adressiert und mit der Anzeige der eigenen Vulnerabilität verbunden. Territoriale Übernahmen können sowohl technisch (Infiltration, Annexion) als auch inhaltlich (Antizipation) realisiert werden und gehen mit der Diffusion von Flächen einher. Durch den Rückzug aus dem eigenen Territorium auf einer Plattform, werden andere Präsentationsflächen und Aktionsräume (Plattformen) wahrnehmbar.

Abschließend möchte ich skizzieren, inwiefern diese Beobachtungen auch einen Anwendungsbezug haben, ist es doch mein Anspruch, in der Forschung im Kontext digitaler Gewalt immer auch einen präventiven Ansatz zu berücksichtigen. Es handelt sich hierbei um Grenzziehungsversuche, die als selbstverteidigende Techniken Rückschlüsse mit Relevanz für unterschiedliche Dimensionen von Gegenrede erlauben: a) für die konkrete Handlungsebene, b) für die Konzeptualisierung von Hate Speech, c) für die rechtliche Einordnung.

Mit Bezug zu a) ist festzuhalten, dass das vom sogenannten DFTT-Prinzip[8] abweichende Vorgehen von Diskursteilnehmer*innen eine in der Präventions-

---

8  DFTT bedeutet „Don't feed the troll". Lange Zeit wurde davon ausgegangen, dass es sinnvoll ist, von sogenannten *Internet-Trollen* ausgehende verbale Attacken zu ignorieren.

arbeit zu berücksichtigende Komponente aufzeigt. Sogenannte „pädagogische Counter-Speech", die Intervention und Debunking integriert (Dinar/Heyken 2017), orientiert sich vor allem an (vor allem jungen) Personen, die Desinformation und Hate verbreiten.

Die hier gezeigten Beispiele plausibilisieren eine zusätzliche Orientierung an von Hate Speech Betroffenen. Sie werden auf diese Weise nicht nur als souveräne Diskursteilnehmer*innen sichtbar, sondern zeigen Techniken auf, die in Handlungsempfehlungen für „Digital Streetwork" einfließen können. In diesem Zusammenhang können wenig überraschend insbesondere territoriale Übernahmen fruchtbar gemacht werden, die sich Offensiv-Strategien zunutze machen. Deren Eskalationspotenzial ist deswegen zweifelsohne zu diskutieren. So ist es nicht Ziel eine Gewaltspirale anzutreiben. Es ist jedoch aufschlussreich, dass strategische Anleihen bei denjenigen, die Hass, Hetze und Desinformation betreiben, zur Eindämmung dessen und zur besseren Sichtbarkeit von Erfahrungen beitragen können.

Als weiteren wichtigen Faktor ordne ich darüber hinaus die Anschlusskommunikation ein, in der z.B. Drüberkommentare von Accounts mit einer hohen Zahl an Follower*innen (etwa der Account von Christian Drosten) aufgrund der vergrößerten Reichweite für Desinformationen als problematisch herausgearbeitet werden (Bsp. 20). Die territoriale Öffnung und damit verbundene explizit formulierte Vulnerabilität hat u. a. empathische Reaktionen motiviert (Kap. 4.1). Zu beobachten bleibt, inwiefern dadurch die Gefährdung betroffener Personen verstärkt oder eben obsolet wird. So könnte die transparent gemachte emotionale Verletzung von Personen, die derartige Reaktionen zum Ziel haben, als „Erfolg" gewertet werden und zur Folge haben, dass die Konfrontation abbricht. Territoriale Rückzüge (Kap. 4.3) reduzieren die Möglichkeit, am Diskurs teilzunehmen. Von Hate Speech Betroffene wägen also hier ab und nehmen den mit diesem Vorgehen verbundenen Nachteil in Kauf. Einer ausgewogenen und fairen Diskurskultur zuträglich ist dabei, dass dieser Rückzug nicht umfassend vollzogen wird, sondern eher ein Umzug auf andere Plattformen und Kanäle ist.

Die Musterhaftigkeit der im vorliegenden Beitrag beschriebenen Verfahren lässt sich nun daran erkennen, dass vergleichbare Grenzziehungen auch in anderen Kontexten vorgenommen werden. So haben in der Vergangenheit Personen, die öffentlicher Kritik ausgesetzt waren, das im Fall von Hate Speech nachvollziehbare Vorgehen für sich adaptiert. In diesen Fällen wird die Bedrohung des Territoriums aktiv konstatiert und als Deutungsvariante im Vollzug der Grenzziehung angeboten. So bezeichnet z. B. Ulf Poschardt Twitter in einem Welt-Artikel vom 7.11.2019[9] als *Brandbeschleuniger sowieso hitziger Debatten* und benennt *Hass* und *Opportunismus* als Merkmale der Plattformkultur, um seinen temporären Rückzug[10] von Twitter zu begründen. Er war u. a. wegen einer falschen Behauptung über den Sänger Herbert Grönemeyer in die Kritik geraten. Auch die vorläufige Deaktivierung des Twitter-Accounts von Karin Prien wurde pauschal mit einer Twitterkultur begründet, die Respekt im Umgang vermissen lässt. Damit wurde Kritik (insbesondere von Eltern aus sogenannten Schattenfamilien[11]) an einer ein unwissenschaftliches Narrativ übernehmenden Äußerung[12] von Karin Prien delegitimiert.

Es zeigt sich an diesen Beispielen, dass auf den temporären (oder auch segmentierten) Rückzug auch im Rahmen der Selbstviktimisierung (vgl. Koch/König/Schwerhoff 2020: 14–15) wie auf eine Schablone zurückgegriffen werden kann. Die Protagonist*innen übernehmen dabei eine argumentative Hülle, die in diskursiver Vorarbeit das Muster einer invektiven Handlungsbezugsdeutung trägt. Soziale Medien sind ein Kommunikationsraum, in dem es auch zu Anfeindungen, Beleidigungen und Diskreditierungen kommt. Diese Schattenseite ist durch die mediale Berichterstattung über sogenannte *Shitstorms*, aber auch die Dokumentation schwerwiegender (verbaler) Gewalt, die in diesem Raum ihren Ausgangspunkt hat, im öffentlichen Bewusstsein präsent. In Fällen von Selbstviktimisierung wird dieses Wissen als Ankerpunkt gebraucht, um die Bedrohung des eigenen Territoriums zu konstatieren, wenngleich es sich nur um eine vermeintliche Bedrohung handelt. Inwieweit das eigene (kritikwürdige) Handeln als kritikauslösend zu identifizieren ist, kann dabei in der Diffusität des Handlungsbezugs marginalisiert werden.

Das führt mich zur zweiten o. g. Dimension (b) und der Frage, welche Erkenntnisse sich aus den territorialen Re-Konturierungen für das Phänomen Hate Speech gewinnen lassen. Hate Speech, aber auch als solche eingestufte Grenzverletzungen werden durch die Versuche, das eigene Territorium zu schützen, wahrnehmbar. Auf diese Weise lassen sich Merkmale extrahieren und auf ähnlich gelagerte Interaktionssituationen übertragen. Es wird zudem

---

9  https://www.welt.de/kultur/medien/plus203178620/Hort-von-Hass-und-Opportunismus-Warum-ich-Twitter-verlasse.html

10 Der Twitter-Account ist weiterhin aktiv, öffentlich einsehbar sind zwei Retweets, der letzte vom 2. Juli 2021. In seiner Rückzugserklärung formulierte der Journalist, er habe „*erstmal* keinen Bock mehr".

11 Schattenfamilien sind Familien mit vulnerablen Mitgliedern, die ein besonders hohes Risiko haben, schwer an Covid-19 zu erkranken. Die Bezeichnung *Schattenfamilien* greift auf, dass sie im Schatten der Gesellschaft leben, weil sie sich isolieren müssen.

12 „Bitte differenzieren: Kinder sterben. Das ist extrem tragisch. Aber sie sterben mit COVID_19 und nur extrem selten wegen COVID_19." (TW, @PrienKarin, 2022-02-11, 18:35, RT: 487, ZT: 1844, L: 4226)

deutlich, dass Individuen mit Hate Speech konfrontiert werden, selbst wenn sich Hate Speech per definitionem gegen Bevölkerungsgruppen richtet. Auf Social Media sind es doch auch Einzelpersonen, die angegriffen und bloßgestellt werden und sich vor einem Publikum zu diesem Angriff verhalten müssen. Anknüpfend an diese Beobachtung ist zur rechtlichen Dimension c) zu konstatieren, dass die hier vorgestellten Selbstverteidigungsversuche indizieren, mit wieviel Aufwand sich Individuen für die Wahrung ihrer Interessen einsetzen, obgleich diese Interessen (Angemessenheit im zwischenmenschlichen Umgang) gesellschaftlichen Konventionen entsprechen und im wahrsten Sinne des Wortes rechtens sind. Die von Borucki/Schünemann (2019: 12) beschriebene mit dem Internet verbundene „Grenzverflüssigung und -überwindung insbesondere des Territorialprinzips" und die damit einhergehende „Fragmentierung und Zersplitterung demokratischer Gemeinwesen in einer codegenerierten, algorithmisierten und komplexen Umwelt" auf der Makroebene wird Diskursteilnehmer*innen, die Gemeinwesen konstituieren und mitgestalten, auf der Mikroebene zum Verhängnis. Der Entgrenzung auf Makroebene werden somit Begrenzungen auf der Mikroebene entgegengesetzt. Die selbstinitiierten Versuche, grenzüberschreitende Diskursdynamiken zu regulieren, lenken auf diese Weise den Fokus nicht nur auf Dissonanzen im Diskurs. Sie zeigen allein dadurch, dass sich Nutzer*innen nach wie vor selbst mit der Aufgabe konfrontiert sehen, Angriffe abzuwehren, auch die regulativen Herausforderungen für staatliches Handeln (Busch 2019) auf.

## Literatur

Aly, Anne/Weimann-Saks, Dana/Weimann, Gabriel (2014). Making "noise" online: An analysis of the say no to terror online campaign. Perspectives on Terrorism 8 (5), 33–47.

Androutsopoulos, Jannis (2008). Potentials and Limitations of Discourse-Centred Online Ethnography. language@internet 5 (2008). https://www.languageatinternet.org/articles/2008/1610. (Stand: 12.06.2022).

Androutsopoulos, Jannis (2013). Online data collection. In: Mallinson, Christine/Childs, Becky/Herk, Gerard Van (Hrsg.). Data Collection in Sociolinguistics: Methods and Applications. London/New York: Routledge, 236–250.

Bartlett, Jamie/Krasodomski-Jones, Alex (2015). Counter-speech. Examining content that challenges extremism online. https://www.demos.co.uk/wp-content/uploads/2015/10/Counter-speech.pdf (Stand: 12.06.2022).

Benesch, Susan/Ruths, Derek/Dillon, Kelly/Saleem, Haji/Wright, Lucas (2016). Counter-speech on Twitter: A Field Study. URL: https://dangerousspeech.org/counterspeech-on-twitter-a-field-study/ (Stand: 12.06.2022).

Bischof, Andreas/Wohlrab-Sahr, Monika (2018). Theorieorientiertes Kodieren, kein Containern von Inhalten! Methodologische Überlegungen am Beispiel jugendlicher Facebook-Nutzung. In: Pentzold, Christian/Bischof, Andreas/Neise, Nele (Hrsg.). Praxis Grounded Theory. Theoriegenerierendes empirisches Forschen in medienbezogenen Lebenswelten. Ein Lehr- und Arbeitsbuch. Wiesbaden: Springer, 73–104.

Borucki, Isabelle/Schünemann, Wolf J. (2019). Internet und Staat – zur Komplexität eines Beziehungsgeflechts. In: Borucki, Isabelle/Schünemann, Wolf J. (Hrsg.). Internet und Staat. Perspektiven auf eine komplizierte Beziehung. Baden-Baden: Nomos, 11–34.

Bourdieu, Pierre (1991). Physischer, sozialer und angeeigneter physischer Raum. In: Wentz, Martin (Hrsg.). Stadt-Räume. Frankfurt am Main/New York: Campus, 25–34.

Braddock, Kurt/Horgan, John (2016). Towards a Guide for Constructing and Disseminating Counternarratives to Reduce Support for Terrorism. Studies in Conflict & Terrorism 39 (5), 381–404.

Busch, Andreas (2019). Das Internet als regulative Herausforderung für staatliches Handeln. In: Borucki, Isabelle/Schünemann, Wolf J. (Hrsg.). Internet und Staat. Perspektiven auf eine komplizierte Beziehung. Baden-Baden: Nomos, 191–207.

Burkart, Günter (2009). Die Inszenierung des mobilen Selbst. In: Willems, Herbert (Hrsg.). Theatralisierung der Gesellschaft. Band 1: Soziologische Theorie und Zeitdiagnose. Wiesbaden: Verlag für Sozialwissenschaften, 203–220.

Dahm, Sebastian/Egbert, Simon (2021). Das Digitale und seine Ethnografie(n). Theoretische und methodologische Überlegungen zum ethnografischen Forschungsstil im algorithmischen Zeitalter. Gesellschaft unter Spannung. Verhandlungen des 40. Kongresses der Deutschen Gesellschaft für Soziologie 2020. https://publikationen.soziologie.de/index.php/kongressband_2020/article/view/1401 (Stand: 12.06.2022).

Dinar, Christina/Heyken, Cornelia (2017). Digital Streetwork. Pädagogische Interventionen im Web 2.0. https://www.amadeu-antonio-stiftung.de/wp-content/uploads/2018/08/digital_streetwork_web-1.pdf (Stand: 12.06.2022).

Durkheim, Emile (1990). Der Selbstmord. Frankfurt am Main: Suhrkamp.

Fix, Ulla (2015). Die EIN-Text-Diskursanalyse. Unter welchen Umständen kann ein einzelner Text Gegenstand einer diskurslinguistischen Untersuchung sein? In: Kämper, Heidrun/Warnke, Ingo (Hrsg.). Diskurs – interdisziplinär. Zugänge, Gegenstände, Perspektiven. Berlin/Boston: De Gruyter, 317–334.

Foxman, Abe/Wolf, Christopher (2013). Viral Hate: Containing Its Spread on the Internet. New York: St. Martin's Press.

Gallati, Mischa (2012). Prekäre Territorien des Selbst. Ein Versuch über Vormundschaft als Interaktionsraum. In: Schweizerisches Archiv für Volkskunde 108, 198–208.

Garland, Joshua/Ghazi-Zahedi, Keyan/Young, Jean-Gabriel/Hébert-Dufresne, Laurent/Galesic, Mirta (2020). Countering hate on social media: Large scale classification of hate and counter speech. https://arxiv.org/pdf/2006.01974. (Stand: 12.06.2022).

Goffman, Erving (1974). Territorien des Selbst. In: Goffman, Erving. Das Individuum im öffentlichen Austausch. Mikrostudien zur öffentlichen Ordnung. Frankfurt am Main: Suhrkamp, 54–71.

Grimes, Sara M. (2015). Little big scene. Cultural Studies 29 (3), 379–400.

Hoffmann, Ludger (2020). Zur Sprache des Rassismus. In: Sprachreport 36 (1), 40–47.
Iganski, Paul (2020). Civil courage as a communicative act. countering the harms of hate violence. Pragmatics and Society 11 (2), 316–335.
Juska-Bacher, Britta/Biemann, Chris/Quasthoff, Uwe (2013). Webbasierte linguistische Forschung: Möglichkeiten und Begrenzungen beim Umgang mit Massendaten. In: Linguistik online 61, 4/13, 1–29.
Lautenschläger, Sina/Rhein, Lisa (2022). Der geordnete Rückzug. Sprachliche Grenzziehungen von Virolog*innen in Polit-Talkshows. Zeitschrift für Angewandte Linguistik 76, 64–92.
Light, Ben/Burgess, Jean/Duguay, Stefanie (2018). The walkthrough method: An approach to the study of apps. New Media and Society 20 (3), 881–900.
Luth, Janine/Marx, Konstanze/Pentzold, Christian (2022). Ethische und rechtliche Aspekte der Analyse von digitalen Diskursen. In: Gredel, Eva (Hrsg.). Diskurse – digital. Theorien, Methoden, Anwendungen. Berlin/Boston: De Gruyter, 101–134.
Marx, Konstanze (2019). Von #Gänsehaut bis #esreicht – Wie lässt sich ein Territorium neuer Sagbarkeit konturieren? Ein phänomenologischer Zugang. In: Eichinger, Ludwig M./Plewnia, Albrecht (Hrsg.). Neues vom heutigen Deutsch. Empirisch – methodisch – theoretisch. Berlin/Boston: De Gruyter, 245–264.
Marx, Konstanze (2017). Diskursphänomen Cybermobbing. Ein internetlinguistischer Zugang zu [digitaler] Gewalt. Berlin/Boston: De Gruyter.
Marx, Konstanze/Schmidt, Axel (2019). Making Let's Plays watchable: Praktiken des stellvertretenden Erlebbar-Machens von Interaktivität in vorgeführten Videospielen In: Marx, Konstanze/Schmidt, Axel (Hrsg.). Interaktion und Medien. Heidelberg: Winter, 319–352.
Marx, Konstanze/Zollner, Sebastian (2020). Counter Speech in Sozialen Medien. Strategien digitaler Zivilcourage erlernen und anwenden. Praxis Deutsch 5–10 63 (2), 24–28.
Meier-Vieracker, Simon (2022). Digitale Diskursforschung und Forschungen zu digitalen Diskursen. In: Gredel, Eva (Hrsg.). Diskurse – digital: Theorien, Methoden, Anwendungen. Berlin/Boston: De Gruyter, 9–26.
Miebach, Bernhard (2010). Soziologische Handlungstheorie. 3. Aufl. Wiesbaden: Verlag für Sozialwissenschaften.
Quasthoff, Uwe (2010). Automatisierte Rohdatengewinnung für die Lexikographie. Jahrbuch Lexicographica 26, 47–64.
Rieger, Diana/Schmitt, Josephine/Frischlich, Lena (2018). Hate and counter-voices in the Internet: Introduction to the special issue. In: Studies in Communication | Media 7 (4), 459–472.
Schmid, Ursula/Rieger, Diana/Frischlich, Lena (2022). Posts, die brennen: Hate Speech als schädigende Online-Kommunikation. Deutschunterricht 2, 70–80.
Schmidt, Jan (2012). Persönliche Öffentlichkeiten und informationelle Selbstbestimmung im Social Web. In: Schmidt, Jan-Hinrik/Weichert, Thilo (Hrsg.). Datenschutz. Grundlagen, Entwicklungen und Kontroversen. Bonn: Bundeszentrale für politische Bildung, 215–225.

Seiler Brylla, Charlotta (2019). Der schwedische „Meinungskorridor". Metapragmatische Verhandlungen über Sagbarkeitsgrenzen im öffentlichen Diskurs Schwedens. OBST. Osnabrücker Beiträge zur Sprachtheorie 95, 21–42.

Singh, Mandeep/Balasubramanian, Siva K./Chakraborty, Goutam (2000). A comparative analysis of three communication formats: advertising, infomercial, and direct experience. Journal of Advertising 29 (4), 59–75.

Spitzmüller, Jürgen/Warnke, Ingo H. (2011). Diskurslinguistik. Eine Einführung in Theorien und Methoden der transtextuellen Sprachanalyse. Berlin/Boston: De Gruyter.

Su, Leona Y.-F./Xenos, Michael A./Rose, Kathleem M./Wirz, Christopher/Scheufele, Dietram/Brossard, Dominique (2018). Uncivil and Personal? Comparing Patterns of Incivility in Comments on the Facebook Pages of News Outlets. New Media & Society 20 (10), 3678–3699.

Zollner, Sebastian (2022). Counter Speech als sprachlich-kommunikative Praktik in digitalen, invektiven Konstellationen. Ein Thema für Linguistik, Medienpädagogik und politische Bildung. Merz. Zeitschrift für Medienpädagogik 66 (2), 35–45.

# „Andere leben einfach und ich komme immer mehr an meine Grenzen" - Praktiken der Grenzziehung im Interaktionsraum #depression auf Twitter

Susanne Kabatnik

**Abstract:** This article focuses on the practices of boundary establishment in the interaction space #depression on Twitter. Based on a corpus of 906 initial tweets, retweets and replies under the hashtag #depression on Twitter, recurrent linguistic practices for boundary establishment, such as (multiple) tagging, addressing the community, (in)direct speech reproduction to imitate an outgroup, as well as positioning oneself and others, are analysed. These processes serve to form a community of practice with specific linguistic patterns of behaviour and expression. Methodologically, the present study is guided by both corpus and interactional linguistic approaches.

**Keywords:** practices of boundary establishment, hashtag, #depression, positioning, community of practice

## 1 Einleitung und Forschungsstand

Der vorliegende Beitrag widmet sich den Forschungsfragen, welche Grenzen im Interaktionsraum #depression auf Twitter gezogen werden und wie die Nutzer*innen dort Grenzziehung praktizieren. Ich werde argumentieren, dass sich im Interaktionsraum #depression auf Twitter eine Community of practice (Eckert 2006: 1) formiert, die spezifische sprachliche Ausdrucks- und Verhaltensmuster sowie kommunikative Praktiken zur Grenzziehung herausbildet. Grenzen werden dabei nicht nur als territoriale oder statische Grenzen, wie auf Landkarten verstanden, sondern vielmehr als dynamische, also auch bewegliche Grenzen, die sich im übertragenen Sinn auf das (verbale) Verhalten von Gemeinschaften, dort etablierte Normen sowie Normverletzungen und den Umgang damit beziehen können.

Das Sprechen über Erkrankungen, wie Depressionen, ist in der Face-to-Face-Kommunikation nur für spezifische Kommunikationssituationen vorgesehen (vgl. Andalibi et al. 2017: 1493 f.). Es unterliegt gesellschaftlichen Tabus sowie Grenzen des Sagbaren (vgl. Marx 2019a: 109). Welche Erfahrungen Menschen mit Depressionen machen und welche Grenzen sie setzen, bleibt häufig unbekannt und ist für nicht vorrangig psychologisch-psychotherapeutisch ausgerichtete Forschungsrichtungen, wie die Linguistik, weitestgehend unzugänglich. Auf Sozialen Netzwerkseiten im Internet verschieben sich aber ebendiese Grenzen des Sagbaren und eröffnen Kommunikationsräume zum Sprechen über tabuisierte sowie hochgradig private Inhalte (Marx 2019b: 245; Hepp et al. 2014: 176; Merten 2021: 260), darunter auch Depressionen (vgl. Andalibi et al. 2017). Unter dem gleichnamigen Hashtag #depression werden Tweets zu Depressionen gebündelt und im offenen Interaktionsraum auf Twitter verschmelzen die Grenzen zwischen Öffentlichkeit und Privatheit (Roitsch 2020: 176).

Durch die Zuordnung von Tweets zum Diskursthema Depression wird eine Diskursgrenze, ein durch den Hashtag abgegrenzter Interaktionsraum, geschaffen. In diesem tragen Nutzer*innen zum #depressions-Diskurs bei und formieren sich zu einer sozialen Gruppe, wodurch bereits Grenzziehung praktiziert wird (Kleinschmidt 2011). Dort werden unterschiedliche Grenzen verhandelt, wie z. B. die Validierung von Ausgrenzungserfahrungen, die Reflexion von Grenzüberschreitungen oder persönlichen Grenzen. Einerseits wird so Gruppenidentität und Gruppenzugehörigkeit kreiert, demonstriert und verifiziert (vgl. Bucher 2019, 287 ff., Döring 2003). Andererseits wird auf diese Weise auch die Outgroup markiert und klassifiziert, die sich mit Dichotomien wie (nicht/akut) erkrankt bzw. (nicht/direkt) betroffen und dadurch (un)wissend oder verständnisvoll oder -los beschreiben lässt.

In Bezug auf Medien wird kommunikative Grenzziehung als Praktik „des beabsichtigten Nicht- oder nur beschränkten Kommunizierens mit Medien" (Roitsch 2020: 177) verstanden, als „medienbezogene Praxis des Abgrenzens unterschiedlicher Sinn- und Handlungsbereiche im mediatisierten Alltag von Menschen" (Roitsch 2020: 65). Als kommunikative Praktiken werden Sprachhandlungen verstanden, die hergestellt werden „durch rekurrente Verwendung und Kombination bestimmter Ressourcen oder Ressourcenbündel, d. h. sprachliche und nicht-sprachliche Formen und Formate, für die Herstellung und Kontextualisierung einer bestimmten Handlung in einem bestimmten sequenziellen Kontext." (Selting 2016: 29) Medien eröffnen dabei einerseits die Möglichkeit, sich zu vergemeinschaften, was aber andererseits mit der Herausforderung einhergeht, sich mittels kommunikativer Grenzziehungen zu positionieren (Hepp 2020: 191 f.). So können beispielsweise kommunikative Grenzziehungspraktiken definiert werden, wie z. B.

- das Zurückhalten von Identitäten durch Nicknames zur Trennung von Privatem und Beruflichem,
- das Aufteilen von Textnachrichten, das sog. Splitting (Beißwenger 2016: 293),
- das Adressieren von Interaktant*innen und die damit einhergehende Begrenzung eines Adressat*innenkreises (Beißwenger 2016: 294),
- oder auch redaktionelle Interventionen als verbales Einschreiten und Untersagen von (Sprach-)Handlungen (Androutsopoulos 2016: 356).

Zudem werden soziale Markierungen „zur Definition von Territorien, Zuständigkeiten und Geltungsansprüchen benutzt. Soziale Stile erlauben bei vielen Gelegenheiten dem [sic] Umgang mit sozialen Grenzziehungen eher implizit zu halten" (Kallmeyer 2004: 51 f.).

Trotz zahlreicher (sozio-)linguistischer Untersuchungen zur Verbalisierung von Grenzziehung sind Grenzziehungspraktiken in der medialen Interaktion nicht systematisch erforscht (s. dazu auch Hepp 2020: 65). Dieses Desiderat soll mit der vorliegenden Untersuchung zum kommunikativen Verhalten von an Depression Erkrankten auf Twitter bearbeitet werden. Auf sozialen Netzwerk-Seiten werden Grenzen mehr oder weniger im- und explizit thematisiert.

Das kommunikative Verhalten im Internet von Menschen mit Depressionen wurde bereits untersucht: Beispielsweise zeigen sie spezifische sprachliche Verhaltensweisen in Postings auf, die automatisch gesammelt und ausgewertet sowie anschließend für diagnostische und präventive Zwecke verwendet werden können (Coppersmith et al. 2014, 2015, De Choudhory et al. 2013a & b). Signifikant für Nutzer*innen mit Depressionen sind beispielsweise der häufige Gebrauch von Füll- und Schimpfwörtern, eine stark ausgeprägte Selbstreferenz durch Pronomen, Ausdruck sozialer und medizinischer Sorgen, Zunahme oder Anhalten eines negativen Affekts, nächtliche Online-Aktivitätsmuster, eine erhöhte oder niedrigere Posting-Frequenz sowie eine geringere aktive oder passive Teilhabe am Netzwerkgeschehen (vgl. Andalibi et al. 2017: 1485; Reece/Danforth 2017: 8 f.; Nguyen et al. 2017: 10661; Vedula/Parthasarathy 2017: 127; De Choudhury et al. 2014: 1370; De Choudhury et al. 2013a: 3267; De Choudhury et al. 2013b: 128). Die Postings zu Depressionen auf Sozialen-Netzwerk-Seiten beinhalten persönliche Erzählungen, Informationen zur Krankheit, Selbstzweifel, Erfahrungsberichte zu Medikamenten sowie explizite Unterstützungsgesuche und können nach ihrem Sprechhandlungstyp, wie z. B. Fragen, Antworten, Ratschläge oder Selbstoffenbarungen (Kabatnik i. Dr./ 2022: 15; Andalibi et al. 2017: 1486/1493; Nguyen et al. 2017: 10660; Smithson et al. 2011: 487 f.; Morrow 2006: 531; Finfgeld 2000: 242; Miller/Gergen 1998: 189;

Davison/Pennebaker 1997: 163 f.; Salem et al. 1997: 189 ff.) differenziert werden. Aus sequenzlogisch-interaktionaler Sicht elizitieren diese Postings Reaktionen, wie z. B. die Adjazenzpaare Frage – Antwort, Unterstützungsgesuch – Ratschläge/Informationen oder Selbstoffenbarungen – Gegenoffenbarungen (vgl. Gülich/Mondada 2008: 53–58; Schegloff 2007: 14–16; Schegloff/Sacks 1973: 299) und suchen so nach krankheitsbezogenem Austausch mit Leidensgenossen.

In Bezug auf kommunikative Grenzziehungspraktiken können zwei Arten von Kommunikationskonventionen in Gemeinschaften aufgezeigt werden, nämlich erstens Regeln, die auf die Wahl bestimmter Medientechnologien bzw. Medieninhalte abheben und andere ausklammern, also beispielsweise die Wahl des Microblogging-Dienstes Twitter und die Verschlagwortung durch einen Hashtag auf Twitter. Zweitens können dadurch spezifische Vergemeinschaftungsmomente identifiziert werden, die mit dieser Kommunikationsregel verbunden sind (Roitsch 2020: 44). Zur Untersuchung kommunikativer Grenzziehungspraktiken wurde ein Twitter-Korpus zum Hashtag und zur Suchanfrage #depression erstellt. Nach der Vorstellung der Datengrundlage und der methodischen Vorgehensweise (Kap. 2) fokussiert dieser Beitrag eine korpuslinguistische sowie interaktionale Analyse von Grenzziehung am Beispiel des Interaktionsraums #depression auf Twitter. Vorgestellt werden korpuslinguistische Befunde zum Interaktionsraum #depression auf Twitter, verbalisierte Grenzen und Grenzerfahrungen der Nutzer*innen, Grenzziehung durch Klassifizierung in In- und Outgroup sowie Grenzziehungspraktiken in der Interaktion, die anhand eines Fallbeispiels demonstriert werden (insgesamt Kap. 3).

## 2 Daten und Methode

Die Datengrundlage bildet das automatisch generierte Twitter-Korpus zur Suchanfrage *#depression*. Die Tweets wurden mit der Software RStudio im April und Mai 2020 gestreamt. Das Korpus (1) umfasst 1.026 Twitter-Postings mit 26.608 Textwörtern. Die Daten wurden manuell bereinigt und sortiert. Die manuelle Bereinigung der Treffer ergibt 767 Postings (19.891 Textwörter) zur weiteren Analyse (1b).

Die Sortierung bezieht sich auf die Einteilung der Tweets in Initialtweet, (kommentierten) Retweet und Reply. Da es sich bei unkommentierten Retweets um Zitate bereits bestehender Tweets handelt, sollte das Korpus auch ohne diese Redundanzen durchsuchbar sein. Deshalb wurden identische Tweets, d. h. unkommentierte Retweets, vom Rest der Daten getrennt. Die Sortierung ergibt 428 singulär im Korpus vorkommende Initialtweets, Antworten und kommentierte Retweets einerseits (1c) und 339 retweetete Initialtweets und deren Zitate andererseits (1d), die sich in 128 Initialtweets (1e) und 211 unkommentierte Retweets aufteilen (1f), also 556 Tweet-Types (1g). Auf der Basis von Korpus 1 wurde Korpus 2 erstellt, das 38 saliente, d. h. durch mehrfaches Retweeten als auffällig markierte, Initialtweets enthält, zu denen dann manuell die zugehörige Anschlusskommunikation in Form von 350 Replys nacherhoben wurde. Die Datenerhebung, -bereinigung sowie Vorgehensweise der Untersuchung werden in der folgenden Übersicht in Abb. 1 und Tab. 1 zusammengefasst:

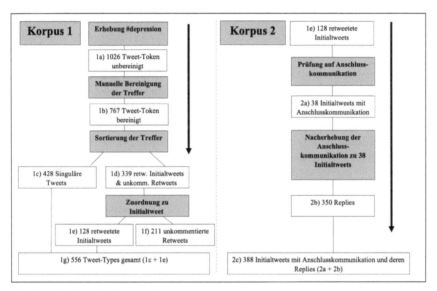

Abb. 1: Datenerhebung und -bereinigung

| Korpus 1: Stream #depression-Tweets | Treffer gesamt | Textwörter |
|---|---|---|
| 1a) Token gesamt unbereinigt | 1.026 | 26.608 |
| 1b) Token gesamt bereinigt | 767 | 19.891 |
| 1c) Singuläre Tweets | 428 | 11.099 |
| 1d) Retweetete Initialtweets und unkomm. Retweets | 339 | 8.792 |
|     1e) Retweetete Initialtweets | 128 | 3.320 |
|     1f) Unkommentierte Retweets | 211 | 5.472 |
| **Tweet-Types gesamt** | **556** | **14.419** |
| **Korpus 2: Anschlusskommunikation** | | |
| 2a) Initiale Tweets mit Anschlusskommunikation | 38 | 874 |
| **2b) Replys** | **350** | **8.055** |
| 2c) Initiale Tweets und zugehörige Antworten | 388 | 8.929 |
| **Summe Tweet Types und Replys** | **906** | **22.474** |

Tab. 1: Anzahl Twitter-Postings und Textwörter

Korpus 1 wird zur Identifikation von Grenzziehungspraktiken, also sich wiederholenden kommunikativen Praktiken (Selting 2016) zur Grenzziehung im Interaktionsraum #depression auf Twitter, herangezogen. Korpus 2 dient der Untersuchung von Grenzziehungspraktiken in der Interaktion. Tweets sind urheberrechtlich geschützte Werke, mit denen ich mich für den wissenschaftlichen Erkenntnisgewinn inhaltlich auseinandersetze und sie originalgetreu zitiere. Da die Daten äußerst sensible Inhalte enthalten, wurden sie für den vorliegenden Beitrag aus ethischen Gründen anonymisiert.

## 3 Korpuslinguistische Befunde zum Interaktionsraum #depression

Tweets werden durch #depression getaggt, und dadurch von anderen Tweets abgegrenzt. Durch die Verschlagwortung von Tweets zu #depression entsteht ein abgegrenzter Kommunikationsraum, der durch den Hashtag anwählbar und öffentlich zugänglich ist. Das Twittern zu Depressionen kann dabei als übergreifende Handlung interpretiert werden, das Verfassen der einzelnen Beiträge und die Ergänzung durch den Hashtag #depression nach Selting (2016) als Praktik, d. h. die Verschlagwortung und Zuordnung zu einem Diskurs stellt bereits eine sprachliche Grenzziehungspraktik auf Twitter dar. Um zu zeigen, wie Grenzen im Interaktionsraum #depression explizit thematisiert werden und welche Interaktionsräume sich durch die Praktik des Mehrfachtaggings bilden, wurde das #depressions-Korpus auf die Verwendung des Lexems *Grenze* sowie weitere mit #depression kookkurrierende Hashtags untersucht. Weil Grenzen im Korpus häufig weniger explizit thematisiert werden, werden nachstehend als relevant markierte Grenzerfahrungen der #depressions-Community, Grenzziehung durch Klassifikation der In- und Outgroup sowie die Positionierung als Grenzziehungspraktik in der Interaktion betrachtet.

### 3.1 Konkordanzen, Mehrfachtagging und Fachterminologie

3.1.1 Kollokationen und Konkordanzen
Die automatische Analyse von Korpus 1 mit Sketch Engine ergibt für das Lexem *Grenze* eine Vorkommenshäufigkeit von n = 6 (361,25 pMW; 0,036 %). Grenzen werden im Korpus also sehr selten explizit thematisiert. Das Lexem *Grenze* kommt dabei als Kollokator als Subjekt in *Grenzen setzen* und als Akkusativobjekt in *Grenze zur Depression nicht verpasse* und *Grenzen zu halten* vor.

| Left context | KWIC | Right context |
|---|---|---|
| [...] Ich soll dankbar sein, auch wenn meine | Grenzen | immer und immer wieder missachtet wurden. [...] |
| [...] Andere leben einfach und ich komme immer mehr an meine | Grenzen | , mit diesem Leben. [...] |
| [...] Wenn... -keine Routine gelernt -keine Disziplin gelernt -Keine | Grenzen | /Regeln gelernt -keiner mal für mich da war? [...] |
| [...] in Deutschland verreisen können und die Nachbarländer auf jeden Fall die | Grenzen | zu halten! Also das die möglichen Freiheiten wieder auf Null gehen [...] |
| [...] Menschen nur wohl dosiert ertrage. #notjustsad #depression Depression: „ | Grenzen | setzen, ohne andere auszugrenzen. [...] |
| CW #depression Ich muss aufpassen, dass ich die | Grenze | zur Depression nicht verpasse und eventuell Gegenmaßnahmen ergreife [...] |

Tab. 2: Konkordanz von *Grenze* in Korpus 1

Die Konkordanzen von *Grenze* zeigen, dass das Thema im Interaktionsraum #depression auf Twitter aus unterschiedlichen Perspektiven beleuchtet wird, beispielsweise die von der Familie missachteten Grenzen, die Reflexion über eigene Grenzen, das Setzen von Grenzen in der Interaktion mit anderen sowie das Überschreiten von Grenzen in Bezug auf gesunde und wiederkehrende depressive Episoden. Lediglich in einem Beleg wird Grenze als territoriale Grenze zwischen den Nachbarländern zu Deutschland thematisiert.

Grenzen werden in Korpus 1 aber nicht nur derart explizit verhandelt und benannt, sondern auch implizit(er), wie beispielsweise das Leben an der Armutsgrenze (1) und die Grenze zwischen Leben und Tod (2 und 3).

(1) Wenn du langjährig materiell #arm bist, bspw. in #Niedriglohn-bezug und/oder #Hartz4-#Vollzug, hast du all das nicht, vlt. auch noch nie je gehabt. [...] #Aggression, #Depression, #Schmerzgrenze [...] (Nutzer*in_1, 16.05.2020, 05:56:18, Twitter)

(2) Vielleicht stehe ich schon am Abgrund, jetzt bleibt nur noch die Frage, springen, oder umkehren. Vielleicht aber, gehe ich gerade auf den Abgrund zu. #notjustsad #depression #Suizidgedanken #suizidal #DemEndeSoNah #Schizophrenie #schizophren #LebenMitSuizidgedanken (Nutzer*in_2, 04.05.2020, 20:41:41, Twitter)

(3) Ich denke, es wäre das Beste, wenn dieses Leben nicht mehr weitergeht und es somit keine Zukunft mehr für mich gibt. [...] #notjustsad #Depression #Suizidgedanken #suizidal #DemEndeSoNah (Nutzer*in_3, 17.05.2020, 20:54:26, Twitter)

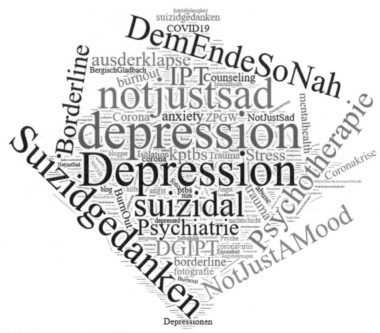

Abb. 2: Schlagwortmatrix zu #depression

In (1) befindet sich der*die Verfasser*in an der *#Schmerzgrenze,* die auf das Leben an der Armutsgrenze bezogen ist. *Grenze* wird hier als Kompositum mit Schmerz als Erstglied im Hashtag realisiert, wodurch die enorme Belastung durch die langjährige Armut zum Ausdruck kommen soll. Suizidale Grenzerfahrungen werden in (2 und 3) explizit thematisiert: Die Beitragenden reflektieren öffentlich über Suizidgedanken, in (2) metaphorisch durch *am Abgrund stehen* und in (3) durch *wenn das Leben nicht mehr weitergeht,* wodurch die emotionale Not dieser Nutzer*innen angezeigt wird (dazu auch Iakushevich 2021: 405). Die Suizidgedanken werden zusätzlich durch die Hashtags #suizidal, #Suizidgedanken und #DemEndeSoNah explizit gemacht.

3.1.2 Mehrfachtagging
Wie sich an (1 bis 3) bereits zeigt, ist die mehrfache Verwendung von Hashtags im Interaktionsraum #depression auf Twitter auffällig. Das Mehrfachtagging von Tweets ist in n = 422 von 556 Belegen (75,90 %) zu beobachten und damit für #depressions-Tweets signifikant. Die Praktik des Mehrfachtaggings betrifft zwei (n = 128/556), drei (n = 80/556) oder mehr als drei Hashtags (n = 214/

556). Zu beobachten ist dabei eine finale Aneinanderreihung, d. h. den Tweet abschließend:

(4)  CEO von den Betreuern [...] **#notjustsad #Depression #Borderline #ausderklapse #suizidgedanken #kptbs** (Nutzer*in_4, 29.04.2020, 22:33:01, Twitter, Hervorhebung S. K.)

Die sechs Hashtags verknüpfen und verorten die Äußerung sowohl pathologisch als auch raumzeitlich im Medium (vgl. Zappavigna 2018: 41 ff.), durch die der Tweet (4) in sechs Interaktionsräumen zu Krisensituationen rezipiert werden kann und sich dadurch durch große Überlappungen auszeichnet (z. B. #notjustsad und #depression). In 556 Tweet-Types wurden 1.864 Hashtags realisiert, die in der folgenden Schlagwortmatrix zu #depression zusammengefasst werden.

Der Hashtag #depression wird frequent mit anderen psychischen Erkrankungen, wie Borderline, Burnout, Komplexe posttraumatische Belastungsstörung, aber auch mit Gefühls- und Bewusstseinslagen, wie Suizidgedanken, Stress oder Angst, verwendet. Zudem werden Behandlungsmöglichkeiten oder -orte, wie z. B. die (interpersonelle) Psychotherapie oder die Psychiatrie, thematisiert. So sind die #depressions-Tweets nicht nur in einem Interaktionsraum rezipier-, kommentier- und retweetbar, sondern auch in anderen Interaktionsräumen auf Twitter, wodurch die Grenzen durch Mehrfachtagging verschwimmen.

### 3.1.3 Fachterminologie

Die in den Hashtags und Tweets vorkommenden Benennungen von Erkrankungen, Psychotherapieformen, Psychopharmaka und Symptomen werden von den Nutzer*innen als Verfahren zur sozialen Kategorisierung (Kallmeyer 2004: 51 f.) angewandt, wodurch ein wesentlicher Teil des sozialen Wortschatzes im Interaktionsraum #depression auf Twitter erkennbar wird, der einerseits einen Entwurf zur semantisch-lexikalischen Orientierung bildet. Andererseits weist er aber auch auf das durch Psychoedukation erworbene Wissen der Interaktant*innen hin, sodass über den sozialen Wortschatz, die spezifischen Verhaltens- und Ausdrucksweisen und das proklamierte Wissen eine Abgrenzung von anderen Gruppierungen auf Twitter vorgenommen werden kann.

Die Interaktion zu #depression auf Twitter kann durch die Kategorisierung der #depressions-Tweets im Korpus nach ihrem Typ in initial, (kommentierten) Retweet und Reply gemessen werden und lässt auf rege Interaktion unter den Nutzer*innen schließen. Durch das Vervielfältigen und Kommentieren von Tweets zu #depressionen lassen sich in 767 #depressions-Tweets 237 Interaktionen zwischen 299 unterschiedlichen Nutzer*innen feststellen, die sich in 41 kommentierte und 211 unkommentierte Retweets sowie 68 Replys aufteilen.[1] Der Suchbegriff #depression kann deswegen als gültige Kommunikationsschnittstelle im Netzwerk Twitter für Einblicke in das Erleben von an Depression Erkrankten bestätigt werden (vgl. für Instagram Andalibi et al. 2017: 1490).

Durch die Interaktion unter dem Hashtag #depression können Kontakte innerhalb des Netzwerks gepflegt sowie Beziehungen konstituiert und aufrechterhalten werden (vgl. Kabatnik i. Dr./2022: 19; Demuth/Schulz 2010: 33/43). Bei den Interaktant*innen handelt es sich zudem um einen (relativ) festen Nutzer*innenkreis, was sich anhand der Metadaten belegen lässt. Dies weist einerseits darauf hin, dass das Beitragen zu #depression einen Habitus, eine sich wiederholende individuelle Praktik der Verschlagwortung darstellen kann. Um mit Androutsopoulos (2016: 348) zu sprechen: „[D]ie Wiedererkennung und Kategorisierung von Stammnutzern kann als Indikator einer eingespielten öffentlichen site of engagement gewertet werden". Andererseits deutet dies auf eine #depressions-Community hin, eine Community of practice (Androutsopoulos 2006[2], Lave/Wenger 1991, s. a. Eckert/McConnell-Ginet 1992), die gemeinsame Routinen und Gepflogenheiten herausbildet und damit Grenzziehung praktiziert.

### 3.2 Grenzerfahrungen der #depressions-Community of practice

Communities of practice entwickeln kommunikative Praktiken, zu denen rekurrente und damit als relevant markierte Themen gehören (vgl. Kallmeyer 2004: 51 f.). Grenzerfahrungen sind im Interaktionsraum #depression auf Twitter ein derartig markiertes Themengebiet. So finden sich in n = 391/556 (70,32 %) der untersuchten Daten Belege, in denen unterschiedliche Grenzen verhandelt werden:

(5) Das Aufräumen fällt mir schwer. Ich hänge an Dingen und Menschen. Ich habe gemerkt, das [sic] ich vieles wirklich nicht mehr brauche. [...] (Nutzer*in_5, 09.05.2020, 12:45:23, Twitter)

---

1 Bei den restlichen 19 Interaktionsarten handelt es sich um hybride Formen, wie z. B. retweetete Antworten.
2 Communitys of practice werden in der interaktional-linguistischen Forschung unterschiedlich definiert, insbesondere bezüglich der Demographie der Mitglieder, der Frequenz der Interaktion sowie der raumzeitlichen Nähe der Interagierenden (vgl. Angouri 2016: 325). Aufgrund der aufgezeigten kollektiven Muster der Online-Interaktion als auch der Art des individuellen Engagements der Nutzer*innen im Interaktionsraum #depression wird der Terminus *Community of practice* in Anlehnung an Androutsopoulos (2006) für diese Online-Gemeinschaft verwendet.

(6) Und wieder einmal ist die DHL Packstation der einzige Grund dass ich heute das Haus verlasse. #depression (Nutzer*in_6, 08.05.2020, 14:16:13, Twitter)

(7) Ich hab schon ein bisschen Angst eine neue Frau zu finden, weil ich extreme vertrauensprobleme entwickelt habe. [...] #depression #love (Nutzer*in_7, 03.05.2020, 15:31:53, Twitter)

(8) CN #depression Ich wache morgens verschwitzt auf, [...] und fühle mich absolut motivationslos. Jeden Tag versuche ich mir etwas vorzunehmen und scheitere. [...] (Nutzer*in_8, 06.05.2020, 06:32:03, Twitter)

Die Interaktant*innen reflektieren über subjektiv erlebte Grenzen und zeigen diese auf. Es geht also immer um das An-eine-Grenze-Stoßen im wörtlichen oder übertragenen Sinn: Die Nutzer*innen demonstrieren ein Bewusstsein für eigene Grenzen, ihre Hürden, und thematisieren deren Überschreitung. Diese können alltägliche Handlungen, wie den Haushalt bzw. Einkäufe erledigen als Leistungsgrenze (5) oder nach draußen gehen als territoriale Grenze (6), betreffen oder auch zwischenmenschliche Beziehungen, wie z. B. das Vertrauen zu Personen als emotionale Grenze (7). Auf diese Weise werden eigene Grenzen von Interaktant*innen explizit im Sinne von ‚Ich habe in X eine Grenze/ich komme an eine Grenze' benannt. Auffällig ist dabei der Grad an Selbstreflexion. In (5) werden Schwierigkeiten beim Aufräumen angesprochen, die jedoch – und dies wird nach der Grenzerfahrung verbalisiert – damit zusammenhängen, dass Nutzer*in_5 an *Dingen und Menschen* hängt und gemerkt hat, vieles nicht mehr gebrauchen zu können. *Vieles* ist dabei indefinit und greift Dinge und Menschen direkt wieder auf. Es geht hier also nicht nur um das Aufräumen in der Wohnung und die Erschwerung durch die Ansammlung von Gegenständen, sondern auch im übertragenen Sinn um das Sich-Trennen und damit auch Abgrenzen von Menschen.

Interpersonelle Probleme werden auch in (7) angesprochen, genauer die Vertrauensprobleme von Nutzer*in_7. Besonders ist daran aber, dass es sich hierbei nicht um Vertrauensprobleme in Bezug auf eine bestimmte Person handelt, sondern prospektiv auf eine mögliche Kennenlern-Situation referiert wird. Es kommt zu einer Gegenüberstellung von *ein bisschen*, also einer Relativierung/Relevanzrückstufung (vgl. Sator/Spranz-Fogasy 2015: 377) und einer anschließenden Hochstufung des Vertrauensproblems durch *extreme*. Implikatiert wird hier einerseits, dass sich die Probleme entwickelt haben und dies die aktuelle Lebensrealität von Nutzer*in_7 darstellt. Andererseits wird dadurch auf eine psychosoziale Begrenzung hingewiesen. Dabei wird ein Bewusstsein für die mögliche zukünftige Ausgrenzung und damit zusammenhängende Schwierigkeiten signalisiert.

In (6) wird eine territoriale Grenze überschritten, nämlich das Haus verlassen. Die DHL-Packstation wird dabei als einziger Grund angegeben, was auf eine aktuell sehr begrenzte Lebenssituation von Nutzer*in_6 hinweist. Das einleitende *Und wieder einmal* zeigt dabei den sich wiederholenden Zustand der Grenzerfahrung an. Die Iterativität des Krankheitszustandes und die damit zusammenhängende Begrenzung wird auch in (8) deutlich gemacht, in dem der Hashtag und eine Triggerwarnung initial vorausgeschickt werden. Iterativität wird durch *morgens* und das Tempus in *wache auf* markiert, was durch die Selbstoffenbarung über den aktuellen Gefühlszustand, *sich absolut motivationslos* zu fühlen, ergänzt und durch *absolut* verstärkt wird. Dadurch wird maximale Handlungsohnmacht (vgl. Deppermann 2015: 64 f.) ausgedrückt, was im anschließenden Satz fortgesetzt wird. Die Iteration wird durch *jeden Tag* fortgeführt und über den Versuch berichtet, sich etwas *vorzunehmen* und am Ende zu scheitern, was die Handlungsohnmacht und Hilflosigkeit der*s Nutzers*in hervorhebt und seine/ihre Not anzeigt. Dabei bleibt offen, was er/sie sich vornimmt.

Die Interaktant*innen positionieren sich diesen Grenzen gegenüber, indem sie ihnen erliegen oder sie überwinden, wie in *Heute war ich produktiv! Ich habe geputzt, Termine wahr genommen* [sic] *und bisschen einkaufen. [...] #depression* (Nutzer*in_31, 13.05.2020, 18:31:44, Twitter), wobei durch *Heute* ein punktuelles, einmaliges Ereignis angezeigt und durch das Ausrufezeichen als positiv und relevant markiert wird (vgl. Storrer 2018: 231).

Weiter werden Grenzüberschreitungen durch Agensrollenzuschreibung anderer thematisiert (Deppermann 2020: 430). Die Interaktant*innen berichten, dass ihre Grenzen missachtet werden (10), dass man über sie hinwegredet (11) sowie ihnen – vermutlich ungefragt – Ratschläge gibt, die nicht auf einer Auseinandersetzung mit der Krankheit beruhen (12).

(9) [...] Seit er mich so beleidigt hat [sic] geht es mir schlechter. Ich hab ihn blockiert aber es zerrt immer noch an meinen Nerven. (Nutzer*in_9, 18.05.2020, 10:12:26, Twitter)

(10) [...] Ich soll dankbar sein, auch wenn meine Grenzen immer und immer wieder missachtet wurden. (Nutzer*in_11, 18.05.2020, 10:44:20, Twitter)

(11) [...] Aber man hat mir nie zugehört. Man redet über mich hinweg [...] (Nutzer*in_11, 18.05.2020, 10:44:21, Twitter)

(12) [...] "Nun ist aber langsam gut!" [...] "Man kann alles übertreiben, geh doch mal raus!" "Das nervt jetzt!" (Nutzer*in_10, 29.04.2020, 21:17:30, Twitter)

In (9) berichtet der*die Nutzer*in_9 von einer Grenzerfahrung in Form einer verbalen Grenzüberschreitung, nämlich der Beleidigung – verursacht von *er* –, die mit der Verschlechterung des Gemütszustands bzw. der Krankheitssymptomatik in Verbindung gebracht wird. Die Grenzüberschreitung der Person veranlasst den*die Nutzer*in_9 zum Setzen einer Grenze durch Blockieren, d. h. zu einer technisch-medialen Grenzziehung, einer Grenzziehungsaffordanz, wobei der*die Nutzer*in angibt, nicht das gewünschte Ergebnis einer Verbesserung der Symptome zur Folge zu haben, denn *es zerrt immer noch an [seinen\*ihren] Nerven*. In (10) wird eine Forderung nach Dankbarkeit durch *ich soll dankbar sein* ausgedrückt. Durch die adversative Subjunktion *auch wenn* und den anschließenden Bericht im Passiv über sich wiederholende Grenzmissachtungen wird ein konträres Verhältnis zwischen der Forderung und dem kritisierten Verhalten angezeigt und damit im Umkehrschluss auch die Begrenzung der Dankbarkeit. In (11) wird das Über-jemanden-Hinwegreden als Grenzüberschreitung der Autonomie dargestellt, also dass für den*die Nutzer*in_11 Entscheidungen getroffen wurden – von wem spielt hierbei eine untergeordnete Rolle, was durch das unbestimmte, aber agentive *man* markiert wird (vgl. Weinrich 2005: 101; Imo/Ziegler 2019: 7; Deppermann 2020: 433). In (12) werden verschiedene Grenzsetzungen anderer durch direktes Zitieren wiedergegeben: In *Nun ist aber langsam gut* und *das nervt jetzt* thematisiert der*die Nutzer*in_10 die Ungeduld des Umfelds und die Aufforderung aufzuhören, also das Aufzeigen einer Grenze durch die zitierte Person und deren Appell zur Verhaltensänderung. In *Man kann alles übertreiben* manifestiert sich der Vorwurf des Unverständnisses anderer, die durch *geh doch mal raus* einen aus Sicht der*s Verfassers*in unsinnigen Ratschlag erteilen. Denn eines der Hauptsymptome der Depression ist gerade der fehlende Antrieb. Durch die Redewiedergabe kommt es hier zur Nachahmung und zum Aufzeigen der Grenzüberschreitung und somit auch zur Abgrenzung von Wir vs. die anderen.

Auffällig ist in diesen Belegen das Bewusstsein über die eigenen Grenzen, auch explizit durch das Possessivpronomen *meine* in *meine Grenzen* angezeigt. Beleidigungen sind Grenzüberschreitungen, so auch Ratschläge, Fremdzuschreibungen und Positionierungen. Zu bemerken ist weiterhin die dargestellte Agentivität im Sinne von Handlungsfähigkeit (vgl. Deppermann 2014: 65). In (9) ist der*die Nutzer*in_9 Beleidigungen ausgeliefert, hier in kausalem und temporalem Zusammenhang durch *seit* und dem dargestellten Beleidigungsereignis sowie der Folge *geht es mir schlechter*. Die niedrige Agency wird durch passivische Formen ausgedrückt (vgl. Deppermann 2014: 65; Iakushevich 2021: 406), wie in (9) *er hat mich beleidigt*, (11) *Grenzen werden missachtet*, (12) *man hat mir nie zugehört, man redet über mich hinweg*, wodurch das Ausgeliefertsein durch das Einreden anderer zum Ausdruck kommt. Gemeinsam haben die Tweets auch die relevant gesetzte Zeitlichkeit, wie in (9) Ereignis und zeitliche Einordnung in Bezug auf Verschlechterung der Symptomatik durch *seit* und *immer noch*, in (11) die Wiederholung von Grenzüberschreitungen, was durch *immer und immer wieder* angezeigt wird, in (12) die Auslassung von Handlungen, markiert durch *nie*, und in (10) die von außen herangetragene Einschätzung über die Dauer der Erkrankung durch *nun* und *langsam*.

Die im Interaktionsraum thematisierten Grenzerfahrungen beziehen sich auf eigene Grenzen im Alltag, beispielsweise beim Erledigen alltäglicher Aufgaben oder bei Grenzüberschreitungen durch Ratschläge und Forderungen. Die Betroffenen beschreiben sich dabei als auf mehreren Ebenen handlungseingeschränkt – einerseits durch die Erkrankung selbst, die auch territorial eingrenzend ist, bspw. wenn die Betroffenen Schwierigkeiten haben, die Wohnung zu verlassen. Andererseits beschreiben die Nutzer*innen ihr Ausgeliefertsein bei wiederholten Grenzüberschreitungen anderer sowie deren kausalen und temporalen Zusammenhang mit der Krankheitssymptomatik.

### 3.3 Grenzziehung durch Markierung und Klassifikation der In- und Outgroup

Grenzerfahrungen kreieren „Diskurse von Verbundensein und Konnektivität" und stellen in Bezug auf kommunikative Grenzziehungspraktiken einen zentralen Ankerpunkt dar, der wiederum eng mit Praktiken des „Trennens" und Differenzierens verbunden ist (Light/Cassidy 2014: 1170 f.). Durch gemeinsame Grenzerfahrungen kann Gruppenidentität erzeugt werden. Insofern bietet die „kommunikative Konnektivität" (Hepp 2006: 45) zunächst einmal grundsätzlich vielfältige Möglichkeiten für Menschen hinsichtlich des Herstellens bzw. Aufrechterhaltens sozialer Beziehungen, was auch mit Blick auf Prozesse von Vergemeinschaftung hochgradig relevant ist (Hepp et al. 2014). Angezeigt werden derartige Vergemeinschaftungsprozesse beispielsweise durch #depressions-Tweets mit direkten Adressierungen von Nutzer*innen oder auch Begrüßungsformeln (vgl. Svennevig 1999: 19), die spezifisch an die Rezipient*innen des #depressions-Raumes gerichtet sind, also einen abgegrenzten Adressat*innenkreis:

(13) Hallo Leute, ich bin neu hier und freue mich, Euch kennen zu lernen :) Seit 8.2018 mein ständiger Begleiter wg. rezividierender [sic] #depression #escitalopram Welcome to the SAD GHOST CLUB [...] (Nutzer*in_7, 03.05.2020, 11:06:29, Twitter)

(14) Hallo ihr Lieben! Mittwoch, Bergfest oder auch: die letzte Woche in der #Klinik [...] (Nutzer*in_5, 29.04.2020, 14:35:19, Twitter)

(15) Guten Morgen ihr Lieben, heute ist ein anstrengender Tag für mich und ich werde alles brauchen [...] #Depression (Nutzer*in_5, 10.05.2020, 07:57:24, Twitter)

(16)  Hey, an alle die auch an Depressionen oder ähnlichen Psychischen Krankheiten leiden... gebt nicht die Hoffnung auf [...] #depression #SmileUpProject #Depression #dontgiveup (Nutzer*in_12, 11.05.2020, 17:43:50, Twitter)

Die Community wird informell mit *Hallo* (13, 14), *Hey* (16) oder *Guten Morgen* (15) gegrüßt. In (14–15) wird die Follower*innenschaft und #depressions-Community mit *ihr Lieben* adressiert, wodurch Vertrautheit und emotionale Nähe sowie eine bereits bestehende Beziehung unter den Nutzer*innen konstruiert wird (vgl. Carbaugh 1996: 143). Der abgegrenzte Adressat*innenkreis ergibt sich dabei durch die Adressierung in Verbindung mit der Spezifizierung in den Postings, bspw. in (13) *ich bin neu hier und freue mich, Euch kennen zu lernen :) Seit 8.2018 mein ständiger Begleiter wg. rezividierender* [sic] *#depression* oder in (16) *an alle die auch an Depressionen [...] leiden*. Die Tweets (14–15) deuten zudem auf ein fortlaufendes Micro-Bloggen hin, was durch die definite und als bekannt markierte NP *die letzte Woche in der Klinik* und *heute ist ein anstrengender Tag für mich* als Update zum momentanen Stand angezeigt wird. In (14) und (15) wird der Community von einem relevanten Ereignis berichtet: in (14) von der letzten Woche Klinikaufenthalt, in (15) von einem anstrengenden Tag und dem Wunsch, der durch *ich werde alles brauchen* realisiert wird. In (13) positioniert sich der*die Nutzer*in_7 als *neu hier*, wobei offen bleibt, worauf sich das *hier* bezieht – auf das Medium Twitter und/oder die #depressions-Community. Durch *freue mich euch kennen zu lernen :)* wird direkt ein Beziehungsangebot gemacht und der Wunsch nach Zugehörigkeit zur Community ausgedrückt. In (16) werden nach dem informellen *Hey* gezielt Menschen mit Depressionen *oder ähnlichen psychischen Krankheiten* adressiert, wobei sich der*die Nutzer*in_12 durch *auch [...] leiden* als betroffen und der Community zugehörig selbstpositioniert (vgl. Deppermann 2015: 382 f.). Der Ansprache folgt der Wunsch, die Hoffnung nicht aufzugeben, wodurch sich der*die Nutzer*in_12 empathisch zeigt und keine konkreten Ratschläge, wie *spazieren gehen*, gibt. Die Nutzer*innen adressieren die Community, teilen Neuigkeiten, wollen integriert werden und sprechen das an, was sie brauchen, nämlich die soziale Unterstützung der Community (vgl. Andalibi et al. 2017, Kabatnik i. Dr./2022).

Durch die zusätzliche Verschlagwortung oder die Thematisierung unterschiedlicher Anliegen, z. B. #Klinik oder die Medikation durch #escitalopram können der #depressions-Community untergeordnete Ingroups gekennzeichnet werden. Die Bsp. (13–16) zeigen darüber hinaus den überaus höflichen und respektvollen Umgang miteinander im Interaktionsraum #depression auf, der für Communities of practice grundlegend ist (Kallmeyer 2004: 51 f.) Im gesamten Korpus (1 und 2) können zwar Gegenpositionierungen identifiziert werden, aber keine Invektiva. Dagegen wird vielfach Dankbarkeit für das Teilen der Beiträge ausgedrückt (vgl. dazu auch Kabatnik i. Dr./2022).

Communities of practice zeichnen sich weiter dadurch aus, dass gemeinsam Probleme behandelt werden (Kallmeyer 2004: 51 f.). Die Problembehandlung erfolgt im Interaktionsraum #depression beispielsweise durch <u>Fragen an die Community</u> nach Erfahrungen, wie in den folgenden Beispielen:

(17) #depression <u>kennt das jemand?</u> Die Sehkraft lässt bei einer Depression schwer nach. (Nutzer*in_13, 16.05.2020, 10:34:06, Twitter)

(18) <u>Kennt ihr das?</u> Dieser ewige Kreislauf aus "sich wochenlang krank fühlen", "durchs Kranksein depressiver werden" und "durchs depressiver Fühlen sich noch kränker fühlen"? [...] #Depression (Nutzer*in_14, 07.05.2020, 02:42:04, Twitter)

(19) <u>Was tut man wenn man psychisch erkrankt ist und keine sozialen Kontakte in der Umgebung hat??</u> Beratungsstellen, Selbsthilfegruppen, Gesundheitsamt usw. bieten keine persönlichen Gespräche mehr an und ich werde langsam verrückt vor Einsamkeit... #depression #notjustsad #anxiety (Nutzer*in_15 , 14.05.2020, 10:56:46, Twitter)

(20) <u>Kann mich bitte einer aus dem Loch ziehen wo ich reingerutscht bin.</u> Mein Kopf explodiert gleich. [...] Bin grade sehr lost [...] #depression (Nutzer*in_16 , 15.05.2020, 13:26:13, Twitter)

(21) [...] Wer seine Routine verändert, beginnt seine Welt mit neuen Augen zu sehen, <u>schon mal ausprobiert?</u> #depression (Nutzer*in_17 , 08.05.2020, 18:27:45, Twitter)

In (17) wird die Community nach der Begleiterscheinung der schwindenden Sehkraft bei Depressionen gefragt; in (18) werden die Nutzer*innen danach gefragt, ob sie den im Anschluss beschriebenen Kreislauf der Erkrankung auch kennen. In (19) wird nach Handlungsmöglichkeiten bei psychischen Erkrankungen und dem fehlenden sozialen Umfeld gefragt, und in (21) fragt der*die Nutzer*in_17 nach dem Versuch, Routinen zu verändern. Gemeinsam haben diese Beispiele, dass die Fragesequenzen subjektive Erfahrungen elizitieren, die aber durch die Öffentlichkeit des Mediums von einer subjektiven auf eine systematische Ebene gehoben werden können und zudem durch die ausgelöste konditionelle Relevanz der Frage das Netzwerk aktiviert werden kann (vgl. Kabatnik i. Dr./2022).

Die Ingroup definiert sich zudem selbst als akut oder generell erkrankt. Angezeigt wird dies durch eine *explizite Bekennung zur Krankheit* (22, 23), der Beschriebung der Symptome (24, 25) sowie die Verknüpfung mit Zeitbezügen (s.

dazu auch Meier-Vieracker 2021: 304), wie z. B. durch Temporaladverbiale oder temporale Adverbien:[3]

(22) Moin, vielen fällt diese Zeit der Isolation wegen des Virus sehr schwer. Ich kann das absolut nachfühlen. Das geht vorbei. *Ich hingegen habe dieses seit Jahren.* #depression #notjustsad (Nutzer*in_18 , 04.05.2020, 08:08:46, Twitter)

(23) [...] Es hat gut getan. *Auch wenn aus der Diagnose einer mittl. Depression zum Schluss eine schwere wurde.* Aber ich habe gut daran gearbeitet und werde das auch weiter tun! (Nutzer*in_5, 06.05.2020, 10:00:30, Twitter)

(24) Nach dem Höhenflug *Anfang der Woche*, *jetzt der Absturz*. Liebe Psyche, was soll das? [...] Werde den heutigen Tag wohl im Bett verbringen. #notjustsad #depression #mentalhealth (Nutzer*in_19 , 09.05.2020, 11:17:05, Twitter)

(25) *Heute* ist meine #depression mal wieder voll da. Ich will nicht aufstehen. Ich will einfach wieder ins Bett, mich hinlegen und nur noch schlafen. (Nutzer*in_9, 18.05.2020, 10:12:26, Twitter)

(26) Sehenden Auges *mit Volldampf in die #Depression*. [...] (Nutzer*in_20, 04.05.2020, 08:27:29, Twitter)

Bemerkenswert ist, wie die Nutzer*innen im Interaktionsraum #depression über ihre Erkrankung und den derzeitigen Zustand berichten: In (22) wird ein Vergleich mit dem Leben in der Pandemie und der damit zusammenhängenden Isolation hergestellt. Mit *dieses* in *Ich habe dieses seit Jahren* wird komplexanaphorisch auf die beschriebene Situation verwiesen. Dabei zeigt sich der*die Nutzer*in durch *Ich kann das absolut nachfühlen* emphatisch und epistemisch überlegen durch *das geht vorbei* Menschen gegenüber, die erst durch die Pandemie von Freund*innen und Verwandten isoliert sind. Durch die Offenbarung über die mehrjährige Erkrankung wird die epistemische Autorität begründet und hervorgehoben. In den Bsp. (23–26) wird jeweils eine Veränderung eines Zustands angezeigt: In (23) verändert sich eine Diagnose von einer mittelschweren Depression zu einer schweren, wobei hier hoffnungsvoll ein Vorankommen durch therapeutische Arbeit und deren Fortsetzen angezeigt wird. In (24–26) wird der schnelle Wechsel von nicht akuten zu akuten Phasen der Depression beschrieben. Menschen mit Depressionen überschreiten demzufolge Grenzen zwischen relativ gesunden und funktionalen Phasen und akuten Phasen und erneuten Episoden. Auffällig sind dabei die verwendeten Metaphern und Phraseme, wie die Gegenüberstellung von *Höhenflug* und *Absturz* in (24) im Vergleich von Anfang und Ende der Woche oder *sehenden Auges mit Vollgas in die Depression* in (26), wodurch einerseits markiert wird,

---

3   Hervorhebung S. K.

dass eine erneute Episode äußerst schnell und plötzlich auftreten kann (vgl. dazu Iakushevich 2021: 405), andererseits ist die Episode für den*die Nutzer*in_20 vorhersehbar. Das heißt, die Ingroup beschreibt/charakterisiert sich selbst auf spezifische Weise: Sie gibt öffentlich zu, von einer stigmatisierten Erkrankung betroffen zu sein, sich durch die Betroffenheit mit der Erkrankung gut auszukennen, also die epistemische und emotionale Autorität darüber zu haben. Die Outgroup wird hingegen als nicht erkrankt beschrieben:

(27) Die sog. "Normalos" werden NIE verstehen, dass man bei Depressiven durch Druck aufbauen genau das Gegenteil erreicht. NIE. #Depression #notjustsad #borderline #Volkskrankheit #Traurigkeit #adifferentworld #Paralleluniversum [...] (Nutzer*in_21, 03.05.2020, 08:56:15, Twitter)

(28) Sie wollen keine Antwort aber lieben es zu fragen [...] (Nutzer*in_4, 13.05.2020, 19:23:32, Twitter)

(29) Mein Chef denkt ich sei nur schlecht drauf weil ich nichts esse. Ich esse aber nichts weil ich schlecht drauf bin. #depression sind leben. (Nutzer*in_22, 06.05.2020, 07:03:35, Twitter)

(30) [...] Ich weiss warum ich nicht mit meiner Familie darüber rede. Weil sie es nicht ernst nehmen oder Religion damit reinbringen. Bin nur müde. (Nutzer*in_23, 14.05.2020, 18:21:15, Twitter)

(31) Wie mein Vater sich zu meiner #Depression äußerte: "Nein danke, ich muss mich darüber nicht informieren. Dafür reicht mein gesunder Menschenverstand." [...] "Du musst Dich einfach nur zusammenreißen!" (Nutzer*in_24 , 04.05.2020, 19:17:05, Twitter)

(32) [...] "Nun ist aber langsam gut!" "Kann es jetzt wieder normal werden?" "Man kann alles übertreiben, geh doch mal raus!" "Das nervt jetzt!" (Nutzer*in_10, 29.04.2020, 21:17:30, Twitter)

(33) [...] Und dann mit aufgesetzter Maske Ja und Amen zu euren BS-takes im Bezug auf mein Leben und meine Krankheiten ertragen. zB "Depression? Geh spazieren!" Äh... genau (Nutzer*in_11, 18.05.2020, 10:44:21, Twitter)

Auf unterschiedliche Weise werden Positionierungen der Outgroup wiedergegeben. Die Outgroup wird dabei konkret benannt und beschrieben: Zur Outgroup können Vorgesetzte gehören, aber auch Eltern oder andere Familienangehörige. Es sind die (27) *Normalos*, die *NIE verstehen werden*, (27) *Druck aufbauen*, (28) *keine Antwort wollen*, (29) falsche Vermutungen anstellen, (30) die Betroffenen *nicht ernst nehmen*, (31) sich nicht über die Erkrankung informieren wollen, (32) ungeduldig sind mit den Betroffenen und (33) ungefragt Ratschläge werteilen, wie *spazieren gehen*. Die dargelegten Fremdpositionierungen (vgl. Lucius-Hoene/Deppermann 2014: 171) haben die Funktion, die epistemische Autorität der Ingroup zu festigen (Merten 2021: 267), die der Outgroup aberkannt wird. Denn die Outgroup wird in (27–33) als verständnislos und empathielos charakterisiert. Auffällig ist dabei der Gebrauch epistemischen Wortschatzes, wie *verstehen, denken* und *wissen*, und auch kommunikativer Lexik, wie *Antwort, fragen, reden* und *sich äußern*, die unterstützt wird von Paraphrasen oder die (in)direkte Wiedergabe des Gesagten. Die Redewiedergabe dient dazu, die Position der Outgroup nachzuahmen und somit auch der sozialen Charakterisierung. Die Outgroup wird auf diese Weise stereotypisiert und ihre Handlungen und Äußerungsweisen werden so stilisiert (vgl. Kallmeyer 2004: 51 f.).

Die Ingroup klassifiziert sich selbst, thematisch durch Berichte über verschiedene Grenzerfahrungen, die Offenbarung über die Diagnose, Updates zur Verschlechterung von Symptomen oder den Wiederbeginn einer depressiven Episode, wodurch sich die Gruppe als epistemisch autoritär selbstpositioniert. Davon abgegrenzt wird die Outgroup, die nicht über das Krankheitswissen verfügen mag – als Fremdzuschreibung der Ingroup. Die Community of practice konstituiert sich nicht nur über gemeinsame Erfahrungen im Bereich der Krankheitssymptomatik oder -historie, sondern auch über die sprachliche Konstruktion, Stilisierung und Stereotypisierung der Outgroup mit (Gruppen-)identitätsbildender Funktion.

### 3.4 Grenzziehungspraktiken in der Interaktion

In diesem Abschnitt sollen Grenzziehungspraktiken anhand eines Fallbeispiels in der Interaktion präsentiert werden. Für die Analyse von Grenzziehungspraktiken in der Interaktion wurde Korpus 2 herangezogen, das 38 saliente initiale Tweets zu #depression enthält, zu denen die Anschlusskommunikation in Form von 350 Replys manuell nacherhoben wurde (s. Kap. 2). Der folgende in Kap. 3.3 eingeführte Initialtweet thematisiert Grenzziehung zwischen der In- und Outgroup, d. h. die Dichotomie zwischen Erkrankten und Nicht-Erkrankten und ihre wechselseitigen Grenzüberschreitungen.

(34) Die sog. "Normalos" werden NIE verstehen, dass man bei Depressiven durch Druck aufbauen genau das Gegenteil erreicht. NIE. #Depression #notjustsad #borderline #Volkskrankheit #Traurigkeit #adifferentworld #Paralleluniversum CC: Nutzer*in_28, Nutzer*in_29, Nutzer*in_25 (Nutzer*in_21, 03.05.2020, 08:56:15, Twitter)

In Bsp. (34) wird das Verhalten von Nicht-Erkrankten kritisiert: Sie würden Druck ausüben und das Problem dadurch verschlimmern. Für Nicht-Erkrankte wird der Begriff *Normalos* eingeführt, was impliziert, dass dem*r Verfasser*in zufolge neben der Dichotomie zwischen den Erkrankten und Nicht-Erkrankten auch eine zwischen „Normalen" und „Un- oder Nicht-Normalen" besteht. Da das Verhalten von *Normalos* kritisiert wird, kann geschlussfolgert werden, dass es sich bei den „Normalen" um die Outgroup handeln muss, bei den „Unnormalen" um die Erkrankten. Markiert wird *Normalos* in (34) zusätzlich durch *sog.* – also spöttisch zum Ausdruck von Zweifel (DWDS: sog.)[4], wodurch der Status des Normalen angezweifelt wird. Der nominalisierte Stamm *Normal-* wird durch das pejorativ konnotierte Suffix *-os* (vgl. Crestani 2010: 233) und Anführungszeichen ergänzt, wodurch sich der*die Verfasser*in des Tweets dieser Menschen und deren Haltung gegenüber negativ positioniert.

Das Subjekt *die Normalos* wird prädikatiert mit *werden NIE verstehen*, wobei *NIE* durch die Majuskelschreibung weiter hervorgehoben wird, die die *extreme case formulation* (vgl. Kiyimba 2020) zusätzlich markiert. Der*die Verfasser*in stellt die Behauptung auf, die Nicht-Erkrankten könnten einen Sachverhalt kognitiv nicht erfassen, was durch das kognitive Verb *verstehen* ausgedrückt wird. Durch die Abwertung der Gruppe der *Normalos,* die *extreme case formulation* und das Prädikat im Futur *werden NIE verstehen* wird ein Wissensdefizit seitens Nicht-Erkrankter proklamiert. Dieses Wissensdefizit wird für die Zukunft abschließend verneint und stellt damit eine absolute Positionierung dar. Im angeschlossenen *dass*-Objektsatz wird schließlich realisiert, was die Gruppe der Nicht-Erkrankten, also die *sog. Normalos* nie verstehen werden, nämlich dass durch das Ausüben von Druck auf die Erkrankten das Gegenteil erreicht wird, also bspw. durch Äußerungen, Ratschläge oder Forderungen aus dem Umfeld.

In diesem Initialtweet kommt Grenzziehung auf unterschiedliche Weise zum Tragen, nämlich erstens durch die Grenzziehung zwischen den Erkrankten und Nicht-Erkrankten und zweitens durch die Thematisierung von Grenzüberschreitungen anderer, bspw. durch Forderungen oder Ratschläge von Nicht-Erkrankten. Auf diese Weise wird eine Fremdzuschreibung vorgenommen, nämlich die Ratschläge gebenden Nicht-Erkrankten würden sich überlegen fühlen, in Wirklichkeit aber nicht verstehen, wodurch die Wissensasymmetrie aufgehoben und die Outgroup als unwissend dargestellt wird. Denn das Erteilen von Ratschlägen impliziert ein angenommenes Wissensdefizit, das eben durch den Rat aufgehoben werden soll (vgl. Franke 1996: 252).

Das *NIE* als analeptische Wiederaufnahme (vgl. Helmer 2017) der *extreme case formulation* wird in finaler Position wiederholt, sodass die Proposition über die Verständnislosigkeit der *Normalos* erneut bestätigt wird, was mit dem beitrags-

---

4   https://www.dwds.de/wb/sog. (Stand: 17.01.2022).

finalen Punkt „als Signal einer thematischen oder handlungsbezogenen Grenze" (Androutsopoulos 2020: 82) abschließend bekräftigt wird.

Die anschließenden Hashtags *#Depression, #borderline, #notjustsad* und *#Traurigkeit* verorten den Tweet pathologisch und emotiv im Medium. *#Volkskrankheit* verweist auf den epidemiologischen Status der Erkrankung Depression sowie auf den *stance* (vgl. Deppermann 2018: 121 ff.) des*der Verfassers*in darüber. Grenzziehung wird jedoch mit den beiden finalen Hashtags *#adifferentworld* und *#Paralleluniversum* praktiziert, indem auf verschiedene Welten bzw. Universen referiert wird. Dadurch wird indirekt ausgedrückt, dass die Unterschiede, das Unverständnis und die Grenzen der In- und Outgroup so unüberwindbar seien, als würden sie auf unterschiedlichen Planeten leben.

Abschließend werden drei Nutzer*innen aus dem Interaktionsraum #depression direkt adressiert, was in (34) durch das für E-Mail-Konversationen typische CC-Setzen stilisiert wird, wodurch der Tweet mindestens für diese Nutzer*innen relevant gesetzt wird. Die Relevanz des Initialtweets innerhalb des Interaktionsraums #depression auf Twitter lässt sich bestätigen, denn zum Erhebungszeitpunkt wird dieser sechsmal retweetet (vgl. Müller/Stegmeier 2016: 510).

(35) Nutzer*in_21, Nutzer*in_28 und Nutzer*in_29 diese Extrem-Assistenzilisten [sic] sind auch für die Tonne. Sie denken immer sie wüssten über Autisten oder Depressive etc. alles und sie hätten das ideale Heilmittel oder die beste Hilfe parat. Aber meistens irren sie sich. (Nutzer*in_25, 03.05.2020, 06:46, Twitter)

(36) Nutzer*in_21, Nutzer*in_28, Nutzer*in_29, Nutzer*in_25 Korrekt, zwar wird es Hilfe und Ratschläge genannt, erzeugt aber einen mächtigen Druck (Nutzer*in_26, 03.05.2020, 12:46, Twitter)

(37) Nutzer*in_21, Nutzer*in_28, Nutzer*in_29, Nutzer*in_25 ich verstehe nicht,wieso Du Dich leicht damit tust die Welt in Normalos+Depris einzuteilen+gleichzeitig Depressionen als Volkskrankheit anerkennst;Muss ich aber auch nicht-Aber ich spüre ganz deutlich den Druck,wenn mir Nahestehende"Du willst/kannst mich nicht verstehen"entgegnen (Nutzer*in_27, 03.05.2020, 11:53, Twitter)

In der ersten Reply (35) auf den Initialtweet wird dieser durch die Extension (vgl. Goodwin/Heritage 1990) *diese Extrem-Assistenzilisten [sic!] sind auch für die Tonne* erweitert. Der*die Nutzer*in ergänzt die Hilfestellung der *sog. Normalos* um *Extrem-Assistenzilisten [sic!]*, über die ausgesagt wird, dass sie unbrauchbar seien. Im Anschluss daran werden die im Initialtweet angesprochenen Wissensasymmetrien zwischen den Erkrankten und Nicht-Erkrankten durch *Sie denken immer sie wüssten über Autisten oder Depressive etc. alles* reformuliert. Denn sowohl die Proposition als auch die *extreme case formulation* stimmt mit der des

Initialtweets überein, wodurch die Auffassung der*s Verfassers*in des Initialtweets bezüglich der präsupponierten Dichotomie zwischen Erkrankten und Nicht-Erkrankten bekräftigt wird – zusätzlich auch durch das abschließende *Aber meistens irren sie sich*. Zustimmend reagiert auch Nutzer*in_26 in Reply (36), die mit dem bestätigenden *korrekt* eingeleitet wird. Zudem wird in (36) die Implikatur aus dem Initialtweet durch *zwar wird es Hilfe und Ratschläge genannt* explizit gemacht, indem die Grenzüberschreitung direkt benannt wird. Mit *erzeugt aber einen mächtigen Druck* wird ein Teil des Initialtweets paraphrasiert und durch das bewertende Adjektiv *mächtig* weiter verstärkt und somit auch genuin und präferiert bestätigt (vgl. Pomerantz/Heritage 2012: 215 ff.).

In Antwort (37) folgt eine erste Gegenpositionierung, die den Initialtweet kritisch reflektiert. Sie wird eingeleitet durch *ich verstehe nicht*, womit nicht auf ein kognitives Defizit hingewiesen, sondern inhaltliche Kritik an der initialen Äußerung geübt wird. Der Vorwurf an den*die Verfasser*in des Initialtweets, nämlich die Welt in zwei Gruppen, also Erkrankte und Nicht-Erkrankte, einzuteilen, bezieht sich auf die im Initialtweet behauptete Dichotomie und die Hashtags *#adifferentworld #Paralleluniversum* und wird durch *leichtfertig* negativ bewertet. Durch *Normalos+Depris einzuteilen+gleichzeitig Depressionen als Volkskrankheit anerkennst* wird ein Widerspruch im Initialtweet aufgezeigt, nämlich die Depression als Volkskrankheit zu bezeichnen, Depressiven aber gleichzeitig den Status des „Unnormalen" zu verleihen.

Durch *Muss ich aber auch nicht [Ø verstehen]* wird weiter (vorsorglich) Abgrenzung praktiziert, und zwar vor möglichen folgenden Erklärungsversuchen der*s Verfassers*in des Initialtweets. Der*die Verfasser*in berichtet in (37) anschließend von dem entstehenden Druck, wenn Nahestehende ihm*ihr Unverständnis unterstellen. Dadurch wird der thematisierte Druck auf Depressive wiederaufgenommen und umgekehrt. Der*die Nutzer*in verortet sich durch diese Gegenpositionierung bei den Nicht-Erkrankten und nimmt die pejorative Endung *-os* als despektierlich wahr. Durch den Gegenvorwurf, die geäußerte Kritik, die Abwehrhaltung gegenüber weiterer Diskussion, die Emotionalität in der Antwort sowie den Ausdruck über den verspürten Druck bei Unterstellungen von Erkrankten wird von Seiten der Outgroup, also der Nicht-Erkrankten, eine Grenzverletzung aufgezeigt, nämlich die der Stigmatisierung Nicht-Erkrankter, die hier als Fremdzuschreibung entlarvt wird. Die Kritik bezieht sich hier also nicht nur auf die behauptete Dichotomie zwischen *Normalos* und *Nicht-Normalos*, sondern auch auf die im Initialtweet (34) beanspruchte epistemische Autorität und damit die absolute Deutungshoheit.

An diese erste Gegenpositionierung knüpft ein*e weitere*r Nutzer*in an, der*die den*die Verfasser*in zunächst dazu auffordert, den Initialtweet mit *Erklär das Mal* 😊 zu erklären. (Nutzer*in_30, 03.05.2020, 10:59, Twitter). Der

Emoji mit zwinkerndem Gesicht steht dabei konträr zu der imperativischen Aufforderung ohne Höflichkeitsmarkierung, was bereits auf eine Unstimmigkeit hinweist und eine mögliche Gegenpositionierung andeutet. Der*die Verfasser*in des Initialtweets wiederholt daraufhin den Initialtweet (*Braucht man eigentlich nicht: – Normalos werden es NIE verstehen. – Depris fühlen es.* (Nutzer*in_21, 03.05.2020, 11:12, Twitter)). Durch die Ergänzung über die fehlende Notwendigkeit der Erklärung und die verkürzte Wiederholung der Hauptaussage des Initialtweets wird sowohl die beanspruchte Dichotomie zwischen den Erkrankten und Nicht-Erkranken bestätigt und fortgesetzt als auch die Definitheit der Positionierung hervorgehoben, was wiederholt durch den beitragsfinalen Punkt markiert wird (vgl. Androutsopoulos 2020: 81 f.). Nach einer Diskussion zwischen Nutzer*in_21 und Nutzer*in_30 über sieben Replys über die Definitheit der Aussage im Initialtweet und weiteres Anzweifeln der Richtigkeit dieser Positionierung seitens Nutzer*in_30 schließt Nutzer*in_2 mit der folgenden Reply ab:

(38) Nutzer*in_30, Nutzer*in_28, Nutzer*in_29, Nutzer*in_25 Ehrlich gesagt, sorry, aber *so* reden nur "Normalos" oder Leute mit allenfalls sehr, sehr leichten Depressionen.
Wie ich schon sagte:
+ Normalos werden es NIE verstehen;
+ Depressive #Menschen fühlen es!

Is' so! (Nutzer*in_21, 03.05.2020, 1:31, Twitter)

Die *Ehrlich-gesagt*-Konstruktion (vgl. Wich-Reif 2015: 125) und das *sorry* leiten eine Äußerung ein, von der ausgegangen wird, dass sie dem Gegenüber nicht gefallen wird. Mit *"so"* in *"so" reden nur "Normalos"* bezieht sich Nutzer*in_21 auf die vorhergehenden Beiträge von Nutzer*in_30 wodurch diese*r der Gruppe der *Normalos* zugeordnet wird. Abgeschwächt wird dies durch *oder Leute mit allenfalls sehr, sehr leichten Depressionen*, wodurch Nutzer*in_30 das Mitspracherecht entzogen wird. Die Positionierung des Initialtweets wird durch *+ Normalos werden es NIE verstehen* verkürzt wiederholt und durch *+ Depressive #Menschen fühlen es!* ergänzt, wodurch die Gegenüberstellung der beiden Gruppen, also erkrankt vs. nicht-erkrankt, explizit gemacht, die Dichotomie von *Normalos* vs. *Depressive Menschen* fortgesetzt und die epistemische Autorität der Ingroup durch *fühlen es* im Sinne von ‚wissen es einfach' im Gegensatz zu dem *Werden-es-NIE-verstehen* der Outgroup aufrechterhalten wird. Der Emoji mit dem achselzuckenden Mann und das finale *Is' so!* markieren den Diskussionsabschluss, wodurch sich die Grenzziehung weiter verfestigt.

Grenzziehung zeigt sich in der Interaktion an der Aufstellung der Dichotomie zwischen der In- und Outgroup und über die beanspruchte epistemische Autorität über die Erkrankung und die damit einhergehenden Ratschläge anderer. Es zeigt sich an diesem Fallbeispiel, wie verfestigt die Grenzen sein können und dass Stigmatisierung durch Fremdzuschreibung auch wechselseitig erfolgen kann.

## 4 Diskussion und Schlussfolgerungen

Nutzer*innen nehmen an der Interaktion unter dem Hashtag #depression auf Twitter teil. Die Thematisierung von Grenzen erfolgt dabei häufig weniger explizit. Zu identifizieren sind im Interaktionsraum #depression auf Twitter Grenzen im wörtlichen Sinn, wie z. B. territoriale Grenzen, aber auch in übertragener Bedeutung, wie beispielsweise die Armuts-, Leistungs- oder emotionale Grenze, die Grenze zwischen Leben und Tod sowie Krankheit und Gesundheit. Durch die Praktik des Taggens entsteht ein Interaktionsraum zu #depression, der zwar von anderen Interaktionsräumen auf Twitter abgegrenzt ist. Durch häufiges Mehrfachtagging ist jedoch von sich überlappenden interaktionalen Grenzen auszugehen. Die Praktik der thematischen Mehrfachzuordnung lässt sich so auch als kommunikative Praktik der Mehrfacheingrenzung interpretieren. Im Interaktionsraum #depression formiert sich eine Community of practice mit eigenen Regeln und Gepflogenheiten mit für die Community relevanten Grenzerfahrungen (wie subjektiv erlebte Grenzen in Bezug auf alltägliche Handlungen), Grenzüberschreitungen (wie etwa Beleidigungen oder ungebetene Ratschläge), Grenzziehungen (z. B. durch das Blockieren als Grenzziehungsaffordanz des Mediums Twitter) sowie Verhaltens- und Ausdrucksweisen, die sich bspw. in der emotiven, kognitiven und pathologischen Lexik manifestieren. Diese weist auf das gemeinsame Wissen der Community und die dadurch vollzogene Praktik der Abgrenzung von Außenstehenden hin, die durch beispielsweise Adressierung der Ingroup und Fragen an die Community fortgesetzt wird. Die Verhaltens- und Ausdrucksweisen sind jedoch als dynamische Ausdrucksmuster zu interpretieren und unterliegen ständigen Überarbeitungsprozessen. Es sind also weniger klare Grenzen als vielmehr benenn- und identifizierbare Eigenschaften festzustellen, wie z. B. die Charakterisierung der In- und Outgroup, Positionierungen, Zuschreibungen sowie das Aufzeigen bzw. aufgezeigt bekommen von Grenzen, die kommunikative Grenzziehungspraktiken im Interaktionsraum #depression darstellen. Die Ingroup wird als erkrankt, betroffen, wissend und verständnisvoll konstituiert, die Outgroup wird als nicht erkrankt, nicht betroffen, unwissend und verständnislos charakterisiert. Die Ingroup klassifiziert sich also selbst, thematisch durch Berichte über verschiedene Grenzerfahrungen, die Offenbarung über die Diagnose, Updates zur Verschlechterung von Symptomen oder den Wiederbeginn einer depressiven Episode, wodurch sich die Gruppe als epistemisch autoritär selbstpositioniert. Davon abgegrenzt wird die Outgroup, die nicht über das Krankheitswissen verfügen mag – als Fremdzuschreibung der Ingroup. Die Community of practice konstituiert sich daher nicht nur über gemeinsame Erfahrungen im Bereich der Krankheitssymptomatik oder -historie, sondern auch über die sprachliche Konstruktion, Stilisierung und Stereotypisierung der Outgroup mit (gruppen-)identitätsbildender Funktion. An einem Fallbeispiel zeigt sich, wie verfestigt die Grenzen zwischen der In- und Outgroup sein können und dass Stigmatisierung durch Fremdzuschreibung auch wechselseitig erfolgen kann. Die Häufigkeit an Belegen, die eine akute Episode oder eine generelle Erkrankung beinhalten, lässt darauf schließen, dass sich eine Praktik des depressionsbegleitenden Twitterns herausbildet. Dabei wird das Charakteristische für kommunikative Praktiken sichtbar, nämlich das Spannungsverhältnis zwischen dem konkreten, einmaligen Ereignis und dem generischen und rekurrenten Vorkommen.

**Literatur**

Andalibi, Nazanin/ Ozturk, Pinar/Forte, Andrea (2017). Sensitive Self-disclosures, Responses, and Social Support on Instagram: The Case of #Depression. Proceedings of the 2017 ACM conference on computer supported cooperative work and social computing, 1485–1500.

Androutsopoulos, Jannis (2020). Digitalisierung und soziolinguistischer Wandel. Der Fall der digitalen Interpunktion. In: Marx, Konstanze/Lobin, Henning/Schmidt, Axel (Hrsg.). Deutsch in Sozialen Medien. Interaktiv – multimodal – vielfältig. Berlin/Boston: De Gruyter, 75–94.

Androutsopoulos, Jannis (2016). Mediatisierte Praktiken: Zur Rekontextualisierung von Anschlusskommunikation in den Sozialen Medien. In: Deppermann, Arnulf/Feilke, Helmuth/Linke, Angelika (Hrsg.). Sprachliche und kommunikative Praktiken. Berlin/Boston: De Gruyter, 337–367.

Androutsopoulos, Jannis (2006). Introduction: Sociolinguistics and computer-mediated communication. Journal of Sociolinguistics 10 (4), 419–438.

Angouri, Jo (2016). Online communities and communities of practice. In: Georgakopoulou, Alexandra/Spilioti, Tereza (Hrsg.). The Routledge handbook of language and digital communication. London: Routledge, 337–352.

Beißwenger, Michael (2016). Praktiken in der internetbasierten Kommunikation. In: Deppermann, Arnulf/Feilke, Helmuth/Linke, Angelika (Hrsg.). Sprachliche und kommunikative Praktiken. Berlin/Boston: De Gruyter, 279–309.

Carbaugh, Donal (1996). Situating selves: The communication of social identities in American scenes. Albany, N.Y.: State University of New York Press.
Coppersmith, Glen/Dredze, Mark/Harman, Craig (2014). Quantifying mental health signals in Twitter. Proceedings of the workshop on computational linguistics and clinical psychology: From linguistic signal to clinical reality, 51–60.
Coppersmith, Glen/Dredze, Mark/Harman, Craig/Hollingshead, Kristy/Mitchell, Margaret (2015). CLPsych 2015 shared task: Depression and PTSD on Twitter. Proceedings of the 2nd Workshop on Computational Linguistics and Clinical Psychology: From Linguistic Signal to Clinical Reality, 31–39.
Crestani, Valentina (2010). Wortbildung und Wirtschaftssprachen: Vergleich deutscher und italienischer Texte. Bern: Lang.
Davison, Kathryn P./Pennebaker, James W. (1997). Virtual narratives: Illness representations in online support groups. In: Petrie, Keith J./Weinman, John A. (Hrsg.). Perceptions of health and illness: Current research and applications. Amsterdam: Harwood Academic Publishers, 463–486.
De Choudhury/Munmun, Counts/Scott, Horvitz/Eric J./Hoff, Aaron (2014). Characterizing and predicting postpartum depression from shared facebook data. Proceedings of the 17th ACM conference on Computer supported cooperative work & social computing, 626–638.
De Choudhury, Munmun/Counts, Scott/Horvitz, Eric (2013a). Social media as a measurement tool of depression in populations. Proceedings of the 5th Annual ACM Web Science Conference, 47–56.
De Choudhury, Munmun/Counts, Scott/Horvitz, Eric (2013b). Predicting postpartum changes in emotion and behavior via social media. Proceedings of the ACM SIGCHI Conference on Human Factors in Computing Systems, 3267–3276.
Demuth, Greta/Schulz, Elena Katharina (2010). Wie wird auf Twitter kommuniziert? Eine textlinguistische Untersuchung (= NET.WORX 56).
Deppermann, Arnulf (2020). Unpacking parental violence in narratives: Agency, guilt, and pedagogy in narratives about traumatic interpersonal experiences. In: Applied Linguistics 41 (3), 428–451.
Deppermann, Arnulf (2018). Wissen im Gespräch. In: Birkner, Karin/Janich, Nina (Hrsg.). Handbuch Text und Gespräch. Berlin/Boston: De Gruyter, 104–142.
Deppermann, Arnulf (2015). Positioning. In: De Fina, Anna/Georgakopoulou, Alexandra (Hrsg.). The handbook of narrative analysis. Oxford: Wiley Blackwell, 369–387.
Deppermann, Arnulf (2014). Agency in Erzählungen über Gewalterfahrungen in Kindheit und Jugend. Sprachliche Praktiken der Zuschreibung von Schuld und Verantwortung an Täter und Opfer. In: Scheidt, Carl E./Lucius-Hoene, Gabriele/Stukenbrock, Anja/Waller, Elisabeth (Hrsg.). Narrative Bewältigung von Trauma und Verlust. Stuttgart: Schattauer, 64–75.
Eckert, Penelope (2006). Communities of practice. Encyclopedia of language and linguistics 2, 683–685.
Eckert, P./McConnell-Ginet, S. (1992). Think practically and look locally: Language and gender as community-based practice. Annual Review of Anthropology 21, 461–490.

Finfgeld, Deborah (2000). Therapeutic groups online: the good, the bad, and the unknown. Issues in Mental Health Nursing 21 (3), 241–255.
Franke, Wilhelm (1996). Ratgebende Aufklärungstexte. Überlegungen zur linguistischen Beschreibung ratgebender Beiträge der Massenmedien. Zeitschrift für germanistische Linguistik 24 (3), 249–272.
Goodwin, Charles/Heritage, John (1990). Conversation analysis. Annual review of anthropology 19, 283–307.
Gülich, Elisabeth/Mondada, Lorenza (2008). Konversationsanalyse. Eine Einführung am Beispiel des Französischen. Tübingen: Max Niemeyer.
Hasebrink, Uwe (2003). Nutzungsforschung. In: Bentele, Günter/Brosius, Hans-Bernd/Jarren, Otfried (Hrsg.). Öffentliche Kommunikation. Wiesbaden: VS Verlag für Sozialwissenschaften, 101–127.
Helmer, Henrike (2017). Analepsen mit Topik-Drop. Zur Notwendigkeit einer diskurssemantischen Perspektive. Zeitschrift für germanistische Linguistik 45 (1), 1–39.
Hepp, Andreas (2006). Translokale Medienkulturen: Netzwerke der Medien und Globalisierung. In: Hepp, Andreas/Krotz, Friedrich/Moores, Shaun/Winter, Carsten (Hrsg.). Netzwerk, Konnektivität und Fluss. Konzepte gegenwärtiger Medien-, Kommunikations- und Kulturtheorie. Wiesbaden: VS Verlag für Sozialwissenschaften, 43–69.
Hepp, Andreas (2020). Deep mediatization. New York: Routledge.
Hepp, Andreas/Berg, Matthias/Roitsch, Cindy (2014). Kommunikative Grenzziehung: Kommunikatives Grenzmanagement und die Grenzen der Gemeinschaft. In: Hepp, Andreas/Berg, Matthias/Roitsch, Cindy (Hrsg.). Mediatisierte Welten der Vergemeinschaftung. Wiesbaden: Springer VS, 175–197.
Iakushevich, Marina (2021). Immer mehr Menschen fallen in Depressionen. Mediale Konstruktionen einer Volkskrankheit. In: Iakushevich, Marina/Ilg, Yvonne/Schnedermann, Theresa (Hrsg.). Linguistik und Medizin. Sprachwissenschaftliche Zugänge und interdisziplinäre Perspektiven. Berlin/Boston: De Gruyter, 399–418.
Imo, Wolfgang/Ziegler, Evelyn (2019). Situierte Konstruktionen. Das Indefinitpronomen *man* im Kontext der Aushandlung von Einstellungen zu migrationsbedingter Mehrsprachigkeit. In: de Knop, Sabine/Erfurt, Jürgen (Hrsg.). Konstruktionsgrammatik und Mehrsprachigkeit. Osnabrücker Beiträge zur Sprachtheorie 94. Duisburg: UVRR, 75–104.
Kabatnik, Susanne (i. Dr./2022). Relationship building through #depression.
Kallmeyer, Werner (2004). Kommunikativer Umgang mit sozialen Grenzziehungen. Zur Analyse von Sprachstilen aus soziolinguistischer Perspektive. Der Deutschunterricht 56 (1), 51–58.
Kiyimba, Nikki (2020). "I belong to the days of the dinosaurs": Extreme case formulation in therapeutic practice. Qualitative Psychology 7 (3), 384–397.
Lave, Jean/Wenger, Etienne (1991). Situated Learning. Legitimate Peripheral Participation. Cambridge: Cambridge University Press.

Light, Ben/Cassidy, Elija (2014). Strategies for the suspension and prevention of connection: Rendering disconnection as socioeconomic lubricant with Facebook. New Media & Society 16 (7), 1169–1184.

Lucius-Hoene, Gabriele/Deppermann, Arnulf (2004). Narrative Identität und Positionierung. Gesprächsforschung – Online-Zeitschrift zur verbalen Interaktion 5, 166–183.

Marx, Konstanze (2019a). Kollektive Trauer 2.0 zwischen Empathie und Medienkritik: Ein Fallbeispiel. In: Hauser, Stefan/Opilowski, Roman/Wyss, Eva L. (Hrsg.). Alternative Öffentlichkeiten. Soziale Medien zwischen Partizipation, Sharing und Vergemeinschaftung. Bielefeld: Transcript, 109–130.

Marx, Konstanze (2019b). Von #Gänsehaut bis #esreicht – Wie lässt sich ein Territorium neuer Sagbarkeit konturieren? Ein phänomenologischer Zugang. In: Eichinger, Ludwig M./Plewnia, Albrecht (Hrsg.). Neues vom heutigen Deutsch. Empirisch – methodisch – theoretisch. Berlin/Boston: De Gruyter, 245–263.

Meier-Vieracker, Simon (2021). „immer noch chemo" – Zeitlichkeit in digitalen Krankheitserzählungen. In: Iakushevich, Marina/Ilg, Yvonne/Schnedermann, Theresa (Hrsg.). Linguistik und Medizin. Sprachwissenschaftliche Zugänge und interdisziplinäre Perspektiven. Berlin/Boston: De Gruyter, 295–316.

Merten, Marie-Luis (2021)."Wer länger raucht, ist früher tot" – Construal-Techniken des (populärmedizinischen) Online-Positionierens. In: Iakushevich, Marina/Ilg, Yvonne/ Schnedermann, Theresa (Hrsg.). Linguistik und Medizin. Sprachwissenschaftliche Zugänge und interdisziplinäre Perspektiven. Berlin/Boston: De Gruyter, 259–276.

Miller, John K./Gergen, Kenneth J. (1998). Life on the line: the therapeutic potentials of computer mediated conversation. Journal of Marital and Family Therapy 24 (2), 189–202.

Morrow, Phillip R. (2006). Telling about problems and giving advice in an Internet discussion forum: some discourse features. Discourse studies 8 (4), 531–548.

Müller, Marcus/Stegmeier, Jörn (2016). Twittern als #Alltagspraxis des Kunstpublikums. Zeitschrift für Literaturwissenschaft und Linguistik 46, 499–522.

Nguyen, Thin/O'Dea, Bridianne/Larsen, Mark/Phung, Dinh/Venkatesh, Svetha/Christensen, Helen (2017). Using linguistic and topic analysis to classify sub-groups of online depression communities. Multimedia tools and applications 76 (8), 10653–10676.

Pomerantz, Anita/Heritage, John (2012). Preference. In: Sidnell, Jack/Stivers, Tanya (Hrsg.). The handbook of conversation analysis. John Wiley & Sons, 210–228.

Reece, Andrew G./Danforth, Christopher M. (2017). Instagram photos reveal predictive markers of depression. EPJ Data Science 6 (15), 1–15.

Roitsch, Cindy (2020). Kommunikative Grenzziehung: Herausforderungen und Praktiken junger Menschen in einer vielgestaltigen Medienumgebung. Wiesbaden: Springer VS.

Salem, Deborah A./Bogat, G. Anne/Reid, Christina (1997). Mutual help goes online. Journal of Community Psychology 25 (2), 189–207.

Sator, Marlene/Spranz-Fogasy, Thomas (2015). Medizinische Kommunikation. In: Knapp, Karlfried/Antos, Gerd/Becker-Mrotzek, Michael/Deppermann, Arnulf/Göpferich, Susanne/Grabowski, Joachim/Klemm, Michael/Villiger, Claudia. Angewandte Linguistik. Ein Lehrbuch. 3. Aufl. Tübingen/Basel: Francke, 376–393.
Schegloff, Emanuel A. (2007). Sequence organization in interaction. A primer in conversation analysis. 1. Aufl. Cambridge/New York: Cambridge University Press.
Schegloff, Emanuel A./Sacks, Harvey (1973). Opening Up Closings. Semiotica 8 (4), 289–327.
Selting, Margret (2016). Praktiken des Sprechens und Interagierens im Gespräch aus der Sicht von Konversationsanalyse und Interaktionaler Linguistik. In: Deppermann, Arnulf/Feilke, Helmuth/Linke, Angelika (Hrsg.). Sprachliche und kommunikative Praktiken. Berlin/Boston: De Gruyter, 27–56.
Smithson, Janet/Sharkey, Siobhan/Hewis, Elaine/Jones, Ray/Emmens, Tobit/Ford, Tamsin/Owens, Christabel (2011). Problem presentation and responses on an online forum for young people who self-harm. Discourse Studies 13 (4), 487–501.
Storrer, Angelika (2018). Interaktionsorientiertes Schreiben im Internet. In: Deppermann, Arnulf/Reineke, Silke (Hrsg.). Sprache im kommunikativen, interaktiven und kulturellen Kontext. Berlin/Boston: De Gruyter, 219–244.
Svennevig, Jan (1999). Getting acquainted in conversation: A study of initial interactions. Amsterdam/Philadelphia: John Benjamins.
Vedula, Nikhita/Parthasarathy, Srinivasan (2017). Emotional and linguistic cues of depression from social media. Proceedings of the 2017 International Conference on Digital Health, 127–136.
Weinrich, Harald (2005). Textgrammatik der deutschen Sprache. Hildesheim: Olms.
Wich-Reif, Claudia (2019). „Ehrlich gesagt" und Verwandtes – Emotionen und Routineformeln. Linguistische Treffen in Wrocław 16, 191–210.
Zappavigna, Michele (2018). Searchable Talk: Hashtags and Social Media Metadiscourse. London: Bloomsbury Publishing.

# The dirty work of boundary maintenance

## Der Topos der „sicheren Grenzen" im neurechten Diskurs

Simon Meier-Vieracker

**Abstract:** Talk of secure borders plays a central role in the context of right-wing ideologies. This is in line with the idea of so-called ethnopluralism, according to which ethnic groups should keep their 'natural distance' to each other, while the blurring of social and territorial boundaries is regarded as a threat to cultural identity. Based on large corpora of right-wing blogs and with reference to the sociological theory of the politics of belonging, this paper analyses lexical and argumentative patterns in right-wing boundary discourses. It is argued that the notion of secure borders and the need for boundary maintenance in the territorial sense is linked to the idea of discursive boundaries which together serve as warrants for social exclusion.

**Keywords:** new Right, migration, politics of belonging, corpus linguistics, discourse analysis

## 1 Einleitung

Am 5. Oktober 2015, auf dem Höhepunkt der damals oft so genannten Flüchtlingskrise (Luft 2016), hält Götz Kubitschek, Verleger und führender Vertreter der Neuen Rechten, auf einer Dresdner Pegida-Demonstration eine Rede. In dieser Rede, die in dramatisierender, in Schwarz-Weiß-Ästhetik gehaltener Inszenierung auch in einem YouTube-Video (AufbruchVideos 2015[1]) dokumentiert ist, bezichtigt er die politische Führung des Landes der „Auflösung unserer Rechtsordnung und [der] Überfremdung", woraus das Recht und sogar die Pflicht hervorgehe, „gegenüber dem Versagen des Staates und gegen die Auflösung unseres Volkes Widerstand zu leisten". Als eine dieser Widerstands-

---

1   Ein Manuskript der Rede, das jedoch mit dem tatsächlichen Wortlaut nicht vollständig übereinstimmt, ist in einem Selbstinterview von Kubitschek verlinkt (Kubitschek 2015).

formen gilt ihm neben der Demonstration auch die „Grenzsicherung", da der Staat selbst nicht mehr in der Lage oder nicht mehr Willens sei, die Grenzen zu sichern. Eine selbstermächtigte Grenzsicherung sei zwar eine „Ordnungswidrigkeit", welche aber der „Verteidigung unserer Rechtsordnung und [der] Verteidigung fundamentaler Prinzipien unserer Staatlichkeit" diene. Es sei mithin legitim, „gegen die kleine Ordnung zu handeln, um die große Ordnung zu schützen". Als Beispiele für solche Widerstandsformen nennt Kubitschek die am Vortag stattgefundene Aktion „Lebende Grenze" in Sebnitz, bei der sich rund 3000 Demonstrierende zu einer migrationsfeindlichen Kundgebung an der Landesgrenze zu Tschechien versammelt hatten, sowie die auf die österreichische Identitäre Bewegung zurückgehende Aktion „Werde Grenzhelfer", bei der eigenmächtig Grenzzäune errichtet wurden.[2] All diese Aktionen überschreiten Kubitschek zufolge bewusst die Grenzen der Legalität, um dadurch die angeblich bedrohten Landesgrenzen und somit auch die gleichermaßen bedrohte innere Rechtsordnung zu schützen.

Auch wenn sich Kubitscheks Darstellungen in staatsrechtliche Terminologie kleiden und erkennbar an das im Grundgesetz Artikel 20 (4) verankerte Widerstandsrecht[3] appellieren, sitzen sie auf einer weitreichenderen Sichtweise auf, die für rechte Weltanschauungen insgesamt zentral ist. Das essentialistische Beharren auf kulturellen Unterschieden zwischen ethnischen Gruppierungen, die als Legitimationsressourcen für territoriale Grenzziehungen (Vollmer 2017: 4) eingebracht werden, zeichnet neurechte Positionen unterschiedlicher Provenienz aus. So setzt auch Kubitschek die vermeintliche Auflösung der Rechtsordnung mit „Überfremdung" in eins, wegen der sich „unser Volk [...] nicht wiedererkennt", und primär hieraus legitimiert sich die Forderung nach sicheren Grenzen. Angesichts von Migration, so die Ausgangsüberlegung des vorliegenden Beitrags, erhält das Reden über bedrohte, sichere oder zu sichernde Grenzen deshalb einen zentralen Stellenwert im neurechten Diskurs, das auf vielfältige Weise argumentativ genutzt und ausgestaltet wird. Diese Figur soll im Folgenden aus einer diskursanalytischen Perspektive als Topos in den Blick genommen und mit korpuslinguistischen Methoden auf seine Ausprägungsformen und die damit verbundenen argumentativen Muster hin befragt werden. Mit Hermanns (2012: 13) werden dabei als Topoi jene „sprachlich manifesten Überzeugungen und Glaubensinhalte [erfasst], die das habi-

---

2  Im Jahr 2017 setzte sich diese selbstermächtigte Form der Grenzsicherung sogar auf dem Mittelmeer fort, wo im Rahmen der Aktion „Defend Europe" mithilfe eines patrouillierenden Schiffs Migrant:innen von der Einreise in die EU abgehalten werden sollten.
3  „Gegen jeden, der es unternimmt, diese [verfassungsmäßige] Ordnung zu beseitigen, haben alle Deutschen das Recht zum Widerstand, wenn andere Abhilfe nicht möglich ist." (Artikel 20 Absatz 4 GG)

tuelle Denken und Reden einer Gruppe unablässig wiederholt." Wie Hermanns (2012: 57) weiter ausführt, erscheinen Topoi oft in Form von Attributen, die einer Sache regelmäßig angeheftet werden und dem entsprechenden Wort deontische Bedeutung verleihen, was auch auf die Rede von sicheren und zu sichernden Grenzen angewendet werden kann.

Dem Ursprung des Toposbegriffs in der Rhetorik entsprechend wird in der diskursanalytischen Tradition die argumentative Funktion von Topoi betont und die Toposanalyse dementsprechend als diskurslinguistische Form der Argumentationsanalyse eingesetzt. Unter einem Topos wird dann eine diskursiv verfestigte „argumentative Denkbewegung verstanden, die an diskursspezifische Segmente verstehensrelevanten gesellschaftlichen Wissens anknüpft" (Römer 2017: 106). Dieser argumentationsanalytischen Ausrichtung soll hier prinzipiell gefolgt werden, indem nach den Begründungszusammenhängen gefragt wird, in denen über sichere und zu sichernde Grenzen in ihren deontischen Dimensionen gesprochen wird. Auf eine systematische Inventarisierung verschiedener kontextspezifischer Topoi wie etwa bei Wengeler (2003) wird jedoch ebenso verzichtet wie auf eine Engführung von Topoi als Schlussmuster in Form von Kausalsätzen o. ä. Der Toposbegriff dient in erster Linie als bewusst offenes heuristisches Instrument, um die mannigfaltigen argumentativen Bezüge in den Blick zu rücken, durch die die Notwendigkeit sicherer Grenzen begründet wird und durch die das Konzept der Grenze im Diskurs eine spezifische und weltanschaulich anschlussfähige Ausprägung erfährt.

Im Folgenden werde ich zunächst Hintergründe zur Neuen Rechten und zum zentralen Ideologem des Ethnopluralismus (2) liefern. Ich werde sodann die migrationssoziologische Theorie der *Politics of Belonging* skizzieren, der auch die Formulierung „the dirty work of boundary maintenance" im Titel des Beitrags entnommen ist (3). Nach Vorstellung der Datengrundlage, einem umfangreichen Korpus von Posts und Userkommentaren einschlägiger Blogs, und der eingesetzten korpuslinguistischen Methoden (4) werde ich darlegen, wie sich die Rede von ‚sicheren Grenzen' als Topos ausgestaltet. Dabei werde ich zunächst auf der Basis quantitativer Befunde (5) und danach anhand der qualitativen Analyse von Einzelbelegen (6) aus den untersuchten Grenzdiskursen zeigen, dass sich die Rede von Grenzen im territorialen Sinn auch an diskursive Grenzziehungen anschließt, die gleichermaßen als Voraussetzungen für die eigene kulturelle Identität erscheinen.

## 2 Die Neue Rechte und das Ideologem des Ethnopluralismus

Als Neue Rechte lässt sich eine modernisierte Strömung des Rechtsextremismus bezeichnen, die ihr Vorbild in der französischen Nouvelle Droite findet und im

Wesentlichen darauf abzielt, Elemente rechtsextremer Ideologie mit neuen Strategien der Popularisierung zu verbinden (Bruns/Glösel/Strobl 2017a: 84 f.). Für die Neue Rechte, die im deutschsprachigen Raum etwa durch das Institut für Staatspolitik in Schnellroda und den zugehörigen Verlag Antaios unter der Leitung des genannten Götz Kubitschek oder durch die Identitäre Bewegung vertreten ist, sind zwei miteinander zusammenhängende Positionen bzw. Strategien charakteristisch. Zum einen kennzeichnet sie der weitgehende Verzicht oder gar die rhetorische Distanzierung von expliziten Fremdgruppenabwertungen durch unverblümten Rassismus (Sieber 2016: 370). Zum anderen aber wird gleichwohl darauf beharrt, dass ethnische Gruppierungen als homogene Gebilde eine angestammte, also biologistisch-natürliche und letztlich unveränderliche kulturelle Identität (Jäger 1992: 233) besitzen, die es in ihrer Reinheit und an ihrem ursprünglichen Ort zu erhalten gelte (Bruns/Glösel/Strobl 2017a: 87). Zusammengeführt wird dies im normativen Konzept des Ethnopluralismus, dem entsprechend zwar von einer Pluralität der Kulturen auszugehen sei, die jedoch je für sich stehen müssen, um bestehen zu können.

> Ethnopluralismus bezeichnet somit politische Konzepte der Neuen Rechten, die die Einhaltung der natürlichen Distanzen und ein geordnetes Nebeneinander der Völker gewährleisten, um eine Entwicklung nach Maßgabe der jeweiligen ethnischen Besonderheit zu ermöglichen. (Aftenberger 2007: 159)

Bei „Ethnopluralismus" handelt es sich um eine Selbstbezeichnung, welche ganz im Sinne des Popularisierungsbestrebens das politische Hochwertwort Pluralismus adaptiert (Beckers/Reissen-Kosch/Schilden 2014: 99). Die Kontinuitäten zu rassistischen Ideen sind gleichwohl unübersehbar, zumal es für neueren Rassismus insgesamt typisch ist, dass als gruppentypische Indikatoren über körperliche Merkmale hinaus auch kulturelle Merkmale herangezogen werden (Hoffmann 2020: 41) wie etwa Religion bzw. religiöse Praktiken. Für die letztlich aber doch auf eine klare Trennung der ethnischen Gruppierungen abzielende Ideologie schlagen Bendl/Spitzmüller (2017) deshalb die treffende Bezeichnung „Ethnoseparatismus" vor.

In solcher Weltdeutung aber ist nun die eigentliche Bedrohung die kulturelle Vermischung und Assimilation, welche die Einzelnen um ihre kulturell verbürgte Identität bringe und dadurch auch ganze Gesellschaften gefährde (Bruns/Glösel/Strobl 2017a: 87). Migration, die im Übrigen die Existenz von Grenzen bereits begrifflich voraussetzt (Faßmann 2018), gilt dabei als Hauptmotor dieser Vermischung und „Grenzverwischung" (Goetz/Winkler 2017: 70), erscheint als die zentrale Gefahr für den Fortbestand eines sich seiner Identität gewissen ‚Volkes'. In dieser ideologischen Rahmung kommt den ‚sicheren Grenzen' eine geradezu schicksalshafte Bedeutung zu, die weit über rein staatsrechtliche

Fragen hinausgeht. Entsprechend dramatisierend fallen die heraufbeschworenen Verteidigungsszenarien aus, deren potenzielle Umsetzungen etwa in der Aktion „Werde Grenzhelfer" auch Kubitschek in seiner eingangs zitierten Rede erwähnt. Zusätzlich werden sie in der für die Neue Rechte typischen Ästhetik (Hornuff 2019) durch aufwändig designte Bilder und Kampagnen flankiert und gleichsam symbolisch untersetzt. Beispiele wären die von einschlägigen Akteur:innen wie Tatjana Festerling wie auch von der Identitären Bewegung vereinnahmte Metapher „Festung Europa", die Adaption von Motiven aus Fantasy-Filmen zur Veranschaulichung der Wehrhaftigkeit Europas (s. die Abbildungen in Bendl/Spitzmüller 2017: 8) oder auch die in einem (inzwischen entfernten) Action-Video dokumentierte Besetzung des Brandenburger Tors in Berlin und das Anbringen eines großen Transparentes mit der Aufschrift „Grenzen schützen, Leben retten" (Bruns/Glösel/Strobl 2017b). In all dem, so formulieren Goetz/Winkler (2017), kommt ein grundlegendes Bedürfnis nach Grenzziehung zum Ausdruck, das bei aller Ab- und Ausgrenzung nach außen eine nach innen gerichtete identitätsstiftende Funktion entfaltet:

> So spiegelt sich darin vor allem das Bedürfnis nach Grenzziehung und damit verbundenem Ausschluss wider, ebenso wie das Verlangen nach Herstellung von Eindeutigkeit durch Unterordnung in ein harmonisches, wärmendes Kollektiv, welches Schutz vor den Zumutungen der Ambivalenz und Konkurrenz bietet. (Goetz/Winkler 2017: 63)

Grenzziehung, das verdeutlicht das Zitat, schließt also die Ziehung räumlich-territorialer Grenzen und Maßnahmen zu ihrer Sicherung ein, geht aber auch darüber hinaus. Denn indem Grenzen auch diskursive Ordnung stiften und soziale Positionierungen erlauben, müssen sie in dieser Funktion auch diskursiv immer neu hergestellt werden (Gerst et al. 2018: 6; Paasi 1999: 669).

## 3 The Politics of Belonging

Für solche symbolisch-diskursiven Aushandlungen von Grenzen und die dadurch ermöglichten sozialen Positionierungen hat sich in der Migrationssoziologie die Theorie der *Politics of Belonging* etabliert (Yuval-Davis 2011). In der (germanistischen) Linguistik wurde sie bislang kaum rezipiert (vgl. aber Thissen 2015), obwohl Aushandlungen von Zugehörigkeit freilich ein etablierter Gegenstand der Soziolinguistik sind (Hausendorf 2000). *Belonging* wird in der Migrationssoziologie zum einen als ein subjektiv-persönliches Gefühl der Zugehörigkeit verstanden, zum anderen jedoch auch als diskursive Ressource für die Konstruktion, Legitimation und Subversion sozial-räumlicher Ein- und Ausschlüsse (Thissen 2015: 198). Die sprachlich auf mannigfaltigen Wegen getroffenen Unterscheidungen zwischen ‚uns' und ‚den anderen' oder zwischen ‚hier' und ‚dort' (Meier-Vieracker 2022) sind Beispiele für solche diskursiven Aushandlungen von Zugehörigkeit (Antonsich 2010: 648). Sie gehen stets mit Grenzziehungen auf unterschiedlichen Skalierungsstufen einher und werden im Kontext von Grenzdiskursen besonders virulent. Antonsich formuliert dies so:

> Boundary discourses and practices that separate 'us' from 'them' are indeed at the very essence of any politics of belonging. (Antonsich 2010: 649)

Solche Grenzdiskurse, gleichermaßen verstanden als Diskurse über Grenzen wie auch diskursive Grenzziehungspraktiken, sind ubiquitär und lassen sich etwa in Diskussionen darüber beobachten, wie die Grenzen des alemannischen Sprachraums verlaufen und welche regionalen und kulturellen Zugehörigkeiten daraus erwachsen (Pfeiffer/Auer 2019: 146). Sie manifestieren sich aber auch im ideologisch aufgeladenen Reden über Staatsgrenzen in Verbindung mit Diskursen um Rechtsordnung, Kultur und Identität. Denn besonders Staatsgrenzen, so argumentiert bereits Sack (1983: 58), sind geeignete symbolische Formen für wirkmächtige Ein- und Ausschlussprozeduren, die auch entsprechende Kontrollverfahren legitimieren (Rheindorf/Wodak 2018: 21).

In einer berühmt gewordenen Metapher hat Crowley (1999: 39) die *Politics of Belonging* als „the dirty work of boundary maintenance" definiert. Diese Metapher der ‚Drecksarbeit' ist auch für den vorliegenden Zusammenhang des neurechten Diskurses instruktiv. Wo territoriale, soziale und kulturelle Grenzen bedroht erscheinen, müssen sie verteidigt werden – auch wenn es dabei schmutzig zugeht, weil etwa Ordnungswidrigkeiten begangen werden und in humanitärer Sicht auch Härte gezeigt werden müsse (Meier-Vieracker 2020: 151). Wie ich im Folgenden zeigen werde, lässt sich die *dirty work of boundary maintenance* nicht nur in den (wenigstens geplanten und mitunter auch konkret umgesetzten) physischen Grenzsicherungsaktivitäten der Neuen Rechten aufspüren, sondern auch in den sie begleitenden und verstärkenden diskursiven Grenzziehungen.

## 4 Korpora und korpuslinguistische Methoden

Um die sprachlich-diskursiven Ausprägungen der *dirty work of boundary maintenance* untersuchen zu können, stütze ich mich auf ein umfangreiches Korpus von neurechten bis rechtsextremen Blogs einschließlich der Kommentarbereiche (Meier-Vieracker 2020). Aufgenommen wurden der Blog *PI-NEWS – Politically incorrect* (pi-news.net), das Onlineangebot der Zeitschrift *Compact* (compact-online.de) sowie der vom Institut für Staatspolitik unter der

Leitung von Götz Kubitschek herausgegebene Blog des Magazins *Sezession* (sezession.de). Während sich *PINEWS* und *Compact* als reichweitenstarke Nachrichtenportale mit journalismusähnlichen Formaten etablieren konnten (Dreesen 2019), hat *Sezession* wie auch ihre gedruckte Entsprechung, die „politisch-kulturelle" Zeitschrift gleichen Namens, eine eher feuilletonistische Ausrichtung. Alle drei Blogs zeichnen sich durch stark frequentierte Kommentarbereiche aus, die kaum reguliert werden und in denen die in den Blogposts selbst manchmal noch verhalten vorgetragenen rechten Positionen mit teilweise unverblümter Menschenfeindlichkeit respondiert werden (Schiffer 2010).

Die Daten wurden Ende 2018 erhoben, basierend auf dem HTML-Quelltext als XML-Dateien aufbereitet und nach Lemmatisierung und part-of-speech-Tagging mit der Standardsoftware TreeTagger (Schmid 2003) in die Analysesoftware Corpus Workbench (Evert/CWB Development Team 2019) importiert. Erfasst wurden alle in den (jeweils unterschiedlich weit zurückreichenden) Artikelarchiven verfügbaren Daten. Insgesamt umfasst das Korpus 110 Mio. Tokens, die sich wie folgt verteilen:

|  | Artikel | Kommentare | Tokens |
| --- | --- | --- | --- |
| PINEWS (2006–2018) | 9098 | 1.028.400 | 78,9 Mio. |
| SEZESSION (2003–2018) | 4239 | 60.859 | 13,4 Mio |
| COMPACT (2011–2018) | 4937 | 155.651 | 17,6 Mio |

Tab. 1: Korpus

Meine Ausführungen bleiben auf den Zeitraum bis 2018 beschränkt. Auf die Auswirkungen, welche die Corona-Pandemie seit 2020 auf den Diskurs um Staatsgrenzen gehabt hat (Bubenhofer et al. 2020), kann somit nicht eingegangen werden.

Ich werde im Folgenden auf datengeleitete korpuslinguistische Methoden zurückgreifen, die für einen linguistisch perspektivierten Zugriff auf Grenzdiskurse direkt am Lexem *Grenze* ansetzen, dabei aber dessen Verwendung im gesamten Korpus auswerten. Neben Kollokationsanalysen, die signifikant häufig im direkten Kontext von *Grenze* auftretende Lexeme ermitteln (Stefanowitsch 2020: 215–259), und einer daran anschließenden Erhebung von Nominalkomposita werde ich auch das Verfahren des Topic Modelling einsetzen (Blei 2012). Dabei handelt es sich um eine Machine Learning-basierte „Clustering-Methode, mit der Texte oder Textfragmente aufgrund ihrer Wortdistribution in Gruppen separiert werden, die sich durch eine ähnliche Wortverwendung auszeichnen" (Bubenhofer 2018: 222). Die für die Zuweisung zu einem Cluster ausschlaggebenden Lexeme werden dabei als eine mengenmäßig vordefinierte Liste von Wörtern ausgegeben, die als „Topics" bezeichnet werden, da sie häufig thematisch zusammengehörig sind. Diese Listen haben nicht unbedingt eine Entsprechung in den Kookkurrenzen all ihrer Elemente in den analysierten Dokumenten. Sie stellen vielmehr maschinell erzeugte Abstraktionen dar, in die jedoch der gesamte Datensatz eingeht und die deshalb den im Korpus repräsentierten Diskurs verdichtet darstellen können. Das Verfahren, das beispielsweise in archivarischen Kontexten zur Sortierung und Verschlagwortung von Dokumenten genutzt wird, kann deshalb auch zur diskurssemantischen Exploration eingesetzt werden. Für die vorliegende Untersuchung werden in Anlehnung an Bubenhofer (2018: 227) sämtliche Belege des Lexems *Grenze* mit einem Kontext von 25 Wörtern davor und danach in lemmatisierter Form extrahiert und einem Topic Modelling mit dem Softwarepaket MALLET (McCallum 2002) unterzogen.[4] Auf diesem Wege, der also das Verfahren der Kollokationsanalyse erweiternd fortführt, können kontextinduzierte Lesarten bzw. für den Diskurs charakteristische semantische Facetten von *Grenze* ermittelt werden, welche dann im Grenzdiskurs argumentativ ausgestaltet und nutzbar gemacht werden.

## 5 Korpuslinguistische Befunde

### 5.1 Frequenzen, Kollokationsprofile und Wortbildungsparadigmen von *Grenze*

Für das Lexem *Grenze* finden sich im Korpus insgesamt 25.682 Belege, die sich wie in Tab. 2 gezeigt auf die Teilkorpora verteilen. Ein Vergleich der relativen Frequenzen (pro Millionen Wörter) mit denen im Pressetexte enthaltenden Archiv W3 des Deutschen Referenzkorpus DeReKo (IDS 2021) zeigt, dass *Grenze* in den hier untersuchten Korpora gut doppelt so häufig verwendet wird.

|  | PINEWS | SEZESSION | COMPACT | DeReKo W3 |
|---|---|---|---|---|
| *Grenze* | 18.145 (229,95 pMW) | 2677 (199,93 pMW) | 4860 (276,76 pMW) | 1.080.046 (101,8 pMW) |

Tab. 2: Absolute und relative Frequenzen von *Grenze*

---

4 Der Datensatz, dem auch die URLs der Belegtexte zu entnehmen sind, ist in einem frei zugänglichen Forschungsdatenrepositorium für die Nachnutzung hinterlegt: http://dx.doi.org/10.25532/OPARA-172

Einen ersten Eindruck von den Verwendungsweisen des Lexems *Grenze* in den einzelnen Korpora, die auch schon erste Hinweise auf argumentative Muster geben können, vermitteln Kollokationsanalysen. Berechnet wurden die Kollokationen mithilfe des Python Wrappers ccc-cwb für die Corpus Workbench (Heinrich 2021) auf lemmatisierter Basis mit einer Fenstergröße von 5. Das statistische Maß war Log Likelihood Ratio. Die folgende Übersicht gibt jeweils die 30 signifikantesten Kollokate an, die kompletten Listen finden sich im oben (s. Fn 4) genannten Forschungsdatenrepositorium:

PINEWS: *offen, dicht, schließen, an, überschreiten, die, sichern, öffnen, schützen, ohne, Arzt, über, Mitleid, halten, aufzeigen, Schließung, dichtmachen, kontrollieren, Öffnung, Kontrolle, keine, setzen, deutsch, zu, illegal, eng, kennen, wir, können, setzen*

COMPACT: *offen, an, die, schließen, überschreiten, russisch, Schließung, dicht, öffnen, ohne, Arzt, Zurückweisung, Politik, schützen, Öffnung, sichern, Kontrolle, zurückweisen, über, ungeschützt, griechisch-mazedonischen, illegal, überqueren, stoßen, unser, mazedonisch, aufzeigen, jenseits, Sagbare, national*

SEZESSION: *offen, die, überschreiten, an, setzen, zwischen, Machbarkeit, verlaufen, Öffnung, ziehen, stoßen, über, äußer, und, innerhalb, wo, Meinungsfreiheit, öffnen, ihr, erreichen, Geschmack, Politik, kennen, Phantasie, eng, ohne, hinweg, bis, außerhalb, Zuwanderung*

Zunächst wird deutlich, dass auf PINEWS und COMPACT tatsächlich das Thema der *offenen* bzw. *geöffneten* und deshalb wenigstens zu *sichernden* und zu *kontrollierenden*, wenn nicht gar zu *schließenden* oder *dichtzumachenden* Grenzen als territoriale Grenzen klar im Vordergrund steht. In allen drei Teilkorpora erweist sich *offen* als das häufigste Adjektivattribut zu *Grenze*. Idiomatische Wendungen wie *mein Mitleid hält sich in Grenzen* sind immerhin für PINEWS typisch. Das meist metaphorisch verwendete Phrasem *Grenzen überschreiten*, das sich typischerweise auf Normverstöße bezieht, findet sich häufig in allen drei Teilkorpora. Gleichwohl überwiegt klar der Bezug auf nationalstaatliche Grenzen, wie es etwa in der Rede von *deutschen Grenzen* auch explizit wird, die es angesichts angeblich *illegaler* Migration zu sichern oder eben sogar zu schließen gilt. Auf SEZESSION, einem wie erwähnt feuilletonistisch gehaltenen Blog, finden sich noch einmal andere Verwendungsweisen. Charakteristische Themen sind hier (in Anlehnung an Thilo Sarrazins (2014) so unterbeteiltes und häufig erwähntes Buch „Der neue Tugendterror") die *Grenzen der Meinungsfreiheit*, der *Machbarkeit* oder des *guten Geschmacks*. Doch auch hier ist das Thema der *offenen* Grenzen im Zeichen von *Zuwanderung* präsent.

Wie sehr in der Rede von *Grenzen* tatsächlich territoriale Grenzen und ihre Sicherung im Vordergrund stehen, lässt sich auch an den zahlreichen Nominalkomposita mit dem Erstglied *Grenz-* ersehen, deren Erhebung die Kollokationsanalysen sinnvoll ergänzen kann (Rheindorf/Wodak 2018: 27). Die folgende Übersicht zeigt die jeweils zehn häufigsten Nominalkomposita:

PINEWS: *Grenzkontrolle, Grenzöffnung, Grenzübertritt, Grenzzaun, Grenzsicherung, Grenzübergang, Grenzschutz, Grenzschließung, Grenzgebiet, Grenzschützer*

COMPACT: *Grenzöffnung, Grenzkontrolle, Grenzschutz, Grenzübertritt, Grenzsicherung, Grenzzaun, Grenzschließung, Grenzwert, Grenzgebiet, Grenzübergang*

SEZESSION: *Grenzöffnung, Grenzkontrolle, Grenzschließung, Grenzsicherung, Grenzziehung, Grenzgänger, Grenzschutz, Grenzzaun, Grenzüberschreitung, Grenzübertritt*

Auch aus dieser Perspektive bestätigt sich, dass vornehmlich territoriale Staatsgrenzen thematisiert werden, die es nach der Grenzöffnung wieder zu sichern, kontrollieren oder gar zu schließen gelte. Die argumentative Rahmung, dass Grenzen bedroht sind und deshalb gesichert werden müssen, kommt in diesen Wortbildungsparadigmen sehr deutlich zum Ausdruck. Andere Lesarten von *Grenze* aufrufenden Komposita wie etwa *Grenzwert* oder *Grenzüberschreitung* sind demgegenüber weit weniger prominent. Auch unter den Komposita mit *-grenze* als Zweitglied sind solche besonders häufig, die auf territoriale Grenzen referieren wie etwa *Außengrenze, Landesgrenze, Staatsgrenze*. Hinzu kommt in allen drei Quellen das Lexem *Obergrenze*, das zwar eine andere Lesart von *Grenze* evoziert, jedoch auch auf Migrationskontexte Bezug nimmt.

Vergleicht man diese Befunde mit den Kollokationsprofilen und Wortbildungsparadigmen aus den großen Referenzkorpora des Deutschen wie etwa den Korpora des Digitalen Wörterbuchs der Deutschen Sprache (DWDS) oder des Deutschen Referenzkorpus DeReKo (IDS 2020), so wird deutlich, dass es sich offenbar tatsächlich um quellenspezifische Besonderheiten handelt. So führt das DWDS-Wortprofil zu *Grenze* als signifikanteste Kollokate *überschreiten, stoßen, eng, halten, innerdeutsch, kennen*.[5] Auch im Kollokationsprofil zu *Grenze* in der Kookkurrenzdatenbank CCDB (Keibel/Belica 2007) dominieren Syntagmen wie *Grenzen gesetzt, in Grenzen halten, Grenzen überschritten* und *Grenzen der Belastbarkeit*, ein Befund, der sich auch mit einer Kookkurrenzanalyse zu *Grenze* etwa im Pressetexte enthaltenden Archiv W3 des DeReKo bestätigen lässt. Bei den Komposita erweist sich in den Korpora des DWDS *Grenzwert* als das häufigste Kompositum. Die ebenfalls frequenten Lexeme *Grenzgebiet* und *Grenzstadt* nehmen zwar durchaus auf Staatsgrenzen Bezug, referieren aber eher auf die anliegenden Räume und Orte als auf die grenzbezogenen Praktiken wie etwa *Grenzkontrolle*. Bei den Nominalkomposita mit *-grenze* als Zweitglied

---

5 https://www.dwds.de/wp/?q=Grenze&comp-method=diff&comp=&pos=2&minstat=0& minfreq=5&by=logDice&limit=20&view=table (Stand: 10.01.22).

erweisen sich neben *Obergrenze* auch *Altersgrenze, Schmerzgrenze* und *Stadtgrenze* als hochfrequent, die mithin nicht auf Staatsgrenzen referieren. All diese Befunde zeigen, dass der klare thematische Fokus auf territoriale Grenzen, die gewissermaßen als Umschlagplatz der als Gefahr wahrgenommenen Migration sichtbar werden und über die bloße Abgrenzung von Gebietsausdehnungen hinaus bestimmte Kontrollverfahren legitimieren sollen (Mau 2021: 26), ein Signum des Grenzdiskurses in den untersuchten Quellen ist.

## 5.2 Topic Modelling

Die bisherigen Auswertungen liefern noch recht grobe Ergebnisse und geben nicht hinreichend Aufschluss über mögliche thematische Subspezifizierungen. Hier bietet sich als weiterführende Analyse das in Kap. 4 beschriebene Topic Modelling an. Ein Clustering sämtlicher 25.682 Belege mit *Grenze* in 15 Topics mit jeweils 20 Lemmata ergibt unter anderem die folgenden, für das Thema des vorliegenden Beitrags besonders interessanten Topics, die hier mit einem manuell-interpretativ vergebenen Label präsentiert werden (die vollständige Liste der Topics findet sich im Anhang).[6]

1 **Grenzsicherung**: *grenze schützen haben man sichern staat deutsch gegen wollen land noch lassen nur ungarn dafür verteidigen zaun schließen dann bürger*

5 **Merkels Migrationspolitik**: *grenze merkel haben offen deutschland deutsch öffnen card alle politik angela ohne sagen illegal jahr öffnung kanzlerin recht europa frau*

8 **Grenzschließung**: *grenze alle land haben deutschland offen merkel nur keine dicht noch europa dann mehr kommen wollen schließen man lassen sofort*

12 **Flüchtlingskrise**: *grenze flüchtling card österreich deutschland kommen haben ungarn deutsch tag illegal italien wollen kontrolle migranten griechenland seit sagen bundespolizei html*

Diese Topics verweisen abermals auf eine Lesart von *Grenze*, die sich vor allem auf Staatsgrenzen als ein Bestimmungsmerkmal von Migration bezieht. Grenzen werden als jene Linien benannt, die von Flüchtlingen bzw. Migranten vermeintlich illegal überquert werden und entsprechend Kontrolle erfordern (Topic 12). Dass in diesem Topic auch europäische Länder vorkommen, kann als Ausdruck der Europäisierung des Migrationsdiskurses gedeutet werden, wie sie für die sogenannte Flüchtlingskrise typisch war (Rheindorf/Wodak 2018: 22). Topic 5 verweist auf das Narrativ, dass Merkels Politik der Öffnung der Grenzen gegen geltendes Recht verstoßen habe. Weiterhin werden die geforderten Gegenmaßnahmen der Grenzsicherung oder gar der Grenzschließung umrissen

---

6 Es sei nochmals daran erinnert, dass es sich bei diesen Listen um Abstraktionen handelt; authentische Belege, die zumindest einige Aspekte dieser Topics realisieren, werden unten (s. Abschnitt 6) aufgeführt.

(Topics 1 und 8). Sichere Grenzen erscheinen also vor allem als solche, welche die als Gefahr gerahmten Übertritte verhindern – und nicht etwa solche, die sich ohne Gefahr für Leib und Leben passieren lassen.

Dieser Thematisierung von Grenzen, die vor allem auf ihre Verteidigung gegen ihre vermeintlichen Bedrohungen von außen abzielt, steht aber noch eine andere gegenüber, die sich in folgendem Topic andeutet und eher die Funktionen von Grenzen ‚nach innen' fokussiert:

> 11 **Kultur und Nation:** *grenze staat keine alle volk europa zwischen haben ohne eigen geben mensch welt nur sondern national kultur gesellschaft nation andere*

Hier kommt das eingangs beschriebene ‚ethnopluralistische' Ideologem zum Ausdruck, nach dem Kulturen, Gesellschaften und Völker auf Grenzen angewiesen sind, um sich in Abgrenzung von anderen des jeweils Eigenen versichern zu können. Und schließlich findet sich eine eher metaphorische Lesart von *Grenze*. Auch diese bezieht sich aber auf die vermeintlich auf Migration zurückzuführende Präsenz des Islam:

> 2 **Grenzziehung:** *grenze islam keine haben recht überschreiten setzen andere alle geben politisch klar man ziehen mensch dürfen zwischen toleranz nur freiheit*

Hier geht es offenbar darum, dass beim Islam die Toleranz an Grenzen stoße, dass dieser Grenzen überschreite und deshalb klare Grenzen gezogen werden müssen.

Zwischen diesen semantischen Polen, so kann als Zwischenfazit festgehalten werden, spannt sich der Grenzdiskurs in den untersuchten Quellen auf, der sich im Topos der sicheren Grenzen verdichtet. Grenzen als Staatsgrenzen sind Bedrohungen von außen ausgesetzt, müssen deshalb gesichert und verteidigt werden und wirken dadurch nach innen identitätsstiftend (Rheindorf/Wodak 2018: 17). Zudem wird metaphorisch gewendet auf Grenzen im Sinne von Normen bzw. Normabsicherungen Bezug genommen, deren Überschreitungen durch Grenzziehungen sanktioniert werden. Im Folgenden soll vor der Folie dieser korpuslinguistischen Befunde anhand von qualitativen Analysen konkreter Belege genauer gezeigt werden, wie sich diese Facetten des Topos der sicheren und zu sichernden Grenzen im Kontext ausgestalten und aufeinander beziehen.

## 6 Der Topos der sicheren Grenzen im Kontext

Bei der Durchsicht der Belege fällt zunächst auf, dass vielfach wie auch in Kubitscheks eingangs zitierter Rede Staatlichkeit an sichere Grenzen gekoppelt wird. Nicht nur das Staatsgebiet, so argumentiert der folgende Beleg, bedürfe als abgegrenztes Territorium der Grenzen, sondern auch das sogenannte Staatsvolk, das auf Zugangskontrolle und Selektion bei der Vergabe von Staatsbürgerschaft angewiesen sei:[7]

(1) Ein Staat der seine Grenzen nicht schützt, hat seine Berechtigung verloren. Er ist ohne eigenes Staatsgebiet und damit nicht mehr existent. Ebenso ist er ohne Staatsvolk, wenn jeder unkontrolliert einreisen kann und die Staatsbürgerschaft wahllos vergeben wird.
(http://www.pi-news.net/2015/05/g7-grenzkontrollen-kriminelle-im-minutentakt/)[8]

In folgendem Beleg wird mit der berüchtigten Formel „Danke, Merkel" auch deutlich gemacht, wer angeblich die Verantwortung für den drohenden Untergang des Staates trägt.

(2) Ein Staat, der unwillens und unfähig ist, seine Grenzen zu schützen, wird bald aufhören zu existieren. Danke Merkel und Konsorten sowie an alle Gutmenschen. (http://www.pi-news.net/2015/09/afghanistan-eine-million-reisepaessefuer-europa/)

Mit der Chiffre des Gutmenschen, die während der sogenannten Flüchtlingskrise als ein rechtes Stigmawort insbesondere zur Bezeichnung von Menschen verwendet wurde, die sich für Flüchtlinge engagierten, wird der Kreis der angeblich Verantwortlichen nochmals erweitert.

In anderen Belegen wird mit verschiedenen Fremdgruppenattribuierungen expliziert, warum sichere Grenzen notwendig seien. Den Zuwandernden werden in rassistischer Manier negativ bewertete Dispositionen und Praktiken zugeschrieben (Hoffmann 2020: 40), von denen offenbar angenommen wird, dass sie so sehr zum unveränderlichen Wesen der Zuwandernden gehören, dass sie auch am Zielort um sich greifen und die Ordnung bedrohen können:

(3) Jeder einigermaßen normal denkende Zeitgenosse kann angesichts des enormen Bevölkerungswachstums und der teilweise chaotischen Verhältnisse in Afrika nur zu dem Schluß kommen, daß sich Europa natürlich abschotten und seine Grenzen sichern muß, um den eigenen Untergang durch die unkontrollierte Masseneinwanderung von zumeist unqualifizierten Immigranten aus völlig

---

7 Dies erinnert an Stein Rokkans Theorie von Nationalstaatlichkeit als Kopplung von geographischem Raum und Mitgliedschaftsraum (Rokkan 2006: 27), die hier jedoch normativ als Aufforderung zum Ausschluss gewendet wird.
8 Dieser und auch die weiteren hier zitierten Belege stammen jeweils aus den Kommentaren.

fremden Kulturkreisen zu verhindern. (http://www.pi-news.net/2015/04/schlepper-australiens-push-back-funktioniert/)

Derartige Begründungsversuche zeigen, dass die Rede von sicheren Grenzen in der Terminologie Wengelers (2003: 306) als Gefahren-Topos beschrieben werden kann, indem aus den erwachsenden Gefahren offener Grenzen auf die Notwendigkeit ihrer Sicherung geschlossen wird.

Auch im folgenden Beleg wird, nachdem ein durch Ressourcenknappheit bedingtes „Massensterben" in Afrika vorhergesagt wurde, auch für Europa bzw. Deutschland ein Untergangsszenario heraufbeschworen:

(4)  Da unsere inkompetenten Politiker alles daransetzen, dieses Elend auch nach Europa zu importieren, wird es uns leider auch treffen. Da wir es nicht schaffen, unsere Grenzen entsprechend zu sichern, werden wir in den afrikanischen Untergangsstrudel mit hineingezogen und werden die ankommenden Flüchtlingsströme nicht mehr aufhalten können [...] (https://www.compact-online.de/sachsens-cdu-ueberdenkt-abgrenzung-zur-afd/, 03.12.2017 – inzwischen nicht mehr zugänglich)

Die zugleich metonymische und metaphorische Redeweise vom „afrikanischen Untergangsstrudel" spitzt die bekannte Katastrophenmetapher der Flüchtlingswelle (Kałasznik 2018) noch zu und dehumanisiert dadurch die Zuwandernden, sodass eine Sicherung der Grenzen gleichsam als lebensrettende Maßnahme erscheint. Nochmals drastischer werden in folgendem Beleg, einem an die CDU gerichteten Kommentar, die den Zuwandernden angeblich unbegrenzt offenstehenden Sozialleistungen benannt, welche diese ‚anlocken' würden:

(5)  Ihr Flachpfeifen sollt [...] die deutschen Grenzen schützen und in Deutschland mit der elenden Anlockerei von unzivilisierten, wilden Völkern (Geld, Krankenversorgung, Rundumversorgung, Wohnung, Essen, Strom, Klamotten, I-net für lau, nie wieder Abschiebung) aufhören, mit der ihr euch zum Motor der Schleuser-Mafia und Anheizern des Ersaufens gemacht habt. Grenzen zu, Boote sofort zurück nach Afrika, Abschieben, Bargeld streichen, und Ruhe ist. (http://www.pi-news.net/2015/04/de-maiziere-fordert-zuwanderungsmarketing/)

Für die Todesfälle durch Ertrinken beim Versuch der Überquerung des Mittelmeers werden so in einer eklatanten Verschiebung der Verantwortlichkeit diejenigen haftbar gemacht, die selbst humanitäre Hilfe anbieten, und nicht die, die sie unterlassen. Zudem werden die anderen pauschalisierend als „unzivilisierte, wilde Völker" abgewertet und mit den europäischen Lebenshaltungsstandards in Kontrast gesetzt (die postkoloniale Theorie spricht hier von

*Othering*, Ashcroft/Griffiths/Tiffin 2003: 141–145). Die territoriale Demarkation geht hier direkt über in die kulturalistisch aufgeladene Abgrenzung von ‚uns' und ‚denen', die Antonsich (2010) als Grundoperation der *Politics of Belonging* bestimmt hat. Sie resultiert hier in der in erschütternder Härte vorgetragenen Forderung „Grenzen zu, Boote zurück".

Diese Abgrenzungsbewegung, mit der die Rede von Grenzen untersetzt und die Notwendigkeit sicherer Grenzen gestützt wird, lässt umgekehrt das hervortreten, was durch das andere und Fremde angeblich bedroht wird. In vielen Belegen wird ganz im Sinne ethnopluralistischer bzw. -separatistischer Ideologie der Bezug zur Identität hergestellt. In folgendem Beleg wird die Sicherung von Grenzen mit dem Schutz von Identität gleichgesetzt:

(6)  Wer die Grenzen nicht sichern will, schafft auch in Deutschland solche Zustände. Selbst die CSU und Seehofer wollen die Identität der Bayern nicht schützen. (http://www.pi-news.net/2015/06/paris-die-franzoesinnen-den-afrikanern/)

In folgendem Beleg wiederum ist „Heimat- und Identitätspflege" die Grundlage einer „starken" Nation, welche dann auch ihre Grenzen verteidigen könne:

(7)  Ich hoffe, dass das Bekenntnis zu unserem Land, die Heimat- und Identitätspflege [...] zu einer starken deutschen Nation führt, die wehrhaft ist, ihre Grenzen sichert und endlich Schluss macht mit diesem Schuldkult und Gender-Wahnsinn. (https://www.compact-online.de/7-oktober-nationalfeiertag-der-ddr-des-deutscheren-staates-von-beiden/, 07.10.2018 – Kommentare inzwischen nicht mehr zugänglich)

In einer solchen „wehrhaften" Nation mit sicheren Grenzen sei dann auch kein Platz mehr für die hier als „Schuldkult" verunglimpfte Erinnerungskultur und für sogenannten „Gender-Wahnsinn". Die nach außen hin abgesicherten Grenzen sollen also auch die den rechten Wertevorstellungen entsprechende, auf geschlechtlicher und ethnischer Eindeutigkeit fußende innere Ordnung (wieder-)herstellen (Goetz/Winkler 2017: 64). Sind hier die Erinnerungskultur und das Bemühen um Geschlechtergerechtigkeit die erklärten Feindbilder, sind es im folgenden Beleg die sogenannten „Globalisierer und Multikultianer", die gleichsam als Gegenbewegung das Verlangen nach sicheren Grenzen und mithin nach „Heimat und Tradition" hervorrufen sollen:

(8)  Je mehr die Globalisierer und Multikultianer die Völker erpressen und mit ihrer Politik verseuchen, um so größer wird der Wunsch der Völker nach Heimat und Tradition in sicheren Grenzen. (https://www.compact-online.de/compact-kulturtipp-die-ausstellung-heimat-von-ver-und-entwurzelten/, 06.07.2018 – Kommentare inzwischen nicht mehr zugänglich)

Eine ähnliche Argumentationsfigur findet sich ex negativo in folgendem Beleg, in dem offene Grenzen als Gefahren für Sprache und Kultur angesehen werden:

(9) Sprache verblöden, Kultur verneinen, Grenze öffnen, etc.. (http://www.pi-news.net/2017/09/hamburger-strassenreiniger-mit-eigenem-platz-geehrt/)

Schon durch das syntaktische Muster der Reihung werden hier Sprache, Kultur und Grenze gemeinsam subsumiert und als sich gegenseitig bedingend dargestellt (Lobenstein-Reichmann 2013: 84).[9] Derartige Formulierungen, die Grenzöffnung als Kultur- und Identitätsverlust deuten und dadurch territoriale Grenzen als Definiens für abstrakte Größen wie Kultur und Tradition ansetzen, finden sich im Korpus in zahlreichen Varianten. In folgendem Beleg heißt es in einer implizit antisemitischen Formulierung über das sogenannte „Finanzkapital" in einer abermals aneinanderreihenden syntaktischen Fügung:

(10) Es [das Finanzkapital; SMV] will ja eine Welt ohne Grenzen, ohne Nationen, ohne nationale Kulturen und Identitäten. (https://sezession.de/56994/querfrontij-benedikt-kaiser-im-gesprach SEZESSION, 14.02.2017)

Ohne Grenzen sei also nationale Kultur schlechterdings unmöglich. In folgendem Beleg wird gleich eine ganze Reihe von verheerenden, durch die „Altparteien" verschuldeten gesellschaftlich-politischen Entwicklungstendenzen benannt. Im Kern dieser Reihe steht die asyndetische Aufzählung „Schleifung [...] der Grenzen, der Identität, der Kultur", die geradezu eine Parallelität dieser sozialen Größen suggeriert, welche als Genitivattribute einem gemeinsamen Bezugssubjekt (*Schleifung*) untergeordnet sind:

(11) Euro-Einführung, eine immer stärkere Entmündigung durch Brüssel als Hauptstadt einer neuen EUdSSR, Schuldenhaftung, Massenkredite, Schleifung des Arbeitsmarktes, der Grenzen, der Identität, der Kultur, Massenimport von größtenteils ungebildeten Menschen aus dem islamischen Kulturkreis, Abbau von Demokratie, Propaganda oder die noch engere Einbindung in das Angriffsbündnis Nato. (https://www.compact-online.de/was-zur-hoelle-braut-sich-ueber-syrien-zusammen/, 15.02.2018 – Kommentare inzwischen nicht mehr zugänglich)

---

9 Scharloth (2022) beschreibt in seiner Analyse neurechter Blogs solche Phänomene als Prozesse sprachlicher „Faltungen", durch die eigentlich semantisch disparate Ausdrücke zueinander in Relation gesetzt und dadurch umsemantisiert werden.

Die Rede von den „größtenteils ungebildeten Menschen aus dem islamischen Kulturkreis" unterstellt in typisch kulturrassistischer Manier pauschal der islamischen Kultur eine generelle Disposition zu geringer Bildung, der gegenüber sich die eigene Kultur und auch Demokratie behaupten müsse. Im folgenden Beleg, einem Kommentar zu einem Artikel über die Kölner Silvesternacht 2015/16, werden Grenzen in einem Atemzug mit Identitäten, Moral, Kultur und „ethnischen Normen" als das Bedrohte dargestellt:

(12) Wer Grenzen niederreißt, Identitäten schleift, Geschlechter verklärt, Moral, Kultur und ethische Normen über Bord hievt ..... der muss sich nicht wundern, wenn die Außerdeutschen das auch so leben. (http://www.pi-news.net/2016/01/birgit-kelle-zu-koeln-kein-aufschrei-nirgends/)

Den Zugewanderten wird hier implizit eine Disposition zu sexuellen Übergriffen zugeschrieben, gegen die letztlich nur durch konsequenten Ausschluss durch eine Restituierung der Grenzen vorzugehen sei. Auf diese Weise erscheinen Grenzen als Garanten nicht nur für die eigene Identität, sondern auch für Moral und Kultur überhaupt.

Gerade im Kontext der Rede von solchen moralischen Werten finden sich aber auch noch andere, eher metaphorische Verwendungsweisen des Lexems *Grenze*, die sich schon in den Ergebnissen des Topic Modelling angedeutet haben. Typisch ist die idiomatische Wendung *Grenzen aufzeigen*, die sich schon in den Kollokationsprofilen zeigte. Sie lässt sich mit ‚tadeln' oder ‚zurechtweisen' paraphrasieren, beschreibt also Sanktionierungen, die darum auch Normverstöße präsupponieren. Dazu sei zunächst ein längerer Beleg zitiert, ein Kommentar zu einem Artikel, der über angebliche islamistische Flugblätter berichtet:

(13) Das Muslime und ihre unverantwortlichen Funktionäre, sich in Deutschland so unverblümt unverschämt und dreist äußern können, ist Merkels und ihrer Vasalen Schuld.... Da man ihnen n i e Grenzen aufgezeigt hat! Ganz im Gegenteil: man hat Muslime in ihrem ungerechtfertigten Ansinnen noch unterstützt, so dass die Deutsche Bevölkerung Identität, Kultur, Werte und Moral einer ideologischen Minderheit opfern musste, so dass Deutschland in vielen Bereichen nicht mehr wiedererkennbar gemacht wurde. (http://www.pi-news.net/2016/12/guetersloh-nehmt-den-islam-an-oder-sterbt/)

Die Sicherung der Grenzen nach außen hin, die Hinderung am Übertritt der territorialen Grenzen durchaus auch mit physischer Gewalt, findet hier ihre Entsprechung in einer nicht minder gewalttätigen, aber ins Symbolische transferierten Sicherung diskursiver Grenzen in einer einseitig-paternalistischen Herrschaftsordnung. Wenn Migration schon nicht mehr gänzlich unterbunden werden kann, weil Migrant:innen bereits da sind, so sollen sie in den Augen der Rechten wenigstens vom Diskurs ausgeschlossen und zum Schweigen gebracht werden – so als sei schon ihre nichtunterdrückte Anwesenheit eine die deutsche Kultur und Identität bedrohende und die Moral korrumpierende Grenzüberschreitung. Der Politik, welche angeblich auf solche Zurechtweisungen aus übertriebener Toleranz verzichte, wird dann jene Unterwürfigkeit vorgeworfen, die man bei den Zugewanderten vermisst:

(14)  Wir sind selbst Schuld, im Besonderen unsere Verantwortlichen von Politik und Medien, wenn man zu feige und tolerenzbesoffen ist Grenzen aufzuzeigen und seine eigene Identität, Werte und Kultur unterwürfig einer Ideologischen Minderheit zum Fraß vorwirft. Muslime nehmen doch unsere sogenannte Obrigkeit nicht mehr ernst, da sie Wissen, dass sie Narrenfreiheit in unserem Land haben […]. (http://www.pi-news.net/2017/01/dortmund-allahu-akbar-und-raketen-auf-kirche/)

Das „Bedürfnis nach Grenzziehung und damit verbundenem Ausschluss", das Goetz und Winkler (2017: 63) den Identitären zuschreiben, kommt auch hier sehr deutlich zum Ausdruck. Die Belege zeigen, dass sich die ganz im Verteidigungsmodus gehaltene, sprachlich-diskursive Auflading von Grenzen von den politischen Demarkationslinien auch in die diskursiven Grenzen übersetzt und so die Optionen der Teilhabe am Diskurs begrenzt werden und Diskurshoheit erlangt werden soll. Durch die Kopplung von Grenzen einerseits und Identität, Moral und Kultur andererseits werden die territorialen und die diskursiven Grenzen, also die wörtliche und die metaphorische Lesart von *Grenze*, ineinander übersetzbar.

## 7 Schlussbemerkungen

Die vorangegangenen Analysen haben gezeigt, wie und in welchen Kontexten im neurechten Diskurs über sichere und zu sichernde Grenzen gesprochen wird. Dabei wurde deutlich, dass sich dies an Diskurse um Kultur und Identität anschließt, für die aus rechter Perspektive Grenzziehungen und entsprechende Ausschlüsse in territorialer wie auch diskursiver Hinsicht konstitutiv sind. Die Rede von sicheren Grenzen erweist sich als Topos im Sinne einer diskursiv verfestigten argumentativen Denkbewegung, welche territoriale und diskursive Grenzen und Grenzziehungen als notwendige Maßnahmen gegen die als bedrohlich wahrgenommene Migration legitimieren sollen.

In den hier untersuchten Quellen fallen diese Grenzziehungen als wirkmächtige Ressourcen einer rechten *Politics of Belonging* sicher besonders drastisch aus. Gleichwohl sind sie nicht dem rechten Spektrum vorbehalten, sondern finden sich längst auch in der politischen Mitte. Horst Seehofers Äußerung in seiner Rolle als Innen- und Heimatminister „Der Islam gehört nicht zu Deutschland" (Schuler/Solms-Laubach 2018) ist in seiner offenkundigen Verfehlung empirischer Tatsachen als bewusste Ausgrenzung (Wildt 2017: 112), als gezielter politischer Akt der „Exklusion und Fremdmachung" (Hark 2021: 60) zu deuten, welche auch den neurechten Diskurs durchziehen.

Das Ziehen von und das Beharren auf Grenzen zur vermeintlichen Wahrung von Kultur und häufig auch Moral stehen dabei stets in der Gefahr eines performativen Selbstwiderspruchs. Denn die mitunter gewalthaften Arten der Grenzsicherung durch Bürgerwehren, aber auch durch sprachliche Herabwürdigungen und Zurechtweisungsversuche sind selbst grenzüberschreitend. Hier kann nun abermals an Crowley (1999: 39) angeschlossen werden, der von der „dirty work of boundary maintenance" spricht. Die Grenzziehungen sind ‚Drecksarbeit', die aber in den Augen derer, die sie tun, getan werden muss. Auch wenn sie selbst Grenzen überschreiten, legitimieren sie sich aus der größeren Zielsetzung einer vermeintlichen Bewahrung von Identität und Kultur. Kubitschek hatte in der eingangs zitierten Rede von der Bereitschaft gesprochen, „gegen die kleine Ordnung zu handeln, um die große Ordnung zu schützen". Dies ließe sich auch auf Diskursordnungen übertragen: Die Grenzen des Sagbaren (Niehr 2019) – eine Chiffre, die auch in den hier untersuchten Blogs verwendet wird (Schröter 2021) – werden gezielt aufgesucht und überschritten, um so die gewünschte diskursive Ordnung im Großen aufrechterhalten oder auch erst – im Sinne der unter der Losung „Metapolitik" angestrebten kulturellen Hegemonie (Bruns/Glösel/Strobl 2017a: 85) – herstellen zu können. Ziel ist eine diskursive Ordnung, in der genau und eindeutig reguliert ist, welche Positionen und Akteur:innen zugelassen sind und welche nicht. Die laufend wiederholte und durch die Kopplung an Identitätsdiskurse ideologisch aufgeladene Rede von ‚sicheren Grenzen' ist auf dem Weg hin zu einer solchen Diskursordnung bereits ein erster Schritt.

**Anhang**

0 *card ohne arzt grenze berlin schiff telefon e.v illegal geschäftsführer park köllnischen florian westphal organisation sea-eye retten libyen küste mittelmeer*

1 *grenze schützen haben man sichern staat deutsch gegen wollen land noch lassen nur ungarn dafür verteidigen zaun schließen dann bürger*

2 *grenze islam keine haben recht überschreiten setzen andere alle geben politisch klar man ziehen mensch dürfen zwischen toleranz nur freiheit*

3 *grenze überschreiten dann humanität neu haben feindseligkeit ablehnung welt geben steigern ausländer nation jedoch fremdheitsgefühls türkisch leben bestimmt überall türkei*[10]

4 *grenze haben polizei flüchtling html mensch gegen kriminalität frei polizist mehrere stürmen jahr mazedonisch zwei nichts viele leider vier finden*

5 *grenze merkel haben offen deutschland deutsch öffnen card alle politik angela ohne sagen illegal jahr öffnung kanzlerin recht europa frau*

6 *grenze afd gegen wollen haben fordern partei spd offen grüne petry cdu wählen csu seehofer deutschland herr sicher pegida flüchtling*

7 *card grenze nov mehr html https://www.youtube.com/watch keine sep jan feb dez mrz aug noch märz jul the jahr kommen mai*

8 *grenze alle land haben deutschland offen merkel nur keine dicht noch europa dann mehr kommen wollen schließen man lassen sofort*

9 *deutsch grenze mensch schießen afrika europa sichern syrien afghanistan irak libanon türkei kosovo somalia mittelmeer see-kolonie deutschland sudan viele ausbildungslager*

10 *grenze haben israel russisch russland usa türkei syrien nato türkisch krieg westen gegen polen weste soldat neu syrisch erdogan osten*

11 *grenze staat keine alle volk europa zwischen haben ohne eigen geben mensch welt nur sondern national kultur gesellschaft nation andere*

12 *grenze flüchtling card österreich deutschland kommen haben ungarn deutsch tag illegal italien wollen kontrolle migranten griechenland seit sagen bundespolizei html*

13 *grenze frau mann kind jung alle gehen halten stadt immer schon offen noch haben mitleid dicht mädchen vergewaltigung stellen familie*

14 *grenze haben man noch keine dann nur mehr schon geben mal halten alle gut immer ganz kommen gehen wollen sagen*

## Literatur

### Quellen

AufbruchVideos (2015). PEGIDA - Rede von Götz Kubitschek am 5. Oktober 2015 in Dresden. https://www.youtube.com/watch?v=-1F67fDCbUY (Stand: 19.04.2022).
COMPACT. https://www.compact-online.de/.
PINEWS – Politically Incorrect. https://www.pi-news.net/.

---

10 Dieses Topic geht offenbar auf ein Zitat von Paul Kühn aus der Osnabrücker Zeitung im Jahr 1980 zurück, das in den Quellen oft zitiert wird. https://gutezitate.com/zitat/280120

Schuler, Ralf/Solms-Laubach, Franz (2018). Heimat-Minister Horst Seehofer: „Der Islam gehört nicht zu Deutschland!" Der CSU-Politiker über: Abschiebungen, Parallelgesellschaften, Integration und Heimat. https://www.bild.de/politik/inland/islam/heimat-minister-seehofer-islam-gehoert-nicht-zu-deutschland-55108896.bild.html (Stand: 19.04.2022).
SEZESSION. https://sezession.de/.

**Forschungsliteratur**
Aftenberger, Ines (2007). Die neue Rechte und der Neorassismus. Graz: Grazer Universitätsverlag.
Antonsich, Marco (2010). Searching for belonging – an analytical framework. Geography Compass 4 (6), 644–659.
Ashcroft, Bill/Griffiths, Gareth/Tiffin, Helen (2003). Post-colonial studies: The key concepts. London: Routledge.
Beckers, Katrin/Reissen-Kosch, Jana/Schilden, Frank (2014). Sprachstrategien der rechten Szene im Netz–Wörter, Werte und ihre semantischen Transformationen. Glottotheory 4 (2), 87–114.
Bendl, Christian/Spitzmüller, Jürgen (2017). ‚Rassismus' ohne Rassismus? Ethnoseparatistische Diskurse in sozialen Netzwerken. Wiener Linguistische Gazette 80, 1–26.
Blei, David M. (2012). Probabilistic topic models. Communications of the ACM 55 (4), 77–84.
Bruns, Julian/Glösel, Kathrin/Strobl, Natascha (2017a). Die Identitären. Rechtsextreme Ideologie der Neuen Rechten und modernisierter Rassismus einer Jugendbewegung. Jahrbuch für Pädagogik 2017 (1), 81–102.
Bruns, Julian/Glösel, Kathrin/Strobl, Natascha (2017b). Die Identitären – mehr als nur ein Internet-Phänomen. https://www.bpb.de/politik/extremismus/rechtsextremismus/241438/die-identitaeren-mehr-als-nur-ein-internet-phaenomen (Stand: 10.01.2022).
Bubenhofer, Noah (2018). Diskurslinguistik und Korpora. In: Warnke, Ingo H. (Hrsg.). Handbuch Diskurs. Berlin/Boston: De Gruyter, 208–241.
Bubenhofer, Noah/Knuchel, Daniel/Sutter, Livia/Kellenberger, Maaike/Bodenmann, Niklas (2020). Von Grenzen und Welten: Eine korpuspragmatische COVID-19-Diskursanalyse. Aptum. Zeitschrift für Sprachkritik und Sprachkultur 16 (2/3), 156–165.
Crowley, John (1999). The politics of belonging: Some theoretical considerations. In: Geddes, Andrew/Favell, Adrian (Hrsg.). The politics of belonging: Migrants and minorities in contemporary Europe. Aldershot: Ashgate, 15–41.
Dreesen, Philipp (2019). Rechtspopulistische Sprachstrategien. Korpuslinguistische Befunde zu PI-NEWS und COMPACT-Online. In: Schiewe, Jürgen/Niehr, Thomas/Moraldo, Sandro (Hrsg.). Sprach(kritik)kompetenz als Mittel demokratischer Willensbildung Sprachliche In- und Exklusionsstrategien als gesellschaftliche Herausforderung. Bremen: Hempen, 99–115.
Evert, Stefan/CWB Development Team (2019). The IMS Open Corpus Workbench (CWB). http://cwb.sourceforge.net/files/CQP_Tutorial.pdf (Stand: 10.01.22).

Faßmann, Heinz (2018). Über den Zusammenhang von Grenze und Migration. In: Heintel, Martin/Musil, Robert/Weixlbaumer, Norbert (Hrsg.). Grenzen: Theoretische, konzeptionelle und praxisbezogene Fragestellungen zu Grenzen und deren Überschreitungen. Wiesbaden: Springer Fachmedien, 339–349.

Gerst, Dominik/Klessmann, Maria/Krämer, Hannes/Sienknecht, Mitja/Ulrich, Peter (2018). Komplexe Grenzen. Aktuelle Perspektiven der Grenzforschung. Berliner Debatte Initial 29 (1), 3–11.

Goetz, Judith/Winkler, Alexander (2017). „Identitäre Grenzziehungen" - Bedeutung und Funktion von Identitätsangeboten im modernisierten Rechtsextremismus (am Beispiel der Identitären). Psychologie und Gesellschaftskritik 41 (3/4), 63–86.

Hark, Sabine (2021). Gemeinschaft der Ungewählten: Umrisse eines politischen Ethos der Kohabitation (= Edition Suhrkamp 2774). Berlin: Suhrkamp.

Hausendorf, Heiko (2000). Zugehörigkeit durch Sprache: Eine linguistische Studie am Beispiel der deutschen Wiedervereinigung (= Reihe Germanistische Linguistik 215). Tübingen: Niemeyer.

Heinrich, Philipp (2021). Collocation and Concordance Computation. https://github.com/ausgerechnet/cwb-ccc (Stand: 10.01.22).

Hermanns, Fritz (2012). Der Sitz der Sprache im Leben: Beiträge zu einer kulturanalytischen Linguistik. Berlin/Boston: De Gruyter.

Hoffmann, Ludger (2020). Zur Sprache des Rassismus. Sprachreport 36 (1), 40–47.

Hornuff, Daniel (2019). Die Neue Rechte und ihr Design: vom ästhetischen Angriff auf die offene Gesellschaft. Bielefeld: Transcript.

IDS (2021). Deutsches Referenzkorpus / Archiv der Korpora geschriebener Gegenwartssprache 2021-I (Release vom 02.02.2021). Mannheim: Leibniz-Institut für Deutsche Sprache.

Jäger, Siegfried (1992). BrandSätze: Rassismus im Alltag. 2. Aufl. Duisburg: DISS.

Kałasznik, Marcelina (2018). Pejorative Metaphern im Flüchtlingsdiskurs. In: Klinker, Fabian/Scharloth, Joachim/Szczęk, Joanna (Hrsg.). Sprachliche Gewalt: Formen und Effekte von Pejorisierung, verbaler Aggression und Hassrede. Stuttgart: Metzler, 67–80. doi:10.1007/978-3-476-04543-0_4.

Keibel, Holger/Belica, Cyril (2007). CCDB: a corpus-linguistic research and development workbench. In: Proceedings of the 4th Corpus Linguistics conference. Birmingham. https://www.birmingham.ac.uk/documents/college-artslaw/corpus/conference-archives/2007/134Paper.pdf (Stand: 10.01.22).

Kubitschek, Götz (2015). Die kleine und die große Ordnung – Kubitschek über seine Pegida-Rede. https://sezession.de/51755/die-kleine-und-die-grosse-ordnung-kubitschek-ueber-seine-pegida-rede (Stand: 07.01.2022).

Lobenstein-Reichmann, Anja (2013). Sprachliche Ausgrenzung im späten Mittelalter und in der frühen Neuzeit (= Studia linguistica Germanica 117). Berlin/Boston: De Gruyter.

Luft, Stefan (2016). Die Flüchtlingskrise: Ursachen, Konflikte, Folgen. 2., durchgesehene und aktualisierte Edition. München: Beck.

Mau, Steffen (2021). Sortiermaschinen: Die Neuerfindung der Grenze im 21. Jahrhundert. München: Beck.

McCallum, Andrew Kachites (2002). MALLET: A Machine Learning for Language Toolkit. https://mimno.github.io/Mallet/ (Stand: 22.04.2022).

Meier-Vieracker, Simon (2020). Selbstlegitimationen von Hass auf rechten Internetseiten. In: Kämper, Heidrun/Warnke, Ingo H. (Hrsg.). Diskurs – ethisch. (= Sprache – Politik – Gesellschaft 26). Bremen: Hempen, 139–155.

Meier-Vieracker, Simon (2022.). Die schon länger hier leben. Ambivalente Zentralitätskonstruktionen im politischen Diskurs. In: Auteri, Linda/Barrale, Natascia/Di Bella, Arianna/Hoffmann, Sabine (Hrsg.). Wege der Germanistik in transkultureller Perspektive. Akten des XIV. Kongresses der Internationalen Vereinigung für Germanistik (IVG). Band 6. Bern u. a.: Lang, 517–527.

Pfeiffer, Martin/Auer, Peter (2019). Erfahrung und Stereotyp an der elsässisch-badischen Grenze: Repräsentationen der Anderen und ihre narrative Verarbeitung. In: Palliwoda, Nicole/Sauer, Verena/Sauermilch, Stephanie (Hrsg.). Politische Grenzen – Sprachliche Grenzen? Dialektgeographische und wahrnehmungsdialektologische Perspektiven im deutschsprachigen Raum. Berlin/Boston: De Gruyter, 143–178.

Niehr, Thomas (2019). Sprache – Macht – Gewalt oder: Wie man die Grenzen des Sagbaren verschiebt. Sprachreport 35 (3), 1–7.

Paasi, Anssi (1999). Boundaries as social practice and discourse: the Finnish-Russian border. Regional Studies 33 (7), 669–680.

Rheindorf, Markus/Wodak, Ruth (2018). Borders, fences, and limits – protecting Austria from refugees: metadiscursive negotiation of meaning in the current refugee crisis. Journal of Immigrant & Refugee Studies 16 (1–2), 15–38.

Rokkan, Stein (2006). Differenzierung und Grenzbildung. In: Eigmüller, Monika/Vobruba, Georg (Hrsg.). Grenzsoziologie. Wiesbaden: VS Verlag für Sozialwissenschaften, 25–36.

Römer, David (2017). Wirtschaftskrisen: eine linguistische Diskursgeschichte (= Sprache und Wissen 26). Berlin/Boston: De Gruyter.

Sack, Robert D. (1983). Human Territoriality: A Theory. Annals of the Association of American Geographers 73 (1), 55–74.

Sarrazin, Thilo (2014). Der neue Tugendterror: Über die Grenzen der Meinungsfreiheit in Deutschland. München: Deutsche Verlags-Anstalt.

Scharloth, Joachim (2022). Faltungen: Die Schließung des rechten Kommunikationssystems aus korpuspragmatischer Perspektive. In: Kämper, Heidrun/Plewnia, Albrecht (Hrsg.). Sprache in Politik und Gesellschaft (= Jahrbuch des Instituts für Deutsche Sprache 2021). Berlin/Boston: De Gruyter, 217–240.

Schiffer, Sabine (2010). Grenzenloser Hass im Internet. In: Schneiders, Thorsten Gerald (Hrsg.). Islamfeindlichkeit. Wenn die Grenzen der Kritik verschwimmen. Wiesbaden: VS Verlag für Sozialwissenschaften, 355–376.

Schmid, Helmut (2003). Probabilistic part-of-speech tagging using decision trees. In: Jones, Daniel B./Somers, Harold (Hrsg.). New Methods in Language Processing. London: Routledge, 154–164.

Schröter, Melani (2021). Diskurs als begrenzter Raum. Metadiskurs über den öffentlichen Diskurs in den neurechten Periodika *Junge Freiheit* und *Sezession*. In: Pappert, Steffen/

Schlicht, Corinna/Schröter, Melanie/Hermes, Stefan (Hrsg.). Skandalisieren, stereotypisieren, normalisieren. Diskurspraktiken der Neuen Rechten aus sprach- und literaturwissenschaftlicher Perspektive (= Sprache, Politik, Gesellschaft 27). Hamburg: Buske, 51–66.

Sieber, Roland (2016). Von „Unsterblichen" und „Identitären" – Mediale Inszenierung und Selbstinszenierung der extrem Rechten. In: Braun, Stephan/Geisler, Alexander/Gerster, Martin (Hrsg.). Strategien der extremen Rechten: Hintergründe – Analysen – Antworten. Wiesbaden: Springer Fachmedien, 365–375.

Stefanowitsch, Anatol (2020). Corpus linguistics: A guide to the methodology. Berlin: Language Science Press.

Thissen, Lotte (2015). "Because here we live in the Netherlands": Languagecultural politics of belonging in a supermarket. Applied Linguistics Review 6 (2), 195–216.

Vollmer, Bastian A. (2017). A hermeneutical approach to European bordering. Journal of Contemporary European Studies 25 (1), 1–15.

Wengeler, Martin (2003). Topos und Diskurs: Begründung einer argumentationsanalytischen Methode und ihre Anwendung auf den Migrationsdiskurs (1960–1985) (= Reihe Germanistische Linguistik 244). Berlin/New York: De Gruyter.

Wildt, Michael (2017). Volk, Volksgemeinschaft, AfD. Hamburg: Hamburger Edition.

Yuval-Davis, Nira (2011). The politics of belonging: intersectional contestations. London: Sage.

# Der Grenzziehungsausdruck *es geht nicht um* X *sondern/es geht um* Y in der mündlichen Kommunikation

Cordula Meißner

**Abstract:** This article examines the verbal construction of boundaries at the level of lexicogrammatical units, which take on specific functions when embedded in contexts of use. The focus is on the boundary-drawing expression *es geht nicht um* X *sondern/es geht um* Y with which a boundary between approved and rejected situational relevance can be verbalized explicitly. A corpus pragmatic study on the use of this expression in a wide range of institutional, public and private interactional types of conversation as well as in types of oral scientific communication is presented. The study is based on the corpora FOLK and GWSS from the Database of Spoken German. The results show that the verbalization of boundaries using the boundary-drawing expression represents a communicative strategy in contexts of persuasion, content fixation and knowledge communication as well as evaluation and correction and thus also forms a means of epistemic positioning.

**Keywords:** corpus pragmatics, spoken language, explicit expression of boundary drawing, language use across domains, lexicogrammar

## 1 Einleitung

*also ähm (.) es geht nicht nur darum (.) ähm die realität so darzustellen wie sie wirklich [ist] °h sondern eine neue realität ähm (.) zu schaffen* (GWSS_E_00076)

Dieses Beispiel stammt aus einem Prüfungsgespräch an der Hochschule. Es stellt den Anfang des Redebeitrags einer Studentin nach einer Aufforderung der Prüferin dar, etwas über den poetischen Realismus auszuführen. Die Studentin fasst den begrifflichen Inhalt mit Hilfe einer Unterscheidung, indem sie zunächst einen Beschreibungsaspekt (die Realität darstellen, wie sie ist) thematisiert, dabei aber zugleich dessen absolute Geltung zurückweist (es geht nicht nur darum) und ihm konjunktional korrektiv angeschlossen (sondern) ein zweites Merkmal gegenüberstellt (eine neue Realität zu schaffen). Sie bedient sich in ihrer Antwort somit einer Grenzziehung zwischen abgesprochener (alleiniger) und zugesprochener thematischer Relevanz und demonstriert hierbei zugleich grundlegende Funktionen und Eigenschaften von Grenzen: die epistemische Funktion der Grenze, Inhalte durch Unterscheidungen zu identifizieren, ihre strukturierende Funktion, komplexe Inhalte aufzugliedern, sowie ihre Eigenschaft, durch eine wahrnehmbare Markierung (hier eine sprachliche) geschaffen (und also auch verändert) werden zu können. Die Studentin nutzt im Prüfungsgespräch als einer speziellen institutionellen Kommunikationssituation des Bildungsbereiches eine Variante des lexikogrammatischen Musters *es geht nicht um X sondern/es geht um Y*. Dieses gesamtsprachlich verfügbare Ausdrucksmittel wird sie zuvor in anderen privaten, öffentlichen oder institutionellen Kommunikationssituationen kennengelernt und dabei die Funktionalität sprachlicher Grenzziehungen in verschiedenen Handlungskontexten erfahren haben. Vor dem Hintergrund der Gebrauchskonventionen, die sie sich dabei angeeignet hat, kann sie – wie ein bestätigendes Rückmeldesignal der Prüferin bereits bei dem Wort *[ist]* zeigt – den Ausdruck souverän im Prüfungsgespräch einsetzen. Ein solches Gebrauchswissen über Ausdrucksmuster, mit denen sprachlich Grenzziehungen vollzogen werden, lässt sich mit Hilfe großer elektronischer Sprachdatensammlungen (Korpora) rekonstruieren und so die Pragmatik von Grenzziehungsausdrücken offenlegen.

Der Beitrag[1] betrachtet aus dieser korpuslinguistischen Perspektive die sprachliche Konstruktion von Grenzen auf der Ebene lexikogrammatischer Einheiten, die in ihrer Einbettung im Verwendungskontext spezifische Funktionen übernehmen. Im Zentrum steht die eingangs veranschaulichte Gebrauchsweise des gesamtsprachlich verfügbaren Thematisierungsausdrucks *es geht um* (Zifonun et al. 1997: 525). Eine sprachliche Grenzziehung kann durch die Einbettung dieses Ausdrucks in eine Korrektivstruktur vollzogen werden, indem eine Gegenüberstellung einer durch ein Negationselement explizit zurückgewiesenen ersten Entität und einer an ihrer Stelle prominent gesetzten zweiten Entität vorgenommen wird. In diesem Fall spannt der Ausdruck einen Thematisierungsrahmen auf, innerhalb dessen mittels der Entgegenstellung zweier Konnekte explizit eine Grenze zwischen abgesprochener und zugesprochener situativer Relevanz formuliert wird. Im Beitrag wird eine Studie zum Gebrauch dieser grenzmarkierenden Form des Thema-

---

1 Ich danke den Gutachter(inne)n für wertvolle Hinweise zu diesem Aufsatz.

tisierungsausdrucks in der mündlichen Kommunikation vorgestellt. Dafür wird auf der Basis des Forschungs- und Lehrkorpus Gesprochenes Deutsch (FOLK) (vgl. Schmidt 2018, Kaiser 2018) die Verwendung über ein weites Spektrum von institutionellen, öffentlichen und privaten Gesprächskontexten untersucht, um eine Referenzbeschreibung der Gebrauchskonventionen zu gewinnen. Im Spiegel dieser Referenzbeschreibung wird anschließend auf der Basis des GWSS-Korpus (vgl. Fandrych et al. 2014, Fandrych et al. 2017) der Gebrauch des Grenzziehungsausdrucks in der mündlichen Wissenschaftskommunikation betrachtet, einem Kommunikationsfeld, für das aufgrund seiner kontroversenorientierten Prägung (vgl. Ehlich 1993, Kretzenbacher 1998) sprachliche Grenzziehungen in besonderem Umfang zu erwarten sind. Durch das korpuspragmatisch erfassbare Profil der Verwendungskontexte und sprachlich-strukturellen Realisierungsformen sollen die Gebrauchkonventionen des Ausdrucks sichtbar gemacht und damit ein Beitrag zur Grenzziehungspragmatik geleistet werden.

## 2 Grenzen, Grenzziehungen und sprachliche Grenzmarkierungen

Grenzen erlauben es, zu ordnen, (Komplexes) zu zergliedern und zu strukturieren. Sie sind damit zunächst von epistemischer Bedeutung als Grundlage der menschlichen Erkenntnisfähigkeit, die auf Kategorisierung basiert, d. h. der Identifikation durch Unterscheidung nach Zugehörigkeit oder Nichtzugehörigkeit zu einer (sprachlich verfassten) Kategorie (vgl. z. B. Taylor 2003, Evans 2012). Grenzen sind in ihren Funktionen jedoch nicht nur epistemisch relevant, sondern auch in sozialer und kommunikativer Dimension. Grenzziehungen stellen „eine dem Menschen zutiefst verinnerlichte Abstraktions- und Handlungspraxis" dar (Heintel et al. 2018: 1). Das Wort „Grenze" verbindet dabei in seiner Semantik zwei Lesarten. Zum einen bezeichnet es eine „Trennlinie, von Staaten, Grundstücken etc.", zum anderen hat es die Bedeutung „Schranke, Ende, äußerste Möglichkeit" (Paul 2002: 432). In der Bestimmung als Praktik, d. h. als Vollzugsform, werden Grenzen als Instrumente zur Regelung sozialer Beziehungen verstanden (vgl. Kleinschmidt 2014: 8). Für die Grenzsemantik folgt hieraus, dass Grenzen einerseits (z. B. verbal) sichtbar gemacht werden müssen, um Geltung zu beanspruchen, und andererseits, dass sie veränderbar sind. Als etwas, das von Interaktanten in dieser Weise konstruiert wird, zeichnen sich Grenzen damit durch die Möglichkeit aus, produktiv neu entworfen zu werden. Grenzpraktiken können somit Handlungsspielräume schaffen (vgl. ebd.). In diesem Verständnis wurde in der Sozialgeographie in Abgrenzung zu einem engen, allein auf politische Grenzen ausgerichteten Grenzbegriff ein weiter Grenzbegriff vorgeschlagen. Dieser weite Begriff stellt die Funktion der Grenzen ins Zentrum, „soziale Phänomene (und damit die Interaktion und Kommunikation zwischen Personen) zu ordnen und handhabbar zu machen" (Redepennig 2018: 21). Wesentlich ist damit, dass durch Grenzziehungen Unterscheidungen hergestellt werden (vgl. ebd.: 22), die Ordnungsleistungen ermöglichen und in ihrer Veränderbarkeit und Durchlässigkeit zu beschreiben sind (vgl. ebd.: 24 f.). Dass Grenzen verdeutlicht werden, d. h. Sichtbarkeit und Wahrnehmbarkeit erlangen, bildet hierfür die Voraussetzung (vgl. ebd.: 31 f.). An diese sozialgeographische Bestimmung der Grenze lässt sich aus linguistischer Sicht anschließen, indem sprachliche Verfahren in den Blick genommen werden, mit denen Interaktanten in der Kommunikation Grenzen herstellen und sichtbar machen. Der im einleitenden Beispiel illustrierte Grenzziehungsausdruck soll im vorliegenden Beitrag als ein in dieser Weise eingesetztes sprachliches Mittel betrachtet werden. Dabei wird eine korpuspragmatische Perspektive verfolgt.

## 3 Sprachliche Grenzziehung aus der Perspektive der Korpuspragmatik

Die Korpuspragmatik nutzt die Möglichkeiten der korpuslinguistischen Beschreibung für die Erforschung pragmatischer Phänomenbereiche. Sie zielt darauf ab, auf Basis der Auswertung von Korpora (größerer elektronischer Sprachdatensammlungen) Zusammenhänge zwischen sprachlichen Mitteln und (Sprach-)Handlungsfunktionen aufzudecken (vgl. Felder et al. 2012: 4, Rühlemann/Aijmer 2014: 12). Eine grundsätzliche Herausforderung besteht hierbei darin, dass die in der Regel kontextabhängigen, zum Teil impliziten und vagen pragmatischen Kategorien im Grunde nur einer hermeneutisch-interpretativen Erschließung zugänglich sind, die Korpusanalyse hingegen formseitig zugängliche Merkmale benötigt (vgl. Archer et al. 2008: 61, O'Keefe 2018: 587 f.). Um empirisch Verbindungen zwischen Formen und Funktionen zu bestimmen, können zwei Ausgangspunkte gewählt werden: Einerseits kann ausgehend von einer sprachlichen Form deren funktionales Spektrum beschrieben, andererseits können ausgehend von einer Funktion deren formale Realisierungen erfasst werden. Um Sprachgebrauch mit Hilfe von Korpora funktionsbezogen beschreiben zu können, sind die Formmerkmale wichtig, über die im Korpus auf Kontexte zugegriffen werden kann, in denen eine kommunikative Funktion realisiert wird. Als Kandidaten für solche Merkmale wurden u. a. sprechakttheoretisch begründete Illokutionsindikatoren, lexikalische oder grammatische Mittel, für die eine Assoziation zur betrachteten kommunikativen Handlung angenommen wird, oder auch metakommunikative Ausdrücke wie Sprechhandlungsbezeichnungen herangezogen (vgl. O'Keefe 2018: 607–612). Da sprachliches Handeln in unterschiedlichem Maß routinisiert ist, finden sich formelhafte Realisierungen, die als feste Form abfragbar wären, nicht in jedem Fall (vgl. ebd.: 598). Eine kommunikative Funktion kann in der Regel durch verschiedene sprachliche Mittel umgesetzt werden. Ein Beispiel für eine korpuspragmatische Untersuchung der eher formelhaft realisierten Handlungen des Begrüßens und Verabschiedens im Englischen bietet Jucker (2017), der das Vorkommen von Grußausdrücken in ihrer historischen Gebrauchsentwicklung zwischen wörtlicher und formelhafter Bedeutung auf der Basis des *Corpus of Historical American English* analysiert, welches für ein Spektrum an Textsorten (Belletristik, Magazine, Zeitungstexte, Sachprosa) Sprachdaten aus über 200 Jahren umfasst. Mit Hilfe solcher Korpora, die größere Datenmengen für eine Bandbreite an Verwendungskontexten (diachron, diaphasisch, diatopisch) abbilden, lassen sich so quantitative Erkenntnisse zu Gebrauchskonventionen gewinnen, die auch Variationsdimensionen sichtbar machen. Dieser Ansatz soll in der vorliegenden Studie in Bezug auf die mündliche Kommunikation aufgegriffen werden, indem mit FOLK ein Korpus genutzt wird, das ein weites Spektrum an privaten, öffentlichen und institutionellen Kommunikationskontexten abbildet. In Bezug auf die kommunikativen Praktiken des Herstellens und Sichtbarmachens von Grenzen steht aus korpuspragmatischer Perspektive jener Ausschnitt an Ausdrucksmitteln im Fokus, mit denen der Vollzug einer Grenzziehung möglichst eindeutig erkennbar realisiert wird. Es wird hier der von einer Form ausgehende Beschreibungsansatz verfolgt (vgl. Rühlemann/Aijmer 2014: 9) und eine lexikogrammatische Einheit in den Blick genommen, die in ihrer Bedeutung eine Grenzziehung abbildet und somit als explizites sprachliches Ausdrucksmittel einer solchen Praktik gesehen werden kann: die grenzmarkierende Gebrauchsweise des Thematisierungsausdrucks *es geht um*.[2]

---

2   Mit diesem Grenzziehungsausdruck wird dabei nur ein Mittel betrachtet, das aufgrund seiner Semantik (vgl. Kap. 4) ausgewählt wurde. Um über die quantitative Bedeutung des Ausdrucks gegenüber anderen Mitteln eine Aussage treffen zu können, müsste ausgehend von einer definitorischen Eingrenzung von Grenzziehungspraktiken zunächst das mögliche Realisierungsspektrum bestimmt werden und daran anschließend eine quantitative Erhebung erfolgen, anhand derer eine Rangordnung häufiger/zentraler Mittel gebildet werden könnte. Über das Spektrum an möglichen Realisierungen kann daher hier keine Aussage getroffen werden. Dem formbasierten korpuspragmatischen Ansatz sind Praktiken der Grenzziehung nicht zugänglich, die sich nur interpretativ im Kontext erschließen und nicht über wiederkehrend assoziierte Formmerkmale verfügen.

## 4 Der Grenzziehungsausdruck *es geht nicht um X sondern/es geht um Y*

Bei der hier als Grenzziehungsausdruck bezeichneten Einheit handelt es sich um ein lexikogrammatisches Muster, das spezifische lexikalische Elemente mit einer spezifischen grammatischen Struktur verbindet und in dieser Verbindung eine Bedeutung bzw. Funktion besitzt (vgl. Hunston 2015, Sardinha 2012, Sinclair 2000). Es handelt sich um den im Rahmen einer Korrektivstruktur gebrauchten Thematisierungsausdruck *es geht um*.[3] Dieser umfasst eine spezifische (desemantisierte) Gebrauchsform des Verbs *gehen*, die grammatisch durch eine Besetzung der Subjektposition durch das Pronomen *es* sowie eine Ergänzung durch ein Präpositionalobjekt gekennzeichnet ist. Der Ausdruck wird in dieser Form in der gesamtsprachlichen Grammatikdarstellung als Mittel behandelt, mit dem eine Thematisierung vollzogen werden kann, d.h. ein „unselbständige[r] sprachliche[r] Akt, mit dem ein Sprecher/Autor einen Gegenstand oder Sachverhalt für den/die Adressaten zu einem Thema im Folgediskurs/Folgetext macht" (Zifonun et al. 1997: 513). Durch die Thematisierung wird eine Orientierung von Sprecher/in und Adressat/in auf ein Thema hergestellt und damit eine „Einordnungsinstanz für das Verstehen eingeführt". Die/der Adressat/in wird veranlasst, „den betreffenden Gegenstand oder Sachverhalt als Thema dessen, was folgt, zu übernehmen und entsprechende thematische Erwartungen auszubilden" (ebd.: 514). Der Ausdruck *es geht um* + Thema wird innerhalb der Kategorie der formelhaften Thematisierungsausdrücke als expliziteste Thematisierungsformel eingeordnet, die den Fokus weiträumig auf das Folgende lenkt (ebd.: 524f.). Er ist damit als gesamtsprachlich verfügbares Ausdrucksmittel kodifiziert, mit dem ein Thema (i.S.d. funktionalen Satzperspektive), über das etwas ausgesagt werden soll, explizit eingeführt wird. Das Syntagma *es geht um* versprachlicht dies mithilfe eines Thematisierungssatzes, in dem das avisierte Thema als Rhema erscheint (vgl. Fritz 2005: 1136). Wird das für die Subjektposition als formales bzw. semantisch leeres Subjekt (vgl. Rapp 2022: 485) festgelegte *es* in initialer Position verwendet, kann der thematisierte Inhalt mit maximaler Informationsprofilierung eingeführt werden (vgl. Weinrich 2007: 389ff.).

In Verbindung mit der Korrektivstruktur erscheint der Thematisierungsausdruck in der Form *es geht nicht um X sondern um Y* bzw. in asyndetischer Verknüpfung *es geht nicht um X es geht um Y*. Dabei wird durch die Negationspartikel *nicht* im ersten Konnekt ein Inhalt fokussiert und zurückgewiesen

---

3 Die Verbindung des Thematisierungsausdrucks mit der Etablierung eines Gegensatzpaares wurde in einer Untersuchung zu dessen Gebrauch in wissenschaftlichen Fachzeitschriftenartikeln beobachtet (vgl. Meißner 2016, 2019).

(Correctum) sowie im zweiten Konnekt durch einen alternativen Inhalt ersetzt (Corrigens) (vgl. Breindl et al. 2014: 471). Semantisch wird diese Struktur mit der Korrektur einer Behauptung im Dialog verglichen: „In NEG-sondern-Konstruktionen weist ein Sprecher eine meist nicht tatsächlich verbalisierte, sondern nur unterstellte, in der Kommunikationssituation erwartbare Behauptung zurück, indem er sie negiert, und korrigiert sie anschließend" (ebd.: 471 f.). Eine Verwendung in konverser Abfolge der Konnekte kann asyndetisch bei Hervorhebung des Corrigens durch Kontrastakzent oder verknüpft durch *und nicht* erfolgen (ebd.: 473). Die Negationspartikel *nicht* bewirkt in der Korrektivstruktur eine Fokussierung und wird daher als replazive bzw. fokussierende Negation bezeichnet, sie erscheint direkt vor der fokussierten Einheit (ebd.: 478). Folgt auf die Negation eine Fokuspartikel (z. B. *nur, allein*) wird nur diese negiert und im zweiten Konnekt ersetzt, so dass sich eine additive Gesamtbedeutung ergibt (*nicht nur ... sondern (auch)...*) (vgl. ebd.: 476).

Insgesamt verfügt der Grenzziehungsausdruck somit über eine Semantik, die eine Orientierung der Aufmerksamkeit auf einen Inhalt (seine Thematisierung) mit dessen Zurückweisung und Ersetzung verbindet. Die Zurückweisung kann sich auf eine verbalisierte adressatenseitige Behauptung des Inhalts beziehen oder eine Unterstellung der adressatenseitigen Erwägung des Inhalts zum Ausdruck bringen. Das lexikogrammatische Muster bietet also ein Ausdrucksmittel, das in seiner Semantik eine Grenzziehung abbildet: Die Einheit spannt einen Thematisierungsrahmen auf, innerhalb dessen ein Territorium der abgesprochenen Relevanz von einem Territorium der zugesprochenen Relevanz unterschieden und somit explizit eine dem weiten Grenzbegriff entsprechende Grenzziehung vollzogen wird. Der Ausdruck bietet sich somit für die Untersuchung sprachlicher Verfahren des Herstellens und Sichtbarmachens von Grenzen aus korpuspragmatischer Perspektive an.

## 5 *es geht nicht um* X *sondern/es geht um* Y in der mündlichen Kommunikation: eine Korpusstudie

Die hier eingenommene korpuspragmatische Perspektive auf sprachliche Grenzziehungen zielt darauf ab, sprachsystematisch verfügbare Ausdrucksmöglichkeiten für Grenzziehungen, wie sie mit dem lexikogrammatischen Muster *es geht nicht um* X *sondern/es geht um* Y vorliegen, in ihren Gebrauchskonventionen zu erfassen. Im konkreten Fall handelt es sich um sprachlich explizit markierte Grenzen der Thema- bzw. Relevanzsetzung, die lokal-situativ mit Hilfe des Grenzziehungsausdrucks zu bestimmten diskursspezifischen Zwecken gezogen werden. Die im Folgenden vorgestellte Studie untersucht die Verwendung des Grenzziehungsausdrucks in der mündlichen Kommunikation, d. h. unter den Bedingungen der zeitlichen und (bis auf Telefongespräche) auch räumlichen Kopräsenz (vgl. Koch/Oesterreicher 2008). Die Untersuchung soll zum einen Aufschluss geben über die Merkmale der Sprechsituationen, in denen der Ausdruck verwendet wird. Zum anderen soll die sprachliche Ausgestaltung und Variation seiner Realisierungsformen untersucht werden, um hieraus weitere Rückschlüsse auf die mit ihm verbundenen Gebrauchskonventionen zu ziehen. Es wird zunächst eine Referenzbeschreibung auf der Grundlage eines weiten Spektrums von Gesprächsarten der privaten, öffentlichen und institutionellen Interaktionsdomänen ermittelt (5.1). Anschließend wird im Vergleich dazu der Gebrauch in der mündlichen Wissenschaftskommunikation betrachtet, für die aufgrund ihrer kontroversenorientierten Prägung sprachliche Grenzziehungen in besonderem Umfang zu erwarten sind (5.2).

## 5.1 Verwendungsprofil in Interaktionsdomänen und Gesprächsarten des Deutschen

### 5.1.1 Methodisches Vorgehen

Um eine möglichst exhaustive Beschreibung für den Gebrauch des Grenzziehungsausdrucks in der mündlichen Kommunikation vornehmen zu können, wird als Referenzkorpus das über die Datenbank für Gesprochenes Deutsch (DGD) verfügbare FOLK-Korpus[4] genutzt, welches authentische/natürliche und vollständige Gespräche (vgl. Schmidt 2018: 210) aus vier Interaktionsdomänen im Umfang von insgesamt 374 Sprechereignissen (SE) mit über 1.200 Sprecher/innen und 314 Aufnahmestunden sowie 2.990.421 Token an Transkriptionen[5] enthält. Es umfasst:

- Gespräche der privaten Domäne, d. h. „informelle Gespräche mit Familie und/oder Freunden und Bekannten" (Kaiser 2018: 522) – 129h:17min bzw. 1.314.297 T (44 %) bei 140 SE;
- Gespräche der öffentlichen Domäne, d. h. „Gespräche, die im Rahmen öffentlich zugänglicher und/oder massenmedial vermittelter Anlässe stattfinden [...] meist [vor] [...] Publikum" (ebd.: 521) und aus den Lebensbereichen Politik, Unterhaltung, Wissenschaft und Wirtschaft stammen (vgl. ebd.: 529) – 44h:3min bzw. 409.449 T (14 %) bei 16 SE;

---

4 Version 2.16 (Stand Dezember 2021), vgl. https://dgd.ids-mannheim.de (Stand: 31.01.2022).

5 Die Transkriptionen liegen in den cGAT-Konventionen vor, die auf dem GAT2-Minimaltranskript basieren (vgl. Schmidt et al. 2015). Sie verfügen über Auszeichnungen nach orthographisch normalisierter Form, Lemmainformation und Wortart (vgl. Westpfahl et al. 2017).

- Gespräche der institutionellen Domäne, d. h. „Gespräche, die im Rahmen institutioneller Räumlichkeiten bzw. Handlungen mit Personen in der Rolle institutioneller bzw. professioneller Vertreter und mit den entsprechenden konstitutiven Aktivitäten stattfinden" (ebd.: 522) und aus den Lebensbereichen Bildung, Behörden, Interprofessionelle Kommunikation, Vereinsleben und Selbstverwaltung, Religion/Kirche, Kunst/ Unterhaltung/Sport, Dienstleistungen sowie Medizin/Gesundheitswesen stammen (vgl. ebd.: 544) – 110h:22min bzw. 958.002 T (32%) bei 167 SE sowie
- Gespräche der Domäne Sonstige, d. h. u. a. elizitierte Interaktionen wie Interviews oder Kommunikationsspiele (vgl. ebd.: 521 f.) – 30h:22min bzw. 308.673 T (10%) bei 51 SE.

Alle SE sind zudem durch ad hoc vergebene Kurzbezeichnungen (z. B. ‚Tischgespräch' oder ‚Meeting in einer sozialen Einrichtung') nach der Art des Gesprächs näher gekennzeichnet (vgl. ebd.: 530).

Es wurden in FOLK zunächst alle Belege für den negierenden Teil des Grenzziehungsausdrucks abgefragt. Über die Recherchefunktion der DGD wurden dazu alle Kontexte ermittelt, in denen die Lemmata *um* bzw. *darum, gehen, es* und *nicht* gemeinsam vorkommen.[6] Die Belege wurden mit Metadaten exportiert und anschließend manuell alle Belege identifiziert, in denen der vollständige Grenzziehungsausdruck verwendet wurde. Dazu musste neben dem zurückweisenden Konnekt ein replazives Konnekt vorliegen, welches entweder durch die Konjunktion *sondern* (*es geht nicht um X sondern um Y*) oder asyndetisch mit Wiederholung des Thematisierungsausdrucks (*es geht nicht um X es geht um Y*) angeschlossen ist. Zudem wurden konverse Vorkommen mit dem Konnektor *und nicht* (*es geht um Y und nicht um X*) oder asyndetischem Anschluss und wiederholtem Thematisierungsausdruck aufgenommen (*es geht um Y es geht nicht um X*). Für die so ermittelten Belegtreffer wurden alle vorkommenden Variationen in der Realisierung[7] des Grenzziehungsausdrucks erfasst sowie die Metadaten zur Spezifizierung des Verwendungskontextes ausgewertet (Interaktionsdomäne, Lebensbereich, Gesprächsart, Sprecherrolle).

---

6   Der Kontextumfang wurde auf 20 Token beidseitig und der Skopus auf Transkript eingestellt.
7   Die Untersuchung beruht allein auf den in der Transkription festgehaltenen sprachlich-verbalen Merkmalen. Aspekte wie Prosodie, Blickbewegung und Körpersprache, welche die Handlungsrealisierung begleiten, werden hier nicht mit betrachtet.

### 5.1.2 Profil der Verwendungskontexte

Im FOLK-Korpus fanden sich insgesamt 55 Belege für vollständige Verwendungen des Grenzziehungsausdrucks.[8] Die meisten Vorkommen entfallen mit 25 Belegen (45 %) auf die öffentliche Interaktionsdomäne und hier auf den Lebensbereich Politik (44 %)[9]. An zweiter Stelle folgt mit 21 Belegen (38 %) die institutionelle Interaktionsdomäne, wobei hier über die Hälfte der Vorkommen aus dem Lebensbereich Bildung stammt (24 %)[10]. Auf die private Domäne entfällt mit 9 Belegen (16 %) der geringste Anteil, aus der Domäne Sonstige gibt es keine Treffer. Angesichts der unterschiedlichen Anteile der Datenmengen in FOLK (öffentliche Domäne 14 %, private 44 %) fällt die Häufigkeit in dem mit weniger Daten repräsentierten öffentlichen Bereich noch deutlicher ins Gewicht. Setzt man die Vorkommen des Verbs *gehen* im Grenzziehungsausdruck[11] ins Verhältnis zu den Gesamtvorkommen des Lemmas nach Interaktionsdomäne (vgl. Tab. 1), zeigen sich im Vergleich einzelner Domänen höchst signifikante Unterschiede (privat weniger als institutionell (LLR=11,56, p<0,001) und als öffentlich (LLR=82,76, p<0,001), öffentlich mehr als institutionell (LLR=38,82, p<0,001)[12].

|  | Öffentlich | Institutionell | Privat | Sonstige | gesamt |
|---|---|---|---|---|---|
| Vorkommen des Lemmas *gehen* insgesamt | 1.082 | 3.406 | 4.607 | 1.451 | 10.546 |
| Vorkommen von *gehen* im Grenzziehungsausdruck (G) | 43 | 31 | 15 | 0 | 89 |
| bei Gleichverteilung in G erwartete Vorkommen | 9,13 | 28,74 | 38,88 | 12,25 |  |

Tab. 1: Vorkommen des Grenzziehungsausdrucks im FOLK-Korpus nach Interaktionsdomäne

---

8 D. h. von 185 Treffern für die beschriebene Abfrage zum negierenden Teil verlieben nach manueller Durchsicht ohne Dubletten 55 Belege für vollständig realisierte Grenzziehungsausdrücke.
9 Der Lebensbereich Politik dominiert mit 93 % der Token auch in den FOLK-Daten der öffentlichen Domäne.
10 Der Lebensbereich Bildung nimmt innerhalb der institutionellen Domäne 48 % der Token ein.
11 Dabei werden alle *gehen*-Vorkommen im Ausdruck gezählt, einschließlich jener, die bei Wiederholung des Thematisierungsausdrucks im zweiten Konnekt gebraucht werden.
12 Es wurde hierfür die von Paul Rayson bereitgestellte, in Excel integrierte Berechnungsmöglichkeit des LLR-Wertes für den Vergleich von zwei Korpora genutzt. Vgl. unter: http://ucrel.lancs.ac.uk/llwizard.html (Stand: 31.01.2022).

Beleg (1) illustriert eine Verwendung aus der öffentlichen Domäne. Das Beispiel entstammt einer Podiumsdiskussion aus dem Bereich Politik.

(1) FOLK_E_00391 (Transkript 6) Podiumsdiskussion, Politiker AR
```
0224    TS     °hh herr reissl also noch amal die frage
0225    TS     wenn damals
0226    TS     äh fünfunddreißig mark genommen wurden oder
               bezahlt wurden heute umgerechnet vierund-
               zwanzig mark auch wenn wir natürlich °h uns
               hoffentlich alle schon an den euro gewöhnt
               haben ((kichert))
0227           (0.68)
0228    AR     h also ich ((Sprechansatz)) glaub ihnen jetzt
               weil ich die
0229           (0.24)
0230    AR     äh
0231           (0.32)
0232    AR     kaufpreise von domals net kenn keine ahnung
               °h aber i hab ja vorher ((Sprechansatz))
               schon mal versucht zu erklärn °h worum_s (.)
               dabei geht es geht net darum °h dass am ende
               ((Sprechansatz)) sie zwölf euro fünfzig be-
               kommen sondern es geht darum °h äh dass ma
0233           (0.29)
0234    AR     nicht ((Sprechansatz)) spekulation zulässt
               °h de des interesse is halt °h dass ma …
```

Der Politiker AR nutzt hier den Grenzziehungsausdruck in einem Redebeitrag, in dem er eine Erläuterung zu stadtplanerischen Maßnahmen gibt. Er greift mit Hilfe des Ausdrucks zunächst die von seinem Vorredner angesprochene Frage nach dem konkreten monetären Wert einer Flächeneinheit erneut thematisierend auf, weist sie dabei jedoch als irrelevant zurück und stellt ihr als relevant markiert das Ziel der Vermeidung von Spekulationen gegenüber, welches er anschließend weiter ausführt. Er stellt so seiner Erläuterung mit dem Mittel der Grenzziehung den Hauptaspekt in Form einer Unterscheidung voran und setzt diese also zur Verdeutlichung ein.[13]

---

13 Im Lebensbereich Politik wird die Funktion der Verdeutlichung z.T. dahingehend rhetorisch überformt, dass wertende bzw. konnotativ belegte Einheiten für die Besetzung der Konnekte gewählt werden. Im negativen Konnekt wird dabei das (unterstellt) Abgelehnte formuliert, im replaziven Konnekt eine vertretene Auffassung dagegengestellt (so z.B. der Grünen-Vertreter BP im Schlichtungsgespräch FOLK_E_00068: *dabei*

Für den zweithäufigsten Verwendungsbereich, die institutionelle Domäne, illustriert Beleg (2) eine Verwendung aus einem Praxisanleitungsgespräch in einer KiTa.

(2) FOLK_E_00371 Praxisanleitungsgespräch Kita, Praxisanleiterin HK
```
0063   HK   [°h ] ja [also] das entspricht wirklich genau
            unseren ansprüschen so [wie wir halt mit]
            kindern umgehen wollen
0064   LR   [hmhm]
0065   LR   [hmhm]
0066        (0.58)
0067   HK   wertschätzend und und sie ernst nehmen [und
            die bed]ürfnisse
0068   LR   [ja]
0069   LR   gen[au]
0070   HK   [°h ] also es gibt geht nich um wünsche (.)
            son so ich ich will jetzt grad mal schnell das
            [(sondern) wirklich um ga]nz tiefe bed[ürf-
            nisse die] befriedigt sein müssen damit man
            so in frieden kommt °h und jetzt erzähl doch
            mal (.) ähm °h also was du konkret so so
            festgestellt hast oder was was anders [is]
0071   LR   [ja]
```

Die Anleiterin HK nutzt den Grenzziehungsausdruck hier, um den Begriff der Bedürfnisse in seiner Bedeutung zu verdeutlichen und damit ein unterstelltes Wissensdefizit der Praktikantin zu bearbeiten. Sie formuliert dazu eine Unterscheidung zwischen dem Begriff der Wünsche, den sie hier in das Gespräch thematisierend einbringt, ihn jedoch gleichzeitig in seiner Relevanz zurückweist und ihm den als relevant markierten Begriff der Bedürfnisse, welchen die Praktikantin zuvor auch verwendet hatte, gegenüberstellt. Das Beispiel zeigt damit auch die epistemische Funktion der Grenze, Wissensinhalte durch Grenzziehung fassbar zu machen.

Für die private Interaktionsdomäne zeigt Beleg (3) ein Beispiel aus einem Telefongespräch.

---

*geht es nicht um (.) abstrakte eisenbahnliebhaberei sonder es geht um was ganz wesentliches (.) °hh ein betriebskonzept).*

(3) FOLK_E_00402 Telefongespräch, Freundin MW
```
0525  MW   ähm des_n fördertopf von vier millionen (.)
           also kann b baden württembergische unis
           können sich drauf bewerben oder hochschulen °
           hh und (.) ähm (.) da geht_s jetzt
0526  LR   (0.67)
0527  MW   ((schmatzt)) ähm in erster linie nich dadrum
           diese systeme zu verbessern effizienter zu
           machen sondern es geht um die implikation für
           die gesellschaft (.) °h also wa[s macht das]
           mit uns als menschen
0528  OS                                  [hmhm]
```

Die Freundin MW verdeutlicht hier mit Hilfe des Grenzziehungsausdrucks einen Inhalt (aktuelle Fördermöglichkeiten), indem sie im negierten Konnekt die bisher geltende Ausrichtung der Förderung, welche sie im Gespräch zuvor schon erwähnt hatte, als Kontrast erneut zurückweisend thematisiert und von der aktuellen Ausrichtung abgrenzt, die sie dann im replaziven Konnekt vorträgt.

Wie verbreitet der Grenzziehungsausdruck nach Interaktionsdomäne, Lebensbereich, Gesprächsart und Sprecherrolle im FOLK-Korpus im Einzelnen ist, stellt Tab. 2 dar.

Es zeigt sich, dass der Gebrauch des Ausdrucks und damit die durch ihn vollzogene sprachlich explizite Grenzziehung in unterschiedlichen privaten, institutionellen und öffentlichen Gesprächsarten zu finden ist. Die 55 Vorkommen verteilen sich auf 48 Sprecher/innen und 37 SE. Pro Sprecher/in kommen dabei nicht mehr als zwei Verwendungen vor. Auch pro SE gibt es in der Regel nur ein bis zwei Verwendungen. Ausnahmen bilden hier lediglich lange SE der öffentlichen Domäne aus dem Lebensbereich Politik wie Schlichtungsgespräche (maximal 5 Vorkommen in FOLK_E_000068, bei einer Dauer von 5h 25min) oder Plenarsitzungen im Bundestag (maximal 6 Vorkommen in FOLK_E_00390, bei einer Dauer von 5h 7min). Der Ausdruck wird somit in der mündlichen Kommunikation zwar in einem relativ weiten Spektrum von Handlungskontexten, dabei aber jeweils sehr sparsam eingesetzt.

Insgesamt lässt sich folgendes Verwendungsprofil für den Grenzziehungsausdruck beobachten: In der privaten Kommunikation, so, wie sie in den in FOLK zu dieser Interaktionsdomäne enthaltenen Gesprächsarten abgebildet ist, finden sich nur wenige Vorkommen. Das zentrale profilgebende Merkmal des Ausdrucks ist die Assoziation seines Gebrauchs mit der öffentlichen Interaktionsdomäne, d. h. mit Gesprächen, die öffentlich zugänglich und/oder massenmedial vermittelt und oft vor einem Publikum stattfinden (Kaiser

| Interaktions-domäne | Lebensbereich | Art | Sprecherrolle | Sprecher/innen | SE |
|---|---|---|---|---|---|
| institutionell (21) | Bildung (13) | Prüfungsgespräch an der Hochschule | Prüfer/in (5) | 4 | 19 |
| | | Prüfungsgespräch an der Hochschule | Prüfling (5) | 5 | |
| | | Unterrichtsstunde im Wirtschaftsgymnasium | Lehrer/in (1) | 1 | |
| | | Unterrichtsstunde in der Berufsschule | Lehrer/in (2) | 1 | |
| | Bildung, interprofessionelle Kommunikation (1) | Praxisanleitungsgespräch KiTa | Praxisanleiter/in | 1 | |
| | interprofessionelle Kommunikation (5) | Meeting in einer sozialen Einrichtung | Chef/in, Gruppenleiter (2) | 1 | |
| | | Teambesprechung | Chef/in (1) | 1 | |
| | | Pausenkommunikation | Chef/in (1) | 1 | |
| | | Radiosendung | Mitarbeiter/in (1) | 1 | |
| | Medizin/Gesundheitswesen (2) | Physiotherapie | Krankengymnast/in (1) | 1 | |
| | | Physiotherapie | Patient/in (1) | 1 | |
| öffentlich (25) | Politik (24) | Ausschusssitzung | Experte/in (2) | 1 | 9 |
| | | Plenarsitzung im Bundestag | MdB (Bündnis 90/Die Grünen) (2) | 2 | |
| | | | MdB (Die Linke) (1) | 1 | |
| | | | MdB (SPD) (1) | 1 | |
| | | | MdB (FDP) (1) | 1 | |
| | | | Parlamentarische/r Staatssekretär/in (1) | 1 | |
| | | Podiumsdiskussion | Bürger/in (1) | 1 | |
| | | | Politiker/in (2) | 2 | |
| | | | Redner/in (1) | 1 | |
| | | Schlichtungsgespräch | Befürworter/in des Schlichtungsgegenstands (2) | 2 | |
| | | | Experte/in auf der Befürworterseite (2) | 2 | |
| | | | Gegner/in des Schlichtungsgegenstands (4) | 3 | |
| | | | Vertretung des Vorsitzes der Grünen-Partei (2) | 1 | |
| | | | Schlichter/in (2) | 1 | |
| | Wissenschaft (1) | Podiumsdiskussion | Redner/in (1) | 1 | |
| privat (9) | | Gespräch auf der Urlaubsreise | Familienmitglied (1) | 1 | 9 |
| | | Studentisches Alltagsgespräch | Freund/in (1) | 1 | |
| | | Tandemtreffen | Tandempartner/in (1) | 1 | |
| | | Bibelkreis | Freund/in (1) | 1 | |
| | | Tischgespräch | Freund/in (3) | 3 | |
| | | Telefongespräch | Freund/in, Angerufene/r (1) | 1 | |
| | | Telefongespräch | Freund/in, Anrufer/in (1) | 1 | |
| gesamt | | | | 55 48 | 37 |

Tab. 2: Verbreitung des Grenzziehungsausdrucks im FOLK-Korpus

2018: 521), wobei in FOLK hierfür fast ausschließlich Daten aus dem Lebensbereich Politik vorliegen. Der Ausdruck findet sich dabei in verschiedenen Gesprächsarten des politischen Bereichs (Ausschusssitzung, Podiumsdiskussion, Plenarsitzung, Schlichtungsgespräch). Der Sprachgebrauch im Bereich Politik wird insgesamt als werbend appellativ charakterisiert (Niehr 2021: 76). Persuasion, d. h. das Ziel, für eine argumentativ vertretene Position Zustimmungsbereitschaft zu erlangen und somit Adressat/innen zu beeinflussen, bildet hier die wichtigste Funktion sprachlichen Handelns (vgl. Girnth/Hofmann 2016: 8). Persuasivität gilt als Grundzug politscher Interaktionstypen und als prägend auch für die Wahl sprachlicher Mittel (Klein 2009: 2113). Das für den Bereich Politik kennzeichnende öffentliche argumentativ-persuasive Sprechen stellt somit den häufigsten Verwendungskontext des Grenzziehungsausdrucks dar.[14] Der zweite profilgebende Gebrauchskontext umfasst die Verwendung in der institutionellen Interaktionsdomäne und zwar hier durch Sprecherrollen, die im Gespräch über eine leitende Position bzw. die Rolle von fachlichen Expert/innen verfügen (Prüfer/in, Lehrer/in, Chef/in, Praxisanleiter/in, Kran-

---

14  Auch das eine Vorkommen im Lebensbereich Wissenschaft ordnet sich hier ein.

kengymnast/in). In konversationsanalytischen Arbeiten wird mit den Konzepten des epistemischen Status und der epistemischen Positionierung beschrieben, wie Sprecher/innen, die in einer Kommunikationssituation über mehr Wissen/Autorität in Bezug auf den Redegenstand verfügen (d. h. diesbezüglich einen höheren epistemischen Status innehaben) auch in der Interaktion in ihrer Art zu sprechen Mittel wählen, die diesen höheren Wissensstatus ausdrücken (d. h. sprachlich epistemische Positionierungen vollziehen) (vgl. Heritage 2012: 32 f., Heritage 2013: 376 ff.)[15]. Neben kongruenten, dem epistemischen Status entsprechenden epistemischen Positionierungen können sich Sprecher/innen durch die Wahl von Ausdrucksformen jedoch auch abweichend von ihrem Wissensstatus als wissend darstellen (vgl. Heritage 2012: 33, Heritage 2013: 378). Für den Grenzziehungsausdruck kann aus der häufigen Verwendung durch Sprecher/innen, die aufgrund ihrer Rolle einen höheren epistemischen Status innehaben, geschlossen werden, dass es sich hier um ein Mittel der epistemischen Positionierung handelt (dass auch im politischen Bereich persuasiv eingesetzt werden kann). Neben dem in Beleg (2) illustrierten Gebrauch durch Sprecherrollen mit leitender Gesprächsposition findet sich der Ausdruck im institutionellen Bereich (seltener) auch bei Sprecher/innen, die in ihrer Gesprächsrolle zwar einen niedrigeren Wissensstatus haben, situational aber eine Expertenposition vertreten (müssen), wie etwa Prüflinge bei der Beantwortung von Prüfungsfragen (vgl. unten) oder eine Patientin bei der Wiedergabe einer ärztlichen Anweisung:[16]

(4) FOLK _E_00409 Physiotherapie, Patientin SR
```
0565   SR    ich brauch bauchmuskel hier unte[n]
       [...]
0569   SR    des hat auch der osteopath gesagt er hat mir
             dafür einen sogenannten sling trainer emp-
             fohlen ich weiß nicht ob sie sich damit aus
             [kennen]
       [...]
0573   SR    hmhm und er sagte das ganz äh essenziell sei
             bei mir °h dass man also die bauchmuskeln
             aufbaut und zwar nicht durch bewegung sondern
             durch halteübung[en]
0574   KL    [du]rch halteübung[en]
```

---

15  Vgl. für einen Ansatz zur korpuslinguistischen Untersuchung epistemischer Positionierung z. B. Scharloth et al. 2018).
16  Die Verwendung durch einen Mitarbeiter in der Radiosendung ähnelt eher den Verwendungen im öffentlichen Bereich, da es sich um eine Formulierung in einem geprobten Radiobeitrag handelt.

```
0575   SR    [we]il es um die (.) stabilität ginge und
             nicht um die
0576         (0.4)
0577   SR    um die bewegung [selbst]
```

Die Patientin SR gebraucht den Ausdruck hier in einer Physiotherapiesitzung im Rahmen einer Begründung ihrer Forderung nach Halteübungen und reagiert damit auf die ein Verständnisproblem anzeigende Reaktion der Krankengymnastin KL (Wiederholung der Phrase *durch halteübungen*). Mit Hilfe der konversen Form des Grenzziehungsausdrucks stellt die Patientin referierend im Konjunktiv II die ärztliche Unterscheidung von zugesprochener Relevanz (Stabilität) und abgesprochener Relevanz (Bewegung) gegenüber.

Mit den häufigen Verwendungskontexten des Grenzziehungsausdrucks im FOLK-Korpus ist zudem ein weiteres Merkmal verbunden: Es handelt sich bei den Gesprächen der öffentlichen Domäne des Lebensbereichs Politik, bei Lehrpersonen in der Unterrichtsstunde, aber auch bei Prüfer/innen und Prüflingen im Prüfungsgespräch um Sprechsituationen, in denen Redebeiträge (in unterschiedlichem Grad) schriftkonstituiert, d.h. teilweise vorgeplant, vorstrukturiert oder (teil-)memoriert sind (vgl. Gutenberg 2000).[17] Der Gebrauch des Ausdrucks steht somit auch mit (zumindest teilweise) schriftkonstituierter Rede (und dem auch hiermit verbundenen bzw. dadurch evozierten Wissensstatus) in Zusammenhang.

### 5.1.3 Sprachlich-strukturelle Realisierungsformen

Hinsichtlich der strukturellen Gebrauchsmerkmale des Grenzziehungsausdrucks können anhand der FOLK-Daten die in Abb. 1 schematisch zusammengefassten Positionen beschrieben werden. Ihre Nutzung wird im Folgenden dargestellt.

| Anbindung | es geht | Geltungsbereich: Bezugsrahmen für Grenzziehung | Modalisierung/ Graduierung der Negation | nicht | Geltungsbereich der Negation | negiertes Konnekt | (Einschub) | sondern/ es geht | (Einschub) | Modalisierung/ Graduierung der Ersetzung | replazives Konnekt |
|---|---|---|---|---|---|---|---|---|---|---|---|
| aber also … | | uns mir … | jetzt da … | ja doch … | | nur allein … | um X darum … | | | | auch eher … | um Y darum … |

Tab. 3: Positionen, die bei der Verwendung des Grenzziehungsausdrucks in FOLK realisiert werden

---

17 Gutenberg (2000: 582–585) führt etwa Lehrervortrag, Prüfungsgespräch, Diskussionsrede, Expertenhearing, Bundestagsdebatte, Statements, Stellungnahmen oder auch Fernsehdiskussion als Beispiele für mündlich realisierte schriftkonstituierte Textsorten auf.

**Art der Konnektion:** Von den 55 Belegen weisen 30 (55 %) die Konjunktion *sondern* auf, nur 2 (4 %) den analytischen Konnektor *und nicht,* 23 (42 %) zeigen eine asyndetische Verbindung mit doppeltem Gebrauch des Thematisierungsausdrucks. In 9 Fällen (16 %) wird *sondern* zusammen mit einer Verdopplung des Thematisierungsausdrucks eingesetzt, 21 Belege (38 %) weisen eine Verknüpfung mit Konjunktion bzw. Konnektor ohne Dopplung des Thematisierungsausdrucks auf. Der Thematisierungsausdruck wird damit in der Mehrheit der Fälle (62 %) wiederholt eingesetzt.

**Realisierung der Konnekte:** Mit 51 Belegen (93 %) dominiert die Reihenfolge negiertes vor replazivem Konnekt. Zurückgewiesene und replazive Entitäten werden mehrheitlich durch Präposition *um* und Nominalphrase realisiert (38 (69 %) bzw. 35 Belege (64 %)). Eine Korrelatstruktur aus Pronominaladverb *darum* und Nebensatz bzw. Infinitiv findet sich im negierten Konnekt in 10 (18 %), im replaziven in 9 Belegen (16 %). Das einfache Pronominaladverb *darum*, das nicht durch einen Nebensatz oder Infinitiv expliziert wird, sondern anaphorisch den vorangegangenen Kontext aufnimmt, kommt im negierten Konnekt in 6 (11 %), im replaziven in 2 Fällen vor (4 %)[18]. Für beide Konnekte bildet also die komprimierte Versprachlichung der gegenübergestellten Inhalte, nominal ohne Attributsatz, die dominante Form.[19]

**Geltungsbereich:** Durch die Explizierung eines Bezugsrahmens für die Grenzziehung wird deren Geltungsbereich modifiziert. Dazu kann mittels eines freien Dativs die Person bzw. Bezugsgröße, aus deren Perspektive die Grenzziehung vorgenommen wird, spezifiziert werden (5 Belege (9 %)). Dabei wird auf Sprecher/in bzw. Adressat/in (*mir, uns, Ihnen*) oder andere Personen (*diesen Menschen*) Bezug genommen. Daneben kann ein raum-zeitlicher Bezugsrahmen, für den die Unterscheidung getroffen wird, formuliert werden (13 Belege (24 %)). Es werden dazu überwiegend deiktische Adverbien (*jetzt, da, dabei, hier*) genutzt, spezifische Raumbezüge sind ebenfalls möglich (*in stuttgart*).

**Modalisierung:** Mittels der Besetzung der Position vor der Negationspartikel durch Modalpartikeln oder Adverbien kann modalisierend eine Sprecherhaltung zum Ausdruck gebracht werden (z. B. *es geht ja nicht um X sondern ...*). Eingesetzt wurden hier v. a. die Modalpartikel *ja*, mit die Negation als bereits bekannt dargestellt werden kann, die Modalpartikeln *doch* oder *eben*, die eine Entgegensetzung und Verstärkung zum Ausdruck bringen, oder eine weitere Verstärkung der Negation durch die Gradpartikel *gar*. Auch eine Hervorhebung

---

18   In einem Fall handelt es sich um eine konverse Abfolge, im anderen Fall wird das replazive Konnekt von einer anderen Sprecherin ergänzt.
19   Im negierten Konnekt sind von den 38 als NP realisierten Inhalten 23 (61 %) ohne attributive Erweiterung, im replaziven Konnekt sind dies nur 10 von 35 (29 %).

durch Adverbien wie *eigentlich, hauptsächlich* oder Präpositionalphrasen wie *in erster Linie* kommen vor. In FOLK wird diese Position in 19 Fällen (35 %) genutzt. Die Position nach der Negationspartikel *nicht* kann durch Fokuspartikeln wie z. B. *nur* oder *allein* besetzt sein, was zu einer Abschwächung führt: In diesem Fall erfasst die Negation nur die Fokuspartikel, es kommt somit nicht zu einer Zurückweisung des gesamten Inhalts des Konnekts, sondern nur zu einer Zurückweisung seiner absoluten Geltung und damit zu einer additiven Gesamtbedeutung (*es geht nicht nur um X sondern (auch)*...), vgl. Kap. 4). Hiervon wurde in FOLK in 14 Belegen (25 % der Vorkommen) Gebrauch gemacht.

Außerdem können nach dem negierten Konnekt weitere Einschübe auftreten (7 Belege), die sich mit Zusätzen auf dieses zurückbeziehen (z. B. durch erläuternde Paraphrasen wie in (2)).

Vor der replaziv präsentierten Entität werden ebenfalls Mittel der Modalisierung und Fokussierung eingesetzt (23 Belege (42 %)). Dies stellt die insgesamt am häufigsten besetzte Position dar. Die eingesetzten Partikeln und Adverbien dienen der Fokussierung bzw. einer Hervorhebung vor mitgedachten Alternativen (*auch, nur, ja nur, ja einfach nur, vor allem, eigentlich hauptsächlich*), der Explizierung des Gewissheitsgrades (*eher, vielleicht ja auch eher, tatsächlich, wirklich, meistens*) oder einer Verstärkung (*eben, eben auch, halt, einfach*).

Insgesamt überwiegen in FOLK Verwendungen, in denen mindestens eine der beschriebenen Positionen besetzt ist (78 %). Beleg (5) illustriert die mehrfache Abschwächung der formulierten Grenzziehung.

(5)     FOLK_E_00022 Meeting in sozialer Einrichtung, Chef/Gruppenleiter HM
```
0236    SZ   weil wenn ma dann sagt ah ja un dann muss ma
             strategien [entwickel]n irgendwie wie er
0237    BS   [hmhm]
0238         (0.41)
0239    SZ   zum beispiel ähm
0240         (0.32)
0241    SZ   sich dinge mehr merken kann oder wie [er sich
             besser organi]siert
0242    HM   [ich glaub (.) äh]
0243         (0.35)
0244    HM   ich glaub darum geht_s gar net so sehr ich
             denk afach so ähm vielleicht geht_s ja auch
             eher drum (hier) eben zuerscht mal zu ver-
             mitteln dass anderska artigkeit jetz net
             besonders schlimm is
```

Hier verwendet der Chef HM in einem Meeting in einer sozialen Einrichtung den Grenzziehungsausdruck, um zuvor von den Mitarbeiter/innen geäußerte Inhalte zu korrigieren. Er setzt den Ausdruck in einem durch die Operatorstruktur *ich glaub* modalisierend eingeleiteten abhängigen Verbzweitsatz ein und weist mit ihm das bisher Gesagte zurück, wobei er die Negation durch das anschließende *so sehr* abschwächt, also nicht den gesamten Inhalt, sondern nur dessen absolute Geltung negiert. Er stellt dem so zurückgewiesenen Inhalt dann, erneut modalisiert durch die eingeschobene auf die persönliche Meinung eingrenzende Phrase (*ich denk afach*) sowie abgeschwächt durch das die beanspruchte Geltungssicherheit herabstufende epistemische Adverb *vielleicht*, eine eigene als relevant markierte Auffassung entgegen. Dabei stellt er zusätzlich auch noch dem replaziv formulierten Konnekt eine mehrteilige Modalisierung (*ja auch eher*) voran.

**Anbindung**: Der Grenzziehungsausdruck wird öfter nach einer metakommunikativen Sequenz (14 Belege (26 %), vgl. z. B. (1))[20] oder durch metakommunikative reformulierungsindizierende Ausdrücke angeschlossen (*also, das heißt, im Prinzip*, vgl. Beleg (2), (5 Belege (9 %)). Bei diesen Formen der Anbindung wird der Gebrauch des Ausdrucks zum Zweck der Verdeutlichung besonders sichtbar. Daneben zeigt sich der Ausdruck unmittelbar nach einem Sprecherwechsel (10 Belege (18 %)), mit einem adversativen Anschluss (*aber, allerdings*, 7 Belege (13 %)) oder mit einem kausalen Anschluss (*weil, denn, nämlich*, 7 Belege (13 %), vgl. Beleg (4)). Entgegnung und Begründung bilden somit weitere Gebrauchskontexte für den Grenzziehungsausdruck.

**Nutzungspräferenzen**: In den Vorkommen in öffentlichen Redebeiträgen findet sich häufiger eine Einleitung durch eine metakommunikative Sequenz (12 von 25 Belegen) sowie eine relationale Anbindung (*aber, nämlich, denn, wenn;* 6). Zusätzliche Positionen zur Präzisierung von Bezugsrahmen, Modalisierung oder Graduierung werden oft nicht (9 Belege) oder nur einmal (10 Belege) besetzt. Bei der Verwendung in der institutionellen Interaktionsdomäne ist die Form der Anbindung eher kausal (*weil* 5), adversativ (*aber, allerdings* 4), turninitial (3) oder reformulierend (*also, im prinzip* 3). Zusätzliche Positionen

---

20 Zum Bereich der Metakommunikation zählen sprachliche Äußerungen, in denen das kommunikative Handeln der/s Sprechenden, das Handeln der Gesprächspartner/innen oder die gemeinsame Interaktion thematisiert wird (Techtmeier 2001: 1450). Metakommunikative Äußerungen unterstützen die laufende Kommunikation und dienen den übergreifenden Funktionen der Verständnissicherung, der Akzeptanzsicherung und der Dialogsteuerung (ebd.: 1454). Unmittelbar vor dem Grenzziehungsausdruck fanden sich metakommunikative Sequenzen wie z. B. *was ich auch schon gesagt hab / aber ich will ihnen mal folgendes sagen / zu ihrer äußerung ... wollt ich noch was sagen / und sie wissen / also wir hatten gestern gesagt.*

des Bezugsrahmens, der Modalisierung oder Graduierung sind fast immer besetzt (19 von 21), häufiger auch mehrfach (12 von 21). In der privaten Kommunikation, wo der Ausdruck selten gebraucht wird, sind zusätzliche modalisierende oder graduierende Positionen auch meist besetzt (8 von 9).

### 5.2 Verwendungsprofil in der mündlichen Wissenschaftskommunikation

In der mündlichen Wissenschaftskommunikation ist die sprachliche Realisierung von Grenzziehungen vermehrt zu erwarten, da Grenzziehungen hier zur Umsetzung der wissenschaftlichen Kontroverse von Bedeutung sind. So muss die Kommunikation von Forschungsergebnissen an die wissenschaftliche Gemeinschaft einer doppelten Dialogizität gerecht werden, die einerseits die Einbindung in das fachliche Diskursfeld, andererseits die argumentativ-persuasive Ausrichtung auf die jeweiligen Rezipient/innen zu leisten hat (Kretzenbacher 1998, Weinrich 1995). Wissenschaftliche Kommunikation ist daher durch die Kontroverse (Eristik) geprägt (Ehlich 1993, Weitze/Liebert 2006). Es sind sprachliche Formen der Grenzziehung zu erwarten, mit denen der entworfene wissenschaftliche Diskursraum strukturiert wird, etwa in der Abgrenzung einer relevanten Fragestellung, eines fachlichen Konzepts oder in Bezug auf antizipierte Gegenargumente. Im schriftlichen Bereich umfasst die typische Struktur von Einleitungen in wissenschaftlichen Artikeln etwa makrostrukturelle Züge, in denen die Etablierung eines „Territoriums" bzw. einer Nische für die eigene Forschungsarbeit vorgenommen wird (vgl. Swales 1990). Für die noch immer vergleichsweise wenig untersuchte gesprochene Wissenschaftssprache (vgl. Jaworska 2020) stellt sich die Aufgabe, Grenzziehungspraktiken in ihrer jeweils diskursarten- und situationsspezifischen Ausprägung zu erfassen. Eine Beschreibung entsprechender diskursiv-sozialer Praktiken einzelner Akteursgruppen und der eingesetzten sprachlichen Mittel steht jedoch weitestgehend noch aus (Fandrych 2018: 160). Vor dem Hintergrund der in 5.1 gewonnenen Referenzbeschreibung soll daher hier der Gebrauch des Grenzziehungsausdrucks in einem Spezialkorpus der mündlichen Wissenschaftskommunikation untersucht werden.

#### 5.2.1 Methodisches Vorgehen

Als Grundlage für die Untersuchung wird das über die DGD zugängliche Vergleichskorpus der gesprochenen Wissenschaftssprache GWSS verwendet (vgl. Fandrych et al. 2014, Fandrych et al. 2017).[21] GWSS umfasst Prüfungs-

---

21 In der vollständigen Fassung handelt es sich um ein mehrsprachiges Vergleichskorpus, welches neben den deutschsprachigen Daten auch englisch-, polnisch- und italienisch-

gespräche (PG)[22], daneben studentische Vorträge (SV) und Expertenvorträge (EV) jeweils einschließlich der anschließenden Diskussionen. PG und Diskussionen sind interaktiv, die Vorträge monologisch. Es handelt sich jedoch insgesamt um Sprechsituationen, für die (zumindest teilweise) schriftkonstituierte, also vorgeplante bzw. vorstrukturierte und (teil-)memorierte Redebeiträge charakteristisch sind.[23] Alle Daten stammen aus dem Fachbereich der deutschen Philologie. Bei PG und SV handelt es sich um Kommunikationen an einer Bildungsinstitution zwischen Novizen und Experten (vgl. Sucharowski 2009), bei EV um eine Form der Kommunikation zwischen fachlichen Experten. Bei EV kommt hinzu, dass vor einem (in unterschiedlichem Maße vertrauten) Fachpublikum gesprochen wird und somit das Merkmal (fach-)öffentlicher Kommunikation gegeben ist. In schwächerer Form trifft dies auf SV auch zu, wo eine vertraute Seminargruppe das Publikum bildet. GWSS umfasst EV im Umfang von 19h:50min bzw. 166.849 T (22,4 %) bei 33 SE, SV im Umfang von 31h:21min bzw. 241.171 T (32,4 %) bei 106 SE und PG im Umfang von 40h:53min bzw. 335.382 T (45,2 %) bei 137 SE. Die Daten stammen aus verschiedenen akademischen Kontexten (Aufnahmen aus Deutschland (372.241 T (50 %)) und aus nicht-deutschsprachigen Ländern[24] (371.161 T (50 %)) sowie von dokumentierten L1- und L2-Sprecher/innen des Deutschen (L1: 380.131 T (51 %), L2: 306.131 T (41 %))[25]. Bei den nicht dokumentierten Sprecher/innen handelt es sich um Diskussionsteilnehmer/innen.[26] Die Transkription und Aufbereitung der Daten entspricht der des FOLK-Korpus. Datenerhebung und Auswertung erfolgten analog zu dem in 5.1.1 beschriebenen Vorgehen.

### 5.2.2 Profil der Verwendungskontexte

Es fanden sich insgesamt 56 vollständige Vorkommen des Grenzziehungsausdrucks.[27] Ein Vergleich zwischen FOLK und GWSS hinsichtlich der Verwendung des Lemmas *gehen* in diesem Ausdruck zeigt einen höchst signifikanten Mehrgebrauch in GWSS (von insgesamt 1.462 Lemma-Vorkommen in

---

sprachige Vergleichsdaten umfasst. Das Gesamtkorpus ist zugänglich über https://gewiss.uni-leipzig.de (Stand: 31.01.2022).
22 Die in Deutschland erhobenen PG von Deutsch-L1-Sprecher/innen sind auch im FOLK-Korpus enthalten. In Bezug auf die Vorkommen des Grenzziehungsausdrucks betrifft dies insgesamt 10 Belege (jeweils fünf von Prüfer/innen und Prüflingen).
23 Vgl. etwa die bei Gutenberg (2000: 582–585) hierfür beispielhaft genannten Textsorten Prüfungsgespräch, Referate, Kongressbeiträge oder Diskussionsrede.
24 Dies sind Großbritannien, Polen, Bulgarien und Finnland.
25 Die L2-Sprecher/innen sind Germanist/innen bzw. Studierende der deutschen Philologie.
26 Die Angaben sind über die Metadaten der DGD abrufbar.
27 Für die in 5.1.1 beschriebene Abfrage gab es in GWSS 158 Treffer (vgl. Fußnote 8).

GWSS entfallen 77[28] auf den Grenzziehungsausdruck, in FOLK sind es 89 von 10.546 (LLR=118,14, p<0,001). Während das Lemma *gehen* an sich in FOLK häufiger ist (10.546 Vorkommen bei einer Korpusgröße von 2.990.421 T im Vergleich zu GWSS mit 1.462 Vorkommen bei 743.402 T, LLR=506,44, p<0,001), zeigt sich sein Gebrauch im Grenzziehungsausruck also häufiger in GWSS. Dies bestätigt die Erwartung, dass hier Grenzziehung eine größere Rolle spielt.[29] Von den Vorkommen in GWSS entfällt mit 27 Belegen (48 %) fast die Hälfte auf PG, wozu Prüfer/innen mit 27 % und Prüflinge mit 21 % nahezu gleichermaßen beitragen. Mit 19 Vorkommen (34 %) findet sich der Ausdruck zudem wiederholt in EV. 10 Belege (18 %) entfallen auf SV. Relativ zur Vorkommenshäufigkeit des Lemmas *gehen* (vgl. Tab. 3) findet sich in EV mit 8 % aller *gehen*-Vorkommen der größte Anteil an Verwendungen im Grenzziehungsausdruck (in PG sind es 5 %, in SV 3 %). Zwischen EV und SV ist der Unterschied hochsignifikant (EV mehr als SV (LLR=9,92; p<0,01).

| | EV | SV | PG | gesamt |
|---|---|---|---|---|
| Vorkommen des Lemmas *gehen* insgesamt | 320 | 428 | 714 | 1.462 |
| Vorkommen von *gehen* im Grenzziehungsausdruck (G) | 27 | 13 | 37 | 77 |
| bei Gleichverteilung in G erwartete Vorkommen | 16,85 | 22,54 | 37,60 | |

Tab. 4: Vorkommen des Grenzziehungsausdrucks im GWSS-Korpus

Die Verwendungen des Grenzziehungsausdrucks stammen sowohl von dokumentierten L1-Sprecher/innen (21 Belege (38 %)) als auch von dokumentierten L2-Sprecher/innen (30 Belege (54 %)), 5 Belege (8 %) kommen von nicht dokumentierten Sprecher/innen. Der Ausdruck wird also grundsätzlich über fachliche (Experten, Novizen) und sprachliche (L1, L2) Kompetenzstufen hinweg verwendet. Tab. 4 zeigt die Ergebnisse zur Verbreitung des Grenzziehungsausdrucks nach Diskursart, Sprecherrolle, akademischem Kontext und Sprache.

---

28 Auch hier sind die bei Wiederholung des Thematisierungsausdrucks im zweiten Konnekt gebrauchten *gehen*-Vorkommen mitgezählt.
29 Ein separater Vergleich zwischen den Daten der öffentlichen Domäne aus FOLK und den GWSS-Daten zeigt bei einem häufigeren Gebrauch des Lemmas *gehen* auch in FOLK-öffentlich (LLR=53,30, p<0,001) hingegen keinen signifikanten Unterschied in der Häufigkeit des Gebrauchs von *gehen* im Grenzziehungsausdruck.

Der Grenzziehungsausdruck *es geht nicht um X sondern/es geht um Y*

| Diskursart | Sprecherrolle | akademischer Kontext/Sprache | | Sprecher/innen | SE |
|---|---|---|---|---|---|
| Expertenvortrag (19) | Vortragende/r (15) | DE (L1) | 10 | 5 | 11 |
| | | PL (L2) | 5 | 4 | |
| | Diskutant/in (4) | PL (n.d.) | 4 | 1 | |
| studentischer Vortrag (10) | Vortragende/r (5) | DE (L2) | 2 | 1 | 9 |
| | | PL (L2) | 1 | 1 | |
| | | UK (L2) | 1 | 1 | |
| | | FI (L2) | 1 | 1 | |
| | Diskutant/in (1) | PL (n.d.) | 1 | 1 | |
| | Seminarleiter/in (4) | DE (L1) | 2 | 2 | |
| | | BG (L2) | 2 | 1 | |
| Prüfungsgespräch (27) | Prüfer/in (15) | DE (L1) | 5 | 4 | 20 |
| | | PL (L2) | 9 | 2 | |
| | | UK (L2) | 1 | 1 | |
| | Prüfling (12) | DE (L1) | 4 | 6 | |
| | | DE (L2) | 4 | | |
| | | PL (L2) | 2 | 2 | |
| | | UK (L2) | 2 | 2 | |
| gesamt | | | 56 | 35 | 40 |

Tab. 5: Vorkommen des Grenzziehungsausdrucks im GWSS-Korpus

Die 56 Belege für den Grenzziehungsausdruck werden in GWSS von 35 verschiedenen Sprecher/innen geäußert und verteilen sich auf 40 SE. Pro Sprecher/in im SE kommen nicht mehr als zwei Verwendungen vor. Ausnahmen bilden eine vortragende Expertin mit vier, ein vortragender Experte mit drei sowie ein Prüfer mit drei Verwendungen in einem Sprechereignis. Der Ausdruck wird somit auch im GWSS-Korpus in einem relativ weiten Spektrum von Handlungskontexten (SE), dabei aber ebenfalls jeweils sparsam eingesetzt.

Insgesamt lässt sich für GWSS folgendes Gebrauchsprofil beobachten: Im Lehr-Lernkontext von Seminarreferat und anschließender Diskussion finden sich weniger Vorkommen. Der Ausdruck wird hingegen vor allem von Expertensprecher/innen in öffentlicher oder gesprächsleitender Redesituation gebraucht sowie von Novizen in einer Prüfungssituation. Ein Schwerpunkt der Verwendung zeigt sich bei wissenschaftlichen Expert/innen im monologischen Vortragsteil und damit in der fach-öffentlichen Sprechsituation vor einem Expertenpublikum. Beleg (6) illustriert eine solche Verwendung.

```
(6)              GWSS_E_00028 Vortragender IT
     0026  IT    [...] (0.28) °hh und äh es is weiterhin fest-
                 zuhalten dass es der stilistik eben nicht nur
                 um einzeltexte geht sondern wie der dis-
                 kurslinguistik auch um textübergreifende
                 phänomene (.) stil ist ein textübergreifen-
                 des kulturelles phänomen °hh ähm (0.45) und
                 nicht notwendigerweise was man an einzel-
                 texten festmachen kann °hh deswegen würde ich
```

meinen dass diskurslinguistik und äh stilistik durchaus ein gemeinsames programm
haben (0.23) ...

Der Vortragende IT setzt den Grenzziehungsausdruck hier in einem Zwischenfazit seines Vortrags ein, um eine von ihm vorgestellte Bestimmung eines fachlichen Inhalts (Gegenstandsbereich der Stilistik) zu verdeutlichen und gegenüber einer anderen Auffassung abzugrenzen. Er greift dazu im negierten Konnekt eine zuvor schon widerlegte Auffassung (Gegenstand der Stilistik sind Einzeltexte) erneut auf, weist sie zurück und ersetzt sie durch seine ebenfalls zuvor erläuterte Auffassung (textübergreifende Phänomene sind Gegenstand der Stilistik).

Beleg (7) illustriert, wie der Ausdruck auch in der Diskussion nach dem Vortrag für Zwecke der wissenschaftlichen Argumentation genutzt wird und dabei Grenzen der Relevanz neu gezogen werden können.

(7) GWSS_E_00238 Vortragender DC
    0118   DIS_2   [...] deswegen °h ähm (.) würd ich sagen das
                   is n ganz großes problem wemman dann [(jetz
                   davon) ] ausgeht (0.29) dass präfixe (0.21)
                   perfektivieren
    0119   DC      [hm]
    0120   nn      [h° ]
    0121   DC      das auf jeden fall (0.27) ((lachend)) ++++++
                   (aber) ich will das problem anpacken ich
                   will °h (versuchen) tests für perfek[tivi]
                   tät °h zu finden °h am am äh i i ich würde n
                   noch etwas hinzufügen °h ähm (0.21)
                   ((schmatzt)) °h **es geht** auch **nicht** unbedingt
                   **um** um äh (0.2) um perfektivität **es geht** [**um**
                   for]male test **es geht** °h **um** formale korre-
                   lation

Der Vortragende DC verwendet den Ausdruck hier in der Diskussion, um eine kritische Frage der Diskutantin DIS_2 abzuwehren, indem er das Kritisierte in den Bereich des für seinen Vortrag aktuell nicht wesentlich Relevanten verweist und diesem einen anderen als relevant markierten Aspekt gegenüberstellt (den er in der Folge noch weiter erläutert).

Den zweiten Schwerpunkt der Verwendung des Grenzziehungsausdrucks in GWSS bildet der Gebrauch durch Prüfer/innen und Prüflinge im Prüfungsgespräch, also einer Sprechsituation von Experten in einer gesprächsleitenden

Rolle (Prüfer/in) sowie von Novizen in einer Bewertungssituation, in der es darum geht, fachliche Expertise zu demonstrieren. Eine Verwendung durch einen Prüfer zeigt Beleg (8).

(8)   GWSS_00007 Prüfungsgespräch an der Hochschule, Prüfer CR
```
0268  CR   wir haben noch (.) noch äh
0269  ME   °h
0270  nn   (0.6)
0271  CR   einige (0.3) minuten auf sie s sprechen auch
           die grammatischen [aspekt]e an mit äh poplack
           mit muysken myer[s sco]tton °h äh hm (0.2) da
           (.) geht es um um ganz andere fragen da geht
           es also nicht darum °hh äh (0.2) äh was man
           macht äh wenn man einen code switch äh (0.9)
           ((schmatzt)) realisiert sondern °h um die
           grammatischen bedingungen für (.) für code
           switch [können sie da]s (0.2) kurz erläutern
           was da relevant is[t]
```

Der Prüfer CR nutzt den Ausdruck hier bei der Formulierung seiner Frage und bietet durch die mit dem Grenzziehungsausdruck vorgenommene Markierung von situational Irrelevantem und Relevantem eine Vorstrukturierung der geforderten Antwort an. Beleg (9) zeigt hingegen eine Verwendung, in der die Prüferin BR den Grenzziehungsausdruck zur Korrektur einsetzt.

(9)   GWSS_E_00013 Prüfungsgespräch an der Hochschule, Prüferin BR
```
0285  KD   ((schnalzt)) öhm hh° (0.5) ((schnalzt)) (.)
           also (1.1) es (.) äh ähm verfolgt ja zwo
           wesentliche ansätze der literaturtheorie
           also so den rezep (.) tionsästhetischen wie
           auch [den strukturalistischen] °hh und
           [hinter diesen] beiden prinzipien ähm wäre
           eben (0.2) der eine grund dass ähm schüler
           [sich reinfühlen]
0286  BR   [das wäre eine begründung aber]
0287  BR   [((unverständlich))]
0288  BR   [es geht jetz nich um gründe es geht] um ziele
           (.) was (.) welche ziele verfolgen wir wenn
           wir so vorgehen
```

BR formuliert hier eine Grenze zwischen den als irrelevant für den aktuellen Prüfungskontext zurückgewiesenen Aspekten in der Antwort der Prüfungs-

kandidatin (Gründe) und einem replaziv in Abgrenzung dazu als relevant markierten Inhalt (Ziele).
Eine Verwendung durch eine Prüfungskandidatin illustriert das Einleitungsbeispiel:

(10) GWSS_E_00076, Prüfling ND
```
1112   HO   [°h jetz ham sie vorhin] in bezuch zu dieser
             zeitschrift sehr schön ein (.) wichtiches
             attribut des realismus noch genannt °h näm-
             lich den poetichen [realismus] °h können sie
             uns dazu ma bitte etwas sagen °h un das
             nochmal dann in bezug (.) zu effi [briest]
             setzen
1113   ND   [hm_hm]
1114   ND   [ja]

1115   ND   °h also ähm (.) es geht nicht nur darum (.)
             ähm die realität so darzustellen wie sie
             wirklich [ist] °h sondern eine neue realität
             ähm (.) zu schaffen
1116   HO   [hm]
1117   nn   (0.6)
1118   ND   und zwar °h ähm (.) das macht theodor (fon-
             tane) in seine werke immer sehr schön ähm °h
             er hm (.) stellt erstmal °hh (.) die ähm
```

Die Studentin ND formuliert hier im Prüfungsgespräch eine Antwort, indem sie eingeleitet durch den Diskursmarker *also* im Vor-Vorfeld eine Bestimmung des poetischen Realismus gibt, bei der sie im ersten Konnekt mittels Korrelatstruktur aus Adverb *darum* und Infinitiv einen zuvor in ihrer Beschreibung des Realismus bereits genannten Aspekt erneut thematisiert. Sie weist diesen jedoch in seiner absoluten Geltung zurück, um ihm einen anderen entgegenzustellen und diesen mittels der vorgenommenen Abgrenzung zu profilieren. Sie stellt damit die Unterscheidung als Kompaktform ihrer Antwort voran.

### 5.2.3 Sprachlich-strukturelle Realisierungsformen
**Art der Konnektion:** Im GWSS-Korpus verfügen von den insgesamt 56 Belegen 39 (70 %) über die Konjunktion *sondern*, 12 Belege (21 %) zeigen eine asyndetische Verbindung mit doppeltem Gebrauch des Thematisierungsausdrucks. In 10 Fällen (18 %) wird die Konjunktion *sondern* zusammen mit einer Verdopplung des Thematisierungsausdrucks eingesetzt. Anders als in FOLK

weisen mehr Belege (35, 63 %) eine Verknüpfung mit Konjunktion bzw. Konnektor ohne Dopplung des Thematisierungsausdrucks auf.

**Realisierung der Konnekte:** Wie in FOLK wird i. d. R. negiertes vor replazivem Konnekt platziert (51 Belege (91 %)) und beide durch Präposition *um* und Nominalphrase realisiert (35 (63 %) bzw. 31 Belege (55 %)).

**Geltungsbereich:** Spezifische Anwendung findet in GWSS die Formulierung einer Bezugsperspektive für die Grenzziehung, indem neben der Sprecher- bzw. Adressatenperson auch metonymisch wissenschaftliche Fachgebiete genannt (*der stilistik*) oder diese als raum-metaphorischer Bezugsrahmen benannt werden (*in der konfrontativen linguistik*). Die Besetzung der beiden Positionen ist mit 8 (14 %) bzw. 15 Belegen (27 %) ähnlich häufig wie in FOLK.

**Modalisierung:** Die Modalisierung vor der Negation findet sich in GWSS mit 9 Belegen (16 %) seltener als in FOLK (19 Belege (35 %)). Der Geltungsbereich der Negation wird hingegen in GWSS häufiger eingeschränkt als in FOLK (24 (43 %) bzw. 14 Belege (25 %)). Die Modalisierung bzw. Graduierung der replaziven Entität ist in GWSS mit 16 Belegen (29 %) wiederum seltener als in FOLK realisiert (23 Belege (42 %)). Zusammengefasst zeigen die GWSS-Daten also im Vergleich zu FOLK eine Tendenz zu weniger Modalisierung bei der Einführung der negiert bzw. replaziv formulierten Entitäten, dafür ein Mehr an Abschwächung des Skopus der Negation, indem eher nicht ein Gesamtinhalt, sondern lediglich dessen absolute Geltung zurückgewiesen wird.

Auch in GWSS ist in der Mehrheit der Verwendungen (75 %) mindestens eine weitere Position im Grenzziehungsausdruck besetzt. Beleg (6) oben zeigt, wie von den beschriebenen Positionen in sehr ausgebauter Form Gebrauch gemacht werden kann. Hier erfolgt zunächst eine Eingrenzung des Geltungsrahmens der Grenzziehung durch eine Nominalphrase im Dativ (*der stilistik*), gefolgt von einer modalisierten Einführung des negierten Konnekts (Verstärkung durch die Modalpartikel *eben*), wobei die Negation durch die angeschlossene Fokuspartikel *nur* auf eine Zurückweisung der absoluten Geltung beschränkt wird. Nach dem durch die Konjunktion *sondern* markierten korrektiven Anschluss wird hier noch ein Einschub in Gestalt einer vergleichenden Konjunktionalphrase (*wie der diskurslinguistik*) platziert, der den angeschlossenen replaziv formulierten Inhalt (*um textübergreifende phänomene*) zusätzlich abstützt. Das replazive Konnekt wird dann durch das additive Konnektivadverb *auch* angeschlossen, welches die durch die Fokuspartikel *nur* im ersten Konnekt begonnene Graduierung weiterführt.

**Anbindung:** In GWSS findet sich häufiger die Anbindung in Form eines Ergänzungssatzes (*dass*), bei der die Grenzziehung als Subjekt- oder Objektsatz in einem Matrixsatz erscheint (etwa *zeigen dass ..., festhalten dass ..., das ist wichtig, dass ...*). Häufiger erscheint auch eine durch *also* als Diskursmarker oder

Adverb[30] markierte Anbindung des Grenzziehungsausdrucks (vgl. Beleg (10), insgesamt 10 (18 %) im Vgl. zu 2 Belegen (4 %) in FOLK).

**Nutzungspräferenzen**: Vortragenden Expert/innen betten den Ausdruck oft als Ergänzungssatz (*dass*) in eine Matrixprädikation mit Verben wie *zeigen, festhalten, wichtig sein, deutlich werden* ein (6 von 15) und erweitern ihn durch modalisierende oder graduierende Elemente (13 von 15). Bei Prüfer/innen erfolgt der Anschluss oft turninitial (7 von 15), der Ausdruck wird oft ohne (6) oder nur mit einer (7) zusätzlichen Position für Bezugsrahmen, Modalisierung oder Graduierung realisiert (vgl. Beleg (9)). Bei Prüflingen wird meist mindestens eine modalisierende Position besetzt (10 von 12), oft mehrere (8 von 12).

## 6 Fazit

Das Ziel des Beitrags war es, anhand der lexikogrammatischen Einheit *es geht nicht um X sondern/es geht um Y* exemplarisch die Gebrauchsbedingungen eines Grenzziehungsausdrucks in der mündlichen Kommunikation offenzulegen. Es handelt sich um einen Ausdruck, mit dem aufgrund seiner Semantik eine explizite Grenzziehung zwischen abgesprochener und zugesprochener situativer Relevanz versprachlicht wird. Die Ergebnisse zeigen, dass ein derart expliziter Grenzziehungsausdruck in der mündlichen Kommunikation sparsam eingesetzt und pro Sprecher/in und Sprechereignis i. d. R. nur ein- bis zweimal gebraucht wird. Die Analyse der Vorkommen im FOLK-Korpus hat deutlich gemacht, dass der Gebrauch des Ausdrucks mit Verwendungskontexten assoziiert ist, die sich zusammenfassend anhand folgender (z. T. in Zusammenhang stehender) Merkmale charakterisieren lassen. Es sind dies a) öffentliche Sprechsituationen vor einem Publikum (so etwa Plenarsitzung im Bundestag, Ausschusssitzung, Schlichtungsgespräch, Podiumsdiskussion, klassenöffentliches Sprechen der Lehrperson im Unterricht), b) Redebeiträge, die zumindest teilweise schriftkonstituiert sind, c) Rollen, die eine leitende Position im Gespräch haben, meist verbunden mit einem fachlichen Expertenstatus (Chef/in, Praxisanleiter/in, Prüfer/in, Lehrer/in, Expert/in) bzw. Rollen, die Expertentum demonstrieren müssen (Prüflinge im Prüfungsgespräch), sowie daneben (im Bereich Politik) Rollen, in denen in repräsentativer Funktion für eine Gruppe oder Position gesprochen wird, was ebenfalls mit Expertenwissen verbunden sein kann (MdB, Befürworter/in, Gegner/in) sowie d) persuasiv

---

30 Der Ausdruck *also* vereint in sich konsekutive Bedeutung und reformulierungsanzeigende Funktion und wird in der mündlichen Wissenschaftskommunikation häufig eingesetzt (vgl. Slavcheva/Meißner 2014, Slavcheva 2018).

geprägte Redekontexte (v. a. Beiträge in öffentlichen Redekontexten des politischen Bereichs).

Diese Beobachtungen zur Verwendung des Ausdrucks korrespondieren mit dessen Gebrauchsanforderungen, die voraussetzen, dass ein/e Sprecher/in einen (komplexen) Inhalt auf zwei nominal komprimierte Formulierungen bringen und diese als irrelevant und relevant gegenüberstellen kann. Es ist somit plausibel, dass dies in der mündlichen Kommunikation v. a. von situational leitend bzw. als Expert/innen agierenden Personen in (teil-)vorbereiteten Redebeiträgen geleistet wird. Die korpusbasiert ermittelte Assoziation des Gebrauchs mit bestimmten Rollen und Redekontexten erlaubt Rückschlüsse auf das Gebrauchswissen von Sprecher/innen zu diesem Ausdruck (vgl. Bubenhofer/Scharloth 2010: 85–87): Durch den im Korpus repräsentierten kann auf den erfahrenen Sprachgebrauch geschlossen werden, durch den sich im Wissen von Sprecher/innen Assoziationen sprachlicher Mittel mit den Situations- und Handlungskontexten, in denen diese typischerweise verwendet werden, verfestigen (im Sinne idiomatischer Prägungen, vgl. Feilke 2004: 52). Die derart geprägten Mittel evozieren bei ihrer Verwendung wiederum diese typischen Kontexte und stehen als Signal pars pro toto für das Wissen, das Sprecher/innen zu diesen Kontexten haben (ebd.). So können etwa Studierende im Prüfungsgespräch, wie das Eingangsbeispiel zeigt, durch die Verwendung des Grenzziehungsausdrucks fachliches Expertentum demonstrieren. Der Ausdruck ist somit durch seinen Gebrauch durch Personen mit höherem Wissensstatus (vgl. Heritage 2012: 32) bzw. in entsprechenden Gesprächsrollen geprägt und kann in dieser Prägung als Mittel der epistemischen Positionierung auch unabhängig vom Wissensstatus eingesetzt werden (vgl. Heritage 2012: 33).

Neben dem Profil der Verwendungskontexte des Grenzziehungsausdrucks konnte die Untersuchung der sprachlich-strukturellen Variation seiner Realisierung zeigen, dass die versprachlichte explizite Grenzziehung von Sprecher/innen verschieden ausgestaltet wird. Es werden zum einen personale sowie raum-zeitliche Bezugsrahmen und damit entsprechende Einschränkungen für die Geltung der Grenzziehung ausgedrückt. Daneben wird die Grenzziehung selbst moduliert, indem die zurückgewiesenen und/oder auch die replaziv gegenübergestellten Inhalte modalisierend bzw. graduierend eingeleitet werden oder der Skopus der Zurückweisung nicht auf den Gesamtinhalt, sondern auf dessen absolute Geltung gerichtet wird. Mit dem Ausdruck kann die Grenzziehung damit in verschieden abgetönter Form vollzogen werden. Die Belege reichen von einem absoluten Gebrauch ohne Besetzung weiterer Positionen etwa durch Prüfer/innen (vgl. (9)) oder in der (politischen) öffentlichen Rede (vgl. (1)) bis hin zu einem sehr umfangreichen Einsatz abschwächender Mittel, etwa durch Vortragende auf wissenschaftlichen Konferenzen (vgl. (6)) oder

Vorgesetzte im Gespräch mit Mitarbeiter/innen (vgl. (5)). Es überwiegen insgesamt jedoch Verwendungen, in denen wenigstens eine der beschriebenen Positionen genutzt wird.

Für die Verwendung des Ausdrucks im Korpus der mündlichen Wissenschaftskommunikation haben sich ein für diesen durch die Kontroverse geprägten Bereich erwarteter vermehrter Gebrauch sowie tendenzielle Unterschiede in der sprachlichen Ausgestaltung gezeigt. Der Grenzziehungsausdruck findet sich in GWSS v. a. im Expertenvortrag sowie bei Prüfer/innen und Prüflingen im Prüfungsgespräch, also ebenfalls in (fach-)öffentlichen Sprechsituationen und Rollen, die durch eine leitende Position, Expertenwissen oder die Notwendigkeit ein Expertenwissen zu demonstrieren gekennzeichnet sind. Der seltenere Gebrauch in studentischen Seminarreferaten deutet darauf hin, dass hier angesichts der Lehr-Lernsituation und des vertrauten Publikums der Seminargruppe die Kontroversenorientierung und die damit verbundene persuasive Prägung in geringem Maße gegeben ist. Insgesamt kann der Grenzziehungsausdruck für die Wissenschaftskommunikation als Teil der alltäglichen Wissenschaftssprache der Kontroverse angesehen werden, d. h. als Teil jener gemeinsprachlich verfügbaren Ausdrucksmittel, die in der Wissenschaft zur sprachlichen Realisierung der Kontroverse genutzt werden (vgl. Fritz 2020: 328).

In Bezug auf sprachliche Grenzziehungspraktiken hat die Untersuchung gezeigt, dass eine sprachlich explizite Grenzziehung, wie sie mit dem Grenzziehungsausdruck vorgenommen werden kann, Teil verschiedener sprachlicher Handlungskontexte ist (z. B. einer Argumentation in einem öffentlichen Redebeitrag wie in (1), einer Erklärung im Bildungskontext wie in (2), oder von Fragen oder Antworten in Prüfungsgesprächen wie in (8) oder (10)). Die sprachliche Grenzziehung erlaubt es hier, zu strukturieren, komplexe Inhalte auf eine Gegenüberstellung zweier nominal kompakt formulierter Einheiten zu reduzieren und diese hinsichtlich abgesprochener und zugesprochener Relevanz zu markieren. Die Reduktion und Komprimierung von Inhalten auf diese Gegenüberstellung bildet die mit dem weiten Grenzbegriff thematisierten Eigenschaften der Grenze ab: Durch die sichtbare sprachliche Markierung werden für den situativen kommunikativen Zweck Unterscheidungen geschaffen und mit einem Geltungsanspruch ausgestattet. Insofern stellt die sprachliche Formulierung von Grenzen mit Hilfe des Grenzziehungsausdrucks eine kommunikative Strategie in Handlungskontexten der Persuasion, der Inhaltsfixierung und Wissenskommunikation sowie der Bewertung und Korrektur von (Wissens-)Inhalten dar. Sie bildet damit gleichzeitig ein Mittel der epistemischen Positionierung, mit dem Sprecher/innen durch ihre Ausdruckswahl die Assoziation zu einem hohen Wissensstatus aufrufen können.

Aus Perspektive einer Grenzziehungspragmatik wäre ein Vergleich der Ergebnisse zum Gebrauch des Ausdrucks in der mündlichen Kommunikation mit anderen medialen kommunikativen Bedingungen aufschlussreich. Da eine Variation nach Kommunikationskontext und Medium zu erwarten ist (vgl. Biber 2012), wäre zu fragen, ob der Ausdruck unter anderen Bedingungen ebenfalls sparsam oder in ausgeweiteter Form eingesetzt wird, in welchem Umfang von den Möglichkeiten der Modalisierung bzw. Graduierung sowie der Setzung von personalen bzw. raumzeitlichen Geltungsrahmen Gebrauch gemacht wird und welche Assoziationen zu Kommunikationsbereichen und Sprecher- bzw. Autorenrollen bestehen.

## Literatur

Archer, Dawn/Culpeper, Jonathan/Davies, Marc (2008). Pragmatic annotation. In: Lüdeling, Anke/Kytö, Merja (Hrsg.). Corpus linguistics: An international handbook (= Handbücher zur Sprach- und Kommunikationswissenschaft 29.1). Berlin/New York: De Gruyter, 613–642.

Biber, Douglas (2012). Register as a predictor of linguistic variation. Corpus Linguistics and Linguistic Theory 8 (1), 9–37.

Breindl, Eva/Volodina, Anna/Waßner, Ulrich (2014). Handbuch der deutschen Konnektoren 2: Semantik der deutschen Satzverknüpfer. Berlin/Boston: De Gruyter.

Bubenhofer, Noah/Scharloth, Joachim (2010). Kontext korpuslinguistisch: Die induktive Berechnung von Sprachgebrauchsmustern in großen Textkorpora. In: Klotz, Peter/ Portmann-Tselikas, Paul/Weidacher, Georg (Hrsg.). Text-Zeichen und Kon-Texte. Studien zu soziokulturellen Konstellationen literalen Handelns. Tübingen: Niemeyer, 85–108.

Ehlich, Konrad (1993). Deutsch als fremde Wissenschaftssprache. Jahrbuch Deutsch als Fremdsprache 19, 13–42.

Evans, Vyvyan (2012). Cognitive linguistics. Wiley Interdisciplinary Reviews: Cognitive Science 3, 129–141.

Fandrych, Christian (2018). Wissenschaftskommunikation. In: Deppermann, Arnulf/ Reineke, Silke (Hrsg.). Sprache im kommunikativen, interaktiven und kulturellen Kontext (= Germanistische Sprachwissenschaft um 2020 3). Berlin/Boston: De Gruyter, 143–168.

Fandrych, Christian/Meißner, Cordula/Slavcheva, Adriana (Hrsg.) (2014). Gesprochene Wissenschaftssprache. Korpusmethodische Fragen und empirische Analysen (= Wissenschaftskommunikation 9). Heidelberg: Synchron.

Fandrych, Christian/Meißner, Cordula/Wallner, Franziska (Hrsg.) (2017). Gesprochene Wissenschaftssprache – digital. Verfahren zur Annotation und Analyse mündlicher Korpora. Tübingen: Stauffenburg.

Feilke, Helmuth (2004). Kontext – Zeichen – Kompetenz. Wortverbindungen unter sprachtheoretischem Aspekt. In: Steyer, Kathrin (Hrsg.). Wortverbindungen – mehr oder weniger fest. Berlin/New York: De Gruyter, 41–64.

Felder, Ekkehard/Müller, Marcus/Vogel, Friedemann (2012). Korpuspragmatik. Paradigma zwischen Handlung, Gesellschaft und Kognition. In: Felder, Ekkehard/Müller, Marcus/Vogel, Friedemann (Hrsg.). Korpuspragmatik. Thematische Korpora als Basis diskurslinguistischer Analyse. Berlin/Boston: De Gruyter, 3–32.

Fritz, Gerd (2020). Scientific controversies. In: Leßmöllmann, Annette/Dascal, Marcelo/Gloning, Thomas Gloning (Hrsg). Science Communication. Berlin/Boston: De Gruyter, 311–334.

Fritz, Thomas (2005). Der Text. In: Dudenredaktion (Hrsg.). Die Grammatik (= Der Duden in 12 Bänden 4). 7. Aufl. Mannheim: Dudenverlag, 1067–1174.

Girnth, Heiko/Hofmann, Andy Alexander (2016). Politolinguistik (= Literaturhinweise zur Linguistik 4). Heidelberg: Winter.

Gutenberg, Norbert (2000). Mündlich realisierte schriftkonstituierte Textsorten. In: Brinker, Klaus/Antos, Gerd/Heinemann, Wolfgang/Sager, Sven (Hrsg.). Text- und Gesprächslinguistik. Ein internationales Handbuch zeitgenössischer Forschung (= Handbücher zur Sprach- und Kommunikationswissenschaft 16.1). Berlin/New York: De Gruyter, 574–587.

Heintel, Martin/Musil, Robert/Weixlbaumer, Norbert (2018). Grenzen – eine Einführung. In: Heintel, Martin/Musil, Robert/Weixlbaumer, Norbert (Hrsg.). Grenzen. Theoretische, konzeptionelle und praxisbezogene Fragestellungen zu Grenzen und deren Überschreitungen. Wiesbaden: Springer VS, 1–15.

Heritage, John (2012). The epistemic engine: Sequence organization and territories of knowledge. Research on language and social interaction 45 (1), 30–52.

Heritage, John (2013). Epistemics in conversation. In: Sidnell, Jack/Stivers, Tanya (Hrsg.). The handbook of conversation analysis. Malden: Wiley-Blackwell, 370–394.

Hunston, Susan (2015). Lexical grammar. In: Biber, Douglas/Reppen, Randi (Hrsg.). The Cambridge Handbook of English Corpus Linguistics. Cambridge: Cambridge University Press, 201–215.

Jaworska, Sylvia (2020). Spoken language in science and the humanities. In: Leßmöllmann, Annette/Dascal, Marcelo/Gloning, Thomas Gloning (Hrsg). Science communication (= Handbooks of Communication Science 17). Berlin/Boston: De Gruyter, 271–287.

Jucker, Andreas (2017). Speech Acts and Speech Act Sequences: Greetings and Farewells in the History of American English. Studia Neophilologica, 89/sup1, 39–58.

Jucker, Andreas/Schneider, Gerold/Taavitsainen, Irma/Breustedt, Barb (2008). Fishing for compliments: Precision and recall in corpus-linguistic compliment research. In: Jucker, Andreas/Taavitsainen, Irma (Hrsg.). Speech Acts in the History of English. Amsterdam/Philadelphia: John Benjamins, 273–294.

Kaiser, Julia (2018). Zur Stratifikation des FOLK-Korpus: Konzeption und Strategien. Gesprächsforschung – Online-Zeitschrift zur verbalen Interaktion 19, 515–552.

Klein, Josef (2009). Rhetorisch-stilistische Eigenschaften der Sprache der Politik. In: Fix, Ulla/Gardt, Andreas/ Knape, Joachim (Hrsg.). Rhetorik und Stilistik (= Handbücher zur Sprach- und Kommunikationswissenschaft 31.2). Berlin/New York: De Gruyter, 2112–2131.

Kleinschmidt, Christoph (2014). Semantik der Grenze. Aus Politik und Zeitgeschichte 63, 3–8.

Koch, Peter/Oesterreicher, Wulf (2008). Mündlichkeit und Schriftlichkeit von Texten. In: Janich, Nina (Hrsg.). Textlinguistik. 15 Einführungen. Tübingen: Narr, 199–215.

Kretzenbacher, Heinz (1998). Fachsprache als Wissenschaftssprache. In: Hoffmann, Lothar/Kalverkämper, Hartwig/Wiegand, Herbert Ernst (Hrsg.). Fachsprachen/ Languages for Specific Purposes. Ein internationales Handbuch zur Fachsprachenforschung und Terminologiewissenschaft (= Handbücher zur Sprach- und Kommunikationswissenschaft 14.1). Berlin/New York: De Gruyter, 133–142.

Meißner, Cordula (2016). Worum es geht: Zum Funktionenspektrum eines Thematisierungsausdrucks in der allgemeinen Wissenschaftssprache. Colloquia Germanica Stetinensia 25, 245–264.

Meißner, Cordula (2019). Figurative Verben und eristische Literalität. In: Steinseifer, Martin/Feilke, Helmuth/Lehnen, Katrin (Hrsg.). Eristische Literalität. Wissenschaftlich streiten – Wissenschaftlich schreiben. Heidelberg: Synchron, 169–188.

Niehr, Thomas (2021). Politischer Sprachgebrauch. Lublin Studies in Modern Languages and Literature 45 (1), 75–85.

O'Keefe, Anne (2018). Corpus-based function-to-form approaches. In: Jucker, Andreas/ Schneider, Klaus P./Bublitz, Wolfram Bublitz (Hrsg.). Methods in Pragmatics. Berlin/ Boston: De Gruyter, 587–618.

Paul, Hermann (2002). Deutsches Wörterbuch. Bedeutungsgeschichte und Aufbau unseres Wortschatzes. 10. Aufl. herausgegeben von Helmut Henne, Heidrun Kämper und Georg Objartel. Tübingen: Niemeyer.

Rapp, Irene (2022). Funktionen von Phrasen: Einleitung. In: Dudenredaktion (Hrsg.). Die Grammatik. Struktur und Verwendung der deutschen Sprache. Satz – Wortgruppe – Wort (= Der Duden in 12 Bänden 4). 10. Aufl. Berlin: Dudenverlag, 482–486.

Redepenning, Marc (2018). Aspekte einer Sozialgeographie der Grenzziehungen. Grenzziehungen als soziale Praxis mit Raumbezug. In: Heintel, Martin/Musil, Robert/ Weixlbaumer, Norbert (Hrsg.). Grenzen. Theoretische, konzeptionelle und praxisbezogene Fragestellungen zu Grenzen und deren Überschreitungen. Wiesbaden: Springer VS, 19–42.

Rühlemann, Christoph/Aijmer, Karin (2014). Introduction – Corpus pragmatics: laying the foundations. In: Aijmer, Karin/Rühlemann, Christoph (Hrsg.). Corpus Pragmatics: A Handbook. Cambridge: Cambridge University Press, 1–26.

Sardinha, Tony Berber (2019). Lexicogrammar. In: Chapelle, Carol (Hrsg.). The Encyclopedia of Applied Linguistics. Hoboken: Wiley (1–6). https://doi.org/10.1002/ 9781405198431.wbeal0698.pub2 (Stand: 31.01.2022).

Scharloth, Joachim/Obert, Josephine/Keilholz, Franz (2018). Epistemische Positionierung in verschwörungstheoretischen Texten. Korpuspragmatische Untersuchung von epistemischer Modalität und Evidentialität am Beispiel der Holocaustleugnung. Zeitschrift für Diskursforschung 4. Beiheft, 159–198.

Schmidt, Thomas (2018). Gesprächskorpora. Aktuelle Herausforderungen für einen besonderen Korpustyp. In: Kupietz, Marx/Schmidt, Thomas (Hrsg.). Korpuslinguistik (= Germanistische Sprachwissenschaft um 2020 5). Berlin/Boston: De Gruyter, 209–230.

Schmidt, Thomas/Schütte, Wilfried/Winterscheid, Jenny (2015). cGAT. Konventionen für das computergestützte Transkribieren in Anlehnung an das Gesprächsanalytische Transkriptionssystem 2 (GAT2). https://ids-pub.bsz-bw.de/frontdoor/deliver/index/docId/4616/file/Schmidt_Schuette_Winterscheid_cGAT_2015.pdf (Stand: 31.01.2022).

Sinclair, John (2000). Lexical Grammar. Naujoji Metodologija 24, 191–203. http://donelaitis.vdu.lt/publikacijos/sinclair.pdf (Stand: 31.01.2022).

Slavcheva, Adriana (2018). Zum Konnektorengebrauch in der gesprochenen Wissenschaftssprache Deutsch durch fortgeschrittene Lerner/innen. Moderna språk 112 (1), 84–105.

Slavcheva, Adriana/Meißner, Cordula (2014). Also und so in wissenschaftlichen Vorträgen. In: Fandrych, Christian/Meißner, Cordula/Slavcheva, Adriana (Hrsg.). Gesprochene Wissenschaftssprache: Korpusmethodische Fragen und empirische Analysen (= Wissenschaftskommunikation 9). Heidelberg: Synchron, 113–132.

Sucharowski, Wolfgang (2001). Gespräche in Schule, Hochschule und Ausbildung. In: Brinker, Klaus/Antos, Gerd/Heinemann, Wolfgang/Sager, Sven (Hrsg.). Text- und Gesprächslinguistik. Ein internationales Handbuch zeitgenössischer Forschung (= Handbücher zur Sprach- und Kommunikationswissenschaft 16.2). Berlin/New York: De Gruyter, 1566–1576.

Swales, John (1990). Genre Anlysis: English in Academic and Research Settings. Cambridge: Cambridge University Press.

Taylor, John (2003). Linguistic Categorization. Oxford: University Press.

Techtmeier, Bärbel (2001). Form und Funktion von Metakommunikation im Gespräch. In: Brinker, Klaus/Antos, Gerd/Heinemann, Wolfgang/Sager, Sven (Hrsg.). Text- und Gesprächslinguistik. Ein internationales Handbuch zeitgenössischer Forschung (= Handbücher zur Sprach- und Kommunikationswissenschaft 16.2). Berlin/New York: De Gruyter, 1449–1463.

Weinrich, Harald (1995). Wissenschaftssprache, Sprachkultur und die Einheit der Wissenschaft. In: Kretzenbacher, Heinz/Weinrich, Harald (Hrsg.). Linguistik der Wissenschaftssprache. Berlin/New York: De Gruyter, 155–174.

Weinrich, Harald (2007). Textgrammatik der deutschen Sprache 4. Aufl. Hildesheim: Olms.

Weitze, Marc-Denis/Liebert, Wolf-Andreas (Hrsg) (2006). Kontroversen als Schlüssel zur Wissenschaft? Wissenskulturen in sprachlicher Interaktion. Bielefeld: Transcript.

Westpfahl, Swantje/Schmidt, Thomas/Jonietz, Jasmin/Borlinghaus, Anton (2017). STTS 2.0. Guidelines für die Annotation von POS-Tags für Transkripte gesprochener Sprache in Anlehnung an das Stuttgart Tübingen Tagset (STTS). Arbeitspapier.

Mannheim: Institut für Deutsche Sprache. urn:nbn:de:bsz:mh39-60634 (Stand: 31.01.2022).

Zifonun, Gisela/Hoffmann, Ludger/Strecker, Bruno (1997). Grammatik der deutschen Sprache Bd. 1 (= Schriften des Instituts für deutsche Sprache 7.1). Berlin/New York: De Gruyter.

# Wissenschaftlich – populärwissenschaftlich: Wo verläuft die Grenze und woran lässt sich dies sprachlich festmachen?

Sarah Brommer

**Abstract:** This article deals with the boundary between the activity resp. communication domains 'science' and 'popular science' and explores the question of what can be observed at the linguistic level when scientists communicate outside their scientific community. For this purpose, the language use of scientists within the scientific community (corpus 1: expert communication: scientific journal articles) and in communication with the public (corpus 2: expert-lay communication: blog posts on SciLogs) is compared. The corpus analysis reveals, how the language of science and the language of popular science differ on a stylistic level and how scientificity (and non-scientificity) is made linguistically explicit outside the domain 'science'. The results of the analysis of scientific and popular scientific language use with regard to linguistic practices and the linguistic constitution of the domain 'science' should contribute to clarifying where the boundary between 'scientific' and 'popular scientific' runs and what this can be linguistically determined by.

**Keywords:** scientific language, popular scientific language, language patterns, corpus linguistics

## 1 Einleitung

Der Handlungsraum ‚Wissenschaft' definiert sich nicht zuletzt über seine Sprache – und umgekehrt. Untersuchungen zum wissenschaftlichen Sprachgebrauch zeigen: Die Wissenschaftssprache ist konstitutiv für den Handlungsraum ‚Wissenschaft' (vgl. u. a. Brommer 2018, Bungarten (Hrsg.) 1981b, Ehlich 1999, Kretzenbacher/Weinrich 1994, Steinhoff 2007). Als Mitglied der Wissenschaftsgemeinde verwendet man die „einschlägigen Routineausdrücke" (Feilke

2012: 15), um den Diskurs- und Textsortenbezug herzustellen. Dieser musterhafte Sprachgebrauch ist „*sozial normativ*, d. h. verbindlich für alle, die zu einem bestimmten sozialen System [in diesem Fall der Wissenschaft] dazugehören" (Feilke 1993: 8 f., Kursiv. i. O.). Schmidt (2000: 334) spricht gar von „rigide[n] Erwartungen und Werte[n]", die für die wissenschaftliche Kommunikation gelten. Äußern sich Wissenschaftler:innen (in ihrer Rolle als Wissenschaftler:innen) außerhalb des Handlungsraums ‚Wissenschaft', wird dies in der Wissenschaftsgemeinde gleichsam einer Grenzüberschreitung wahrgenommen. Löffler (2013: 187) hält fest: „Das Verfassen populärwissenschaftlicher Darstellungen steht unter Wissenschaftlern – zumindest in Europa [...] – in ambivalentem bis zweifelhaftem Ansehen: Nicht selten sind stillschweigende Bewunderung bis zum Neid über höhere Rezipientenzahlen, Medienpräsenz und öffentliche Aufmerksamkeit gekoppelt mit dem Verdikt ‚bloß journalistischer' Verdünnung und des Betreibens von halb-ernstem Infotainment." In den letzten Jahren jedoch lässt sich ein „Kulturwandel hin zu einer kommunizierenden Wissenschaft" feststellen, wie im Grundsatzpapier des Bundesministeriums für Bildung und Forschung zur Wissenschaftskommunikation festgehalten wird (BMBF 2019: 2): Wissenschaftler:innen sind „zunehmend bereit, ihre Arbeit, ihre Erkenntnisse und ihre offenen Fragen mit der Gesellschaft zu diskutieren" (ebd.) und zu diesem Zweck den exklusiven Handlungsraum ‚Wissenschaft' zu verlassen und außerhalb dieses Raumes zu kommunizieren.

Der Beitrag geht der Frage nach, was sich auf sprachlich-stilistischer Ebene beobachten lässt, wenn Wissenschaftler:innen den Handlungsraum ‚Wissenschaft' verlassen und sich an die Öffentlichkeit bzw. ein Laienpublikum wenden. Folgende Erkenntnisinteressen stehen im Fokus:

1. Worin unterscheiden sich die Wissenschaftssprache (Expert:innen-Kommunikation) und die populärwissenschaftliche Sprache (Expert:innen-Laien-Kommunikation) auf sprachlich-stilistischer Ebene und wie lassen sich die Unterschiede interpretieren?
2. (Wie) wird Wissenschaftlichkeit (und Unwissenschaftlichkeit) außerhalb des Handlungsraums ‚Wissenschaft' sprachlich explizit gemacht (z. B. in Äußerungen wie „Solche Behauptungen sind wissenschaftlich falsch."[1])?

Unter ‚Wissenschaftlichkeit' verstehe ich in Anlehnung an Janichs Definition von ‚Fachlichkeit' (vgl. Janich 1998: 33) in einem engeren Sinn all das, was wissenschaftlich *ist*, und in einem weiteren Sinn all das, was wissenschaftlich

---

1 Die Äußerung ist einem Blogbeitrag auf Scilogs entnommen, vgl. https://scilogs.spektrum.de/klimalounge/erderwaermung-beschleunigt-sich/ (Stand: 11.09.2023).

scheint oder auf Wissenschaftliches anspielt.[2] Sowohl das enge als auch das breite Verständnis von ‚Wissenschaftlichkeit' sind für das Untersuchungsinteresse gleichermaßen bedeutsam.

Als Grundlage für die Ausführungen dient eine vergleichende Korpusanalyse von einerseits wissenschaftlichen Zeitschriftenaufsätzen und andererseits populärwissenschaftlichen Blogbeiträgen. Zunächst werden wissenschaftliche Handlungsräume und damit zusammenhängend die Rahmenbedingungen der Expert:innen-Kommunikation und der Expert:innen-Laien-Kommunikation beschrieben und es wird auf verschiedene Formate der Expert:innen-Laien-Kommunikation eingegangen (Abschn. 2). Sodann werden die Korpora und das methodische Vorgehen vorgestellt (Abschn. 3). Die beiden folgenden Kapitel gehen auf ausgewählte Ergebnisse der vergleichenden Korpusanalyse ein: Zunächst geht es um Gemeinsamkeiten und Unterschiede beim Formulieren, d. h. der ähnlichen oder auch unterschiedlichen Verwendung spezifischer morphosyntaktischer Muster (Abschn. 4); danach steht das Explizitmachen von Wissenschaftlichkeit auf lexikalischer Ebene im Fokus (Abschn. 5). Die jeweiligen Ausführungen werden mit exemplarischen Belegen aus beiden Korpora veranschaulicht. Ein Fazit (Abschn. 6) rundet den Beitrag ab.

## 2 Kommunikation innerhalb und außerhalb der Wissenschaft

### 2.1 Wissenschaftliche Handlungsräume

Wissen und Forschungsergebnisse darzustellen, mitzuteilen, zu speichern, zusammenzufassen, zu (er-)klären, zu diskutieren – all dies sind kommunikative Handlungen im wissenschaftlichen Alltag und damit kommunikative Funktionen wissenschaftlichen Sprachgebrauchs. Dieser Wissenschaftsalltag als der institutionelle Rahmen, in dem Wissenschaftssprache Verwendung findet, lässt sich als Handlungsraum (auch Domäne und Handlungsbereich) bezeichnen.[3]

---

2   ‚Wissenschaftlichkeit' i. e. S. wird entsprechend „allen Elementen der sprachlichen und der nichtsprachlichen Ausdrucksform zugewiesen [...], die [...] in der Kommunikation zweckrational verwendet werden, um auf Sachverhalte oder Gegenstände der Wissenschaft zu referieren" (Janich 1998: 32); ‚Wissenschaftlichkeit' i. w. S. wird „allem zugeschrieben, was wegen seiner äußeren Ähnlichkeit oder aufgrund des Kontextes oder Kotextes, in dem es sich befindet, beim Laien den Eindruck erweckt, es würde sich auf ein Denotat [...] [der Wissenschaft] beziehen" (ebd. 32 f.).
3   In der Wissenschaft gibt es keine konzise Abgrenzung der Begriffe ‚Domäne', ‚Handlungsbereich' und ‚Handlungsraum', die Verwendung erfolgt heterogen. Alle drei Begriffe beziehen sich auf den Umstand, dass es gesellschaftliche Bereiche oder auch Branchen und Berufsfelder gibt, in deren dazugehörigen Institutionen und Diskursgemeinschaften (verbindliche) Vereinbarungen über die Art und Weise der Interaktion und darin eingebettete Kommunikationsanlässe und -prozesse bestehen (vgl. Jakobs

Unter ‚Handlungsraum' verstehe ich gesellschaftliche Räume (im übertragenen Sinne) mit jeweils typischen Handlungs- und Bewertungsnormen wie z. B. die Verwaltung, die Presse, die Religion oder eben die Wissenschaft (vgl. hierzu die Aufsätze 54 bis 65 in Brinker et al. 2000). Die Klassifizierung als Handlungsraum geschieht in der Absicht, den Handlungsraum ‚Wissenschaft' in seiner Spezifik von anderen Handlungsräumen abzugrenzen. Von diesen unterscheidet sich die Wissenschaft signifikant darin, dass die Sprache

> [f]ür die Wissenschaften [...] in ganz anderer und ausgezeichneter Weise konstitutiv [ist] als für die fachliche Tätigkeit in Bereichen wie den Handwerken, der Landwirtschaft oder dem Sport. Von der wissenschaftlichen Hypothesenbildung über die Stadien der Forschung bis zur Kommunikation und Diskussion von Forschungsergebnissen gibt es keinen ‚sprachfreien' Raum [...]. (Kretzenbacher 1998: 134)

Ob es tatsächlich gerechtfertigt ist, von *dem* Handlungsraum ‚Wissenschaft' zu sprechen, oder ob sich in einem übergeordneten „Handlungsfeld der Wissenschaft" (Bachmann-Stein 2008: 323) verschiedene wissenschaftliche Handlungsräume unterscheiden lassen (vgl. ebd. 324, s. a. Redder 2009: 17), wird in der Forschung kontrovers diskutiert (z. B. Bungarten (Hrsg.) 1981b).[4] Bemerkenswerterweise wird eine Differenzierung oft an die Disziplinen geknüpft (so bspw. Bungarten 1981a: 31; ebenso Steinhoff 2007: 31). Auf den ersten Blick scheint dies plausibel; so wurden zwischen einzelnen Wissenschaftsdisziplinen auch sprachliche Unterschiede hinreichend nachgewiesen (z. B. Sanderson 2008: 274; Steinhoff 2007: 421). Es wäre jedoch meines Erachtens auch möglich und sinnvoll, an Brinkers Verständnis von Handlungsbereich anzuknüpfen und eine Differenzierung anhand des Rollenverhältnisses der Kommunikationspartner vorzunehmen (vgl. Brinker 2010).[5] Wissenschaftler:innen nehmen demnach verschiedene Rollen ein in Abhängigkeit davon, ob sie sich in der

---

2008: 263–265). Da der Zusammenhang von Sprache bzw. Sprachgebrauch und Raum in den letzten Jahren erheblich in das Forschungsinteresse der Linguistik gerückt ist (s. z. B. Doval/Lübke (Hrsg.) 2014, Hausendorf/Mondada/Schmitt (Hrsg.) 2012, Hausendorf/Schmitt/Kesselheim (Hrsg.) 2016), verwende ich im Folgenden den Begriff ‚Handlungsraum' – davon ausgehend, dass die Kategorie ‚Raum' auch im übertragenen, nichtphysischen Sinne Bedeutung für die Art und Weise der Kommunikation hat.

4   Daran anschließend stellt sich auch die Frage, ob es die Wissenschaftssprache oder verschiedene Wissenschaftssprachen gibt. Auch hier verläuft die Diskussion kontrovers (für einen Überblick vgl. Brommer 2018: 25–27).

5   Entgegen der inhaltlichen Differenzierung bestimmt Brinker Handlungsbereiche anhand des Rollenverhältnisses der Kommunikationspartner und unterscheidet die drei Handlungsbereiche ‚privat', ‚offiziell' und ‚öffentlich' (vgl. auch Brinker/Cölfen/Pappert 2014). Für die *Bestimmung* des Handlungsbereiches ‚Wissenschaft' selbst ist diese Einteilung zwar ungeeignet, da sie sehr grob ist, sich die einzelnen Bereiche überschneiden und sich die wissenschaftliche Kommunikation zudem nicht eindeutig einem Bereich zuordnen lässt, sondern sowohl den offiziellen wie auch den öffentlichen Handlungsbereich

Kommunikation mit Kolleginnen und Kollegen, mit Nachwuchswissenschaftler:innen oder mit Laien befinden. Hält man sich vergleichend die beiden Situationen vor Augen, wenn Wissenschaftler:innen gemeinsam an einem Projekt arbeiten oder wenn ein:e Wissenschaftler:in einen Vortrag vor der Öffentlichkeit hält, so hat erstere Situation beinahe privaten Charakter, während im zweiten Fall der Wissenschaftler/die Wissenschaftlerin eine offizielle Rolle verkörpert. Brinkers Differenzierung von ‚privatem', ‚offiziellem' und ‚öffentlichem' Handlungsbereich lässt sich zwar nicht unmittelbar auf eine Ausdifferenzierung wissenschaftlicher Handlungsräume übertragen (zumindest lassen sich die Attribute ‚privat',,offiziell' und ‚öffentlich' nicht treffend den Kommunikationskonstellationen zuordnen). Aber es scheint eine Überlegung wert, die Ausdifferenzierung zunächst daraufhin vorzunehmen, welche Kommunikationskonstellation vorliegt. Denn die verschiedenen Kommunikationskonstellationen sind in allen Disziplinen gleichermaßen anzutreffen und mit ihnen sind unterschiedliche Handlungs- und Bewertungsnormen und kommunikative Konventionen verbunden. Wichtig für die vorliegende Fragestellung ist der Fokus auf die Wissenschaftler:innen als Initiator:innen der Kommunikation. Daher ist die von Redder (2008:17) vorgenommene Einteilung in einen „Handlungsraum der Wissensbearbeitung", einen „Handlungsraum der Organisation [...] und der akademischen Selbstverwaltung" sowie einen „Handlungsraum der institutionellen Verwaltung" für diese Zwecke ungeeignet. Denn bei dieser Einteilung sind es zum einen nicht immer Wissenschaftler:innen, die in den genannten Handlungsräumen kommunizieren, sondern auch das administrative Personal (im Fokus von Redder steht die Differenzierung von Handlungsräumen innerhalb der Institution Hochschule mit den unterschiedlichen Kommunikationsbeteiligten). Zum anderen ist einzuwenden, dass Redders Unterscheidung nur eine Differenzierung *innerhalb* der Institution Hochschule vornimmt; Handlungsräume an der Schnittstelle Institution Hochschule – außeruniversitärer Kontext werden nicht in den Blick genommen. Dieses Bild – eine Vernachlässigung der außeruniversitären Wissen(schaft)skommunikation – zeigt sich auch in diversen Arbeiten, die sich mit wissenschaftlichen Textsorten auseinandersetzen (z. B. Bachmann-Stein 2018, Gläser 1990, Göpferich 1995, Heinemann 2000): Die Expert:innen-Laien-Kommunikation bleibt vielfach unberücksichtigt.

Dabei ist davon auszugehen, dass sich Handlungs- und Bewertungsnormen sowie kommunikative Konventionen in der Expert:innen-Kommunikation, in der Expert:innen-Laien-Kommunikation und in der Expert:innen-Nachwuchs-

---

tangiert. Aber für eine *Ausdifferenzierung* des Handlungsbereichs ‚Wissenschaft' kann Brinkers Ansatz dienlich sein.

Kommunikation unterscheiden und sich auch der wissenschaftliche Sprachgebrauch je nach Kommunikationskonstellation unterschiedlich gestaltet. Je nachdem, ob der Adressat die Wissenschaftsgemeinde, ein Laienpublikum oder der wissenschaftliche Nachwuchs ist, müssen bspw. die Komplexität des Inhalts sowie Aufbau und Struktur des (mündlichen oder schriftlichen) Textes angepasst werden, was sich – so die Annahme – auf der sprachlichen Oberfläche bemerkbar macht. Entsprechend unterscheide ich erstens einen Handlungsraum ‚Wissenschaft', innerhalb dessen die Expert:innen-Kommunikation (auch „interne Wissenschaftskommunikation" genannt, vgl. Janich/Kalwa 2018: 413) stattfindet, zweitens einen Handlungsraum an der Schnittstelle Wissenschaft – Öffentlichkeit, der sich sprachlich in der Expert:innen-Laien-Kommunikation manifestiert (auch „externe Wissenschaftskommunikation" genannt, vgl. ebd.), und drittens einen Handlungsraum ‚Wissenschaftsdidaktik', bezogen auf die Expert:innen-Nachwuchs-Kommunikation. Dabei ist zu beachten: Die Handlungsräume und entsprechend die Kommunikationskonstellationen lassen sich weitgehend klar voneinander abgrenzen (es liegt entweder eine Expert:innen-, eine Expert:innen-Laien- oder eine Expert:innen-Nachwuchs-Kommunikation vor).[6] Sprachlich ist hingegen von fließenden Übergängen auszugehen zwischen wissenschaftlicher Sprache im engeren Sinne (innerhalb der Expert:innen-Kommunikation), populärwissenschaftlicher Sprache sowie didaktisch aufbereiteter Wissenschaftssprache (vgl. bspw. Roncoroni 2015: 33, die verschiedene Grade der Popularisierung von Wissenschaft feststellt). Im Folgenden sollen der Handlungsraum an der Schnittstelle Wissenschaft – Öffentlichkeit und die Rahmenbedingungen und Formate der Expert:innen-Laien-Kommunikation genauer betrachtet werden.

### 2.2 Rahmenbedingungen und Formate der Expert:innen-Laien-Kommunikation

Während der Expert:innen-Laien-Kommunikation lange Zeit wenig Bedeutung und Ansehen zugesprochen wurde, hat sich die Situation in den letzten Jahren grundlegend gewandelt. Der Wissenschaftsrat betont in seinem jüngsten Positionspapier die Wichtigkeit einer starken außerwissenschaftlichen kommunikativen Aktivität der Wissenschaft:

> Aufgrund der zunehmenden Bedeutung wissenschaftlicher Erkenntnisse für die gesellschaftliche und technologische, wirtschaftliche und kulturelle Entwicklung,

---

6 Dabei kann bei der Experten-Kommunikation das Expertentum unterschiedlich ausgeprägt sein: Es ließe sich diskutieren, ob die Kommunikation „innerhalb der Wissenschaftsgemeinde" auch fachfremde Wissenschaftler einschließt oder sich auf die fachinterne Kommunikation beschränkt.

angesichts auch hoher Erwartungen von Gesellschaft und Politik an Beiträge der Wissenschaft zur Bearbeitung gesellschaftlicher Herausforderungen, wird die Kommunikation über Wissenschaft mit außerwissenschaftlichen Zielgruppen immer wichtiger. (WR 2021: 7)

Gleichzeitig verweist der Wissenschaftsrat auf das mittlerweile breite Spektrum an Kommunikationsaktivitäten von Wissenschaftler:innen und wissenschaftlichen Institutionen und hält fest, dass „die Wissenschaft mehr denn je [kommuniziert] und [...] in der Öffentlichkeit präsenter geworden" ist (WR 2021: 16).

Innerhalb der Expert:innen-Laien-Kommunikation ist zu unterscheiden, ob sich Wissenschaftler:innen persönlich an die Öffentlichkeit wenden (bspw. in Gastbeiträgen in Zeitungen oder über Social Media) oder ob wissenschaftliche Institutionen mit der Öffentlichkeit kommunizieren (bspw. in Form von Pressemeldungen). Erstere Kommunikationskonstellation fasse ich als individuelle, letztere als institutionelle Expert:innen-Laien-Kommunikation (s. a. WR 2021: 7). Eine dritte – wenn auch indirekte – Form der Expert:innen-Laien-Kommunikation liegt vor, wenn Wissenschaftler:innen für Journalist:innen Texte oder Stellungnahmen verfassen, die diese wiederum in journalistischen Texten verarbeiten (vgl. Janich 2021). In diesem Fall findet keine unmittelbare Kommunikation zwischen Wissenschaftler:innen und dem Laienpublikum statt, sondern der (Wissenschafts)Journalismus fungiert als vermittelnde Instanz.[7]

Die folgende Betrachtung nimmt ausschließlich die individuelle Expert:innen-Laien-Kommunikation in den Blick. Dabei ist darauf hinzuweisen, dass die Gegenüberstellung von ‚Laien' und ‚Expert:innen' nicht unproblematisch ist und ein vereinfachtes Bild der Konstellation widerspiegelt. Ohne ausführlicher darauf einzugehen (vgl. hierzu Spitzmüller 2021), sei an dieser Stelle nur festgehalten, dass ‚Laie' und ‚Experte' erstens *„graduelle* Konzepte sind (man ist nur *mehr oder weniger* Laie oder Experte)" (Spitzmüller 2021: 2, kursiv i. O.), dass sie zweitens Teil einer „‚dreigliedrigen' Beziehung [sind], das heißt *ergänzungsbedürftig:* Man ist (mehr oder weniger) Laie in Bezug auf etwas" (ebd., kursiv i. O.), und dass Laie und Experte drittens „*ko-konstitutiv* [sind]: Laien gibt es nur, wo es Experten gibt, und umgekehrt" (ebd., kursiv i. O.). Laien und Expert:innen verbindet das Interesse an etwas, wobei sich erstere aus einer sozialen Position heraus und letztere üblicherweise im Rahmen ihrer berufli-

---

7 Als Beispiel für diese indirekte Expert:innen-Laien-Kommunikation sind Texte für das Science Media Center (SMC) zu nennen. Hierbei handelt es sich um kurze wissenschaftliche Texte und Statements, die Wissenschaftler:innen dem SMC zur Verfügung stellen und auf die wiederum Journalisten zum Verfassen ihrer Texte zurückgreifen, bspw. für Zitate, Belegstellen oder allgemein um ihren Artikel mit wissenschaftlichen Erkenntnissen/Stellungnahmen anzureichern.

chen Tätigkeit damit befassen, was sich in der Regel in Wissensdifferenzen niederschlägt (vgl. Spitzmüller 2021: 4 f.). Die Laien selbst sind eine disparate Gruppe, es können Wissenschaftler:innen anderer Disziplinen, Fach- und Lokaljournalist:innen, politische Entscheidungsträger:innen, Kinder verschiedener Altersstufen, Eltern, Patient:innen, Mitglieder bestimmter Berufsgruppen oder Verbände, Drittmittelgeber usw. dazu zählen (s. a. Könneker 2012: 5). In Abhängigkeit von der Zielgruppe kann die Expert:innen-Laien-Kommunikation unterschiedliche Funktionen und Ziele erfüllen: Sie kann bspw. „Wissenschaft verständlich machen, die Leistungen der eigenen wissenschaftlichen Einrichtung herausheben, Akzeptanz für bestimmte Technologien schaffen, faszinieren und unterhalten, Kultur zugänglich machen, zum Erhalt des industriell-technisch basierten Wohlstands beitragen, Nachwuchs fördern, Partizipation ermöglichen" (Weitze/Heckl 2016: 1).

Je nachdem, welche Zielgruppe angesprochen und welche Funktionen und Ziele vorrangig erfüllt werden sollen, sind einzelne Formate der Wissenschaftskommunikation mehr oder weniger geeignet. Formate im Digital Life (z.B. Podcasts, *Twitter*, *WhatsApp*-Newsletter) stehen Formaten im Real Life (z.B. Ausstellung, Kinderuniversität, Science Speeddating) gegenüber. Ebenso unterscheiden sich Formate, die ein disperses Massenpublikum erreichen (z.B. Texte in Zeitungen und in Social Media), von Formaten, die an eine überschaubare Zielgruppe gerichtet sind (z.B. öffentliche Ringvorlesung).[8] Während in vielen Fällen Laien nur Rezipient:innen der Expert:innen-Laien-Kommunikation sind und die Kommunikation unidirektional verläuft, wird an Wissenschaftler:innen „zunehmend die Erwartung einer dialogorientierten Wissenschaftskommunikation gerichtet" (WR 2021: 43), vorzugsweise in digitalen Formaten, um ein breites Publikum zu erreichen. Der Wissenschaftsrat hält in seinem Positionspapier fest (WR 2021: 45): „Grundsätzlich wünschenswert ist auch die Kommunikation auf *Social Media*-Plattformen, da gesellschaftlich-wissenschaftliche Themen dort intensiv und mit breiter öffentlicher Beteiligung debattiert werden." Die verschiedenen Kommunikationsformate ermöglichen unterschiedliche Arten und Grade von Dialogizität und Interaktivität. Doch ein *interaktionsorientiertes* Schreiben, wie es bei einem dialogischen Austausch stattfindet, unterliegt grundlegend anderen Bedingungen als ein *textorientiertes* Schreiben (vgl. Storrer 2018). Daher wäre ein Vergleich zwischen dem Schreiben im Handlungsraum ‚Wissenschaft' einerseits und dem Schreiben an der Schnitt-

---

8   Auf dem Portal ‚Wissenschaftskommunikation.de' finden sich Informationen zu unterschiedlichen Kommunikationsformaten der Wissenschaftskommunikation: https://www.wissenschaftskommunikation.de/formate/.

stelle Wissenschaft – Öffentlichkeit andererseits anhand von Texten der Expert:innen-Kommunikation, die in der Regel monologisch ausgerichtet und damit textorientiert sind, und dialogischen Formaten der Expert:innen-Laien-Kommunikation und damit interaktionsorientierten Texten problematisch. Sinnvoller ist der Vergleich von textorientiertem Schreiben in der Expert:innen-Kommunikation vs. textorientiertem Schreiben in der Expert:innen-Laien-Kommunikation. Im Folgenden werden nun die Korpora und das methodische Vorgehen genauer beschrieben.

## 3 Methodisches Vorgehen

### 3.1 Datengrundlage

Wie oben bereits dargelegt, soll der Sprachgebrauch im Handlungsraum ‚Wissenschaft', d. h. in der (individuellen) Expert:innen-Kommunikation, mit dem Sprachgebrauch im Handlungsraum an der Schnittstelle Wissenschaft – Öffentlichkeit, d. h. in der (individuellen) Expert:innen-Laien-Kommunikation, verglichen werden. Das Korpus, welches die Expert:innen-Kommunikation repräsentiert (im Folgenden als Korpus ‚Wissenschaft' bezeichnet), umfasst wissenschaftliche Zeitschriftenaufsätze aus verschiedenen Disziplinen. Denn dem wissenschaftlichen Aufsatz als zentralem Ort des wissenschaftlichen fachinternen Informationsaustausches kommt innerhalb der wissenschaftlichen Textsorten ein Sonderstatus zu (vgl. ausführlich Brommer 2018: 32–35). Daher kann davon ausgegangen werden, dass sich der Sprachgebrauch in wissenschaftlichen Aufsätzen auch im Sprachgebrauch in anderen wissenschaftlichen Textsorten niederschlägt und repräsentativ für den Sprachgebrauch in der Expert:innen-Kommunikation ist. Mit der Sprachwissenschaft und der (Human-)Medizin werden im Korpus zwei Disziplinen berücksichtigt, die hinsichtlich ihres Gegenstandes und der Methodik als verschieden angesehen werden können. An Zeitschriften wurden für die Disziplin ‚Sprachwissenschaft' die *Zeitschrift für germanistische Linguistik* sowie die *Zeitschrift für Sprachwissenschaft* gewählt und für die Disziplin ‚Medizin' die Zeitschriften *Laboratoriumsmedizin* und *Biomedizinische Technik* (eine ausführliche Begründung für die Zusammenstellung des Korpus findet sich in Brommer 2018). Das Korpus ‚Wissenschaft' umfasst sämtliche innerhalb des Zeitraums von 1982 bis einschließlich 2012 in diesen Zeitschriften veröffentlichten deutschsprachigen Aufsätze (s. u., Tab. 1).

Um nun den typischen Sprachgebrauch im Korpus ‚Wissenschaft' aufzudecken, reicht nicht die Betrachtung der wissenschaftlichen Aufsätze allein. Vielmehr ist der systematische Vergleich mit einem Referenzkorpus notwendig. Hierfür dient ein Teilkorpus des vom Institut für Deutsche Sprache bereitgestellten Deutschen Referenzkorpus (DeReKo), bestehend aus journalistischen Texten der Wochenzeitung *Die Zeit* und der Zeitschrift *Der Spiegel* aus dem gleichen Zeitraum (Detailangaben zum Korpus s. u., Tab. 1). Überregionale Zeitungstexte eignen sich als Referenz, da der Sprachgebrauch der überregionalen Presse als „Leitvarietät" (Eisenberg 2007: 215) für das geschriebene Gegenwartsdeutsch angesehen werden kann. Der geschriebene Standard manifestiert sich in überregionalen Pressetexten und lässt sich statistisch durch deren korpuslinguistische Auswertung ermitteln (vgl. Eisenberg 2007: 217). Damit ist ein Korpus aus Zeitungstexten grundsätzlich ein geeignetes Vergleichskorpus, um Auffälligkeiten und Abweichungen vom typischen Standarddeutschen herauszuarbeiten, in diesem Fall den musterhaften Sprachgebrauch in der Expert:innen-Kommunikation.

Das dritte Korpus repräsentiert den Sprachgebrauch in der Expert:innen-Laien-Kommunikation (im Folgenden als Korpus ‚Populärwissenschaft' bezeichnet). Es umfasst Texte, die sich einer primär textorientierten Schreibhaltung zurechnen lassen (zur Unterscheidung ‚textorientiertes' vs. ‚interaktionsorientiertes Schreiben' vgl. Storrer 2018), um einen belastbaren Vergleich zwischen dem Schreiben für die Expert:innen-Community einerseits und dem Schreiben für ein Laienpublikum andererseits zu ermöglichen.[9] Diese Textorientierung liegt bei Blog-Texten vor: Zwar bieten diese über die Kommentarfunktion prinzipiell die Möglichkeit für einen dialogischen Austausch und können und sollen zum dialogischen Austausch einladen (auf *SciLogs* heißt es, die Posts seien „ernst gemeinte Einladungen zum Dialog" und „ihre Leser potenzielle Gesprächspartner – aufgerufen zu kommentieren, zu fragen, den Gedankenaustausch aktiv mitzugestalten"[10]); aber erst einmal stehen die Blog-Texte für sich als im Wesentlichen monologisch strukturierte, unidirektionale, in sich abgeschlossene Kommunikate. Die Plattform *SciLogs* eignet sich als Quelle, da sie Wissenschaftsblogs aus den unterschiedlichsten Disziplinen versammelt und eine große Menge an Texten bereithält. Um eine ausreichende Korpusgröße zu erhalten, wurden alle Disziplinen berücksichtigt und die im Vergleich zum Korpus ‚Wissenschaft' größere inhaltliche Breite in Kauf genommen. Das Korpus ‚Populärwissenschaft' beinhaltet sämtliche Blogbeiträge, die bis Ende 2020 auf *SciLogs* publiziert wurden. – Zu berücksichtigen ist, dass die Plattform *SciLogs* nicht für die breite Öffentlichkeit konzipiert ist: Die Blogs setzen mehrheitlich hohe kommunikative Kompetenzen und eine Bil-

---

9   Die individuelle Expert:innen-Laien-Kommunikation über Social Media erfüllt das Kriterium des textorientierten Schreibens weniger bis gar nicht und wird daher pauschal nicht berücksichtigt.
10  https://scilogs.spektrum.de/ueber-scilogs/.

dungsaffinität voraus, wissenschaftsferne Bevölkerungsgruppen werden mit *SciLogs* nicht erreicht. Dies schränkt die Repräsentativität des Blog-Korpus für die Expert:innen-Laien-Kommunikation ein, ermöglicht aber wiederum einen belastbaren Vergleich zwischen der Expert:innen-Kommunikation und der Expert:innen-Laien-Kommunikation.

Alle drei Korpora wurden für die Analyse dahingehend aufbereitet, dass englischsprachige Texte entfernt wurden und die Texte morphosyntaktisch annotiert wurden. Die Lemmatisierung und das Part-of-Speech-Tagging wurden mit dem *TreeTagger* (vgl. Schmid 1994) durchgeführt. – In der Übersicht (Tab. 1) ist die Zusammensetzung der drei verwendeten Korpora dargestellt.

| Korpus | Anzahl Texte | Anzahl Wörter |
|---|---|---|
| Korpus ‚Wissenschaft' | 2.189 | 13.228.265 |
| Referenzkorpus *(Zeit & Spiegel)* | 640.019 | 551.795.542 |
| Korpus ‚Populärwissenschaft' | 8.388 | 8.435.016 |

Tab. 1: Anzahl Texte und Wörter der analysierten Korpora

Da im Folgenden keine textbezogenen Analysen durchgeführt werden, ist die divergierende Anzahl von Texten in den jeweiligen Korpora irrelevant; die Lexik ist die primäre Zugangs- und Erkenntnisebene (vgl. Perkuhn/Keibel/Kupietz 2012: 26). Gleichwohl zeigt sich an der Relation Texte – Wörter bspw., dass die Blogtexte – wenig überraschend – durchschnittlich deutlich kürzer sind als die wissenschaftlichen Aufsätze. Bei der im Folgenden beschriebenen Auswertung wurden die unterschiedlichen Korpusgrößen berücksichtigt und absolute Zahlen entsprechend ins Verhältnis gesetzt.

### 3.2 Auswertungsschritte der vergleichenden Analyse

Ausgehend von der Frage, ob und wie sich der Sprachgebrauch im Handlungsraum ‚Wissenschaft', d. h. in der Expert:innen-Kommunikation, vom Sprachgebrauch im Handlungsraum an der Schnittstelle Wissenschaft – Öffentlichkeit, d. h. in der Expert:innen-Laien-Kommunikation, unterscheidet, muss in einem ersten Schritt die Musterhaftigkeit des Sprachgebrauchs in der Expert:innen-Kommunikation bestimmt werden. Hierfür wurden die sprachlichen Muster im Korpus ‚Wissenschaft' korpuslinguistischen Prämissen folgend (vgl. Bubenhofer 2009) offengelegt (vgl. hierzu ausführlich Brommer 2018). Denn musterhafter Sprachgebrauch lässt sich operationalisieren und mit korpuslinguistischen Methoden sichtbar machen, indem Musterhaftigkeit als statistische Signifikanz aufgefasst wird und musterhafte Wörter, Wortverbindungen und morphosyntaktische Strukturen auf Basis ihrer statistischen Signifikanz ermittelt werden. Signifikanz bedeutet eine überzufällige Häufigkeit und beruht immer auf einem Vergleich: Mittels einer korpusvergleichenden Analyse lässt sich der für einen ausgewählten Sprachausschnitt im Vergleich zu einem anderen Sprachausschnitt musterhafte Sprachgebrauch ermitteln (in diesem Fall der im Vergleich zum Standarddeutschen musterhafte Sprachgebrauch in der Expert:innen-Kommunikation). Wenn im Korpus ‚Wissenschaft' ein Wort, eine Wortverbindung oder eine morphosyntaktische Struktur im Vergleich zum Referenzkorpus häufiger auftritt, als es zu erwarten wäre, ist dies auffällig. Mit Hilfe statistischer Signifikanztests lässt sich berechnen, wie groß die Wahrscheinlichkeit ist, dass ein Muster nicht zufällig so häufig im Korpus ‚Wissenschaft' auftritt, sondern weil es typisch für eben dieses Korpus ist. Die Korpuslinguistik bedient sich hierfür computerlinguistischer und statistischer Methoden und Werkzeuge, um die Sprachgebrauchsmuster weitestgehend datengeleitet (= induktiv) und automatisiert zu entdecken.

Die Analysen wurden mithilfe der *Open Corpus Workbench* (*CWB*), einer Software für die Korpusverwaltung und Korpusanalyse, und der Abfragesprache *CQP* (*Corpus Query Processor*) sowie einem eigenen *Perl*-Skript durchgeführt. Als Signifikanztest wurde der *Log-Likelihood*-Test gewählt, der sich für die induktive Berechnung signifikanter n-Gramme als am geeignetsten erwiesen hat (vgl. Bubenhofer 2009: 139, 146). Der Schwellenwert für das Signifikanzniveau wurde auf $p \leq 0{,}05$ festgelegt. Es wurden also nur Muster ermittelt, deren Vorkommenshäufigkeit sich mit einer Wahrscheinlichkeit von mindestens 95 Prozent als signifikant für das Korpus und nicht als zufällig bewerten lasst.

Durch die vergleichende Analyse des Korpus ‚Wissenschaft' und des Referenzkorpus (beschrieben in Brommer 2018) wurden Muster auf Wort- und syntagmatischer Ebene offengelegt, die als musterhaft für die Textsorte ‚wissenschaftlicher Aufsatz' gelten können und die darüber hinaus – aufgrund des Status des wissenschaftlichen Aufsatzes als Prototyp eines wissenschaftlichen Textes – als musterhaft für die Expert:innen-Kommunikation allgemein anzunehmen sind. Analysiert wurden sowohl Keywords als auch n-Gramme (mehrgliedrige Muster). Des Weiteren deckte die Analyse musterhafte morphosyntaktische Strukturen auf, sog. morphosyntaktische Muster, die aus vordefinierten Leerstellen bestehen, die flexibel lexikalisch gefüllt werden können. Auf diese Weise wurde datengeleitet ermittelt, was den Sprachgebrauch in der Expert:innen-Kommunikation auf sprachlich-stilistischer Ebene auszeichnet (vgl. hierzu ausführlich Brommer 2018).

Dieser induktiven Auswertung des Korpus ‚Wissenschaft' folgte in einem zweiten Schritt die vergleichende deduktive Auswertung des Korpus ‚Populärwissenschaft'. Hierfür wurde zum einen anhand exemplarisch ausgewählter wissenschaftssprachlicher Muster überprüft, inwieweit diese auch in den Blog-

Texten auftreten, also auch populärwissenschaftliche Muster sind. Für diesen Abgleich wurden einzelne morphosyntaktische Muster ausgewählt, da morphosyntaktische Muster besonders stilprägend sind (s. Brommer 2018: 167). Die ausgewählten Muster sind zudem hochgradig signifikant (p < 0,001). Zum anderen wurde im Rahmen der vergleichenden Auswertung die lexikalische Ebene in den Blick genommen und geprüft, ob und inwieweit ‚Wissenschaftlichkeit' in den beiden Korpora sprachlich explizit gemacht wird, indem bspw. Attribute, die Wissenschaftlichkeit kennzeichnen (wie z. B. „sachlich", „objektiv"), im Sprachgebrauch Verwendung finden. Die Ergebnisse der vergleichenden Analyse werden im Folgenden vorgestellt.

## 4 Formulierungsmuster: Unterschiede und Gemeinsamkeiten

### 4.1 Vorbemerkung

Im Vergleich zum geschriebenen Standarddeutschen ist der Sprachgebrauch im Handlungsraum ‚Wissenschaft' geprägt durch diverse morphosyntaktische Muster, die kennzeichnend für den Wissenschaftsstil sind. Es handelt sich dabei um Muster auf einer (im Vergleich zu festen Wortverbindungsmustern) höheren Abstraktionsstufe, da nur die formale Struktur vorgegeben und die Füllung der Leerstellen variabel (wenn auch nicht beliebig) ist.

Einige dieser morphosyntaktischen Muster dienen der Deagentivierung. In diesem Fall ist die Musterhaftigkeit also funktional motiviert. Die in wissenschaftlichen Texten geforderte Sachlichkeit und Objektivität in der Darstellung wird in vielen Arbeiten zu wissenschaftlichen Texten und zur Wissenschaftssprache thematisiert (u. a. Kretzenbacher/Weinrich 1994, Steinhoff 2007). Daran lässt sich ablesen, dass ein Aspekt wie das agensloses Formulieren im Wesen wissenschaftlicher Texte begründet liegt. So ist es denn auch nicht verwunderlich, dass das unpersönliche, subjektlose Passiv (vgl. Duden Bd. 4 2016: 557) als musterhaft für wissenschaftliche Texte ermittelt wurde. Die Verwendung des *werden*-Passivs ohne Agensangabe dient dazu, die geäußerte Aussage als allgemein und losgelöst vom Verfasser erscheinen zu lassen (vgl. Brommer 2018: 280). Doch ungeachtet der Musterhaftigkeit des *werden*-Passivs ist ein hohes Maß an Deagentivierung nicht gleichzusetzen mit einem hohen Passivanteil. Vielmehr können verschiedene morphosyntaktische Konstruktionen den Zweck der Deagentivierung erfüllen. Grundsätzlich lässt sich sagen, dass bei Konstruktionen, die der Deagentivierung dienen, ganz allgemein der Verfasser als handelnde Person in den Hintergrund tritt (s. a. Steinhoff 2017: 240–276). Dies ist der Fall bei der Nominalisierung und Adjektivierung von Handlungsverben (z. B. *Unterscheidung, Näherung, beschreibbar, anwendbar*), aber auch bei Mustern, die Fakultatives oder Direktives ausdrücken (z. B. *lässt sich feststellen, kann gezeigt werden*; *ist zu beachten, ist es notwendig*), die noch genauer betrachtet werden (s. a. Brommer 2018: 279–289).

Neben diesen funktional erklärbaren Mustern gibt es andere morphosyntaktische Muster, die – zumindest auf den ersten Blick – keinen offensichtlichen funktionalen Zweck verfolgen und daher als allgemein musterhafte Formulierungen einzuschätzen sind. Zu diesen allgemeinen morphosyntaktischen Mustern zählen die Vorfeldbesetzung mit Konnektoren, die Verwendung von Funktionsverbgefügen, verschiedene Arten der postnominalen Attribuierung sowie das für wissenschaftliche Texte typische syntaktische Komprimieren mittels pränominaler Attribuierung.

Inwieweit morphosyntaktische Muster der Expert:innen-Kommunikation auch in der Expert:innen-Laien-Kommunikation Verwendung finden, wurde anhand der folgenden fünf Muster geprüft, die exemplarisch aus der Menge der datengeleitet ermittelten morphosyntaktischen Muster (vgl. Brommer 2018: 146 f., 279 f.) ausgewählt wurden: (1) *lässt sich + Infinitiv*, (2) *ist zu + Infinitiv*, (3) *werden-Passiv*, (4) *Pränominale Mehrfachattribuierung* sowie (5) *Vorfeldbesetzung mit Konnektoren*.[11] Vergleicht man nun das Vorkommen dieser Muster im Korpus ‚Wissenschaft' mit demjenigen im Korpus ‚Populärwissenschaft', so

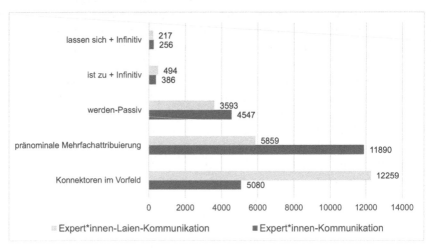

Abb. 1: Morphosyntaktische Muster in der Expert:innen-Kommunikation und der Expert:innen-Laien-Kommunikation

---

11 Geht es um *lässt sich + Infinitiv* als Muster, erfolgt die Schreibweise vollständig kursiv. In den Fällen, in denen mit dem Begriff allgemein die Struktur und nicht das Muster bezeichnet wird, ist die Schreibweise *lässt sich + Infinitiv*. Gleiches gilt für die Schreibweise der Muster *ist/sind zu + Infinitiv* sowie *werden*-Passiv.

lässt sich feststellen, dass sich der Sprachgebrauch der Expert:innen-Laien-Kommunikation (vgl. Abb. 1, hellgrau) in drei Fällen (nämlich bei den Mustern der Deagentivierung, Muster 1 bis 3) nur vergleichsweise wenig vom Sprachgebrauch der Expert:innen-Kommunikation (vgl. ebd., dunkelgrau) unterscheidet. Statistisch signifikant sind die Unterschiede jedoch bei der Verwendung der pränominalen Mehrfachattribuierung (4) sowie der Vorfeldbesetzung mit Konnektoren (5).

Im Folgenden werden die Muster kurz kommentiert und auf ihre (ähnliche oder unterschiedliche) Verwendung in der Expert:innen-Kommunikation bzw. Expert:innen-Laien-Kommunikation eingegangen.

### 4.2 Ähnlichkeiten beim Formulieren: Die Muster der Deagentivierung *lässt sich + Infinitiv, ist zu + Infinitiv* und *werden*-Passiv

Oben wurde bereits angesprochen, dass agenslose Formulierungen in der Expert:innen-Kommunikation aufgrund der Funktionalität wissenschaftlicher Texte erwartbar sind. Der Abgleich mit dem Korpus ‚Populärwissenschaft' hat offengelegt, dass die betrachteten Muster (*lässt sich + Infinitiv, ist zu + Infinitiv* und *werden*-Passiv) vergleichbar musterhaft für die Expert:innen-Laien-Kommunikation sind. Die geringfügigen Unterschiede in den Verwendungshäufigkeiten sind statistisch nicht signifikant. An dieser Stelle soll die pragmatische Wirkung, die mit der Verwendung dieser Muster einhergeht, in den Blick genommen werden.

Die Verbindung *lässt sich + Infinitiv* (ebenso: *lassen sich + Infinitiv*) wird verwendet, um eine Möglichkeit auszudrücken: Die Verwendung dieses Musters bewirkt eine Modalisierung der Aussage: Diese wird – zumindest vordergründig (s. u.) – als fakultativ dargestellt.[12] Was die pragmatische Funktion des Musters betrifft, so sind folgende zwei Beobachtungen festzuhalten. Erstens: Mit seiner Verwendung wird ausgedrückt, dass eine bestimmte Aussage, ein Vorgehen usw. nicht nur möglich, sondern auch zulässig ist. Damit dient das Muster gleichzeitig als Rechtfertigung und Erklärung für eine Aussage oder für ein Vorgehen. Dies wird auch an der typischen argumentativen Einbettung des Musters deutlich und dass es vorzugsweise in Verbindung mit Adverbien verwendet wird, wie die folgenden Korpusbelege aus den beiden Korpora veranschaulichen:[13]

---

12 Damit folge ich dem Modalitätsbegriff der linguistischen Pragmatik, wonach ‚Modalität' die Einstellung eines Sprechers zu seiner Aussage ausdrückt.
13 Bei den hier und allen folgenden Korpusbelegen wurden Fettdruck, Unterstreichungen und Kursivierungen immer von mir vorgenommen.

(1) Daraus **lässt sich folgern**, dass ... [# 1180, ZfSW]

(2) Durch Bestimmen der Absolutzahl von CD4-positiven T-Lymphozyten im peripheren Blut **lassen sich** somit **Aussagen** über den Verlauf einer HIV-lnfektion **treffen** und ... [# 1792, LabMed]

(3) Das Dilemma, vor welchem die theoretischen Physiker stehen, **lässt sich** also wie folgt **formulieren**: ... [# scilog_20201209337]

(4) Die Frage nach dem IQ-Doping **lässt sich** daher gar nicht vollständig **beantworten**, ohne eine Antwort auf die Frage zu finden, wie viel ... [# scilog_20201209206]

Zweitens: Die Verwendung des Musters *lässt sich + Infinitiv* eröffnet auf den ersten Blick nur eine Möglichkeit, dass etwas getan werden kann bzw. sich etwas tun lässt. Wie oben bereits angedeutet, ist diese Modalisierung der Aussage jedoch nur vordergründig als hypothetisch oder fakultativ zu werten; implizit bewirkt die Verwendung der Muster eine direktive Lesart: Mit dem Hinweis, dass eine Möglichkeit besteht, geht einher, dass aus dieser Möglichkeit Konsequenzen zu ziehen sind und die Möglichkeit auch umgesetzt wird. An den oben aufgeführten Belegen aus beiden Korpora wird dieser Geltungsanspruch sowohl in der Expert:innen- wie auch in der Expert:innen-Laien-Kommunikation deutlich.[14]

Auch im Muster *ist zu + Infinitiv* kommt dieser direktive Anspruch zum Ausdruck (Korpusbelege s. u.), der in der Funktion wissenschaftlicher Texte begründet ist. Diese lassen sich als informierende wie auch persuasive Texte charakterisieren (vgl. Brommer 2018: 15 f.): Sie dienen der Darstellung und Vermittlung von Wissen und werden gleichzeitig mit dem Handlungsziel verfasst, die wissenschaftliche Community zu überzeugen. Zu dieser gewünschten persuasiven Wirkung tragen auch direktive Äußerungen bei.[15] Direktiven Äußerungen ist eine Dringlichkeit oder Notwendigkeit inhärent, die in diesem Fall die Leser:innen des Textes von einer bestimmten Aussage überzeugen soll. In wissenschaftlichen Texten geschieht dies typischerweise durch das Muster *ist zu + Infinitiv*, welches in der Regel subjektlos bzw. mit Platzhalter-*es* gebildet (vgl. *Dabei ist hervorzuheben, Es ist dabei zu betonen*). Gleiches lässt sich für die populärwissenschaftlichen Blog-Texte festhalten, wie die folgenden Beispiele illustrieren.

---

14 Ergänzend ist anzumerken, dass sich das Muster *lässt sich + Infinitiv* auch als Muster des Abschwächens und als Teil einer Höflichkeitsstrategie (vgl. Steinhoff 2007: 231) verstehen lässt: Eine Notwendigkeit oder Aufforderung wird abgeschwächt durch ihre vordergründige Darstellung als Möglichkeit.

15 Ich verstehe ‚direktiv' in Anlehnung an die Sprechakttheorie als ‚eine Anweisung gebend'.

(5)   Aus all diesen Gründen **ist** a priori **zu erwarten**, daß ... [# 527, BMT]
(6)   Dabei **ist** vor allem die Komplexität der Silbenkoda **zu berücksichtigen**, da sie ... [# 1358, ZGL]
(7)   Es **ist zu erwarten**, dass ein Leben ohne Sport Mord an der Lebenserwartung ist. [scilog_20201209266]
(8)   Dabei **ist zu beachten**, dass sich zwar die Variation unterscheidet, aber beide Geschlechter im Mittel pro Kopf gleichviele Nachkommen hinterlassen. [scilog_20201209404]

Die Auswertung der Belege in beiden Korpora zeigt, dass die Leerstelle des Infinitivs bei den Mustern *ist zu + Infinitiv, lässt sich + Infinitiv* und *werden-*Passiv) einen großen Spielraum offenlässt, mit welchem Verb sie besetzt wird. Doch ist die Tendenz zu beobachten, dass vorzugsweise Verben verwendet werden, die das wissenschaftliche Vorgehen zum Ausdruck bringen (s. die obigen Beispiele: *folgern, Aussagen treffen, formulieren, beantworten*).[16] Die Verwendung dieser Verben in den genannten Mustern dient folglich dazu, dieses wissenschaftliche Vorgehen zu konstatieren (im Fall des *werden*-Passivs) oder gar als notwendig zu kennzeichnen (im Fall von *lässt sich + Infinitiv* und *ist zu + Infinitiv* aufgrund der direktiven Lesart). Durch die Verwendung der beschriebenen Muster wird der Eindruck erweckt, dass auf eben diese Weise gehandelt werden *muss* – durch Ausdrücke, die der Argumentation dienen, indem sie beispielsweise einen Gegensatz (z. B. *aber*) oder Kausalität (z. B. *aus all diesen Gründen*) ausdrücken, wird der direktive Charakter noch zusätzlich unterstrichen –, und dieses Bild wird ebenso dem Laienpublikum vermittelt.

Zusammenfassend lässt sich also festhalten, dass sich hinsichtlich des agenslosen Formulierens der Sprachgebrauch in der Expert:innen-Kommunikation und der Sprachgebrauch in der Expert:innen-Laien-Kommunikation nur geringfügig unterscheiden. Objektivität in der Darstellung und persuasive Wirkung der Texte sind sowohl im Handlungsraum ‚Wissenschaft' als auch

---

16   Für das *werden*-Passiv bspw. sind im Korpus ‚Wissenschaft' 2028 verschiedene Verben belegt, mit denen das Muster gebildet wird (von a wie „aberkannt" bis z wie „zwischengespeichert"). Andererseits zeichnen sich klare Präferenzen bei der Wahl der Verben ab: So entfallen gut 15 Prozent aller Realisierungen auf nur acht Verben, nämlich *verwenden* (1264-mal belegt; 3,0 Prozent), *durchführen* (1186-mal; 2,8 Prozent), *untersuchen* (809-mal; 1,9 Prozent), *einsetzen* (778-mal; 1,9 Prozent), *beschreiben* (637-mal; 1,5 Prozent), *bestimmen* (601-mal; 1,4 Prozent), *entwickeln* (562-mal; 1,3 Prozent), *messen* (554-mal; 1,3 Prozent). Für 1617 Verben finden sich nur zehn oder weniger Realisierungen. An den Verben, die typischerweise im *werden*-Passiv Verwendung finden, lässt sich ablesen, dass das Muster vorzugsweise gebraucht wird, wenn das methodische Vorgehen zur Sprache kommt (vgl. auch die Übersicht in Brommer 2018: 416 zu den Verben, die im Muster *lassen sich + Infinitiv* verwendet werden).

im Handlungsraum an der Schnittstelle Wissenschaft – Öffentlichkeit gleichermaßen von Bedeutung.

### 4.3 Unterschiede beim Formulieren: Die Muster *Pränominale Mehrfachattribuierung* und *Vorfeldbesetzung mit Konnektoren*

Bei den beiden folgenden näher beschriebenen Mustern zeigen sich signifikante Unterschiede in der Verwendungshäufigkeit der Muster in den beiden Korpora. Das Muster *Pränominale Mehrfachattribuierung* verwenden Wissenschaftler: innen nur halb so oft, wenn sie außerhalb des Handlungsraums ‚Wissenschaft' kommunizieren. Dabei handelt es sich um ein Mittel der syntaktischen Komprimierung, wie die folgenden Belege aus dem Korpus ‚Wissenschaft' illustrieren. Durch die Verwendung dieses Musters erhöht sich die Komplexität der Nominalphrase:[17]

(9) <u>Die in der</u> Exspirationsluft während der Beatmung vorherrschende <u>Temperatur</u> [# 726, BMT]

(10) <u>die bei der</u> Messung zementierter Pfannen zu ermittelnden <u>Meßpunkte</u> [# 926, BMT]

(11) <u>mit den in</u> unserem Text verwendeten lexikalischen <u>Mitteln</u> [# 987, ZGL]

An den Korpusbelegen und den hier exemplarisch aufgeführten Beispielen wird sichtbar, dass auch eine dreifache Attribuierung in wissenschaftlichen Texten durchaus als üblich zu bezeichnen ist. Dabei ist hervorzuheben, dass die einzelnen Attribute nicht etwa additiv gereiht sind, sich also alle gleichermaßen auf das Bezugswort beziehen. Sondern die Attribute stehen ihrerseits in einem hierarchischen Verhältnis und sind spezifizierend, wie die Korpusbelege zeigen.

Es lässt sich festhalten, dass die im Deutschen vorhandenen Ausbauoptionen im pränominalen Bereich in wissenschaftlichen Texten ausgeschöpft werden. Zwei Gründe lassen sich hierfür anführen: Erstens bietet die pränominale Attribuierung (anstatt des Attributnebensatzes) eine Integration von Inhalten in den übergeordneten Satz und damit die Möglichkeit, auf hypotaktischen Satzbau zu verzichten bzw. andere Ergänzungen und Nebensätze zu realisieren, ohne dass der Satzbau zu verschachtelt würde (s. a. Göpferich 2007: 417). Zweitens lässt sich auf diese Weise „die Möglichkeit der Informationshäufung innerhalb der Nominalphrase insgesamt kräftig erhöhen" (Fabricius-Hansen

---

17 Bei dem morphosyntaktischen Muster *Pränominale Mehrfachattribuierung* handelt es sich um eine dreigliedrige Verbindung, die nur Artikel und Präposition(en) beinhaltet und die von Wortformenmustern wie *die in der, die bei der, mit den in* abgeleitet wurde. Die Signifikanz wurde nachträglich geprüft und bestätigt.

2016: 148 f.). Die pränominale Mehrfachattribution ist also ein Mittel der Informationskomprimierung. Es ist zu vermuten, dass Wissenschaftler:innen diese syntaktische Komplexität und die damit einhergehende inhaltliche Dichte ihren Laien-Leser:innen offensichtlich nicht zumuten möchten (wenngleich das Muster in den Blogtexten der Expert:innen-Laien-Kommunikation immer noch deutlich häufiger Verwendung findet als im typischen geschriebenen Standarddeutschen).[18]

Ein anderes Muster hingegen wird in der Expert:innen-Laien-Kommunikation mehr als doppelt so häufig als in der Expert:innen-Kommunikation verwendet, nämlich die Vorfeldbesetzung mit Konnektoren: Im Vorfeld eines Satzes – verstanden als Satzabschnitt vor der linken Satzklammer – kann grundsätzlich jedes beliebige Satzglied stehen.[19] Aus pragmatischer Perspektive wird das Vorfeld normalerweise von der Thema-Konstituente besetzt: Es wird Bekanntes aufgegriffen, das den Hintergrund für die weiteren Ausführungen bildet. Das im Vorfeld stehende Element dient also dazu, den Anschluss an das Vorherige herzustellen und die Grundlage für das Darauffolgende zu bereiten.

Diese verknüpfende Funktion machen Wissenschaftler:innen beim Schreiben explizit, indem sie im Vorfeld signifikant häufig (p < 0,001) Konnektoren verwenden, und zwar sowohl in den wissenschaftlichen Texten als auch in den populärwissenschaftlichen Blog-Texten (im Vergleich zum geschriebenen Standarddeutschen). Die folgenden Beispiele aus den beiden Korpora veranschaulichen dieses Formulierungsmuster:

(12)  **Dementsprechend** werden in den zeitgenössischen Zensusdaten die Jiddischsprecher nicht von den deutschen Muttersprachlern getrennt. [# 1382, ZGL]

(13)  **Hierdurch** ist die Spezifität von AFP als Tumormarker eingeschränkt. [# 1623, LabMed]

---

18  Die im Vergleich zu wissenschaftlichen Aufsätzen reduzierte syntaktische Komplexität ist nicht mit der Textsorte ‚Blog' und dem vermeintlich stärker konzeptionell mündlichen digitalen Schreiben zu erklären. Denn das Schreiben von Blogtexten ist textorientiertes Schreiben (zur Einordnung verschiedener digitaler Kommunikationsformen vgl. Beißwenger 2015: 8). Beim textorientierten Schreiben ist das „Schreibziel eine schriftliche Äußerung, die auf die Erfordernisse solcher Kommunikationssituationen optimiert ist, in denen das Schreibprodukt unabhängig vom aktuellen situativen Kontext rezipiert und verstanden werden können soll" (Beißwenger 2015: 8). Das Ergebnis textorientierten Schreibens sind tendenziell konzeptionell schriftliche Texte, und eben diese Charakterisierung trifft auf Blogtexte allgemein und auch auf die hier betrachteten populärwissenschaftlichen Blogtexte zu.

19  Zur Vorfeldfähigkeit einzelner Konstituenten und zu Restriktionen bei der Besetzung des Vorfeldes vgl. Dürscheid (2012: 95–99).

(14) **Daher** sind beim Einbau strikte Werte einzuhalten, die so genannten medienbasierten Einbauwerte. [# scilog_20201209361]

(15) **Dadurch** war der weiche Buntsandstein vor der Abtragung hier geschützt, während er in den umliegenden Bereichen bereits abgetragen wurde. [# scilog_20201209834]

Die Verwendung von Konnektoren dient grundsätzlich dazu, semantische Relationen explizit zu machen, mögliche Relationen auf die gewünschte einzuschränken und auf diese Weise Inhalte zu präzisieren (vgl. Pasch et al. 2003). Die Topikalisierung der Konnektoren, ihr Voranstellen ins Vorfeld, bewirkt ein Hervorheben der inhaltlichen Verknüpfung und Argumentation. Offensichtlich wird dies in der Kommunikation außerhalb des Handlungsraums ‚Wissenschaft' als noch dringlicher und notwendiger erachtet: In Relation zur Korpusgröße stehen gut 5000 Konnektoren im Vorfeld in der Expert:innen-Kommunikation über 12.000 Konnektoren im Vorfeld in der Expert:innen-Laien-Kommunikation gegenüber. Hier zeigen sich also deutliche Unterschiede im Formulieren. – Im Folgenden wird nun der Blick auf die lexikalische Ebene gerichtet.

## 5 Lexik: Das Explizitmachen von Wissenschaftlichkeit

Der Sprachgebrauch in der Expert:innen-Kommunikation zeichnet sich durch Eigenschaften wie Objektivität, Sachlichkeit, Klarheit und Nachvollziehbarkeit aus (vgl. z. B. Busch-Lauer 2009: 1711, 1718, 1731; Steinhoff 2017: 10–18). Es lassen sich hier unschwer die Gütekriterien wissenschaftlichen Arbeitens und die sprachlich-stilistischen Kriterien des Wissenschaftsstils erkennen. Innerhalb des Handlungsraums ‚Wissenschaft' gelten diese Kriterien weitgehend als selbstverständlich, als gegeben und unbestreitbar. Sie werden entsprechend nur selten explizit gemacht; es ist schlicht nicht notwendig. Außerhalb des Handlungsraums ‚Wissenschaft' sieht es jedoch anders aus. Hier gibt es auch Subjektivität und Emotionalität in der Darstellung und Argumentation oder – mit den Worten des Wissenschaftsrats – eine „unkontrollierte, nicht immer sachbezogene [K]ommunikation, die auch Falschinformationen enthalten kann" (WR 2021: 45, s. a. ebd.: 22).

Die vergleichende Analyse der Korpora ‚Wissenschaft' und ‚Populärwissenschaft' zeigt, dass sich diese unterschiedlichen Rahmenbedingungen des kommunikativen Austauschs auch in der Lexik niederschlagen: Die Adjektive „wissenschaftlich", „objektiv" und „sachlich", die den Handlungsraum ‚Wissenschaft' charakterisieren, spielen im Sprachgebrauch innerhalb des Handlungsraums ‚Wissenschaft' praktisch keine Rolle. Hingegen werden sie markant häufig in der Expert:innen-Laien-Kommunikation verwendet. Setzt man die

Korpusgrößen ins Verhältnis, stehen 125 Verwendungen des Lemmas „wissenschaftlich" im Korpus ‚Wissenschaft' 1047, also 8,4-mal so viele Verwendungen in den Blog-Texten gegenüber. Nicht ganz so erheblich, aber immer noch statistisch signifikant ist der Unterschied der Verwendungshäufigkeiten der Lemmata „objektiv" sowie „sachlich", wie in der folgenden Darstellung sichtbar ist (s. Abb. 2).

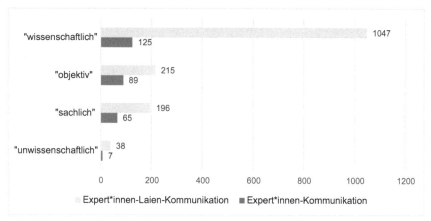

Abb. 2: Das Explizitmachen von Wissenschaftlichkeit in der Expert:innen-Kommunikation und der Expert:innen-Laien-Kommunikation

Die gleiche Beobachtung trifft auf die Verwendung des Lemmas „unwissenschaftlich" zu, welches zwar in absoluten Zahlen in beiden Korpora verhältnismäßig selten ist, aber ebenfalls in der Expert:innen-Laien-Kommunikation signifikant, nämlich 5,4-mal häufiger verwendet wird als in der Expert:innen-Kommunikation (s. Abb. 2).[20] Die folgenden Belege aus dem Korpus ‚Populärwissenschaft' vermitteln einen Eindruck davon, wie (und warum) das Adjektiv „unwissenschaftlich" verwendet wird:

(16) Diese Aussage ist natürlich aus zweierlei Gründen **unwissenschaftlich**: Erstens ... [# scilog_202012095704]

(17) Aufgrund der geringeren Evidenz für biologische Unterschiede ist es vermessen und **unwissenschaftlich**, aus ihnen Erziehungsratschläge abzuleiten oder zu behaupten, ... [# scilog_202012096572]

(18) Das ist hochgradig **unwissenschaftlich**, dient nicht der Sache und hat überhaupt nichts mit Astronomie zu tun: ... [# scilog_202012096701]

---

20 Bei weiteren entgegengesetzten Begriffen wie bspw. „unsachlich" sind die absoluten Zahlen im einstelligen Bereich, weswegen hier keine Aussagen möglich sind.

Auffällig an der in den Korpusbelegen sichtbaren Argumentation ist, dass es nicht bei der Deklassierung einer Aussage oder eines Vorgehens als „unwissenschaftlich" bleibt, sondern dass die kritische Beurteilung durch weitere Attribute („ist *natürlich* unwissenschaftlich", „ist *vermessen* und unwissenschaftlich", „ist *hochgradig* unwissenschaftlich") zusätzlich geschärft und im weiteren Satzverlauf argumentativ gestützt wird. Es erfolgt hier eine ganz deutliche Abgrenzung (und damit einhergehende Bewertung) von einerseits ‚wissenschaftlich' (= positiv) und andererseits ‚unwissenschaftlich' (= negativ).

Dies ist auch der Fall, wenn umgekehrt durch die Verwendung des Adjektivs „wissenschaftlich" die Güte von Aussagen oder Daten sprachlich explizit gemacht wird (oder im Fall einer Verneinung wie im letzten Beispiel wiederum die Unwissenschaftlichkeit festgehalten wird):

(19) Die unangenehme, **wissenschaftlich** jedoch immer besser belegte Einsicht, dass sich unser Klima verändert, ... [# scilog_20201209299]

(20) Das Thema ist sehr komplex und auch die **wissenschaftlich** verfügbaren Daten zusammengenommen ergeben ein differenziertes Bild. [# scilog_20201209407]

(21) Denn **wissenschaftlich** eindeutig ist – und das seit Jahren – : 1. Nein, ... [# scilog_202012098149]

(22) ... ist **wissenschaftlich** nicht fundiert. [# scilog_202012096658]

Um von diesen Befunden auf Grenzziehungs*praktiken* zu schließen, ist die Datengrundlage zu klein. Aber die Belege illustrieren durchaus, dass und wie hier sprachlich eine Grenze zwischen dem ‚Wissenschaftlichen' und dem ‚Unwissenschaftlichen' gezogen wird.

Dies wird auch deutlich, wenn man die Verwendung des Adjektivs „wissenschaftlich" und seine Kollokationen genauer betrachtet.[21] Hierbei zeigt sich, dass sich die häufigsten Kollokationen in folgende drei Gruppen einteilen lassen (s. Abb. 3):

---

21 Die Kollokationen wurden mittels *CWB* ermittelt. Collocation controls der Abfrage: Collocation based on: Word form; Statistic: Log-likelihood; Collocation window from: 3 to the left; Collocation window to: 3 to the Right; Freq(node, collocate) at least: 5; Freq (collocate) at least: 5.

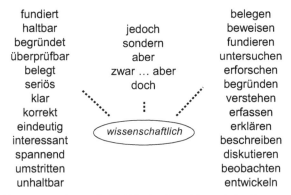

Abb. 3: Kollokationen von ‚wissenschaftlich' in der Expert:innen-Laien-Kommunikation

Erstens wird „wissenschaftlich" attributiv in Verbindung mit Adjektiven gebraucht, die sich auf die Güte einer Aussage oder die Güte von Daten beziehen (s. Abb. 3, links): Etwas ist wissenschaftlich fundiert, wissenschaftlich überprüfbar, wissenschaftlich belegt usw. Zweitens wird „wissenschaftlich" verwendet mit Handlungsverben, die typisch für die Wissenschaft sind (s. Abb. 3, rechts): Es wird wissenschaftlich belegt, bewiesen, erforscht, begründet etc. Drittens wird „wissenschaftlich" in Verbindung mit adversativen oder auch konzessiven Konnektoren gebraucht (s. Abb. 3, mittig). Die Verwendung des Worts „wissenschaftlich" dient also in der Expert:innen-Laien-Kommunikation dazu, wissenschaftliche Güte und wissenschaftliche Praktiken zu benennen und diese ggf. als gegensätzlich zu anderen Qualitätsmaßstäben und Praktiken (und im Vergleich zu diesen als höherwertig) explizit zu machen – auch dies eine klare Grenzziehung.

## 6 Fazit

Der Handlungsraum an der Schnittstelle Wissenschaft – Öffentlichkeit steht allen Wissenschaftler:innen und wissenschaftlichen Institutionen auf der einen Seite und allen interessierten Laien auf der anderen Seite offen. Erstere sind in der Regel die Initiat:innen der Kommunikation, letztere stellen primär die disparate Zielgruppe dar, wobei sich bei einem interaktiven Austausch durchaus beide Seiten als Akteur:innen in die Kommunikation einbringen können. Die Bedeutung und Akzeptanz der Expert:innen-Laien-Kommunikation als wichtig und Teil wissenschaftlicher Arbeit hat in den letzten Jahren zugenommen. Trotzdem ist einschränkend festzuhalten, dass es – nicht zuletzt aufgrund des derzeitigen Strukturwandels der öffentlichen Kommunikation (vgl. WR 2021: 23–27) – wenig Wissen über die tatsächliche Reichweite der Expert:innen-

Laien-Kommunikation gibt, aussagekräftige Studien hierüber existieren (noch) nicht (vgl. ebd. 84–86). Zwar ist die Öffentlichkeit als Ganze die potentielle Leserschaft, aber die Kommunikation findet letztlich nur mit dem Teil der Öffentlichkeit statt, der sich erstens für den kommunizierten Gegenstand interessiert und zweitens auch die entsprechenden Kommunikationsformate rezipiert.

Auch wenn die Datengrundlage zu gering ist, um allgemeine Feststellungen treffen zu können, und die vergleichende Korpusanalyse eher explorativen Charakter hat, so legen die Befunde doch nahe, dass sich die unidirektionale Kommunikation an die Wissenschaftsgemeinde und diejenige an ein Laienpublikum in einigen Punkten kaum, in anderen Punkten hingegen sehr voneinander unterscheiden: Im Fall des sprachlichen Stils, der sich ganz wesentlich in morphosyntaktischen Mustern manifestiert, zeigen sich Gemeinsamkeiten hinsichtlich des agenslosen Formulierens. Sowohl in den wissenschaftlichen Aufsätzen als auch in den populärwissenschaftlichen Blogtexten wird der Anspruch an Objektivität und Neutralität in der Darstellung bei gleichzeitigem Gültigkeitsanspruch bezogen auf Inhalt und Argumentation sprachlich sichtbar. Blogtexte unterscheiden sich jedoch von wissenschaftlichen Aufsätzen durch eine reduzierte syntaktische Komplexität bei gleichzeitig höherem Maß an Konnektivität: Die argumentative Struktur und inhaltliche Verknüpfung kommen in den Blogtexten aufgrund der signifikant häufigeren Topikalisierung von Konnektoren stärker zum Ausdruck. Die Einschätzung von Busch-Lauer (2020), dass Blog-Texte den „Übergang von der Schriftlichkeit zur Mündlichkeit" (64) veranschaulichen und im Vergleich zum genuin wissenschaftlichen Text einen „gewissen Flüchtigkeitscharakter" (69) beinhalten und man von einem „Stilwechsel in Richtung Mündlichkeit" (68) sprechen könne, konnte mit der Korpusanalyse folglich nicht bestätigt werden. Denn dies müsste sich auch auf morphosyntaktischer Ebene zeigen und in einer durchweg geringeren Verwendung der untersuchten Muster niederschlagen.[22] Die Ergebnisse der Korpusanalyse bestätigen vielmehr die Charakterisierung von Blogtexten als textorientiertem, konzeptionell schriftlichem Schreiben.

Da nur die textorientierte individuelle Kommunikation in den Blick genommen wurde, kann über den Sprachgebrauch in der interaktionsorientierten individuellen Expert:innen-Laien-Kommunikation nichts gesagt werden. Auf-

---

22 Auch Busch-Lauers Untersuchung lagen mit Texten aus Wissenschaftsmagazinen sowie Blogtexten textorientierte Kommunikate zugrunde. Zur Korpusgröße finden sich keine Angaben, nur dass das Korpus „exemplarisch" betrachtet wurde (s. Busch-Lauer 2020: 56); die weitere Darstellung erweckt den Eindruck einer qualitativen Stichprobenuntersuchung. Im Vergleich hierzu zeigt sich der Mehrwert einer breiten korpuslinguistischen Analyse.

grund von sprachlichen und kommunikativen Praktiken in der internetbasierten Kommunikation (s. Beißwenger 2016) ist davon auszugehen, dass sich der Sprachgebrauch in der Expert:innen-Laien-Kommunikation unterscheidet, je nachdem über welches Format kommuniziert wird. Wenn Wissenschaftler:innen interaktionsorientiert schreiben, wird der Stil vermutlich konzeptionell mündlicher ausfallen. Dies wäre anhand entsprechend zusammengestellter Korpora zu prüfen.

Neben den Erkenntnissen auf sprachlich-stilistischer Ebene hat die Korpusanalyse aufgezeigt, ob und wie Wissenschaftlichkeit in der schriftlichen Kommunikation sprachlich explizit gemacht wird: In der Expert:innen-Kommunikation ist dies praktisch nicht der Fall. Doch wenn sich Wissenschaftler:innen an die Öffentlichkeit richten, stehen sie gewissermaßen mit einem Bein noch immer im Handlungsraum ‚Wissenschaft', indem sie den Handlungsraum und die dort bestehenden Konventionen und auf diese Weise auch ihre eigene Zugehörigkeit benennen. Die Explizierung von Wissenschaftlichkeit in der Expert:innen-Laien-Kommunikation zeigt: Gerade hier – außerhalb des Handlungsraums ‚Wissenschaft' – kommt es Wissenschaftler:innen auf Wissenschaftlichkeit und auf die Abgrenzung zum Unwissenschaftlichen an.

## Literatur

### Quellen

Bundesministerium für Bildung und Forschung (= BMBF) (2019). Grundsatzpapier des Bundesministeriums für Bildung und Forschung zur Wissenschaftskommunikation. https://www.bmbf.de/SharedDocs/Publikationen/de/bmbf/LS/24784_Grundsatzpapier_zur_Wissenschaftskommunikation.pdf?__blob=publicationFile&v=3 (Stand: 22.02.2022).

Wissenschaftsrat (= WR) (2021). Wissenschaftskommunikation. Positionspapier. https://www.wissenschaftsrat.de/download/2021/9367-21.pdf?__blob=publicationFile&v=9 (Stand: 22.02.2022).

### Forschungsliteratur

Bachmann-Stein, Andrea (2018). Wissenskommunikation in der Hochschule. In: Birkner, Karin/Janich, Nina (Hrsg.). Handbuch Text und Gespräch (= Handbücher Sprachwissen 5). Berlin/Boston: De Gruyter, 323–343.

Beißwenger, Michael (2015). Sprache und Medien: Digitale Kommunikation. In: Studiport Sprach- und Textverständnis. E-Learning-Angebot der öffentlich-rechtlichen Universitäten und Fachhochschulen und des Ministeriums für Innovation, Wissenschaft und Forschung (MIWF) des Landes Nordrhein-Westfalen (Erweiterte Vorabversion, bereitgestellt vom Verfasser), http://www.michael-beisswenger.de/pub/beisswenger_digikomm_preview.pdf (Stand: 01.06.2022).

Beißwenger, Michael (2016). Praktiken in der internetbasierten Kommunikation. In: Deppermann, Arnulf/Feilke Helmut/ Linke, Aangelika (Hrsg.). Sprachliche und kommunikative Praktiken. Berlin/Boston: De Gruyter, 279–310.

Brinker, Klaus (2010). Linguistische Textanalyse. Eine Einführung in Grundbegriffe und Methoden (= Grundlagen der Germanistik 29). 7. Aufl. Berlin: Erich Schmidt.

Brinker, Klaus/Cölfen, Hermann/Pappert, Steffen (2014). Linguistische Textanalyse. Eine Einführung in Grundbegriffe und Methoden (= Grundlagen der Germanistik 29). 8., neu bearbeitete und erweiterte Aufl. Berlin: Erich Schmidt.

Brinker, Klaus et al. (2000). Text- und Gesprächslinguistik. Ein internationales Handbuch zeitgenössischer Forschung. Bd. 1: Textlinguistik (= Handbücher zur Sprach- und Kommunikationswissenschaft 16.1). Berlin/New York: De Gruyter.

Brommer, Sarah (2018). Sprachliche Muster. Eine induktive korpuslinguistische Analyse wissenschaftlicher Texte (= Empirische Linguistik 10). Berlin/Boston: De Gruyter.

Bubenhofer, Noah (2009). Sprachgebrauchsmuster. Korpuslinguistik als Methode der Diskurs- und Kulturanalyse (= Sprache und Wissen 4). Berlin/New York: De Gruyter.

Bungarten, Theo (1981a). Wissenschaft, Sprache und Gesellschaft. In: Bungarten, Theo (Hrsg.), 14–53.

Bungarten, Theo (Hrsg.) (1981b). Wissenschaftssprache. Beiträge zur Methodologie, theoretischen Fundierung und Deskription. München: Fink.

Busch-Lauer, Ines-Andrea (2009). Fach- und gruppensprachliche Varietäten und Stil. In: Fix, Ulla/Gardt, Andreas/Knape, Joachim (Hrsg.). Rhetorik und Stilistik. Ein internationales Handbuch zeitgenössischer Forschung. Bd. 2 (= Handbücher zur Sprach- und Kommunikationswissenschaft 13.2). Berlin/New York: De Gruyter, 1706–1721.

Doval, Irene/Lübke, Barbara (Hrsg.) (2014). Raumlinguistik und Sprachkontrast. Neue Beiträge zu spatialen Relationen im Deutschen, Englischen und Spanischen. München: Iudicium.

Duden Bd. 4 (2016) = Duden. Die Grammatik. Unentbehrlich für richtiges Deutsch (= Der Duden in zwölf Bänden 4). Herausgegeben von Angelika Wöllstein und der Dudenredaktion. 9., vollständig überarbeitete und aktualisierte Aufl. Berlin: Dudenverlag.

Dürscheid, Christa (2012). Syntax. Grundlagen und Theorien. Mit einem Beitrag von Martin Businger (= UTB 3319). 6., aktualisierte Aufl. Göttingen: Vandenhoeck & Ruprecht.

Ehlich, Konrad (1999). Alltägliche Wissenschaftssprache. In: Informationen Deutsch als Fremdsprache 26/1, 3–24.

Eisenberg, Peter (2007). Sprachliches Wissen im Wörterbuch der Zweifelsfälle. Über die Rekonstruktion einer Gebrauchsnorm. In: Aptum. Zeitschrift für Sprachkritik und Sprachkultur 3/3, 209–228.

Fabricius-Hansen, Cathrine (2016). Vorangestellte Attribute und Relativsätze im Deutschen: Wettbewerb und Zusammenspiel. In: Hennig, Mathilde (Hrsg.). Komplexe Attribution. Ein Nominalstilphänomen aus sprachhistorischer, grammatischer, typologischer und funktionalstilistischer Perspektive (= Linguistik – Impulse & Tendenzen 63). Berlin/Boston: De Gruyter, 135–168.

Feilke, Helmuth (1993). Sprachlicher Common sense und Kommunikation. Über den „gesunden Menschenverstand", die Prägung der Kompetenz und die idiomatische Ordnung des Verstehens. Der Deutschunterricht 45/6, 6–21.

Feilke, Helmuth (2012). Was sind Textroutinen? – Zur Theorie und Methodik des Forschungsfeldes. In: Feilke, Helmut/Lehnen, K (Hrsg.). Schreib- und Textroutinen. Theorie, Erwerb und didaktisch-mediale Modellierung. Frankfurt am Main et al.: Peter Lang, 1–31.

Gläser, Rosemarie (1990). Fachtextsorten im Englischen (= Forum für Fachsprachen-Forschung 13). Tübingen: Narr.

Göpferich, Susanne (1995). Textsorten in Naturwissenschaft und Technik. Pragmatische Typologie – Kontrastierung – Translation. Tübingen: Gunther Narr.

Göpferich, Susanne (2007). Kürze als Prinzip fachsprachlicher Kommunikation. In: Bär, Jochen A./Roelcke, Thorsten/Steinhauer, Anja (Hrsg.). Sprachliche Kürze. Konzeptuelle, strukturelle und pragmatische Aspekte (= Linguistik – Impulse & Tendenzen 27). Berlin/New York: De Gruyter, 412–433.

Hausendorf, Heiko/Mondada, Lorenza/Schmitt, Reinhold (Hrsg.) (2012). Raum als interaktive Ressource (= Studien zur Deutschen Sprache 62). Tübingen: Narr.

Hausendorf, Heiko/Schmitt, Reinhold/Kesselheim, Wolfgang (Hrsg.) (2016). Interaktionsarchitektur, Sozialtopographie und Interaktionsraum (= Studien zur deutschen Sprache 72). Tübingen: Narr.

Heinemann, Margot (2000). Textsorten des Bereichs Hochschule und Wissenschaft. In: Brinker, Klaus et al. (Hrsg.), 702–710.

Jakobs, Eva-Maria (2008). Textproduktion und Kontext: Domänenspezifisches Schreiben. In: Janich, Nina (Hrsg.). Textlinguistik. 15 Einführungen. Tübingen: Narr (= Narr Studienbücher), 151–166.

Janich, Nina (1998). Fachliche Information und inszenierte Wissenschaft. Fachlichkeitskonzepte in der Wirtschaftswerbung (= Forum für Fachsprachen-Forschung 48). Tübingen: Gunter Narr.

Janich, Nina (2016). Wissenschaft(ssprach)lichkeit – eine Annäherung. Zu Merkmalen und Qualitäten wissenschaftlicher Texte. In: Ballweg, Sandra (Hrsg.). Schreibberatung und Schreibtraining in Theorie, Empirie und Praxis. Frankfurt am Main u. a.: Peter Lang, 65–82.

Janich, Nina (2021). Wissenschaft in 30 Sekunden? Kurze wissenschaftliche Texte an der Schnittstelle zwischen Wissenschaft und Öffentlichkeit. In: Pappert, Steffen/Roth, Kersten Sven (Hrsg.). Kleine Texte. Frankfurt am Main: Peter Lang, 255–284.

Kesselheim, Wolfgang (2011). Sprachliche Oberflächen – Musterhinweise. In: Habscheid, Stephan (Hrsg.). Textsorten, Handlungsmuster, Oberflächen. Linguistische Typologien der Kommunikation (= De Gruyter Lexikon). Berlin/New York: De Gruyter, 337–366.

Könneker, Carsten (2012). Wissenschaft kommunizieren. Ein Handbuch mit vielen praktischen Beispielen. Weinheim: Wiley-VCH.

Kretzenbacher, Heinz L./Weinrich, Harald (Hrsg.) (1994). Linguistik der Wissenschaftssprache (= Akademie der Wissenschaften zu Berlin. Forschungsbericht 10). Berlin/New York: De Gruyter.

Löffler, Winfried (2013). Welche Funktion hat Populär-wissenschaft? Lektionen von Wittgenstein und Fleck. In: Schmidt, Thomas u. a. (Hrsg.). Herausforderungen der Modernität. Würzburg: Echter, 187–210.

Pasch, Renate et al. (2003). Handbuch der deutschen Konnektoren. Linguistische Grundlagen der Beschreibung und syntaktische Merkmale der deutschen Satzverknüpfer (Konjunktionen, Satzadverbien und Partikeln) (= Schriften des Instituts für Deutsche Sprache Bd. 9). Berlin/New York: De Gruyter.

Perkuhn, Rainer/Keibel, Holger/Kupietz, Marc (2012). Korpuslinguistik. Paderborn: Fink.

Redder, Angelika (2009). Sprachliche Wissensbearbeitung in der Hochschulkommunikation. In: Lévy-Tödter, Magdalène /Meer, Dorothee (Hrsg.). Hochschulkommunikation in der Diskussion. Frankfurt am Main: Peter Lang, 17–44.

Schmid, Helmut (1994). Probabilistic Part-of-Speech Tagging Using Decision Trees. Proceedings of International Conference on New Methods in Language Processing, Manchester, UK [Online-Version]. Unter: http://www.cis.uni-muenchen.de/~schmid/tools/TreeTagger/data/tree-tagger1.pdf (Stand: 01.06.2022).

Schmidt, Siegfried J. (2000). Kalte Faszination. Medien · Kultur · Wissenschaft in der Mediengesellschaft. Weilerswist: Verlag Velbrück Wissenschaft.

Spitzmüller, Jürgen (2021). His Master's Voice. Die soziale Konstruktion des ‚Laien' durch den ‚Experten'. In: Hoffmeister, Toke/Hundt, Markus/Naths, Saskia (Hrsg.). Laien, Wissen, Sprache. Theoretische, methodische und domänenspezifische Perspektiven (= Sprache und Wissen 50). Berlin/Boston: De Gruyter, 1–24.

Steinhoff, Torsten (2007). Wissenschaftliche Textkompetenz. Sprachgebrauch und Schreibentwicklung in wissenschaftlichen Texten von Studenten und Experten (= Reihe Germanistische Linguistik 280). Tübingen: Niemeyer.

Storrer, Angelika (2018). Interaktionsorientiertes Schreiben im Internet. In: Deppermann, Arnulf/Reineke, Silke (Hrsg). Sprache im kommunikativen, interaktiven und kulturellen Kontext (= Germanistische Sprachwissenschaft um 2020 3). Berlin/Boston: De Gruyter, 219–244.

Weitze, Marc-Denis/Heckl, Wolfgang M. (2016). Wissenschaftskommunikation – Schlüsselideen, Akteure, Fallbeispiele. Berlin/Heidelberg: Springer.

# Die Beleidigung als Grenzziehungspraktik

Annika Frank

**Abstract:** In human societies, boundaries can be drawn or dissolved through language use and communicative action. In utterances these boundaries are expressed linguistically: lexicon, grammar, and speaker-hearer-constellation play equally important roles. Such boundaries, or rather linguistic boundary-drawing practices can for example occur as rules that regulate peoples' actions (e. g. through laws/legislation), but also within the complex of verbal aggression/hate speech where in- and out-groups are classified and set apart via language use (e. g. through insults).

This article discusses these two boundary-drawing practices, using the example of insults, which are at the same time ubiquitous phenomena in everyday language as well as (in Germany) a legally regulated form of utterance (i. a. §§ 185 StGB ff.). By addressing people with insults, insulters distinguish themselves from the insulted, yet insults are also normed under criminal law to protect one's personal dignity and, to a certain extent, limit freedom of expression.

**Keywords:** insult, hate speech, linguistic boundary, in-/out-group, criminal law

## 1 Einleitung

Durch Sprachverwendung und kommunikatives Handeln in der Gesellschaft können Grenzen gezogen oder aufgelöst werden (vgl. z. B. Heintel et al. 2018; Lobenstein-Reichmann 2013). Sie können sich sprachlich in Äußerungen offenbaren, wobei Lexik, Grammatik und Handlungskonstellation gleichermaßen eine Rolle spielen: Solche Grenzen bzw. sprachlichen Grenzziehungspraktiken können zum Beispiel in Form von Regeln auftreten, die Menschen in ihrem Handeln kontrollieren, man denke hier beispielsweise an Gesetze (vgl. Hoffmann 1998: 522). Aber auch sprachliche Handlungen, die unter dem Komplex verbaler Aggression/Gewalt oder auch Hassrede anzusiedeln sind, nutzen häufig Möglichkeiten sprachlicher Grenzziehung (vgl. u. a. Frank 2023; Lobenstein-Reichmann 2013; Scharloth 2018), etwa im Sinne einer abgrenzenden Wir- und Die-Gruppenbildung: Die sprechereigene Wir-Gruppe erfährt Aufwertung, die Die-Gruppe des Hörers[1] gleichzeitig ausgrenzende Abwertung, so dass die Differenzen der Gruppen hervorgehoben sind; als eine typische Handlung kann man hier m. E. die (rassistische) Beleidigung ansiedeln (vgl. Baur 2011: 119 f.; Hoffmann/Frank 2022: 133 ff.). Es zeigt sich, dass solche sprachlichen Grenzziehungspraktiken zum einen in einer Gesellschaft notwendig bzw. hilfreich sein können, um einen Rahmen für ein friedliches Miteinander vorzugeben – auch dazu dienen in einer Demokratie u. a. Gesetze bzw. Rechtsstaatlichkeit im Allgemeinen. Zum anderen können sprachliche Grenzen aber auch negativ zu bewerten sein, wenn sie zu einer übermäßigen Aufspaltung einer Gemeinschaft führen, in der einzelne Mitglieder/Gruppen ausgegrenzt werden.

Im folgenden Beitrag möchte ich diese beiden Grenzziehungspraktiken zusammenbringen sowie diskutieren, und zwar am Beispiel der Beleidigung, die gleichzeitig ein omnipräsentes alltagssprachliches Phänomen wie auch eine gesetzlich regulierte Äußerungsform darstellt: Über die Adressierung mit Beleidigungen grenzen sich Beleidiger von Beleidigten ab, Beleidigungen sind aber auch u. a. strafrechtlich normiert zum Schutz der Personenwürde und setzen in gewissem Maße der Meinungsäußerungsfreiheit eine Grenze. Im Folgenden wird zunächst ein Einblick in linguistische Beleidigungsforschung mit spezifischem Bezug zu Grenzziehungen gegeben (2.1), daran anschließend werden juristische Perspektiven betrachtet (2.2). Beide werden sodann anhand von Beispielen für Beleidigungen im Alltag (3.1) sowie in institutioneller, d. h. juristischer Prozessierung (3.2) veranschaulicht, um so die Grenzziehungen exemplarisch darzustellen und funktional zu beschreiben.

## 2 Beleidigungen: Grenzen ziehen und Grenzen übertreten

### 2.1 Linguistische Perspektiven

Da der Fokus dieses Beitrags auf der Beleidigung liegt, wird auf eine breite Diskussion von Grenzziehungspraktiken im Kontext der Forschungen zu Sprache und Gewalt, Hate Speech, linguistischer Höflichkeitsforschung etc. verzichtet. Betrachtet man nun ausschließlich Forschungen, die mit dem Begriff

---

1 In diesem Beitrag wird auf das Gendern verzichtet, wenn abstrakte, theoretische Konzepte bzw. analytische Kategorien benannt werden; hierzu zählen u. a. Sprecher/Hörer, Beleidiger/Beleidigter etc.

,Beleidigung' umgehen, finden sich vielfach Hinweise auf Grenzen bzw. Grenzziehungen, explizit wie implizit.

Herrmann (2013) etwa unterstellt der Beleidigung das Charakteristikum der „Logik der sozialen Ortsverschiebung" (Herrmann 2013: 112), nach der der Adressat der Beleidigung eine veränderte Position im sozialen Raum einnimmt im Sinne einer Erniedrigung/Herabsetzung sowie ferner aus einer bestimmten sozialen Sphäre, zu der er zuvor zugehörig war, ausgeschlossen werden kann, womit auch eine Beschränkung der sozialen Interaktionsfähigkeit einhergeht (vgl. Herrmann/Kuch 2007: 196, 202). In diesem Sinne zieht die Beleidigung eine Grenze zwischen Beleidiger und Beleidigtem in Form einer gesellschaftlich-sozialen Ausgrenzung des Beleidigten. Lobenstein-Reichmann (2013) beschreibt einen ähnlichen Mechanismus, wenn sie den beleidigten Adressaten als

> Objekt der gesellschaftlichen Positionierung [beschreibt], d. h. einer von ihm selbst kaum beeinflussbaren Rangierung, Verschiebung innerhalb der Amplitude zwischen Mitte und Abseits, zwischen der Inklusion oder der Exklusion. (Lobenstein-Reichmann 2013: 52)

Und auch Scharloth (2018) nutzt in seiner Diskussion alltäglicher Formen sprachlicher Herabsetzung, zu denen auch die Beleidigung zählt und deren verbindendes Charakteristikum das Invektive[2] ist, die Idee sprachlicher Grenzziehung: Personen(-gruppen) werden über solche „Kommunikationsakte" (Scharloth 2018: 17) bewertet, deren Zweck darin besteht, „die soziale Position der am kommunikativen Geschehen Beteiligten zu verändern, d. h. die negativ bewerteten Personen oder Gruppen zu diskriminieren und ggf. auszuschließen" (ebd.). Folglich scheint die Grenzziehung bei der Beleidigung im alltäglichen sprachlichen Handeln vor allem auf der Möglichkeit der Gruppenbildung und bewertenden Differenzierung eben jener zu fußen (vgl. auch Baur 2011: 119 f.), wobei die Gruppen anhand verschiedener Merkmale gebildet werden können: Diese Merkmale können (vorgeblich) binär sein, so z. B. das Geschlecht oder die Hautfarbe (wenn man denn jeweils nur *männlich – weiblich* bzw. *schwarz – weiß* ansetzen möchte),[3] aber auch von größerer Varianz, wie z. B. die Herkunft oder Religionen.

Entsprechend sind auch rassistische Beleidigungen bzw. ist der Rassismus an sich eine Grenzziehungspraktik, denn

---

2   „Invektivität soll jene Aspekte von Kommunikation (verbal oder nonverbal, mündlich, schriftlich, gestisch oder bildlich) fokussieren, die dazu geeignet sind, herabzusetzen, zu verletzen oder auszugrenzen" (Ellerbrock et al. 2017: 2).
3   Insbesondere bezüglich der Binarität sei angemerkt, dass diese in sich eine Grenzziehung darstellt, sofern von zwei und nur zwei differenzierbaren Gruppen ausgegangen wird. Damit wird die Diversität individueller Identitäten nicht anerkannt.

Rassismus geht davon aus, die Menschheit sei vollständig in ‚Rassen' zu gliedern. Im Vergleich sei eine – die des Sprechers – der anderen vorzuziehen. Das geht bis hin zur Ansicht, die andere Rasse stehe auf der Grenze des Menschseins. (Hoffmann 2020: 40) Offenbart wird Rassismus insbesondere auch durch die Sprache bzw. in sprachlichen Benennungen von ‚rassischen' Gruppen, die es zwar aus biologischer Perspektive nicht gibt, wohl aber als soziale Konstrukte (vgl. Hoffmann 2020; Krause 2019).[4] Letzteres veranschaulichen Hoffmann/Frank (2022) anhand verschiedener Beispiele (u. a. medial vermittelte, aber auch aus einer Beleidigungserzählung) und skizzieren so ein Handlungsmuster rassistischer Beleidigungen (zum sprachlichen Handlungsmuster s. u.). Nicht verwunderlich ist, dass insbesondere rechtspopulistische Parteien und Politiker wiederkehrend Beispielgeber rassistischen Beleidigens sind, wie etwa Alexander Gauland (AfD), der „einen Boateng nicht als Nachbarn haben [will]" und Aydan Özoğuz (SPD) „in Anatolien entsorgen [möchte]" (Beispiele s. statt anderen Hoffmann/ Frank 2022: 143 f.; Niehrs 2019: 3 f.). Richtig und wichtig ist ferner Niehrs (2019) Anmerkung zu diesen (und anderen) Beispielen, dass ihre Urheber vielfach die Beleidigungsqualität bzw. den inhärenten sprachlichen Tabubruch leugnen und sich stattdessen als „Opfer einer gnadenlosen Political Correctness" (Niehr 2019: 2) sowie als „[Kämpfer] für die freie Meinungsäußerung, die es zu erhalten gelte" (ebd.) inszenieren. Diese manipulative Kommunikationsstrategie sorgt dafür, dass Grenzen des Sagbaren immer wieder durchbrochen und damit aufgeweicht werden: Eine Empörung der Öffentlichkeit bzw. eines Teils der Gesellschaft über den Tabubruch ist gewollt, wobei die Reaktion des Urhebers in Form einer Mischung aus ritueller Entschuldigung und legitimierender Affirmation die Grenzüberschreitung quasi normalisiert (vgl. Frank 2023: 217; Niehr 2019: 2 f.).

Frank (2023) entwickelt anhand eines Korpus von Erzählungen über erlebte bzw. getätigte Beleidigungen ein Handlungsmuster des Beleidigens: Die Sprachtheorie der Funktionalen Pragmatik geht von der Grundlage aus, dass dem sprachlichen Handeln solche zweckgerichteten Muster als Tiefenstrukturen unterliegen, die in der aktuellen Kommunikation von Sprecher (S) und Hörer (H) realisiert werden, wobei in der Beschreibung der Muster gleichermaßen Interaktion und Wissen von S und H, kurz: die Handlungskonstellation, von Bedeutung ist (vgl. Redder 2010; Ehlich/Rehbein 1977/1979). Der Zweck des Beleidigungsmusters liegt im Bruch kooperativen Handelns und der Herab-

---

4   Im Strafgesetzbuch wird in § 130 StGB – *Volksverhetzung* u. a. noch von ‚rassischen Gruppen' gesprochen, auch im Grundgesetz (Art. 3) findet sich der Begriff ‚Rasse', auf dessen Basis zwar nicht diskriminiert werden darf, der mit der Benennung aber die Existenz von Menschenrassen gewissermaßen voraussetzt. Eine Streichung der Begrifflichkeiten wird derzeit diskutiert.

setzung des Adressaten (vgl. Frank 2023: 232 ff.): Der Beleidiger, der ein negatives Fremdbild des Beleidigten hat, offenbart dieses über eine Beleidigung bzw. beleidigende Attributionen im kommunikativen Raum als negatives Image. Der beleidigte Adressat lehnt dieses negative Fremdbild/Image ab, da es ihn degradiert. Hintergrund ist, dass das Beleidigende in die Integritätszone des Beleidigten eindringt und im Widerspruch zu dessen Selbstbild steht, d.h. solchen Eigenschaften/Charakteristika, die er sich selbst zuschreibt, akzeptiert sowie kontrolliert (vgl. Frank 2023: 90; Hoffmann/Frank 2022: 120 f.). Insofern manifestiert sich im Handlungsmuster der Beleidigung die sprachliche Grenzziehung gewissermaßen zweifach: Zum einen als Grenzüberschreitung, sofern durch die beleidigende Attribution die Kontrolle des Beleidigten über sein Selbstbild aufgebrochen wird, zum anderen aber auch als Grenzsetzung in Bezug auf kooperatives Handeln, das hier abgebrochen wird.

## 2.2 Juristische Perspektiven

Das Grundgesetz der Bundesrepublik Deutschland ist Grundlage unseres Rechtsstaats und garantiert allen Bürgern Grundrechte, die vor allem auch als Abwehrrechte gegen staatliche Willkür und Wertordnung für andere Bereiche des Rechts fungieren. Als wichtige Eckpfeiler im Kontext dieses Beitrags zu nennen sind zum einen die in Artikel 1 GG garantierte Menschenwürde, die mit dem in Artikel 5 GG gesicherten Anrecht auf freie Meinungsäußerung konfligieren kann. Das Recht der freien Meinungsäußerung ist nicht uneingeschränkt, d.h. es gibt Grenzen, wobei die Beleidigung als Gegenstand des Strafrechts eine hiervon sein kann.

Beleidigungen können in Deutschland eine Straftat sein: Als Angriff auf die Ehre einer Person kann diese Sprechhandlung strafrechtlich belangt werden.[5] Der Begriff bzw. das Konzept ‚Ehre' ist mitunter schwer zu fassen und klingt fast schon „unmodern" (Lobenstein-Reichmann 2013: 4): Heute wird hiermit vor allem der Achtungsanspruch einer Person gemeint (vgl. Meier 2007: 21 ff.; Meier 2010: 112 ff.).

> *Ehre* [bedeutet] einerseits die individuelle Selbstwertschätzung, und andererseits die durch andere zum Ausdruck gebrachte Anerkennung einer Person, die als Anrecht in der universal geltenden *Menschenwürde* aufgehoben ist. (Burkhart 2006: 113; Hervorhebungen im Original)[6]

---

5   Ausführlich zu den rechtlichen Voraussetzungen s. Frank (2023: Kap. 4).
6   Ausführlich zum Begriff ‚Ehre' und Ehrverletzungen im Kontext von Beleidigungen s. Frank (2023: 78 ff.) sowie Meier (2007).

Normiert sind sogenannte Ehrdelikte im 14. Abschnitt des Strafgesetzbuches in den Paragraphen 185–187 StGB, die zudem Werturteile (Beleidigung) und Tatsachenbehauptungen (Üble Nachrede, Verleumdung) voneinander differenzieren. Der Wortlaut des § 185 StGB ist folgender:

> Die Beleidigung wird mit Freiheitsstrafe bis zu einem Jahr oder mit Geldstrafe und, wenn die Beleidigung öffentlich, in einer Versammlung, durch Verbreiten eines Inhalts (§ 11 Absatz 3) oder mittels einer Tätlichkeit begangen wird, mit Freiheitsstrafe bis zu zwei Jahren oder mit Geldstrafe bestraft.

In Bezug auf die sprachliche Struktur des Gesetzestextes handelt es sich hierbei (und auch bei den §§ 186, 187 StGB) um eine Regelformulierung – eine gesetzestypische Form, in der zuerst ein Sachverhalt konstituiert wird („Die Beleidigung...") und im Anschluss Rechtsfolgen angegeben werden („... wird mit Freiheitsstrafe [...]"), wenn in der Wirklichkeit ein Ereignis im Sinne des Sachverhalts eintritt (vgl. Hoffmann 1992: 139; Hoffmann 1998). Interessant ist an dieser Stelle, dass das Gesetz in seiner sprachlichen Form den Sachverhalt als klar erkennbar markiert durch die Verwendung des definiten Artikels „**die** Beleidigung": Der Referent der Nominalphrase ist eindeutig zugänglich, das Beleidigende erkennbar, wobei eigentlich eine notwendige Vagheit impliziert ist (vgl. Frank 2023: 92 f.). Das Gesetz kann die Beleidigung prinzipiell gar nicht präzise definieren, z. B. indem eine bestimmte sprachliche Form oder ein propositionaler Aufbau vorgegeben werden: Es muss vage formuliert sein, so dass es auf die zahlreichen wie vielfältigen Beleidigungsfälle, die in der Realität passieren, anwendbar ist (vgl. Hoffmann 1998, 525). Aus diesem Grund sind nur Strafbarkeit und Strafmaß der Ehrdelikte normiert. Ob eine Beleidigung vorliegt, ist dann immer für den individuellen Einzelfall zu entscheiden, wobei alle Begleitumstände der Beleidigungstat berücksichtigt werden müssen, d. h. die Handlungskonstellation der Interaktanten zu reflektieren ist: „Die Institution des Gerichts muss hier auf Alltagskonzeptionen [des Beleidigens] zurückgreifen und diese im Kontext der betroffenen Normen [betrachten]" (Frank 2023: 22). Bei solchen Äußerungsdelikten, zu denen Beleidigungen gehören, sind Rechtskonzept und Alltagspraxis also besonders eng verzahnt: Eine hervorgehobene Rolle spielt, was gesellschaftlich als normal bzw. nicht normal angesehen wird im alltäglichen Miteinander. Normalität und Normativität in Bezug auf sprachliche Interaktionen zwischen S und H meinen dann auch nicht dasselbe, sondern sind interagierende Grenzen, die in wechselseitiger Abwägung für jeden Einzelfall auszutarieren sind (*Ist die Äußerung X (1) normal und nicht verboten, (2) nicht normal und verboten, (3) normal und verboten, (4) nicht normal und nicht verboten?*) (vgl. Frank 2023: 71; Hoffmann 2002: 85 f.; Seibert 1992: 343 f.).

Betrachtet man noch einmal den Wortlaut des § 185 StGB, zeigen sich zudem zwei sogenannte Qualifikationstatbestände: Das öffentliche und das tätliche Beleidigen können mit bis zu zwei Jahren härter bestraft werden als ‚einfaches' Beleidigen, das zwischen zwei Personen mündlich, flüchtig und privat geschieht. Dass öffentliches Beleidigen hier genannt wird, ist eine gesetzliche Neuerung, die Anfang April 2021 in Kraft trat und Teil eines Gesetzespakets gegen Hass und Hetze im Internet ist (vgl. Bundesjustizministerium 2021). Der Gesetzgeber greift hier gesellschaftliche Veränderungen auf, da vor allem in sozialen Netzwerken, in denen sich die Nutzer durch eine gewisse Anonymität geschützt fühlen, Beleidigungen mehr oder minder sanktionslos veröffentlicht werden konnten bzw. eine Bestrafung schwierig war, sofern Urheber nicht oder nur sehr schwer zu ermitteln waren. Im Zusammenspiel mit dem Netzwerkdurchsetzungsgesetz (NetzDG), das Anbieter sozialer Netzwerke u.a. dazu verpflichtet, Nutzerdaten herauszugeben, wenn Fälle von Beleidigung (im Sinne der §§ 185–187 StGB) vorliegen, erhofft sich der Gesetzgeber eine Verringerung solcher Hassrede im Internet (bzw. in der Öffentlichkeit), mithin die Etablierung neuer Umgangsformen in einer digitalen Öffentlichkeit. Kurz: Es ist der Versuch, eine Grenze des öffentlich Sagbaren durch Novellierung der Gesetzgebung deutlicher zu ziehen. Gostomzyk (2021: 16) merkt allerdings kritisch an, dass eine bloße Verschärfung der Sanktionen durch die Gesetzgebung an dieser Stelle nicht ausreichend sein kann, sondern ein Zusammenspiel mit Medienkompetenzförderung, Beschwerdestellen und einer Selbstregulierung notwendig sein wird, um Grenzen des Sagbaren nachhaltig zu etablieren.

## 3 Beispieldiskussion: Grenzziehungen durch Beleidigungen

Anhand verschiedener Beispiele werden nun im Folgenden Grenzziehungen durch Beleidigungen illustriert, wobei zum einen Bezug genommen wird auf Beleidigungen im Alltag (3.1), zum anderen auch auf juristisch verhandelte Beispiele (3.2), um die verschiedenen Mechanismen der Grenzziehung zu veranschaulichen.

Weiter oben wurde das rassistische Beleidigen bereits beschrieben, dessen Funktionalität sich aus der Polarisierung einer Wir- und einer Die-Gruppe speist, wobei Unterschiede zwischen den Gruppen fokussiert werden und die Wir-Gruppe des Sprechers auf- und die Die-Gruppe des rassistisch beleidigten Hörers abgewertet wird (vgl. Hoffmann/Frank 2022: 133 ff.). In der Analyse beleidigenden Sprechhandelns zeigt sich, dass eine solche polarisierende Grenzziehung nun aber nicht nur funktional ist im Kontext von Rassismus bzw. rassistischen Beleidigungen, sondern ein grundlegender Mechanismus, der in Bezug auf viele verschiedene, konventionalisierte Beleidigungsressourcen genutzt werden kann.[7]

### 3.1 Alltagsbeleidigungen

Das erste Beispiel unten zeigt einen segmentierten wie bereinigten Transkriptauszug aus einer Erzählung über eine Beleidigungserfahrung einer Erzählerin in ihrem persönlichen Alltag. Es entstammt dem Korpus von Beleidigungserzählungen von Frank (2023), dessen Genese sowie analytisches Potential im Folgenden zunächst kurz beschrieben werden.

Die Erhebung der Beleidigungserzählungen erfolgte über leitfadenbasierte Tiefeninterviews, die sich aus einem freien, narrativen Teil sowie aus einer strukturierten Nachfragephase zusammensetzten (vgl. Misoch 2015: 37–71; 88–98). Die Interviews wurden als Audiodatei aufgenommen und anschließend mithilfe der Software EXMARaLDA[8] nach den Konventionen der HIAT (Halbinterpretative Arbeitstranskription) transkribiert (vgl. Ehlich/Rehbein 1976; Rehbein et al. 2004). In einem weiteren Schritt wurden die Transkripte segmentiert, um so eine schrittweise wie fokussierte Analyse beleidigenden Sprechhandelns (s. u.) zu ermöglichen. Alltagserzählungen über erfahrene bzw. getätigte Beleidigungen können als Grundlage funktional-pragmatischer Diskursanalysen zum Handlungsmuster der Beleidigung genutzt werden, weil das Erzählen eine gesellschaftlich etablierte Form des sprachlichen Transfers von Wissen ist (individuelle Erlebnisse, Erfahrungen des erzählenden Menschen) (vgl. Frank 2023: 126 ff.; Hoffmann 2018: 222). Die Erzählenden rekonstruieren Erlebtes für den Hörer, wobei Sachverhalte hin zu einem Relevanzpunkt als Erzählkern – hier: die Beleidigung – organisiert werden.

Der Relevanzpunkt mit geteilten Bewertungen und geteilten Emotionen schließt die Erzählgemeinschaft an die gemeinsame Kommunikative Welt (Normen und Norma-

---

7  Eine Übersicht zu konventionalisierten Ressourcen des Beleidigens geben Hoffmann/Frank (2022: 132 f.) mit Fokus auf rassistischen Beleidigungen. In Frank (2023: Kap. 7) sind die Ressourcen umfassender anhand von Beispielen ausgearbeitet. Grundsätzlich unterscheiden die Autoren zwischen zwei globalen Kategorien: In Kategorie 1 finden sich solche Ressourcen, die über (vorgeblich) unveränderliche Eigenschaften des Adressaten eine beleidigende Charakterisierung vornehmen (z.B. Geschlecht, Ethnie/„Rasse", Genealogie oder körperliche Dispositionen/Konstitution), in Kategorie 2 jene Ressourcen, bei denen die beleidigende Charakterisierung über kulturspezifisch transformierte Eigenschaften erfolgt (im Deutschen z.B. Skatologismen, aber auch Tierbezeichnungen, negative Bezugnahmen auf den Beruf oder auch das Beleidigen durch Distanzierung/Distanzaufhebung).

8  Die Software kann als Freeware heruntergeladen werden unter https://exmaralda.org/de/ [23.05.2022].

litäten, für wahr gehaltene Sachverhalte und Wirklichkeiten, Höflichkeitsregeln, emotionaler Haushalt, Handlungspraxen und Routinen) an. (Hoffmann 2018: 207) Sicherlich kann in Erzählungen keine 1-zu-1-Reproduktion realer Diskurse geschehen, eine gewisse Szenik und Fiktionalität müssen unterstellt werden: Gründe hierfür sind u. a. das fehleranfällige menschliche Erinnerungsvermögen, der Wunsch des Erzählers, eine unterhaltsame Geschichte darzubieten sowie auch die soziale Erwünschtheit, d. h. das Darstellen eines sozial akzeptablen Selbstbilds innerhalb der Erzählung (vgl. Düring 2013: 31; Frank 2023: 126 ff.; Rehbein 1984: 69).

Das Erzählen ist [nun aber] eine gesellschaftlich funktionale Form des Erfahrungs- und Erinnerungstransfers […], wobei dieser Transfer ein Verständigungshandeln impliziert, das auf Präsuppositionen als geteiltes Wissen einer Sprachgemeinschaft rekurriert. (Frank 2023: 127; vgl. auch Hoffmann 2018)

Damit unterscheidet sich dieses alltägliche Erzählen vom literarischen und kann insbesondere bei der Analyse mündlicher Diskurse, in denen die meisten Beleidigungen passieren und die daher flüchtig sind, genutzt werden (vgl. Frank 2023: 126 ff.; Hoffmann 2018: 204).[9] Dies wird anhand der folgenden Beispielanalyse exemplifiziert.

Die gelernte Grafikdesignerin Heidi Bauer (HB) erzählt von einem Gespräch mit ihrer Arbeitgeberin, bei der sie als Hauswirtschafterin tätig ist und in dem sie beleidigt wird.

(s1)  Ich mach Grafik immer noch nebenbei → Und ähm meine Chefin hatte gefragt… Also das sind vermögende Menschen für die ich arbeite als Hauswirtschafterin → • Und die hatte gesagt sie hat eine Freundin die wird Vermögensberaterin die macht sich selbständig die brauch • ähm • • jā ne Briefausstattung ↓ Né die brauch n Logo → • Ob ich das machen würde →

(s2)  • „Jā" sag ich und ich hatte eben • • jo Jeans T-Shirt an né → Und sie hat dann zu mir gesagt → Jà • • wenn wir den Termin da haben dann sollte ich mich aber schön und • anständig anziehen → • • Die kennt mich seit über zehn Jahren né → […] • Né • natürlich geh ich nich geschminkt zur Arbeit → • Sō • und die sagte dann eben né → • „Zieh dir was Schönes an" → • • Und ich sagte → „Hā" ↑ • Und sie so „Jā nich hier so dass dein T-Shirt Löcher hat oder was" →

---

9   Eine Analyse der Beleidigung auf Basis von Beispielen aus literarischen Quellen findet sich beispielsweise bei Meier (2007).

(s3) • • Und da hab ich gesagt „Sag mal wie <u>kommst</u> du dazu" →

(s4) • • Und da hat sie gesagt „Ich dachte ich könnte dir das sagen wir <u>ken</u>nen uns doch so gut wir sind doch be<u>freun</u>det" →

(s5) ((0.9 s)) Und da kam der verbale Rückschlag und da hab ich gesagt → • • „Von ner Freundschaft sind wir weit entfernt" ↓ ((1.3 s)) <u>Auch</u> der Situation geschuldet weil ich fühlte mich da beleidigt • • und <u>an</u>gegriffen →

HB wird darum gebeten, für eine Freundin ihrer Chefin als Grafikdesignerin tätig zu werden: Es geht um die Entwicklung eines Logo-Designs für eine Vermögensberaterin (s1). Die Bitte erreicht HB im Kontext ihrer derzeitigen Tätigkeit als Hauswirtschafterin – entsprechend findet sich hier eine besondere Handlungskonstellation: Im Sinne der Funktionalen Pragmatik handelt es sich um eine Agent-Klient-Konstellation, wobei Agenten einer Institution angehören, die von Klienten in Anspruch genommen wird. Mit beiden Rollen gehen bestimmte Dispositionen und Präsuppositionen einher: Agenten und Klienten verfügen über differentes Wissen sowie unterschiedliche Handlungsmöglichkeiten. Solche institutionalisierten Konstellationen finden sich insbesondere auch in beruflichen Settings, in denen der Agent als Amts- bzw. Funktionsträger mit seinen beruflich erworbenen Fähigkeiten dem Klienten zur Verfügung steht (vgl. Ehlich/Rehbein 1980/1994).[10] Bezogen auf die vorliegende Handlungskonstellation kann grob charakterisiert werden, dass HB zum einen Agent ist als Grafikdesignerin, zum anderen als Hauswirtschafterin – die Chefin und auch deren Freundin (zukünftige Vermögensberaterin) sind Klienten, die Wissen und Handlungskompetenzen HBs in Anspruch nehmen (möchten). Damit stehen dann auch zwei verschiedene berufliche (bzw. institutionelle) Selbstbilder von HB im Fokus: Zum einen wird ihre Expertise im Grafikdesign angesprochen, die nur im nebenberuflichen Kontext Anwendung findet. Zum anderen findet sich eine Arbeitgeber-Arbeitnehmer-Konstellation, in der HB hauptberuflich hauswirtschaftliche Tätigkeiten – von Reinigungsarbeiten bis zur Kinderbetreuung – erfüllt. Während es sich zwar bei beiden Tätigkeiten um Dienstleistungen handelt, ist das Grafikdesign eine Bürotätigkeit und die Arbeit als Hauswirtschafterin eher im Bereich einer handwerklich-körperlichen Tätigkeit anzusiedeln. Beide Berufe gehen selbstredend mit unterschiedlichen Anforderungen

---

10 Auf eine differenzierte Darstellung des Konzepts der Institution bzw. institutioneller Kommunikation im Sinne der Funktionalen Pragmatik muss hier verzichtet werden; grundlegend dazu s. Ehlich/Rehbein (1980/1994), am Beispiel schulischer Kommunikation s. Ehlich/Rehbein (1986), zur Kommunikation vor Gericht Hoffmann (1983) und im Kontext beleidigenden Sprechhandelns Frank (2023).

einher, einerseits in Bezug auf auszuführende Tätigkeiten/Handlungen und andererseits in Bezug auf die äußeren Bedingungen am Arbeitsplatz und entsprechende Arbeitskleidung.

HBs Chefin macht nun auf diese Unterschiede explizit aufmerksam, indem sie HB darum bittet, sich als Grafikdesignerin zu kleiden, wenn sie als Grafikdesignerin arbeitet: Für HB ist diese Aufforderung zunächst schwer nachzuvollziehen, insofern es für sie eine Selbstverständlichkeit ist, dass ihre beiden Berufe unterschiedliche Voraussetzungen mit sich bringen, derer sie sich bewusst ist im Sinne eines Verfügens über zwei separate, berufliche Selbstbilder, denen sie in den jeweiligen professionellen Handlungskonstellationen auch nachkommt (s2). In der Anmerkung ihrer Chefin scheint impliziert, dass HB sich dieser differenten Voraussetzungen nicht bewusst ist, worin HB nun ihrerseits eine beleidigende Grenzüberschreitung sieht: Sie empfindet es als unangemessen, dass ihre Chefin diese Selbstverständlichkeit bezüglich der Bekleidungswahl expliziert (= negatives Image von HB) – insbesondere, weil die Interaktanten sich bereits lange kennen, eine umfangreiche Interaktionsgeschichte in der Vergangenheit teilen und die Chefin basierend auf dieser weiteren Interaktionsgeschichte nach Ansicht HBs wissen sollte, dass HB sowohl als Grafikdesignerin als auch als Hauswirtschafterin den Ansprüchen der Professionen genügt (s3). Notwendige professionelle Dispositionen sieht HB als durch ihre Chefin nicht anerkannt an: Hier manifestieren sich Grenzüberschreitungen propositional, indem die Chefin durch ihre Bitte um „anständige, schöne Kleidung" ein Image im diskursiven Raum konstituiert, das dem Selbstbild HBs als Grafikdesignerin widerspricht und so in ihre Integritätszone eindringt (s2, s3). Im Sinne der Ressourcen des Beleidigens handelt es sich hierbei um eine Mischform aus einer z. T. somatischen, eher aber professionsbezogenen Beleidigung. Angesprochen wird das äußere Erscheinungsbild der Adressatin, das aber vor allem im Kontext des beruflichen Handelns bewertet wird. Unterstellt wird gewissermaßen, dass HB sich in einer Handlungskonstellation, in der sie als Grafikdesignerin auftritt, weiterhin so kleidet, wie es für hauswirtschaftliche Tätigkeiten angemessen erscheint.

Diese beleidigende Grenzüberschreitung versucht die Chefin im Folgenden auf Basis der freundschaftlichen Beziehung der Interaktanten, die für sie die Äußerung rechtfertigt, zu nivellieren (s4). Eine Rechtfertigung ist eine typische Reaktion des Beleidigers nach einer getanen Beleidigung, mit der dieser versucht, die Beleidigungskonsequenzen abzumildern, wobei er weiterhin davon überzeugt ist, dass sein Handeln richtig/gerechtfertigt war (Unrechtsausschluss) und vom Hörer entsprechend Verständnis erbittet, wobei keine Wiedergutmachung angestrebt wird (vgl. Frank 2023: 222 f.; Strübbe 2018: 180). Eine Beleidigungsintention streitet die Chefin ab, vielmehr normalisiert sie ihre

Bitte um „anständige, schöne Kleidung" damit, dass sie und HB Freundinnen seien und man sich solche Hinweise als gut gemeinte Ratschläge unter Freundinnen geben könne. Es wird entsprechend der Versuch unternommen, die Beziehung der Interaktanten, die durch institutionelle Agent-Klient-Konstellationen, also ein Arbeitnehmer-Arbeitgeber-Verhältnis geprägt ist, in einen freundschaftlich-privaten Kontext, eine homileïsche Konstellation, zu transferieren: Hier wäre ein solcher Ratschlag vielleicht diskutabel, nicht aber grenzüberschreitend beleidigend, wenn nicht sogar ein Zeichen für eine besondere Fürsorge einer Freundin für die andere.

HB jedoch akzeptiert diese Rechtfertigung nicht. Sie zeigt kein Verständnis, sondern reagiert mit einer klaren Grenzziehung, die auch als beleidigend interpretiert werden kann, vor allem aber beleidigend intendiert ist (s5, „der verbale Rückschlag"). Es zeigt sich entsprechend, dass das Beleidigen ein rekursives Muster ist – auf eine erfahrene Beleidigung reagiert der Beleidigte mit einer Gegenbeleidigung, um die Wirkung der Initialbeleidigung gewissermaßen auszugleichen bzw. den Beleidiger zu sanktionieren und dessen Selbstbild in ähnlichem Maße zu beschädigen (vgl. Frank 2023: 59).[11] Hier nun wird die von der Chefin vorausgesetzte freundschaftliche Beziehung der Interaktanten zurückgewiesen und als keinesfalls, noch nicht einmal in Ansätzen vorhanden ausgeflaggt. Damit erfolgt eine Eingrenzung von HBs privatem, sozialen Umfeld unter Ausgrenzung ihrer Chefin – im Sinne der Ressourcen des Beleidigens zeigt sich hier die der Distanzierung als Aufhebung der Näheform (vgl. ebd.: 252). Die Chefin, die sich in ihrem Selbstbild als Freundin von HB sieht, wird mit HBs Fremdbild konfrontiert, in dem sie eben keine Freundin ist – das über die Gegenbeleidigung im diskursiven Raum konstituierte Image der Chefin widerspricht ihrem Selbstbild, das die Chefin nun nicht mehr vollumfänglich kontrollieren kann. In diesem Sinne schließt HB ihre Chefin auch aus ihrer privaten Wir-Gruppe von Freundinnen aus und verweist sie zurück in die institutionelle Die-Gruppe der Arbeitgeber. Anders als im Fall rassistischer Beleidigungen geschieht hier aber keine grundsätzliche Auf- bzw. Abwertung der polarisierten Gruppen, vielmehr entwickelt sich die Beleidigungsqualität konstellationsspezifisch darüber, dass die Chefin sich zuvor zum Mitglied der von ihr präferierten Freundinnengruppe (HBs Wir-Gruppe) gemacht hatte und HB ihr diesen Status durch Ausgrenzung aberkennt und sie sozial zurückweist.

---

11   Hermann (2013: 114 f.) differenziert das Gegenbeleidigen nach drei verschiedenen Kräfteverhältnissen: Die erwiderte Beleidigung kann (1) einen neutralisierenden Ausgleich erzeugen, oder (2) die Initialbeleidigung via Resignifizierung umwandeln (vgl. dazu Butler 1997) oder (3) stärker beleidigen, so dass es ggf. zu einer Eskalation bis hin zu physischer Gewalt kommt.

Dieses erste Beispiel zeigt, wie Beleidigungen im Alltag über Grenzziehungen wirksam sein können und untermauert ferner, dass zum Beleidigen keine pejorativen sprachlichen Mittel notwendig sind. Vielmehr sind die jeweilige Handlungskonstellation zwischen S und H und das Wissen der beiden Interaktanten Basis für kreative, konstellationsgebundene Beleidigungsformen(, die sich aber nichtsdestotrotz in den konventionalisierten Ressourcen des Beleidigens widerspiegeln). Einschränkend sei angemerkt, dass es sich beim Beispiel um eine Erzählung über eine Beleidigung handelt, die nur aus Perspektive einer der Beteiligten geschildert wurde und entsprechend auch nur deren Interpretation der Beleidigungssituation zeigt. Wie aber kapiteleinleitend bereits dargestellt wurde, sind solche Alltagserzählungen über Beleidigungen nah am Untersuchungsgegenstand und eine Möglichkeit, die Flüchtigkeit der mündlichen Sprechhandlung abzufangen und Analysen zu ermöglichen.

### 3.2 Beleidigungen in juristischer Prozessierung

Eine Beleidigung kann strafrechtlich verfolgt werden, wenn der Beleidigte selbst Anzeige erstattet (,Antragsdelikt', § 194 StGB[12]) und die Staatsanwaltschaft ein öffentliches Interesse an der Strafverfolgung bejaht. Der Rechtsbegriff des ‚öffentlichen Interesses' ist nicht genau definiert, meint aber grundlegend das Interesse der Gesellschaft an einer Strafverfolgung. Bei Beleidigungen trifft dies beispielsweise häufiger zu, wenn sie sich gegen Amtsträger, z. B. Polizisten, richten, da hier dann auch der Schutz einer staatlichen Institution und ihres Personals, die Aufrechterhaltung von Funktionsfähigkeit und Autorität von öffentlichem Interesse sind. Im Volksmund wird in dem Fall häufig von ‚Beamtenbeleidigung' gesprochen, die allerdings keinen eigenen Straftatbestand markiert (vgl. dazu auch Klocke 2005). Ein Beispiel: Nachdem Ende Januar 2022 zwei Streifenpolizisten bei einer Fahrzeugkontrolle in Rheinland-Pfalz erschossen wurden, sagte ein Mann während einer ähnlichen Kontrolle in NRW: „So etwas wie heute Morgen in Rheinland-Pfalz sollte euch viel öfter passieren" (focus.de 2022) und dass sich Polizisten dann nicht mehr wie „die Könige der Welt aufführen würden" (ebd.). Es folgte eine Anzeige wegen Beleidigung und Nötigung. Wie im Beispiel der Alltagbeleidigung (Kapitel 3.1) handelt es sich hierbei auch um eine professionsbezogene Beleidigung, die das berufliche Handeln der Beleidigten negativ bewertet. Während oben allerdings das äußere Erscheinungsbild HBs als Anknüpfungspunkt gewählt wird, steht bei den Polizisten deren dienstliches Handeln im Vordergrund. Öffentliches

---

12 Gehört der Beleidigte einer staatlichen Institution an und wird im Rahmen seiner Tätigkeit für diese beleidigt, kann der Strafantrag auch durch die Institution gestellt werden. Ausführlicher dazu s. Frank (2023).

Interesse an der Strafverfolgung wird nur bei einem sehr kleinen Teil angezeigter Beleidigungen gesehen, in der Regel wird auf den Privatklageweg verwiesen (vgl. dazu ausführlich Frank 2023: 119 f.). Insofern ist davon auszugehen, dass das öffentliche Interesse an einer Strafverfolgung bei den Polizisten bejaht, bei HB eher verneint würde, so dass HB eine eventuelle Sanktionierung der Beleidigungstat selbst übernehmen muss.[13]

Ein weiteres Beispiel: Auch der Chefvirologe der Berliner Charité, Christian Drosten, der im Zuge der Corona-Pandemie deutschlandweit bekannt wurde und regelmäßig als Experte die Bundesregierung zu notwendigen Maßnahmen berät sowie u. a. in einem eigenen Podcast wissenschaftlich fundiert zum Pandemieverlauf informiert, wurde und wird regelmäßig beleidigt. Zuletzt verurteilte das Landgericht Chemnitz einen Mann aus Sachsen zu einer Geldstrafe von 1350 €, nachdem dieser den Virologen in zwei E-Mails als *Nazi-Kriegsverbrecher* bezeichnet sowie mit *Adolf Hitler* und dem KZ-Arzt *Josef Mengele* verglichen hatte (vgl. spiegel.de 2022). Bei diesen Beleidigungen handelt es sich in Bezug auf die Ressourcen um Mischformen aus politisch-professionsbezogenen Beleidigungen, die als Anknüpfungspunkt einerseits das berufliche Handeln des Virologen Drosten nutzen, das andererseits mit dem Handeln von NS-Kriegsverbrechern zur Zeit des Holocausts verglichen wird, so dass der Rekurs auf die Profession des Virologen pejorativ ist. Solche Vergleichsoperationen sind typisch für Beleidigungen: Sie können sich sowohl explizit auf syntaktischer bzw. lexikogrammatischer Ebene an der sprachlichen Oberfläche zeigen (z. B. unter Verwendung des Adjunktors *wie*, der zwei Vergleichsgrößen als identisch ausflaggt: *Drosten handelt wie Josef Mengele*) (vgl. Eggs 2006: 130; Frank 2023: 286 ff.). Vergleiche können aber auch implizit sein, wenn eine Eigenschaft (z. T. metaphorisch) beispielsweise über eine Kopula-Konstruktion fest zugeschrieben wird und der Vergleich erst in der Verarbeitung der Äußerungsproposition im Wissen offenbar wird und seine pejorative Kraft entwickelt (*Drosten ist ein Nazi-Kriegsverbrecher*) (vgl. ebd.). Mit der Verurteilung für diese Beleidigungen begrenzt das Recht nun einerseits den Beleidiger, der zwar durchaus der Meinung sein kann, dass seine Vergleiche zutreffen, dies aber dem Adressaten Drosten nicht mitzuteilen hat, sofern es gegen dessen Recht auf persönliche Ehre verstößt. Andererseits ist an dieser Stelle m. E. wichtig, dass das Gericht insbesondere solche Vergleiche mit dem Holocaust, die während der Coronapandemie vermehrt auftraten (z. B. wenn von einer *Coronadiktatur* gesprochen wird, eine junge Frau ihren Geburtstag

---

13 HB greift zur Gegenbeleidigung, die auch das Gesetz kennt: Nach § 199 StGB (*Wechselseitig begangene Beleidigungen*) kann der Richter einen/beide Beleidiger für straffrei erklären, wenn eine Beleidigung auf der Stelle erwidert wird.

nicht mit vielen Menschen feiern darf und sich im Zuge dessen bei einem Corona-Protest mit der Freiheitskämpferin Sophie Scholl vergleicht oder Protestierende gegen Coronamaßnahmen gelbe Armbinden/Judensterne mit der Aufschrift *ungeimpft* tragen), als unangemessen, völlig übertrieben und mitunter beleidigend ausgeflaggt werden. Hier muss eine klare Grenze gezogen werden zwischen einer Demokratie in Zeiten einer Pandemie, in der es um den Schutz der Bevölkerung geht, und einer Diktatur in Zeiten von Faschismus und Weltkrieg, in der eine Bevölkerungsgruppe systematisch vernichtet wird.

Ein letztes Beispiel: Auch das äußere Erscheinungsbild der transsexuellen Grünen-Politikerin Tessa Ganserer nötigte einen Mann dazu, sie auf seinem YouTube-Kanal in einem Video zu beleidigen. Eingeblendet wurde ein Bild von fünf Personen, die vor einem Plakat der Grünen stehen. Über das Bild schreibt der angeklagte YouTuber als Text:

(1)   Und ich dachte immer, die Schockbilder auf den Kippenschachteln wären schlimm (Smiley). Das sind die Grünen im Bayerischen Landtag... und nein: das ist KEIN Scherz. (Weitner 2022)

Im Video kommentiert der Angeklagte das Bild mündlich folgendermaßen:

(2)   Ja und wenn ihr euch das anschaut, das sind welche, die sind im Bayerischen Landtag. Das ist jetzt kein Witz und das ist auch kein Scherz. Also wenn ich mir die Figuren anschaue und die bestimmen über unsere Zukunft und solche Leute sind gewählt, also das sind ja Lachnummern, das sind absolute Lachnummern, diese Figuren. Das ist wirklich, das kannste [sic] normalerweise, wie heisst [sic] es, das kannste [sic] auf die Kippenschachtel tun als Warnhinweis. (Transkription s. Weitner 2022)

Ganserer (und andere Personen) erstatteten Anzeige wegen Beleidigung gegen den YouTuber, der zu einer Geldstrafe verurteilt wurde. Mehrfach wurde zwar Revision eingelegt, das Verfahren aber am 31. Januar 2022 mit dem Beschluss des Bayerischen Obersten Landesgerichts (Aktenzeichen: 204 StRR 574/21) abgeschlossen und die Verurteilung bestätigt.[14] Zur Begründung heißt es, dass es sich zwar bei den Äußerungen des Angeklagten um Meinungsäußerungen handele, die als Werturteile (ohne jeglichen Tatsachenbezug) grundsätzlich durch die Meinungsfreiheit geschützt sein könnten – hier allerdings massiv gegen das Recht der persönlichen Ehre der bezeichneten Politikerin Ganserer

---

14   Der Beschluss ist im Original einsehbar in der Fundstelle openJur 2022, 6896; online verfügbar unter https://openjur.de/u/2392604.html (Stand: 06.06.2022).

verstießen, das eine Schranke der Meinungsfreiheit ausmacht: In ihren Abwägungen sehen die Gerichte im Ergebnis

> die Grenze überschritten, bis zu der das Persönlichkeitsrecht und der Ehrschutz hinter dem Recht auf Meinungsfreiheit zurücktreten [muss]. Zwar sei die Grenze zulässiger Kritik bei Politikern, welche bewusst in die Öffentlichkeit träten, weiter zu ziehen als bei Privatpersonen. Auf der anderen Seite liege aber ein wirksamer Schutz der Persönlichkeitsrechte von Amtsträgern und Politikern ebenso im öffentlichen Interesse. Von der Meinungsfreiheit dürfe bei öffentlich zur Diskussion gestellten, gesellschaftliches Interesse erregenden Beiträgen mit scharfen Äußerungen Gebrauch gemacht werden, jedoch sei nicht jede ins Persönliche gehende Beschimpfung von Amtsträgern und Politikern erlaubt. (Weitner 2022)

Der Vergleich von Ganserers Aussehen mit Warnhinweisen auf Zigarettenschachteln, auf denen bewusst Bilder abgedruckt sind, die Ekel erzeugen und mit Krankheiten assoziiert werden sollen, widerspricht dem allen Menschen zukommenden Achtungsanspruch. Auch hier zeigt sich also wieder eine beleidigungstypische Vergleichsoperation, die diesmal allerdings am äußeren Erscheinungsbild der Bezeichneten andockt; bei Drosten im vorigen Beispiel ging es um das berufliche Handeln. Wie aber auch HB in der Alltagsbeleidigung (Kapitel 3.1) wird das Aussehen Ganserers mit den notwendigen Fähigkeiten, die für das erfolgreiche Ausüben des jeweiligen Berufs (Grafikdesignerin bzw. Politikerin) notwendig sind, verbunden. Auch bei der Beleidigung Ganserers handelt es sich entsprechend um eine Mischform aus somatischer und professionsbezogener Beleidigungsressource. Für die Beleidigung Ganserers kommt nun hinzu, dass diese öffentlich geäußert wurde, d. h. von diversen Nutzern der Plattform YouTube wahrgenommen werden konnte.

Im Zuge der Novellierung des § 185 StGB, der solche öffentlichen Beleidigungen nun als Qualifikationstatbestand ausflaggt, ist diese Verurteilung bedeutsam – auch wenn der Urheber aufgrund der Form des Videos nicht anonym blieb, wie es bei Facebook-Kommentaren häufig der Fall ist. Dass das Gericht im Fall Ganserer diese klaren Grenzen der Meinungsfreiheit ausflaggt und in der Verurteilung des Angeklagten auch durchsetzt, ist keine Selbstverständlichkeit. Im Vergleich hierzu etwa sollte sich im Jahr 2019 auch die Grünen-Politikerin Renate Künast diverse Beleidigungen gefallen lassen müssen, sofern diese erstinstanzlich vom zuständigen Berliner Gericht als von der Meinungsfreiheit gedeckt beurteilt wurden: Anlass der Beleidigungen war eine Aussage Künasts im Jahr 1986, aus der einige Facebook-User herauslesen wollten, dass Künast eine Strafbarkeit von Pädophilie ablehnt. Unter anderem Bezeichnungen wie „Drecks Fotze", „Stück Scheiße" oder „Pädophilen-Trulla" wertete das Gericht zunächst noch als haarscharf an der Grenze zur Beleidigung, die es aber nicht überschritten sah, weil sich ein Sachbezug zu Künasts

Äußerungen im Jahr 1986 erkennen ließe (vgl. faz.net 2019). Unter Juristen wie auch in der breiten Öffentlichkeit stieß diese Entscheidung des Gerichts auf Kritik, Künast legte Berufung ein und mit einer Entscheidung des Bundesgerichtshofs Ende 2021 sind nun endgültig alle der 22 angezeigten Beleidigungen auch als solche gerichtlich anerkannt worden (vgl. Bundesverfassungsgericht 2022).[15] Um an dieser Stelle auf die sprachlichen Grenzziehungen im Kontext von Beleidigungen zurückzukommen, ist hervorzuheben, dass das Gericht diese Grenzen nicht unabhängig vom Alltag und dem, wie Menschen im Alltag miteinander umgehen (Normen- und Wertvorstellungen sowie Höflichkeit im Umgang miteinander als Wissen der Interaktanten; vgl. statt anderen Rehbein/Fienemann 2004: 224 f.), ziehen kann bzw. sollte. Die öffentliche Diskussion von Fehlurteilen – wie bei Künast geschehen – kann dafür sorgen, dass Grenzen enger bzw. strenger werden, wovon Tessa Ganserer womöglich profitiert hat. Allerdings sind Verfahrensausgänge mitunter kaum vorauszusagen: Die Übergabe einer privaten, die Persönlichkeit bzw. persönliche Ehre angreifenden Beleidigung in eine institutionelle Prozessierung kann für den Beleidigten enttäuschend sein, wenn das Gericht entscheidet, dass er diese zu tolerieren hat.

## 4 Fazit

In diesem Beitrag konnte gezeigt werden, dass Beleidigungen als sprachliche Handlungen eine alltägliche sprachliche Grenzziehungspraktik sind. Beleidiger grenzen den Adressaten der Beleidigung sozial aus, indem sie ihn degradieren (= ‚er gehört zu denen, die man als X bezeichnen kann'). Dies kann sich in Äußerungsformen widerspiegeln. Aus juristischer Perspektive steht die Beleidigung wiederum an der Grenze zur Meinungsfreiheit bzw. zu dem, was als freie Meinungsäußerung (noch) hinzunehmen ist, und zu dem, was die Grenze der persönlichen Ehre eines Menschen überschreitet und so sanktioniert werden muss. Hierbei knüpft das Gericht am Alltagskonzept der Beleidigung an, denn ein Großteil der Beleidigungen wird im Alltag ohne institutionelle Bearbeitung privat verhandelt.

### Literatur

Baur, Alexander (2011). Beleidigung. In: Ueding, Gert (Hrsg.). Historisches Wörterbuch der Rhetorik, Band 10. Berlin/Boston: De Gruyter, 116–128.

---

15 Für eine ausführliche Diskussion des Falls um Renate Künast s. Frank (2023).

Bundesjustizministerium (2021). Gesetzespaket gegen Hass und Hetze ist in Kraft getreten. https://www.rosenburg.bmj.de/SharedDocs/Artikel/DE/2021/0401_Gesetzespaket_gegen_Hass_und_Hetze.html (Stand: 10.09.2023).

Bundesverfassungsgericht (2022). Erfolgreiche Verfassungsbeschwerde gegen fachgerichtliche Versagung der Auskunft über Bestandsdaten gegenüber einer Social Media Plattform (Pressemitteilung Nr. 8/2022). https://www.bundesverfassungsgericht.de/SharedDocs/Pressemitteilungen/DE/2022/bvg22-008.html (Stand: 10.09.2023).

Burkhart, Dagmar (2006). Eine Geschichte der Ehre. Darmstadt: Wissenschaftliche Buchgesellschaft.

Butler, Judith (1997). Excitable Speech. A Politics of the Performative. New York: Routledge.

Düring, Daniel (2013). Das Handlungsmuster des Befehls in der NS-Zeit. Bremen: Hempen.

Eggs, Frederike (2006). Die Grammatik von *als* und *wie*. Tübingen: Narr.

Ehlich, Konrad/Rehbein, Jochen (1976). Halbinterpretative Arbeitstranskriptionen (HIAT). Linguistische Berichte 45, 21–41.

Ehlich, Konrad/Rehbein, Jochen (1977). Wissen, kommunikatives Handeln und die Schule. In: Goeppert, Herma C. (Hrsg.). Sprachverhalten im Unterricht. Zur Kommunikation von Lehrer und Schüler in der Unterrichtssituation. München: Fink, 36–114.

Ehlich, Konrad/Rehbein, Jochen (1979). Sprachliche Handlungsmuster. In: Soeffner, Hans-Georg (Hrsg.). Interpretative Verfahren in den Sozial- und Textwissenschaften. Stuttgart: Metzler, 243–274.

Ehlich, Konrad/Rehbein, Jochen (1980). Sprache in Institutionen. In: Althaus, Hans P./Henne, Helmut/Wiegand, Herbert E. (Hrsg.). Lexikon der Germanistischen Linguistik. 2. Aufl. Tübingen: Niemeyer, 338–345.

Ehlich, Konrad/Rehbein, Jochen (1986). Muster und Institution. Untersuchungen zur schulischen Kommunikation. Tübingen: Narr.

Ehlich, Konrad/Rehbein, Jochen (1994). Institutionsanalyse. Prolegomena zur Untersuchung von Kommunikation in Institutionen. In: Brünner, Gisela/Graefen, Gabriele (Hrsg.). Texte und Diskurse. Methoden und Forschungsergebnisse der Funktionalen Pragmatik. Opladen: Westdeutscher Verlag, 287–327.

Ellerbrock, Dagmar/Koch, Lars/Müller-Mall, Sabine/Münkler, Marina/Scharloth, Joachim/Schrage, Dominik/Schwerhoff, Gerd (2017). Invektivität – Perspektiven eines neuen Forschungsprogramms in den Kultur- und Sozialwissenschaften. Kulturwissenschaftliche Zeitschrift 2 (1), 2–24.

faz.net (2019). Erlaubt ist alles. https://www.faz.net/aktuell/politik/inland/landgericht-berlin-erlaubt-beleidigungen-gegen-renate-kuenast-16392690.html (Stand: 10.09.2023).

focus.de (2022). Autofahrer wird kontrolliert und wünscht Polizisten „so etwas wie in Rheinland-Pfalz". https://www.focus.de/panorama/welt/geschmacklose-beleidigung-mann-wird-kontrolliert-und-wuenscht-polizisten-so-etwas-wie-in-rheinland-pfalz_id_47083850.html (Stand: 10.09.2023).

Frank, Annika (2023). Die Beleidigung. Diskurse um Ehre, Respekt und Integrität im Kontinuum zwischen Alltag und Recht. Berlin: Erich Schmidt Verlag.

Gostomzyk, Tobias (2021). Mehr Nutzen als Schaden? Die Regulierung digitaler Hassrede. AMOSINTERNATIONAL 15 (3), 11–16.

Heintel, Martin/Musil, Robert/Weixlbaumer, Norbert (2018). Grenzen – eine Einführung. In: Heintel, Martin/Musil, Robert/Weixlbaumer, Norbert (Hrsg.). Grenzen. Theoretische, konzeptionelle und praxisbezogene Fragestellungen zu Grenzen und deren Überschreitungen. Wiesbaden: Springer VS, 1–15.

Herrmann, Steffen K. (2013). Beleidigung. In: Gudehus, Christian/Christ, Michaela (Hrsg.). Gewalt. Ein interdisziplinäres Handbuch. Stuttgart: Metzler, 110–115.

Hoffmann, Ludger (1983). Kommunikation vor Gericht. Tübingen: Narr.

Hoffmann, Ludger (1992). Wie verständlich können Gesetze sein? In: Grewendorf, Günther (Hrsg.). Rechtskultur als Sprachkultur. Zur forensischen Funktion der Sprachanalyse. Frankfurt am Main: Suhrkamp, 122–154.

Hoffmann, Ludger (1998). Fachtextsorten der Institutionensprache I: das Gesetz. In: Hoffmann, Lothar/Kalverkämper, Hartwig/Wiegand, Herbert E./Galinski, Christian/Hüllen, Werner (Hrsg.). Fachsprachen. Ein internationales Handbuch zur Fachsprachenforschung und Terminologiewissenschaft. Band 1. Berlin: De Gruyter, 522–528.

Hoffmann, Ludger (2002). Rechtsdiskurse zwischen Normalität und Normativität. In: Haß-Zumkehr, Ulrike (Hrsg.). Sprache und Recht. Berlin: De Gruyter, 80–99.

Hoffmann, Ludger (2018). Erzählen aus funktional-pragmatischer Perspektive. Zeitschrift für Literaturwissenschaft und Linguistik 48 (2), 203–224.

Hoffmann, Ludger (2020). Zur Sprache des Rassismus. Sprachreport 36 (1), 40–47.

Hoffmann, Ludger/Frank, Annika (2022). Zur Pragmatik rassistischer Beleidigungen. In: Hohenstein, Christiane/Hornung, Antonie (Hrsg.). Sprache und Sprachen in Institutionen und mehrsprachigen Gesellschaften. Münster: Waxmann, 119–151.

Klocke, Gabriele (2005). Formelhafte verbale Beamtenbeleidigungen. Zeitschrift für Angewandte Linguistik 42, 3–23.

Krause, Johannes (2019). Die Reise unserer Gene. Eine Geschichte über uns und unsere Vorfahren. Unter Mitarbeit von Thomas Trappe. Berlin: Propyläen.

Kuch, Hannes/Herrmann, Steffen K. (2007). Symbolische Verletzbarkeit und sprachliche Gewalt. In: Herrmann, Steffen K./Krämer, Sybille/Kuch, Hannes (Hrsg.). Verletzende Worte. Die Grammatik sprachlicher Missachtung. Bielefeld: Transcript, 179–210.

Lobenstein-Reichmann, Anja (2013). Sprachliche Ausgrenzung im späten Mittelalter und der frühen Neuzeit. Berlin/Boston: De Gruyter.

Meier, Simon (2007). Beleidigungen. Eine Untersuchung über Ehre und Ehrverletzung in der Alltagskommunikation. Aachen: Shaker.

Meier, Simon (2010). Zur Aushandlung von Identität in Beleidigungssequenzen. In: Palander-Collin, Minna/Lenk, Hartmut/Nevala, Minna/Sihvonen, Päivi/Vesalainen, Marjo (Hrsg.). Constructing identity in interpersonal communication. Construction identitaire dans la communication interpersonnelle/Identitätskonstruktion in der interpersonalen Kommunikation. Helsinki: Société Néophilologique, 111–122.

Misoch, Sabina (2015). Qualitative Interviews. Berlin/Boston: De Gruyter.

Niehr, Thomas (2019). Sprache – Macht – Gewalt oder: Wie man die Grenzen des Sagbaren verschiebt. Sprachreport 35 (3), 1–7.

Redder, Angelika (2010). Grammatik und sprachliches Handeln in der Funktionalen Pragmatik. Grundlagen und Vermittlungsziele. In: Japanische Gesellschaft für Germanistik (Hrsg.). Grammatik und sprachliches Handeln. Akten des 36. Linguisten-Seminars, Hayama 2008. München: Iudicium, 9–24.

Rehbein, Jochen (1984). Beschreiben, Berichten, Erzählen. In: Ehlich, Konrad (Hrsg.). Erzählen in der Schule. Tübingen: Narr, 67–124.

Rehbein, Jochen/Fienemann, Jutta (2004). Introductions. Being polite in multilingual settings. In: House, Juliane/Rehbein, Jochen (Hrsg.). Multilingual communication. Amsterdam: John Benjamins, 223–278.

Rehbein, Jochen/Schmidt, Thomas/Meyer, Bernd/Watzke, Franziska/Herkenrath, Annette (2004). Handbuch für das computergestützte Transkribieren nach HIAT. Universität Hamburg (Arbeiten zur Mehrsprachigkeit 56/2004 – Folge B). https://ids-pub.bsz-bw.de/frontdoor/deliver/index/docId/2368/file/Schmidt_Handbuch+f%c3%bcr+das+computergest%c3%bctzte+Transkribieren_2004.pdf (Stand: 10.09.2023).

Scharloth, Joachim (2018). Sprachliche Gewalt und soziale Ordnung: Metainvektive Debatten als Medium der Politik. In: Klinker, Fabian/Scharloth, Joachim/Szczęk, Joanna (Hrsg.). Sprachliche Gewalt. Stuttgart: Metzler, 7–28.

Seibert, Thomas-Michael (1992). Der Durchschnittsleser als Mittler gerichtlicher Kommunikationsvorstellungen. In: Grewendorf, Günther (Hrsg.). Rechtskultur als Sprachkultur. Zur forensischen Funktion der Sprachanalyse. Frankfurt am Main: Suhrkamp, 332–371.

spiegel.de (2022). Drosten als »Nazi-Kriegsverbrecher« bezeichnet – 51-Jähriger verurteilt. https://www.spiegel.de/panorama/justiz/chemnitz-christian-drosten-als-nazi-kriegsverbrecher-bezeichnet-51-jaehriger-verurteilt-a-03a0a2e2-2542-4d33-ba98-6555a4d1e4f9 (Stand: 10.09.2023).

Strübbe, Karina (2018). Politische Entschuldigungen. Theorie und Empirie des sprachlichen Handelns. Wiesbaden: Springer VS.

Weitner, Friedrich (2022). Meinungsfreiheit hat ihre Grenzen. Pressemitteilung 1 des Bayerischen Obersten Landesgerichts vom 09.02.2022. https://www.justiz.bayern.de/gerichte-und-behoerden/bayerisches-oberstes-landesgericht/presse/2022/1.php (Stand: 10.09.2023).

## Transkriptionskonventionen (HIAT)

| | |
|---|---|
| • | sehr kurze Pause, kurzes Absetzen (0.1–0.3 s) |
| • • | etwas längere Pause (0.4–0.6 s) |
| • • • | noch etwas längere Pause (0.7–0.8999 s) |
| ((1.4 s)) | Pause in Sekunden |
| → | schwebender („progredienter") Tonverlauf |
| ↑ | steigender Tonverlauf (in der Regel am Äußerungsende) |
| ↓ | fallender Tonverlauf (in der Regel am Äußerungsende) |

| | |
|---|---|
| bla<u>bla</u> | Gewichtung durch Akzent |
| hm̀ | fallende Intonation |
| hḿ | steigende Intonation |
| hm̄ | schwebende Intonation |
| ... | Äußerungsabbruch |
| „bla" | Zitate/wörtliche bzw. wiedergegebene Rede |

# Doing Anthropological Difference?

## Grenzziehungen zwischen Tier und Mensch im deutschen Sprachsystem: Ebenen, Qualitäten, Funktionen

Lena Späth

**Abstract:** In this paper, I aim to investigate the workings of animal/human differentiation in the German language system. For this purpose, I first tap into initial findings stemming from the nascent discipline of Germanist animal/human system linguistics and, thus, systemize exemplary structures differentiating human and non-human animals in lexics, onymics, word formation, and grammar: Synchronically, on the one hand, binarizing category systems can be found that exhibit a clear animal/human boundary. Other structures, however, differentiate more finely according to animacy. Insofar as research is available on these phenomena, I elucidate their development. Furthermore, I discuss their socio-cultural functions. In conclusion, I consider the concept of boundary for system linguistics interested in social scientific and cultural studies research. For the description of linguistic practice differentiating between human and non-human animals, I ultimately suggest the term *Doing Anthropological Difference*.

**Keywords:** animal/human differentiation, social differentiation, anthropological difference, animacy, social constructivism

## 1 Die systemlinguistische Tier/Mensch-Differenzierung als Forschungsdesiderat

Soziale Unterscheidungen sprachlich zu praktizieren, ist häufig fakultativ, in den wenigsten Fällen ist die Sprecherin auf eine einzige Möglichkeit des Informationsausdrucks beschränkt. So kann bei der Personenreferenz Geschlecht unterschieden werden (*An der Kasse saß eine Frau*) oder nicht (*eine Person/ein Mensch/jemand*). Wahlmöglichkeiten bestehen außerdem bezüglich der Sprachebene: Eine Differenz kann lexikalisch (*Frau*), syntagmatisch (*weibliche Person*) oder mithilfe der Wortbildung (*Kassiererin*) versprachlicht werden. Im Fall der Geschlechterdifferenzierung hat sich für ihre diskursive Hervorbringung der Begriff des sprachlichen *Doing Gender* etabliert (West/Zimmmermann 1987), der den Konstruktionscharakter des sozialen Geschlechts betont. Auch andere Humandifferenzierungen (Hirschauer 2021) können sprachlich praktiziert werden, z. B. Alter (*Da vorne wartet ein Mann*[1] vs. *alter Mann/Opa/Greis auf den Bus*) oder Religion (*Weihnachten ist ein Fest, das viele Menschen* vs. *Christen feiern*).

Der vorliegende Beitrag thematisiert die sprachliche Konstruktion einer weiteren Unterscheidung, die im Gegensatz zu den oben genannten die Humanaußengrenze betrifft: die Tier/Mensch-Differenzierung. Die sich gegenwärtig formierende germanistische Tier/Mensch-Systemlinguistik[2] (z. B. Griebel 2020, Lind/Späth 2022, Späth 2022, Szczepaniak 2022, einen ausführlichen Überblick gibt Nübling 2022, s. auch Habermann 2015) fördert zutage, dass sich die Tier/Mensch-Differenzierung nicht nur im Sprachgebrauch praktizieren lässt, sondern sich in einem jahrhundertelangen Prozess ihrer Verfestigung auch in tieferliegende grammatische Schichten abgelagert hat, wo sie sich dem bewussten Zugriff entzieht.

Mit der systemlinguistischen Grenzziehung zwischen menschlichen und nichtmenschlichen Tieren beschäftigt sich aktuell ein linguistisches Teilprojekt des SFB Humandifferenzierung,[3] in dessen Kontext dieser Beitrag entstanden ist.

Unlängst hat Nübling (2022) die bisherigen Befunde der germanistischen Tier/Mensch-Systemlinguistik in einem Überblick systematisiert und um neue Überlegungen erweitert. Dabei zeichnet sich ab, dass die Tier/Mensch-Unterscheidung je nach Sprachebene unterschiedliche Qualitäten hat. Hier schließt der vorliegende Beitrag an und vertieft die Frage nach diesen Ausprägungen sprachlicher Tier/Mensch-Differenzierung. Konkret stellen sich folgende Fragen:

---

1 Dabei transportieren *Mann* und *Frau* bereits (Erwachsenen-)Alter mit (vgl. Nübling 2022: 50).
2 Die germanistische Tier/Mensch-Systemlinguistik begreift sich zusammen mit der germanistischen Tier/Mensch-Pragmatik (z. B. Steen u. a. 2018, 2019, 2022, Rettig 2020) als germanistisch-linguistischer Zweig innerhalb der Human-Animal-Studies (z. B. DeMello 2012, Spannring et al. 2015). Beide sind jünger als die Ökolinguistik, die sich ab den 1980ern formiert (z. B. Trampe 1990, Fill 1993).
3 Gefördert durch die Deutsche Forschungsgemeinschaft (DFG) – Projektnummer 442261292 – SFB 1482 https://humandifferenzierung.uni-mainz.de/teilprojekt-c01/ (Stand: 27.07.22).

- Was ist eine sprachliche Grenze aus systemlinguistischer Perspektive? Was grenzt sie wovon ab?
- Gibt es Unterschiede bzgl. der Sprachebenen?
- Wo bestehen feste Grenzen, wo eher fließende Übergänge?
- Inwiefern ist der Grenzbegriff zu problematisieren?

Hierfür werden exemplarisch Tier/Mensch-differenzierende Strukturen auf vier Ebenen im deutschen Sprachsystem in den Blick genommen: Kap. 2.1 thematisiert die Lexik als binarisierendes System, in dem sprachliche Grenzen in Form von Demarkationslinien zwischen zwei Kategorien etabliert wurden. Hier ist eine klare Tier/Mensch-Grenze errichtet. Daneben finden sich in den grammatischen Schichten Phänomene, bei denen die Differenzierung aktuell in Abhängigkeit der Animatizität des jeweiligen Tiers abgestuft wird. Daher werden diese in Kap. 2.2 anhand skalarer Modelle dargestellt. Die Funktionen der verschiedenen Differenzierungsformen werden in Kap. 3 diskutiert. Kap. 4 konzentriert Gedanken zum Grenzbegriff in der Tier/Mensch-Linguistik. Abschließend wird der Begriff des *Doing Anthropological Difference* als terminologische Fassung für die sprachliche Konstruktion der Tier/Mensch-Differenzierung vorgeschlagen (Kap. 5).

## 2 Qualitäten sprachlicher Grenzziehungen zwischen Tier und Mensch

### 2.1 Binarisierende Lexik

In Lexemen verdichten sich kulturell relevante Unterscheidungen (vgl. Hirschauer/Nübling 2021: 30), bei Bezeichnungen für Nutztiere[4] etwa die nach Geschlecht, Alter und Zeugungsfähigkeit. So trägt KALB die Bedeutung ‚nicht ausgewachsenes Rind' und unterscheidet das Konzept damit von ausgewachsenen Rindern und nicht ausgewachsenen Exemplaren anderer Spezies. BULLE bezeichnet zeugungsfähige männliche Exemplare und grenzt das Konzept damit von zeugungsunfähigen männlichen und zeugungsfähigen weiblichen ab.

Mit Blick auf das Tier/Mensch-Verhältnis werden zwei lexikalische Bereiche im Deutschen im Hinblick darauf betrachtet, welche Wissenselemente Teil der Semantik bestimmter Lexeme geworden sind: zunächst Bezeichnungen zentraler Lebensvollzüge, bei denen sich Lexempaare des Typs *essen/fressen* herausgebildet haben (Griebel 2020, auch 2017, 2019) (Kap. 2.1.1), danach die lexikalische Basisunterscheidung *Mensch* vs. *Tier*, die die Welt der nichtpflanz-

---

[4] Die gelegentliche Verwendung von anthropozentristischer Lexik im Text, etwa von Bezeichnungen wie *Nutztier* soll nicht darüber hinwegtäuschen, dass es sich auch bei ihnen um kulturell-sprachliche Konstrukte handelt.

lichen Lebewesen klassifiziert (Kap. 2.1.2). In beiden Fällen liegen Simplizia vor. Simplizia als unzerlegbare lexikalische Einheiten bezeichnen dabei im Vergleich zu Wortbildungen und Syntagmen „[...] Basiskonzepte und signalisieren mehr Normalität, höhere Frequenzen und höheres Alter [...]" (Nübling 2022: 29). So wird etwa im fachsprachlichen Kontext vom *Rogner* gesprochen, wo im Alltag auf Syntagmen (*weiblicher Fisch*) oder Wortbildungen (*Fischweibchen*) zurückgegriffen werden muss. Systemlinguistische Strukturen können hier als „'Findebuch', als das 'Register' des Archivs des gesellschaftlichen Wissens" (Busse 2014: 161) dienen, als Medium, in dem Wissen konstituiert und strukturiert wird. Im Vokabular einer Sprache „ist die Ethnosoziologie einer Gesellschaft repräsentiert" (Hirschauer 2021: 158). Umgekehrt bahnen Lexeme als „Fertigbauteile" (Nübling 2022: 29) die Weltwahrnehmung, denn durch ihre Verfügbarkeit legen sie entsprechende Wahrnehmungen nahe, präformieren und verstetigen sie (Nübling 2022: 29).

### 2.1.1 Die Verbesonderung des menschlichen Lebens: Lexempaare des Typs essen/ fressen

Das Deutsche hat in einem jahrhundertelangen Prozess im Wortfeld zentraler Lebensvollzüge die Lexik Tier/Mensch-segregiert (Mütherich 2015, Griebel 2020, auch 2017, 2019, Habermann 2015: 74–75), insbesondere beim Sprechen über

- Nahrungs- und Flüssigkeitsaufnahme (*essen/fressen, trinken/saufen*)
- Fortpflanzung (*schwanger/trächtig, gebären/werfen, stillen/säugen*)
- beginnendes und endendes Leben (*sterben/verenden, ermorden/schlachten*)
- Lebewesenbezeichnungen und Lebensstadien (*Säugling, Baby/Junges, Mann/ Männchen, Frau/Weibchen, erwachsen/ausgewachsen, Leiche/Kadaver*)
- Körperteile (*Mund/Maul, Lippe/Lefze, Hand/Pfote, Brust/Zitze, Haar/Fell*).

Damit stehen fast synonyme Lexeme zur Verfügung, die als einzigen semantischen Unterschied die Information über die (Nicht-)Menschlichkeit des Referenten enthalten: Frauen sind *schwanger*, Elefantenkühe *trächtig*.

Beim Sprechen über diese Sachverhalte kann von der Tier/Mensch-Unterscheidung nicht abgesehen werden. Die Lexik lenkt genau dort, wo das menschliche Tiersein am offensichtlichsten ist, die Wahrnehmung in Richtung einer distanzierenden Alterisierung 'des Tiers', indem suggeriert wird, dass die biologischen Beschaffenheiten beim Menschen anders sind als bei anderen Tieren (vgl. Mütherich 2015: 52). Ein Kind lernt während des Spracherwerbs, dass es akzeptabel ist, von der *fressenden Katze* zu sprechen, die *fressende Mama* wird jedoch korrigiert. Die beiden Kategorien werden nicht nur unterschieden, sondern auch hierarchisiert: Das menschliche Leben wird aus der Masse des tierlichen Lebens herausgehoben und dadurch im Verhältnis zum Leben aller anderen Arten verbesondert. Gleichzeitig wird es aus anthropozentrischer Perspektive zum unmarkierten Normalfall. Das nichtmenschliche hingegen wird als ‚andere Lebensform' meist zur unterentwickelten oder unzivilisierten degradiert (Mütherich 2015: 51–52).

Wo zwei durch Ähnlichkeit konzeptuell benachbarte Kategorien wie ‚Tier' und ‚Mensch' bestehen, gibt es eine Grenze, an der der Geltungsbereich der einen Kategorie endet und der der anderen beginnt. Diese Grenze konstituiert sich im Bedeutungsunterschied zwischen den beiden Kategorien. Sie kann gewahrt werden, sie kann aber auch überschritten werden, indem menschliche und tierliche Begriffe miteinander kombiniert werden, also Mismatches hergestellt werden (Beispiele 1–4). Menschliche Referenten können animalisiert und tierliche humanisiert werden (Nübling 2022: 40). Dabei wirkt Animalisierung in der Regel abwertend: Menschlichen Referenten wird z. B. ihre Kultiviertheit abgesprochen (Beispiele 1–3) oder ihnen wird Empathie versagt. Humanisierung von Tieren bedeutet umgekehrt ihre Aufnahme in die Domäne des menschlichen Sozialverhaltens: Sie werden individualisiert, erhalten Personenstatus und Anspruch auf Empathie (4).

(1)  Erfahrene und legitimationslos umherziehende Gaunerinnen säugen ihre Kinder sehr lange [...].[5]

(2)  Und gestern früh im Bus saß mir eine gegenüber, spindeldürr, frißt aber einen Muffin nach dem anderen.[6]

(3)  Nimm deine dreckigen Pfoten weg, du Penner.[7]

(4)  Ist deine Katze schwanger? Das sind tolle Neuigkeiten! Neben der ganzen Aufregung, denke daran, dass deine Katze während der Schwangerschaft besondere Pflege, Geborgenheit und Aufmerksamkeit braucht.[8]

Die meisten dieser lexikalischen Oppositionen haben sich im 17. und vor allem im 18. Jahrhundert verfestigt (Griebel 2020: 254–256), in einer Zeit, in der sich der mitteleuropäische Mensch mentalitätsgeschichtlich und lebensweltlich von

---

5  Korpusbeleg von 1858 aus dem Deutschen Textarchiv, https://www.deutschestextarchiv. de/avelallemant_gaunerthum02_1858/54 (Stand: 09.02.2022).
6  Korpusbeleg aus dem Kernkorpus des Digitalen Wörterbuchs der deutschen Sprache, <https://www.dwds.de/r/?q=frisst+%26%26+Muffin&corpus=kern&date-start=1900 &date-end=1999&genre=Belletristik&genre=Wissenschaft&genre=Gebrauchsliteratur &genre=Zeitung&format=full&sort=date_desc&limit=10> (Stand: 11.06.2022).
7  Korpusbeleg im DeReKo (http://www.ids-mannheim.de/cosmas2/) (Stand: 10.06.2022).
8  https://www.purina.de/artikel/katzen/gesundheit/traechtigkeit/traechtigkeit-katze (Stand: 09.02.2022).

der Natur und vom Tier distanziert.⁹ Die lexikalische Segregation spiegelt diese alltagsweltliche, mentalitätsgeschichtliche wie emotionale Distanzierung. Griebel (2019: 322) spricht von Dissoziierung.¹⁰

### 2.1.2 Die lexikalische Basisunterscheidung Mensch vs. Tier

Während in Lexempaaren wie *schwanger/trächtig* die Merkmalsausprägung [±menschlich] die Semantik spezifiziert, verkörpern die beiden Basislexeme MENSCH und TIER diese Unterscheidung selbst. *Mensch* und *Tier* stellen im Lexikon die beiden Oberbegriffe für alle (nichtpflanzlichen und nichtfungalen¹¹) Lebewesen dar und teilen die Welt dieser Millionen Arten in zwei Kategorien. Dabei versämtlicht das Lexem TIER alle Arten außer den Menschen, konzipiert sie als eine Einheit und vergrößert damit den Unterschied zum Menschen (vgl. Nübling 2022: 33, Späth 2022). Diese „doppelte Ordnungsleistung" beschreibt Hirschauer (2021: 158) als grundsätzliche Funktion von Unterscheidungen, insofern sie „[...] eine differenzierende Vorderseite und eine gleichmacherische Kehrseite [haben]."¹² Hierdurch wird auch die Unterscheidung zwischen Mensch und anderen Arten vereinheitlicht: *Tier* grenzt andere Primaten im selben Maß vom Menschen ab wie die Zecke, obwohl in Bezug auf physiologische, kognitive, soziale und andere Aspekte große Unterschiede bestehen. Die Gemeinsamkeit aller nichtmenschlichen Tiere besteht ex negativo darin, dass sie keine Menschen sind. So wird die Definition des Einen die Negativdefinition

---

9   Auch im christlichen Mittelalter ist die Abgrenzung vom (eigenen) Animalischen mentalitätsgeschichtlich angelegt (Sonderstatus des Menschen innerhalb der Schöpfung, Überwinden der eigenen Triebhaftigkeit), doch mit der Aufklärung wird der Aristotelische Gedanke des Menschen (und noch mehr: des Mannes) als Vernunftwesen im Gegensatz zum Tier als Instinktwesen wiederbelebt und für das menschliche Selbstverständnis (wieder) zentral. Die Städtebildung segregiert menschliche und tierliche Lebensräume, die Industrialisierung scheint die Vormachtstellung des rational handelnden Menschen über die Natur endgültig zu belegen und befördert außerdem die Nutzung und Tötung des Tiers.

10  Dabei bestehen verschiedene Segregationspfade für die jeweiligen Lexempaare (Griebel 2020: 248): Entweder spezialisieren sich zwei seit dem Ahd. existente und für menschliche wie nichtmenschliche Referenten gebräuchliche Lexeme auf jeweils einen Typ (ahd. *ezzan* und *frezzan*) oder ein neues Lexem bzw. eine neue Verwendungsweise eines bereits existierenden Lexems etabliert sich in der Sprache und spezialisiert sich auf einen Typ (seit dem Ahd. *lefs* für die menschliche wie nichtmenschliche Lippe, erst ab dem Fnhd. zusätzlich *Lippe*, welche sich maßgeblich von Luther beeinflusst nach und nach auf menschliche Referenten spezialisiert).

11  Wird nachfolgend beim Sprechen über *Lebewesen* vorausgesetzt.

12  Nach Hirschauer (2021: 158–159) stellen Unterscheidungen vorsprachliche Differenzierungen dar. Deren Versprachlichung, die eigentlichen Kategorisierung, vollzieht dann eine Art „mentalen Quantensprung": „Kategorienbildung ist die Darstellung einer Unterscheidung in der Sprache [...]."

des Anderen: *Menschlich* ist, was nicht tierlich ist – *tierlich*, was nicht menschlich ist.

Diese binäre Struktur im Wortschatz ist relativ neu (Späth 2022). Noch im Mhd. wird *tier* für Wild- und Raubtiere verwendet, ähnlich wie noch heute im Englischen *deer*. Das mhd. Lexem steht häufig in Reihungen mit *vogel, fisch, wurm* und/oder *vieh* (Beispiele 5 und 6), was zeigt, dass sie sich gegenseitig ausschließen.

(5) [...] *wene uogele vñ tiere vñ ſo getan gewurme ſo in dem lande ſwermit* [...][13]

(6) [...] *ſo diu tier gent uz dem walde / daz uihe uf dem uelde* [...][14]

Die Tierwelt wird im Alt- und Mittelhochdeutschen also eher nach Fortbewegungsart und Lebensraum untergliedert (*tier* vs. *vogel, fisch, wurm*) bzw. nach ±Domestizierung (*tier* vs. *vieh*) (Späth 2022: 80). Im Zuge seiner Bedeutungserweiterung erfasste TIER nach und nach weitere Arten, bis es alle nichtmenschlichen Tiere umfasst. Damit ist es zum Hyperonym seiner ehemaligen Kohyponyme geworden (Abb. 1). Heute ist der *Vogel* ein *Tier*.

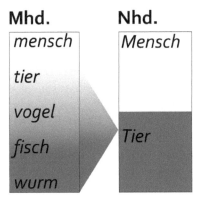

Abb. 1: Entstehung der binären sprachlichen Tier-Mensch-Opposition[15]

Der Verlauf dieses semantischen Wandels ist Gegenstand des SFB-Teilprojekts. Gegenwärtig wird korpuslinguistisch der Bedeutungswandel des Lexems TIER vom Ahd. bis zum Nhd. untersucht, eine erste Sondierung dokumentiert Späth (2022). Es zeichnet sich ab, dass ähnlich wie bei den Lexempaaren des Typs *essen/fressen* das 18. und 19. Jahrhundert entscheidend ist – die Zeit, in der der

---

13 Korpusbeleg im Referenzkorpus Mittelhochdeutsch (http://www.linguistics.rub.de/rem/).
14 Korpusbeleg im Referenzkorpus Mittelhochdeutsch (http://www.linguistics.rub.de/rem/).
15 Entspricht abgesehen von einer Korrektur der Abb. 1 in Späth (2022: 80).

Mensch die Umwelt taxonomisiert. Der Mensch muss auch sich selbst in die Tierwelt eingliedern, wobei stets die eigenen Besonderheiten hervorgehoben und den anderen Spezies gegenübergestellt werden. Die sprachliche Subsumption aller nichtmenschlichen Tiere unter ein Lexem ist Mittel und Effekt dieser Diskurse.

Der Homogenisierungseffekt innerhalb einer Kategorie, die den Unterschied zu anderen Kategorien verstärkt, ist gut im folgenden Absatz (7) zu erkennen. Der Beleg stammt aus einem Lehrbuch von 1913, das sich mit der rassifizierenden Subklassifizierung von „Menschenrassen und Völkertypen" beschäftigt.

(7)  *Die Menschenrassen.*
*[...] So verschieden nun alle diese Menschen in körperlicher und geistger Beziehung, also hinsichtlich der Größe, der Hautfarbe, der Haare, der Schädel- und Gesichtsbildung sowohl als auch der Sprache, Sitten, Religion usw. sind, so ist doch an der Einheit des Menschengeschlechts und an einer gemeinsamen Abstammung aller Erdenbewohner nicht zu zweifeln.* ***Es gibt demnach im zoologischen Sinne nur eine Art Mensch, die sich vom Tier durch wesentliche Merkmale unterscheidet. Alle, selbst die auf der niedrigsten Stufe der Entwicklung stehenden Menschen, unterscheiden sich von den am vollkommensten organisierten Tieren schon in physischer Beziehung mehr, als das bei zwei nebeneinanderstehenden Tierklassen der Fall ist.*** *(eigene Herv.)*[16]

Obwohl die Abhandlung darauf basiert, dass Menschen unterschiedlicher „Rassen" mit unterschiedlichen „Entwicklungsstufen" existierten, besteht für den Autor ein kategorieller Unterschied zu Tieren, den er unter Rückgriff auf die Zoologie hervorhebt und über alle Unterschiede zwischen verschiedenen Tierarten stellt.

Im derzeitigen Alltagsdiskurs treten die beiden Lexeme TIER und MENSCH häufig koordiniert auf: Das DWDS-Wortprofil[17] identifiziert *Tier* als häufigsten Koordinationspartner von *Mensch*, umgekehrt ist *Mensch* nach *Pflanze* der zweithäufigste Koordinationspartner von *Tier*. Bezeichnenderweise ist in solchen Koordinationen ein Unterschied zwischen Tier und Mensch für den semantischen Gehalt der Aussage häufig nicht relevant, im Gegenteil wird nicht selten sogar über Gemeinsamkeiten gesprochen, wie im folgenden Beispiel über den Ausstoß von Kohlenstoffdioxid bei der Atmung (8).

---

16  Korpusbeleg: Tewes, Hermann: Menschenrassen und Völkertypen. Bd. 2. 2. Aufl. Leipzig, 1913. In: Deutsches Textarchiv <https://www.deutschestextarchiv.de/tewes_menschenrassen_1913/9>, Bild 0009 (Stand: 07.02.2022).
17  https://www.dwds.de/d/wortprofil (Stand: 26.07.2022).

(8) Abends tritt die tagsüber durch die Assimilation verdeckte Atmung der Pflanze erst recht in Erscheinung, d. h. die Pflanze nimmt dann gleichfalls Sauerstoff auf und gibt **wie Mensch und Tier** auch Kohlendioxyd ab. (eigene Herv.)[18]

Hier offenbart sich, dass das Deutsche keinen alltagssprachlichen Oberbegriff für nichtmenschliche und menschliche Tiere entwickelt hat, der ihn von Pflanzen abgrenzt: Es gibt kein Lexem, das dem Merkmalsbündel [+Lebewesen –pflanzlich] entspricht und das in Sätzen wie (8) ökonomischer wäre. Eine Unterscheidung menschlicher von nichtmenschlichen Tieren scheint nach wie vor wichtiger zu sein als ihre Gemeinsamkeiten in Abgrenzung zu anderen Lebensformen.

Auch auf funktionaler Ebene bestehen Parallelen zu den Lexempaaren des Typs *essen/fressen*: Die Referenz auf Menschen mit *Tier* bzw. Wortbildungen oder semantisch verwandten Lexemen ist in aller Regel abwertend (*leben wie (die) Tiere, animalisches Verhalten*) oder besitzt zumindest intensivierenden Charakter (*tierisch* als Intensivum, *ein richtiges Tier sein* als Referenz auf körperliche oder auch geistige Leistung(sfähigkeit)).

In den Human-Animal-Studies und tierethischen Diskursen wird deshalb speziesismuskritisch von *menschlichen* und *nichtmenschlichen Tieren* (z. B. Loewe 2011) bzw. *human* vs. *non-human animals* (z. B. Kaufmann/Hearn 2017) gesprochen, um das *Tier* zum Oberbegriff zu machen, unter den der Mensch subsummiert wird.

## 2.2 Differenzierungen in Namengebung, Wortbildung und Grammatik

Andere Tier/Mensch-differenzierende Strukturen lassen sich besser anhand skalarer Modelle darstellen, da die Differenzierung hier in Abhängigkeit der Animatizität eines Tiers vollzogen wird. Zunächst wird mit der Onymik ein weiterer lexikalischer Bereich i. w. S. betrachtet (2.2.1), dann die Wortbildungsbeschränkungen der *in*-Movierung (2.2.2), die Genuszuweisung bei Tierbezeichnungen, der Werdegang der Flexionsklasse der schwachen Maskulina sowie der Pluralumlaut der starken Maskulina (2.2.3). Diese Abfolge vom Lexikon/Onomastikon über die Wortbildung ins Genus- und Flexionssystem korreliert mit abnehmender Wahlmöglichkeit zur Differenzierung im Diskurs bzw. zunehmender Verfestigung der Differenzierung im Sprachsystem. Häufig

---

18 Korpustreffer für die Verbindung aus den Lexemen MENSCH, TIER und SAUERSTOFF (Abfrage: "Mensch && Tier && Sauerstoff"), aus dem Kernkorpus des Digitalen Wörterbuchs der deutschen Sprache, https://www.dwds.de/r/?q=Mensch+%26%26+Tier+%26% 26+Sauerstoff&corpus=kern&date-start=1900&date-end=1999&genre=Belletristik &genre=Wissenschaft&genre=Gebrauchsliteratur&genre=Zeitung&format=full &sort=date_desc&limit=10 (Stand: 10.02.2022).

versprachlichte Unterscheidungen können schließlich in grammatisch erstarrte Aggregatzustände übergehen (vgl. Nübling 2022: 49–67, Nübling/Hirschauer 2021). Gerade in der Nominalklassifikation und Flexion verstetigen sich die ältesten Unterscheidungen.

### 2.2.1 Tiernamengebung

Personennamen sind die individualisierendsten Spracheinheiten und engstens mit der Identität verschmolzen. Namenentzug, wie er etwa im Konzentrationslager Auschwitz praktiziert wurde, entindividualisiert und entzieht den Personenstatus. Die Tiernamengebung als onymische Individualisierung von Tieren gibt Aufschluss über die Qualität von Tier/Mensch-Beziehungen.

Nübling et al. (2015: 193) stellen Faktoren zusammen, die die Tierbenennung steuern (Abb. 2). Die Benennungsstrategien lassen sich skalar danach anordnen, wie sehr das Tier individualisiert wird. Viele Tiere, meist Wild- aber auch Nutztiere, werden gar nicht benannt, andere nummeriert, wobei hier der Zweck die reine Identifizierung ist. Dies geschieht z. B. in Forschungssettings oder der Massentierhaltung. Bei der echten Benennung steigert sich der Grad der onymischen Individualisierung ausgehend von stark reglementierten Zuchtnamen über Rufnamen bis zu maximal individualisierenden, beziehungsstiftenden Kosenamen.

| Hühner, Fische, Bienen | Rinder, Schweine Versuchsmäuse | Zuchtvieh, Zuchthunde | Hunde, Pferde, Vögel ...... Katzen, Kaninchen .......... |
|---|---|---|---|
| **kein Name** | **Nummer/Code** | **Zuchtname** | **Rufname** **Kosename** |
| | Identifizierung | | Individualisierung → |

Faktoren der Namenvergabe
| | |
|---|---|
| menschenunähnlich | menschenähnlich |
| äußerlich minimal distinkt | äußerlich sehr distinkt |
| in Käfigen, ortsfest | teilt menschl. Radius/Haushalt |
| geringe emotionale Bindung | hohe emotionale Bindung |
| keine Kommunikation | Kommunikation möglich |
| geringe Kontaktfrequenz | hohe Kontaktfrequenz |
| in größeren Gruppen | in Kleingruppen/einzeln |
| geringer Nutzwert des Tiers | hoher Nutzwert des Tiers |
| kurze Lebens-/Verweildauer des Tiers | lange Lebens-/Verweildauer |
| Tod intendiert | Tod nicht intendiert |

Abb. 2: Faktoren der Tierbenennung aus Nübling et al. (2015: 193)

Die Benennungsfaktoren lassen sich in Bezug zueinander stellen und unter Soziabilität und Selbstähnlichkeit subsumieren: Lokale wie emotionale Nähe zum Tier, Kontaktfrequenz, Kommunikationsmöglichkeit, lange Lebens-/Verweildauer sowie der nicht intendierte Tod begünstigen ein soziales Miteinander zwischen Mensch und Tier. Fast alle[19] Faktoren verweisen darüber hinaus auf die anthropozentrische Selbstähnlichkeit (Nübling et al. 2015: 193, in der Abb.: Menschenähnlichkeit): Heimtiere, die im menschlichen Radius leben und mit denen ein soziales Verhältnis besteht, sind meist Säugetiere, die uns phänotypisch wie physiologisch ähnlicher sind als Insekten oder Amphibien. Nicht unproblematisch ist der Faktor des Nutzwertes. Grundsätzlich steigert ein hoher Nutzwert wohl den Tier/Mensch-Kontakt und die Prominenz in der Wahrnehmung, jedoch sind Nutzwert und die die Sozialität betreffende Faktoren häufig gegenläufig bzw. heben sich gegenseitig auf: Die vollwertige Nutzung eines Tiers impliziert immer auch seine physische Verwertung und damit den intendierten Tod – das Gegenteil einer sozialen, empathischen Beziehung. So werden Rinder in Massentierhaltung meist nur über Ohrmarken mit Nummern identifiziert (Dammel et al. 2015: 201).

Abb. 2 bildet gesellschaftliche Tendenzen ab; grundsätzlich kann jedes Tier individualisiert werden. Vertreter derselben Spezies können abhängig von der jeweiligen Tier/Mensch-Beziehung onymisch maximal unterschiedlich behandelt werden. Das Spektrum bei Mäusen reicht von der Nichtbenennung in freier Wildbahn über die Nummerierung in Laboren, die Benennung mit Zoonymen bzw. typischen Mäusenamen (*Peep*, *Jerry*) bis hin zur anthroponymischen Benennung (*Klaus*[20]), etwa wenn es sich um literarische Gestalten oder Heimtiere handelt.

(Nicht-)Benennung selbst ist dichotomisch. Wenn allerdings benannt wird, kann über die Namenwahl fein ausdifferenziert individualisiert werden (*Latte Macchiato* für ein Kaninchen[21]). Sobald ein Anthroponym gewählt wird, wird die onymische Tier/Mensch-Grenze überschritten und das Tier humanisiert.

Die soziale Aushandlung derartiger Überschreitungen der Grenze zum Eigenen können z. B. an Diskussionen in Hundehalterforen beobachtet werden, wo die Meinungen zur Vergabe von Anthroponymen an Hunde auseinandergehen (9).

---

19  Distinktheit und einzelnes Auftreten sind Grundvoraussetzungen für die Wahrnehmung einer Entität als individuell.
20  https://www.spielheld.de/spielen/kinderspiele/klaus-die-maus-entdeckt-den-wald.html (Stand: 07.02.2022).
21  https://www.op-marburg.de/Landkreis/Ostkreis/Ein-Flaeschchen-fuer-Latte-Macchiato (Stand: 28.07.2022).

(9)  S1: *Ich finde es immer schön, wenn Hunde keine klassischen "Tiernamen" haben, sondern ganz normale Namen. Wie wäre es denn mit Lara?*
[...]
*S2: Also ich finde es absolut blöd, wenn ein Hund/Tier einen typischen Menschennamen hat. Reicht doch schon, wenn einige Leute die Hunde als Kinderersatz anschaffen (ich sagt jetzt nicht, dass das bei Dir der Fall ist), den Tieren dann noch Menschennamen zu geben finde ich ...*[22]

### 2.2.2 Die *in*-Movierung als humanisierendes Wortbildungsmuster

Die *in*-Movierung (*Studentin, Päpstin*) hat als Wortbildung von Personenbezeichnungen zur Explizierung des weiblichen Geschlechts ihr Zentrum im Humanbereich (Nübling 2022: 52). Während sie bei Personenbezeichnungen hochproduktiv ist, zieht sie sich, wie von Nübling (2022: 50–53) vermutet wird, zunehmend aus den Tierbezeichnungen zurück. Heute sind nur noch einige Movierungen hauptsächlich von Raub- und größeren Säugetieren unmarkiert (*Löwin, Bärin, Hündin, Wölfin* u. a., aber auch *Störchin*). Je kleiner und menschenunähnlicher die Tiere werden, desto unüblicher werden die Movierungen (?*Füchsin,* ?*Häsin,* ?*Seeelefantin*), bis sie schließlich bei Vögeln, Reptilien, Kriechtieren und Insekten versiegen (\**Kuckuckin,* \**Haiin,* \**Seesternin,* \**Käferin*).

Grundsätzlich scheinen die Wortbildungsbeschränkungen der Animatizitätsskala (z. B. Yamamoto 1999) zu folgen, wobei die Wahrnehmung als Person bzw. der Faktor der Menschenähnlichkeit hervortritt. Werden üblicherweise nicht movierbare Tierlexeme moviert, geschieht dies in stark individualisierenden Kontexten: Häufig handelt es sich um anthropomorphisierte, teils um sexualisierte Darstellungen, wie sie sich etwa unter den Ergebnissen einer stichprobenhaften Google-Bilderabfrage „Fröschin" finden. Ein enger Zusammenhang tut sich außerdem zwischen Movierung und Benennung auf: Innerhalb des oben genannten Forschungsprojekts werden korpuslinguistisch die Kontextbedingungen für die Movierung untersucht. Bei einer Stichprobe der bereits erhobenen Daten aus dem Zeitraum 1956–2021 ergibt sich ca. 40 %ige Deckung von Movierung und Individualbenennung. Häufig handelt es sich bei benannten Tieren um Zootiere wie die *quirlige Seelöwin Lotta*[23] oder Protagonisten in fiktiven Geschichten wie die weibliche Igelgestalt im Kinderbuch *Die Igelin und Borstel*. Wenn Tierbezeichnungen auf Menschen referieren, treten ebenfalls fast ausschließlich movierte Formen auf, wenn etwa metaphorisch Mütter als *Löwinnen* bezeichnet werden oder in astrologischen Diskursen Frauen als *Fischinnen* (10).

---

22  https://www.rund-ums-baby.de/haustiere/Hundename_57102.htm (Stand: 09.02.2022).
23  https://www.zoo-hannover.de/de/aktuelles/news/Patenschaft-fuer-Seeloewin-Lotta (Stand: 29.07.22).

(10) *Ich bin Fischin und seit 21 Jahren mit einem Löwen zusammen. [...] In unserem Freundeskreis gibt ein Paar mit der umgekehrten Konstellation – er Fisch, sie Löwin.*[24]

Der Beleg zeigt einen weiteren Faktor auf: Auch wenn gegengeschlechtliche Paare auftreten, wird die Movierung genutzt und z. B. von *Bär und Bärin*[25] gesprochen. Interessant wäre eine Untersuchung zur Fragestellung, ob auch Paare gebildet werden, die aus femininer Tierbezeichnung und deren Movierung bestehen, etwa *Heuschrecke sucht Heuschreckin*. Kursorische Onlinesuchen weisen darauf hin, dass das Genus der Tierartbezeichnung für die Passfähigkeit in solchen Fällen sogar angeglichen wird: Die *Heuschrecke* wird bei der Suche nach einer Partnerin auch schon mal zum männlichen *Heuschreck*, die *Zikade* zum *Zikaden*.[26] Korpuslinguistisch wurde von Lind/Späth (2022) bereits nachgewiesen, dass das Genus einer Tierbezeichnung bei Tieren mit hohem Animatizitätsgrad eng mit der entsprechenden Sexusvorstellung verbunden ist, dass also ein *Hund* eher nicht *trächtig* bzw. *schwanger* sein kann, sondern tendenziell (in den Daten: zu ca. 90 %) zur *Hündin* wird, wenn über seine Trächtigkeit gesprochen wird. Der Spatz hingegen bleibt *der Spatz*, wenn es ums Eierlegen geht, hier stört die Genus-Sexus-Inkongruenz weniger als bei Tierarten mit hoher Animatizität.

Schließlich weist auch der Umstand, dass die *Störchin* als einziger Vogel moviert wird, darauf hin, dass eine Analogie zum Menschen die Movierung fördert: Störche werden mit dem Familienleben assoziiert, da sie gut sichtbar in einer traditionellen Mutter-Vater-Nachwuchs-Konstellation zusammenleben. So können leicht menschliche Vorstellungen einer weiblichen Person auf das weibliche Tier übertragen werden. Aus anthropozentrischer Perspektive verhält sich das Tier menschlich und nimmt auch sprachlich an der „Humanderivation" bzw. „Humanauszeichnung" (Nübling 2022: 52, 53) teil.

Wenn der Kontext individualisierend/humanisierend genug ist, können auch Wortbildungsbeschränkungen wie maskuline Basen fallen (11–12). In den folgenden Beispielen werden sogar feminine Lexeme moviert:

---

24  https://bfriends.brigitte.de/foren/zwischen-himmel-und-erde-spiritualitaet-traeume-astrologie-/49149-fische-maenner-7.html (Stand: 30.07.22).
25  https://www.beutegreifer.at/categories/wissenswertes-biologie-beschreibung (Stand: 25.07.2022).
26  https://www.allesmuenster.de/der-gesang-der-zikade/ (Stand: 03.02.2022).

(11)  Vermisst wird in Wilen [...] eine 4-jährige getigerte Kätzin.[27]

(12)  [...] die Mäusin bekommt heraus, wie es mit dem Sex-Appeal und der Genqualität des Mäuserichs bestellt ist.[28]

In (11) begünstigt die Movierung die Kommunikation der emotionalen Bindung, die zwischen der Person und der Katze besteht. Beim Sprechen über das Fortpflanzungsverhalten in (12) wird die Movierung offenbar dadurch begünstigt, dass einerseits eine gegengeschlechtliche Paarkonstellation vorliegt und andererseits sowohl das Fortpflanzungsverhalten lexikalisch humanisiert wird (*Sex-Appeal*) als auch die weibliche Maus selbst, indem ihr Intentionalität zugeschrieben wird (*bekommt heraus*). Beides trägt zur Konstruktion der Maus als Person bei.

Im Nutztierbereich haben sich dagegen eigene Lexeme herausgebildet, bei denen das Geschlecht mit dem Genus der Tierbezeichnung korreliert (*der Eber, die Sau, das Ferkel*). Andere Tiere werden über morphologische oder syntagmatische Verfahren sexuiert (*-weibchen/-männchen, -kuh/-bulle*, auch *weibliche(r/s)/ männliche(r/s) X*). Damit existieren verschiedene Versprachlichungsformen von Geschlecht: Geschlecht als neutrale, am ehesten biologische Kategorie, die für die Referenz auf alle Lebewesen verwendet werden kann – in entsprechenden Diskursen auch auf Menschen, etwa wenn eine Evolutionsbiologin feststellt: *Aufgrund der Menopause und der langen Lebenszeit nach der Reproduktionsphase sind weibliche Menschen nahezu einzigartig unter den Tieren.*[29] Daneben besteht Geschlecht als Humankategorie, versprachlicht über die *in*-Movierung, die nur für konzeptuell menschenähnliche oder vermenschlichte Tiere möglich ist. Auch hier wird das Humane verbesondert.

### 2.2.3 Das Maskulinum als Defaultgenus des agentiven Menschen

Wie tief belebtheitsbezogene Unterscheidungen ins Sprachsystem diffundieren können, zeigt ein Blick ins Genus- und Deklinationsklassensystem. Köpcke/ Zubin (1996: 484) zeigen, dass bzgl. der Genuszuweisung von Tierartbezeichnungen (*der Hund* (m.) vs. *die Maus* (f.) vs. *das Gnu* (n.)) ein „ethnozoologisches bzw. anthropozentrisches Kontinuum" (Abb. 3) besteht. Das Defaultgenus ist bei Primaten und Raubtieren das Maskulinum; ab den weiteren Säugetieren treten Feminina auf, die bei den Bezeichnungen für Vögel, Fische, Reptilien und

---

27  Korpusbeleg im DeReKo (https://cosmas2.ids-mannheim.de/cosmas2-web/) (Stand: 11.10.2022).
28  Korpusbeleg im DeReKo (https://cosmas2.ids-mannheim.de/cosmas2-web/) (Stand: 11.10.2022).
29  https://www.wiko-berlin.de/fellows/akademisches-jahr/2011/lummaa-virpi (Stand: 19.07.22).

Amphibien frequenter werden, bis sie bei den Insekten und Weichtieren ihrerseits das Defaultgenus darstellen. Köpcke/Zubin ermitteln das Defaultgenus nicht über die Anzahl der Mitglieder (1996: 484), sondern stellen Vermutungen an – die sich jedoch mittlerweile bestätigt haben: Wie Lind/Späth (2022: 116–117) korpuslinguistisch nachgewiesen haben, besteht eine starke Korrelation zwischen hoher Animatizität und maskulinem Genus der Tierartbezeichnung.

| maximal menschenähnlich | | | | | | | geringste Ähnlichkeit mit Menschen |
|---|---|---|---|---|---|---|---|
| m | m | m(f) | | m/f | | | f(m) |
| Mensch gener. | Affen Raubtier | Säugetier | Vögel/ Fische | Reptilien | Schlangen | Insekten | Weichtiere |
| Zeuge Nachbar Athlet | Schimpanse Makak Orang-Utan | Elefant Hamster Fuchs | Fasan Specht Barsch | Alligator Lurch Frosch | Viper Python Kobra | Hummel Laus Fliege | Assel Schnecke Krake (f/m) |
| Person | Hyäne | Giraffe | Lerche | Unke | (Python) | Käfer | Egel |

Abb. 3: Ethnozoologisches bzw. anthropozentrisches Kontinuum modifiziert nach Köpcke/Zubin (1996: 484).

Köpcke/Zubin deuten diesen Umstand als Hinweis auf die enge Verzahnung von Genus und anthropozentrischer Weltwahrnehmung, denn offensichtlich „dient das Maskulinum dazu, Nähe zum Menschen auf einem anthropozentrischen Kontinuum zu signalisieren" (Köpcke/Zubin 1996: 484). Im Bereich menschlicher Personenbezeichnungen wirkt der Genus-Sexus-Nexus maximal, das grammatische Genus entspricht dort also weitestgehend dem Geschlecht (*der Mann/Bruder/Witwer* (mask./männl.); *die Frau/Schwester/Witwe* (fem./weibl.)). Daher können an der Spitze der Skala keine weiblichen Personenbezeichnungen stehen, sodass das Kontinuum als androzentrisches bezeichnet werden kann (vgl. Kotthoff/Nübling 2018: 64, Nübling 2022: 55).[30]

Umgekehrt zeigt ein diachroner Blick in die Deklinationsklasse der schwachen Maskulina, die u. a. den *Zeugen, Nachbarn, Athleten* und auch den

---

30 Dass Genus als Animatizitätsmarker funktionalisiert ist, zeigt auch die Abschiebung objektivierter Tiere ins Neutrum: Wir töten und essen *das Rind* (nicht: *die Kuh*) und *das Hähnchen* (nicht: *den Hahn*), zählen Vieh und Jagdwild in *Stücken*, und versehen ungeliebte Tiere mit dem Zirkumfix *Ge-X-e-* (*Ungeziefer, Getier, Geflügel*) (Habermann 2015: 77, Nübling 2022: 59–61).

*Schimpansen* aus Abb. 3 enthalten, welcher Teilaspekt der Animatizität sich hier profiliert: Die schwachen Maskulina bilden die einzige Deklinationsklasse, die mit dem Nominativ Singular die handlungsmächtige Agensrolle gegenüber dem patientiven Restparadigma profiliert (*der Mensch_* vs. *des, dem, den Menschen*) (vgl. Nübling 2022: 62–64). Während im Mhd. auch noch Objekte und Abstrakta wie *brunne* ‚Brunnen' oder *mei* ‚Mai' nach diesem Muster flektieren, spezialisiert sich diese Deklinationsklasse seit einigen Jahrhunderten auf agentive Menschen (Abb. 4).

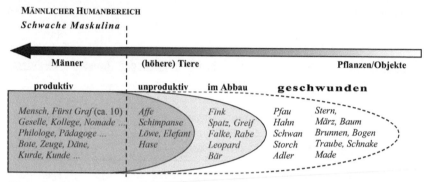

Abb. 4: Der Rückzug der schwachen Maskulina auf (männliche) Menschen aus Nübling (2022: 64)

Nichtmenschliche Maskulina sind in andere Klassen abgewandert. Heute enthält die Klasse der sw. Mask. keine unbelebten Lexeme mehr und ist bis auf fünf Tierbezeichnungen (*Affe, Schimpanse, Löwe, Elefant, Hase*[31]) für nichtmenschliche Konzepte geschlossen, dagegen produktiv für Menschenbezeichnungen (*Fürst, Philosoph, Zeuge, Kunde* etc.). Da Rezeptionsstudien erwiesen haben, dass sog. generische Maskulina männlich gelesen werden (eine Übersicht geben Kotthoff/Nübling 2018), ist die Beschreibung als Männerbezeichnungen zutreffender (Nübling 2022: 66).

Auch an anderen Stellen im tiefengrammatischen Sprachsystem tritt der agentive (männliche) Mensch als Prototyp des Belebten auf: Köpcke (1994) stößt bei der Auszählung umlautfähiger starker Maskulina auf die Tatsache, dass der Pluralumlaut mit der Nähe zum Mann zunimmt: Bezeichnungen für (männliche) Menschen lauten zu 79 % um (*Ärzte, Köche, Söhne*), für Säugetiere zu 66 % (*Wölfe, Böcke*), für Vögel zu 44 % (*Hähne, Störche*), für Fische, Reptilien, Amphibien und Insekten zu 14 % (*Frösche, Flöhe*).

---

31  Der *Bär* wechselt gerade die Klasse.

Diese Befunde belegen einerseits die anthropozentrische Weltsicht, bei der Tiere in einem abnehmenden Ähnlichkeitsverhältnis zum Menschen klassifiziert werden. Andererseits wird deutlich, dass die Tier/Mensch-Differenzierung als Praktizierung der Humanaußengrenze eng mit der Praktizierung von Humanbinnendifferenzierungen, allen voran dem Geschlecht, verwoben ist: Prototyp des Menschlichen ist der adulte, agentive Mann, weshalb NÜBLING (2022: 65) bezüglich der grammatischen Differenzierungsphänomene von einer „Trennung des Mannes vom Tier" spricht. Die ‚Frau' steht in diesem Ordnungssystem dem ‚Tier' näher als der ‚Mann'.[32] Sie weist darauf hin, dass in den grammatischen Schichten einer Sprache alte soziale Ordnungen konserviert sind, die mittlerweile durchaus überkommen sein können (Nübling 2022: 67).

Die Animatizität ist ein Konzept, das noch nicht zur Genüge erfasst ist (Kasper 2020: 182). In einschlägiger Literatur (insbesondere Yamamoto 1999, Kasper 2020) werden bei der Beschreibung Faktoren wie Empathie, Individuiertheit und Individualität, Menschenähnlichkeit, Personenstatus und Agentivität genannt, die als Teilaspekte dieses Konzepts zu begreifen sind. Bei den hier skizzierten Phänomenen treten folgende besonders hervor: Im Bereich der Namengebung besteht eine Wechselwirkung zwischen der Konzeption eines Tiers als Person und seiner Individualisierung und/oder Humanisierung mittels Benennung. Ähnliche Faktoren greifen bei der Movierung. Der Androzentrismus in der Nominalklassifikation verweist auf die zumindest historische Verbindung von Agentivität und Männlichkeit. Ein Projektziel ist es, das Verständnis solcher Animatizitätsfaktoren zu konkretisieren, insbesondere ihr Verhältnis zueinander: Ein Kaninchen, das *Latte Macchiato* heißt, wird onymisch individualisiert, ohne humanisiert zu werden. Wann wirkt eine Individualisierung humanisierend? Erhält ein humanisiertes Tier immer auch Personenstatus?

Schließlich bedeutet Skalarität in den Differenzierungsmodellen keineswegs völlige Stufenlosigkeit. In der Benennungspraxis etwa können die in Abb. 2 als einzelne Markierungen angegebenen Stufen auch als Grenzen interpretiert werden: Wird bei Haustieren die anthroponymische Grenze überschritten? Wird im Umgang mit einem Schlachtbullen überhaupt die Benennungsgrenze

---

32 Hierauf weist auch eine Studie von Szczepaniak (2022) hin. In den dort untersuchten Daten zeigt sich, dass bei der Durchsetzung der Substantivgroßschreibung, die diachron entlang der Belebtheitsskala ‚Mensch' > ‚Konkretum' > ‚Abstraktum' erfolgt ist, die Kategorie des Menschlichen nicht nur abgestuft ist in ‚männlich' vor ‚weiblich', sondern sogar vom ‚Tier' unterbrochen wird. Die Wahrscheinlichkeit der Großschreibung basiert auf der Reihenfolge ‚Mann' > ‚Tier' > ‚Frau' > ‚Konkretum' > ‚Abstraktum'. Allerdings ist hier zu beachten, dass es sich bei den zugrundeliegenden Quellen um Hexenverhörprotokolle handelt, in denen die Frauen extrem verächtlich behandelt werden, und die vorkommenden Tiere umgekehrt Hochwerttiere sind.

überschritten? Insofern können diese Differenzierungsformen als *gestufte Differenzierung* gefasst werden.

## 3 Differenzierungsstrukturen und ihre Funktionen

Abb. 5 ordnet die thematisierten Differenzierungen im Sprachsystem an und stellt sie in Bezug zur Animatizitätsskala.[33] Dabei symbolisiert der Farbverlauf im Fall der Lexik die binär kategorielle Struktur und ab der Onymik die abgestufte Differenzierung. Außerdem wird unterschieden zwischen Strukturen, die eine Wahl zur Differenzierung im Sprachgebrauch bieten (*Luna ist schwanger* vs. *Das Katzenweibchen ist trächtig*), und den grammatischen Verfahren i. e. S. Genus und Flexion lassen keine Möglichkeit zur intentionalen Tier/Mensch-Differenzierung im Diskurs.

| Sprachebene | Phänomen | | | | | | |
|---|---|---|---|---|---|---|---|
| **Lexik:** Absonderung des Menschlichen | *Tier* *fressen, Weibchen* | | | | *Mensch* *essen, Frau* | | (Teilweise) Wahlmöglichkeit zur Differenzierung im Diskurs |
| **Onymik:** Anthroponymisierungsgrad von Tiernamen | [ohne Namen] | 406 | Bello | Rex | Caesar | Paul ?Christian | |
| **Wortbildung:** WB-Beschränkungen der *in*-Movierung | *Seesternin | | ?Dächsin | Hündin | | Päpstin | |
| **Nominalklassifikation:** Zunahme des Mask. als Defaultgenus | Weichtiere, Insekten, Schlangen | | Reptilien, Vögel, Fische | Säugetiere | Raubtiere, Affen | Mensch | Keine Wahlmöglichkeit zur Differenzierung im Diskurs |
| Starke Maskulina: Anteil Plural-UL | Frösche, Flöhe 14% | | Hähne, Störche 44% | Wölfe, Gäule 66% | | Ärzte, Söhne 79% | |
| Schwache Maskulina: Mitglieder | Adler | | ?Fink, ?Bär | | Affe, Löwe | Mensch, Fürst, ... | |
| | ← | | | ANIMATIZITÄT | | + → | |

Abb. 5: Tier/Mensch-Differenzierungsstrukturen im deutschen Sprachsystem

Alle Differenzierungsverfahren dienen der Konstruktion und Aufrechterhaltung unseres Selbstbilds als Sonderwesen sowie der sozialen Evaluation von Lebewesen.

---

33 Hier müssen notgedrungen Feinheiten unter den Tisch fallen und Ausnahmen ignoriert werden, z. B. ist das *Tier* in der Metapher *Er ist ein Tier* als Referenz auf einen erfolgreichen Fußballspieler sicherlich im Bereich hoher Agentivität und Animatizität anzusiedeln.

## 3.1 Selbstbild: Anthropologische Differenz

Traditionell greift der Mensch bei seiner Selbstdefinition auf ein Konzept des Tiers als Kontrastfolie zurück (Wulf 2017: 17). Seine Unterscheidung vom Tier ist „Grundbestand westlicher Anthropologie" (Horkheimer/Adorno 1986: 262). Die Stellungnahme des Deutschen Ethikrats zu Mensch-Tier-Mischwesen in der Forschung von 2011 etwa beginnt wie folgt: „Das Selbstverständnis des Menschen ist von der Vorstellung einer klaren Grenzziehung zwischen Mensch und Tier geprägt."[34]

Besonders in der lexikalischen Dichotomie spiegelt sich diese Vorstellung der Anthropologischen Differenz (z. B. Wild 2007). Dabei ist das Lexem TIER als Versprachlichung des generischen Konzepts ‚Tier' zugleich Voraussetzung wie Folge dieser Annahme. Während der pragmatische Effekt eine Alterisierung ist, offenbart sich umgekehrt die Ähnlichkeit der Konzepte ‚Mensch' und ‚Tier': Wo eine Kategorie wie ‚Nahrungsaufnahme' zweigeteilt werden kann in Lexeme, die als einzigen Unterschied [±menschlich] aufweisen, besteht in Bezug auf alle anderen Merkmale Deckungsgleichheit. Mit seiner Ähnlichkeit bietet das Konzept ‚Tier' von allen Entitäten die beste Kontrastfolie für die menschliche Selbstkonzeption. Ein Großteil der eigenen Eigenschaften sind im Konzept ‚Tier' angelegt und können über es definiert werden: Der Mensch ist ein „Ja-aber-Tier" (Macho 1997: 63).

Unterschiede treten bei einem Vergleich mit solch großer Deckungsgleichheit umso stärker hervor. Hier greift der Effekt der binär segregierten Lexik, die verschleiert, dass viele Eigenschaften menschlichen Lebens deckungsgleich mit nichtmenschlichen Leben sind, es biologisch keine kategoriellen Unterschiede gibt. Sprachliche Kategorien erweisen sich als „wichtigstes Mittel der Ambiguitätsbewältigung" (Hirschauer 2021: 158). Sie naturalisieren die Konzeption des Menschen als nicht-Tier und kaschieren den Konstruktionscharakter dieser Vorstellung (vgl. Nübling 2022: 35).

## 3.2 Soziale Evaluation

Dass und wie die Tier/Mensch-Differenzierung zur abwertenden Animalisierung von Menschen und zur aufwertenden Humanisierung von Tieren genutzt werden kann, wurde in 2.1.2 gezeigt. Animalisierung bedeutet das Absprechen derjenigen Zuschreibungen, die traditionell als genuin menschlich verhandelt werden, z. B. Vernunft, Intelligenz, Empfindungsfähigkeit, Empathiefähigkeit und -würdigkeit, Kultiviertheit.

---

34  https://www.ethikrat.org/fileadmin/Publikationen/Stellungnahmen/deutsch/stellungnahme-mensch-tier-mischwesen-in-der-forschung.pdf (Stand: 30.07.22).

Ein anschauliches Beispiel für eine sprachliche Aufnahme von Tieren in die Humansphäre liefert der jüngst im Kanton Basel-Stadt geforderte Volksentscheid zum Recht auf Leben sowie körperliche und geistige Unversehrtheit für alle nichtmenschlichen Primaten.[35] Auf der Homepage werden Stimmen von Unterstützenden zitiert, die die Tiere gendern (13):

(13) *Echte Humanität bedeutet, den Kreis von Grundsrechtsträger:innen [sic] beim Recht auf Leben und beim Recht auf körperliche und geistige Unversehrtheit auf nicht-menschliche Primat:innen auszudehnen.*

Hier ist mit der Aufnahme dieser Lebewesen in die ethisch-juristische Humansphäre die Teilhabe an der Humanauszeichnung via *in*-Movierung verbunden. Die Primat:innen werden auch mit ihrer Artbezeichnung sprachlich an der Binnendifferenzierung Geschlecht beteiligt, sogar mithilfe der Graphie am sozialen Konstruktion Gender, das potentiell auch nichtbinäre Positionen umfasst (Doppelpunktschreibung). Interessant ist, dass ‚das Humane' in Form der Humanität darüber definiert wird, dass die bis dato genuin Menschen vorbehaltene Gruppe der Grundrechtstragenden auf Nichtmenschen ausgeweitet wird. Menschlich ist hier die Aufnahme des Nichtmenschlichen in den eigenen Bereich.

Wie tief in den Humanbereich Tiere aktuell gezogen werden, zeigen auch Socialmedia-Accounts von Tierbesitzer:innen, die ihre Tiere in den sprachlichen Verwandtschaftsbereich integrieren, z. B. indem sie sich selbst als *Catmom* oder ihre (menschlichen) Kinder als die *Geschwister* der Tiere bezeichnen (Lind demn.). Die *Catmom* fordert die bisherige Terminologie heraus: Handelt es sich um eine Humanisierung der Katze oder um eine Animalisierung der Frau? In jedem Fall wird die Tier/Mensch-Grenze verwischt.

Animalisierung wie Humanisierung haben somit einen unterschiedlichen Bezug zu Humanbinnendifferenzierungen: Humanisierte Tiere werden mit ihnen aufgewertet. Animalisierungen von Menschen treten häufig in rassistischen oder sexistischen Diskursen auf, kreuzen sich also mit Binnendifferenzierungen. Hierfür stehen Ausdrücke wie *Flüchtlingsplage*[36] oder *Ehestute*[37].

---

35 https://www.primaten-initiative.ch/de/ (Stand: 16.03.2022). Dabei wird damit argumentiert, dass „nichtmenschliche Primaten [...] [t]rotz der grossen Überschneidungen, die wir mit ihnen haben, wie beispielsweise das Pflegen eines Familienlebens, kulturelle Regeln, gesellschaftliche Rituale, Freundschaften, eine starke kommunikative Verständigung, komplexe Lernprozesse, Einfühlvermögen und Empfindungen [...] keinerlei Selbstbestimmung" besitzen.

36 https://www.politplatschquatsch.com/2016/07/kanzlerin-greift-durch-neun-punkte-fur.html (Stand: 01.06.22).

37 https://www.sprachnudel.de/woerterbuch/ehestute (Stand: 03.06.22).

## 4 Zum systemlinguistischen Grenzbegriff im Kontext sozialer Differenzierung

In der germanistischen Tier/Mensch-Linguistik wird der Begriff der *Grenze* recht selbstverständlich verwendet, am prominentesten beim Sprechen über *die Tier/Mensch-Grenze* im Sprachsystem (so bei Griebel 2020, Lind/Späth 2022, Nübling 2022, Szczepaniak 2022). Allerdings manifestieren sich Differenzierungen verschiedener Qualitäten und Aggregatzustände (Hirschauer/Nübling 2021). Daher werden abschließend einige Überlegungen zum systemlinguistischen Grenzbegriff im Kontext sozialer Differenzierungen wie der Tier/Mensch-Differenzierung angestellt.

In den lexikalischen Strukturen finden wir Grenzen als abstrakte Demarkationslinien zwischen zwei soziokulturell entgegengesetzten Kategorien vor: Die Kategorien ‚Mensch' und ‚Tier' sind konzeptuell nebeneinander verortet. Die Grenze zwischen diesen Kategorien wurde als gleichbedeutend mit dem Bedeutungsunterschied zwischen ihnen beschrieben, als eine semantische Größe. Sie selbst hat hier keine eigene Substanz und würde mit dem Erlöschen einer der beiden Kategorien oder dem Verschmelzen beider miteinander verschwinden (Foucault 1996: 32, Schmidt-Jüngst 2020: 93–94). Die Grenze besteht daraus, dass neben einer Kategorie noch eine zweite existiert.

Das Überschreiten einer solchen Grenze im Diskurs kann die Dramatisierung dieses Unterschieds bedeuten. Der Ausdruck *schwangere Läusinnen* ist markiert und besitzt Irritationspotential. Bei der Hörerin wird im Moment der Irritation das Bewusstsein über die beiden semantisch nicht deckungsgleichen Kategorien reaktiviert, sodass der konzeptuelle Unterschied zwischen ‚Mensch' und ‚Tier' kognitiv reproduziert wird. Andererseits würde ein langfristig konsequentes Überschreiten der Grenze sie in ihrer Sinnhaftigkeit in Frage stellen und ihre Irrelevanz bedeuten – etwa, wenn das Sprechen von *essenden*, *stillenden* oder *schwangeren* nichtmenschlichen Lebewesen üblich wäre. Das heißt, „[Grenzen] müssen immer wieder Sichtbarkeit erlangen, um Gültigkeit zu beanspruchen" (Kleinschmidt 2014). Sie „tragen ihre Überschreitung bereits in sich" (Audehm/Velten 2007: 10). Dieses Problem der „Ambiguität von Transgressionen, gleichermaßen zur Auflösung und zur Verfestigung von Grenzen beizutragen" (Schmidt-Jüngst 2020: 94), ist aus Kontexten anderer sozialer Differenzierungen bekannt.[38]

---

38 So etwa im Fall transgeschlechtlicher Grenzüberschreitungen, die möglicherweise die Zweigeschlechtlichkeit reproduzieren: „Erfolgt eine Transition in der Art, dass sie sich als Wechsel von der einen unauffälligen, naturalisierten Geschlechtszugehörigkeit zur anderen unauffälligen, naturalisierten Geschlechtszugehörigkeit darstellt, sie also das Aufgehen in die vermeintliche „Geschlechtsnormalität der ‚anderen' Kategorie zum Ziel

Bei der Frage, wann Grenzüberschreitungen grenzstärkend und wann grenzaufweichend wirken, ist der Faktor Frequenz relevant: Die Errichtung der lexikalischen Tier/Mensch-Grenze kann von Griebel (2020) nachgezeichnet werden, indem sie ermittelt, wie häufig Tier- bzw. Personenbezeichnungen mit den untersuchten Lexemen wie *essen* und *fressen* auftreten. Umgekehrt ist längst ein Gewöhnungseffekt bei der Verwendung von Personennamen wie *Paul* oder *Leni* für Hunde eingetreten. Damit ist die onymische Grenze hier aufgeweicht. Eine vollständige Grenzauflösung tritt allerdings wohl so lange nicht ein, wie Vergleichsfälle weiterhin segregiert werden (*\*Haarewaschen* bei der Referenz auf Hunde, ?*Christian* als Hundename). Nur wenn die Referenz auf alle Lebewesen ausschließlich über eine gemeinsame Lexik erfolgt, ist damit eine Kategorienverschmelzung und damit Grenzaufhebung verbunden. Bezüglich der lexikalischen Strukturen ist der Grenzbegriff also durchaus zutreffend: Auch wenn eine Grenze nur als semantischer Unterschied besteht, ist sie doch genau in dieser Existenzweise funktional, indem sie Verwendungskontexte bestimmter Lexeme begrenzt.

Abb. 5 bildet bei den dort skalar modellierten Differenzierungsphänomenen keine feste Tier/Mensch-Grenze ab. Dies darf nicht darüber hinwegtäuschen, dass durchaus jeweils eine Grenze zum prototypisch ‚Humanen' gewahrt oder überschritten wird: Bei den grammatischen Differenzierungsphänomenen und der Movierung beziehen sich die steigenden oder fallenden Prozentangaben ihrerseits auf binäre Systeme, z. B. ±Movierung, ±Flexion nach dem Muster der schwachen Maskulina etc. Auch hier wird im individuellen Fall die Grenze zum Humanen im Sinn einer Integration in den sprachsystematischen Humanbereich entweder überschritten oder nicht. Sichtbar wird der (adulte männliche) Mensch als Klassifizierer, der eine Domäne des Eigenen absteckt, schützt und seine Erweiterung reglementiert.

## 5 Fazit: Doing Anthropological Difference?

An den ausgewählten Phänomenen wurde deutlich, dass das neuhochdeutsche Sprachsystem eine Fülle an Strukturen auf unterschiedlichen Sprachebenen beinhaltet, mit denen im Diskurs Tier/Mensch-Grenzziehungen im Sinne der Verortung eines Lebewesens in unterschiedlicher Nähe zum ‚Humanen' vollzogen werden. Einige, namentlich lexikalische, onymische und Wortbildungs-

---

hat, mag das die Grenze zwischen den beiden Geschlechtssorten zwar als überwindbar zeigen, ihre grundlegende Daseinsberechtigung zur Trennung zwischen weiblich und männlich wird jedoch zementiert, die grundlegende, dichotome Verschiedenartigkeit der Geschlechter bestätigt." (Schmidt-Jüngst 2020: 94, vgl. Hirschauer 1993) strukturen, können von den Sprechenden grundsätzlich frei gewählt werden (*speisende Mäusin* vs. *fressendes Mäuseweibchen*), andere entziehen sich einer solchen Wahlmöglichkeit, weil ihnen nicht ausgewichen werden kann (Genus, Flexion). Zudem ist davon auszugehen, dass die meisten dieser Differenzierungen sich der Sprachreflexion der Sprechenden entziehen und ihnen im Alltagsdiskurs unbemerkt unterlaufen, statt dass sie bewusst vorgenommen werden. Eine Ausnahme sind fachsprachliche und tierrechtliche Diskurse, in denen wie oben erwähnt die Tier/Mensch-Dichotomie bewusst auch sprachlich relativiert und dekonstruiert wird. Es wird deutlich, dass die sprachliche Tier/Mensch-Differenzierung tatsächlich als eine Differenzierungspraktik im praxistheoretischen Sinn beschrieben werden kann: Wer Tier/Mensch-differenzierende Sprachstrukturen nutzt, nimmt „an der (schon vorstrukturierten) Praktik des X teil" (Hirschauer 2016: 46). Die empirische Untersuchung der sprachsystematischen Tier/Mensch-Differenzierungspraxis liefert wichtige Erkenntnisse für soziologische, kulturanthropologische und mentalitätsgeschichtliche Fragestellungen.

Für andere soziale Differenzierungspraktiken haben sich spezifische *Doing*-Begriffe etabliert (*Doing Gender, Doing Age* usw.). Für die Tier/Mensch-Differenzierung fehlt eine solche Terminologie, obwohl sie keinesfalls nur sprachlich, sondern auch in anderen Sinnschichten praktiziert wird, etwa infrastrukturell (hundefreie Zonen) oder juristisch (Scheitern des Volksentscheids zur Gewährung von Grundrechten für alle Primaten) und damit eines der Hauptthemen ist, mit denen sich die interdisziplinär ausgerichteten Human-Animal-Studies befassen. Ob eine explizite Kategorisierung in ‚Mensch' und ‚Tier' mithilfe lexikalischer, onymischer oder morphologischer Mittel geschieht, oder aber eine differenziertere Verhandlung der Nähe eines Lebewesens zur Humansphäre mithilfe der Namengebung vollzogen wird – Voraussetzung für alle Tier/Mensch-Differenzierungsphänomene ist die Anthropologische Differenz als Annahme eines fundamentalen Unterschieds zwischen menschlichen und nichtmenschlichen Tieren. Insofern empfiehlt sich für die Tier/Mensch-Differenzierung der Begriff des *Doing Anthropological Difference*. Tierethische Impulse wie die speziesismuskritische Etablierung des Begriffs der *menschlichen Tiere* statt *Menschen* könnten dann als *Undoing Anthropological Difference* beschrieben werden.

## Literatur

Audehm, Kathrin/Velten, Hans Rudolf (2007). Einleitung. In: Audehm, Kathrin/Velten, Hans Rudolf (Hrsg.). Transgression, Hybridisierung, Differenzierung. Zur Performativität von Grenzen in Sprache, Kultur und Gesellschaft. Freiburg i. Br./Berlin/Wien: Rombach, 9–40.

Bickes, Christine/Mohrs, Vera (2010). Herr Fuchs und Frau Elster – Zum Verhältnis von Genus und Sexus am Beispiel von Tierbezeichnungen. Muttersprache 4, 254–274.

Bodenhorn, Barbara/Bruck, Gabriele (2006). An Anthropology of Names and Naming. Cambridge: Cambridge University Press.

Brons, Lajos L. (2015). Othering, an analysis. Transcience, A Journal of Global Studies 6, 69–90.

Busse, Dietrich (2014). Begriffsstrukturen und die Beschreibung von Begriffswissen. Analysemodelle und -verfahren einer wissensanalytisch ausgerichteten Semantik (am Beispiel von Begriffen aus der Domäne Recht). Archiv für Begriffsgeschichte 56, 153–195.

Dammel, Antje/Nübling, Damaris/Schmuck, Mirjam (2015). Tiernamen – Zoonyme. Band 1: Haustiere. Heidelberg: Winter.

DeMello, Margo (2012). Animals and Society. An introduction to human-animal studies. New York: Columbia University Press.

Fill, Alwin (1993). Ökolinguistik. Eine Einführung. Tübingen: Narr.

Foucault, Michel (1996). Vorrede zur Überschreitung. In: Foucault, Michel (Hrsg.). Von der Subversion des Wissens. Frankfurt a. M.: Fischer.

Griebel, Julia (2017). Von fressenden Menschen und essenden Hunden. Lexikalische Mensch-Tier-Grenzziehung im Deutschen. In: Oehme, Florentine/Schmid. Hans Ulrich/Spranger, Franziska (Hrsg.). Wörter. Wortbildung, Lexikologie und Lexikographie, Etymologie. Berlin/Boston: De Gruyter, 52–70.

Griebel, Julia (2019).»Das thier friszt, der mensch iszt« – Zur Genese der lexikalischen Mensch-Tier-Segregation im Deutschen. Beiträge zur Geschichte der deutschen Sprache und Literatur 141 (3), 303–329.

Griebel, Julia (2020).»Das thier friszt, der mensch iszt« – Zur Diachronie der lexikalischen Mensch-Tier-Grenze im Deutschen. Heidelberg: Winter.

Habermann, Mechthild (2015). «Du armes Schwein!« – Vom sprachlichen Umgang mit dem Tier«. In: Waldow, Stephanie (Hrsg.). Von armen Schweinen und bunten Vögeln. Tierethik im kulturgeschichtlichen Kontext. Paderborn: Fink, 71–94.

Hirschauer, Stefan (1993). Die soziale Konstruktion der Transsexualität. Über die Medizin und den Geschlechtswechsel. Frankfurt a. M.: Suhrkamp.

Hirschauer, Stefan (2014). Un/doing Differences. Die Kontingenz sozialer Zugehörigkeiten. Zeitschrift für Soziologie 43 (3), 170–191.

Hirschauer, Stefan (2016). Verhalten, Handeln, Interagieren. Zu den mikrosoziologischen Grundlagen der Praxistheorie. In: Schäfer, Hilmar (Hrsg.). Praxistheorie. Ein soziologisches Forschungsprogramm. Bielefeld: Transcript, 45–67.

Hirschauer, Stefan (2020). Undoing differences revisited. Unterscheidungsnegation und Indifferenz in der Humandifferenzierung. Zeitschrift für Soziologie 49, 318–334.

Hirschauer, Stefan (2021). Menschen unterscheiden. Grundlinien einer Theorie der Humandifferenzierung. Zeitschrift für Soziologie 50, 155–174.

Hirschauer, Stefan/Nübling, Damaris (2021). Sinnschichten des Kulturellen und die Aggregatzustände der Sprache. In: Dizdar, Dilek/Hirschauer, Stefan/Paulmann, Johannes/Schabacher, Gabriele (Hrsg.). Humandifferenzierung. Weilerswist: Velbrück, 58–83.

Horkheimer, Max/Adorno, Theodor W. (1986). Dialektik der Aufklärung. Frankfurt a. M.: Fischer.

Imai, Mutsumi/Schalk, Lennart/Saalbach, Henrik/Okada, Hiroyuki (2010). Influence of Grammatical Gender on Deductive Reasoning About Sex-Specific Properties of Animals. Proceedings of the Annual Meeting of the Cognitive Science Society 32, 1160–1165.

Imai, Mutsumi/Schalk, Lennart/Saalbach, Henrik/Okada, Hiroyuki (2014). All Giraffes Have Female-Specific Properties: Influence of Grammatical Gender on Deductive Reasoning About Sex-Specific Properties in German Speakers. Cognitive Science 38, 514–536.

Kaufmann, Allison B./Hearn, William J. (2017). Creativity in Non-Human Animals. In: James C. Kaufmann/Vlad P. Glaveanu/John Baer (Hrsg.). The Cambridge Handbook of Creativity across domains. Cambridge: Cambridge University Press, 492–506.

Kleinschmidt, Christoph (2014). Semantik der Grenze. APuZ. Online unter: https://www.bpb.de/shop/zeitschriften/apuz/176297/semantik-der-grenze/ (Stand: 12.02.2022).

Köpcke, Klaus-Michael/Zubin, David (1996). Prinzipien für die Genuszuweisung im Deutschen. In: Lang, Ewald/Zifonun, Gisela (Hrsg.). Deutsch – typologisch (= Jahrbuch des Instituts für Deutsche Sprache, Band 1995). Berlin/New York: De Gruyter, 473–491.

Köpcke, Klaus-Michael (1994). Zur Rolle von Schemata bei der Pluralbildung monosyllabischer Maskulina. In: Köpcke, Klaus-Michael (Hrsg.). Funktionale Untersuchungen zur deutschen Nominal- und Verbalflexion. Tübingen: Niemeyer, 81–95.

Kotthoff, Helga/Nübling, Damaris (2018). Genderlinguistik. Eine Einführung in Sprache, Gespräch und Geschlecht. Tübingen: Narr.

Linke, Angelika (2009). Stilwandel als Indikator und Katalysator kulturellen Wandels. Zum Musterwandel in Geburtsanzeigen der letzten 200 Jahre. Der Deutschunterricht 61 (1), 44–56.

Lind, Miriam (demn.). Katzen, die auf Menschen starren. Imaginierte Haustierperspektiven auf den Menschen. In: Rettig, Heike/Steen, Pamela (Hrsg.). Mensch-Tier-Praktiken aus interdisziplinärer Perspektive. Emotionen, Empathie, Agency. Berlin: Metzler.

Lind, Miriam/Späth, Lena (2022). Von säugenden Äffinnen und trächtigen Elefantenkühen – Zum Geltungsbereich der Genus-Sexus-Korrelation. In: Diewald, Gabriele/Nübling, Damaris (Hrsg.). Genus und Geschlecht – neue linguistische Studien. Berlin/Boston: De Gruyter, 105–133.

Loewe, Daniel (2011). Der Umfang der moralischen Gemeinschaft: Einbezug nichtmenschlicher Tiere in einen vertragstheoretischen Argumentationsrahmen. In: Kovacs, Laszlo/Brand, Cordula (Hrsg.). Forschungspraxis Bioethik (= Lebenswissenschaften im Dialog 10). Freiburg i. B.: Alber, 155–167.

Macho, Thomas (1997). Das Tier. In: Wulf, Christoph (Hrsg.). Vom Menschen. Handbuch Historische Anthropologie. Weinheim/Basel: Beltz, 62–85.

Mütherich, Birgit (2015). Die Konstruktion des Anderen – Zur Soziologischen Frage nach dem Tier. In: Brucker, Renate/Bujok, Melanie/Mütherich, Birgit/Seeliger, Martin/Thieme, Frank (Hrsg.). Das Mensch-Tier-Verhältnis. Eine sozialwissenschaftliche Einführung. Wiesbaden: Springer VS, 9–78.

Nübling, Damaris (2022). Linguistische Zugänge zur Tier/Mensch-Grenze. In: Lind, Miriam (Hrsg.). Mensch – Tier – Maschine. Sprachliche Praktiken an und jenseits der Außengrenze des Humanen. Bielefeld: Transcript, 27–76.

Nübling, Damaris/Fahlbusch, Fabian/Heuser, Rita (2015). Namen. Eine Einführung in die Onomastik. Tübingen: Narr.

Rettig, Heike (2020). Praktiken des Empathisierens in Reitunterricht und Pferdeausbildung. In: Katharina Jacob/Klaus-Peter Konerding/Wolf-Andreas Liebert (Hrsg.). Sprache und Empathie. Beiträge zur Grundlegung eines linguistischen Forschungsprogramms (= Sprache und Wissen 42), 285–329.

Ronneberger-Sibold, Elke (1980). Sprachverwendung – Sprachsystem: Ökonomie und Wandel. Tübingen: Niemeyer.

Schmidt-Jüngst, Miriam (2020). Namenwechsel. Die soziale Funktion von Vornamen im Transitionsprozess transgeschlechtlicher Personen. Berlin/Boston: De Gruyter.

Spannring, Raingard/Schachinger, Karin/Kompatscher, Gabriela/Boucabeille, Alejandro (Hrsg.) (2015). Disziplinierte Tiere? Perspektiven der Human-Animal Studies für die wissenschaftlichen Disziplinen. Bielefeld: Transcript.

Späth, Lena (2022). Wir und Die. Zur Diachronie der lexikalischen Basisunterscheidung Mensch vs. Tier. In: Lind, Miriam (Hrsg.). Mensch – Tier – Maschine. Sprachliche Praktiken an und jenseits der Außengrenze des Humanen. Bielefeld: Transcript, 77–106.

Steen, Pamela (2018). "Tiere sind die besseren Menschen". Moralisierungen im Web 2.0 aus tierlinguistischer Perspektive. In: Hayer, Björn/Schröder, Klarissa (Hrsg.). Tierethik transdisziplinär. Literatur – Kultur – Didaktik. Bielefeld: Transcript, 191–210.

Steen, Pamela (2019). Kontaktzone Zoo: Die kommunikative Aneignung von Zootieren. In: Böhm, Alexandra/Ullrich, Jessica (Hrsg.). Animal Encounters. Kontakt, Interaktion und Relationalität. Berlin: J. B. Metzler, 257–275.

Steen, Pamela (2022). Menschen – Tiere – Kommunikation. Praxeologische Studien zur Tierlinguistik. (= Cultural Animal Studies 11) Berlin: J. B. Metzler.

Szczepaniak, Renata (2022). Grenze zwischen MENSCH und TIER? Erkenntnisse aus den Großschreibpraktiken in den frühneuzeitlichen Hexenverhörprotokollen. In: Lind, Miriam (Hrsg). Mensch – Tier – Maschine. Sprachliche Praktiken an und jenseits der Außengrenze des Humanen. Bielefeld: Transcript, 107–121.

Trampe, Wilhelm (1990). Ökologische Linguistik. Grundlagen einer ökologischen Sprach- und Wissenschaftstheorie. Opladen: Westdeutscher Verlag.

West, Candace/Zimmerman, Don H. (1987). Doing Gender. Gender & Society 1 (2), 125–151.

Wiedenmann, Rainer (2009). Tiere, Moral und Gesellschaft. Elemente und Ebenen humanimalischer Sozialität. Wiesbaden: Verlag für Sozialwissenschaften.

Wiedenmann, Rainer (2015). Humansoziologische Tiervergessenheit oder das Unbehagen an der Mensch-Tier-Sozialität. In: Spannring, Raingard/Schachinger, Karin/Kompatscher, Gabriela/Boucabeille, Alejandro (Hrsg.). Disziplinierte Tiere? Perspektiven der Human-Animal Studies für die wissenschaftlichen Disziplinen. Bielefeld: Transcript, 257–286.

Wild, Markus (2007). Die anthropologische Differenz. Der Geist der Tiere in der frühen Neuzeit bei Montaigne, Descartes und Hume. Berlin/New York: De Gruyter.

Wulf, Christoph (2017). Tiere – eine anthropologische Perspektive. In: Bilstein, Johannes/Westphal, Kristin (Hrsg.). Tiere – Pädagogisch-anthropologische Reflexionen. Wiesbaden: Springer VS, 17–26.

Yamamoto, Mutstumi (1999). Animacy and Reference. A cognitive approach to corpus linguistics. Amsterdam/Philadelphia: Benjamins.

# Verzeichnis der Autorinnen und Autoren

## Herausgebende

**Prof. Dr. Marie-Luis Merten**
Universität Zürich
Deutsches Seminar
Schönberggasse 2
CH-8001 Zürich
Kontakt: mlmerten@ds.uzh.ch

**Jun.-Prof. Dr. Susanne Kabatnik**
Universität Trier
Computerlinguistik und Digital Humanities
Universitätsring 15
54296 Trier
Kontakt: kabatnik@uni-trier.de

**Dr. Kristin Kuck**
Otto-von-Guericke-Universität Magdeburg
Institut für Germanistik
Zschokkestraße 32
D-39104 Magdeburg
Kontakt: kristin.kuck@ovgu.de

**Prof. Dr. Lars Bülow**
Ludwig-Maximilians-Universität München
Institut für Deutsche Philologie
Schellingstraße 3 RG
80799 München
Kontakt: lars.buelow@germanistik.uni-muenchen.de

**Dr. Robert Mroczynski**
Universität Leipzig
Geisteswissenschaftliches Zentrum
Beethovenstraße 15, Raum 3412
04107 Leipzig
Kontakt: robert.mroczynski@uni-leipzig.de

## Autor:innen

**Prof. Dr. Sarah Brommer**
Universität Bremen
Sprach- und Literaturwissenschaften
Universitäts-Boulevard 13
28359 Bremen
Kontakt: sarah.brommer@uni-bremen.de

**Dr. Isabella Buck**
Hochschule RheinMain
Competence & Career Center | Schreibwerkstatt
Kurt-Schumacher-Ring 18
65197 Wiesbaden
Kontakt: isabella.Buck@hs-rm.de

**Prof. Dr. Florian Busch**
Universität Bern
Institut für Germanistik
Länggassstrasse 49
CH-3012 Bern
Kontakt: florian.busch@unibe.ch

**Annika Frank, M. A.**
TU Dortmund
Institut für Sprache, Literatur und Kultur
Arbeitsstelle Deutsch als Zweitsprache
Otto-Hahn-Str. 2
44227 Dortmund
Kontakt: annika.frank@udo.edu

**Prof. Dr. Karina Frick**
Leuphana Universität Lüneburg
Institut für Deutsche Sprache und Literatur und ihre Didaktik
Leuphana Universität Lüneburg
Universitätsallee 1, 21335 Lüneburg
Kontakt: karina.frick@leuphana.de

**Dr. Judith Kreuz**
Pädagogische Hochschule Zug
Zentrum Mündlichkeit
Zugerbergstrasse 3
CH-6300 Zug
Kontakt: judith.kreuz@phzg.ch

**PD Dr. Friedrich Markewitz**
Universität Paderborn
Institut für Germanistik und Vergleichende Literaturwissenschaft
Warburger Straße 100
33098 Paderborn
Kontakt: friedrich.markewitz@upb.de

**Prof. Dr. Konstanze Marx**
Universität Greifswald
Institut für deutsche Philologie
Arbeitsbereich Germanistische Sprachwissenschaft
Rubenowstraße 3
17489 Greifswald
Kontakt: konstanze.marx@uni-greifswald.de

**Prof. Dr. Simon Meier-Vieracker**
TU Dresden
Institut für Germanistik und Medienkulturen
D-01062 Dresden
Kontakt: simon.meier-vieracker@tu-dresden.de

**Ass.-Prof. Dr. Cordula Meißner**
Universität Innsbruck
Institut für Germanistik
Innrain 52d
A-6020 Innsbruck
Kontakt: cordula.meissner@uibk.ac.at

**Juliane Schopf, M. A.**
Universität Münster
Institut für Ausbildung und Studienangelegenheiten
Malmedyweg 17–19
48149 Münster
Kontakt: juliane.schopf@uni-muenster.de

**Lena Späth, M. A.**
Johannes Gutenberg-Universität Mainz
Deutsches Institut: Historische Sprachwissenschaft des Deutschen
Jakob-Welder-Weg 18
55128 Mainz
Kontakt: lespaeth@uni-mainz.de

**Hanna Völker, M. A.**
Philipps-Universität Marburg
Institut für Germanistische Sprachwissenschaft
Pilgrimstein 16
D-35037 Marburg
Kontakt: hanna.voelker@uni-marburg.de

# Studien zur Pragmatik

herausgegeben von Eva Eckkrammer, Claus Ehrhardt, Anita Fetzer, Rita Finkbeiner, Frank Liedtke, Konstanze Marx, Sven Staffeldt und Verena Thaler

Pragmatik, das Studium der Sprachverwendung in all ihren Facetten, hat sich zu einer allgemein anerkannten sprachwissenschaftlichen Disziplin entwickelt. Sie hat viele Fragestellungen benachbarter Disziplinen wie der Semantik oder der Syntax in sich aufgenommen und unter neuem Vorzeichen vorangetrieben. Dabei bezieht sie den Spracherwerb und Sprachwandel mit ein und reflektiert die Bezüge zu anderen Wissenschaften, zum Beispiel der Philosophie, Psychologie und Soziologie. Eine Folge dieser Entwicklung ist eine starke Ausdifferenzierung der Pragmatik in unterschiedliche Forschungsstränge und Teilparadigmen. Von der experimentellen bis zur formalen Pragmatik, von der Gesprächsforschung bis zur Textanalyse, von der Soziopragmatik bis zur pragmatischen Syntax erstreckt sich das Feld der pragmatischen Untersuchungsansätze. Die *Studien zur Pragmatik* bieten zum ersten Mal im deutschsprachigen Raum ein Forum für qualitativ hochwertige Arbeiten zur Pragmatik in ihrer ganzen Breite. Sie sind theoretisch offen für die verschiedenen Strömungen dieser Disziplin und besonders geeignet für solche theoretisch und empirisch begründete Untersuchungen, die die pragmatische Diskussion weiter vorantreiben. Die Bände der Reihe werden einem Peer-Review Verfahren unterzogen.

## Bisher sind erschienen:

**1**
Detmer Wulf
**Pragmatische Bedingungen der Topikalität**
Zur Identifizierbarkeit von Satztopiks im Deutschen
2019, 260 Seiten
€[D] 88,–
ISBN 978-3-8233-8260-7

**2**
Eva-Maria Graf, Claudio Scarvaglieri, Thomas Spranz-Fogasy (Hrsg.)
**Pragmatik der Veränderung**
Problem- und lösungsorientierte Kommunikation in helfenden Berufen
2019, 306 Seiten
€[D] 88,–
ISBN 978-3-8233-8259-1

**3**
Simon Meier-Vieracker, Lars Bülow, Frank Liedtke, Konstanze Marx, Robert Mroczynski (Hrsg.)
**50 Jahre Speech Acts**
Bilanz und Perspektiven
2019, 322 Seiten
€[D] 88,–
ISBN 978-3-8233-8347-5

**4**
Kristin Börjesson, Jörg Meibauer (Hrsg.)
**Pragmatikerwerb und Kinderliteratur**
2021, 264 Seiten
€[D] 68,–
ISBN 978-3-8233-8446-5

**5**
Marie-Luis Merten, Susanne Kabatnik, Kristin Kuck, Lars Bülow, Robert Mroczynski (Hrsg.)
**Sprachliche Grenzziehungspraktiken**
Analysefelder und Perspektiven
2023, 374 Seiten
€[D] 88,–
ISBN 978-3-8233-8516-5

**6**
Lisa Soder
**Diskursmarker im schriftlichen Standard**
Status, Formen und Funktionen
2023, 520 Seiten
€[D] 98,–
ISBN 978-3-381-10271-6